李福长 编著

20世纪
历史学科通论

齊魯書社

本书出版得到上海市教育委员会重点学科（第五期）
“近现代中国社会史”（编号J50106）
和上海大学教材建设专项经费资助

序 言

徐连达

中国科学院院士、复旦大学校长杨玉良教授在2010年5月27日《人民日报》上撰文指出，未来人才要有五个方面的综合素质，即要有精细的思考能力和写作能力、对自然和人文必须有批判性的理解、要有全球视野、了解和关注道德和伦理的问题、对本专业必须有深入的了解。培养这样的人才，需要通识教育，需要打破人文和科学之间的壁垒，展现不同学科和文化的思维方式。

大学的通识教育，不是简单地多开设几门课程的问题，应该落实到学科教学过程中。具体到每一门课，应体现学科的文化思维方式，向学生传递本学科的学术思想、学术历史以及基本的原理与方法。搞好大学专业“通识”教育，需要建设与通识教育要求相适应的教师队伍以及教材教学体系，实现教师、教材、教学三要素的协调配置，使之服务于培养具有综合知识结构、具有人文情怀、具备创新能力的复合型人才的需要。

《20世纪历史学科通论》立足21世纪通识教育，注重知识的系统性与学科前沿性的统一，简明扼要地评介了中国千年史学成就，清晰地回顾了历史科学的百年历程。它超出了传统意义上教材的范畴，具有较强的学术性，体现了作者对历史学科的深入思考。本着培养学生知识创新能力的目的，作者有针对性地阐述了历史研究的原则与方法。21 世纪通识教育培养的复合型创新人才应该具有举一反三、触类旁通的综合能力。历史学是一门成熟的人文科学，它具有完整的科学体系。简言之，大学历史学专业训练并不是许多人想象的那样只是掌握一些历史知识，而是训练人们获取认识的能力。历史学的训练具有现代科学的思维特点，要求通过调查原始文献或证据把漫无头绪的零散事实连接起来，最终形成科学的论断，得出令人信服的结论。历史专业训练方法具有很强的适应性，经过这种科学方法培养出来的学生将来能够适应社会的广泛需要，具备从事专业教学研究、律师、情报工作、企事业管理及领导岗位的基本素质。因此，《20 世纪历史学科通论》不仅仅服务于历史专业，书中所阐述的学术研究的基本方法同样适合于其他人文社会科学。该书适合文科各专业大学生、研究生阅读。该书的出版发行，必将为提高我国大学历史专业本科教学质量发挥积极的作用。

目 录

第三编 历史研究的文献学方法

第四编 现代历史学的发展

第五编 20世纪中国史家学术列传

第一编

中国史书编纂成就

第一章　先秦上古时期史书概述

第一节　“上古四书”

中国是世界上最早用文字记载历史的国家，也是世界上不间断连续记载历史时间最长的国家。距今3500多年前的商代甲骨卜辞是迄今发现的中国最早的文字和历史记录。文献上关于我国历史记载的最早记录是《尚书·多士》所云“殷先人有册有典”。大约从西周共和元年（公元前841年）开始，中国有了按年记载历史的传统，比欧洲古希腊编年史《历史》早了四百多年。此后，中国历史基本上有了持续不断的记载。

我国史书的起源很早。《礼记·玉藻》曰：“动则左史书之，言则右史书之。”《汉书·艺文志》则云：“左史记言，右史记事。”可见，远古时期已经出现记事和记言两种体例的史书。

在先秦史书中，以《春秋》、《左传》、《尚书》、《国语》四部史书最具历史价值，被称为“上古四书”。

一、《春秋》、《左传》

春秋时期各诸侯国都设史官记事，各国都有了自己的编年体史书，如晋国的编年史叫《乘》，郑国叫《志》，楚国叫《梼杌》，秦国叫《秦纪》，鲁国叫《春秋》。据说墨子曾经见过“百国春秋”，可惜的是，由于各种原因，这些先秦史书大多未能保存下来。

今本《春秋》是现存最早的编年史书，由于它被孔子修改过，后来人们把它列入了儒家的经典。其实，《春秋》仅仅节录了鲁国“春秋”的一部分，并非鲁国“春秋”的全部。该书描述了从鲁隐公元年（公元前 722 年）到鲁哀公十四年（公元前 481 年）前后 12 公共计 242 年的历史。后世因《春秋》这本书而将这一时期称为“春秋时期”。

《春秋》记事的方法是：以事系日，以日系月，以月系时，以时系年。例如遇到有具体日子的事情《春秋》是这样记录的：“（隐公）三年，春，王二月，己巳，日有食之。”遇到无具体日子的事情，《春秋》则这样记载：“（隐公）元年，夏，五月，郑伯克段于鄢。”

论及《春秋》记事，历来有所谓“微言大义”之说，即“春秋笔法”。据说，春秋时期晋国执政赵盾（时任中军元帅）的族人赵穿杀死了晋灵公，赵盾后来拥立晋成公，继续执政。史官董狐认赵盾为幕后指使者，因此书曰：赵盾弑其君。孔子认为董狐记录此事是在惩戒乱臣贼子，称之为“书法”，为后来树立了良史的楷模。中国历代皆有敢于秉笔直书的“良史”之才，据《左传·襄公二十五年》记载，齐太史兄弟三人均因直书“崔杼弑其君”而被杀害。南史闻听后冒死执简前往书写。后世将他与董狐并称为直书良史。北魏史家崔浩写成《国书》30 卷，因直书鲜卑历史而遭忌恨，被夷三族，牵连而死者达 128 人。

今天看来，所谓《春秋》之“微言大义”，或许不像后人总结出来的那样太过于具有政治上的色彩，也许原本只是文字修辞上的特点而已。汉字作为中国文化的载体，本来就存在多近义字的现象，这一现象反映了社会等级制度的实际。如“杀”字用以记述杀无罪者，“诛”字用以记述杀有罪者，“弑”字用以记述下杀上。这三个原本仅是字义相近却又不同的单个文字，不一定有多大的政治意义。据实而书，本是史家修史的职业规范。后世封建史家以为董狐记事不隐为“书法”之用，实际上是站在封建“正统论”的立场上来褒贬史事的，凡合乎天命之统的行为即加以褒扬，违反者即加以贬斥。封建旧说赞扬的重点不在董狐的秉笔直书，而在于他揭露了谋害君主的反逆行为，这才是封建论者要大加惩戒的。董狐只不过是史学附属于政治的那个时代的工具而已，于是他成了良史的样板。历代封建国家赋予史书劝惩的作用，史官多遵此义，形成了所谓的“春秋笔法”。宋人欧阳修撰《新五代史》，将史书的这种“书法”运用到了极致，凡事必以有色眼镜审视一番，合乎道统者褒奖，违反道统者责罚，结果往往扭曲了客观事实。古代所谓“春秋笔法”失之于价值判断，影响了历史记载的真实性，此为中国古代史书编纂方面的一大弊端。

由于《春秋》记事简略，后来出现了多种注解《春秋》的史书，主要有《左氏传》、《公羊传》、《穀梁传》，合称“春秋三传”。

《左氏传》原称《左氏春秋》，亦称《春秋左氏传》，简称为《左传》，相传为鲁国史官左丘明所撰。该书克服了《春秋》记事过于简略的局限性，取材广泛，内容丰富，记事详尽，叙事完整，语言生动简练。《左传》编年形式上也是按照鲁国的十二公记事，但其内容追叙往事到周宣王二十三年（公元前805年）晋穆侯伐条之役，早于《春秋》83年，其后编年叙事至鲁哀公二十七年（公元前468年），所记最晚之事为智伯之灭（公元前453年），已在西狩获麟之后28年，前后比《春秋》多出111年。其编年部分共计255年，比《春秋》多出13年。

《左传》在编写体例上具有编年体史书的特点。有言有行，有直述有概述，有追述有附叙，有分析有评论，已经具备了编年体史书的所有要素。《左传》不仅记述了春秋时期政治、军事、社会、文化等各方面的重要史实，也引述了西周及其以前的一部分重大事件和古史传说，具有很高的史料价值。《左传》记述春秋历史详于后期略于前期，尤其对后期襄、昭之世63年之史事记述最详，几乎占到全书篇幅的一半。在记述历史的空间上，《左传》详于晋、楚、鲁、郑等国之事，略于宋、卫、周、齐等国之事。

《左传》中所记古人对于史事的评论有具名的，有不具名的，后者多有“君子曰”的引导语。这是古代史书中固有的一种评论形式，后来纪传体的赞语实际上是由此发展而来的。《左传》中“君子曰”一般与解经之文无关系，间或有少量涉及经文大义者。例如《左传·成公十四年》载：“故君子曰：《春秋》之称，微而显，志而晦，婉而成章，尽而不污，惩恶而劝善，非圣人谁能修之？”这段评论讲述了《左传》的特点与价值，可视为解经之文。

汉代经古文家尊《左传》为《春秋》经义的标准解释，并以《论语》中关于左丘明的记述判定它是与孔子同好恶的左丘明所作。现代瑞典汉学家高本汉（Karlgren）著《左传真伪考》，他根据文法组织、字词用法等标准，以《左传》与《论语》、《孟子》及《国语》等书相比较，结果证明《左传》与《论语》等东方语言系统的关系甚为疏远，而与《国语》关系甚为接近，由此推知《左传》作者当非齐鲁人。另从内容看，《左传》描写战争之文甚多，引述《诗经》、《尚书》之文的解说与儒家的说法并不一致，书中多言礼而与《荀子》的说法相近，在晋六卿中特别突出魏氏。这些情况都说明《左传》的作者具有很好的军事素养，虽受儒家之学影响却不以儒家为宗主，更与三晋方面有特殊关系。

《左传》的作者是谁？历来说法不一。现代中国历史文献学家王树民先生根据汉代刘向《别录》所述《左传》传授情况以及吴起一生行事，并结合《左传》特点推断《左传》的作者可能是吴起。汉代刘向《别录》述《左传》传承关系曰：“左丘明授曾申，申授吴起，起授其子期，期授楚人铎椒，铎椒为抄撮八卷，授虞卿，虞卿作抄撮九卷，授荀卿，卿授张苍。”吴起为战国时期军事家，原本卫左氏中人，早年学于曾子，后仕于鲁、魏、楚，仕魏期间建立个人主要功业。他的这些情况比较符合《左传》一书之特点。至于为什么其书称《左氏春秋》而不称《吴氏春秋》，王树民先生的解释是那时有以地代人名书的习惯，如汉代有《齐诗》、《鲁诗》等，都是以地得名者。①

历代治《左传》的学术专书不少，留存于世的不多。清人刘逢禄撰《左氏春秋考证》（2卷），学术价值颇高，该书逐条辨析《左传》中解经部分的矛盾与附会之处，在辨伪方面贡献很大。清人顾栋高撰《春秋大事表》50卷，舆图1卷，“叙”和“论”130篇，该书以《左传》为依据，对春秋时期的史实作了系统整理，也具有学术价值。

二、《尚书》、《国语》

《尚书》是中国现存最早的史书，它与《春秋》同为上古史书。《尚书》偏重记言，《春秋》偏重记事，似乎印证着古代所谓“左史记言”、“右史记事”的说法。据传，孔子删定《尚书》和《春秋》，后来这两部史书成为儒家的经典。《尚书》自西汉以来已分为今、古文两种本子。今文传自秦朝博士济南人伏生，共有29篇。古文出自汉武帝末年鲁恭王坏孔宅以广其宫，得古文《尚书》及《礼记》、《论语》、《孝经》等数十书。古文尚书由孔子后代孔安国整理，比今文尚书多出16篇。

西汉一代古文尚书一直在民间传习，直到汉元帝时才被立为博士，未几即废。东汉流传《古文尚书》，贾逵为之作《训》，马融作《传》，郑玄作《注解》。然而，《古文尚书》多出来的16篇绝无师说，马、郑亦未尝为之作注。东晋梅颐所献孔安国传者，凡58篇，34篇同于郑《注》，唐孔颖达作《正义》，宋代吴棫《书稗传》开始怀疑其为伪书，朱熹《朱子语类》亦尝起疑，明代梅鷟《尚书考异》证其乃伪书无疑。

今本29篇《尚书》系伏生所传今文尚书，篇名依次为：《尧

---

① 王树民：《史部要籍解题》，中华书局1981年版，第11～12页。

典》（尧、舜之事）、《皋陶谟》（禹、皋陶、伯益之事）、《禹贡》（大禹治水，最早的地理书）、《甘誓》（启伐有扈氏于甘誓词）、《汤誓》（汤伐桀誓词）、《盘庚》（盘庚迁徙之诰辞）、《高宗肜日》（武丁祭成汤，有飞雉升鼎耳而雊）、《西伯戡黎》（文王灭黎）、《微子》（纣太师少师劝微子去纣）、《牧誓》（武王灭纣）、《洪范》（箕子告武王以天锡禹之《洪范》九畴）、《金縢》（周公摄政）、《大诰》（周公东征誓词）、《康诰》（封康叔诰辞）、《酒诰》（诰康叔）、《梓材》（诰康叔以为政之道）、《召诰》（周、召二公营洛邑）、《洛诰》（洛邑成后周公诰戒成王之语）、《多士》（成王迁殷民诰辞）、《无逸》（周公诰戒成王之语）、《君奭》（周公摄政时告召公之语）、《多方》（成王灭奄后归诰多方之语）、《立政》（周公致政后诰成王之语）、《顾命》（成王殁康王立之事）、《费誓》（伯禽伐淮夷誓词）、《吕刑》（穆王改定刑法之事）、《文侯之命》（《史记》以为周襄王命晋文侯之辞）、《秦誓》（秦穆公战胜晋国后誓众之辞）、《泰誓》（后得之篇，历代怀疑其伪）。

清代学者对《尚书》进行了全面的考索，孙星衍《尚书今古文注疏》搜集旧说最为详备，可资参阅。现代著名史学家吕思勉认为，王鸣盛《尚书后案》述郑氏一家之学，段玉裁《古文尚书撰异》左袒古学，立说颇偏。然二书钩校搜采颇为详密，均可参稽。①

《国语》是一部主要记述春秋时期历史事件的史书，该书偏重于记录人物语言。“语”原本是以记言形式编成的一种史书。《国语》为集合各国之《语》而成，故其非一时一人之作。《国语》多记录有教育意义的语言，以便教人明德、知先王之道。

在形式上，《国语》以国别分类，全书共计 21 篇，包括 8 个部分（国），即《周语》3 篇、《鲁语》2 篇、《齐语》1 篇、《晋语》9 篇、《郑语》1 篇、《楚语》2 篇、《吴语》1 篇、《越语》2 篇。每篇

① 吕思勉：《经子解题》，华东师范大学出版社 1995 年版，第 30 页。

各包括若干不相连属的记言文字（说明每篇不是出于一人之手），各部分的起止时间和记载方式均自成系统，其中多有重复的记载。

在内容上，《国语》各部分的史料价值很不一致。其中记载春秋史事的《周语》、《楚语》价值较高，《晋语》、《郑语》、《鲁语》次之。《齐语》、《吴语》、《越语》或因作者为战国时人，或因记述的是战国时期的事情，其史料价值相对较低。其中《齐语》专门记录管仲辅佐桓公称霸之事，同于《管子·小匡》篇，是战国时人的追叙。《越语下》所记范蠡的话则是战国中后期兴起的黄老学派的话语。《吴语》记越之邻国"南则楚，西则晋，北则齐"。这是越灭吴以后迁于琅琊的形势。故《吴语》的作者当属吴亡之后人。

《国语》和《左传》以不同的形式叙述了同时期的史事，其中《周语》、《楚语》、《晋语》、《鲁语》四个部分记录事件多与《左传》相同，两书可以相互参证。后来，因为《左传》被尊为儒家经典，《国语》也被人称为"春秋外传"，并说是左丘明所作（实际并非左丘明所作），受到历代经学家的重视。历代注解《国语》最完善的是三国时期吴人韦昭作《国语解》，通行的刻本是宋刻本。近人徐元诰著《国语集解》21卷，但凡清代整理《国语》的成果大体皆收入该书，是最详备的《国语》注本。

第二节　先秦其他重要历史文献

先秦时期的历史文献不仅仅有"上古四书"，还有更多的先秦诸子百家著作。专门的史书也有许多，较重要的如《战国策》、《逸周书》、《竹书纪年》、《世本》等。这些文献为我们研究先秦上古时期的早期历史提供了重要史料。

一、《战国策》、《逸周书》

《战国策》原是战国至西汉时期由不同人编辑，主要反映战国时期游说之士说辞及书信的各种书策，它们最初或曰《国策》，或曰《国事》，或曰《短长》，或曰《事语》，或曰《长书》，或曰《修书》。这些书策主要供当时人学习“长短纵横之术”。西汉后期刘向整理中秘藏书，将这些性质相同而来源不同的书策汇编成一书，定名《战国策》。《战国策》中，不乏警句名言，例如《赵策》中“前事之不忘，后世之师”的名句，点破了历史的伟大作用。宋人范祖禹曾言“疏通知远，观往知来”（语见《唐鉴》），讲的也是历史鉴古察今的作用。取鉴、资治历来是中国史学的传统，也是历史学的任务之一。

今本《战国策》33 篇分为东周、西周、秦、齐、楚、赵、魏、韩、燕、宋、卫、中山十二国，共计约 490 章。书中记事最早始于春秋末年智伯与赵氏相争之事，最晚为齐王建之入秦，保留了春秋以后到楚汉之起 245 年间之事。《战国策》叙述史实多有失真甚至歪曲之处，例如书中叙述苏秦、张仪之事就有虚构和夸张的成分，把原本在张仪之后的苏秦提前，并虚构了二人为合纵连横针锋相对的游说之词，而书中对商鞅变法和齐魏马陵之战等重要史实叙述得却很简略，诸如此类的谬误多被后人指摘。后世考订《战国策》的校注以东汉高诱注为最早，南宋姚宏、元代吴师道校注究谬和补失最佳。

今本《逸周书》60 卷是我国古代文献之汇编，书中包括周代文献、战国各家学说、汉代人撰写的文章以及晋以后从古文献中补缀的若干文献。古人认为《逸周书》是儒家编辑整理《尚书·周书》后的逸篇，故名《逸周书》。

《逸周书》篇目写作时代跨度较大，属于周代的篇目有《世俘》、《克殷》、《商誓》、《度邑》、《皇门》、《祭公》、《芮良夫》等，有些篇目常被春秋至汉代的学者引用；属于战国时期各家学派撰写的篇目有《度训》、《武称》、《王会》、《职方》、《明堂》等 30 余篇；属于汉代撰写的篇目有《周月》、《时训》、《殷祝》等。《汉书·艺文志》载“《周书》七十一篇”，唐代仅有 45 篇，即新、旧

《唐书》记载晋代孔晁注《周书》8 卷。《隋书·经籍志》说《周书》十卷为汲冢书。宋人将《汲冢周书》十卷与“孔晁注《周书》八卷”合并称为“《汲冢周书》十卷，孔晁注”，即今所见60 篇《逸周书》。宋代李焘、王应麟已指出原无汲冢书，明代杨慎也主张恢复《逸周书》名，清代《四库全书》后恢复《逸周书》名。清代学者补注者以陈逢衡《逸周书补注》22 卷最善，陈著文从字顺，考辨翔实，并存元明清三代相关学者序言。该书为陈氏以清代卢氏抱经堂校本为蓝本，兼取他本，竭十年之力撰写而成。另外，清代朱右曾《逸周书集训校释》10 卷辑群书诸家之说，申以己意，并附校订音释，可与陈逢衡书一并参阅。

二、《竹书纪年》和《世本》

《竹书纪年》和《世本》是先秦上古时期记事的史书，原书已佚，今天所见本子为后人辑佚本。西晋汲冢出土的《竹书纪年》则由春秋战国时期晋、魏史官写成，体例与《春秋》相似，也是先秦上古时期重要的编年史书。据《晋书·束皙传》及杜预《春秋经传集解序》等文献记载，《竹书纪年》是西晋太康二年（公元 281 年）汲郡人不准盗发战国时期魏襄王（？~公元前 296 年）墓所得竹简古书的一部分，原是 13 篇以编年形式记事的史书，通称《竹书纪年》，亦称《汲冢纪年》，史料价值很高。书中内容记述夏商周三代之事，文字简要，叙事明确。其记述春秋时期史实似据《晋乘》，与《春秋》的记载多有符合，史料价值较高。其记述战国之事又可与《孟子》、《庄子》相印证，可补《史记》之误。如《史记·田敬仲完世家》说自田成子杀齐简公专齐政至王建之灭于秦，共为十世，而《庄子》说：“田成子……十二世有齐国。”《竹书纪年》所列正为十二世。又如齐伐灭燕，《孟子》、《战国策》均称为宣王时事，而《史记》记在愍王时，依据《竹书纪年》所列十二世，此事正在宣王时。这些记载均可补正《史记》之误。《竹书纪年》的史料价值虽然较高，但它与传统古史说法差距很大，因而不为世人所重视，两宋以后残缺失传。后有好事者（明代天一阁主人范钦）伪托南朝梁沈约作注，伪作一完全之本，即今日传世之本。清代学者重视研究此书，知今本为伪书，于是纷纷作辑佚工作，主要有朱右曾《汲冢纪年存真》2 卷，王国维《古本竹书纪年辑校》1 卷、《今本竹书纪年疏证》逐条证明今本伪托之迹，于是《竹书纪年》古本今本真伪之案遂定。今人范祥雍作《古本竹书纪年辑校订补》更加增广，可备查阅。

《世本》原称《世》，是古代贵族统治者世系的文字记录，各国的《世》由统治者自己掌管。《世本》是依据古代各国史官长期积累下的材料写成的反映各国贵族统治者世系发展情况的史书。大约到了战国末年，有人把各国史官长期积累下来的《世》合编为一书，共 15 篇，成为后世所传的《世本》。该书体例有《帝系》、《王侯谱》、《卿大夫谱》、《记》、《世家》、《传》、《氏姓》、《居》、《作》、《谥法》等。其中，《帝系》记自黄帝以下尧、舜、禹等世系。《王侯谱》记夏商周三代和鲁、齐、晋、秦、楚、宋、卫、陈、蔡、曹、郑、燕、吴、杞、邾、滕、韩、赵、魏等国的世系。《卿大夫谱》记载列国卿大夫之世系。《记》、《世家》、《传》分别叙述以上三部分人物的重要事迹，为后来纪传体史书的形成奠定了基础。司马迁《史记》中的本纪、列传、世家、年表等部分均由《世本》发展而来。《居》篇则记述了上古时期各时代和国家的都邑。《作》篇记述古代重要文物的发明创造者，如仓颉造书、容成造历等。《氏姓》篇详记各族氏姓的由来。《谥法》篇记谥号的释义。

宋代以后，《世本》古本先亡，注本亦逐渐亡佚。清人多有辑佚，茆泮林六卷辑本、雷学淇二卷辑本较精。近人将清代辑佚本合编为《世本八种》，可备参阅。

第二章　两汉时期史书概述

第一节　司马迁《史记》及其历史贡献

汉代是中国汉民族文化的形成时期，古代正统的纪传体史书编纂体例的基本构架也是在这一时期形成的。西汉司马迁所撰《史记》开创了纪传体体例，东汉班固撰《汉书》完善并巩固了纪传体。在内容取舍及写法上，断代史的《汉书》更适合封建统治者的需要，所以后世修史更多取法《汉书》。

一、司马迁其人其事

司马迁（公元前145～前87?），字子长，左冯翊夏阳（今陕西韩城）人。司马迁之祖上世代作史官，家学渊源悠长。父亲司马谈在汉武帝初期为太史令。幼年时的司马迁随其父到官，居长安。10岁开始学习古代史，20岁以后得到了许多次游历全国的机会。他登浙江会稽山，观览湖南九嶷山并行船湘水、沅水之上，西南到巴蜀以南，西北到今甘肃东南的崆峒山，北到河北涿鹿，东到今山东、河南和江苏、安徽北部的齐、鲁、楚、梁等地；亲访许多古事，探寻许多古迹。这些游历及学习经历为他后来写成《史记》奠定了坚实的基础。司马谈搜集许多资料，计划撰写一部系统的历史书，惜书未成而死，遗命要司马迁完成这件事情。汉代太史公职位是世袭的，所以司马谈死后三年（公元前108年），司马迁成了太史令。他在完成修订汉代历法《太初历》的同时，着手编写史书。天汉二年（公元前99年），汉武帝发兵反击匈奴入侵。率领五千步兵的汉将李陵兵败投降。司马迁因为为好友李陵讲了一些同情的话，被下狱处以腐刑（宫刑）。痛不欲生的司马迁一度想要自杀，念及父命在身，忍辱负重，最终完成了《史记》。《史记》也成为司马迁子承父业、经两代人编纂而成的我国第一部纪传体史书。

《史记》取材于先秦以来保存下来的故有历史记载及作者亲身所见的直接资料。根据汉代制度，太史公掌管着完整的官府文书档案（“天下计书”）以及收藏在“石室金匮”中的剖符丹誓等政治文件。这些珍贵的资料为司马迁撰写《史记》提供了条件。司马迁将众多史料分类整理，对于那些来源不同而又难以判断是非的材料，他采取“信以传信，疑以传疑”的原则分别照录，这样处理史料非常合理，比起妄取一说更为妥当。

《史记》具有很高的观赏性，文字峭拔、隽永、奔放，叙述人物及事件生动形象，读来使人兴味盎然，这充分体现了古代史家注重叙述技巧的特点。鲁迅先生曾经赞誉《史记》为“史家之绝唱，无韵之《离骚》”。即便在叙事中，《史记》也能巧妙采取夹叙夹议手法。正如顾炎武所说：太史公作史“于序事之中，即见其指者”①。

《史记》叙述史实涉及面广，人物列传涉及三教九流，充分体现了司马迁综合的历史观。司马迁的史学思想可以概括为以下几个方面：（1）历史是有规律可循的，把古往今来历史事实的变化相互联系，能找出一些因果关系。即通过“原始察终，见盛观衰”② 达到“究天人之际，通古今之变”的目标。（2）史书应全面描述社会生活从而再现历史。（3）经济基础对社会历史具有决定作用，强调经济决定道德，即所谓“礼生于有而废于无”。（4）重视对史料真实

① 顾炎武：《日知录》卷二十六《〈史记〉于序事中寓论断》。

② 《史记·太史公自序》。

性的确认，把确定事实、积累实际材料作为撰写历史的基础。(5)站在正义的立场上褒贬历史人物，歌颂忠于民族、忠于国家的英雄，贬斥贪利忘义的势利小人。司马迁的这些思想大多体现在《史记》的篇目中。

二、《史记》的纪传体编写体例

司马迁的《史记》在继承我国先秦史书编写方法的基础上，创立了纪传体史书编写体例。该体例由纪、表、书、世家、列传五部分组成，五部分各自独立，又互相配合成为一个有机整体。由于各种困难的阻碍，司马迁直到去世仍未彻底完成《史记》的编写工作，书缺10篇，有录无书，后由褚少孙补。《史记》五个部分分别是本纪12篇，表10篇，书8篇，世家30篇，列传70篇，共计130篇。

“本纪”以历代帝王为中心，一帝一纪，概括地叙述各时期的国家大事。本纪在编写形式上采取编年体，内容简略。如《史记·秦始皇本纪》记述了秦朝始皇帝嬴政时期的大事。

“世家”也以编年体形式记载诸侯列国和一部分重要历史人物。孔子以“素王”身份入选《史记》“世家”。世家和列传共有一百篇，是《史记》的主要组成部分，在本纪和年表中概括提及的事情，在这两部分有较详细的叙述，和八书的记载也相互联系照应。东汉班固《汉书》以后“世家”并入列传中。

“列传”以人为中心，记载人物行事，兼述少数民族、邻近国家情况，是研究历史的重要史料。《史记》列传次序大致按时间先后排列，但关系相近者则列在一起。一般列传标识本人姓名，如《史记·孟尝君列传》，事迹相关或行为相类的便合并立传，如《史记·廉颇蔺相如列传》、《孟子荀卿列传》等。以专业职业或性质相同者为类传，如《循吏列传》、《酷吏列传》、《游侠列传》、《刺客列传》、《滑稽列传》、《佞幸列传》等，后来“二十四史”中大都有这样的类传。《史记》首创循吏、酷吏、佞幸、儒林、游侠、刺客、日者、货殖、滑稽等九种类传。后来，随着社会发展，纪传体史书中类传名目不断增多，如《汉书》创《外戚传》，《后汉书》创《宦者传》、《文苑传》，《五代史》创《伶官传》，元修《宋史》更创《道学传》。《史记》列传的最后一篇是《太史公自序》，这是司马迁的自传，也是全书的序言。这篇自序全文收录了司马谈的《论六家要旨》，文章站在汉初流行的黄老学派的立场上，批评阴阳、儒、墨、法、名等各家思想，也代表了司马迁对先秦诸子学说的基本态度，具有较高的学术价值。今人张忱石、吴树平先生采用四角号码检字法编成《二十四史纪传人名索引》（中华书局 1980 年第一版），收录中华书局出版的“二十四史”点校本中有纪传的人名，便于查询使用。

“书”以事类为纲，记录同类性质的重要史事及其发展过程，《平准书》叙述经济，《河渠书》叙述水利，《天官书》记录星象，另有《礼书》、《乐书》、《律书》、《历书》、《封禅书》，通称八书，为《史记》中有特殊价值的部分，也是错误较多的一部分。东汉班固《汉书》改“书”为“志”。“志”是叙述历代典章制度的重要史料，具有很高的研究价值。后世“二十四史”中，《宋史》的“志”多达十五类，创下了“志”数最多的纪录。《新五代史》仅有司天、职方二志。唐代杜佑所创“典志体”起源于《史记》的“书”。纪传体史书“二十四史”中，“志”是最有价值的一部分，几乎每一部“志”都反映了历史文化的变迁。例如，北魏政治官职源于鲜卑氏族部落，故《魏书》并两者为“官氏志”。又如辽代兵制不同于其他时期，故《辽史》于《兵卫志》外更立《营卫志》。各史《艺文志》或有或无，一般综述当朝及前代著书目录。“二十四史”中，《汉书·艺文志》、《隋书·经籍志》的学术史价值较高。《明史·艺文志》始专述一代著述，这是因为后来书籍数量增多的缘故。

“表”分世表、年表、月表，也是以时间为中心，兼顾地理空间因素，综合记录同时发生的各种事件，形式上与本纪一样都是以时间为纲而记事，形似编年体。即所谓旁行斜上，按年月为次，顺序编写，具有提纲作用。“表”出自古代谱牒，所以用来补本纪、世家、列传之不足。司马迁《史记》中的“三代世表”、“十二诸侯年表”、“六国年表”叙述春秋和战国时期发生的各种事件，史料价值很高。东汉班固《汉书》另创“外戚恩泽侯表”、“百官公卿表”、“古今人表”等。《后汉书》至“南北史”均无“表”，《新唐书》有“宰相”、“方镇”、“宗室世系”三表，《新五代史》有“十国世家年谱”，相当于十国年表。宋、金、元、明史皆有“表”。

《史记》每篇末尾都附有一小段“太史公曰”的评论性文字，这是司马迁对篇内某人某事的评论。后来修史者继承了司马迁这一做法，《汉书》改为“赞”，其他史书或用“论”，或用“评”，或用“史臣曰”。这一些不同形式的评论通称为“论赞”，是纪传体史书特有的史评形式。依照唐代刘知几的说法，史之有论、赞，也是为避免叙事重复而节省文字所特加的简短补充。刘氏《史通·论赞篇》写道：“太史公曰：‘观张良貌，如美妇人；项羽重瞳，岂舜苗裔?’此则别加他语以补充书中，所谓事无重出者也。”该篇又说，班固赞曰：“杨王孙裸葬，贤于秦始皇远矣。此则片言如约而诸义甚备，所谓文省可知者也。”这里，刘知几的确说出了纪传体史书论、赞所具有的补充正文不足的另一个作用。

在构成《史记》体例结构的五个组成部分中，呈现出三种编写方法，即以时间为纲的本纪和年表、以事类为纲的书、以人物为纲的世家与列传。这三个部分综合起来形成纪传体的主体，实际上形成了编年、纪传、记事三种基本编史体例相互为用的格局，这正是中国古代纪传体史书编写体例的基本特点。

《史记》著成后未曾公开流行。汉宣帝时，司马迁的外孙杨恽好读其书，方才公之于世。原书最初无确定名称，或曰《太史公》，或曰《太史公书》，或曰《太史公记》，东汉荀悦撰《汉纪》开始简称其为《史记》，此后相沿不改。历代为《史记》作注的史家很多，以南朝宋裴骃《史记集解》和唐代司马贞《史记索隐》、张守节《史记正义》三家为最重要。清代颇多研究《史记》的学者，以梁玉绳《史记志疑》36卷成就最大。今人陈直《史记新证》、朱东润《史记考索》在考证、考论方面作出了新的贡献。日本人泷川资言（泷川龟太郎）著《史记会注考证》，将历代学者的注解列在正文之下，为研究《史记》提供了许多方便。

至今，《史记》研究已蔚然成为一门专门的学问，成就辉煌。据历史文献学家张大可教授统计，历代研究《史记》的作者达2000余人，论文有3800余篇，论著近300部，总字数约1.1亿。20世纪80年代以来，每年发表的学术论文都在百篇以上，仅1980～1996年的17年间，就有1200余位作者发表了1800余篇研究论文，出版专著131部，总字数达6000万。① 这些数字说明《史记》具有无穷的学术魅力，它受到了历代学者们的关注，不愧是“史家之绝唱，无韵之《离骚》”。

第二节　班固《汉书》对纪传体的巩固

东汉班固开创了用纪传体史书叙述断代史的先河。《汉书》不仅改进了司马迁《史记》的体例，更巩固了纪传体的地位。班固以后的一千多年里，历代封建王朝习惯性地沿用了纪传体断代史的形式编写史书，形成了所谓正史的“二十四史”。其中，只有西汉司马迁的《史记》和唐代李延寿的《南史》、《北史》具纪传体通史性质，其他正史均为纪传体断代史。

一、班固其人其事

《汉书》100卷是我国第一部纪传体断代史，由东汉班固与其父

① 张大可：《史记文献研究·题记》，民族出版社2001年版，第3页。

班彪、妹班昭、马续等人共同撰写而成。班固最初在家内撰写《汉书》，有人上告他私作国史，被捕系于狱中。其弟班超到京上书诉冤。汉明帝遂以班固为校书郎，又改任为兰台令史，正式命他编写《汉书》，宫内藏书得任意参考。从汉明帝永平初年到汉章帝建初年间（约公元60～80年之间），经历了20余年，这部史书方告成。班固和当时掌管大权的外戚窦宪关系密切，后来窦宪失宠自杀，班固受牵连被捕而死在洛阳狱中，其书亦受到严重破坏，“八表”和《天文志》等篇均缺。后由其妹班昭续作“八表”，马续（马融之兄）补作《天文志》，全书始成完本。

二、《汉书》对纪传体的改进

《汉书》遵照《史记》体例，形式上略有变化。全书分为4个部分，即本纪12篇、表8篇、志10篇、列传70篇，共计100篇。本纪、列传全用《史记》的形式，合世家于列传，列传最后一篇为《叙传》，性质也同于《史记·太史公自序》。因其书全名为《汉书》，故改《史记》之“书”为“志”，合《礼书》、《乐书》为《礼乐志》，合《律书》、《历书》为《律历志》，改《平准书》为《食货志》、《天官书》为《天文志》、《封禅书》为《郊祀志》、《河渠书》为《沟洫志》，另增《刑法志》、《五行志》、《地理志》、《艺文志》，《汉书》十志较《史记》八书的内容大大增加，为《汉书》的重要组成部分。

自《汉书》著成后，以纪、表、志、传四部分内容组成的断代为史的纪传体史书体例基本形成，后世修史者多以此形式为标准。又因表、志编写较为困难，后世所修史书或缺志或缺表，而以本纪、列传为必须具有的内容，所以世人通称这种史书编写体例为纪传体。《汉书》记述西汉一代历史，书中具有浓厚的天人感应思想，且重视社会经济因素在历史发展中的作用。

汉代是中国古代封建君主专制政治体制形成的时期。《汉书》必然带有这个时代的特点，全书极力美化封建统治者，宣扬当时流行的天人感应学说和君权神授思想。尽管如此，《汉书》依然有其历史的贡献，它开创了用纪传体形式编写断代史的先河，弥补了《史记》缺略的许多重要史实。《汉书·百官公卿表》及《汉书·艺文志》等表、志部分，都是为补充《史记》的不足而特意创作的，具有很高的历史价值。《艺文志》虽然是刘向《七略》的缩编，但由于《七略》久已失传，使得这篇全面总结和概述先秦诸子百家学说发展的《艺文志》具有了很高的学术和文献价值，历来受到世人重视。

《汉书》纪传描写人物娓娓动人，于从容不迫中能摹声绘形，为后人展现了历史的丰富画卷。在纪传方面，《汉书》创立了许多人物列传，适当地利用了合传形式，达到了人物事迹简洁、性格分类明了的理想效果。

历代注解《汉书》的人很多，唐代颜师古汇集汉魏以来二十余家注解，著成古代最详之注。清末王先谦作《汉书补注》更集颜师古之后各家注解，为现今《汉书》注解最完备之作。

第三章 魏晋南北朝隋唐时期史书概述

第一节 魏晋南北朝时期的史书

魏晋南北朝时期，史学摆脱了经学附庸的地位，走上了独立的道路。当时各国的学馆中，史学、儒学（经学）、玄学、文学并为四门学术，独立设学官。南朝宋国家最高学府的教学科目便设置为儒学、玄学、史学、文学四门。此间，私家修史之风依然很盛，史书数量超过了汉代。这一时期，谱牒之学盛行，为史书修纂提供了充分的材料。南朝宋范晔《后汉书》、西晋陈寿《三国志》是这个历史时期纪传体史书的代表作，虽然这两部以文笔见长的断代史都仅有本纪和列传而无志、表，一定程度上仍起到了巩固纪传体史书编写体例的作用。它们与《史记》、《汉书》并称“前四史”，是古代纪传体史书的典范之作。

一、范晔《后汉书》

南朝宋范晔的《后汉书》是魏晋南北朝时期唯一流传下来的一部叙述东汉历史的纪传体史书，此间原本有十家纪传体的后汉书，其余九家均已失传。范晔（398～445），字蔚宗，祖籍南朝宋顺阳郡（今河南淅川县东南），家居山阴，遂为“顺阳山阴人”，出身世族之家。祖父范宁曾任晋豫章太守，为《穀梁传》作注。父范泰长于经学，能文章，仕晋为中书侍郎，袭爵遂乡侯，南朝宋时为侍中、金紫光禄大夫、散骑常侍、国子祭酒，博览群书，好为文学，有文集流传于世。范晔自幼深受儒家思想影响，但恃才傲物，不守儒家礼法，曾投入刘裕之子刘义康部下，先补兵部员外郎，后出为荆州别驾从事，因事被贬为宣城太守。数年太守任内，他写成了《后汉书》。宋元嘉二十二年（公元445年），范晔终因与统治者关系亲密，受到政变株连被处以死刑。《宋书》卷六十九及《南史》卷三十三有《范晔传》。清代王鸣盛《十七史商榷》卷六十一为蒙受冤屈的范晔作了有力的申辩。

《后汉书》120卷，帝后纪10卷，列传80卷，出于范晔之手。书中八志凡三十卷为梁刘昭取晋司马彪《续汉书》之志补入。

《后汉书》在体例方面有其特点，人物立传偏重以类相从的原则，不受时间先后的限制。如王充、王符、仲长统等思想家和著述家被合立一传（列传卷三十九），这种写法为读者阅读提供了一定的便利。《后汉书》创立《列女列传》，为妇女首次争得了历史地位，后世正史多沿袭范晔的创制，妇女入传成为惯例。范晔把握文学发展的大趋势，及时创立《文苑列传》，首次将文学与经学并列看待。《党锢列传》、《独行列传》、《逸民列传》、《宦者列传》、《孝子列传》不仅反映了东汉一朝的历史特质，也完善和丰富了纪传体史书编写体例的内容。

范晔著《后汉书》原以班固《汉书》为范本。但范晔具有唯物主义思想倾向，其书之内容比班固《汉书》更加客观。《皇后纪》形式上采用的是晋华峤《后汉书》的旧样，却反映了东汉外戚地位的特殊情况，为其他各史所少见。为揭露东汉迷信之风，《后汉书》特立《方术列传》。《后汉书》直接选录了汉代许多重要文献，如崔寔《政论》、仲长统《昌言》之《理乱》、《损益》等篇都因《后汉书》得以保留下来。《后汉书》之《东夷列传》、《西羌列传》等篇大量采用《竹书纪年》的资料，使得后人在《竹书纪年》失传后能一览其部分原貌。

《后汉书》在文学方面有很高的成就。范晔《狱中与诸外甥侄书》述及他对《后汉书》文学成就的自我评价，他说："常谓情志所托，故当以意为主，以文传意。以意为主，则其旨必见；以文传意，则其词不流。然后抽其芬芳，振其金石耳！此中情趣旨趣，千条百品，屈曲有成理。"又说："吾杂传论，皆有精意深旨，既有裁味，故约其词句。至于《循吏》以下及六夷诸序论，笔势纵放，实天下之奇作。"正是由于《后汉书》很高的文学地位，后人重视该书。隋唐以来，《后汉书》逐渐取代了《东观汉记》，与《史记》、《汉书》并为三史，唐宋科举考试之史科内容便以三史为限。

历代注解《后汉书》者，以唐代章怀太子李贤等人撰《后汉书注》（100 卷）和清代惠栋撰《后汉书补注》（24 卷）为最精。清代王先谦《后汉书集解》最为完备，该书网罗唐宋以来诸家之说，以《汉书补注》的体例为《后汉书》作注，使用起来非常便利。

二、陈寿《三国志》

《三国志》是西晋陈寿所撰的一部叙事疏略、体例残缺的纪传体史书。陈寿（233～297），字承祚，西晋初年巴西郡安汉县（今四川南充）人，少时受学于同郡古史家谯周，"聪警敏识，属文富艳"①。蜀汉时任观阁令史，入晋举孝廉，为著作郎，兼领本郡中正，曾受中书监荀勖、中书令和峤委托定诸葛亮故事。晋武帝泰始十年（公元 274 年），陈寿出为平阳侯相，撰成《诸葛亮集》24 篇奏于朝廷。晋武帝太康元年（公元 280 年）灭吴，统一中国。陈寿整理魏、蜀、吴故事，撰写《三国志》。史称"时人称其善叙事，有良史之才"。后任治书侍御史。晋惠帝元康七年（公元 297 年）病故。《晋书》有《陈寿传》。

---

① 《华阳国志》卷十一《陈寿传》。

《三国志》全书65卷，其中魏志30卷，蜀志15卷，吴志20卷。最初三志是分别流行的，北宋开始刻版印行，合为一书。而三志仍各自为卷，目录也分列。宋以后，书末《叙录》已佚。

《三国志》全书除《魏志》四卷帝纪外，都是列传，无表和志。全书叙事简洁，体系严密，自成一部完整的著作。该书推衍了《汉书》的历史观，显示出更具谱牒化的时代特点。在魏、蜀、吴三国中，《三国志》尊魏为正统，故《魏志》部分多用回护的书法为封建统治者服务。读者阅读起来应该慎重。例如《魏志·文帝纪》把汉献帝被迫让位给曹丕说成是汉帝的主动行为，就是替曹魏统治者服务的回护之笔。又如魏少帝高贵乡公曹髦欲诛司马昭，反为昭党成济所杀，而《三少帝纪》则把一切责任归于成济，使其做了司马昭的替罪羊。

《三国志》在取材方面仍有独到之处，比如《诸葛亮传》特别载录诸葛亮之《隆中对》、《出师表》，意义非凡。诸葛亮的这两篇文章，对于核实诸葛亮与刘备最初相识的经过起到了重要的作用。陈寿正是根据《出师表》中“先帝不以臣卑鄙，猥自枉屈，三顾臣于草庐之中”的自述，确定了刘备三顾茅庐的行实，从而否定了《魏略》及《九州春秋》有关诸葛亮主动去见刘备的说法。

《三国志》文字简约爽洁，无繁冗芜杂之弊。但在人物描写方面不及《史记》、《汉书》生动传神。清代有所谓“《三国志》出，四史备”的说法。人们始用“四史”之名来称谓《史记》、《汉书》、《后汉书》、《三国志》。

南朝刘宋裴松之为《三国志》作注，补充了许多重要的资料，阅读《三国志》者不可不看。裴松之（374～451），字世期，河东闻喜（今山西闻喜）人，史称其“博览坟籍，立身简素”。宋文帝时裴松之任中书侍郎兼司、冀二州大中正。《宋书》卷六十四、《南史》卷三十三均有传。裴松之受南朝宋文帝之命为《三国志》作注，他参阅了大量资料，详原书略者，补原书缺者，正原书谬者，存原书疑者。据清代学者钱大昕《廿二史考异》（卷十五）统计，《三国志》裴注引书多达140余种。①

裴松之着眼于从补阙、备异、矫妄、论辩四个方面补充《三国志》的疏漏与简约。《三国志》裴注内容涉及文字解释、记载简略、遗漏处的补充、记载讹误的考辨、史事与人物及史家评论等。

《三国志》裴注不是随文释义的注解，而更类乎《三国志》的补编，开创了新的注史方法。《三国志》裴注除了汇集前人的注解以外，又补充事实、列举异同、考辨真伪、发表评论，这些都是前所未有的开创。裴松之关于史料审查的意见，对后世中国历史考据学的形成和发展影响深远。他的意见概括起来有以下五点：碑铭和家传不可轻信、自相歧异的记载必有讹误、孤立的记载不足置信、敌国传闻之言不可轻信、作者妄加修饰之言不符合史实。

三国时期的史书大多失传，许多资料幸赖裴注得以保存，这使得裴注的史料价值远远超过了《三国志》本身。自裴松之开创注史新方法后，不断有人仿效，形成了“史注类”这一新的史传类别，丰富了古代“史部”图书。《三国志注》、《世说注》、《续汉书志注》、《文选李善注》是中国古代四大古注，保存了唐以前的众多历史文献，具有很高的文献价值。近代中国法学家、目录学家沈家本所著《古书目四种》是研究四大古注的专门著作，学术价值颇高。唐以后，史注类著作层出不穷，如宋人王皞的《唐余录》、陶岳的《五代史补》、清人彭元瑞《五代史记注》、吴士鉴《晋书斠注》等。他们在搜集资料和考辨讹误方面下了苦功，为历史研究作出了贡献。清代研究《三国志》者，以赵一清《三国志注补》（65卷）、梁章钜《三国志旁证》（30卷）最为重要。近人卢弼依照王先谦《汉书补注》和《后汉书集解》的体例，汇集众说，著成《三国志集解》一书，1957年由古籍出版社排印，方便了后人的学习与研究。

---

① 一说210种，见沈家本《三国志注所引书目》。

三、《魏书》及其价值

《魏书》是北齐魏收所撰，全书114篇，130卷。帝纪12篇14卷，列传92篇96卷，志10篇20卷。魏收，字伯起，巨鹿下曲阳（今河北晋州）人。他生活在北魏、北齐之际，20多岁开始参与撰修国史，北齐时官居中书令，仍一直兼修国史。魏收所撰《魏书》修成后便受到诟病，被人称为“秽史”，反映了统治阶级内部深刻的利益矛盾。

《魏书》主要为北齐当权的世家大族服务，凡书中涉及北魏、北齐统治者或魏收个人事情的地方，多有回护与曲笔。作者甚至以自己手中的笔为泄愤的工具，对待传主“举之则使上天，按之当使入地”①。他的这一做法遭到了后人普遍的批评。尽管如此，由于魏收经历了南北朝后期的社会变革，其《魏书》中仍有许多内容反映了当时的历史，如《官氏志》记载了鲜卑族改姓前后的氏姓，史料价值很高；《食货志》记录了均田制、三长制的早期情况；《李安世传》记载了均田奏议，为研究北魏均田制的由来提供了难得的原始史料。《魏书》中有价值的史料，为后人研究魏晋南北朝历史提供了依据。

第二节　隋唐五代时期的史书编纂成就

隋朝国祚短促，史书编纂未曾有所作为。唐朝史学取得了辉煌的成就，唐太宗时期诞生的史馆制度充分保证了史书编纂工作的顺利开展。唐代不仅完成了纪传体正史“二十四史”中“八史”的修撰，还创立了“典志体”、“会要体”等新的史书体例，诞生了刘知几的《史通》。以这些成果为标志，我国古代史学进入了成熟阶段。

---

① 《北史》卷五十六《魏收传》。

《史通》是我国第一部史学理论著作，它开创了中国史书编纂学的研究。

一、唐代官修前朝史

唐代纪传体史书的编纂分为三种情况，一为官修前代史，二为私修前代史，三为官修当代史。其中，尤以官修前代史成就最大，这方面的工作主要集中在唐初高祖、太宗时期。隋文帝开皇十三年（公元593年），下诏禁绝私人修史。贞观三年（公元629年），唐太宗于禁中设史馆，首开国家史馆制度，魏征、房玄龄、姚思廉、李百药、令狐德棻等人奉命主持完成了《梁书》、《陈书》、《北齐书》、《周书》、《隋书》、《晋书》等六部官修纪传体前朝史，加上李延寿私修的《南史》、《北史》，唐代完成了八部纪传体史书，习称“唐八史”，占古代正史“二十四史”的三分之一。

贞观三年，唐太宗开设史馆修撰隋以前各朝史，命魏征、房玄龄总领监修，令狐德棻制定五史体制、义例，先后启动《梁书》、《陈书》、《北齐书》、《周书》和《隋书》，并称“五代史”。根据分工，梁、陈二史由姚思廉负责。姚思廉子承父业，在其父姚察所撰《梁史》、《陈史》草稿基础上完成了这两部纪传体史书。由于姚氏父子亲历了梁、陈大半时光，《梁书》、《陈书》二书所用史料多半出自当时史官之手，材料比较真实，但二书缺点也很明显，替统治者回护誉美之处较多。二书均为姚思廉所撰，秘书监魏征为监修官而无具体之功。

《梁书》56卷（本纪6卷、列传50卷），叙述南朝梁代4世55年的历史。《陈书》36卷（本纪6卷、列传30卷），叙述南朝陈代5世31年的历史。在文学上，二书文笔精炼，尤其是书中熟练的散文写作手法，打破了六朝以来骈文入史的风气。二书相比较，《梁书》材料丰富，持论公允，明显优于《陈书》。

《北齐书》50卷（本纪8卷、列传42卷），唐初李百药撰。李百药，字重规，定州安平（今河北安平）人，新、旧《唐书》有传。李百药修《北齐书》犹如姚思廉修《梁书》、《陈书》，也是“子承父业”。其父李德林为北齐内史令兼史官，曾撰27卷纪传书稿《齐史》，全书未竟而卒。唐贞观元年，李百药奉命撰写《北齐书》，十年成书，叙述了自孝静天平元年（公元534年）东魏建立到北齐承光元年（公元577年）的历史。北齐称帝存国只有20余年（550～577），《北齐书》则追述了高欢发迹后约80年的历史，涉及北魏晚期历史，具有很高的史料价值。在体例上，《北齐书》模仿《后汉书》，部分篇末有论赞。今本《北齐书》已非李百药原著，其中约2/3的内容系宋人根据李延寿《北史》及高峻《高氏小史》补配。因《北史》及《高氏小史》原出于《北齐书》，故对本书史料价值无大的影响。

《周书》50卷（本纪8卷、列传42卷），令狐德棻主修，成于唐初史馆众史官之手。贞观三年（公元629年），唐太宗设立史馆，命令狐德棻与岑文本、崔仁师等修撰《周书》。贞观十年（公元636年），全书完成。该书替北周统治者歌功颂德而有虚妄之文，但叙事“繁简得宜，文笔亦极简劲”①。书中保留了府兵制源流等许多有关西魏、北周历史的珍贵资料，对于研究隋唐制度渊源具有很高的史料价值。今本《周书》和《北齐书》均非原本，而是经后人补佚所成。所补原出于《周书》，其史料价值不曾受到影响。

《隋书》85卷（本纪5卷、列传50卷、志30卷），是唐初官修五代史的最后一种，也是唐代官修史书中经众手修撰的第二部纪传体史书（《周书》为第一部），它代表唐朝统治者的立场。贞观三年，唐太宗命魏征主修《隋书》，颜师古、孔颖达、许敬宗等协助修撰。依照原计划，史馆史臣修“五代史”都只修本纪和列传，不作表，另撰写10篇共同的志。贞观五年（公元631年），唐太宗下诏

---

① 赵翼：《陔余丛考》卷一。

命于志宁、李淳风、韦安仁、李延寿等人共修志书。高宗显庆元年(公元656年)，最后修成志书10种30卷，为“五代史志”，由监修官长孙无忌领衔奏上。由于“五代史”的纪传流行已久，《五代史志》遂单行。后来在与五部史书合编时将《五代史志》附在《隋书》之后，为《隋书志》，《隋书》因此成为85卷。

《隋书》“志”共计10种30卷，分别是《礼仪》7卷、《音乐》3卷、《律历》3卷、《天文》3卷、《五行》2卷、《食货》1卷、《刑法》1卷、《百官》3卷、《地理》3卷、《经籍》4卷。《隋书志》叙述了梁、陈、齐、周、隋五个朝代的典制变化情况，填补了魏晋南北朝以来典章制度史的空白，学术价值和史料价值都很高，历来受到学者的重视。《隋书》因此被后人认为是唐修五代史中最好的一部。

《隋书·经籍志》总结了东汉至唐初古籍流传的情况，在古代图书分类与著录方面，和《汉书·艺文志》相衔接，二志在中国学术史上具有很高的地位。《隋书·经籍志》叙述学术源流清晰，考察书籍存佚精细，它的图书分类法在目录学史上具有划时代意义，它首次将中国典籍分为经、史、子、集四部，这种图书分类法影响后世达千年之久，一直被人们所沿用。

《隋书》是唐初名臣们集体撰写的官修前朝史，唐太宗李世民设史馆始终关注其事，书中对隋唐之际的许多重要事情都作了曲笔与回护，隐瞒了不少史实，对唐初当权者的行为多有曲变论述，使用时应加以鉴别。房彦谦本无重大事迹可书，只是因为其子房玄龄为唐太宗的宰相，《隋书》卷六十六便有他的专传，可见《隋书》在列传人选上存在的问题。

清代章宗源《隋书经籍志考证》（存史部13卷）、姚振宗《隋书经籍志考证》52卷为研究《隋书·经籍志》不可或缺的参考书籍。

《晋书》130卷（帝纪10卷、志20卷、列传70卷、载记30

卷)，是唐太宗后期完成的官修前朝史之一。在唐修《晋书》以前，原本流行着22家私修的各种晋史，其中南朝齐臧荣绪110卷《晋书》是最为完整的一部叙述晋朝历史的史书。因为唐太宗李世民欣赏晋代司马懿、司马昭完成统一大业的事迹，又喜爱晋代陆机的文章和王羲之的书法，遂于贞观二十年下诏修晋史，宰相房玄龄监修，令狐德棻、敬播、李淳风、李延寿等人负责撰写。以完整的臧荣绪110卷《晋书》和其他"十八家晋史"作底本，加上20余人的庞大队伍，三年时间便完成了《晋书》的撰写。唐太宗亲自撰写《宣帝纪》、《武帝纪》、《陆机传》、《王羲之传》四篇纪传的后论，故旧本题"御撰"。《晋书》记载了从司马懿仕魏到刘裕取代东晋共计200年的历史，书中十"志"追述至东汉末期，弥补了《后汉书》、《三国志》无"志"的缺陷。《晋书》集中而系统地保存了两晋时期的重要史实，史料价值较高。例如《刑法志》保存了战国李悝《法经》篇目，出自李淳风之手的《天文志》、《律历志》、《五行志》记载了古代重要的科学知识，《食货志》多载重要的经济史料。《裴秀传》(卷三十五)保存了我国最古的地图制作方法，《束皙传》(卷五十一)等记载了汲冢书的发现和整理过程。

《晋书》在体例上颇具特色，它更改了传统类传的部分名目，如改《循吏》为《良吏》，改《逸民》为《隐逸》，合《方术》、《方技》为《艺术》，新创《孝友》、《忠义》、《叛逆》三种类传。列传部分几乎尽为人物合传。另外，该书独立了"载记"这一新名目，这在"二十四史"中是独特的。该名目内容类似"世家"，分别记载十六国的人物史事。

二、唐代私修前朝史

《南史》、《北史》是记载南朝宋、齐、梁、陈和北朝魏、齐、周及隋各代历史的纪传体通史。二史是唐代私修前朝史的代表之作，均为唐初史官李延寿个人所撰。李延寿子承父业，在其父李大师旧作基础上，费时16年编撰完成了这两部纪传体史书。高宗显庆四年（公元659年），《南史》、《北史》由监修国史、国子祭酒令狐德棻校阅上表奏进，被朝廷列入正史并流行于世。

《南史》80卷，本纪10卷、列传70卷，记载南朝自宋永初元年（公元420年）至陈祯明三年（公元589年）前后四朝（宋、齐、梁、陈）的历史。《北史》100卷，其中本纪12卷、列传88卷，记载北朝自北魏拓跋珪登国元年（公元386年）至隋恭帝义宁元年（公元617年）前后六朝（北魏、东魏、西魏、北齐、北周、隋）的历史。李延寿编撰《南史》、《北史》旨在打通已经写成的南北朝各自为限的断代史，按照时间顺序通贯地再现这段分裂时期的历史脉络。原来，在南北朝曾经编成的各国断代史中，南北分隔，相互指斥。南书谓北为"索虏"，北书指南为"岛夷"，彼此无关联，相互不往来，这样的史书既割裂了历史，也违背了史实。为了使历史条理清晰，李延寿删去了原来各国断代史中空洞的奏章诏表等官样文章，补充了许多重要史实，从而编系了被各国断代史割断的历史线索。如对于《魏书》不记西魏之事，《北史》中做了必要的补充。

当然，作为私修史书，《南史》、《北史》也存在着明显的缺陷。在弥补史实的过程中，《南史》、《北史》对于原来各国断代史中的重要资料也存在妄删的问题。例如对于《魏书》中李安世的均田奏议，《北史》全予妄删。由于过分依赖原来各国的旧史资料，《南史》、《北史》往往机械照搬原来的材料，导致书中出现较多错置、矛盾、重复的地方。另外，《南史》、《北史》注重为世家大族立传的做法，使史书变得日益族谱化，大大缩小了史书反映历史的范围。

三、《史通》及其意义

唐代史家刘知几撰写的《史通》开创了中国史书编纂学研究的先例。该书共计20卷，分为内篇、外篇两部分，各10卷。其中，内篇专题论文39篇，现存36篇，另有《体统》、《纰缪》、《弛张》3篇已佚。内篇概括地讨论了中国历代史书体例和编纂方法。外篇13篇，专题论述了历代史官沿革和书籍流传情况，讨论了古人修史过程中遇到的一些具体问题。清代《四库全书》列《史通》为史部史评类。

刘知几（661～721），字子玄，徐州彭城（今江苏徐州）人。刘知几出生于官僚家庭，其父刘藏器爱好文史。刘知几"幼奉庭训，早游文学，年在纨绮便受《古文尚书》"①。他12岁读完《春秋左氏传》，遂对史学产生浓厚兴趣，13岁研读《史记》、《汉书》、《三国志》，20岁中进士，任获嘉县主簿，此后19年未获升迁，而"专心诸史"，精研历代史学。长安二年（公元702年）以著作佐郎监修国史，此后专领史事几近20年，曾参与修撰《三教珠英》、《姓族系录》、《唐史》及《高宗实录》、《中宗实录》、《则天实录》、《睿宗实录》等。任史官期间，他因性格直率常遭讥笑和排挤，"退而私撰《史通》"。中宗景龙四年（公元710年），他完成《史通》写作。开元九年（公元721年），刘知几长子刘贶犯事配流，知几因营救儿子得罪朝廷，被贬安州别驾，是年卒。

刘知几的史学思想可以概括为以下几点：

（一）关于古史源流和史著体例的得失。他认为正史源流分为《尚书》、《春秋》、《左传》、《国语》、《史记》、《汉书》六家，正史体例分为纪传和编年二体。他主张史书必须体例谨严、断限清楚。他赞美纪传体的断代史《汉书》，贬抑通史性质的《史记》。

（二）提出"史才三长"的理论。他认为良史撰写者须有才、学、识三个方面的素质。"才"指史家撰写史书的文字表达能力；"学"指史家掌握渊博知识和史料的工夫；"识"指史家明是非、别善恶、观成败的能力，决定着修史的立场、观点。刘知几重视史识，

---

① 《史通》卷十《自叙》。

认为良史应无所阿容，善恶无隐，据实直书，反对任情褒贬、曲笔回护。刘知几提倡史家撰史要“博闻实录”。他主张“君子以博闻多识为工，良史以实录直书为贵”。史家要有“宁为兰摧玉折，不为瓦砾长存”的铮铮铁骨，为正义而书。

（三）关于史书叙事方法。他主张叙事以“简要为主”，提倡“文约事丰”；反对浮词，反对妄饰雕琢，提倡求实直录。他反对南北朝以来史家用骈体文修史的文风，反对模拟古人笔法写近代事情，提倡用当代语言书写史书。

（四）关于人物入传的标准。他坚持“其恶可以诫世，其善可以示后”的取舍标准，主张修史应善恶必书，反对诬罔，反对歪曲史实。他坚持客观公正的修史原则，揭露了官修史书制度的种种弊端。

（五）关于史书功能。他强调史书具有达道义、彰法式、通古今、著功勋、表贤能、叙沿革、明罪恶、旌怪异的作用。这八条作用中前五条系继承汉代荀悦之说，后三条则为刘氏的创新。

（六）关于史料的搜集、选择与使用。他认为修史须先广泛搜集材料，要“采摭群言”，对于采集来的史料要“明其真伪”、“详其是非”；对史料要做严谨的鉴别，择善而从，不能盲目使用。具体到史书修撰，他认为叙述要明晰严整，不能驳杂凌乱；取材要烦省适宜，详略得当。

刘知几的《史通》具有重大的学术意义。首先，《史通》第一次对我国唐代以前的史学作了全面的总结。该书的史学理论体系奠定了中国古代史学理论的基础，对后世史学的发展产生了极为深远的影响。刘知几系统总结了古代史书体例，奠定了中国史书批评和史书编纂学的基础。其次，作者勇敢地将儒家经典《尚书》、《春秋》列入史书范围，并对这两部经典展开批评，这种“非圣”的做法是大胆的，体现了刘知几过人的才识，更是中国古代史学真正从经学束缚下独立出来的表现。

由于刘知几性情刚直，对前贤诋诃太过，加之《疑古》、《惑经》等篇有悖正统理论，致使《史通》流传上出现问题，原书篇目错乱，内篇中的三篇文章在欧阳修、宋祁修撰《新唐书》之前也已亡佚。后虽经多人搜考，仍未能得原篇全文。清代浦起龙《史通通释》为《史通》注释中一个较好的本子，翻刻流传甚广。近人吕思勉撰有《史通评》，汪荣祖撰有《史通通说》，均可备阅。

四、《通典》及其价值

《通典》200 卷是我国第一部记载历代典章制度沿革情况的"典志体"通史著作，由唐代史家杜佑所撰。《通典》开创了记载典章制度的"典志体"史书编纂体例，该体例源于《史记》的八"书"和《汉书》的十"志"。汉代以来，正史"志"均以叙述断代典章制度为主，相互之间没有衔接，人们忽略了典章制度和社会发展之间的关联性。制度史原是不宜以朝代断限的，这是纪传体断代史所无法克服的困难。杜佑《通典》"以类相从"，叙述典章制度的前后沿革，这种编写方法解决了以往"志"书割裂典制的问题，能够完整而系统地叙述典章制度的发展沿革。清代《四库全书总目提要》评价《通典》曰："博取五经、群史及汉、魏、六朝人文集奏疏之有裨得失者，每事以类相从，凡历代沿革悉为记载，详而不烦，简而有要，原原本本，皆为有用之实学，非徒资记问者可比。考唐以前之掌故者，兹编其渊海矣。"①

杜佑（735~812），字君卿，唐京兆府万年（今陕西长安）人，《旧唐书》卷一百四十七、《新唐书》卷一百六十六有传。杜佑早年以父荫入仕，历事玄、肃、代、德、顺、宪六朝，为官数十年，历任地方及中央行政要职，身兼水陆转运、度支、盐铁等财经大员，官至检校司徒、同中书门下平章事（宰相）。杜佑是唐朝中期杰出的理财家、政治家、史学家。长期的为官经历使杜佑积累了丰富的知

① 《四库全书总目提要》卷八十一。

识，加之终生爱好学术，精研历代政治、经济、军事等典章制度，经过30多年的不懈努力，在刘秩（刘知几之子）《政典》基础上，他博采经、史及汉魏六朝人的著述，最终于德宗贞元十七年（公元801年）完成该书的撰写工作。

《通典》全书200卷，分为食货、选举、职官、礼、乐、刑、兵、州郡、边防九门（典），叙述自传说中的黄帝到唐玄宗天宝末年各种典章制度，内容涉及历代土地关系、赋役、官僚制度、礼制、乐制、刑法、军事、地理、对外关系等方面，作者在分门别类叙述制度沿革史实的同时兼议制度得失。《通典》重视对礼仪制度的叙述，其中《礼典》多达100卷，占全书一半篇幅，详叙了吉、嘉、宾、军、凶五礼制度沿革，体现了作者在这方面深厚的学养。

在史料的取材方面，《通典》注重广征博引。该书保留了汉魏以来的大量重要文献。据统计，《通典》引书至少有248种①，其中不少文献已经失传，幸赖《通典》的转引，使许多佚书的片段得以保存至今。例如《兵典》保存了《大唐卫公李靖兵法》的不少内容，《边防典》则保存了隋《西域图经》、唐《突厥本末》等片段，很有价值。由于所引文献均为较早的版本，使得《通典》在校勘学上也极具价值，有助于校勘唐代以前的史书文献。

在编写体例上，《通典》一改过去史家重视政治史的传统，把经济史放在叙述的首位。该书以《食货》为首，以田制为先，详述历代土地关系的变革。这一做法表明，作者强调衣食住行问题对国家治理的作用，反映了封建史家的历史认识在深化。

《通典》编排体例严整，条理清晰。每门之下又分若干子目，如《食货典》之下分《田制》、《水利田》、《屯田》、《乡党》、《赋税》、《历代盛衰户口》、《丁中》、《钱币》、《漕运》、《盐铁》、《鬻爵》、《榷酤》、《算缗》、《杂税》、《平准》、《轻重》等16个子目，全面

① 陈光崇：《中国史学史论丛》，辽宁人民出版社1985年版，第66页。

反映了历代经济制度的情况。书中述及每一种制度，必条贯其源流，通其原委，使得“礼乐刑政之源，千载如指诸掌”①。杜佑继承并发扬了班固《汉书》创立的自注之法，运用自注形式补充正文之不足，说明材料的来源和出处，体现出严谨的治史精神，对后世影响很大。

《通典》体例上也有缺陷，宋元之际史家马端临曾批评《通典》主要表现为“节目之间未为明确，而去取之际颇欠精审”。当然，该书最受后人指责的地方还是书中的《兵典》部分。本来，《通典》全书体例统一，以事类为中心，分别叙述重要的制度沿革和史实发展情况。可是，《兵典》以《孙子兵法》13篇为中心，杂取历代军事战例，叙述了“料敌制胜”、“察而后动”、“以逸待劳”、“攻其必救”、“因机设权”、“归师勿遏”等作战技法，附带记述了火鸟、火兽等兵器技术，未曾叙述历代兵制的沿革。也正是这一部分不合体例的地方，却为后人研究古代兵法和器械提供了有价值的资料。总之，瑕不掩瑜，《通典》开创了“政书体”（典志体）史书编纂体例，功不可没。

《通典》的历史价值非常突出。该书最具史料价值的地方在唐代部分，书中收集了许多唐令格式及诏敕、奏疏以及重大纪事。这些资料都是原始的第一手史料，其史料价值与今存的《唐会要》、《大唐六典》及《册府元龟》唐代部分同等重要。其中《食货典》所记诸色仓储粮数、仓部格及《刑典》中的开元格等许多重要史料都是其他史书所不见的珍贵资料。其他，如《州郡典》各道、州、郡户口数、节度使辖军和兵马数与两部《唐书》之《地理志》和《元和郡县图志》均有所不同，为研究唐史提供了重要线索。

《通典》作者的史评及保存的其他人的史评均有一定的学术价值，如《食货典》中对于“安史之乱”前后财政税收的评论，对于研究者来说都具有很重要的启发意义。因此，《通典》书成以后，

---

①《旧唐书》卷一百四十七《杜佑传》。

“大传于时”，广受士大夫阶层喜爱。后代史家对《通典》评价很高，认为“它纲领宏大，包罗丰富，义例严整，考订该洽，详而不烦，简而有要，是研究唐以前掌故的渊海”①。20世纪初叶，国学大师章太炎先生曾以唐代杜佑的《通典》为古史第一美者，终生爱不释手，先后研读达数遍之多，可见该书在这位20世纪“国学泰斗”心目中的地位。

杜佑《通典》以后，宋末元初马端临《文献通考》、南宋郑樵《通志》模仿《通典》体例编纂典章制度史，此三书合称“三通”。清代乾隆皇帝敕撰《续通典》、《续通志》、《续文献通考》、《清朝通典》、《清朝通志》、《清朝文献通考》，这六部书连同前面的“三通”被目录学家合称为“九通”。至此，典志体这一史书体例蔚然大观。近人刘锦藻又独立撰成四百卷的《清朝续文献通考》，目录学家将其与“九通”合称“十通”，为研究中国制度文明史提供了重要史料。《通典》历代刻本较多，1939年商务印书馆据清乾隆年间重刻本影印的“十通”本，附有四角号码检字和分类的索引。1988年中华书局出版王文锦等点校本，颇为精审。

五、《唐会要》与会要体史书

《唐会要》100卷，北宋王溥撰。受杜佑《通典》典志体体例的启发，唐代史家苏冕、苏弁兄弟两人创立了专门记述一定时期或某一朝代典章制度的“会要体”史书编纂体例。犹如纪传体有通史与断代史之分一样，会要体的《唐会要》与典志体的《通典》虽均以事类为中心叙述典章制度，但体例明显存在差异。典志体史书侧重叙述典章制度的纵向沿革，重在体现典制沿革的“通”；而会要体史书则侧重叙述制度的断代细节，重在体现断代制度的“会”。典志

---

① 周予同主编：《中国历史文选》（下册），上海古籍出版社1993年版，第40页。

体、会要体史书的出现，对唐宋会通史观的形成起到了促进作用。

贞元末年，杭州刺史苏弁与其兄苏冕“缵国朝故事”，共同撰写了 40 卷的《会要》，叙述唐高祖至代宗时期的典制。唐宣宗大中七年（公元 853 年），宰相崔铉监修、杨绍复等人修撰《续会要》40 卷，上接苏氏《会要》记述德宗到武宗时期的典制。宋初宰相王溥根据苏冕《会要》和杨绍复《续会要》增续编撰，将宣宗以后故事加以续补，成《新编唐会要》100 卷，简称《唐会要》。

《唐会要》体例不规整，全书无总的分类，五百多个分目也显得烦琐。由于它叙述了唐代各种典制的沿革损益、社会风俗及四夷各族史实，且书中大部分内容成于唐人之手（初唐及中晚唐时期），历来受到唐史研究者的重视。《唐会要》保存了许多唐令、诏敕、奏议及其他文献，多为新、旧两《唐书》所不传。如《疏凿利人》和《硙碾》等专篇记述有关水利事务的情况，可与《新唐书·地理志》互为印证。今本《唐会要》100 卷共分 514 目，主要叙述了唐代的帝系、礼、宫殿、舆服、乐、学校、刑、历象、封建、佛道、官制、食货、四夷等制度史实情况。其类目范围比《通典》广，大量史料是《通典》中所不见的，由于该书的详细记载，使得急剧变化的中晚唐时期的制度得以据此考索，这是此书最可贵之处。① 《唐会要》宋刻本已不传，仅有抄本。清代有《四库全书》本，乾隆《武英殿聚珍版丛书》本即据《四库全书》本用木活字排印。此后的《丛书集成》本、商务印书馆“国学基本丛书”本均系《聚珍》本的覆刻。中华书局 1955 年影印本即为影印“武英殿聚珍版”。今本《唐会要》七、八、九、十卷多有错乱，或系后人依据两《唐书》、《册府元龟》等资料补入，使用时要慎重对待。今人张忱石据中华书局本编《唐会要人名索引》，1991 年中华书局出版，便于检索使用。

《唐会要》创造了一种新的史书编纂体例，对后世史学发展产生

---

① 黄永年：《唐史史料学》，上海书店出版社 2002 年版，第 70 页。

了一定影响。自唐代苏冕创立“会要体”史书以后，历代史家相继修撰多部会要体史书，从而使这一体例日益成熟。宋初王溥撰写《唐会要》，同时还撰写了《五代会要》。宋朝设立直属秘书省的“会要所”，专事编修宋代《会要》，前后编成宋代各朝《会要》十余种，总计达2000卷，多为宋代文献原文。宋修《会要》止于南宋宁宗时期，理宗以下未有成书。由于大部分宋代《会要》没能刊行，后来陆续散佚。今本《宋会要辑稿》原稿500卷，由清代嘉庆年间“全唐文馆”提调兼总裁官徐松从明代《永乐大典》中辑录而得，徐松未及整理而卒。后来由刘富曾等人于1915年整理刊印。刘富曾等剪裁徐松《宋会要辑稿》原稿，按门类分为17门，即帝系、后妃、乐、礼、舆服、仪制、瑞异、运历、崇儒、职官、选举、食货、刑法、兵、方域、蕃夷、道释，共计366卷。其中十之七八为《宋史》诸志所不见，是研究宋史的重要资料。

南宋徐天麟仿《唐会要》体例，排比两《汉书》，编成《西汉会要》、《东汉会要》。清代史家也有多部《会要》，已刊行的有姚彦渠《春秋会要》、孙楷《秦会要》（今本为今人徐复增补《秦会要订补》）、杨晨《三国会要》、龙文彬《明会要》等。另外，还有一些类似于会要体的史著，记述某一朝代典制史实，如南宋李攸《宋朝事实》60卷（今存20卷），李心传《建言以来朝野杂记》（40卷）等。清代《四库全书总目提要》将这些记述断代典制的“会要体”史书与记述历代典制通史的“典志体”的《通典》均列入“政书类”，以《通典》居首。不可否认，从《两汉会要》以下，大多数的《会要》撰述系排比正史而成，仅仅便于检索，并无史料价值。

六、《旧唐书》及其史料价值

五代时期，史书编纂依然以官修纪传体史书为主，《旧唐书》的编撰是此间最主要的成果。《旧唐书》为后晋刘昫等撰。全书200卷，其中本纪20卷，志30卷，列传150卷，记载唐代280多年的历史。《旧唐书》的编撰开始于后晋天福六年（公元941年），参加修撰的史官主要有张昭远、贾纬、赵熙、郑受益、李为先（一作光）、吕琦、尹拙等，宰相赵莹监修。后晋开运二年（公元945年）全书修成，由宰相刘昫领衔奏上。

《旧唐书》在短短四年内很快修成，得益于后梁、后唐、后晋不懈的史料征集工作，其次归功于宰相赵莹的精心组织。天福六年，赵莹上奏皇帝提出了周密的计划和安排。他奏请朝廷广集史料，征集了唐代各朝实录和史馆修撰的国史，为修撰唐书提供了史料保障。赵莹长于修史，他提出了礼、乐、刑法、天文、律历、五行、职官、郡国、经籍、食货十志的名目计划，并奏请朝廷各部门提供专门的典制资料，为编撰“志”提供依据。后来撰成的《旧唐书》十一志与原来赵莹的计划有所不同，原来的礼志改为礼仪志，原律历志改为历志，原郡国志改为地理志，另外增加舆服志。《旧唐书》之人物列传及四裔传主要取材于实录和国史旧有的列传，史料价值很高。

《旧唐书》保存原始资料较多，史料价值明显高于后来欧阳修、宋祁撰写的《新唐书》。《旧唐书》纪传部分多依据唐前十五朝实录、代宗以前国史和朝报、吏牍、计簿、家状等官方征集的史料。武宗以前的本纪大体依据各朝实录，武宗以后因缺实录而取材粗略。《旧唐书》全书近310万字，本纪约30万字，较《新唐书》多出两倍多。《旧唐书》列传共收录传主1800余名，唐肃宗以前的传主材料多删节于国史资料，宣宗以后的人物入传者少，列传所记史事多据行状、家传等而有错误。卷三至卷六的人物列传可补《隋书》之不足，但唐初人物的传记多依据唐国史，对唐太宗“玄武门之变”及唐初历史的记述多有歪曲，需谨慎鉴别。

《旧唐书》的“十一志”涉及唐代各种典章制度，其中《职官志》、《地理志》、《食货志》、《经籍志》、《刑法志》的学术价值较高，尤以《职官志》、《地理志》最为重要，这两方面的知识遍布列传、本纪的每一篇。《旧唐书》诸志史料来源不同，《礼仪志》多据

《大唐开元礼》，《职官志》多据《大唐六典》，《经籍志》多据唐玄宗集贤学士所编《群书四部录》和《古今书录》，其余各志多本于《通典》等典籍。

《旧唐书》材料丰富，叙事详明，条理清楚，文字简洁，体例完整，历来深受人们重视。但是，该书编纂时间仓促，编次枝蔓多节，史事考订粗疏，各志所载多非一代完整制度，对于唐后期的典制史事记载较少，唐宣宗以下的史事记述更为粗略。前密后疏是《旧唐书》史料保存方面的最大缺点，《经籍志》中甚至遗漏了李白、杜甫、韩愈、柳宗元等文化名人的诗集、文集。

今本《旧唐书》有中华书局“二十四史”点校本，所用底本为经沈德潜等窜改过的殿本的岑建功重刻本，未用较好地保存旧刻本面目的百衲本，点校也不尽理想。黄永年、卞孝萱都曾做过一些补校。《旧唐书》有待于进一步组织力量重新校注。

第四章 宋、元、明、清、民国时期史书概况

第一节 宋元时期史书编纂成就

宋承唐制，实行文治政策，史学成就斐然。宋代继承了以往“易代修史”的传统，继续编纂纪传体正史，官修《旧五代史》、私修《新五代史》、官修《新唐书》等正史相继完成。综观宋代史学，有六个方面的成就非常突出。第一，宋代形成了会通的历史观，史家立足通贯的视野，注重从纵横两个视角审视历史。在东汉班固断代史风格流行近千年之后，通史撰写出现复兴迹象，宋代相继问世了一批冠以“通”字名目的史著，出现了《资治通鉴》、《通志》、《文献通考》三大通史著作。第二，南宋袁枢撰写《通鉴纪事本末》首创“纪事本末体”新体例，丰富了史书编纂体例。第三，宋代欧阳修《集古录》、赵明诚《金石录》、赵佶《宣和博物志》等一批金石学著作独具特色，形成了传统史学体系中的金石学分支。第四，宋太宗太平兴国年间乐史所撰《太平寰宇记》、北宋中叶王存主编《元丰九域志》、南宋周淙所撰《乾道临安志》等一批方志著作问世，标志着古代方志体例的完备，新的史学分支——方志学形成了。第五，宋代编撰类书成就非凡，继唐代编纂《艺文类聚》、《初学记》之后，宋代出现了《太平御览》、《太平广记》、《文苑英华》、《册府元龟》等大型类书，保存了大量古代历史文献。第六，宋代文

人撰写了《容斋随笔》、《梦溪笔谈》等大量笔记类史著，丰富了传统史书内容，弥补了正史记载的不足。

宋代史学注重通变，这既有唐宋之际社会转型的客观原因，也有史学自身发展的内在因素。毫无疑问，唐代杜佑《通典》对宋代会通史观的形成产生了较大影响。杜佑曾经说过："酌古之要，通今之宜，既弊而思变。"宋代司马光则本着"穷探治乱之迹"的目的撰写《资治通鉴》。马端临着眼于"推寻变通张弛之故"撰写《文献通考》。宋代史家不约而同地沿着唐代杜佑会通的思路走了下来。基于会通的史学观念，宋代出现了《资治通鉴》、《通志》、《文献通考》等重要的通史著作。

一、《资治通鉴》

《资治通鉴》294卷，是北宋司马光主编的古代编年体通史，是为封建帝王编写的历史教科书。全书上起周威烈王二十三年（公元前403年），下至后周世宗显德六年（公元959年），记载了从战国到五代末1360多年的历史。

司马光（1019～1086），字君实，宋代陕州夏县（今山西夏县）人。他出生于官僚家庭，20岁中进士，历任天章阁待制兼侍读、知谏院，龙图阁直学士。宋神宗时，官至翰林学士、御史中丞。王安石主持变法，以司马光为首的"旧党"反对变法，反对变法者还有吕公著、韩琦、程颢、苏轼等。因政见不合，在王安石执政后，司马光于熙宁四年自请判西京御史台，退居洛阳达15年，专意编撰《资治通鉴》。元丰七年（公元1084年）司马光完成了《资治通鉴》全书的编纂，前后共计用时19年。宋哲宗即位，司马光任尚书左仆射兼门下侍郎，尽罢新法。数月后卒于任上，追赠温国公。《宋史》卷三百三十六有传。

《资治通鉴》的编纂几乎花费了司马光平生的精力，他在《进资治通鉴表》中自称"性识愚鲁，学术荒疏，凡百事为皆出人下，独于前史粗尝尽心，自幼至老嗜之不倦”。司马光有感于汉代以来史书文字繁多而不便阅览的问题，“删削冗长，举撮机要，专取关国家盛衰，系生民休戚，善可为法，恶可为戒者，为编年一书，使先后有伦，精粗不杂”。宋仁宗嘉祐年间，司马光就想接续《左传》写一部从三家分晋到北宋立朝之前的编年通史。他模仿《左传》体裁，以年为纲，将战国至秦二世史事写成了八卷，题名《通志》，于治平三年进呈给英宗。英宗赞赏其书，命他继续编撰，改称为《历代君臣事迹》，许他自选官属，置局编纂，并许他借阅宫廷秘阁藏书，所用笔札由政府供应。治平四年（公元 1067 年），宋神宗初立，听司马光进读其书，认为它“鉴于往事，有资于治道”，赐名《资治通鉴》。

司马光编撰《资治通鉴》一丝不苟，从发凡起例至每一年的提纲，都亲自拟定。长编（初稿）撰成后，又亲自校定史实，剪裁文字，删繁就简。司马光邀请了当时著名史家刘恕、刘攽、范祖禹分段编写长编。司马光请长于天文的刘义叟考订每年节气、星象、朔闰等，按年月日编成长历，再由参加者分别搜集资料编成丛目，隶于各年之下，然后就已有材料考订异同，删汰重复，编成长编，又经初步删成“广本”，而后由司马光一手笔削成书。成书前的长编编写分工如下：刘攽负责周、秦、两汉部分，刘恕负责魏晋南北朝隋部分，范祖禹负责唐五代部分。最后由司马光总其成，斟酌取舍，删繁就简，校定史实，润色文字。司马光之子司马康总任检阅文字之责。《资治通鉴》全书包括三个部分，正文 294 卷，目录 30 卷，考异 30 卷，共为 354 卷。正文以朝代为纪，共分周、秦、汉、魏、晋、宋、齐、梁、陈、隋、唐、后梁、后唐、后晋、后汉、后周等十六纪，叙述了从战国到五代末共计 1360 多年的历史。《资治通鉴》卷帙浩繁，为方便人们阅读，司马光又附编《资治通鉴目录》30 卷，仿《史记》年表体例，纪年于上而列《通鉴》卷数于下，提纲挈领，便于搜寻。

《资治通鉴》体例上的最优长之点就是一个“通”字。它由多人集体搜集资料，贯穿一千多年之事，依照编年体例组成系统的资料长编，又经司马光削修，文字风格前后一致，如出一人之手，成为古代第一部编年体通史。自《汉书》问世以来，人们都重视编写断代史，却忽视了对历代王朝更迭变化的综合考察。司马光决心求变，他突破断代的限制，重视从通贯的视野考察历史发展的规律，总结兴衰治乱之道。《资治通鉴》采取《左传》的编年形式，按照年时月日的次序记载史事；在叙事之外，也分析评论史事。

《资治通鉴》取材广博，网罗宏富，除正史外还兼采稗官野史、百家谱录总集别集、传状碑志等杂史，引书多达322种。往往一事用三四种资料纂成，取舍谨慎，考证详密。就史料价值而言，《资治通鉴》隋纪以上部分多改编纪传体正史而成，史料上无特殊价值。唐纪和五代诸纪所依据的资料多为唐代实录、国史、诏敕及传状谱牒等原始材料，其史料价值与两《唐书》及两《五代史》同等重要，甚至超过《新唐书》，因为司马光不像欧阳修、宋祁那样学《春秋》笔法对较原始的史料大删大改。《资治通鉴》体例谨严，结构完整，繁简得宜，组织精密，文浅事明。《资治通鉴》文字质朴优美，叙事生动，也是脍炙人口的历史文学佳作。

《资治通鉴》选材精审，每一史实都谨慎处理，从多种史料中选定最为可靠的材料使用。司马光将各种史料比较和筛选的过程都另作记载，最终以“考异”的形式得以留传，以说明在庞杂互异的大量材料中所以去彼存此的理由，这种治学方法被称为“考异法”。这种旨在存异的治学方法有其独特的学术价值，能够起到保存史料的作用。另外，参与《资治通鉴》编撰的范祖禹写有《唐鉴》20卷，刘恕写有《资治通鉴外纪》10卷，都记载了他们与司马光讨论写作《资治通鉴》时的不同看法，均可视为《资治通鉴》的补充。

自《资治通鉴》问世以来，不少史家模仿司马光之写作方法编写编年史，且多以《通鉴》为名。如南宋李焘《续资治通鉴长编》，清毕沅主编《续资治通鉴》等。此外，南宋朱熹仿《春秋》体例，撮《资治通鉴》要点，编成《通鉴纲目》。南宋袁枢摘抄《资治通鉴》重要史事，分类编写《通鉴纪事本末》，衍化出新的“纪事本末”体。

历代注解《资治通鉴》者不乏其人，以元代胡三省《资治通鉴音注》为最重要。胡三省（1230～1302），字景参，一字身之。宋理宗宝祐四年（公元 1256 年）中进士，历任知县、府学教授。进入元朝以后，胡三省隐居不仕，倾力研究《资治通鉴》。从 1256 年至 1285 年，胡三省费时 30 年撰成《资治通鉴音注》。凡《资治通鉴》中记事之本末、地名之异同、州县之建置离合、制度之沿革损益等，胡注均作疏通与证明，注释精当。胡注详于地理、制度，显现了作者渊博的知识面。该书还随文疏解《通鉴》义例，多方订正史事讹误。

胡三省具有敏锐的历史洞察力，《资治通鉴》胡注中处处闪耀着睿智的评论。例如在《资治通鉴》卷一百九十二“武德九年九月置弘文馆于殿侧”条下，胡三省注曰：“唐太宗以武定祸乱，出入行间与之俱者，皆西北骁武之士。至天下既定，精选弘文馆学士，日夕与之议论商榷者，皆东南儒生也。”胡三省的这段注释以小见大，揭示了唐初政治发展的新动向。原来，武德九年，唐太宗设置弘文馆并非一件简单的事情。通过设置弘文馆，唐太宗不仅吸纳了东南文人参政，更改革了关陇军事贵族专政的旧局面，这一举措对后来“贞观之治”的到来意义非凡。① 以往史家少有人能看得到这一点，胡三省的注释一语道破了天机。今本《资治通鉴》一般都将胡三省注置于原文之内，便于阅读时参看。明末严衍用功数十年撰成《资治通鉴补》，订正《资治通鉴》正文及补充胡注，有一定的学术参考价值。

---

① 拙文《唐太宗与东南文人》（署名李湜），刊《中国史研究》1997 年第 2 期。

二、《通志》（二十略）

《通志》是南宋郑樵撰写的纪传体通史。全书200卷，其中“本纪”18卷，“世家”3卷，“列传”108卷，“载记”8卷，“四夷传”7卷，“世谱”、“年谱”4卷，“二十略”52卷。各部分所记时间断限稍有参差，“本纪”从传说中的三皇五帝到隋朝，“列传”从周代至隋朝，“二十略”记载从远古传说时代到唐代的典章制度。

郑樵（1104~1162），字渔仲，宋代福建路兴化（今福建莆田）人。《宋史·郑樵传》记载他“好著书”，自负才能不下汉代大学者刘向、扬雄。他长年隐居夹漈山，谢绝人事，专事学术，著述、讲学达二三十年，人称夹漈先生。后游历名山大川，搜奇访古，博览群书，遂成知识渊博之士。中年以后他多次上书朝廷，希望官府能出资保存其著述，并愿为史官。后得人推荐入朝为官，绍兴三十一年得授枢密院编修，准入秘书省阅书，不久因遭弹劾失去此项特权，次年（公元1162年）郁郁而终。郑樵批评《汉书》一类的断代史失去了会通之道，特别推崇《史记》会通古今，能使人了解历代王朝的因革道理。

《通志》在体例上继承了纪传体史书的传统，纪、传内容大多摘自以前旧史，“谱”所载内容多来自各史的“表”，“略”则来自各史的“志”，“世家”模仿《史记》，“载记”模仿《晋书》。全书“二十略”凝聚了作者的心力，学术价值较高。其余部分大多沿袭旧史，只是稍加节略而已。《通志略》52卷，共分《氏族略》、《六书略》、《七音略》、《天文略》、《地理略》、《都邑略》、《礼略》、《谥略》、《器服略》、《乐略》、《职官略》、《选举略》、《刑法略》、《食略》、《艺文略》、《校雠略》、《图谱略》、《金石略》、《灾祥略》、《昆虫草木略》20个门类，后世常将这“二十略”单独称为《通志略》，并印行使用。

据《通志·自序》作者自己的说法，“二十略”中氏族、六书、七音、天文、地理、都邑、谥、器服、乐、艺文、校雠、图谱、金石、灾祥、昆虫草木等十五略为“汉唐诸儒所不得而闻”，系郑樵首创。其实，《通志略》大多取自前人成书，并非尽为作者创作，加之作者长居偏僻之地，眼界有限，难免穿凿挂漏。不过，郑樵将历代典制条贯梳理，为后人了解中国制度文化的沿革提供了便利，为历史学的发展作出了贡献。

《通志》“二十略”中，《氏族略》、《艺文略》、《校雠略》、《图谱略》、《金石略》、《器服略》、《灾祥略》、《昆虫草木略》等具有较高的学术价值，给史学家提出了许多有研究价值的新问题。《氏族略》详叙姓氏由来，总结了中国姓氏的形成发展情况。《金石略》著录历代钟鼎碑刻，强调金石铭刻资料对于历史研究的价值。《图谱略》汇集历代图表，同时提出了保存和搜集形象化史料的问题。《器服略》考察礼器与日用器物的关系，提出了研究礼制文化的新思路。《通志》书中的一些观点颇具新意，如郑樵反对将灾异与人事比附，认为这是“欺天之学”；郑樵反对史家使用“一字褒贬”的“春秋笔法”，反对“以阴中时人”为目的编写史书。郑樵认为历史是实学，应当言必有据，决不可空谈义理，或者玩弄辞藻。

对于《通志》的评价，历来褒扬各异，学者普遍重视该书“二十略”的价值。清代史家章学诚《文史通义》有《释通》、《申郑》两篇，评价郑樵《通志》“卓识名理，独见别裁”。《四库全书总目提要》（卷五十）总论《通志》时说：“其采摭既已浩博，议论亦多警辟，虽钝驳互见，而瑕不掩瑜，究非游谈无根者可及，至今资为考镜，与杜佑、马端临书并称三通，亦有以焉。”这个评价相对比较公允，基本上符合实际情况。

三、《文献通考》

《文献通考》348 卷，宋末元初马端临撰。全书分 24 门叙述历代典章制度沿革，即《田赋》、《钱币》、《户口》、《职役》、《征権》、《市粜》、《土贡》、《国用》、《选举》、《学校》、《职官》、《郊社》、《宗庙》、《王礼》、《乐》、《兵》、《刑》、《经籍》、《帝系》、《封建》、《象纬》、《物异》、《舆地》、《四裔》。每门再分子目。其中，《田赋》等19门系《通典》旧有名目，作者只详加增补。《经籍》、《帝系》、《封建》、《象纬》、《物异》等门类则系作者新创。全书所叙内容时间跨度大，起自上古，终于南宋宁宗嘉定年间。马端临发展了会通的历史观。《通典》以精密见称，《文献通考》以博通见长，两书各有特长，使用时应相互参证，不可偏废。

马端临（1245～1323?），字贵舆，号竹洲，饶州乐平（今江西乐平）人，出生于官僚家庭。其父廷鸾，宋末官居右丞相。马端临早年受朱熹思想熏陶。后廷鸾被贾似道排挤去职，端临留原籍侍养。宋亡，端临隐居不仕。父卒后，端临出任慈湖、柯山二书院山长，台州儒学教授。后病归家乡，卒于家。近人所编《新元史》将其与胡三省合并入《儒林传》。

《文献通考》取材大体以中唐为界限，中唐以前以《通典》为基础，适当做补充；中唐以后由作者广收博采。尤以宋代资料最具价值，许多内容为《宋史》所无。《兵考》一门，详细列举古今兵制沿革，改正了杜佑《通典·兵典》专述用兵之法的偏差，史料价值很高。

马端临治学严谨，《文献通考》分析和评论历史精审而独到，甚至超过了《通典》。《文献通考》在史识方面多有可取之处，许多“按语”从史实出发，展现了马端临卓越的史识，富有学术价值，如作者关于土地关系、兵制沿革等方面的认识多发前人所未发。再如作者关于秦国商鞅变法、唐代杨炎两税法等历史事件的评价极具个性，值得重视。

清代学者往往视史学为经学附庸，故多尊《通典》而抑《文献通考》。其实，两书各有特点。《通典》记礼多存古训，有利于治经学。《文献通考》史料丰富，分类详细，体例新颖，保存了大量史料，史料价值甚至超过了《通典》和《通志》。

《文献通考》通行的本子是清代乾隆年间武英殿校刊的三通合刻本，附有考证，其后复刻者一般以此本为底本。今有商务印书馆的《十通》本，附有索引，可备参阅。

四、《新唐书》与新、旧《五代史》

《新唐书》225 卷，北宋欧阳修、宋祁撰。其书包括本纪 10 卷、志 50 卷、表 15 卷、列传 150 卷。《新唐书》的编撰开始于宋仁宗庆历四年（公元 1044 年），因不满后晋所修《唐书》，宰相贾昌朝提议重修唐书。庆历五年（公元 1045 年），宋仁宗下诏设局重修唐书，宰相贾昌朝、丁度、刘沆、王尧臣、曾公亮先后为提举官（负责监修）。宋祁、欧阳修先后担任刊修官（总编纂）。吕夏卿、宋敏求、刘羲叟、范镇、王畴担任编修官协助刊修官编纂。据宋人赵彦卫《云麓漫钞》卷五记载，修撰《新唐书》的具体分工如下：欧阳修主修帝纪，宋祁主修列传，志、表则由范镇、王畴、宋敏求、吕夏卿、刘羲叟分修。仁宗嘉祐五年（公元 1060 年）全书完成，曾公亮领衔上表呈进，表称新书“文省事增”，优于《旧唐书》。

在体例方面，《新唐书》有其自身的长处。新书的“表”是旧书所没有的，“志”也比旧书多了许多。《宰相表》、《方镇表》更系旧书所无，便于唐史研究者检索。《地理志》记载地方行政区划的设置沿革及人口资料，详述水利兴修与地方特产，附记少数民族地区行政建置及通向海外的交通路线。《食货志》、《艺文志》补充了中唐以后的许多史实。《兵志》与《选举志》也系旧书所无。新书关于中唐以后的历史资料相当丰富，超过了旧书。如新书《黄巢传》就比旧书多出许多内容，所述黄巢失败后其侄黄浩领导“浪荡军”继续活动的事迹更是稀见的资料。总体上看，新书文省事增，增加的史料多达 2000 余条，丰富了唐史的记载。新书人物传主比旧书增加了 315 人，增幅达 1/6。

《新唐书》缺陷也比较明显，人物列传取材广泛而失精审，许多列传采用小说、文集、碑刻志铭、佚史等材料，史料价值不高。如高智用、张嘉贞传采用《大唐新语》，高力士、王忠嗣等人之传记采用本人碑文的信息，而古代碑文、墓志铭的可信度一般较低。

以论代史，任意笔削史实，也是《新唐书》的显著缺点。《新唐书》成书后不到30年，吴缜便撰写《新唐书究谬》批评欧阳修等人“徒以褒贬、文采为事”。欧阳修、吕夏卿等人立足封建道统论，以“春秋笔法”写唐史，的确是一个大问题。宋元以后，人们重视《新唐书》而排斥《旧唐书》，与理学的道统论有关。例如，唐宪宗时期唐朝实际上已经处于分裂状态，中央失去了对很多地方的控制，牛僧孺主张对割据的藩镇采取宽容政策，以维持唐朝中央的面子。《新唐书》卷一百七十四牛僧孺李宗闵传指责他们行事不合先王之道。唐代藩镇割据不为宋人所容，史家不解中唐以后的社会状况，一味用理学正统论为标准评判唐史，持论失之于客观。

欧阳修、宋祁也是文学家，他们重视文采，忽视史书讲究客观的传统。他们叙述事实往往为行文方便而采取笼统概括的叙述方法，这使得《新唐书》文字虽简而事实亦模糊。《新唐书》将《旧唐书》30万字的本纪笔削为9万字，使许多历史事实变得模糊，因此新书本纪反不及旧书之本纪价值高。

两《唐书》比较起来，各有优长，阅读时应以《旧唐书》为主，《新唐书》可作补充。宋人批评《新唐书》的著作除吴缜《新唐书究谬》外，还有汪应辰的《唐书列传辨证》（20卷）。汪书纠正了《新唐书》之列传的许多错误，很有参考价值。

今本《新唐书》有中华书局“二十四史”点校本，底本用百衲本，比《旧唐书》之用岑本为好，点校方面的毛病则“一如《旧唐书》”①。

---

① 黄永年：《唐史史料学》，上海书店出版社2002年版，第18～32页。

《旧五代史》，北宋薛居正等撰。全书150卷，包括本纪61卷、传77卷、志12卷，记述后梁、后唐、后晋、后汉、后周五代14帝50余年的历史。该书编撰始于开宝六年（公元973年）四月，开宝七年闰十月甲子书成，凡150卷。薛居正监修，卢多逊、扈蒙、张澹、李昉、刘兼、李穆、李九龄同修。后与欧阳修私修《五代史记》并行。金代章宗泰和七年（公元1207年）下诏仅用欧史，薛史不传。仅明代《永乐大典》载其遗文，清代四库馆臣邵晋涵等从中辑佚，并参考《册府元龟》、《五代会要》、《通鉴考异》、《契丹国志》、《北梦琐言》等，按照《中兴书目》所记目录编辑成今本150卷，为区别欧史，冠名《旧五代史》。邵氏辑本质量高。

《旧五代史》是目前保存五代史料最丰富、最全面的纪传体史书。该书记叙五代时期的分裂局面，上接唐朝末年历史，可补两《唐书》对唐末史实失载的不足，对研究唐末历史起到重要作用。

《旧五代史》编写时间仓促，缺乏统一体例规划，基本为五个小朝代的史书汇合。五代各自独立成书，体例不精是其最大问题。全书以朝代划分为《梁书》、《唐书》、《晋书》、《汉书》、《周书》、《世袭传》、《僭伪传》、《外国列传》、《志》。其中《世袭传》、《僭伪传》记述十国之事，凡曾朝贡五代政权者入《世袭传》，否则即入《僭伪传》。这样的划分标准主要着眼于以中原王朝为正统。但实际上十国都是些不相统属的小朝廷，即便五代各国亦非统一的王朝，后汉存国仅仅4年，不足以称为中原王朝。

《新五代史》74卷，北宋欧阳修撰。全书分五个部分，本纪12卷，列传45卷，考3卷，世家及年谱11卷，四夷附录3卷，共约53万字。《新五代史》大约在景祐三年（公元1036年）开始着手编撰，到皇祐五年（公元1053年）基本完成。书成藏于家中。但该书之“春秋笔法”仍得到当时士大夫阶层的欣赏。欧阳修去世后，家人于熙宁十年（公元1077年）五月奉诏上呈朝廷，与薛史并行。金代以后欧史独行天下，薛史失传。

《新五代史》体现出欧阳修“春秋笔法”的写作特点，例如在相当于纪传体之“志”的“考”这一部分，欧氏蔑视分裂的五代时期的制度，所以只作了《司天考》、《职方考》，其他典章制度一概不取。其实，五代礼乐文章对宋代制度影响很大，欧史忽视历史的连接性，一味立足于大一统的政治立场取舍选材，过分注重史著的意识形态作用，这影响了该书的历史价值。不过，欧史反对世俗流行的灾异迷信思想，删去了以前各史中的有关记载，《司天考》只记述天象而不述灾异，这是作者思想进步的体现。

欧史的史料价值不如薛史，但文笔和体例上优于薛史。例如《新五代史》的内容编排注重体例的统一，作者把基本上属于一朝的人物列为一传写成《梁臣》、《唐臣》等，比薛史的列传要清晰些。另外，欧史将后妃和宗室列为《家人传》，这在体例上是一个创新。《伶官传》、《义儿传》扩大了历史记录的范围，也属于体例上的创新之处。

欧史大多依据薛史改编而作，但欧史“文省而事备”。因晚出几十年，欧史史料方面较充裕，故补录了不少史实，特别是关于十国历史的记载明显多于薛史。《新五代史》与《旧五代史》各有优缺点，两书应该相互补充，不可偏废。在史料上，新、旧《五代史》也可补两《唐书》记述唐末史实简略的不足。今本新、旧《五代史》均以中华书局点校本为最佳通行本子。

五、《宋史》、《辽史》、《金史》

元顺帝时，宰相脱脱建议设局修宋、辽、金三史。至正三年（公元1343年）三月元朝开局修纂正史，由脱脱监修，史官欧阳玄、揭傒斯、张起岩等以三朝遗留的国史、实录为底本，在元世祖至元年间已成初稿的基础上重新编排。《辽史》费时一年，最先于至正四年三月成书。《金史》于至正四年十一月成书。《宋史》于至正五年十月成书。

《宋史》，元代脱脱等撰，共 496 卷，目录 3 卷，本纪 16 篇 47 卷，志 15 篇 162 卷，表 2 篇 32 卷，列传 255 卷。

宋代遗留下来了大量官私所修史志材料，这为元修《宋史》提供了方便。《宋史》史料丰富为其一大特点。该书的官方史料来源主要是宋代修撰的实录、会要和各类政府文件，这些构成了本纪、表、志等素材。而人物传记的材料主要是传主子孙所献的私修家状、行状等。由于史料充足，《宋史》叙事详尽，内容充实。

在编写方法上，《宋史》有其特色。人物长传之后，别有概括的叙述，犹如每篇的提要，文简事赅，可补全篇文字繁冗的不足。

由于编修人员疏于精审，书中头绪混乱，真伪错杂，繁冗难读。而且《宋史》内容编排失当，全书内容极不平衡，北宋详而南宋略，南宋初期、中期详而末期略。

在叙事方面，《宋史》记事疏略，特别是宋理宗以后的人物传记，多半空列职衔，缺少事迹。该书编制粗疏，内容缺失现象很严重，重复错误较多，体现了编撰工作的仓促与粗率。明代万历年间礼部侍郎冯琦依《宋史》为底本，仿《通鉴纪事本末》体例，分类编排宋代史事而撰《续通鉴纪事本末》，未成而卒。明代陈邦瞻等依据冯琦遗稿增补而成《宋史纪事本末》109 卷。陈氏恪守袁枢体例，从错综复杂的史实中清理出史事线索，分条记事，颇有条理。今人邓广铭有《宋史职官志考正》（原刊《历史语言研究所集刊》第十本第四部分），龚延明著《宋史职官志补正》（浙江古籍出版社 1991 年版），梁太济、包伟民著《宋史食货志补正》（中华书局 2008 年版），考补详备，可参阅使用。

《辽史》，元代脱脱等撰，共 116 卷，目录 1 卷，本纪 9 篇 30 卷，志 10 篇 32 卷，表 8 篇 8 卷，列传 46 卷（最后两卷为《高丽》、《西夏》两国外记和《国语解》）。

历史上契丹严禁图书传入中原，故元修《辽史》资料缺乏。金代熙宗时期萧永祺等人曾经根据辽代耶律俨等人所修当朝实录修撰

《辽史》75卷。金章宗又命党怀英、陈大任等广搜碑志文集，另修《辽史》，最终虽未颁行，但为元代修史提供了宝贵的资料。

由于史料缺乏，《辽史》内容贫乏，详略不当。列传仅占全书篇幅的1/4左右，且每篇传文字数少，记事简略。本纪和志占全书一半以上，这两部分的内容相对充实，其中《百官志》、《兵卫志》、《营卫志》、《地理志》等保存辽代制度较为详细，史料价值较高。《部族》、《属国》等表和《外记》等篇保存了少数民族及邻近国家的一些重要史料。《奸臣传》、《逆臣传》反映了辽代宫廷政变频繁发生的历史事实，有助于研究辽代政治史。

南宋叶隆礼撰《契丹国志》27卷补《辽史》之阙。后世所撰辽史补正的著作主要有清代厉鹗《辽史拾遗》24卷、杨复吉《辽史拾遗补》5卷，今人冯家昇撰有《辽史正误三种》（辽史源流考、辽史初校、辽史与金史及新旧五代史互证举例），可补《辽史》之失。

《金史》，元代脱脱等撰，135卷，目录2卷，本纪11篇19卷，志14篇39卷，表2篇4卷，列传73卷（末卷附《国语解》）。

《金史》修撰所依据的资料比较丰富，这是因为金代统治者重视编修国史、实录。金太宗开始修实录，熙宗时编成有《祖宗实录》3卷、《太祖实录》20卷，以后各朝除卫绍王和哀宗二帝外均有实录。金章宗时编有《大金集礼》40卷（《金史·礼志》取材于此）。金亡后元将张柔把所得金朝秘府图书献给朝廷，为后来脱脱等人编成宋、辽、金三朝史提供了方便。

后世一般认为，《金史》较《宋史》简洁，较《辽史》充实。不过，书中回护之处也多，例如对于金建国前为辽属部的记载便简略。《世纪》一篇列于本纪之前，采集女真老人的口传，叙述完颜阿骨打兴起以前十世的事迹，虽然夹杂许多神话传说，基本史实仍然可信，有助于研究女真人早期的历史。

《金史》各“志”史料价值较高，对于研究宋辽金时期的历史具有重要意义。《食货志》详细记录女真贵族在中原实行猛安、谋克屯田制度的情况，又记载了金代后期金融危机的情况。《地理志》记载了北方州郡废置情况，对研究我国北方历史地理具有重要意义。《河渠志》记载北方水运交通及修治黄河的情况。此外，《百官志》、《选举志》、《兵志》、《刑志》等篇均保存了重要史料，对于研究金代典章制度具有很高的史料价值。

后代整理《金史》的著述中，以清代施国祁《金史详校》10卷、《金源札记》2卷最为重要。今人陈述所撰《金史拾补五种》也为校补《金史》的重要著作。

第二节　明清时期史书编纂成就

明清时期，史学取得了前所未有的成就，主要体现在四个方面：清初黄宗羲、顾炎武、王夫之三大思想家的经世致用思想为清代学术繁荣提供了思想基础；黄宗羲《明儒学案》、《宋元学案》开创了学术史的先河；以类书《永乐大典》、《古今图书集成》及丛书《四库全书》为代表的图书编纂成就辉煌；乾嘉考据学的文献学考史方法为后世树立了史学研究的一种经典方法，这种方法近乎近代欧洲的实证研究方法（如兰克史学），但比欧洲早了近百年。

一、《元史》

《元史》，明代宋濂等撰，210卷，目录2卷，本纪47卷，志13篇58卷，表6篇8卷，列传97卷。

《元史》修撰于明代初年，时间短促，二次修撰用时不过一年，前后换了两任总裁官，修史人员变动也较大，史实记载疏漏，错误较多，历来受到诟病。《元史》取材主要是元代各朝官修实录等书，而元代统治者向来不重视修史，实录编纂也很草率。据《明史》卷二百八十五《徐一夔传》记载，元代“不置日历，不置起居注，独中书置时政科，遣一文学掾掌之，以事付史馆。及一帝崩，则国史院据所付修实录而已”。

《元史》内容详略不均，杂乱重复现象十分严重。如本纪部分前后编排极不平衡，《世祖本纪》（14卷）、《顺帝本纪》（10卷）两篇占本纪篇幅的一半以上，而太宗、定宗本纪仅为一卷，记载史事极为简略。另外，该书对于震惊世界的蒙古三次西征的许多重要情节均失载，更无专篇记载元末红巾军农民大起义。本书人物传记的前后次序混乱，如耶律楚材、张柔、董俊等均为世祖时期或其以前的重要人物，作者却将他们列于顺帝时期的余阙、福寿、月鲁不花等传之后。本书重复之处较多，如阿术鲁在列传第十已经有传，而列传第十八《怀都传》中又叙其事。此外，该书人物入传的标准也明显失当，如《宰相表》中所列左右丞相59人，有传者不及一半，却有许多无关紧要的一般文人入传，原因是文人多有行状传志之类的材料，编史者图省事儿，干脆据样照录了。

《元史》剪裁粗疏，很多地方没有认真处理原始文献，而是简单录入，如卷一百三十八《脱脱传》叙述至正十四年冬六合之战竟称朱元璋的军队为“贼”，可见是未经处理便直接录入原始文献了。

《元史》诸志部分所据底本多出于名家之手，史料价值较高。如《选举志》、《百官志》、《食货志》、《兵志》、《刑法志》等本于虞集主编的《经世大典》；《天文志》、《历志》等篇本于郭守敬《授时历》；《地理志》本于岳铉等主修的《大元大一统志》；《河渠志》本于欧阳玄的《河防记》等书。这些志历来受到世人重视。

《元史》误漏较多，后人批评也多，补作随之出现。明初洪武年间就有朱右撰《元史补遗》、解缙撰《元史正误》，可惜两书失传。清代重编元史较有成就，清初邵远平撰《元史类编》42卷，补充《元史》缺漏较多。清中叶魏源撰《元史新编》95卷，增补史实并纠正了《元史》许多错误。清末洪钧利用出使俄、德等国的机会，见到了流传西方的蒙古史书，并据以撰写《元史译文证补》30卷。清代学者钱大昕宣扬并受到世人重视的《元朝秘史》一书最早在

《元史》中被称为"国书《脱卜赤颜》"。该书是以蒙古文字记载成吉思汗和窝阔台汗等初兴阶段历史的唯一史书，元朝统治者把它当做绝密资料秘不示人，不知何人将其翻译成汉文，旧有抄本，今有齐鲁书社 2005 年出版鲍思陶点校本。

清末以来，总结前人成果重新编写元朝历史的著述逐渐增多，其中以柯劭忞撰《新元史》、屠寄《蒙兀儿史记》（未完成之作）、曾廉《元书》为较重要。柯劭忞撰《新元史》被后世重视，北洋政府曾经以大总统令形式将其列入正史，与以前的"二十四史"并列，称"二十五史"。柯劭忞，字凤荪，山东胶县（今胶州）人，光绪十二年进士，历任翰林院侍讲、学部左丞、国史院纂修等职。他早年研究元史，因受命审查魏源《元史新编》而萌发重编《元史》的想法。他广搜材料，综合整理明清以来关于元史研究的各种成果，汇编成为一部系统的纪传体断代史书，于 1919 年写成全书，徐世昌为之作序。后又加以修订，1930 年完成最后定本，称"庚午重订本"。柯氏后来又撰写《新元史考证》58 卷，单独印行。《新元史》全书 257 卷，本纪 14 篇 26 卷，表 5 篇 7 卷，志 13 篇 70 卷，列传 154 卷。《新元史》编排体例上明显优于《元史》，且增加了不少新的内容。但是，就史料价值而言，《新元史》反倒不及《元史》了。

二、《明史》

《明史》，清张廷玉等撰，332 卷，目录 4 卷，本纪 24 卷，志 75 卷，表 13 卷，列传 220 卷。这部纪传体断代史叙述了明朝洪武元年（公元 1368 年）至崇祯十七年（公元 1644 年）共计 270 余年的历史。明史修撰始于清顺治二年（公元 1645 年）设馆修史，因诸事草创，迁延未就。康熙四年（公元 1665 年）重开史馆，又因修《清世祖实录》而止。康熙十八年再开史馆修撰明史，以徐元文为监修，浙江鄞县布衣万斯同（黄宗羲之弟子）参与其事，出力最大。康熙五十三年，王鸿绪任总裁，删改万斯同手定史稿进呈《明史稿》。雍正元年（公元1723年），张廷玉为总裁官，以《明史稿》为蓝本增删成书，于雍正十三年定稿，乾隆四年（公元1739年）刊行，前后历时90余年，是古代用时最久的一部官修史书。

《明史》取材丰富，史料考述严谨，具有很高的史料价值。万斯同等人深受黄宗羲、顾炎武等思想的影响，不问政治，专心于治学和撰述，保证了《明史》较高的质量，历来受到好评。《阉党传》开辟新体例，叙述简明扼要，详述明代宦官干政的历史，颇具时代特点。《刑法志》述明代严刑体制，是研究明代政治史的重要史料。《土司传》、《西域传》、《外国传》记载少数民族及外国情况，对于开展民族史、中外经济文化交流史研究具有重要意义。《宰相表》和《七卿表》记载朝廷高官的更替，简要得体，便于检索。《艺文志》是研究明代学术文化史的重要史料。

《明史》的不足之处在于隐晦的地方太多，可能是编者受清朝统治者高压政策的影响，有意掩饰了明清之际的史实。《明史》对清朝兴起的早期情况及南明政权的记述过于笼统，极力掩饰清朝早期历史。清的先世原出于女真建州部，其酋长在明初受封为建州卫世袭指挥，后来增设左、右卫，共为三卫，属于奴儿干都司，历世朝贡于明朝。后来，努尔哈赤反抗明朝建立后金汗国，其子皇太极改国号为清，向关内发展。《明史》对此不做详细记载，极力掩饰女真、建州、金可汗等固有名号及其与明朝的关系，硬说清出于满洲，与明朝没有关系。《明史·兵志》关于东北历史地理方面的叙述非常暧昧，对奴儿干都司和建州卫的辖区地名疏于记述，涉及清朝先世的事情更是只字不提。关于南明之事，《明史》不记他们抗清的具体事迹，有些地方存在明显的歪曲，这些问题都降低了该书的历史价值。

后世订补《明史》的著作很多，以清代王颂蔚《明史考证捃逸》（42卷）最具价值。王氏依据《明实录》等原始文献，考订《明史》人名地名及史实错误，该书有吴兴刘氏嘉业堂刊本。近人丁谦撰有《明史外国传西域志地理志考证》（各1卷），驳《明史》两传一志误漏，所论多有依据，考证精当，对于边疆史地研究具有学术价值。今人黄云眉撰《明史考证》，汇集前人成果，考订翔实，是考订《明史》最详密的著作。

三、章学诚《文史通义》

清代史评家章学诚所撰《文史通义》是继唐代刘知几之后我国又一部重要的史学理论著作，将中国历史编纂学的研究推向新的高度。章学诚（1738 ~1801），字实斋，浙江会稽人，生活于清乾隆至嘉庆年间，此时正值清代考据学（朴学）鼎盛阶段。章氏自幼对史书有特殊的嗜好，15 岁左右性情已近于史学，私塾余暇私取《左传》、《国语》诸书研读。后师从朱筠，朱氏任安徽学政，章氏与著名学者邵晋涵、洪亮吉等供职于朱氏幕府，后托身湖广总督毕沅、安徽巡抚朱珪等。章氏于乾隆四十三年（公元 1778 年）中进士，仕宦前程未曾有大的进展，主要从事学术活动，奔走于南北各大书院讲学，主修《天门县志》、《和州志》、《永清县志》、《亳州志》、《湖北通志》等。道光十二年（公元 1832 年），章氏去世 30 年后，其次子章华绂刻成《文史通义》、《校雠通义》两书，共计 11 卷。1921 年吴兴刘氏嘉业堂汇刻章氏全部著述为《章氏遗书》50 卷，为搜集章氏著作最完备之本。章学诚一生仕途不得志，为生活所迫，长期寄人篱下做幕僚。但他一生著述丰富，为中国历史学发展作出了重要贡献。今人胡适著、姚名达订补《章实斋先生年谱》可备阅览。

《文史通义》撰写始于乾隆三十六年前后，此时章氏已到安徽学政朱筠幕府。该书汇集了作者 30 多年研究经史子集的成果，取名《文史通义》，旨在疏通文与史之隔阂，克服“世之能文者对史学不必精，而善于史者常不能文”的通病。《文史通义》汇集了章学诚的史学思想，概括起来主要有以下几个方面：

（一）提出了“六经皆史”的理论。本来，唐代刘知几《史通》、宋代刘恕《通鉴外纪·序》、王应麟《困学纪闻》卷八引《文中子·王道》、明代王守仁（阳明先生）《传习录》均有诸经亦史的主张。但是，章学诚《文史通义》讲六经皆史最为畅快。他说："愚之所见，以为盈天地之间凡涉著作之林，皆是史学。"又说："六经皆史也。古人不著书，古人未尝离事而言理，六经皆先王之政典也。"

（二）章学诚提出了记注与撰述两分法的历史文献分类方法。他把历史文献分为记注与撰述两类，认为："记注欲往事之不忘，撰述欲来者之兴起。故记注藏往似智，而撰述知来拟神也。"（《文史通义·书教下》）在他那里，记注是指包括起居注、实录在内的历史档案记录，撰述则是根据记注之类的原始资料所作的二次加工与研究。这种说法初步将史料与史学作了区别，学术上具有一定的理论意义。

（三）章学诚阐明了史学的本质。他认为史学是用来经世的，固非空言著述。他强调史学服务社会的功能，认为"史家之书，非徒记事，亦以明道也"。在他看来，传统的考史不是史学，即所谓"整辑排比谓之史纂，参互搜讨谓之史考，皆非史学"。

（四）章学诚提出了史德的问题，发展了刘知几"史才三长"的理论。唐代刘知几《史通》以为史家应该具有才、学、识三长。非识无以定其义，非才无以善其文，非学不能搜集史事。章学诚更添加了"史德"。所谓"史德"，是指"著书者之心术"。章学诚继承刘知几的思想，他们都认为修史者必须有"学"方能广集史料；持笔时必须文章尔雅有"才"，方能传之久远。但史料取舍在于"识"，"识"是指史观，即对史料史实的概括能力与分析洞察能力。章学诚比刘知几更进一步，他认为必须增加史德，方能使史识臻于公正。

（五）章学诚创立了"方志立三书"的编纂体例。他将地方志由地理书重新归属到史书的范畴，并且提出了方志编纂要作志、作掌故、作文征的修志方法。他主张方志编纂要"仿纪传正史之体而作志，仿律令典例之体而作掌故，仿《文选》、《文苑》之体而作文征，三书相辅而行，缺一不可，合而为一尤不可也”。（《方志立三书议》）章学诚主修的几部地方志基本都采用这种立三书的体例编纂而成，对后世地方志的编纂具有重要影响。

四、清代三大考史著作

清中叶乾隆、嘉庆年间，考据学（朴学）正值鼎盛时期，出现了三大考史名著，即钱大昕《廿二史考异》、赵翼《廿二史札记》和王鸣盛《十七史商榷》。这三大考史著作的形式和性质相类似，内容各有侧重。《廿二史考异》致力于文字校勘和名物训诂；《十七史商榷》着重典章故事的论述，兼及版本义例；《廿二史札记》则注重纵贯诸史，评论得失，尤长于对历史兴衰变革等重大问题的讨论。

《廿二史考异》是钱大昕花费后半生精力撰写的考史名著，全书100卷。该书仿照司马光《通鉴考异》体例，对“二十四史”中除《旧五代史》、《明史》以外全部正史及其注解逐卷逐篇进行校勘、典制考释，并做名物训诂方面的缜密考订。重点考订年代、官制、地理沿革和辽金国语及蒙古世系等。某些篇章极具学术价值，如卷九“汉侯国考”、卷十五“裴松之三国志注所引书”等，为后世学者展开相关研究提供了基本的参考资料。经过作者缜密考订，纷繁复杂的史料得以疏通，为后世研究者提供了方便。

钱大昕（1728～1804），字晓徵，一字及之，号辛楣，又号竹汀居士，江苏太仓州嘉定县（今上海嘉定）人。乾隆十六年（公元1751年），他被皇帝召试，特赐举人，授内阁中书学士行走，三年后中进士，历任翰林院庶吉士、翰林院编修、侍讲学士，数次充任山东、湖南、浙江、河南等省乡试正、副主考官，并任《大清一统志》纂修官，颇得乾隆皇帝赏识。官至詹事府少詹事、提督广东学政。退休后在钟山、娄东、紫阳书院等地讲学20余年。钱大昕青年时代以诗文著名，治经学归惠栋为首的吴派，并得皖派首领戴震的推许。

钱大昕博学而专精，由治经转入治史，治学从文字音韵入手，兼及历算、金石、地理，取得了许多重要的学术创见。在音韵学方面，他首先注意对古声母的研究，证明古无轻唇、重唇音和舌尖、舌上的区别；在金石学方面，他强调古器物碑刻铭文等考古材料可与纸上的文献材料相印证。钱大昕治学的主要成就集中在史学领域。清代后期的元史研究、年代学、谱牒学、西北史地研究均深受他的影响。不过，钱大昕治学的弱点也很明显，他过分强调史料的作用，过分护惜古人，厚古薄今，这使他的成就局限于史料学，而未能再上升到更高的境界。钱大昕著述宏富，晚年自订《竹汀居士年谱》，所著《元史稿》若干册下落不明。有《潜研堂全书》行世。《清史稿》卷四百八十七有《钱大昕传》。

赵翼所撰《廿二史札记》全书36卷，补遗一卷。该书成于乾隆五十九年（公元1795年），初刊于嘉庆三年（公元1798年）。全书以笔记形式，按二十四史顺序分卷编次，每卷以类相从，各立标题，共为544条，对我国古代正史的文字史事做了仔细校勘，评论每部史书的体例得失，详述每部史书编撰过程、成书年代、方法优劣及史料来源等。

赵翼（1727~1814），字云崧，又字耘松，号瓯北，江苏阳湖（今江苏常州）人。他少有才名，乾隆十五年中秀才后，到北京刘统勋家中修史。乾隆十九年，由举人选用为内阁中书。乾隆二十六年中进士，授编修，后出知广西镇安府，调任广州知府。乾隆三十七年（公元1772年），因广州狱案辞官归家，不复出仕。后四十余年专心学术。他学习顾炎武撰写《日知录》的方法，将治学心得编次成笔记形式，积久遂多，最终于乾隆六十年（公元1795年）整理成书。赵翼工诗，善五古、七律，风格清新，才力雄健，与蒋士铨、袁枚齐名。著有《瓯北全集》（末附年谱）。赵翼在史学方面的著述主要有《廿二史札记》、《陔余丛考》、《皇朝武功纪盛》等。文学方面的著述主要有《瓯北诗抄》、《瓯北诗话》、《瓯北文集》等。《清史稿》卷四百九十有传。

《廿二史札记》所考正史共计二十四史，之所以命名为《廿二史札记》，是因为清廷当时尚未正式承认《旧唐书》和《旧五代史》的正史地位，而书中实际上也讨论了这两部史书。作者在书中“多就正史纪传志表中参互勘校，其有抵牾处，自见辄摘出，以俟博雅君子订正焉”（《廿二史札记·小引》）。这样的考订，为后人阅读“二十四史”提供了便利，所以这部著作尽管瑕疵累累，仍受到广泛好评，尤其对初步阅读“二十四史”的初学者具有导向作用。该书早年便很快传入日本，受到重视。一般认为，在清代三大考史著作中，相对于钱大昕、王鸣盛著作的精审严谨而言，赵翼的《廿二史札记》疏误较多。但该书重在历史评论，对今人而言也具有学术价值。

《廿二史札记》考订各史的具体篇幅为《史记》、《汉书》3 卷，《后汉书》2 卷，《三国志》、《晋书》3 卷，《宋书》、《南齐书》、《梁书》、《陈书》、《南史》4 卷，《魏书》、《北齐书》、《周书》、《隋书》、《北史》3 卷，新、旧《唐书》5 卷，《五代史》2 卷，《宋史》、《辽史》、《金史》6 卷，《元史》2 卷，《明史》6 卷。每卷分若干条，共计 544 条。作者详近而略远，考订元、明两代史事的条目占全书的 1/4。书末附有《补遗》，将乾隆年间所修《御批历代通鉴辑览》时奉旨改译的辽金元三史的人名、地名、官名和旧译名对照悉数录出。

《廿二史札记》的优点十分明显。首先，作者善用分析比较的方法分析评论和总结纪传体各史体例及编纂方法的得失，将体例相近的史书（如《史记》、《汉书》）合并在一起加以比较分析，讨论其体例得失，持论独特。其次，该书在综合考辨订正重要史实的同时，善用归纳方法总结每个历史时期的社会风尚与政治特点，寻找和总结变迁中治乱兴衰的规律。如卷二《汉初布衣将相之局》，作者从

《史记》、《汉书》中寻找搜集了大量例证，仔细考察西汉初年之将相出身，发现一则重要史实，就是汉初的统治集团成员大部分来自平民，古代世卿世禄体制至此为之一变。作者力求寻找“古今风会之递变，政事之屡更”的原因，已经突破了乾嘉考据学单纯考史的范围，更具有历史研究的意味。

《廿二史札记》记事谬误、错乱之处较多，这是一人考史难以避免的问题，毕竟个人眼界与视野有限，难免有粗疏之处。如卷二十二《五代人名多以彦为名》，多将一人误为两人。拓跋彦超与拓跋彦昭原为一人，因“昭”、“超”字音相近，实际传写中有歧误，书中却列为两人。该书诸如此类的疏误很多，使用时应该加以辨别。《廿二史札记》有1937年商务印书馆版，今有中华书局版。

《十七史商榷》是王鸣盛倾毕生精力所撰的考史名著，全书100卷。书成于乾隆五十二年（公元1787年）。该书对《史记》以下13部正史及《南史》、《北史》、《旧唐书》、《新唐书》、《旧五代史》、《新五代史》共计19部正史进行校勘和考订。因宋人习惯称十七史，故沿用旧称命名其书。所谓商榷者，指为十七史改伪文、补脱文、去衍文，又举其中典制事迹，诠解蒙滞，审核踳驳。

王鸣盛（1722～1797），字凤喈，号礼堂，又号西庄，晚年改号西沚居士，江苏太仓州嘉定县（今上海嘉定）人。乾隆进士，授翰林院编修，官至内阁学士兼礼部侍郎，出为福建乡试主考官，旋迁光禄寺卿。乾隆二十八年，解官居苏州，不复出仕，遂专心学术。他精通《说文解字》，长于经学、史学、金石学、小学、目录学等多种专门学问，撰有《十七史商榷》、《尚书后案》、《蛾术编》等重要学术著作，成就卓著，是乾嘉时期著名的考史学家。王鸣盛晚年将考证所得编为《蛾术编》，其治史有独到见解，敢于突破他人旧说，多有创见。

《十七史商榷》是作者毕生治学的结晶，他有感于“学者每苦正史繁塞难读”，于是不辞辛劳，艰难考订史书文字、历史事迹、典章制度和地理，终成是书，为清理和总结我国古代史学成就作出了贡献。《十七史商榷》一书的体例体现了王鸣盛治史的理性意识。正如有学者认为的那样，“王鸣盛把主要精力用于校注古籍、考证史事，正是肩负起时代赋予的历史使命，适应了中国传统文化总结时期的社会需要”①。《十七史商榷》许多论断极具学术价值，是清代乾嘉学者研究正史的重要成果。例如魏收的《魏书》历来被认为是“秽史”，王鸣盛不以为然，他认为《魏书》未必在诸史之下。

王鸣盛考史特点突出，先论后证，条理清晰。《十七史商榷》首先对一部正史作总体评价，然后考证各种具体问题，最后列举与此相关的其他史书。以两《唐书》的考证为例，《十七史商榷》开端先以“宋欧修书不同时”、“二书不分优劣”作整体概括，继而考证新、旧《唐书》书法和历史事实，结尾附带考证《唐史论断》、《唐鉴》等相关史著。王鸣盛考史注重举证，以恢复历史真相为旨趣，持论严谨，慎言褒贬。他精于史料排比，能梳理造成记事失实的各种原因，以此确认历代正史记载的真实性。

王鸣盛治史尊重客观事实，强调用真实的事实说话，反对脱离历史事实而在主观上“横生意见，驰骋议论”。他认为只有史实正确、内容征实的考史之作才是历史著作，那些离开事实驰骋议论、褒贬予夺之作不是史书。王鸣盛考史充分体现了乾嘉史学“求实”的精神，对后世历史科学的发展产生了重要的影响。

第三节 民国时期史书编纂成就

一、《清史稿》

《清史稿》是民国初年由北洋政府设馆编修的记载清朝历史的正

---

① 罗炳良：《乾嘉史家理性意识的结晶——〈十七史商榷〉》，《光明日报》2002 年 1 月 8 日。

史——《清史》的未定稿。1914年袁世凯特设清史馆，赵尔巽被召为馆长，缪荃孙、柯劭忞等为总纂，另设纂修、协修、提调、校勘等职编修清史，先后参加编写工作的史官达一百多人，工作人员二百多人。从1914年开始编纂，1920年编成初稿，1927年修订完稿。书成后，主编赵尔巽担心时局多变，遂以《清史稿》名之并将各卷刊印出版，以示其为未定本。该书于1928年刊印，1929年发行。由于中国传统正史中无清朝史，加之《清史稿》史料丰富，不少学者不承认徐世昌点定的《新元史》，而将《清史稿》与以前的“二十四史”并列，成“二十五史”。

《清史稿》全书536卷，其中本纪25卷，志142卷，表53卷，列传316卷。记述自1616年清太祖努尔哈赤在赫图阿拉建制称汗到1911年清朝灭亡共290多年的历史。

《清史稿》取材以实录为主，兼采国史旧志及本传，参以各种记载，为后人研究清代历史积累了丰富的史料。《清史稿》体例一如历代的正史，分为本纪、志、表、列传四个部分，在取法《明史》体例的基础上，又有创新。如本纪部分在前代逊君健在、无谥可称的情况下，创立了“宣统纪”。志、表中的《交通志》、《邦交志》及表中的军机大臣、理藩院，都是前史所未有的新内容。列传中创立了畴人、藩部、属国三传，反映了清代社会的新发展。由于参加修史的人多是清朝的“遗臣”，因此《清史稿》贯穿着反对民主革命、颂扬清朝正统的思想，如记述李自成、张献忠、南明、白莲教、太平天国等史事时一概称之为“匪”、“逆”、“寇”、“贼”。《清史稿》记载民国以后的事不用民国纪年，而用干支纪年。如民国元年称“壬子年”，表示不承认中华民国，不奉民国正朔。

由于《清史稿》只是一部未定稿，书中谬误很多，如体例混乱、人名前后不一致、一人两传、目录与书不合、纪表传志互不相合等。《清史稿》记载史事多有失实之处，至于人名、地名、年月日之讹误更是数不胜数。如《圣祖本纪》康熙十七年七月，“是月，吴三桂僭号于衡州”。吴三桂僭号称帝在康熙十七年三月，非七月。如新疆、台湾建行省的时间分别是光绪九年、光绪十一年，《清史稿·地理志》却说：“穆宗（同治）中兴以后，台湾、新疆改列行省。”总理各国事务衙门成立于咸丰末年，《清史稿·职官志》称：“延及德宗（光绪），外患蹑迹，译署始立。”“译署”是总理各国事务衙门的简称。《清史稿·河渠志》记载全国河流，只记了黄河、淮河、运河、永定河四条，遗漏失载我国最长的河流长江，珠江、黑龙江、松花江、雅鲁藏布江等大江大河也不见踪影。由于《清史稿》编纂者的知识结构所限，对外国情况不了解，故对域外的记述错误较多。如说“俄国界近大西洋者，崇天主教”（《清史稿·邦交志一》），其实俄国近波罗的海，距大西洋甚远，信仰东正教而非天主教。《清史稿》记事上起努尔哈赤称汗，下至宣统三年清朝灭亡时为止。其中一些列传还涉及辛亥革命以后的张勋复辟、溥仪离宫后出走天津、王国维投北京昆明湖自杀等事件。

虽然《清史稿》存在很多问题，但这部未定稿的正史仍是一部很有价值的史书。它的大部分内容依据《清实录》、《宣统政纪》、《清会典》、《国史列传》和一些档案资料写成，具有一定的参考价值。

《清史稿》的版本较多，主要有关外本、关内本、金梁重印本、上海联合书店影印本、日本印本等，其中以关外本与关内本最早流传，影响颇大。1977 年中华书局本是迄今最好的版本，它依关外二次本为工作本，吸收各种本子的优点，对史文的脱、误、衍、倒和异体、古体字作了校改，查核校正了各本行、段错排的地方，对于史实错误及同音异译的人名、地名、官名、部落名称等一般不予改动。台北新文丰出版公司印本两大册于 1981 年刊行，系据关外二次本刻印而成，计 529 卷，有金梁的《校刊记》。

二、《新元史》

1921 年，北洋军阀政府总统徐世昌颁令将柯劭忞所撰《新元史》列入正史，于1922年刊行，加之原来中央政府承认的“二十四史”，中国历代正史共为“二十五史”。柯劭忞（1850~1933），字凤荪，又字凤笙，晚年号蓼园，祖籍浙江台州，注籍山东胶县（今胶州），清末民初的史学家。柯劭忞出生于书香门第，自幼受家庭影响，勤奋好学，心不旁骛，积累了渊博的文史知识。清光绪十二年（公元1886年）中进士，入翰林院为庶吉士，不久任编修，开始从事学术研究和著述，为其岳丈吴汝纶订正了《尚书故》4册。后任国子监司业、翰林院日讲起居注官等职。1906年，受命赴日本考察教育，回国后出任贵州提学使。清宣统二年（公元1910年）任资政院议员。翌年10月，受资政院委派，出任山东宣慰使兼督办山东团练大臣。两年后奉调回京任典礼院学士，赐紫禁城骑马，伴宣统皇帝溥仪读书。1914年，袁世凯设清史馆，循例编修前朝历史。赵尔巽为馆长，柯劭忞等为总纂。1928年赵尔巽辞世，柯劭忞代理清史馆馆长职务，前后14年参与编修《清史稿》，负责总阅全稿。柯劭忞著有《新元史》、《新元史考证》（北京大学铅印版本）、《盖喀图传补注》、《译史补》、《蓼园诗钞》等，另有未刊遗著《十三经附札记》、《春秋穀梁传注》、《尔雅注》、《后汉书注》、《文献通考校注》、《蓼园文集》等。

柯劭忞长期致力于元史研究工作，吸收明清两代及西方关于元史的资料和书籍，以《元史》为底本，历时30年撰成《新元史》，修正了《元史》的许多错误和疏漏，另著《新元史考证》以明其所据。《新元史》集明清学者研究元史之大成，以一人之力成此巨著，其功卓著。《新元史》是一部研究元代历史的重要史书，柯劭忞因此赢得了中外学术界的高度评价，日本东京帝国大学曾赠予他文学博士学位。

《新元史》257卷，包括本纪26卷，表7卷，志70卷，列传154卷。全书体例基本沿袭旧史，略有改动。如仿《金史·世纪》，在本纪前增加一篇《序纪》记述成吉思汗以前的史事。《新元史》

内容较《元史》充实，该书利用了《元朝秘史》和《元史译文证补》等珍贵史料，补充了元世祖以前蒙古政权的许多史事。《元朝秘史》原书是畏兀儿文，元仁宗时，由察罕译成蒙古文，藏在宫里，不为外人所见。明初译成汉文，名曰《元朝秘史》。清代钱大昕从《永乐大典》中辑出该书内容，它是我国保存的蒙古初期历史的珍贵史料。《元史译文证补》是清末洪钧根据波斯人拉施特的《蒙古》和伊儿汗国的《黄金史》编写而成的一部珍贵史书。《新元史》增补了宋元时期许多人物的列传，详细记载了成吉思汗至宪宗（蒙哥）时期蒙古经营西域以及四大汗国盛衰兴亡的情况。

《新元史》无《艺文志》，也无《叙例》。书中所引新资料均未注明出处，不便于研究者使用。叠床架屋、卷帙繁杂也是该书明显的不足之处。

第二编

近代历史科学的诞生

第一章 导言——历史学在近代欧洲的科学化历程

第一节 19世纪历史科学命题的提出

史学很古老，它是一种久已存在的叙述人类过往故事的技艺；历史科学很年轻，它是一门诞生于近代的探究人类社会发展规律的人文社会科学。

史学源于人类的记忆能力。出于生存的需要，人们必须从长辈那里学习以往的经验，需要记忆过去的事情，于是产生了历史意识。史前人类使用口头传授、结绳记事、刻画符号等简单方法记忆过去的事情。后来随着文字的发明，人们创造了多种叙述历史的史书编撰方法。长期以来，历史一直被视为人类知识的重要来源，正如十七世纪欧洲唯物主义哲学家、英国经验论的奠基人、近代实验科学的“真正鼻祖”弗兰西斯·培根（Francis Bacon，1561～1626）曾经指出的那样：“人类的理解能力是人类知识的来源，人类知识的区分正对应于人类的三种理解能力：历史对应于记忆，诗歌对应于想象，哲学对应于理智。”①

然而，在近代历史科学产生之前的漫长时期，人类始终没有摆

① 弗兰西斯·培根：《学术的进展》，刘运同译，上海人民出版社2007年版，第64页。

脱单纯记忆过去经验的习惯，没有将历史记录的意识发展到更高阶段的历史研究的意识，未能形成一整套研究历史的科学方法。这种局面直到19世纪欧洲实证主义者提出史学科学化的命题方告突破。

在古代，史学基本被限定于史书编纂的技艺范围内，它长期停留在文学层面，未能进入以求真为旨趣的科学境界。为了增加史书的吸引力，中外史家普遍重视史书编写技巧。就像人们看到的那样，注重编史的艺术性是古代中外史学的一个共同传统。从古代中国的《春秋》、《史记》、《资治通鉴》，到古希腊希罗多德的《历史》，许多脍炙人口的历史故事都因史家生动的文笔而流传千古。直到19世纪初期，英国天才史家马考莱爵士（Lord Macaulay，1800～1859）和卡莱尔（Thomas Carlyle，1795～1881）仍以艺术的标准衡量史书，并将著史的艺术水平推向了极致。马考莱被誉为“是第一个使人人对历史感兴趣的英国作家”①。这位英国资产阶级新贵族的代言人注重史书的写作技巧，讲究以流畅优美的文笔展开故事情节。为写出行云流水般流畅的语言，他总是字斟句酌，甚至充分应用想象力将人物描述得生动感人。在他那里，史学是一门艺术，历史著作是诗意和哲学的合成品。马考莱认为，历史是由无数个微小事实构成的，是无规律的，“事实只不过是历史留下的渣滓”，只是为作者编写生动故事提供素材。马考莱说：“一个完美的历史学家必须具有足够的想象力，才能使他的叙述既生动又感人。”② 他甚至扬言：“如果我的著作不能在仕女们的心目中迅即超过最时髦的小说，那我是誓不干休的。”③

---

① 古奇：《19世纪历史学与历史学家》，耿淡如译，商务印书馆1989年版，第489页。

② 何兆武：《历史理论与史学理论——近现代西方史学著作选》，商务印书馆1999年版，第260页。

③ 郭圣铭：《西方史学史概要》，上海人民出版社1983年版，第162页。

卡莱尔也强调史家的天职就是描述。他以激情写作《法国革命史》和《宪章运动》，倾情描述自己所崇拜的英雄。在他所叙述的历史事件中，人们可以看到他“幽灵”般游移不定的思想。然而，最终他和马考莱一样，都因忽视史料的真伪而止步于历史科学的大门之外。

尽管如此，19 世纪欧洲飞速发展的科学潮流还是推动了古老史学的蜕变，历史科学率先在欧洲破茧而出。从实证主义者提出史学科学化的命题开始，后经客观主义兰克史学、马克思主义史学的不断改进，欧洲历史学率先完成了由传统学术向近代科学的转型。

19 世纪欧洲产生了能量守恒定律、细胞学和生物进化论三大科学发现，宣告了近代自然科学体系的最终形成。同时，以法国哲学家奥古斯特·孔德（1798～1857）为代表的实证主义者提出了一个大胆的命题：要把历史学奠定于心理学和社会学的科学研究之上，使历史研究也能达到在确定性上揭示事物发展规律的境界，从而使历史学成为科学。

孔德把实证哲学的认识论推广到社会研究领域，从而为包括历史科学在内的整个近代人文社会科学体系的诞生奠定了理论基础，这使他成为近代社会科学的主要奠基人。

1822 年，孔德结合自己对世界文明史的深刻理解，提出了一个划时代的说法：人类心灵在反映现象时，自然而然地要经历三种主要的形态——（中世纪及其以前）神学的形态、（文艺复兴以后）形而上学的形态、（19 世纪）实证的（科学的）形态。这就是孔德的历史发展“三阶段”规律。在他那里，人类的思维或认识是从神学阶段开始，经过形而上学阶段，发展为实证阶段。在神学阶段，科学显得无能为力，人们只能以直觉方式认识自然现象，那时各种宗教崇拜支配着人们的思想。在形而上学阶段，先前的神学支配地位发生动摇，理性开始发展，但仍然保留了神学阶段的认识原则，这是一个过渡阶段。实证阶段，人们用科学方法认识自然现象。孔德认为，实证精神是人们智慧成熟的标志，它是科学研究的基本思维方法，它首先要求确定事物的真相，然后是“规律探求，即研究被观察对象之间存在的恒定关系”，而不像神学或形而上学那样去“探求其最早来源和终极目的”，因为那是“无法认识的”①。孔德强调历史的客观性及规律性，为近代历史科学的诞生奠定了基础。在孔德看来，只有实证研究才是真正的科学研究，而“真正的实证精神主要在于为了预测而观察”。他认为，规律是为了解释现实，但它也应该适合于过去和预测未来。孔德指出，科学知识分天文学、物理学、化学、生物学、社会学等门类，其中排在前面的几门学科相继进入实证阶段（即科学阶段），只有社会学仍然停留在形而上学的阶段，科学的社会学必须是实证的社会学。孔德出于一种远大的历史使命感，第一次提出了广义的“社会学”概念，并希望把社会历史研究建设为科学的研究。他率先把实验科学上的观察、实验、比较等研究方法运用到社会科学研究中，从而建立了基于实证研究的社会科学的基本体系。后来，在英、法、德等国史学家的积极参与下，实证主义思想被应用于历史研究，并很快形成了 19 世纪实证主义史学的潮流，从而奠定了近代历史科学的基础。

孔德所讲的“社会学”指广义的社会科学知识（social scientific knowledge），而不是现代狭义的学科分类上作为法学门类之一的“社会学”。就如马克思和恩格斯后来用“历史科学”泛指一切人文社会科学一样，孔德的“社会学”之指称方式接近于马克思、恩格斯一度使用的“历史科学”之指称方式。马克思、恩格斯在《德意志意识形态》中曾说：“我们仅仅知道一门唯一的科学，即历史科学。历史可以从两方面来考察，可以把它划分为自然史和人类史。”② 后来，恩格斯在谈到马克思的唯物史观“对于一切历史科学都是一个具有革命意义的发现”的时候，进一步补充说：“凡不是自

① 孔德：《论实证精神》，黄建华译，商务印书馆 1996 年版，第 10 页。
② 《马克思恩格斯选集》，人民出版社 1972 年版，第 66 页。

然科学的科学都是历史科学。”① 恩格斯晚年致梅林的信中也曾指出：“历史在这里应当是政治、法律、哲学、神学。总之，一切属于社会而不是单纯属于自然界的领域的简单概括。”②马克思、恩格斯所讲的“历史科学”也不是现代狭义的学科划分意义上的“历史学”概念，而是泛指我们今天所说的哲学、人文与社会科学。

1844 年，在多年编写大学实证哲学讲义的基础上，孔德发表了重要的《论实证精神》一书，阐述了他的实证哲学思想。孔德认为对于事物发展可以观察，可以从观察中总结归纳出规律，规律可以指导人们预测事物发展的未来趋势。尽管孔德错误地把事物之间的关系及历史进化的规律说成是理性的“恒定不变”的，但他强调人的社会性，否认纯粹独立的个人的存在，这为历史学的科学化奠定了重要的思想基础。孔德说：“单纯的人是不存在的，而存在的只可能是人类，因为无论从何种关系来看，我们整个发展都归功于社会。”③ 这一历史认识论从思想源头上规定了近代历史学是研究人类群体进化规律的科学，它是一个具有划时代意义的科学论断。

在孔德实证主义思想的影响下，19 世纪欧洲出现了实证主义史学流派。史学家狂热地追求科学，把自然科学的方法运用到历史研究中，他们按照科学的模式建构历史学，力图使历史学成为像自然科学那样追寻“一般法则”的科学。他们关注事物之间的有机联系，将历史当做一个整体进行研究，试图揭示隐藏在历史活动背后的规律。无论在课题研究还是史书编写的实践方面，他们尝试运用逻辑学、心理学以及实验科学的方法研究历史人物与事件，力图寻找真实的历史规律，努力把史学建设成为像自然科学那样精确而实证的科学。例如 1839 年德国学者大卫·斯特劳斯（David Friedrich Strauss，1808～1874）以实证主义方法考察耶稣生平，所著《耶稣

①② 《马克思恩格斯选集》，人民出版社 1972 年版，第 726、727 页。

③ 孔德：《论实证精神》，黄建华译，商务印书馆 1996 年版，第 52～53 页。

传》曾引起极大争论，这是当时欧洲史学家努力构建科学历史学的积极尝试。①

在 19 世纪欧洲早期实证主义史学家中，以英国博克尔、法国泰恩和德国的朗普雷希特最为著名。博克尔（Henry Thomas Buckle，1821～1862）是一位有着广泛兴趣且自学成才的实证主义历史学家，其所著《英国文明史》体现了实证主义特点。他把“规律”这个概念引入历史学研究，将人类文明史划分为“欧洲文明”与“非欧洲文明”，从而建立了以欧洲为中心的世界文明史体系，他的这一文明史观深深地影响了欧洲思想界。博克尔认为历史学是一门科学，社会历史像自然界一样有规律可循，历史学家的崇高任务就是寻找文明发展的规律。在博克尔那里，历史规律有三种形态：一是以地理环境支配人类活动为代表的自然规律，二是抽象的人性道德规律，三是随着人类实践而不断增长的知识规律。在这三种规律中，博克尔相信知识规律对人类社会的进步起着主导作用，这等于肯定了科学对历史的推动作用。博克尔批评将人类历史人为割裂成彼此毫无关联的碎片的做法，反对一些史家只见树木不见森林的狭窄眼光。博克尔重视借鉴自然科学的方法研究历史，他认为“不借助于自然科学，历史学便不能建立”。然而，博克尔把自然科学的某些规律生搬硬套到历史研究中，在理论认识上混淆了人类社会和自然界的区别，无视社会历史发展自身的特点，离开了人的社会实践来考察历史，因而导致了把社会历史现象简单化、公式化的流弊。正是由于这方面的原因，甚至有学者批评说：“博克尔的史学体系是非科学的。”②

泰恩（Taine，1828～1893）长期在法国教授艺术史，他广泛搜集大量史料后对历史加以解释，试图运用实验科学的方法研究历史。

---

① 彼得·李伯庚：《欧洲文化史》，赵复三译，上海社会科学院出版社 2005 年版，第 488 页。

② 谭英华：《试论博克尔的史学》，《历史研究》1980 年第 6 期。

泰恩所著《英国文学史》、《艺术哲学》、《现代法国的由来》、《古代政体》、《智力论》都体现了实证史学的特点。泰恩擅长运用心理学方法解剖历史，甚至认为历史就是“心理解剖学”。在《英国文学史》中，泰恩宣称：全书旨在阐明文学创作及其发展取决于三种力量或元素：种族、环境、时机。泰恩认为，文明的产生是由种族、环境和时机三个要素结合而成的，一个国家的地理环境、气候决定了民族的心理，而民族的心理对这个民族的政治、经济、文化起着决定性的作用。泰恩的这一研究体现了历史研究的实证性，是早期运用实证方法研究历史的代表性成果之一。

朗普雷希特（Lampreght，1856～1915）是19世纪德国实证主义史学代表人物。他认为，历史研究应该寻找事物之间的联系，历史研究不仅仅研究精英人物，更应研究人类生活的总体。朗普雷希特所撰12卷本《德意志史》是一部德意志民族心理发展史，作者用心理学理论方法分析德意志民族心理的发生发展，试图突破传统的描述史学的束缚。他从心理发生学的角度探讨德意志民族心理的发展变化，强调社会心理对历史进程的作用。尽管存在理论解释多于事实论证的缺陷，但这并不影响朗普雷希特作为早期实证主义史学家的地位。

到19世纪末，经过半个多世纪的发展，实证主义史学结出丰硕的果实，标志性的成果之一便是1898年法国史学家朗格诺瓦和瑟诺博司合作出版了《史学研究法导论》。① 该书全面系统地总结了实证主义史学方法，圆满勾画了实证主义史学的理论与方法体系。实证主义史学家力图使历史学成为像自然科学那样具有“确定性”内涵的科学，他们追求历史事实的客观性，强调历史研究的严谨性。这种方法注重资料积累，强调客观冷静地对待史料，力求研究主体与客体的分离，拒绝急功近利的草率之举。实证主义史学注重甄别与

---

① 朗格诺瓦、瑟诺博司：《史学研究法导论》，中译本由李思纯译为《史学原论》，商务印书馆1926年出版。

考订史料，通过考证资料的真伪树立客观的历史事实，为后来欧洲客观主义史学的形成奠定了基础。实证主义史学强调考证史料真伪的过程应遵循理性的逻辑法则，通过运用归纳法、比较法等科学的研究方法增强史料考证的准确性，历史学家正是通过这一过程拥有了对历史事实的解释权。实证主义者坚信，经过实证的研究过程，历史学也能像自然科学那样，从真实可靠的资料中推导出符合逻辑的科学结论，从而使历史的事实具有确定性。

总之，19 世纪实证主义史学努力在历史中寻找科学的规律，并将理性主义运用于史学研究之中，达到了科学的理性主义的境界，加快了历史学在近代欧洲的科学化进程，使古老的史学在 19 世纪的欧洲犹如老树开花一般焕发出了勃勃生机，历史学由此步入了近代科学的殿堂。

第二节　19 世纪欧洲近代历史科学体系的完善

正如人们普遍看到的那样，欧洲的 19 世纪是“历史学的世纪”，此间实证主义、浪漫主义、客观主义、历史主义以及马克思主义史学流派异彩纷呈，为近代历史科学体系的形成与完善作出了各自的历史性的贡献。从学术史的客观角度看，近代欧洲历史科学体系的不断完善是诸多史学流派自然整合的结果。在这个过程中，各种史学流派的具体贡献不尽相同，其中浪漫主义史学扩大了历史研究的视野，客观主义史学主要奉献了取材与批判史料的方法，历史主义流派则为人们提供了一种思辨的历史认识论，马克思主义史学则因科学的辩证唯物主义和历史唯物主义理论最终完成了历史科学体系的自我建构。

浪漫主义原本是在反思启蒙思想的过程中形成的一种反理性主义的哲学思潮，它后来波及了历史研究领域，并在近代史学科学化到来之际起到了开阔视野的积极作用。19 世纪初期形成的浪漫主义史学上接欧洲启蒙思想，下启19世纪史学流派的百家争鸣，促进了近代历史科学的形成与发展。当初，启蒙思想家出于反对中世纪神学统治的需要，提出了理性主义思想，强调世界一切事物都遵循理性法则，一切都是秩序井然的，并强调了人类历史的循序发展。后来，理性主义逐渐脱离了时代发展，变成了一种僵化的思想。由于过分强调理性的作用，致使机械唯物主义思想泛滥，人们的情感被称为非理性的东西而受到了不应有的压制，文化的民族特色也被忽视了。于是在艺术、文学和文化领域，人们率先要求冲破理性主义牢笼的束缚，回归人性自然状态，浪漫主义应运而生。首先，文学领域出现了一片肥沃的“浪漫主义的田野”①。人们希望摆脱理性主义制造的单调模式，追求精神生活的自由性，强调生活的非理性因素。后来，这种追求自由与个性的思潮从文学领域蔓延到了哲学、政治学、心理学并渗透到了历史学领域。

历史哲学家赫尔德《人类历史哲学思想》的出版，标志着欧洲浪漫主义历史思潮的系统形成。作为康德的学生，赫尔德发展了康德的思想，他在1784年出版的《人类历史哲学思想》一书中曾明确指出：“历史事件并非是无规律的，而是正像自然事件一样是按照规律在进行的。”赫尔德把人类生命看做是与其在自然世界中的背景密切相联系着的。就像柯林武德所总结的那样，“他所设想的这个世界的普遍性质，是一个有机体的性质”②。在赫尔德那里，历史是一个可以研究的具有内在发展规律的客观世界。在历史观念方面，赫尔德否定了启蒙思想中的抽象的人性的概念，认为不存在单一的人性模式，每个民族的文化都具有自身的价值取向，历史学家的任务在

① 勃兰兑斯：《19世纪文学主流》（第2卷），刘半久译，人民文学出版社1997年版，第69页。

② 柯林武德：《历史的观念》，何兆武、张文杰译，商务印书馆2007年版，第141页。

于发现和理解每一种文化的自身价值。在方法方面，赫尔德明确将非理性的移情原则应用于历史研究。他说："为领悟一个民族的一个愿望或行动的意义，就得和这个民族有同样的感受。"① 正如张广智先生指出的那样，"在以赫尔德为代表的浪漫主义历史哲学家的引导下，19 世纪的历史学家们开始在实践中运用和领悟着浪漫主义思想，为历史提供新的解释"②。于是欧洲涌现了德国穆勒（Muller，1752～1809）、英国埃德蒙·柏克（Edmund Buerker，1727～1797）和法国夏多布里昂、梯叶里等浪漫主义史学家。他们或因赋予历史作品以活的灵魂而打动读者（如穆勒），或因擅长用激情和情感讴歌历史而感动每一个人（如天才史家马考莱和卡莱尔及柏克），或以历史想象唤起人们的情感（如夏多布里昂、梯叶里等）。尽管多数浪漫主义史学家后来被以兰克为代表的职业史学家排斥在正统史学外，但是他们的贡献不容忽视。浪漫主义思想在时间和空间上扩大了历史学研究的视野，它强调历史发展的连续性和整体性，这种历史观是一种革命性的进步。在它的启发下，"人们被引向认为过去全部都是值得研究的而且是一个整体"③。浪漫主义史学拓展了传统史学家思想的空间，并帮助他们从单纯的搜集和整理资料的繁重工作中解放出来，最终在"寻求材料的人和思想家之间第一次建立了关系，实现了熔合"④。浪漫主义思想给 19 世纪欧洲学术界带来的另一个变化便是西方史学家从此兼具了思想家的光荣使命，大量历史材料背后的思想被发掘出来。历史不再是枯燥的故纸陈编。这无

---

① 转引自张广智、张广勇：《史学：文化中的文化》，上海社会科学院出版社 2003 年版，第 212 页。

② 张广智：《西方史学史》，复旦大学出版社 2005 年版，第 227 页。

③ 柯林武德：《历史的观念》，何兆武、张文杰译，商务印书馆 2007 年版，第 140 页。

④ 克罗齐：《历史学的理论和实际》，傅任敢译，商务印书馆 1982 年版，第 220 页。

疑提升了历史学的社会认可度。

浪漫主义史学之后，长期引领欧洲历史学潮流的学派是以兰克为代表的客观主义史学。兰克是十九世纪德国最重要的历史学家、客观主义史学的集大成者。尽管客观主义史学的创始者是柏林大学教授尼布尔（Barthold Georg Niebuhr，1776～1831），但兰克仍被视为是客观主义史学的精神鼻祖。他被誉为“近代史学之父”、“近代以科学态度、科学方法研究历史的大师”、“永远无人超越的史学家”。

19 世纪三四十年代，诞生于德国的兰克学派在历史研究与史书编写的实践层面上将客观主义史学向前推进了一步。兰克学派的产生有着近代欧洲学术职业化的背景。欧洲在完成工业革命的任务后，逐步要求科学职业化，作为近代科学之一的历史学也被要求职业化。在这种趋势下，人们要求史学家更加严格地批判史料，以便获得精确的历史叙述。为满足人们追求真理的需要，标榜客观主义的兰克史学应运而生。兰克史学是一种历史撰述意义上的客观主义史学，它破除了 19 世纪上半叶欧洲浪漫主义和自由主义以及先验论的观念束缚，将人本主义观念贯彻到历史研究中，将史学建立在科学的实证研究的基础上，促进了历史科学的成熟。因此，兰克史学一向被视为是真正的历史科学。

兰克学派的历史观以人本主义思想为本体论，主张人类历史是自然发展的一个过程，这个过程是由各色精英人物创造的。基于人本主义的兰克史学的方法论继承了实证主义方法，兼收德国狄尔泰的“移情论”，强调运用移情方法研究和重建历史，即用“设身处地、将心比心式的领悟方法”，从精心考证过的第一手史料中领悟精英人物的思想、目的、动机，进而对历史人物和事件做出具体的“个别描述”。① 兰克史学提倡客观主义的历史认识论，主张在具体的历史研究中史学家应“排除自我”，一切结论以第一手史料为依

① 庞卓恒主编：《史学概论》，高等教育出版社 2006 年版，第 29 页。

据，用史料精确叙述历史，即“让史料说话”。

在兰克史学那里，历史学是以求真为旨趣的严谨的科学研究。兰克认为，历史学家的任务就是弄清历史事实，而史著的任务就是要把过去所发生的事实如实地在文字上再现出来，其间不需要掺入任何史家个人的主观因素。由于强调史料高于一切，兰克十分注重作为第一手资料的档案资料在历史研究中的价值，从而大大提高了史书的可信度。

兰克史学基本的治史方法是史料考证，即搜集大量的原始资料，对这些资料进行严格的鉴别、辨析，运用内证、外证等专业方法考证史料及其内容的真伪，从而使历史研究建立在真实、可靠的史料基础之上。所谓“内证”法，是指通过对不同人所著内容相同的史料进行参照分析，结合对撰述人的身世、性格、心理等方面的考察，确定史料的可信度。所谓“外证”法，是通过史料表现的形式如语法、体例等是否合乎史料生成年代的规范来确定史料的真伪，通过不同著作、不同版本的相互校勘，使史料真伪自然显现出来。至今，兰克史学关于史料批判的方法仍然具有科学的价值，一直为人们所沿用。

由于兰克的巨大影响，德、法、英、美等国涌现了一批追随兰克的客观主义职业史学家，如德国的魏茨、吉泽布雷希，英国的斯塔布斯、阿克顿，法国的莫诺，美国的赫伯特·亚当斯等，这些兰克史学的弟子们长期以一流史学家身份控制着欧美一些大学的讲坛和专业杂志。自兰克学派诞生以来，直到 20 世纪 30 年代，它一直是欧美历史学的主流，并成为西方史学的传统，整整称雄一百年。

当然，兰克史学也存在着明显的不足。首先，兰克史学的研究领域过于狭窄，该学派过分专注于政治史、外交史、军事史领域的研究，重视对精英人物的研究，而忽视经济史和社会史研究，忽略民众在历史中的作用。其次，兰克史学在研究方法上存在矛盾，一方面强调用史料说话，另一方面又强调研究者的心理感悟能力，这使得兰克史学难以达到它所标榜的纯粹客观的境界。再次，兰克学派强调史实的再现，深陷于对史料的烦琐考证，见木不见林，对历史发展规律避而不谈，忽视了历史发展规律的研究。兰克史学这些缺陷不仅阻碍了它迈向更高层次的科学境界，客观上也为孕育 20 世纪西方新史学流派提供了空间。比如 20 世纪法国年鉴学派便是在修补兰克史学缺陷的基础上形成的最具影响力的现代西方史学流派。年鉴学派反对兰克史学“移情式”的历史研究法，主张运用包括计量统计方法等新实证方法研究历史，主张对群体史料进行定量的归纳和分析，揭示群体行为和现象的结构、模式或总体趋势。年鉴学派大大提高了历史研究的科学性。

在参与构建欧洲近代历史科学体系的过程中，历史主义史学也作出了自己的贡献。“历史主义”（Historism）一词最早于 1797 年由德国语言学家施莱格尔提出，强调事物发展的自然的历史过程。① 进入 19 世纪以后，以德国史学家为主的欧洲史学家把这种思想运用到历史研究中来，形成了以萨维尼、艾希霍恩、洪堡、黑格尔为代表的历史主义史学。该学派强调历史在时空二维元素中的连续性，并试图通过寻找真实历史事实之间的因果关系，解释历史现象发生的原因。由于历史主义强调历史具有因果关系，这就意味着该学派将历史研究纳入到了遵从因果律的科学轨道上来，使得历史学的科学地位更加坚实和稳定。我们知道，自从德国古典哲学奠基人康德（Immanuel Kant，1724～1804）在其代表作《纯粹理性批判》② 中发现“因果律”（即“普遍的自然法则”）以来，因果律便被视为近代自然科学的共同基础。康德的这一发现也为历史学步入科学殿堂提供了依据。正如柯林武德曾经指出的那样，康德揭示了历史遵循因果律的客观事实，即“历史学叙述人类行动的过程时，是把它作为

---

① 伊格尔斯：《历史主义的由来及其含义》，王晴佳译，《史学理论研究》1998 年第 1 期。

② 该书 1781 年首版，1787 年做重大修改后再版。

现象的，因此就把它看成是服从自然律的”①。在康德看来，自然律（因果律）能够适用历史学研究的基本规律，这实际上等于把历史学视为科学。1821 年，洪堡发表了奠定其历史主义史学家地位的《论历史学家的任务》的演讲，系统阐述了历史主义的基本原理。正如学者们指出的那样，历史主义的原则强调“在历史认识过程中，首先必须确定历史现象的真实性，然后对这些现象进行理解，理解其中隐藏着的理念”②。

在近代欧洲史学科学化的进程中，作为 19 世纪欧洲历史主义史学重要人物之一的哲学家黑格尔（Hegel，1770～1831）作出了重要的理论贡献。他在理论方法上确立了历史学的科学地位。人们普遍认为黑格尔的哲学整体上就是一种历史哲学，但真正代表黑格尔历史哲学成就的著作是在他去世后出版的《历史哲学讲演录》③。该书首版于 1837 年，第 2 版由其子 K. 黑格尔重订，于 1840 年出版。该书的一个重要贡献就是把逻辑原理运用于历史研究，揭示了人类历史发展具有规律可循的特点，为历史学插上了科学的翅膀。在黑格尔那里，世界历史是一个合理的过程，这一过程受其自身发展规律的支配，这一点体现了黑格尔寻求关于整个世界历史合理性发展的一贯主张。黑格尔指出，当一个实际工作着的历史学家要解释一种历史过程或者使之成为可以理解的过程的时候，在他心目之中就有一种程序——用“恰当的概念”把组成它的各种事件“概括起来”，追踪普遍的规律在其中所起的作用。黑格尔认为，人们可以从世界历史的个体现象中寻找到普遍的、内在的精神发展道路。他还认为，

① 柯林武德：《历史的观念》，何兆武、张文杰译，商务印书馆 2007 年版，第 147 页。

② 张广智：《西方史学史》，复旦大学出版社 2005 年版，第 252 页。

③ 黑格尔的《历史哲学讲演录》中译本于 1956 年由三联书店出版，译名为《历史哲学》，译者为王造时。

总结历史规律可以从心理学、社会学的角度进行，也可以从其他常识的角度作出概括。黑格尔肯定了历史规律的存在，在他那里，历史研究体现出了精神自我认识从不自由到自由再到绝对自由的过程。于是，历史研究成了一门寻找人类社会发展规律的综合性的科学研究。经过黑格尔的努力，历史学的科学地位更加巩固。此后，马克思主义史学在理论上合理吸收了黑格尔的成果，并加以改造和利用，提出了更为科学的辩证唯物主义与历史唯物主义理论，最终完善了历史科学理论体系。

19世纪40年代，马克思（Karl Marx，1818～1883）和恩格斯（Friedrich Von Engels，1820～1895）在继承黑格尔辩证法思想的基础上，建立了辩证唯物主义的历史观，进一步将历史科学推向成熟。1844年马克思与恩格斯合写了《神圣家族》，初步阐明了物质生产是历史发展的决定因素、人民群众是历史的创造者等辩证唯物主义和历史唯物主义的基本原理。1845～1846年马克思和恩格斯合写了《德意志意识形态》一书，系统阐述了辩证唯物主义历史观。书中提出了社会存在决定社会意识的基本原理，论述了物质生产在人类历史发展中的决定作用，阐明了生产关系必须适合生产力性质的规律。马克思辩证唯物主义认为：世界是物质的，意识是物质高度发展的产物，是对物质的反映。这种反映是以实践为基础的能动的辩证过程，它依赖于实践，又反过来为实践服务；世界是普遍联系和运动发展的，对立统一规律是宇宙的最根本的规律，矛盾着的对立面既统一又斗争，由此推动事物的运动和变化。辩证唯物主义历史观的核心观念是：人类社会生活各个不同的方面在任何一个时候都是有机地相联系着的。这一重要观点开辟了历史研究的系统性原则，启发引导了历史学沿着科学的道路进一步发展。马克思和恩格斯强调，生产力的发展推动着生产关系的转变，进而引起社会根本的变革。马克思和恩格斯创立的辩证唯物主义历史观揭示了社会生活诸方面的有机联系，为历史研究提供了更加科学的理论，它标志着历史科学的最终成熟。

马克思和恩格斯创立了科学的辩证唯物主义和历史唯物主义，实现了社会科学的伟大革命，使历史学真正成为一门重要的科学。依照马克思主义的观点，人们能够将政治、经济、文化等历史要素联系起来做综合的考察，从而揭示历史发展的规律。马克思主义改变了世界历史科学研究的方向，在他们之后的一个多世纪里，世界历史研究的重点由先前的政治史转移到了经济史和社会史，这两个领域的研究成为20 世纪世界历史研究的主流，人类历史的内涵因此变得更加丰富多彩。

回顾近代欧洲历史科学的诞生与整合的自然过程，我们更加清晰地看到，近二百年来古老的史学乘着近代科学的便车实现科学化的自我蜕变。经历了19 世纪欧洲浪漫主义史学、客观主义史学、历史主义史学以及马克思主义史学的不断发展，历史科学的理论与方法体系日臻完善，最终成为一门体系完备的现代科学门类之一。回顾近代历史科学的发展史，我们可以得到如下启示：在19 世纪以前历史科学的胚胎时期，历史只是叙述而已，那时的史书充斥着传闻轶事，真实性难如人意；近代以来，成为科学的历史学注重探讨人类历史发展的规律，力求恢复历史的真实性，从人类生活的表层到人类精神的内部全面再现人类生活，展现人性的真、善、美。今天，在世界进入信息化时代的新形势下，诞生不到两个世纪的历史科学如同其他人文社会科学一样，依然显得年轻、幼稚，历史科学的探索之路依然遥远而漫长。为了更好地发展历史科学，我们必须坚持马克思主义理论的指导，坚持实证的科学探究方法，使历史学走在科学的道路上。为此，我们必须坚守学术道德，拒绝谣传和卖弄辞藻的浅薄表演，摆脱种种功利主义和庸俗的娱乐主义的诱惑，冲破无处不在的金钱主义的包围，让历史科学创造出更多、更丰富的精神产品，让真实的历史起到感动人、教育人、启迪人的作用，满足人们日益增长的文化需求。

第二章 中国传统史学的现代科学转型

第一节 中国传统史学的终结

一、严复《天演论》的历史贡献

中国古代只有叙述历史的史书编纂学，而无研究社会发展规律的历史科学。大约在19世纪末，中国近代早期的留学生严复首先把西方进化论概念引入国内，他的重要译作《天演论》颠覆并终结了中国传统的历史循环论，为现代中国历史科学的建立奠定了思想基础。

严复（1854~1921），字又陵，后字几道，福建侯官（今福建福州）人。他早年毕业于福州船政学堂（第一届），后留学英国海军学校。1880年任北洋水师学堂总教习，后升任总办。1895年，严复将英国赫胥黎之《进化论与伦理学》（*Evolution and Ethics*）译成《天演论》，该书于1898年正式出版。赫胥黎是19世纪欧洲最伟大的科学家达尔文的学生，他捍卫和宣传了达尔文的生物进化论思想，强调“物竞天择，适者生存”是人类社会进化论的规律。严复把这种思想作为自己的世界观。在19世纪中国民族危机加剧的特殊历史背景下，《天演论》所介绍的进化论学说为困境中的人们提供了新的观察世界及解决矛盾的思想武器，不仅对当时的维新变法运动起到了促进作用，而且很快成为20世纪初中国知识阶层的先进世界观。梁启超、胡适、顾颉刚等中国现代社会科学的奠基人都是在阅读了严复《天演论》之后逐渐树立了进化论的历史观，从而走上了科学的道路。

严复在史学上的突出贡献在于他系统介绍了西方的进化论史观，从而结束了中国的封建历史循环论。在严复以前，中国传统的史观是治乱循环论，即所谓“治乱盈虚，消息盛衰，循环不已”（黄宗羲《孟子师说》）。严复传播了西方的进化论，彻底否定了中国的封建史观。

进化论思想原是达尔文《物种起源》一书所阐述的生物进化规律，它奠定了近代生物学的科学基础，是19世纪自然科学的伟大成果之一。《物种起源》出版后，在欧洲引起了一场社会革命，达尔文的进化论学说成为欧美家喻户晓的理论。正如有学者分析的那样，“严复对西方流行的进化论是站在一种危机意识的时代高度进行了慎重选择的”①。严复所译并非直接翻译达尔文的原著《物种起源》，亦非翻译社会达尔文主义者斯宾塞的《生物学原理》，而是翻译了达尔文的学生赫胥黎的《进化论与伦理学》。这是因为严复认为达尔文的原著是一部阐述自然界生物进化规律的纯学术著作，斯宾塞把达尔文的观点发展成为社会达尔文主义，强调文明的民族战胜落后的民族是社会进化的通则，二者均不符合严复救亡图存的社会使命感。只有赫胥黎的思想既捍卫了达尔文的进化论思想，也与中国文化“自强不息”的精神传统相吻合，更能激起近代中国人民救亡图存的民族觉悟。

赫胥黎《进化论与伦理学》通过对地质学、古生物学、比较解剖学等学科的研究与考察，认为在整个自然界存在着一个生物相互竞争生存的“生死斗争的痕迹”，这种进化的过程不仅局限于生物

① 彭明等：《近代中国的思想历程 1840～1949》，中国人民大学出版社1999年版，第186页。

界，而且遍及整个宇宙。

基于对达尔文进化论的坚定信仰，严复批判了赫胥黎进化论中道德决定论的错误观点。赫胥黎曾经认为，在人类社会发展中起作用的是先验的道德准则，他把良心视为“社会的看守人”，认为人类社会是靠感情的维系而进化的一个“伦理过程”。赫胥黎的观点与中国儒家传统的道德学说是不谋而合的，二者都强调道德在人类社会发展中的本体作用。严复批判了赫胥黎的说法，指出赫胥黎的观点有“倒果为因之病”。这实际上是基于他对传统道德伦理学说的理性批判，体现了严复思想的与时俱进。

严复还批判了斯宾塞社会达尔文主义弱肉强食的观点。《天演论》立足进化论思想宣扬中华民族“自强不息”的传统精神，强调只要努力就会“与天争胜”，就能使民族得到延续，国家就能富强。严复实际上是在运用进化论的原理激发全民族“自强不息”的奋斗意识。尽管严复宣传进化论思想并非只针对中国传统的历史观，却给人们提供了观察世界并认识历史发展的新方法、新视角，此书一出便受到知识阶层普遍的重视。从这个意义上说，严复的进化论思想为中国近代历史科学的产生提供了理论基础。当然，严复是一位中国近代启蒙思想家，而不是一位真正意义上的历史学家。倒是最早阅读严复《天演论》译稿的梁启超吸收消化了进化论学说，提出了他的“新史学”思想，成为现代中国历史科学的真正奠基人。

二、梁启超对中国旧史学的系统批判

梁启超（1873～1929），字卓如，号任公，又号饮冰室主人，广东新会人，举人出身。1898年梁启超与其师康有为一同发起并领导了著名的戊戌变法运动。先后办报纸、开学堂、办书局，写作了大量感情奔放、流利畅达的政论文章，鼓吹变法维新。变法失败后，梁启超流亡日本，主要精力转向学术研究，他大量翻译介绍西方社会、政治、经济学说，倡导“诗界革命”、“小说革命”、“史界革

命”，撰写学术文化史论著，对当时知识界产生了较大影响。梁启超是中国现代文学、历史学的主要开创者，他为现代中国学术发展作出了历史性贡献。

梁启超首要的贡献在于他系统“批评了传统史学的弊端和不足”。因而他被人称为中国近代历史学诞生的“助产婆”①。1901 年 9 月，梁启超在《清议报》上发表《中国史叙论》，发出了重写中国史的第一声呐喊。1902 年流亡日本的梁启超在横滨创办了《新民丛报》②，1902 年 2 月至 11 月，《新民丛报》第 1、3、11、14、16、20 号连载了梁启超《新史学》的六篇文章，即《中国之旧史》、《史学之界说》、《历史与人种之关系》、《论正统》、《论书法》、《论纪年》，这六篇文章发表时署名均为“中国之新民”。

《新史学》之《中国之旧史》系统批判了中国旧史的弊端，以证明“史界革命”之必要。梁启超立足现实的需要，批评中国旧史之“二十四史”是二十四姓家谱，是墓志铭、蜡人院，对团结国民、激励国民的爱国心全无用处。他历数了中国旧史的四弊、二病、三恶果。所谓“四弊”，指旧史病源之四端。一曰知有朝廷而不知有国家；二曰知有个人而不知有群体；三曰知有陈迹而不知有今务；四曰知有事实而不知有理想。所谓“二病”，是指因“四弊”而产生的史书编纂方面的两个毛病：其一，能铺叙而不能别裁；其二，能因袭而不能创作。所谓“三恶果”，是指由“四弊”、“二病”而给读者造成的三个恶果：一曰难读，二曰难别择，三曰无感触。梁启超立足于民族危亡的高度，呼吁当时四万万同胞人人争做史界革命的先锋，铲除旧史之弊端，将史学建设成救国图强的利器。

《新史学》之《论纪年》讨论了世界各国关于纪年的不同方法。

---

① 戴逸：《世纪之交中国历史学的回顾与展望》，《历史研究》1998 年第 6 期。

② 该刊 1907 年停办，共出版 96 期。

梁启超批评古代史家以帝王年号纪年的行为，认为以帝王年号纪年是野蛮时代的做法。他强调纪年应该遵循简易的原则，应该以孔丘生日作为中国纪元的开始，理由有四：其一，符号简单，记忆容易；其二，不必阿附祸国的民贼，争夺所谓“正”、“闰”；其三，孔丘是中国至圣，用作纪年，使人产生尊崇教主之念，爱国思想油然而兴；其四，中国历史事迹在孔丘之后才开始增多，所以使用方便。梁启超认为，有此四项优点，则孔丘纪元足可以推行百世而不动摇。

《新史学》之《论正统》批判了中国封建的旧史家所坚持的正统论历史观，批评旧史家不知朝廷与国家的分别，只知把国家当做君主私产，要借天命论证君主“生而有特别之权利”。梁启超指出：“中国史学家最大的错误，没有比强调‘正统’这件事更为严重。强调‘正统’的人，认为天下不可以一天没有君王，于是乎有‘统’。又认为‘天无二日，民无二主’，于是乎有‘正统’。‘统’的意义是：上天建立，人民尊崇；‘正’的意义是：只有一家是‘真’，其他的全都是‘伪’。”梁启超概括了旧史家衡量正统的六项标准：1. 用土地大小判断。凡是统一中国，无论他是什么样的人，都尊奉他是正统，如晋王朝、元王朝。2. 用政权存在久暂判断。虽然统一中国，但宝座坐得时间太短，都不是正统，如西楚王朝、新王朝。3. 具有前代君王血缘的是正统，如蜀汉帝国、晋帝国、宋帝国，其他的都是僭伪。4. 凡是首都建立在前代首都所在地的是正统，如曹魏帝国，其他的全是僭伪。5. 后一个王朝被称为正统，它所继承的王朝也就成为正统，如因唐王朝之故，隋王朝成了正统；因宋王朝之故，后周帝国成了正统。6. 汉人建立的王朝是正统，如南宋帝国、南齐帝国、南梁帝国、陈帝国，其他民族建立的王朝全是僭伪。

梁启超认为，上述这六项衡量正统与否的标准是自相矛盾的，完全是旧史家站在私人利益上说话的，如曹魏与蜀汉正统之争，坚持“首都说”的认为曹魏是正统，坚持“血缘说”的认为蜀汉是正统，这种评判没有客观与公正可言。梁启超认为，自周秦以来无一王朝可称正统，实际是“成即为王，败即为寇，此真持正统论之史家所奉为月旦法门者”①。梁启超一针见血地指出，旧史家坚持正统论本身是被奴性所束缚，而又在煽动后人的奴性。

《新史学》之《论书法》批评古代史著专讲一字褒贬的所谓“书法”。他认为要讲“书法”，只能是研究怎样把历史写得对读者有鼓舞作用、借鉴作用，决不可专务褒贬个人，否则只会被专制者利用去愚民。梁启超关于旧史学的批评虽然难免失之偏激，但揭示了旧史学的实质，具有深刻的社会影响，对于中国新史学的建立起到了不容忽视的推动作用。

第二节　中国现代历史学的建立

中国传统史学向现代科学的转型经历了一个较长的过程，非一时一人之功，而是几代学者共同努力建设的结果。20 世纪最初的 30 年间，在社会变革的历史背景下，中国史学完成了从传统学问向现代科学的转型。② 在这一转型的过程中，梁启超、章太炎、何炳松的“新史学”思想首发其端。王国维“二重证据法”在实践层面上开启现代史学的先河。胡适倡导的实证主义研究方法引发了顾颉刚“疑古派”之史学。此外，柳诒徵“信古派”史学、姚从吾的“绵延史观”等都是中国传统史学向现代科学转型的具体表现。中国马克思主义史学的诞生进一步丰富了中国现代历史科学的内涵。

一、梁启超“新史学”理论

基于改造中国传统社会的宏伟目标，梁启超把自己的历史研究

① 梁启超：《饮冰室合集·文集之九》，中华书局 1989 年版，第 24 页。

② 房鑫亮、吴忠良：《传统史学的现代转型》，《历史教学问题》2005 年第 4 期。

与国家现实的需要紧密结合起来。他研究历史是为了“应于时势，发其胸中所欲言”①。梁启超将史学革命视为启发民智、促进社会变革的利器。他在吸收近代实证主义史学思想的基础上系统提出了“新史学”理论，创立了中国现代历史科学理论体系。1921 年 11 月、12 月《改造》杂志第四卷第三、四号摘登了梁启超的《中国文化史纲》，这是梁启超在南开大学所讲《中国文化史纲》的简编本。1922 年，商务印书馆出版了该书的排印本，定名为《中国历史研究法》，该书是中国现代第一部系统的历史学理论著作，它奠定了中国现代历史学的理论体系。梁启超还著有《中国历史研究法补编》一书，这是梁启超于 1926 年 10 月至 1927 年 5 月在清华大学所作的演讲，由商务印书馆于 1933 年作为“国学小丛书”之一种出版。

概括起来说，梁启超的“新史学”理论主要有以下四方面的内容。

（一）历史是研究人群进化的一门科学

早在《新史学》之《史学之界说》中，梁启超首次明确了历史学的科学属性，对历史学做出了科学的解释。他说：“历史者，叙述人群进化之现象，而求得其公理公例者也。”② 梁启超立足进化论思想，强调历史是一门研究人群进化规律的学问。正如有学者指出的那样，梁启超“进化史观”的确立得益于他对社会学理念的吸纳，进化史观的确立又促使他去革新传统史学，这对中国史学的发展有不可估量的意义。③ 梁启超开启了中国现代历史科学的理论先河。

梁启超《中国历史研究法》全面总结了清末以来关于中国旧史的批判，从现代科学的角度规定了历史学研究的对象及任务，主张

① 丁文江、赵丰田编：《梁任公先生年谱长编（初稿）》，中华书局 2010 年版，第 280 页。

② 梁启超：《饮冰室合集·文集》，中华书局 1989 年版，第 10 页。

③ 宋学勤：《梁启超与社会学》，《史学月刊》2007 年第 12 期。

用近代西方史学方法研究历史发展规律。梁启超运用西方科学分类方法，将历史规定为一门研究人类社会进化规律的科学，是“以过去之进化，导未来之进化”的学问。它和地理学、地质学、人类学、政治学、法律学等学科一样同属于科学的一个个门类。梁启超认为，史学家的义务在于找到历史上社会进化的共同规律，指导后人遵循规律继续前进。梁启超立足近代西方实证主义的理论基础，详细分析了史料的种类，论述了史料搜集、鉴别、排比、归纳的方法。该书在现代学术史上具有里程碑意义，对中国现代历史科学的创立和发展起到了重要作用。梁启超对中国封建旧史学振聋发聩的批判，对“史界革命”的奋力疾呼，对“新史学”理论的系统论述，都是历史性的创见。他开了现代中国史学的新风，他不仅仅是中国近代历史学的“助产婆”，更是中国现代历史科学的奠基人。在历史研究方法和历史认识论方面，梁启超奠定了中国现代历史科学的基础。

《中国历史研究法》第一章《史之意义及其范围》开宗明义说明了历史研究的对象。梁启超指出，历史记述的范围即是历史研究的范围，包括整个人类社会活动，历史学研究的目的在于求得其因果关系以资现代人借鉴。梁启超认为：人类为生存而活动，亦为活动而生存；人类社会活动在空间上有周遍性、在时间上有连续性，社会常为螺旋形地向上发展；人类活动是各民族创造的政治、军事、法律、经济、宗教、科学、文化等方面的现象；人类活动必有成绩然后可记，各种成绩之间必有前因后果之关系，历史研究首先要条陈人类取得的各种活动成绩，然后找出这些活动现象之间的因果关系，为现代的人提供可资借鉴的社会发展规律，指导现代人的未来活动，避免重蹈覆辙，提高人类活动质量。

《中国历史研究法》第三章《史之改造》规划了中国新史学的蓝图，阐明了作者对历史科学的基本认识，强调历史学的科学属性。1. 历史不是为少数求诸禄仕与好古籍学的专门之士服务的工具，不是贵族性的专门之学，而是有助于增进民族生存与团结互助的知识。

2. 历史是以生人为本位的历史，而非以死人为本位的历史。3. 历史学的分支学科日益庞大，许多独立的学科史日渐脱离传统史学研究的范围，而归入各自专门的学科研究成为专门史，如天文史、音乐史等。4. 历史研究旨在求得一个近于客观性质的历史，而不能为所谓“明道”、“经世”等功利目标而“强史就我”或“因文见道”，损害历史的信用。5. 历史须建立史料的因果关系。梁启超把历史学的研究旨趣定位在追求“客观性质的历史”之上，使得中国历史学彻底摆脱了旧史学依附于政治的状况，赋予现代历史学以科学性。

在《中国历史研究法补编》中，梁启超概述了历史学的目的。梁启超认为：“历史的目的在于将过去的真事实予以新的意义或价值，以供现代人活动之资鉴。”如何求得真史事？梁启超列举了取得真史事的五种方法，这五种方法是钩沉法、正误法、新注法、搜集排比法、联络法等。他认为，搜集排比法就是史家的一项硬功夫，史家要善于从一大堆零散的资料中看出什么道理来，要能够将一件件分散的现象串联起来找出其中隐含的规律，比如单过中秋节觉得没有什么意义，若把端午、七夕、中秋、重阳等节排比起来，加以比较，然后研究为什么要过节，过节如何过法，就可以从这里边看出许多重要的意义——或者是纪念前哲，或者是娱乐自己。国民心理的一部分，胥可由此看出。梁启超强调的这种搜集排比法就是科学的归纳法在史学研究中的具体运用。

（二）史料是史学的基础

《中国历史研究法》第四章《说史料》分析了史料的性质及其来源与种类。梁启超指出，就像一切科学离不开资料一样，历史学离不开史料。梁启超认为：“史料为史之组织细胞，史料不具或不确，则无复史之可言。”① 仿佛细胞是生命组织的基础一样，史料是史学的基础。史料是什么？用梁启超的话说，史料是“过去人类思

① 梁启超：《中国历史研究法》，上海古籍出版社 2006 年版，第 39 页。

想行事所留之痕迹，有证据传留至今日者也”。

梁启超把史料分为文字记录史料和非文字记录史料（文字记录以外者）两大类。文字记录史料有“旧史”（包括“二十四史”等正史及编年别史杂史等）、“关系史迹之文件”（档案、函牍）、“史部以外之群籍”（经、子、集部书籍）、“类书及古逸书辑本”、“古逸书及古文件之再现”（敦煌石室遗书、简书）、“金石及其他镂文”（钟鼎铭文、石刻、墓志碑刻、甲骨文等）、“外国人著述”等。非文字史料即“文字记录以外者”，包括现存之实迹及口碑、实迹之部分的存留者、已湮之史迹其全部意外发现者、原物之保存或再现者、实物之模型及图影。梁启超关于史料的分类基本规范了现代史学研究的对象，明确了中国历史学的基本研究任务。梁启超还把口碑史料列为历史研究的对象，比后现代主义者的口述历史早了几十年。

梁启超根据史料生成的时间，把史料分为直接史料与间接史料。直接史料，是指在史迹发生时或稍后时即已成立的史料。直接史料难得而可贵，但由于种种原因，此类史料如大浪淘沙，滔滔代尽，势不能多存。史学界占最主要位置的史料是间接史料，如《史记》、《汉书》等，这些非史迹当事人整理制作的间接史料中有不少已经成为信史。梁启超认为鉴别间接史料的标准有多个，第一步自当以年代为标准。年代愈早者，则其可信据之程度愈强。原因在于，年代愈早者其作者所见之直接史料必然多于后人。比如研究夏商周三代以前之史迹，汉代司马迁《史记》就比三国蜀汉人谯周所撰《古史考》可信。当然，有些晚出或再现的史料亦极具史料价值，如殷墟出土之甲骨文资料就是研究商朝历史最为可贵的史料，可补《史记》记载之缺。

研究生物离不开搜集标本，研究历史离不开搜集史料。梁启超结合他自己的研究经验，论述了搜集史料的基本方法，他特别注重采用汇集法搜集史料，通过汇集众多反映一时代情状的基本史料，从中可见历史事实。例如梁启超研究春秋以前部落分立的情况，便从多方面搜集史料，他从《左传》、《国语》中汇录史料60余条，从金文款识中搜录90余条，汇集其他散见于各书的史料三四十条，除去其中重复的史料，得到可考的夏商周古国名300个，其中2/3在大河以南、江淮以北，以山东、河南、湖北分布最为稠密。通过这种汇集史料的方法，梁启超描述了先秦时期中原地区古国分立的情状，为后人研究先秦史演示了正确的方法。

（三）鉴别史料是史学家的本职

梁启超所提倡的治史方法是一种中西兼用的方法，他的思想受到19世纪末期欧洲实证主义史学家朗格诺瓦和瑟诺博司的影响。正如有学者指出的那样，梁启超"运用西方近代科学方法，改造中国传统的主要是乾嘉学派的治学方法，建立新的方法论"①。在历史研究的活动中，梁启超注重史料真伪的鉴别，强调鉴别史料是史家的本职。关于鉴别，他在《中国历史研究法》中说："史料以求真为尚，真之反面有二：一曰误，二曰伪。正误辨伪，是谓鉴别。"他提出正误是鉴别史料的基本方法。正误，最直接的方法是反证法，即"举出一极为有力之反证"来辨别史料错误。梁启超运用反证法证明旧史所言伏羲、女娲皆人首蛇身以及神农牛首人身等传说记载均为不实之说。这种反证法直接催生了20世纪30年代古史辨派的形成和发展。

梁启超指出，对于同一史迹而史料矛盾的记载，正误方法当以最先、最近者为最可信的原则进行鉴别。所谓最先者，讲究时间性，是指距离史迹发生时间近者，在此情况下制成传留之史料愈可信。所谓最近者，讲究空间性，是指以事发地以及与当事人的关系而言，距史迹发生地或当事人关系愈近者，史料愈可信。例如考证宋徽宗、钦宗在北庭受辱之情状，最可信的史料莫过于南宋辛弃疾《南烬纪

① 胡逢祥、张文建：《中国近代史学思潮与流派》，华东师范大学出版社1991年版，第221页。

闻录》、《窃愤录》所采阿计替之笔记。因为阿计替是当时金廷所派监视徽、钦二宗的人，辛弃疾采录阿计替的笔记原稿可信度当然比其他人的记载高许多。梁启超指出：“最先、最近之史料则最可信，此固原则也。然若过信此原则，有时亦可以陷于大误。”例如明代徐霞客的墓志铭就因当时制作人的粗心，把他未曾实现的游藏之志写成了事实，结果贻误后人，许多人因此误以为徐霞客游过西藏呢。实际上，在《徐霞客游记》中早已明记他有游藏之志，因病不果，从丽江折归，越年余而逝。类似的错误大量存在于唐宋以后的墓志铭中，我们阅读和使用这些看似最先、最近的第一手资料时要小心谨慎，以免贻误。

《中国历史研究法》第五章《史料之搜集与鉴别》提出了搜集与鉴别史料的基本方法。关于史料辨伪的鉴别方法，梁启超从辨伪书和辨伪事两个角度谈了史料辨伪。所谓伪书，是指其书的全部或者部分纯属后人伪作，而假托古人所作，如现存《内经》号称黄帝所作，《周礼》号称周公所作，这一类假托古人而作的古书就是伪书。历史上战国、秦汉之际以及东汉、魏晋时期都曾出现过大量伪书，如晚出的《古文尚书》、《孔子家语》、《孔丛子》、《鬼谷子》等都是伪书，它们曾经长期被误认为是原始经典，后来才被彻底识破。梁启超认为，古人制作伪书有经济和政治两个方面的理由，经济上作伪书者着眼于销售赚钱，政治上作伪书者主要的动机是托古以自重，加大自身学说的分量，争取得到统治者的欣赏。

梁启超列举了十二条鉴别伪书的一般方法：1. 其书前代从未著录或绝无人征引而忽然出现者，十有九皆伪。例如明人所刻《古逸史》忽有《三坟记》、晋史《乘》、楚史《梼杌》等。2. 其书虽前代有著录，然已经散佚，乃忽有一异本突出，篇数及内容等与旧本完全不同者，十有八九皆伪。例如明代抄本《慎子》一种。3. 其书不问有无旧本，但来历不明者，即不可轻信。例如汉代河内女子所得《泰誓》、晋梅颐所上《古文尚书》及孔安国《传》等。4. 其书流传之绪从他方面可以考见，而因以证明今本题某人旧撰为不确者。例如今所称《神农本草》殆经千余年众人之手，绝非神农之手所作。5. 真书原本经前人称引，确有佐证，而今本与之歧异者，则今本必伪。例如古本《竹书纪年》有夏启杀伯益、商太甲杀伊尹等事，其书不及夏禹以前事；今本记伯益、伊尹等文全与彼相反，故知其为伪书。6. 其书题某人撰而书中所载事迹在本人后者，则其书或全伪或一部分伪。例如《越绝书》虽在《隋书·经籍志》著录且题子贡撰，然其书既未见于《汉书·艺文志》又叙及汉以后建制沿革，故知其书既非子贡且非汉代人所撰。7. 其书虽真，然一部分经后人窜乱之迹确凿有据，则对于其书之全体须慎加鉴别。例如《史记》自序明言"讫于麟止"，今本中不惟有太初、天汉以后事，且有宣、元、成以后事，其书必非尽为迁原文甚明。8. 书中所言确与事实相反者，则其书必伪。例如今本《道藏》中有刘向撰《列仙传》，书中自序云"七十四人已见佛经"，佛经至后汉桓、灵时始有译本，上距刘向二百年，刘向何从知道有佛经？可见其书必伪。9. 两书同载一事绝对矛盾者，则必有一伪或两俱伪。10. 各时代之文体盖有天然界画，多读书者自能明之，故后人伪作之书有不必从字句求枝叶之反证，但一望文体即能断其伪者。例如东晋晚出《古文尚书》与今文之周《诰》、殷《盘》截然殊体，绝非三代以上之文。又如今本《关尹子》有晋、唐翻译佛经之文体句子"譬犀望月，月影入角，特因识生，故有月形，而彼真月，初步在角"，此类语句绝非秦汉以前所有，一望即知。11. 若某书所言其时代之社会状态与情理相去悬绝者，即可断为伪。例如《神农》是《汉书·艺文志》著录（已佚）的古书，但该书绝非神农时代所作。《汉书·食货志》称晁错引神农之教云："有石城十仞，汤池百步，带甲百万而无粟，弗能守也。"据此，刘向、班固推断《神农》为六国人所伪，这一推断并非武断，因为石城、汤池、带甲百万等情状绝非神农时代所能有。12. 各时代之思想，其进化阶段自有一定，若某书中所表现之思想与其时代不相衔接者，即可断为伪。例如今本《管子》有“寝兵之说胜则险阻不守，兼爱之说胜则士卒不战”等语，此是墨翟以后之思想，管仲时代焉能有后代才出现的学说呢？

梁启超强调，伪事与伪书异，伪书中有真事，真书中有伪事。事之伪者与误者又异，误者无意失误，伪事者有意虚构。关于历代伪事的产生由来，梁启超总结了七种情况：1. 其史迹本为作伪的性质，史家明知其伪而因仍以书之者。例如陈寿《三国志》曰“汉罢三公置丞相，以公为丞相”。这里所记即为伪事，真事则为范晔《后汉书》所记：“曹操自为丞相。”2. 有虚构伪事而自著书以实之者。例如隋唐之际一病狂之人名王通者自比孔子，将一时将相贺若弼、李密、房玄龄、魏征、李勣等皆攀认为其门弟子，乃自作或假手其弟子以作所谓《文中子》者，历叙通与诸人问答语，一若实有其事。3. 有事迹纯属虚构然已公然取得“第一等史料”之资格，几令后人无从反证者。例如清代有广西疆吏为冒功并影射洪秀全而虚构擒杀洪大全一事，俨然进入《清实录》，貌似确有其事，令后人无从辨识。4. 有事虽非伪而言之过当者。例如清末王闿运《湘军志》有很多不实之处。再如梁启超自己承认所作《戊戌政变记》多有感情用事之弊端而将事实夸大的地方。5. 史文十九皆经后代编史者之润色，故往往多事后增饰之语。例如诸葛亮《隆中对》，于后来三国鼎足之局若操券以待。虽曰远识之人，鉴往知来，非事理之不可能，然如此铢黍不忒，实足深怪。我们对于历代修史者之文过非得有“打折头”不可的态度。6. 有本意并不在述中，不过借古人以寄其思想，故书中所记乃著者理想中人物之言论行事，并非历史上人物之言论行事。此种手段先秦诸子多用之，一时成为风气。先秦诸子盖最喜欢以今人而为古人之言者，如《孟子》言“有为神农之言者许行”。包括孔子、墨子也都“言必称尧舜”而取舍不同，殊不知真尧舜已不复生。7. 有纯文学的著述，其所述史迹纯为寓言，彼固未尝自谓所说者为真迹也，而愚者刻舟求剑，乃无端惹起史迹之纠纷。例如石崇作《王昭君辞》，谓其出塞时或当如乌孙公主之弹琵琶，而流俗相承，遂以琵琶为王昭君掌故。

关于伪事的辨别，梁启超强调应采取以下七种态度辨证伪事：1. 辨证宜勿支离于问题以外。例如孟子否认百里奚自鬻于秦，然不能举出反证以断其伪，乃从百里奚之智不智、贤不贤作一大段循环论理。如此做法，是支离于问题以外，违反辨证公例。2. 正误与辨伪皆贵举反证。反证以出于本身者最强有力，即所谓“以矛陷盾”。例如《汉书·艺文志》曰：“武帝末，鲁恭王坏孔宅得《古文尚书》……孔安国献之，遭巫蛊事，未列于学官。”我们从《汉书》本文可以证此事伪。《汉书·景十三王传》云：“鲁恭王余以孝景前二年立……二十八年薨，子安王光嗣。”景帝在位16年，则恭王应薨于武帝即位之第十三年，即元朔元年。《汉书·王子侯表》也云“元朔元年安王光嗣”，正与此合。武帝在位54年，则末年安得有恭王？3. 伪事之反证，以能得“直接史料”为最上。例如《唐书·玄奘传》称奘卒年五十七，《玄奘塔铭》则云六十九，此两说孰可信耶？我们得最有力之证据，则玄奘尝于显庆二年九月二十日上表，中有“六十之年，飒焉已至”之语，则奘寿必在六十外无疑。而显庆二年下距玄奘卒年之麟德元年尚有9年，又足为《塔铭》不误之正证也。4. 能得强有力之反证，则真伪殆可一言而决。例如旧说皆云释迦牟尼于周穆王五十二年灭度，当西洋历公元前950年。独《佛祖通载》卷九有所谓“众圣点记”之一事，据称梁武帝时有僧伽跋陀罗传来之《善见律》，卷末有无数黑点，相传自佛祖灭度之年起，佛弟子优波离在此书末作一点，以后师弟代代相传，每年一点，至永明六年僧伽跋陀罗下最后之一点，共计975点。循此上推，则佛祖灭度应在周敬王三十五年，当西历公元前485年，与旧说相差至530余年之多。这样，旧说之伪误，明明得一强有力之反证。此“众圣点记”是否可信，前人曾采取姑且存此异说而旧说不废的态度。近代以来，欧洲学者根据西藏文之《释迦传》以考定阿阇世王之年代，据印度石柱刻文以考定阿育王之年代，据巴利文之《锡兰岛史》以考定锡兰诸王之年代，复将此各种资料中言及佛祖灭度之记载与各王年代比较推算，确定佛祖灭度为西历公元前 485 年。于是，“众圣点记”之史料价值增加十倍。我们也得以确知释迦牟尼与孔子是同时代人，旧说及各种有关佛祖为西周时代人的记载则为伪误无疑。5. 时代错迕则事必伪，此反证之最有力者也。例如《商君书·徕民》有“自魏襄以来”语，有“长平之胜”语。魏襄死在商君死后 42 年，长平之战在商君死后 78 年，今谓商君能语及此二事，不问而知其伪也。6. 有其事虽近伪，然不能从正面得直接之反证者，只得旁面间接推断之。梁启超称这种方法是“比事的推论法”，实际上是运用逻辑推理的方法。例如，根据《史记·孔子世家》称孔子游齐主高昭子，二次三次游卫皆主遽伯玉，因此可以推断孔子所主皆正人君子，所谓“孔子于卫主痈疽”之事即是伪事。7. 有不能得“事证”而可以“物证”或“理证”明其伪者。梁启超命名这种方法为“推度的推论法”。例如旧说有明建文帝逊国出亡之事，万斯同斥其伪，谓：“紫禁城无水关，无可出之理。”（钱大昕《万季野传》）此所谓物证。又如旧说有“颜渊与孔子在泰山望阊门、白马，颜渊发白齿落”，汉代王充斥其伪，谓“人目断不能见于千里之外”，此所谓理证。梁启超强调，我国古代史家因不能以科学方法驾驭史料，导致史料错误繁多。我们研究历史应该以科学方法务求史料之正确真实，只有以正确史料为基础才能作自己的思想批评，才能进行科学的历史研究。

（四）首要的是史德

在《中国历史研究法补编》中，梁启超论述了史家应有的史才、史学、史识、史德“四长”。梁启超认为首要的是史德，其次才是史学、史识、史才。唐代刘知几《史通》提出史才、史识、史学“三长”的理论，清代章学诚《文史通义》专作《史德》篇，将“三长”增为“四长”，并强调“史德”是指作史者的心术。梁启超发展了章学诚史德的内涵。梁启超认为，良好的“史德”应该体现在以下三个方面：1. 史德“乃是对于过去毫不偏私，善恶褒贬，务求公正”。2. 作史应该力求忠实，对于所叙述的史迹纯采客观的态度，不丝毫参以个人意见。3. 影响史家史德的毛病主要是夸大、附会、武断。关于“史学”，梁启超解释为作史者应该具备的历史专门知识与普通常识知识。他认为，要通过勤动手抄录、练习注意、逐类搜求等方法积累和培养自己的史学知识。关于“史识”，梁启超解释为史家的观察力。他指出，史家要具备敏锐的观察力，要善于从全部与局部的关系观察事物现象，不要被传统的思想或自己的成见所蒙蔽。举凡科学上的重大发现，都源于认真地观察而获得，如牛顿观察苹果落地而发现万有引力。当然，史家的观察不同于其他学科的直接观察，史家需要通过考察事件来龙去脉的方法来培养观察力，只有把事实搞清楚，才能准确观察，才能看出其中玄机。所以，史家观察离不开史料的整理，史学的观察要以确定事实为基础，观察真实的事实才能得出正确的结论。

二、传统史学向现代科学转型的早期实践

人类思想的创新是一切科学实践的动力。20 世纪初，西方史学理论首先通过日本传入中国，开启了中国现代历史学的建设序幕。除了梁启超最初在日本接受西方近代史学理论之外，从 20 年代起，我国学术界翻译了许多欧美史学名著。李思纯翻译有法国朗格诺瓦、瑟诺博司合著《史学原论》，董之学翻译英国巴恩斯《新史学与社会科学》，何炳松则翻译了美国鲁滨逊的《新史学》。与此同时，中国史学家在吸取传统史学和西方史学理论的基础上，撰写了许多史学理论著作。如姚永朴、李泰棻著《史学研究法》、梁启超著《中国历史研究法》及《补编》、吴贯因著《史学概论》、胡哲敷著《史学概论》、卢绍稷著《史学概要》、李大钊著《史学要论》、陆懋德著《史学方法大纲》、杨鸿烈著《史学通论》及《历史研究法》、何炳

松著《历史研究法》及《通史新义》、吕思勉著《历史研究法》。在这些著作中，李大钊的《史学要论》是中国第一部运用马克思主义唯物史观写成的史学概论，该书奠定了我国现代史学概论的科学理论基础。

（一）“新史学”的开山之作——夏曾佑《中国古代史》

在清末民初中国传统史学向现代科学的转型时期，梁启超是开风气之先的人物，但他忙于投身社会政治变革的运动，无暇真正静心坐下来从事具体的历史研究工作。继梁启超之后，马君武、邓实、陈黻宸等人呼应梁氏“史界之革命”的号召，但他们最初大多从事反清革命活动，并未做多少历史科学的研究工作。1905 年马君武和黄兴、陈天华等人共同起草同盟会章程，并成为《民报》的主要撰稿人之一。1905 年邓实发起成立国学保存会，刊行《国粹学报》，宣传排满革命。1905 年前后陈黻宸在京师大学堂的讲义《京师大学堂中国史讲义》也因宣传民权思想而遭到清廷禁毁。在清末民初史学转型时期，真正体现梁启超“新史学”思想的开山之作是夏曾佑所撰章节体通史——《中国古代史》，该书首次贯彻了进化论的历史观，影响至大。

夏曾佑（1863～1924），字穗生，号穗卿、碎佛，笔名别士，浙江杭州人，光绪年间中进士，曾任礼部主事，与梁启超、谭嗣同等变法维新人士关系密切。1896 年夏曾佑与汪康年、梁启超创办《时务报》，同年年底离开北京至天津，执教于天津育才馆，并与严复等人创办天津《国闻报》，宣传新学，鼓吹维新变法。变法失败后，夏曾佑出任安徽祁门知县，任满后寓居上海，旋迁直隶州知州，因母丧未就。光绪三十二年，夏曾佑曾作为随员陪同五大臣出洋考察宪政。辛亥革命后，夏曾佑出任北洋政府教育部普通教育司司长，后调任北京图书馆馆长。

夏曾佑致力于研究中国古代史，认为“智莫大于知来”，强调历史的借鉴和启迪作用。1902 年他应商务印书馆之约编写中学教科书，编著《最新中学中国历史教科书》（自上古至隋），这是中国现代第一部用新史学方法编撰的章节体通史著作，初编三册。该书于1904~1906年由商务印书馆陆续出版，受到读者广泛欢迎。1933年商务印书馆辑印大学课本，将其加以句读，列为大学丛书，改名《中国古代史》出版发行。该书是“20世纪新式中国通史的第一部成名作”。

夏氏《中国古代史》共2篇4章170节，条理清晰，文字浅显易懂，叙述了自上古至隋代的历史。该书首次突破了传统史书编写体例，采用篇、章、节的编写体例，在历史编纂学上有开创之功。《中国古代史》以近代西方进化论思想为指导，按照由图腾而宗法、由宗法而国家的历史进化公式论述中国史前历史，又按“渔猎社会、游牧社会、耕稼社会”的进化顺序叙述早期历史。作者以进化论为指导，不以朝代分期，把中国古代历史分为上古（草昧至周末）、中古（秦至唐）、近古（宋至清）三大时期。正如学者指出的那样，夏曾佑《中国古代史》在很大程度上受到了日本珂通那世《支那通史》和桑原陟藏《中等东洋史》的影响。① 他又结合考古方面的成就，细分三大时期为传疑期、化成期、极盛期、中衰期、复盛期、退化期、更化期七个小时期，将历史放在一个连续演变的过程中考察，展现了中国历史的演化进程。夏氏《中国古代史》继承了传统编年史的优点，突出历史的时间性，但它在内容上存在明显的缺陷，如偏重社会文化，而较少涉及社会经济状况，有文化决定论的思想倾向。与传统史书相比，夏氏《中国古代史》突破了以鉴戒为目的而注重描述帝王将相活动的窠臼，开创了章节与专题相结合撰述中国通史的先河，此后章节体史书风靡史学界，成为20世纪中国史学界编撰史书的主要体例。

---

① 姜义华、瞿林东、赵吉惠著：《史学导论》，复旦大学出版社2004年版，第240页。

（二）何炳松的早期译介之功

何炳松与梁启超并为“中国新史学派领袖”，他在译介西方现代史学思想方面贡献颇大。何炳松（1890～1946），字柏丞，浙江金华人，早年留学美国攻读历史学与政治学，擅长西洋史研究。1916年回国后历任北京大学、上海光华大学教授，上海商务印书馆史地部主任，《教育杂志》主编，中华学艺社理事长，国立暨南大学校长，国立英士大学校长等职。1935～1946年他在任暨南大学校长期间，延揽各色人才，当时全校延聘的著名教授有周谷城、郑振铎、周予同、许杰、郭绍虞、傅东华、胡愈之、储凤仪、曹未风、李健吾、刘大杰、钱钟书、张世禄、吴泽霖、吴文祺、程俊英等。在抗战时期艰苦的条件下，他以最短的时间以最大的魄力把暨南大学办成了一个高等学术研究机构，为暨南大学和华侨教育的发展作出了重要贡献。何炳松著有《通史新义》、《历史研究法》、《历史教育法》、《西洋史学史》、《中古欧洲史》、《秦始皇帝》、《近世欧洲史》、《浙东学派溯源》、《程朱辩异》等著作，并有大量论文发表。

何炳松是中国现代最早系统介绍西方史学理论与方法的史学家，他致力于将西方史学理论与方法引入中国，在中国史学近代化进程中起到了不可忽视的作用。其所译美国鲁滨逊的《新史学》是中国现代第一部系统介绍西方史学理论及方法的名著，对20世纪中国史学产生了深远的影响。①

何译《新史学》传播鲁滨逊“新史学”理论，为中国史学界输入了新的学理，在当时的史学界产生了很大的影响，促进了我国传统史学的现代转型。何译《新史学》介绍并宣传了西方进化论的历史观，为人们研究历史提供了科学的理论指导，它阐发了美国“新史学”派的“综合史观”，拓宽了历史研究领域。“新史学”派所倡

① 关于何炳松的研究，可参阅刘馨著《何炳松史学研究》（知识产权出版社2010年版）。

导的多学科研究方法提倡跨学科研究，丰富了历史科学研究的方法体系。何炳松重视对西洋史学史的译介，1929 年他主持编译“西洋史学丛书”，并与郭斌佳合译绍特韦尔的《西洋史学史》，该书是中国最早的关于西方史学史的译作。《西洋史学史》阐述了西方史学之缘起和演变的历程，并依据“新史学”的观点对各家史学流派进行了评述。何炳松在西方史学史和方法论译介方面所做的开创性工作为中国史学史学科建设提供了有益的借鉴。何炳松的早期史学理论译介工作对中国史学的科学转型具有重要意义。

三、王国维“二重证据法”及其贡献

在近现代中国学术史上，王国维与罗振玉是并驾齐驱的国学大师，他们在多个研究领域取得了博大的开创性的成果，著述繁多。在 20 世纪中国传统史学向现代科学转型的过程中，王国维具有不可替代的重要地位。他是从古代向现代过渡的桥梁，起到了承上启下、继往开来的作用，被誉为“中国近三百年来学术的结束人，最近八十年来学术的开创者”。他和梁启超都是中国现代历史科学的主要开拓者。王国维的“二重证据法”在历史研究的实践层面为后人树立了典范，确定了现代中国历史科学的基本研究方法。

王国维（1877 ~1927），字静安，号观堂，浙江海宁人，秀才出身，早年得到上虞罗振玉的资助赴日留学。1898 年，他任上海《时务报》校对员，这是一份抄抄写写的临时工作。这家由汪康年所办、梁启超任主笔的报馆给了王国维很大帮助，使他有机会在业余入罗振玉等创办的东文学社学习日文、英文，并接触康德、叔本华、尼采之思想。世纪之交，身处社会动荡中的王国维专注于学术，不问政治，曾任武昌、南通、苏州等地学堂教习，用“西学”观点讲授哲学、伦理学、社会学。1901 年王国维留学日本东京理化学堂，接受了较系统的现代科学训练。1904 年王国维著《红楼梦评论》，首开用西方美学观点分析我国古典文学的先河，奠定了后世“红学”

的基础。1905 年王国维赴北京任学部图书馆编译，从事戏曲史、古器物、古文献、古诗词等研究，撰写《人间词话》、《戏曲考源》、《隋唐兵符图录附说》等著作。1911 年辛亥革命后，王国维携家眷随罗振玉东渡日本，久居京都从事学术研究，撰《宋元戏曲史》，并研究古器物、封泥、汉简、甲骨文。在日本治学期间，王国维确立了“二重证据法”的研究方法。1916 年回国在上海为哈同编辑《学术丛编》，从事殷周汉魏金石及古史研究，撰有《胡服考》、《毛公鼎考释》、《汉代古文考》、《魏石经考》、《周开国年考》、《殷卜辞中所见先公先王考》、《殷周制度论》等论著，成为我国现代甲骨学的奠基人之一。

1919 年后，王国维致力于敦煌文献、西北史地、唐宋制度史的研究，撰有《唐写本敦煌县户籍跋》、《西域井渠考》等著作。1921 年辑集辛亥后重要论著成《观堂集林》20 卷，该书于 1923 年刊行，为学术界所重视。1923 年夏，王国维再赴北京任清逊帝溥仪的“南书房行走”，检点故宫青铜器等文物。1925 年，奉溥仪之命任清华学校国学研究院导师，教授古史新证，并致力于西北史地、元史研究。1927 年夏，自沉于昆明湖。其遗著由罗振玉辑为《海宁王忠悫公遗书》，赵万里等重订成《海宁王静安遗书》，今有《观堂集林》、《王国维遗书》（全集）。

王国维治学广博，一生著述丰富，著作多达 62 种，以史学为最多，以文学为最深，文字学为最基本。在现代学者中，王国维极具个性，他只重视学问，轻视做官，是一个宁愿做教授而不做官的纯粹学者。20 世纪 20 年代后期，王国维与梁启超、陈寅恪、赵元任并称清华学校四大导师。殁后，陈寅恪撰碑文赞叹道：“先生之博学矣！几若无涯岸之可望，辙迹之可寻。”文坛巨擘郭沫若也曾经说：“在近代学人中，我最钦佩的是鲁迅与王国维。”在历史学研究方面，王国维以其“二重证据法”的开创性贡献成为中国现代历史学的开拓者之一。史学家金毓黻曾评价王国维是“欲合新旧中西有用无用于一炉而冶之”的大学问家，在清代史家中“足称为殿军者”。[1] 王国维是我国介绍西方外来学术思想的先行者，更是用西方哲学美学思想诠释中国古典文学的开拓者。他置现代学术于传统根基之上，开拓了一条中西结合的现代学术道路。他身体力行，彰显了追求学术独立的现代学术精神。

王国维把学问分为三大类，即科学、史学、文学。他在所著《国学丛刊序》中曾经说：“学有三大类，曰科学也，史学也，文学也。凡记述事物，而求其原因定其理法者，谓之科学。求事物变迁之迹，而明其因果者，谓之史学。至出入二者间，而兼有玩物适情之效者，谓之文学。”在王国维那里，史学具有比科学更加宽广的旨趣，史学的科学性更加突出。在他看来，科学旨在求事物之真、求道理之是，而史学非惟求事物之真、求道理之是，更求事物道理存在之由，求其变迁之故。王国维用实证方法研究历史，做学问心无旁骛，把毕生的时间留给了学术研究，取得了别人无法企及的丰硕成果。王国维治学广博，在哲学、宗教、伦理学、社会学、古文字学、上古史学、中古史学、近代史学、金石学、简牍学、敦煌学、戏曲史学、诗词学、小说学等十多个领域均有经典性的建树。王国维关于古史、古器物及古代社会制度方面的考证文章扎实而严谨，字字珠玑，篇篇经典，赢得了海内外学人的普遍赞誉。当年北京大学崇尚王国维的学术成就，曾三番五次派人延请他出任该校文科教授，可惜这位先生是个只知做学问不务虚名的纯学者，当年他没有把北京大学的教授职衔太过放在心上，所以他一再推辞北京大学的延请。

陈寅恪先生曾将王国维的治学方法概括为“三证”。第一，地下的实物和纸上的遗文互相释证。第二，把异国的故书和本国的旧籍互相补证。第三，外来观念和故有材料互相参证。在王国维“三证”

① 金毓黻：《中国史学史》，商务印书馆1999年版，第364页。

中，第一项最具有创新意义，他用地下文物证实传世文献的研究方法，即著名的“二重证据法”。王国维是我国最早利用地下考古资料开展历史研究的学者，1917 年他在日本创立的用于考史的“二重证据法”彻底弥补了传统史学重文献而轻视考古实物的缺陷，推进了近代中国传统史学向现代科学的转型，为古史考证开拓了新的道路。王国维利用出土的甲骨文、金文作为实证资料，经过缜密的论证，证明了《史记》、《山海经》、《竹书纪年》、《楚辞》等古代文献记述历史的真实性。

所谓“二重证据法”，王国维在《古史新证》第一章“总论”中作了解释。他说：“吾辈生于今日，幸于纸上之材料外，更得地下之新材料，亦得证明古书之某部分全为实录，即百家不雅驯之言，亦不无表示一面之事实，此二重证据法，惟在今日始得为之。”可见，王国维的“二重证据法”就是将新的考古资料与传统存世的文献相印证，以此求得真实历史的方法，符合世界科学发展的潮流。1917 年王国维发表的《殷卜辞中所见先公先王考》一文是“二重证据法”的典范之作，该文结合甲骨卜辞的记载，证明了《史记·殷本纪》所载殷王朝世系的可靠性，订正了殷先公先王的位次。这篇文章解决了两千多年来人们对《史记》等古代文献记载上古历史真实性的疑虑，引起了极大反响，震动了当时的学术界，深深影响了当时正在形成中的日本中国学研究。比如内藤湖南就曾受到王国维研究的启发，并且认为王国维给予日本中国学研究很大的支持和启发，“终于成为日本中国学确立其学术地位的诱导条件之一”①。王国维注重实证的研究一扫“五四”以来“疑古思潮”左右史学的格局，为 20 世纪中国历史科学的发展作出了重大的贡献。

司马迁《史记·殷本纪》记载，商族自始祖契传 14 世至成汤，

① 严绍璗：《汉籍在日本的流布研究》，江苏古籍出版社 1992 年版，第 179 页。

成汤灭夏立商，传30王至帝辛（纣）而亡。王国维考证研究后认为，甲骨文商立国后30王及其位次为：成汤—外丙—中壬—太甲—沃丁—太庚—小甲—雍巳—太戊—仲丁—外壬—河亶甲—祖乙—祖辛—沃甲—祖丁—南庚—阳甲—盘庚—小辛—小乙—武丁—祖庚—祖甲—廪辛—康丁—武乙—太丁—帝乙—帝辛（纣）。王国维的贡献不仅在于他以甲骨卜辞印证了《史记·殷本纪》记载的可靠性，而且纠正了《史记》所载商代立国前世系的错乱。《史记·殷本纪》记载商朝立国前14代先王世系为：契—昭明—相土—昌若—曹圉—冥—振—微—报丁—报乙—报丙—示壬—示癸—天乙（汤）。王国维从甲骨卜辞里发现《史记》漏记了成汤以前商代两个先王的名字——王亥、王恒，并确认他们的位次排在冥和微之间。王国维还发现了商代立国前自上甲以来六代世系的传承关系，从而彻底弄清了商代从契到成汤14代先王世系。经王国维确证后的商朝前14代先王世系为：契—昭明—相土—昌若—曹圉—冥—王亥—王恒—上甲微—报乙—报丙—报丁—示壬—示癸—天乙（汤）。他的这个说法今天已成为科学的结论被人们普遍接受。

王国维利用甲骨卜辞证实了《竹书纪年》所说自盘庚徙殷至纣之灭更无徙都的记载是真实的。在《殷周制度论》中，王国维发现了商人祀先王兄弟同礼而无嫡庶之别的事实。他以甲骨文、金文资料证实殷以前无嫡庶之制，殷代以兄终弟及继承制为主，嫡庶之制始于周初。王国维指出：自成汤至于帝辛，三十帝中，以弟继兄者凡十四帝。其以子继父者，亦非兄之子而多为弟之子。惟沃甲崩，祖辛之子祖丁立；祖丁崩，沃甲之子南庚立；南庚崩，祖丁之子阳甲立，此三事独与商人继统法不合。这便是《史记·殷本纪》所谓“中丁以后九世之乱”。王国维的重要发现，既是他“二重证据法”的具体体现，也是实证主义研究方法在中国历史研究领域的具体应用，王国维为后人树立了实证主义历史研究的经典范例。在王国维等人的影响下，20世纪前期我国先后诞生了甲骨学、简牍学、敦煌学等诸多史学分支，丰富了历史学。王国维推动了20世纪中国传统学术向现代学术的转型，他对中国现代学术的奠立所起的作用非常突出，其历史贡献得到了后世的普遍认可。正如有学者所说的那样，“王国维是中国现代学术的开辟人物之一”①。

四、胡适实证主义史学方法及其影响

20世纪上半叶，在中国传统史学向现代科学的转型时期，胡适提倡的实证主义史学方法发挥了重要作用，它直接引导了后来“古史辨”派等现代史学流派，推动了中国现代史学的发展。

胡适（1891~1962），原名嗣穈，学名洪骍，字希疆，后改名胡适，字适之，安徽绩溪人，现代著名学者、诗人、历史学家、文学家、哲学家。胡适一生著作等身，主要有《中国哲学史大纲》、《尝试集》、《胡适文存》、《胡适文存二集》、《胡适文存三集》、《胡适自传》、《白话文学史》、《胡适文选》、《胡适论学近著》、《四十自述》、《藏晖室札记》、《胡适日记》、《齐白石年谱》等，另有《先秦名学史》等英文论著。此外，从1919年起，他还陆续翻译了都德、莫泊桑、契诃夫等人的短篇小说（先后编辑为两集《短篇小说》出版），另译拜伦的长诗《哀希腊》、易卜生的剧本《娜拉》（与罗家伦合译）等。胡适去世后，台湾地区编辑出版了《胡适选集》、《胡适手稿》等，祖国大陆出版有《胡适往来书信选》、《胡适书评序跋集》、《胡适文集》等。

胡适取名源自达尔文之学说“物竞天择，适者生存”一语。胡适早年在家乡绩溪受过9年私塾教育，后在上海梅溪学堂、澄衷学堂求学，接触西方文化，深受严复、梁启超思想的影响。1906年考入中国公学，1910年考取“庚子赔款”第二期官费生赴美国康奈尔

① 杨振宁等：《中国文化与科学》，江苏教育出版社2003年版，第24~27页。

大学留学，先读农科，后改文科。1915 年入哥伦比亚大学研究院哲学系，师从唯心主义哲学家杜威，接受了杜威的实用主义哲学。杜威的实用主义继承实证主义哲学，拒斥形而上学的思维方式，主张在现象领域内思考哲学问题，标榜实验方法和科学方法。杜威的实用主义哲学受到自然科学的影响。胡适受杜威的影响，提出“大胆的假设，小心的求证”的实证主义治学方法，就是运用科学的方法来求证。

1917 年 8 月胡适回国，任北京大学教授，加入《新青年》编辑部，撰文反对封建主义，宣传个性自由、民主和科学，积极提倡“文学改良”和白话文学，成为当时新文化运动的倡导者。1919 年胡适撰写了题为《实验主义》的长文，论述杜威实证主义哲学的怀疑精神和实证主义方法。把实证主义的方法归结为“大胆的假设，小心的求证”，提倡怀疑精神，把怀疑精神视为科学的精髓。与一般史学家不同，胡适的主要贡献和影响并不在于具体的历史研究成果上，而是在对“方法的自觉”的提倡和“科学方法”的鼓吹上。①

胡适的实证主义治学方法改变了中国史学界的面貌。在胡适倡导下，史学界从 20 世纪初期注重史观、探讨治史目的及史学功用等理论问题转而注重研究方法，这是史学转型中的必经阶段。胡适与王国维均探索用新方法解决历史悬疑问题，促进了“新史学”的建设。

胡适立足于改造传统学术文化的目的而提倡科学的方法，1917 年他回国后理所当然地成为整理国故运动的领袖。1919 年，胡适撰写《新思潮的意义》一文，阐明新思想对于旧文化的态度是：应当反对盲目遵从古代的标准，要以输入新的科学的方法为主要目的，因为科学方法才能使中国人对古代有正确的了解，这种正确的自我了解才能使中国长存于世界。胡适在学术上的具体贡献在于他首先运用实证的科学方法考证并批评中国古代白话小说《水浒传》等。

① 张书学：《胡适史学方法论再认识》，《齐鲁学刊》1995 年第 4 期。

胡适立足于“广阔的学术理解力上的创造力”，利用新的资料开展对《红楼梦》的研究，开辟了“红学”这门现代学问。另外在其他多项旧问题的研究上，“胡适并不是多得力于新资料，而是由于利用新批评方法”①。

胡适的实证主义思想有三个来源，即美国杜威实用主义哲学、严复译介的进化论思想和清儒朴学的实证方法。由于自幼接受了严格的传统国学的教育，胡适对于旧的传统学术的理解十分深刻。胡适在他的博士论文《论中国古代逻辑方法之发展》中回顾并总结了古代文化的发展路径。他认为，重视经验而不是武断和理性高度发展的科学方法是西方现代哲学最重大的贡献，但这些都可以从中国古代孔子以外各学派中找到遥远而高度发达的先驱。然而，中国“仅仅发明或发现在前，随后并没有努力改善使之趋于完美，只是一件可以引以为憾的，当然不是什么可夸耀之事。”胡适认为，只有清代汉学兴起之后，配得上称为科学的态度才再度出现。像钱大昕、顾炎武、王念孙、王引之、阎若璩、戴震等学者所表现出来的校勘工夫，将归纳与演绎方法合并使用，大胆假设，小心求证，专心致力于追求活的学问。怀抱着这种信念，胡适自然根据欧洲历史的发展性质来研究中国史。②胡适坚持将诞生于西方的现代文明的精华与中国文明的精华结合起来，这也许不符合他一贯鼓吹的科学精神，但他具有中国文化的情怀。

20 世纪 20 年代以后，受胡适在新文化运动中倡导的“整理国故”思想影响，顾颉刚、柳诒徵等各自形成了不同的学术派别，积极参与了“新史学”的建设，促进了中国传统史学的现代转型。例如顾颉刚就是看到了胡适《水浒传考证》后学会了实证的科学方法，并创立了“古史辨派”，又称“疑古派”，是“五四”新文化运动

---

①② 贾祖麟：《胡适之评传》，张振玉译，南海出版公司 1992 年版，第 138、139 页。

后出现的一个以“疑古辨伪”为特征的史学和经学研究的学术流派，创始人及主要代表是顾颉刚和钱玄同。“疑古派”主张用历史演进的观念和大胆疑古的精神，吸收西方近代社会学、考古学等实证研究方法，研究中国古代的历史和典籍，促进了中国传统史学的现代转型。

顾颉刚“疑古派”肇端于1923年顾颉刚在《读书》杂志第九期上发表的《与钱玄同论古史书》一文。顾颉刚推出了他对中国古史认识的基本理论，第一次提出他的“层累地造成的中国古史”的核心观点。1926年《古史辨》第一册的问世则标志着该学派正式形成。至1941年前后10余年间，《古史辨》共出版七册①（九本），全书第一至三册和第五册由顾颉刚编辑，第四、六册由罗根泽编辑，第七册由吕思勉、童书业合编，共收入史学界研究中国古代史、考辨古代史料的文章350篇，计325万字。其内容包括对《周易》、《诗经》等经书的考辨，对儒、墨、道、法诸家的研究，对夏以前有关古史传说、“阴阳五行说”的起源、古代政治及古帝王系统的关系考辨和研究等。在《古史辨》上发表文章的知名学者有顾颉刚、钱玄同、胡适、钱穆、周予同、罗根泽、吕思勉、童书业、王伯祥、李镜池、容肇祖、余永梁、刘大白、郑振铎、周作人、俞平伯、朱自清、钟敬文、魏建功、徐中舒、杨宽等，在学术界产生了较大的影响。“古史辨派”推翻了传统史学所谓的“盘古开天地”、“三皇五帝”等概念构成的中国古史系统。“古史辨派”最大的学术成就是顾颉刚提出的“层累地造成的中国古史”的著名观点。通过考察中国古代思想文化的源头，顾颉刚基本将中国上古历史看做是一个传说系统。他认为：“时代愈后，传说中的古史期愈长”；“时代愈后，传说中的中心人物愈放愈大”；虽然“不能知道某一件事的真确的状况，但可以知道某一件事在传说中的最早的状况”。据此，他提出要

① 1982年上海古籍出版社重印了《古史辨》全书7册。

打破“民族出于一统”、“地域向来一统”、“古史为黄金世界”等根深蒂固的传统观念。尹达曾中肯地评论说，顾颉刚“继承了今文学派的传统，吸收了实验主义的方法，大胆怀疑古文经书，从而发展为怀疑到传统的古史，否定了这些作为神圣不可侵犯的‘经’典，这一来就具有反封建的重大意义”①。

“疑古派”破除了长期存在的“唯古是信”的传统观念，将儒家的传统经典作为历史文献进行实事求是的科学研究，为中国传统史学向现代科学的转型作出了积极贡献。至今，“疑古派”的许多研究成果对于研究中国古代史和儒家经典仍有学术参考价值。不能否认，在“疑古派”的研究中，也夹杂着一些武断片面的东西。“疑古派”在研究方法上也存在缺陷，张荫麟曾指出顾颉刚“根本方法之谬误”是误用“默证”。他说：“吾侪不能因《诗》、《书》、《论语》未说及禹与夏之关系，遂谓其时之历史观念中禹与夏无关。”并说：“吾人非谓古不可疑，就研究之历程言，一切学问皆当以疑始，更何有于古？然若不广求证据而擅下断案，立一臆说，凡不与吾说合者则皆伪之，此与旧日策论家之好作翻案文章，其何以异？而今日之言疑古者大率类此。”

五、中国马克思主义史学的建立与发展

中国马克思主义史学，亦称马克思主义史学的中国学派。它是以马克思主义为理论指导的中国现代历史学流派之一。它产生于中国新民主主义革命时期，产生于中国史学现代化的过程中。1919～1949年为中国马克思主义史学的建立时期。1949年以后，马克思主义史学成为新中国史学的主流，得到了广泛传播。

中国马克思主义史学的建立大致经历了初创、发展、成熟三个

---

① 见杨向奎《论“古史辨派”》，原刊《中华学术论文集》，中华书局1981年版，第34页。

阶段。1919～1927年为初创阶段，此间李大钊是中国马克思主义史学第一位奠基人。李大钊所著《史学要论》共分六章，论述了“什么是历史”、“什么是历史学”、“历史学的系统”、“史学在科学中的位置”、“史学与其相关学问的关系”、“现代史学的研究及于人生态度的影响”等重大理论问题。《史学要论》是中国第一部阐述历史唯物主义理论的马克思主义史学著作，是中国马克思主义史学理论的奠基之作。① 该书系统阐述了马克思主义唯物史观，它的问世标志着中国马克思主义史学的诞生。蔡和森的《社会进化史》是中国第一部用马克思主义唯物史观写成的社会发展史。

1927～1937年是中国马克思主义史学的发展阶段，此间中国思想界、学术界展开了关于中国社会性质、中国社会史分期和中国农村性质的“三大论战”，进步的史学家运用马克思主义历史理论观察中国历史的进程并同当时的革命实践相结合，发展了中国马克思主义史学。郭沫若是此间最杰出的代表，他以马克思主义理论为指导研究中国历史，所著《中国古代社会研究》是中国史学家用马克思主义理论系统阐述中国历史的第一部著作。此后，他连续出版了《甲骨文字研究》、《卜辞通纂》、《殷契萃编》、《两周金文辞大系考释》、《金文丛考》等重要著作。吕振羽所撰《史前期中国社会研究》、《殷周时代的中国社会》等也是此间中国马克思主义史学名著。

1937～1949年是中国马克思主义史学的成熟阶段，此间中国马克思主义史学研究在实践层面上取得了丰硕成果，并在科学水平上超过了前两个阶段。吕振羽的《中国社会史诸问题》、邓初民的《社会史简明教程》（后改称《社会进化史纲》）和《中国社会史教程》、侯外庐的《中国古代社会史》是以马克思主义理论为指导的社会史研究著作。吕振羽的《简明中国通史》、范文澜的《中国通史简编》、翦伯赞的《中国史纲》是通史方面的重要著作。吕振羽的

① 该书由商务印书馆于1924年出版（署名李守常），后多次再版。

《中国政治思想史》、侯外庐《中国古代思想学说史》、《中国近世思想学说史》、《中国思想通史》是这一时期思想史方面重要的马克思主义史学著作。

在马克思主义史学理论方面，1938 年翦伯赞出版《历史哲学教程》系统地宣传了历史唯物主义，为我国马克思主义历史科学的建立作出了重要的理论贡献。该书立足于辩证唯物史观，批判了各种非马克思主义的历史理论，着重探讨了历史发展的法则性、历史的关联性、历史的实践性、历史的整体性以及群众、领袖在历史创造中的作用等问题，阐发了历史唯物主义基本原理。

关于历史发展的法则性。翦伯赞坚持历史一般性与特殊性的辩证统一，认为历史科学研究必须首先发现那支配人类历史发展的一般法则，但这丝毫也不忽视历史特殊性的意义，只有从历史发展的一般性和特殊性的统一中才能发现各民族与各时代历史的具体内容。

关于历史的关联性。翦伯赞强调，时间上的连续性、空间上的联系性构成了历史的关联性。历史的纵向、横向发展相互统一，客观条件与主观创造相互作用，构成了具体的客观的全面的历史。翦伯赞指出，世界是整体的。在空间上，各个民族的历史绝不是孤立地存在于世界史的体系之外，各民族之间是相互作用的。中国史也是一个整体，而不只是汉族史。

关于历史的适应性，翦伯赞批判了唯心主义史观关于意识形态的独自存在性与绝对的永恒不变性的错误主张，同时也批判了机械论者完全否认意识形态对社会经济具有反作用的错误观点。

关于历史的实践性，翦伯赞坚持实践第一，批判了从神学、玄学、实验主义将历史观念化的错误观点。

翦伯赞坚持“人民是历史的创造者”这个马克思主义的基本观点，充分肯定人民大众的历史创造作用。

1949 年中华人民共和国成立以后，中国马克思主义史学进入了广泛传播和深入发展时期。从 20 世纪 50 年代初开始，中国大量翻译、出版了马克思、恩格斯、列宁、斯大林和毛泽东的著作，在全国范围内掀起了学习马克思主义理论的热潮，推动了中国马克思主义史学在新的历史条件下的广泛传播和创新。在马克思主义指导下，新中国史学界在历史学的教学体系、研究体系方面经历了根本性的改革；在马克思主义理论指导下，新中国进行了大规模的历史文献整理、出版和社会历史调查；在马克思主义指导下，新中国史学界对重大历史问题展开了广泛讨论，如中国古代史分期问题、中国近代史分期问题、土地制度问题、农民战争问题、中国封建社会长期性问题、中国资本主义萌芽问题、汉民族形成问题、历史人物评价问题等；在马克思主义指导下，老一代的著名马克思主义史学家继续推出一批新的研究成果，范文澜修订《中国通史简编》，郭沫若主编《中国史稿》，翦伯赞主编《中国史纲要》，侯外庐主编《中国思想通史》。新中国成立以后，特别是在 1966 ~ 1976 十年“文革”期间，史学界也存在着对马克思主义理论和方法理解和运用上不够全面和恰当的地方，甚至出现过明显的教条主义、本本主义的错误。比如在教条主义思想下，史学界出现了“以论带史”的倾向，主张理论第一，史实第二。许多历史论著一味套用所谓的马克思主义理论，违背了实事求是的科学精神，造成了大量人力物力的浪费。

1979 年以后，中国历史进入了新的时期，史学界拨乱反正。人们总结了以往的经验教训，认识到马克思主义本身是发展的科学，而我们过去对马克思主义的了解与掌握存在片面性，有些甚至是错误的，于是，人们重新学习马克思主义，在实事求是原则的指导下，许多重大的史学课题获得了新的认识。随着改革开放的不断深入，中国与世界日益融合。在人类进入信息时代的 21 世纪，外国各种史学理论与方法不断被引进、自然科学研究新认识论与方法论的启示以及跨学科研究的开展等使得中国史学进入到前所未有的发展新时期。

第三章 历史学与自然科学及艺术的关系

第一节 历史学的科学思维特点

一、历史学是一门科学

古往今来，人类从未停止过科学探索。自从古希腊伟大科学家亚里士多德规定科学的定义以来，人们接受并传承了他关于科学的基本理念。尽管亚里士多德关于科学的研究带有浓厚的形而上学的色彩，且与文艺复兴以后逐渐形成的近代意义上的科学有很大差异。依照亚里士多德的说法，科学是为某类存在而追求普遍原则的一组知识，科学不是一套特殊的真理，而是一套普遍的真理。科学所探索的是事物发展的普遍规律。但凡反映自然、社会、思维等普遍规律的一组系统的知识就是我们一般所说的科学。历史科学正是这样的一组经系统地加以叙述、条理井然地安排而反映人类社会发展规律的知识。如第一章已经叙述的那样，自从欧洲近代实证主义、客观主义史学形成以来，人们已经普遍认为历史学是一门科学，它的基本任务就是探索历史发展的规律。无论历史研究所采用的方法和手段有多么丰富，无论人们关于历史的认识有多么不同，这一切都不妨碍我们对历史学是一门科学的认定。历史学以揭示人类社会发展的规律为己任，它是现代科学门类之一。

二、历史学的科学思维特点

作为现代科学门类之一，历史学具有一般科学的思维特点。根据现代英国历史哲学家沃尔什的理论，历史科学的思维特点可以从以下四个方面加以说明。①

（一）历史科学是有方法地获得的并且是系统地加以叙述的一组知识

历史学首先可以从专业角度被描述为科学，它的方法只能被希望且能够精通它的人加以掌握。所以，与其说历史学是在传授史实的内容，倒不如说是在教导某种确定史实和解释史实的能力与技术。虽然历史学家的著作也是用日常语言写成的，它们没有自然科学家的产品那样对读者有标准的技术性要求，但并非任何认字的人都能够写出或理解历史研究著作。从这个角度上说，历史学乃是一种专家的活动，是一种越来越严密、精细、精确的专门之术。在古代，史学主要靠家传或师承得以薪火相传，中国许多优秀史家具有家学渊源，如汉代的司马迁、班固和唐代的姚思廉、李百药等，他们多以"子承父业"的方式完成了优秀史著的编撰。"通古今之变"是传统史学追求的目标，近代历史科学更加明确地将研究目标定位在揭示人类社会发展的规律上。为达到历史研究的这个崇高目标，历代史家重视培养研究历史所需要的基本功，主要包括语言文字、文献目录、历史地理、职官制度等各门基础知识。无论什么人，他在这些方面若无足够的知识积累，便不可能成为真正的历史学家，在这一点上真可谓是古今同道。

归根到底，历史科学不是一种企图把人类的故事告诉普通人的简单劳动，历史学家不是讲故事的说书人，而是历史科学工作者。说书人属于文艺工作者，而非历史科学家。近年来在大众媒体上出

---

① 参阅沃尔什《历史哲学导论》（中译本），广西师范大学出版社 2001 年版。

现了许多讲历史故事的说书人，他们按照媒体的商业性要求将历史科学的成果改编成一个个动听的故事，用大众能接受的形象语言讲述历史故事，吸引听众以提高媒体的关注度。这些历史说书人做的是有意义的历史常识的普及工作，但无论他们在大众中有多么高的知名度，他们从事的工作都不是历史科学研究活动。历史学家显身的地方首先应该是研究室、书斋、正规的学术刊物，他们偶尔才在电视屏幕或各色平面媒体上出现，而那些经常在大众媒体间“赶场子”的历史故事的讲述者多半不是历史学家。

（二）历史科学是由一套普遍的真理所构成的一组知识

历史科学研究总能得出某种经验教训，这些教训通常以普遍真理的形式出现在史学家的论著或研究报告中。例如英国近代学者阿克顿勋爵（Lord Acton，1834 ~1902）有句名言：一切权力都使人腐化，绝对权力使人绝对腐化。这就是一个被无数事实证明了的历史真理。中国孔子所说“己所不欲，勿施于人”的格言也是人类行为的普遍原则，是经得起检验的历史真理。历史学家需要考订并详细复述某个特定历史事件的具体内容，但是他们并不满足于对特定事件的逐条逐项的复述，总要进一步总结出代表那个时代与民族的发展特质。如魏晋南北朝隋唐时期的“贵族政治”与宋代的“文官政治”（或“文人政治”），就是史学家总结出的代表各自时代的最重要的政治主体体制，是那个时代的主要政治特征之一。考察中国历史我们可以得出许多普遍的认识，如郡县制或州县制的二级制地方行政体制是中国汉、唐两个朝代的地方行政体制，汉、唐是中国古代最鼎盛的封建王朝，这说明二级制的地方行政体制是古代中央集权制下最有效率的地方行政体制，它促进了汉、唐中国的强盛。如果说中国政治体制依然是中央集权制的话，与之相匹配的地方行政体制就应该是简化的模式，而宋代以来实行的“路—（府）州—县”或“省—路—（府）州—县”、“省—市—县—乡”等多级的地方行政体制降低了行政效率，浪费了国家公共财政经费，造成了国家的积贫积弱局面。历史证明，在中央集权制政治体制的框架下，减少地方行政机构的层级有利于提高行政效率。我们有理由认为中国历史发展的这个规律能够给我们以历史的启示，并能影响中国政治体制改革的历史进程。在今后的行政体制改革过程中，我们不妨吸取历史的经验教训，学习汉、唐两级地方行政体制的建制，大胆改革现行地方行政体制。我们认为，发挥省级政权的统筹规划职责，发挥县级基层政权的守土职责，应该是中国地方行政体制改革的重点。因此，现代理想的地方行政体制应该是“省—县”两级体制，市和县应该同属省级政府管辖，乡应该作为县级政府的工作机构，而不应该作为独立的一级基层政权。事实上，在中国历史上“乡”从来都不是独立的一级政权，把乡作为地方一级独立的基层政权，造成了国家沉重的财政负担，增加了国家行政管理的成本。

（三）历史科学能使我们作出成功的预言，因而能控制事件未来的进程

历史证明，历史学在一定程度上可以帮助人们预测未来发展趋势。比如对中国历史的研究可以帮助人们预见中国的“三农”问题，这是一个积累了两千多年的历史问题，解决这个问题需要充分的体制改革，需要吸收历史的经验教训，需要足够的时间空间，不能指望一蹴而就。同样，考察近三百年来西方大国的崛起，可以帮助我们规划未来发展的路径，避免重蹈别人失败的老路。又如，研究中外政治制度史能够指导未来中国行政体制的改革。如前所述，汉、唐时期在中央集权制体制下采取的郡（州）县两级地方行政体制，创造了中国高效率的行政管理的历史记录，值得今天的人们学习借鉴。近年来，历史学的一些分支学科如农业史、交通史、水利史、气候发展史、地震灾害史研究的成果被直接应用到大型农田水利枢纽工程及减灾防灾工作之中，历史学正在发挥现实的作用。近一段时期以来，世界范围内的特大地震及风雪灾害给人类造成了巨大的生命财产损失，各国人民迫切需要开展地震等灾害预防研究。我们只有发掘长

期的历史时期的资料，才能找出地震等灾害的发生与发展规律，这离不开历史科学的参与，历史科学的现实价值正在不断被人们认识。世界上有许多国家延请了历史研究者参与政府的决策活动，比如美国历史学家费正清曾多次参与政府决策，在中美关系方面发挥了重要作用。历史学家研究过去是因为人们认为这种研究有利于阐明现在，有利于预测未来，所以历史学家常常要处于预言家的地位。现实的政治舞台上，应该有历史学家的席位，没有历史科学的参与，许多重大的社会政治、经济及文化发展规划便很难做好，在这方面有不少历史的经验教训值得认真总结。总之，历史学家越来越多地参与到了国家现代化的进程，这是历史科学价值的充分体现。

（四）历史科学强调证据的客观性

无论历史学家的个人偏爱或境遇如何，他们都接受客观证据的存在。历史学追求史料证据的客观性，追求“去伪存真”，这是开展历史科学研究的前提条件。历史证据（史料）是有真假之别的，历史学家必须进行史料考证，在确认证据的真实后才能据此作出结论或判断。史料考证包括文献史料、实物史料的考证，进行史料考证，需要具有文字学、文献学、目录学、古籍版本学、博物学、金石学、考古学等多方面的知识素养。以文献史料为例，史料考证是一种专门的技术，非经专业训练难以开展相关的历史科学研究活动，所以史料学是历史科学研究的一种专业技术与工具。已故著名历史学家、文献学家黄永年先生曾撰有《唐史史料学》，该书系统介绍了隋唐历史研究所常用的文献史料，内容涉及版本目录学、校勘学等内容，是一部重要的唐史研究的入门工具书。在进行文献史料考证的过程中，需要掌握专门的文献校勘学的知识与技术，如张元济于 20 世纪二三十年代主持商务印书馆校勘、辑印《百衲本二十四史》时曾取得了古籍校勘学的重要成果，后来编为《校史随笔》。① 著名史学家

---

① 上海古籍出版社 1998 年出版有该书导读本，由张树年、张人凤导读。

陈垣先生所著《校勘学释例》是校勘学的一部总结性的重要著作，该书中作者在校勘《元典章》基础上条列旧刻致误的类例，总结概括了校勘学中一些带有普遍性的现象与校勘方法，胡适为本书作的序言充分说明与肯定了该书的学术意义与成就。①

第二节　历史学与自然科学、艺术的主要区别

一、历史学与自然科学的主要区别

（一）标准和出发点的差异

自然科学有一个人们普遍同意的共同尺度、一个普遍存在的前提假设，即由定理与公式组成的衡量是非的标准体系。没有这样一个共同的尺度，就没有共同的是非，也就没有自然科学可言了。人们常说“科学无国界”，指的就是自然科学前提假设的这种统一性。自然科学由定理公式组成的共同尺度是全球性的，无论在哪个国家或地区都适用。自然科学家可以有不同的哲学观点，但他们之间终究共守着一个共同的尺度，这是自然科学的客观性的突出体现。就像化学上的元素周期表一样，世界上所有国家或地区都遵行这个统一的周期表。

然而，历史学缺乏自然科学那样的一个严格的共同尺度，历史学只在大的因果律及逻辑法则的范畴上具有同一性。历史学与其他人文社会科学一样，往往以道德和形而上学为出发点，因而具有民族性、地域性、时代性甚至史家的个性。历史学的前提假设不像自然科学那样具有共同尺度，而是个性化的，甚至在一定程度上是灵动的，这对于历史学的客观性起着一定的制约作用。历史研究容易

① 本书原名《元典章校补释例序》，后改名《校勘学释例》，1931年由北京大学国学研究所印行，1959年中华书局重印。

受到研究者主观条件的影响，这一点在自然科学中似乎表现得不够突出。尽管历史研究与自然科学研究的对象都是客观的存在，但是自然科学家保持着对研究对象的道德中立性，史学家对资料的理解具有个性的主观因素，因而历史学家做不到道德中立。史学家之间由于道德观、世界观、价值观的差异，会形成不同的历史观。所以，历史学与自然科学在学科性质及特点上是不尽相同的，自然科学的思维方法不能简单应用于历史学研究。

（二）研究手段的差异

正如人们一般看到的那样，自然科学研究可以通过观察、实验的手段搜集证据，并依靠归纳、推理、比较、分析等理性研究方法得出精确的研究结论，揭示事物发展规律。历史学却无法对已经成为过去的人和事进行直接的观察、实验研究。历史研究有其自身的方法特征，研究历史更多的是通过运用文献研究的方法来复原事实，揭示事物发展规律。当然，历史学与自然科学之间也存在着方法上的共同点，历史学在通过文献考证等研究方法解释历史客观性的时候，通常遵循科学的逻辑法则，遵循科学的因果律法则。瑞士哲学家、科学史家让·皮亚杰把历史学视为一门接近于自然科学的现代人文科学，这是有道理的。[①] 史学研究虽然不像自然科学那样通常是证明一个理论或假说的成立，但史学研究的过程大体也具有某些自然科学研究的特点。历史学研究的史料如同实验室里的材料，自然科学从材料实验中得出结论，历史学从史料分析中得出结论，这个研究过程共同遵循着逻辑法则，遵循着因果律。整体上历史研究的过程符合科学的正题法则。自然科学研究强调数据资料的真实性，历史研究也讲究“言必有据”、“言之有理”。在研究方法上，许多史学家借助自然科学常用的各种研究方法探讨复杂的历史现象，自

① 参见让·皮亚杰《人文科学认识论》，郑文彬译，中央编译出版社 1999 年版，第 4 页。

然科学方法在推动史学发展方面发挥了巨大作用。历史学通常运用自然科学的研究方法（如归纳法、比较法、分析法等理性研究方法）揭示事实真相，发掘隐藏在事实背后的历史发展规律。

关于因果律。历史里究竟有没有因果律？这是一个长期引起人们争议的问题，许多人否认历史里面必然有因果律存在，如中国现代史学创始人梁启超对于这个问题的认识也是摇摆不定的。梁启超在《中国历史研究法》中说研究历史"不谈因果断断不可"，后来他又在《中国历史研究法补编》中修正自己的观点："历史为人类自由意志的创造品，当然不能又认他受因果必然法则的支配"。梁启超史学思想的飘浮，显然是受到了美国现代新史学思想以及中国传统佛教唯心世界观的影响，因为后来的梁启超接受了来自这两个方面的知识。梁启超认为"历史现象最多只能说是'互缘'，不能说是因果"。他解释所谓"互缘"就是互相为缘，譬如佛典常说的"相待如交芦"。在他看来，这件事情和那件事情有不断的连带关系，你靠我、我靠你才能成立，就是在这种关系状态之下，前波后波衔接动荡，便成一个广大渊深的文化史海。做史学的人要专从这方面看出历史的"动相"和"不共相"，倘若拿"静"的"共"的因果律来凿四方眼，那就糟了。梁启超史学思想上的这些变化，在思辨性上有所进步，在科学性上却是在退步。晚期的梁启超靠近了玄学，而远离了科学。梁启超企图按照佛教观念解释历史，他把文化总量分为文化种和文化果两大部分，认为："文化种是创造活力，纯属自由意志的领域，当然一点也不受因果律束缚。文化果是创造力的结晶，换句话说，是过去的'心能'，现在变为'环境化'。成了环境化之后，便和自然系事物同类，入到因果律的领域了，这部分史料我们尽可以拿因果律驾驭他。"① 现代科学证明，宇宙自然界的发展变化

① 梁启超：《中国历史研究法》及《补编》（合刊本），江苏文艺出版社2008年版，第135～137页。

是相互关联的，自然、社会各种现象都是有机联系的。因果律是自然科学的基本原则，一切自然现象都遵循因果律的基本法则。历史唯物主义也告诉我们，因果关系普遍存在于自然界和人类社会，历史现象之间彼此存在着有机的联系，凡属前后有关联的事物之间普遍遵循着前因后果的关系，因果律的科学原则从根本上为我们揭示历史发展进化的规律提供了武器，使得历史学跻身现代科学之林成为可能。所以，历史学家的任务在于从事实和思想上阐明事情发展的来龙去脉，揭示事物之间的因果联系，总结社会发展的规律。

三、历史学与艺术的区别

自 19 世纪以来，人们关于历史是科学还是艺术的争论从未停止过。作为 20 世纪西方现代史学的主要观点之一，“历史学既是科学也是艺术”今天已经成了人们的共识。这个观点的首倡者是英国著名历史学家、剑桥大学近代史讲座钦定教授屈维廉。屈维廉（G. M. Trevelyan，1876 ~ 1962）是英国自由主义历史学家，其成名作是 1904 年出版的《斯图亚特王朝时代的英国史》，另有《英国通史》、《威克利夫时代的英格兰》、《安妮女王时代的英国史》、《1688 年的英国革命》、《英国社会史》等著作。屈维廉认为历史既没有使用价值，也不能得出普遍适用的因果规律。因此，历史的价值也就不同于自然科学，历史只能部分是科学，而不能完全成为科学，历史只能是一种有哲理、有文采的叙述。屈维廉的这一观点显然受到了 19 世纪英国辉格党历史学家马考莱的影响。但是，屈维廉忽视了历史研究的客观对象是能动的人，而不是相对静态的客观物质。人是嬗变的，人类文化的多样性源于人的能动性，所以指望历史学者会像物理学家那样得出一个普遍适用的物质运动规律的设想是不现实的，也是不科学的。

至今，对于“历史学既是科学也是艺术”这句名言，人们的争议多于理性的分析，甚至依然缺乏清晰的解释。我们认为，历史与艺术是两种截然不同的活动，它们既有差异，也具有某些相似性。具体而论，这种相似性与差异主要体现在目的和手段两个方面：

1. 从目的与现象上看，历史学家的工作与艺术家相似，他们都以理解和表现具体的人和事为目的，都追求再现社会生活现象。不过，历史学家再现的是恺撒、查理大帝或彼特拉克的行为史实，完成这一任务需要实事求是的客观叙述，更需要理性的科学分析，需要严谨的态度，这是历史学家的任务。如同人们普遍知道的那样，历史学家之目的在于得到一种没有美学形式的直观，他们通过普通词汇并借助于读者的想象力去复原事实。艺术家再现的是贾宝玉、林黛玉的情感世界，是人物的心理直觉，完成这一任务更多需要的是形象化的语言情境以及感性化的动作模仿，需要在心理上追求美的感觉，这是艺术家的任务。可见，艺术的直观与历史学家所创造的直观之间有原则性的区别，历史学除了单纯地重现现实之外没有其他目的，而艺术家重建的是一种具有美学意义的直观，两者的目的和手段显然是不同的。

2. 历史学与艺术再现社会生活的手段存在明显的差异，艺术可以通过虚构、夸张甚至想象的手段再现社会生活，而历史研究不允许通过这些手段再现人类历史。如前所述，历史学家通过普通词汇把过去直观地重新显现在我们面前，只能借助于读者的想象力去想象那样一些事物，所以，历史学家与文学艺术家再现人物的手段和方法是完全不同的，历史学不同于文学和艺术，历史学是独立的一个学科门类。古代人讲文史不分家着重在叙述方式上的共性，那是在历史科学产生之前，现代科学体系中的“文学”与“史学”已然成为两大悬殊的学科门类。

历史学研究的内容包罗万象，不同的事物可以采用不同的研究方法。历史研究对象的复杂性，决定了历史研究方法的综合性。例如研究人口变化或经济发展史可以运用数理统计的方法建立数学模型，从而准确地描述人口或经济发展变化的规律。研究思想史，则可以运用心理学、行为学的方法揭示历史人物不同阶段的思想变化。研究文化史可以运用宗教学、政治学、伦理学、教育学等多种方法开展专门史的研究。

历史研究内容的复杂，使得历史学成了一个综合性的现代科学门类。在我国现行的学科国家分类体系中，历史学与文学、法学、经济学、管理学、工学、理学、农学、医学、军事学并为九大科学门类。作为一级学科的历史学下辖中国古代史、中国近现代史、世界史、史学史、史学理论、历史文献学、历史地理学等10多个二级学科。根据2009年国家质量技术监督局颁布的《学科分类与代码表》（GB/T13745～2009）的规定，历史学（不包括考古学）划分为14个二级学科、85个三级学科，具体的学科分类与代码如下：

770	历史学
770.10	史学史
770.1010	中国史学史
770.1020	外国史学史
770.15	史学理论
770.1510	马克思主义史学理论
770.1520	中国传统史学理论
770.1530	外国史学理论
770.20	历史文献学
770.25	中国通史
770.30	中国古代史
770.3010	先秦史
770.3015	秦汉史
770.3020	魏晋南北朝史
770.3025	隋唐五代十国史
770.3035	宋史
770.3030	辽金史
770.3040	元史
770.3045	明史
770.3050	清史

770.3055	中国古文字（包括甲骨文、金文等）
770.3060	中国古代契约文书（包括敦煌学、明清契约文书研究、鱼鳞册研究等）
770.3099	中国古代史其他学科
770.35	中国近代史、现代史
770.3510	鸦片战争史
770.3515	太平天国史
770.3520	洋务运动史
770.3525	戊戌政变史
770.3530	义和团运动史
770.3532	晚清政治史
770.3535	辛亥革命史
770.3540	五四运动史
770.3545	新民主主义革命史
770.3547	抗日战争史
770.3550	中国共产党史
770.3555	中国国民党史
770.3560	中国民主党派史
770.3565	中华民国史
770.3570	中华人民共和国史
770.3575	近代经济史
770.3580	近代思想文化史
770.3585	近代社会史
770.3599	中国近代史、现代史其他学科
770.40	世界通史
770.4010	原始社会史
770.4020	世界古代史
770.4030	世界中世纪史
770.4040	世界近代史
770.4050	世界现代史
	国际关系史（见8104014）
770.4099	世界通史其他学科
770.45	亚洲史
770.4510	日本史

770.4520	印度史
770.4525	东北亚史
770.4530	东南亚史
770.4540	南亚史
770.4550	中亚史
770.4560	西亚史
770.4599	亚洲史其他学科
770.50	非洲史
770.5010	北非史
770.5020	撒哈拉以南非洲史
770.5030	埃及史
770.5040	南非联邦史
770.5099	非洲史其他学科
770.55	美洲史
770.5510	美洲古代文明史
770.5520	美国史
770.5530	加拿大史
770.5540	拉丁美洲史
770.5599	美洲史其他学科
770.60	欧洲史
770.6010	俄国史（包括原苏联史）
770.6020	英国史
770.6030	法国史
770.6040	德国史
770.6050	意大利史
770.6060	西班牙史
770.6070	中东欧国家史（原名为“东欧国家史”）
770.6080	北欧国家史
770.6099	欧洲史其他学科
770.65	澳洲、大洋洲史
770.70	专门史
	经济史（见 79027）
770.7010	政治史
770.7015	思想史

770.7020	文化史
770.7025	科技史
770.7030	社会史
770.7035	城市史
770.7040	中外文化交流史
770.7042	中外关系史
	军事史（见83015）
770.7045	历史地理学
770.7050	方志学
770.7055	人物研究
770.7060	谱牒学
770.7099	专门史其他学科
770.99	历史学其他学科
770.9910	简帛学

在这个学科分类表中，数字“770”代表一级学科，数字“770.10”代表二级学科，数字“770.1010”代表三级学科，依次类推。该分类表是根据我国高等院校及社会科学研究机构历史专业的科研状况编制的，基本反映了我国历史科学研究的范围，足见我国历史科学的繁荣与发达。

四、历史学与科学与艺术的统一

历史学的学科属性具有人文科学的特质。英国历史哲学家沃尔什认为，历史学家是根据“人性中的可能在判断过去的历史”①。在西方，历史学常被划入大学的人文学科。多数历史学家认为，人性的皈依是历史学一切判断的出发点和归宿。自然科学在遵循自然法则的基础上寻找物质运动规律，历史学则在遵循人性法则的基础上，寻找人类社会发展的时代性、地域性和民族性的规律。

---

① 沃尔什：《历史哲学导论》（中译本），广西师范大学出版社2001年版。

历史科学具有科学与人文的双重属性。历史学在今天受到冷落，这与它的严谨性有一定关系。在当今的大学文科专业中，历史学属于那种最为吃力不讨好的专业之一，做一篇史学文章往往要花费经年累月的时间去搜集消化资料。在当今中国追求经济效益的大背景下，史学的严谨性正在受到科研考评机制日益数量化的挑战，各地急功近利的现象普遍存在，为应付各种量化指标的考核，人们粗制滥造了大量的文字垃圾。

如今，培根“知识是心灵的食粮”的说法得到了广泛认同，人们赋予历史学以人文的期待，“读史使人明智”成为普遍的共识。在世界各国重视素质教育的今天，历史学科常被置于国民教育的基础地位，与本国语、自然科学、地理、数学、公共道德课程共同构成了各国学校课程体系的核心，历史教科书被赋予了培养公民良好品德和健全人格的崇高职责，历史担当着给人以真、善、美熏陶的使命。学校教育的灵魂不在于单纯传授知识，而在于培养道德人格。在历史教育过程中，人们能够从设身处地的想象、移情的体验、大胆的假设中得到科学与人文的双重体验。历史是沁人心脾的陈年佳酿，历史是令人销魂的美味佳肴。历史也是一面镜子，它可以折射人们的心灵状态，起着扬善贬恶的作用。学习历史，人们可以体验生活的意味，辨别真假、善恶与美丑，体味人性的真谛。

历史与科学与艺术都是人们认识世界、认识社会、认识人生的途径，它们之间可以相互启发，但不能彼此代表。自然科学和历史都以求真为旨趣，文学艺术以求美为旨趣。科学家常把科学之美分为直观之美和思维之美，科学之美的根源在于它接近于事物的本质。真、善、美如同孪生兄弟般紧密相连，真的便是美的，美的便是善的，善和美又同归于真。人类精神的至高境界是真、善、美的统一，这是人性的最高点，在这一点上，历史与科学与艺术最终趋向了统一。

第三节　历史学的客观性

一、历史学的目的

历史学的目的在于追求对过去真实的重建，并在此基础上探求社会发展的规律。简言之，历史研究的目的在于求真、致用。求真是历史研究的归宿，致用是历史研究的宗旨，一切历史研究要服务人类社会进步的客观需要。历史学是一门针对过去的现代科学，历史学家借助直接、间接的历史证据（文献、建筑物、文物等不同形式的历史证据）做出某种关于过去事实的描述或论断，这种描述或判断必须是可信的、真实的。历史学家努力研究的东西属于过去，他们要描写的事实乃是过去的事实。这种过去的事实虽然不能直接体验，但它必须是可以用史料证实的客观真实，必须经得起逻辑法则的检验，必须符合因果律。就像20世纪初王国维用甲骨卜辞验证《史记·殷本纪》记载的真实性一样，任何历史记述都必须建立在可论证的真实性基础之上。归根到底，如同一切科学都是为了探索未知世界一样，历史学的目的就是探索历史领域的未知世界，解决人们“对某种确切事物的无知”①。

过去的两个世纪，由于自然科学家掌握了人类科学的话语权，包括历史学在内的人文社会科学长期得不到重视，出现了“斯诺命题”，即所谓社会人文科学备受歧视的问题。这个命题是1959年英国物理学家C. P. 斯诺在剑桥大学作的一个题为《两种文化与科学革命》的演讲中提出来的世界性问题。所谓“斯诺命题”，是指由于自然科学家与人文学者在教育背景、学科训练、研究对象以及所使用

---

① 柯林武德：《历史的观念》，何兆武、张文杰译，商务印书馆1997年版，第37页。

的方法和工具等方面的差异，使他们在文化的基本理念和价值判断方面经常处于互相对立的位置，不仅一直相互鄙视，甚至还不屑于尝试理解对方的立场。这种对立一直存在于 18 世纪 60 年代工业革命以来的西方国家。斯诺认为，在第一次工业革命和第二次工业革命中，由于人文社会科学游离于工业技术革命的主流，出现了“科学文化”的双重分裂：一方面是自然科学与人文社会科学愈益分裂，因为自然科学较快地依附于工业革命。另一方面是自然科学中应用科学与纯科学开始分裂，应用科学依附于工业革命和科学革命，而纯科学游离于科学革命。直到 20 世纪 40 年代以后，纯科学才开始转向靠近应用科学，逐渐进入技术革命和科学革命之中。西方自然科学走出了一个多学科融合和结构调整的过程，其基本取向是向技术实践、工业实践和科学实践靠近。而人文社会科学长期被科学革命的潮流边缘化，与自然科学、技术科学日益对立。

过去的一个世纪里，中国也走出了和西方近似的科学万能的路径，自然科学家掌握着科学的话语权。无论是注重个体研究的人文科学，还是注重团队研究的社会科学，均受到了不同程度的歧视。在中国最近的三十多年间，历史学更加游离于社会经济建设主流之外，受到了明显的歧视。历史学不仅受到来自自然科学的歧视，同样也受到了来自其他社会科学门类的歧视，更多的歧视则是来自社会普通民众。历史无用论几乎成为追求现实经济利益者的普遍共识，历史学教育和研究陷入了前所未有的困境。可喜的是，进入 21 世纪的十多年来，由于人类面临的重大问题日益突出，人们开始重视跨学科研究，于是出现了自然科学与人文社会科学携手关注人类命运的新趋势。实践证明，人类目前面临的很多问题都是历史造成的，因而研究现实问题必须从历史入手。比如现在制约中国现代化的最大问题是“三农”问题，这是一个历史问题，解决这个问题不仅需要政治学、经济学、法学、社会学、教育学专家的参与，也需要历史学家的参与。弄清“三农”问题离不开历史研究，解铃还需系铃人。中国是一个具有悠久历史传统的国家，当下的许多问题都是历史地形成的，我们应该从源头上梳理问题，弄清楚问题的脉络才能找到解决问题的方法。可以预见，中国的发展面临许多社会政治经济制度的变革，很多制度层面的问题有着复杂的历史原因，比如中国的社会管理制度（如户籍制度）、中央与地方行政制度、行政监察制度等都有着繁杂的历史因素。我们有理由认为，历史研究必将在中国未来的社会变革过程中发挥重要作用，任何忽视或歧视历史研究的倾向都将损害我们的现代化事业。

二、历史学永恒的悖论——历史学客观性的尴尬处境

几乎每一个历史学家都宣称其著述是客观的，是没有偏见的。但是，对于历史材料的理解往往因人而异，这种由主观因素导致的认识差异无处不在。于是，历史学家的作品有时就像艺术家的作品一样，可以在这种意义上被认为是史家个性的表现。对于历史学家而言，这是一个永恒的悖论：在客观性与主观性之间，历史学永远处在一个矛盾而尴尬的境地。历史学因此常被人排斥在科学殿堂之外，许多人因此担忧历史学的科学性，其实这种担忧是多余的。类似的担忧同样存在于人们对自然科学的认识方面，就如人们普遍知道的那样，自然科学往往也会遭到质疑，常有人批评自然科学不能解释诸如人的心灵感受之类的问题。的确，任何科学技术手段似乎都无法检测出爱情的结构与成分，爱情是一种因人而异的心灵感觉，它是无法准确检测的客观存在。可见，人文社会科学、自然科学都不是万能的，都无法达到绝对真理的境界，历史学与一切科学一样只能接近真实而永远无法达到真实的境界。

历史学是永远无法真正复原“过去”的，就如科学家永远无法找到“绝对真理”一样，一切科学认识都是相对的。尽管妨碍历史学家去获得真实证据的因素很多，但历史学家还是有可能获得关于过去的真实证据的，他们可以在重建过去真实的道路上有所作为。

人们频频对历史学的客观性产生质疑，这种质疑是多余的。历史学的客观性有其特殊内涵，历史的客观性中包含着主观性因素，这符合科学的辩证法。对此，我们至少可以从以下几点来说明：

（一）历史学是一门自律的科学

如前所述，在现代自然科学体系中，几乎每一门学科都发展出了一整套标准的思维模式，形成了一套由公式或定理构成的不变的前提假设。历史学不存在这样一组不变的前提假设，这是因为历史学不具有实验科学的性质。但是，我们依然说历史学是一门自律的科学，它有着自己独特的方法体系，通过专业的研究人们能够取得对于历史规律的认识。如人们已经认识到了经济基础决定社会制度的历史发展规律，其他如勤劳兴国、淫逸败亡，得道多助、失道寡助，如此等等，都是历史的规律，类似的历史规律存在于人类历史的各个阶段。历史科学能给人们提供有益的借鉴，改善人类的生活。

（二）主观因素存在于历史学研究中

与自然科学的道德中立不同，历史学研究在追求客观性的过程中存在较强的主观作用的痕迹，这一点限制了历史学研究的客观性。由于存在对资料认识的个性化差异，历史学家的观点具有很强的主观性。历史学家的每一部史书都是根据某种观点写出来的，并且只有根据那种观点写出来才有意义。史书常常在叙述中给人以思想上的启发，所以抽取了观点的史书就失去了让人阅读的价值。尽管如此，追求客观与真实仍然是历史学研究的宗旨，再精彩的历史认识只有当它符合实际时才有意义，失去这一点，历史学便失去了它存在的价值，更遑论科学意义了。一切科学与伪科学的区别就在这一点上。历史研究必须时刻遵循客观性这个最高的科学原则。过去人们一直诟病历史是政治的附庸，原因就在于历史长期被现实的政治所利用，失去了它的客观性，进而也就失去了历史的科学性。

人们的主观因素不仅存在于历史学家的研究著作中，也存在于各类历史文献中，即便是被后人视为原始史料的各种史籍文献或档案，其中也不可避免地存在编撰者的主观因素。我们在利用那些历史资料时必须谨慎分析，不可迷信史料，正如孟子所说的那样，“尽信书，不如无书”。譬如《史记》就充满了司马迁个人对齐鲁文化及吴越文化的偏见，我们阅读时不能不加以分析和批判。又如，我们在研究中国近现代史的时候，经常要利用各种已经解密的档案以及历史人物的日记等原始文献，这些文献资料都不可避免地存在作者的主观因素，有些资料充斥着个人偏见，而运用科学方法能够辨别那些影响客观性的主观错误。我们必须谨慎地对历史文献进行分析与辨别，不可偏信一面之词，以免得出错误的判断或结论来。

（三）历史学的“选题”是一种价值判断

自然科学在选择研究对象的过程中，较少存在主观的价值判断，而历史学家选择对象常伴随有某种价值判断。历史学家的每一篇论著都是有选择地写出来的，他们的研究在学科上都属于部门性的研究，选择哪个研究部门则往往取决于个人的爱好和兴趣，具有主观价值判断的色彩。没有一位历史学家能够叙述过去所发生的一切事情，而只能选择他们认为重要的或者能引起他们研究兴趣的某种事实作为研究对象。每一位历史学家显然自觉不自觉地把一组利害、信仰和价值判断带到他们的研究里面来了，这些观念对他们的研究是重要的，有时甚至决定着研究者的观点。于是，有人认为历史学出奇地主观，应该据此勾销历史学的科学资格。我们认为，这种看法过于简单了，历史学是一门特殊的科学，它研究的对象不是低等的动植物，更不是一块毫无灵性的矿石，而是富有智慧的人类的活动。历史研究对象的这种复杂性决定了历史研究的特殊性。人具有天然的审美意识，人的一切行为都是基于某种价值判断的活动，历史研究本身也是人类的一种具有价值判断的活动。问题在于，我们选择了历史研究的课题之后应该遵循历史科学的方法，对资料或研究对象进行客观的分析与研究，得出的研究结论应该是科学的认识，应该经得起科学的、逻辑的、历史的多重检验。历史研究的课题选择也许是一个主观的活动，但是对对象的研究过程应该是一个秉持客观原则的科学分析过程，这中间应该尽可能少些主观臆断，多些客观的判断与分析。

（四）历史认识受客观史料、人类认识总体水平等因素的制约

科学证实，人类对世界的认识是有限的，所以一切真理都是相对的。同样，因受主观及客观条件的制约，人类的历史认识不可能达到永恒真理、绝对真理的境界。正如学者们指出的那样，“历史认识的主观性、有限性，历史资料的残缺性、不完整性，历史过程自身的未完成性，决定了真理与谬误对立的相对性”①。应当看到，历史认识的这种局限性同样存在于其他的科学领域。在科学主义盛行的 20 世纪里，包括在内的欧美学者似乎过度信仰自然科学。他们要求历史学家也应像自然科学家那样检测他们的研究对象，对问题给出实验性的解答。他们过分贬低人文、社会科学的主观性，忽视了科学多样性的原则。应当指出，历史学不是物理学那样的实验科学，不能拿实验科学的标准要求历史学像物理学那样解释问题的答案。历史就是历史，历史不是物理，两者在认识与解决问题的方式方法上不能相互替代。历史学家重建过去的事实需要借助于形象思维、逻辑思维等多种思维方式，唯独不能运用实验的方法解释过去，这正是历史科学的独特性。另一方面，历史学又是一门综合性的科学，无论从史料层面上还是人类总体认识水平上来说，检验历史认识的真理性，需要利用各种相关学科的知识，比如地理学、地质学、古生物学、核物理学等，运用这些学科的知识可以帮助我们审视对史料的诠释是否准确，比如要确定历史遗迹的年代就需要借助放射物理或放射化学的检测手段，从而确定历史遗物的真实性及其年代。

历史认识是对事实的确认，历史观念从“事实”出发，又回到“事实”上去。这里让我们从哲学角度简单讨论一下“事实”。我们

---

① 姜义华、瞿林东、赵吉惠：《史学导论》，复旦大学出版社 2004 年版，第 103 页。

倾向于认为：事实与理论是相对的，理论属于意识的范畴，它存在于人们的头脑之中，而事实则是摆在那里的不以人们的意识为转移的东西，人们的意识必须符合客观事实，不管我们是否喜欢它，事实都存在着。包括历史学在内的一切科学领域所讲的“事实”都是独立于研究者自身之外的东西，无论你想没想到它，事实都客观存在着，科学研究所能做到的是尽量接近事实。人们的认识距离事实越近，也就意味着我们离真理越近。然而，由于历史的特殊性，“历史事实在本质上是心理上的事实，因此，能在其他心理的事实中找到它们的前提条件”①。历史学上讲的事实只能是历史学家心理认可的东西，它们只能在逻辑规律下被人们认知，必须以概念的形式加以表述。一般说来，历史学家所崇拜的客观性具有很强的主观特征，他们越是强调自己的研究成果是客观的，就越表明这种客观性是以主观性为背景的。正如德国哲学家尼采所认定的那样，个人总是从一定的视角出发去观察问题、思考问题的。按照历史学家们的观点，历史事实总是在一定的理论视角中浮现出来，历史学家总是带着一定的理论视角进入其研究活动，这个视角将决定他能够看到哪些历史事实，也将决定他看不到哪些历史事实。于是，历史“事实”从客观存在那里被提取出来，变成了客观现实在人脑中的反映，变成了大段大段的文献记载，成了一堆堆的“史料”，成了概念上的“事实”。所有的文字史料或历史文献都具有这种特点，历史研究的对象异化成了对象的“概念”。这使得历史研究具有了自身的特殊性，物理学、化学、生物学等自然科学研究的直接对象是一块实在的物体，而历史学研究的直接对象却是史料之类的“概念”的东西，实在的文物只是历史研究对象中极少的一部分。从这个角度讲，“一切历史都是思想史”的说法似乎是成立的，最终历史研究变成了纯粹的“文献学研究”。

① 马克·布洛赫：《历史学家的技艺》，张和声、程郁译，上海社会科学院出版社 1992 年版，第 141 页。

从语义学的角度讲，“理论”采取的表述形式通常是判断，即肯定或否定命题。理论可以是写出来的，也可以是说出来的，在历史研究中更多的是蕴含着判断的陈述。历史研究的“事实”是大量需要据以作出判断的“文字材料”，这些材料在文字表述上往往也以陈述的形式出现。理论要靠事实来检验，这在概念学上则是一种陈述与另一种陈述的相互印证。真理可以被定义为一种陈述与另一种陈述之间的关系，如果一个陈述被证明可以和另一个陈述相适应，那么它可能就是真理，这种揭示真理的方法就是近代自然科学产生以来人们普遍使用的演绎法。在自然科学的演绎法中，每一个论断（陈述）都不是孤立的一个概念，首先要包含一整套前提概念或原则，其次是与其他的一些条件论断（陈述）相适应。例如论证明天有暴风雨，首先包含气象学的风暴概念、雨的概念，其次是由于做出了天空有高卷云、今天日落呈现某种景象等的条件论断（陈述），然后我们才能得出明天有暴风雨的结论。又如眼科医生说我们的视力有缺陷，这是一个理论命题（一种陈述），要检验这个理论是否成立，就必须检查是否符合另一种陈述（视力表），这两种陈述相互适应，才能得出我们的眼睛有视力问题的结论。

在历史科学研究中，事实以史料陈述的形式出现在人们面前，事实必须被人确立并描述出来，必须在概念上被规定出来，才能被用做科学研究的材料，它必须经过辨别真伪这样一个初始的研究过程，史料辨别就是确定事实的过程。历史学家确认历史事实，需要综合运用各种相关学科的知识，运用逻辑思维方法甚至是形象思维方法来确认事实的真实性与合理性，然后才能推断出结论。举例来说，历史学家要确认武则天是唐代有作为的政治家，就必须首先明确“唐代”这个特殊概念的基本要素，还要拿它与其他历史朝代相比较，再来看武则天做了哪些符合那个时代又推动那个时代前进的事迹。这样，说武则天推动了佛教中国化的进程就是历史的事实，说她是草菅人命的“刽子手”就可能不是历史事实，因为无论从武则天家族还是她本人的背景来看，或是从整个唐代社会崇尚佛教的事实背景来说，我们都不能轻易得出武则天是“刽子手”的结论，尽管史料记载武则天时期不少反对她的人惨遭杀戮。当然，历史科学中的事实都只是暂时确定的，没有绝对不变的事实，历史事实会随着史料的更新及人们对它的认识水平的变化而变化。比如，事隔几十年后，人们从解密的苏联档案中发现：1940 年春，在苏联北部斯摩棱斯克的卡廷森林中，大约 2.2 万名波兰军人、知识分子、政界人士和公职人员被苏军集体屠杀，制造了震惊世界的卡廷惨案（Katyn Massacre）。苏联的历史教科书却一直不承认发生过这场惨案，直到 1985 年戈尔巴乔夫成为苏联领导人之后，才开始对该事件展开调查。1990 年 4 月 13 日波兰总统雅鲁泽尔斯基访问苏联之际，苏联正式承认对卡廷事件负全部责任。2010 年 4 月 28 日俄罗斯总统梅德韦杰夫下令公开俄方掌握的卡廷事件历史文献，其电子文本发布在俄联邦档案署官方网站上，这是俄方首次向公众公开卡廷事件的相关材料。

由此可见，任何时候历史学所揭示的事实都具有相对性，而不是绝对的事实，这符合真理相对性的科学原则。各种历史著作或教科书所叙述的东西只能是近乎事实的陈述，还不是事实本身，这是由历史研究“对象”的“间接性”决定的。所以，我们说历史研究近似却不同于实验科学，它更像是一种意识的或思维的科学，在实证的基础上更加具有理性。历史学对事实的推断或确定遵循实证的原则，讲究证据，讲究逻辑性。历史学是一门严谨的综合性学科。

第四节　影响历史研究的主观因素

一、个人的好恶

每一个历史学家都有自己的爱好，这直接影响到他们的历史研究活动，从选题到整个研究过程，几乎处处可以看到个人好恶对历史研究的影响。比如 19 世纪的兰克学派往往对大人物抱着崇拜的感觉研究历史，20 世纪英国著名作家、《世界史纲》的作者 H. G. 韦尔斯却对大人物不抱好感。韦尔斯以无比开阔的视界、轻快简洁的笔调将普通人的历史有条不紊地展现在读者面前，写出了一部适合于普通读者阅读的历史著作。又如唐代史家刘知几十分偏爱纪传体史书中的断代史，对纪传体通史却有所贬抑，于是人们看到了《史通》中扬《汉书》抑《史记》的文字评述。同样，西汉史家司马迁对孔子的儒家思想缺乏好感，而对黄老思想似有好评，司马迁的个人好恶在《史记》一书中处处可见。这些都说明个人的好恶直接影响了人们的历史研究活动，影响了史家修史的客观性。历史研究受个人情绪影响的事例很多，20 世纪中国著名史学家顾颉刚就是一个典型的例子。顾颉刚一生治史都与他鲜明的个人性情有关。20 年代，他因崇尚实证科学而开创“古史辨派”，以实际行动响应新文化运动。30 年代，他因痛感强敌入侵而组建“禹贡学会”，以此行动昭示国人牢记疆域国土不容侵吞，由此开创了现代中国历史地理学。无论人们如何标榜历史学的客观性，现实中的历史学家始终无法摆脱个人好恶的影响。客观主义史学的弱点就是不承认这一点。我们在选择历史研究的方向时，首先应该立足于个人的兴趣爱好，做自己喜欢的题目比较容易做出成绩来，不能勉强自己做不喜欢的课题，自己不喜欢的课题是很难做好的。

二、偏见或集团意识

现实中的历史学家分属于不同的国家、种族、民族、阶级、集团等，在相同或不同的历史文化背景下，个人或利益集团的偏见都会影响到他们的历史研究活动。封建社会出身的士大夫王国维不能理解 20 世纪世界的变化，他只能生活在故纸堆里，从故纸堆中寻找他的精神寄托，体味那“书中自有黄金屋，书中自有颜如玉”的美妙。现实社会中，身处不同阶层的历史学家有着不同的历史观，他们对于历史现象的认识会有很大差异。比如出身官宦世家的陈寅恪较少关注下层民众的生活，从《唐代政治史述论稿》到《柳如是别传》，他关注的重点始终是古代官僚贵族阶层的生活。陈寅恪关注古代政治史，却从来不参与现实政治，甚至厌恶尔虞我诈的现实政治，这与他的祖父陈宝箴被政敌残害的家庭境遇有关。陈寅恪对政治的厌恶和偏执也影响了他对历史的认识，但这丝毫不损害陈寅恪作为20世纪中国伟大历史学家的形象，他是一位游走于各派政治集团之外的爱国者，是一个具有民族气节的文人，是一位崇尚自由的历史学家。有着不同文化背景的历史学家，对同一历史现象的认识也会存在差异，比如中国学者和美国学者对现代历史的认识有着鲜明的差异，相关事例举不胜举。

三、各种相互冲突的历史学说

历史学家的研究活动受一定信念的影响，不同的信念直接或间接地影响了他们的观点，尤其是各种不同的历史学说会从根本上影响历史学家的认识。在20世纪的中国，马克思主义、自由主义、现代新儒家三大社会思潮直接或间接地影响着中国史学家们的研究活动，那些有着留洋背景的学者也因受到了不同学说的影响而呈现出各自鲜明的治学特点，比如陈寅恪更多具有兰克学派的风格，雷海宗则具斯宾格勒文化形态学的色彩。历史学家们各有自己钟情的信念和方法，不同信念造就了风格迥异的历史学家，比如中国马克思主义史学家相信暴力革命的历史作用，自由主义史学家则欣赏渐进式的社会改革，现代新儒家更迷信道德力量的作用，如此等等，不同学说指导下的历史学家创造了千差万别的历史著作。同是中国历史，各种学说与表述风格迥然不同。范文澜《中国通史简编》和郭沫若《中国史稿》是20世纪中国马克思主义历史学家撰写的具有代表性的两部中国通史，书中充满了马克思主义阶级分析学说的色彩，由他们书写的中国历史成了一部以阶级斗争为主线的政治史。现代新儒家之一的钱穆反对社会主义学说，他撰写的《国史大纲》充满了“历史的温情”，书中看不到多少阶级斗争的成分，却有着民族历史文化的自豪感与振兴中华的使命感。钱穆的《国史大纲》是一部简要的现代通史体大学教科书，全书（修订二版）八编 46 章，共 53 万字，叙述了自上古三代至 20 世纪中叶中国历史的演变历程，作者着眼于通贯的角度，阐述经济与社会、政治制度、学术思想的发展，力图使读者明了历代治乱盛衰与民族命运的轨迹。《国史大纲》的《引论》表达了著者的文化观、历史观与方法论。钱穆撰写中国通史的目的有二：（1）能将我国民族以往文化演进的真相明白示人，为一般有志认识中国以往政治、社会、文化、思想种种演变的人们提供必要的知识。（2）应能在旧史统贯中映照出现今中国种种复杂难解的问题，为一般有志革新现实的人所必备参考。钱穆是一个民族自豪感与历史责任感很强的历史学家，他研究历史变迁以振兴中华文化为根本旨趣，他将历史研究视为服务现实、改革中国的工具。钱穆强调，史学不等于技术，不等于历史知识与历史材料，不能纯为一书本文字之学，史学是“人”的史学，不能做号称“客观”的无“人”的历史研究。钱穆研究历史具有很强的现实关照性，他治学的最大特点在于突出历史学的人文属性，这种治学取向代表的正是现代新儒家的风格。钱穆之后留学海外的新儒家学者大多具有这种治学取向，如余英时、杜维明等，他们致力于向海外宣传中国文化的普世价值。

四、基本的世界观、道德观、人生观

每一个历史学家都是从他们自己的观点出发看“过去”的，这是由历史学的自身功能决定的，毕竟历史学是一门昭示现在与未来的学问。为了体现史学服务现实的功能，史学家们总是从社会现实的需要出发去选择、发现有关过去的真实。从这个意义上讲，历史研究也是一种现实性很强的实践活动，历史学不仅照亮了过去，更照亮了现在，这是历史学的首要功能。历史学家生活在现实社会中，

虽然他们在服务社会现实这一点上是相同的，但他们的世界观、价值观各不相同。明确了这一点，我们就能知道为什么每个时代的人都会感到有必要重新编写属于自己时代的历史。

人们的一个困惑在于：但凡编写历史的人在制定规则的同时，又在延续着已有的规则，于是形成了“易代修史”的传统，人们这样做的目的在于造就某种效果，历史是活着的人书写的满足现实需要的一种关于过去事实的认识，于是客观上历史总是变成胜利者的历史，于是，历史学的客观性与科学性常常遭到人们的质疑。在历史研究的过程中，每位史学家的研究都受其道德观、人生观、世界观等意识形态因素的影响，中国传统的“史德”学说往往包含着这方面的内容，那些意识形态方面的因素会直接决定史学家的研究选题、研究方法及研究结果，所以，人们阅读史学家的著作的时候，需要了解作者的道德观、人生观、世界观情况。魏收是中国南北朝时期的史家，他就是一个“有奶便是娘”的主儿，在他身上功利主义色彩太过浓厚，由他编纂的《魏书》历来受到人们的诟病。其实，魏收是一个颇有才华的文人，可惜德行难如人意，他为人做传的尺度就是谁给钱就为谁树碑立传，这影响了其著作的可信度。魏收的历史著作成了获利的手段，成了获取个人利益的工具。现代人似乎忽略了这一点，这是值得注意的问题。历史研究甚至整个学术研究不能也不应该成为营利的途径，否则其研究过程的科学性便成了问题。常言道：拿人家的手软，吃人家的嘴短。我们不反对纯粹的学术资助，我们赞成不附加任何条件的学术资助。可是，在市场经济的大背景下，学术研究往往容易被赋予某些功利的色彩，得人实惠的研究者总要以满足出资者的需要为指归。历史研究应该是一种相对独立的学术活动，它可以体现史家某些个人特点，但不应该过多具有政治色彩或商业色彩，不能把历史研究的课题当做营利的手段，一切向钱看的功利主义行为损害的是历史研究的科学性与公正性。历史学家手中的笔担当着“为天地立命”的神圣使命，万不可一切向“钱”看。

第四章　历史学的基本概念

第一节　史、历史的含义

一、“史”的初义

（一）西方“史”的初义

在西方，“历史”英语表述为 history，法语表述为 histoire，意大利语表述为 storia，三者同出于希腊语 historia，原本是一部史书的名字，其初义本为“问而知之”即“真理的追求”。该书是古希腊史家希罗多德（Herodotus）于公元前 430 年所写的，原名为《Historia》（《历史》）。① 尽管这部史书比中国孔子修的《春秋》晚了近 50 年，它却是西方第一部历史著作，它创立了编年史这种西方历史编纂学的正统体例。后来，古罗马哲学家西塞罗（Cicero）称希罗多德为“史学之父”。historia 被西方人沿用下来，并由最初的专指史书延伸为广义的历史（history），这个词汇沿用至今。

（二）中国“史”的初义及其演变

1.“史官”之“史”

与古代希腊“historia”初义专指史书不同，中国“史”的初义为史官，而非史书。大约到了秦汉时期，“史”的含义才由史官延伸到史书。司马迁撰写的史书最初叫《太史公书》，东汉荀悦《汉纪》

① 又名《希波战争史》（*History of the Persian War*）。

称其为《史记》。以后，“史”被广泛用于指历史记载或著作。

关于汉字“史”的最初含义，东汉许慎《说文解字》中有明确的解释，即“史，记事者也，从又（手）持中；中，正也”。许慎说“史”为记事之人，是古代掌史之官，这是符合史实的。史为掌书之官，自古为要职。许慎解释“中”为“正”，则是加入了儒家的附会。“史”最初为象形文字，史官手中所执的“中”实际就是简册，是史官用来书写事实的材料，正如清人吴大澂《说文古籀补》所说：“史，记事者也，象手执简形。”近代学者王国维《观堂集林》卷六《释史》亦说：“史字从又持中，义为持书之人。”据《吕氏春秋·先识》记载，传说夏代有太史终古，商代有太史向挚，说明我国很久以前已有史官存在了。

周代关于史官的记载很多，诸侯列国都有史官。著名的有西周初年的史佚，西周末年的史伯，春秋前期的周内史过、内史兴，晋太史董狐，春秋后期的齐太史和南史氏，楚左史倚相，等等。夏商周上古三代，史掌于贵族，史官是世袭的职位。如晋国董狐之后数百年间，董氏在晋国世代掌国史。春秋时期，各诸侯国设置的史官名称繁多，周及齐、卫、晋、鲁有“右史”（又曰“太史”，职掌记言），周、楚有“左史” （又曰“内史”，职掌记事），鲁有“外史”。齐太史述崔杼故事，晋董狐记赵盾故事，均以直笔而为后人所称赞，这与他们的神职人员的身份有关。因为他们要对神负责，要忠诚于神就必须如实记载事情。后来中国史学讲究的“秉笔直书”的传统便缘于此。这是中国史官职权发展的第一个历史阶段。

商周以来，“史”不仅是负责记录史事的重要职事官，也是负责沟通人神之间关系的神职人员，星占、卜筮、圆梦、望气等事都是“史”的职责范围。古代史官“位尊地要”，他们这种神职地位一直到春秋时期未发生大的变化。商周时期政教不分，“史”既掌握天人之际的事务，便是有权威的国家重要职官。《国语·楚语》注曰：“巫接神，史次位序。在男曰觋，在女曰巫。”那时候，但凡国家有重要活动都离不开“史”职人员的参与。大约到了春秋后期，政教开始分离，史官地位下降，逐渐远离了政权事务。西汉司马迁时期，史官已是地位卑微的职官了。司马迁在《太史公自序》中说：“仆之先人非有剖符丹书之功，文史星历近乎卜祝之间，固主上所戏弄，倡优畜之，流俗之所轻也。”司马迁所言虽是牢骚话，也可见出史官在当时人们心目中地位已经不受重视，只是保持了占卜、星历等某些古代神职人员的职掌而已。这是中国史官职权发展的第二个历史阶段。

隋唐以后，重视官修史书，史官以修撰国史为职事，彻底与宗教脱离关系，并成为国家专门的文职官吏。此为中国史官职权发展的第三个历史阶段。

2.“史书”之“史”

中国古代之“史”作为史书讲是后起之义。《孟子·离娄下》言“其事则齐桓、晋文，其文则史”，此时的“史”开始指记载历史的书籍。先秦时期记载历史的史书名目不一，后世人们一般用“史乘”概指各类记载历史的史书。“史书”一词最早见于晋代杜预《春秋左传集解序》“周公之垂法，史书之垂章”。《汉书·元帝纪》曰：“元帝多才艺，善史书。”这里的“史书”一词指的是专门用于官场文书的“令史所习之书”，指书法而不指史书。汉代以后，人们开始用“史”称呼史书，如司马迁的书原名《太史公书》，荀悦称其为《史记》。从此，“史”被广泛用来指史书，后来逐渐有了所谓“三史”、“四史”、“十七史”、“二十二史”、“二十四史”等概念。

中国最早的史书出现于先秦时期，主要分记事和记言两种形式。据《国语·楚语上》记载，春秋时期史书名目繁多，有春秋、世、诗、礼、乐、令、语、故志、训典等。春秋、世为记事的史书，令、语、故志、训典则为记言的史书。这些史书中，有的流传下来，如鲁国的《春秋》及《世本》等，大多数却失传了。后来，人们在总结记言、记事形式的基础上形成了编年、纪传两种史书编写形式。

司马迁《史记》开创的纪传体史书编纂体例是对先秦编年、纪传两种史书编写形式的系统整合。

从修史主体的变化来看，中国古代一直有官修史书的传统，如商周时代史官负责记录一切天人之事，隋唐以后国家设史馆专修史书。但是，古代中国私家撰史世代不绝，如战国至西汉司马迁时代，学术开放，六国皆有史书，私人著史也很流行，司马迁的《史记》便是古代私人著史的代表作。

3.“史学”之“史”

中国古代之“史”字作为“史学”讲是指史书之学，始于魏晋以后。魏晋南北朝时期，汉代经学走向衰落，传统学术呈现多元化趋势，儒学与文、史分途，政治上的经学时代开始动摇。① 国家教育也走出了传统的单一化的经学模式，各国纷纷设立经学（儒学）、史学、文学、玄学等科目作为学校教育的常规科目，并设置专职的学官负责学科教育。如《晋书·石勒载记》曰：“任播、崔濬，为史学祭酒。”《南齐书》卷十六《百官志》记载：“泰始六年，以国学废，初置总明观玄、儒、文、史四科，科置学士各十人。”唐代正式在科举考试中设立三史科，要求应试举人学习《史记》、《汉书》、《后汉书》三史。唐以前，史学还主要是学校教育的科目之一，是有关史书学习的专门学问。隋唐以后，随着经、史、子、集四部图书目录分类方法的确立，史学逐渐成为学术体系中的一个独立的领域。唐代刘知几撰写《史通》推动了史学的发展，直接促进了史学的独立化。从根本上说，我国古代的史学不同于现代历史科学，古代史学以研究史书编写体例及历史现象的评论为主，基本不涉及历史发展规律的研究。

4. 中国古代史书体例

所谓史书体例，也称体裁，是指史书的编写形式（即史家组织

① 李福长：《唐代学士与文人政治》，齐鲁书社2006年版，第25页。

材料叙述历史的文字组织形式）。中国史书体例异彩纷呈，最基本的编写体例分为编年体、纪传体、纪事本末体三种。历代史家修史或独用一体或兼用多种体例。

编年体起源于先秦时期，是中国最早的史书编写体例。《春秋》是我国现存第一部编年体史书，它代表着先秦史书编写的最高水平，成书年代早于古希腊希罗多德所撰西方第一部史书《历史》。编年体以时为经，以事为纬，系事于年月，依时间先后记事。这种体例的优点是叙事先后次序清楚，缺点是叙事平淡，重点不突出。随着史书编写实践的增加，编年体后来衍生出起居注、实录等若干分支形式。起居注专门记录帝王的言行，始于汉代，魏晋以后流行开来。唐高宗显庆元年，中书省置起居舍人专门负责编写皇帝起居注，宋元以后历代相沿，几乎每个皇帝都有起居注。实录是记述某一皇帝在位期间所发生的重大事件的编年体史料长编，是历代国史修撰的基础材料。实录最初出现于南北朝时期，现知最早的实录有南朝梁周兴嗣所撰《梁皇帝实录》，记录梁武帝时期的大事。唐初，曾设史馆专门负责修实录，每一位皇帝去世后继任皇帝敕令史臣撰修实录。宋元明清相沿不改，成为定制。历代实录多数已佚失，唐代仅存韩愈所修《顺宗实录》，宋朝仅存钱若水、杨亿等撰《太宗实录》，明清两朝实录保存较完整。

纪传体萌芽于先秦，成熟于西汉司马迁的《史记》，由本纪、列传、表、书（志）、世家五部分组成。因以本纪、列传为主，故名纪传体。该体例以人为主，将人事、政治、社会生活、文化典制汇于一书，内容丰富，纵横条贯，气势宏阔。纪传体便于记载政治、经济、文化方面的历史，能广泛记载社会生活各个阶层的事迹。后世史家沿用此体例撰著了大量史书，形成了贯通古代、连续不断的纪传体史书体系，成为中国封建社会史书体裁的主流。纪传体史书体例的优点是叙事详尽，人物描述生动感人。其缺点是记事分散，头绪混乱，散见于本纪、书、列传篇目中的事情往往见首不见尾，不能完整地叙述某一件历史事实的全过程，更难明确历史事件之间的联系，且叙事多有重复，叙事的时间性不明显。

纪事本末体以事为主，记一事或同类事情之始末。这一体例首创于南宋袁枢的《通鉴纪事本末》。它叙述历史的特点是区分事目，将每一历史事件独立成篇，标以相应的题目，各篇又按年月顺序述其始末，完整地叙述事件的全过程。这种体例具有纪传体与编年体的双重特点，受到后世史家的广泛欢迎，成了叙述历史的常用方法。

二、“历史”概念的由来及其现代含义

古代中国只有史、史书、史乘及史学的概念，而无“历史”的概念。关于“历史”，一般的解释是：“历”者，过也；“史”者，事也。“历”、“史”连用成为“历史”一词，既指过去发生的事情，也指历史记载，则出现于清末。基于学科意义上的“历史”一词是近代开始出现的新概念，梁启超首先使用了该词。1902 年 2 月 8 日，流亡日本的梁启超在其创办的《新民丛报》第一号上刊载了他的《新史学》第一章，首次使用了“历史”一词，这是个从日文译介过来的新词汇。可能是文章清算中国旧史学之弊端的主旨限制，当初梁启超对此词未做解释。从文章的上下文意来看，文中的“历史”一词仍指史书。一个月后，梁启超在 3 月 10 日出版的《新民丛报》第三号上刊载了《新史学》第二章，具体解释了“历史”的含义。他说：“历史者，叙述人群进化之现象也。”后来，梁启超《中国历史研究法》重新解释“历史”为：“记述人类社会赓续活动之体相，校其总成绩，求得其因果关系，以为现代一般人活动之资鉴者。”于是梁启超以后，“历史”一词既指历史记录，也指历史研究活动。

李大钊明确把历史记录与历史研究区别开来，他在《史学要论》中说：“历史这样东西，是人类生活的形成，是人类生活的连续，是人类生活的变迁，是人类生活的传演，是有生命的东西，是活的东西，是进步的东西，是发展的东西，是周流变动的东西；它不是陈

编，不是些故纸，不是僵尸，不是枯骨，不是死的东西，不是印成呆板的东西。我们所研究的，应该是活的历史，不是死的历史，活的历史只能在人的生活里去寻，不能在故纸堆里去寻。”在李大钊那里，“历史”成了一种研究人类进步的活动，成了一门科学。我们现在一般学科角度上说的“历史”就是这个意义。李大钊认为“二十四史”是要整理的重要材料，只能说是历史的记录，是研究历史必要的材料，不能说它们就是历史。这是前所未有的科学论断。

确如李大钊说的那样，研究客观历史离不开历史记录，但历史记录不等于客观历史。中国有丰富的史籍，这是我们研究历史的重要资料。自文字产生以来，人们研究历史主要依靠文字记载的材料，历史学家最基本的工作是研究历史记录，任何怀疑或轻视史料的倾向都有害于历史科学的发展。研究历史应该重视辨别和阅读史料，第一手史料的阅读分析是历史研究的首要工作，应该重视对第一手史料的搜集、整理和阅读分析。对第二手史料的搜集整理不能代替对第一手史料的搜集整理和阅读分析。

第二节　历史的价值

一、历史有什么用

关于历史的作用，历来有不同看法。一般认为，史学为人类提供了丰富的知识来源，增进了人类的智慧。正如西方实验科学之父、英国学者弗兰西斯·培根（Francis Bacon，1561~1626 年）所说的那样，“史鉴使人明智”。培根还说过“知识就是力量”、“阅读使人充实”、“数学使人精细”、“学问变化气质”，可见知识的作用有多么大。你想成为有知识的智者吗？快去阅读历史著作吧！历史使你深沉、睿智；历史使你庄重、善辩；历史使你真实、美丽。

大众经常会向专业历史科学工作者提出这样的疑问：“历史有什

么用?”面对这看似幼稚的提问，史学工作者时常感到困惑，难以找到让人满意的答案。类似的提问还有许多，如数学有什么用?哲学有什么用?文学有什么用?对于这一类问题，专业工作者的确很难回答。其实，这一类问题不是新近产生的问题。自近代社会科学在欧洲诞生以来，社会科学专业化成为近代化的一个组成部分，在这个进程中从来不缺少对人文社会科学的质疑声。在各种质疑的声音中，大多数人立足科学能推动物质文明这个角度，毫无顾忌地怀疑起了人文社会科学的“软实力”。殊不知以人类活动为研究对象的人文社会科学具有重要的作用，它们能够增进人类文明与进步。历史学正是这样一个重要的科学门类。在当今物质文明高度发达的时代，历史的作用似乎日渐隐性化，以致历史学快要到被人忽略的地步了。中学生填报大学志愿时，往往很少有人主动会把历史学作为自己攻读学位的第一选择，这是一个不争的事实。尽管如此，仍不能说明历史是无用的。我们要告诫大家的是，历史“无用即大用”!历史对于人们的影响很难以显性方式表现出来，问题的关键在于人们能否认识到这一点，多数“历史有什么用”的质疑声体现了人们对这门科学的无知。也难怪，在经济不够发达的时期，人们接受教育优先考虑的是就业这一类现实的问题，历史知识似乎无法在经济方面发挥直接的作用，所以大学历史专业长期以来属于“冷门”专业。这是正常的情况，不足为怪。但是，进入21世纪以后，随着我国经济的飞速发展，特别是经济全球化趋势的到来，世界对中国文化的需求呈迅猛增长之势，作为内涵厚重的大学传统专业之一，历史学经历了长期的衰落后正在走向复苏。

二、历史的价值

历史的作用无处不在，历史的价值可以从许多方面加以讨论。首先，历史学如同其他人文社会科学一样有助于我们寻找人性的来源，认识人性的本质。正如柯林武德所说的那样，历史学是“为了人类的自我认识”，“它告诉我们人已经做过什么，因此就告诉我们人是什么”。① 历史有助于塑造健康的人性，历史具有扬善黜恶的功能，可以使人看到真、善、美，可以增进人的善恶、美丑、是非观念，进而树立健康的人格心理。尽管历史往往由后人书写，但历史大多数是由公道书写的。公道存乎人心，人心即是人性，它以正义为核心，具有普世性。

其次，历史的价值在于它能够直接或间接地改善人们的生活，帮助人们实现文化交流，增进人类的利益。归根到底，一门科学最终不能以某种方式改善人们的生活，它就会在人们的眼中显得不那么完美，就会失去它赖以存在和发展下去的社会条件。历史学是否到了已经失去其存在的社会条件的地步呢？答案是否定的。无论是一国的领导人，还是普通的贩夫走卒，人们普遍需要历史。历史可以帮助人们知兴替、察治乱，从而实现治国安邦。历史可以帮助人们吸取前车之鉴，免蹈覆辙，少走弯路，如此等等。在当今全球化时代，世界各国人民的命运紧密相连，不同文化背景的人们需要沟通和交流，历史知识是实现文化交流的一把宝贵的钥匙。不了解历史，就无法真正实现有效的交流。为了实现跨文化合作与交流，我们需要认真学习和研究世界各民族的历史文化。历史学可以发挥重要的作用。历史科学是一个广阔的天地，需要有志者的辛勤耕耘。

第三，历史具有满足人们求知欲的作用。历史能满足人们的好奇心，这符合现代人的价值观，也是不少人对历史感兴趣的原因所在。除了历史学专业工作者外，社会上存在许多古董迷、考古迷及民俗游览爱好者。大凡对人类物质文明和精神文明感兴趣的人，无不对历史产生兴趣。历史以其独特的魅力吸引着人们。正如年鉴学派创始人马克·布洛赫所揭示的那样，历史的主体就是人类本身，

① 柯林武德：《历史的观念》，何兆武、张文杰等译，商务印书馆 1997 年版，第 38 页。

“历史学以人类的活动为特定的对象，它思接千载，视通万里，千姿百态，令人销魂，因此它比其他学科更能激发人们的想象力”①。历史能够激活人类的思维，满足人们不断增长的求知欲望。对于很多事情，人们不仅要知其然，还要知其所以然，例如人们不仅需要知道“美国是世界上最发达的国家”，还需要知道“美国是如何发达起来的”，要寻求其中的答案，必须向历史请教。

第四，历史具有娱乐人生的作用。娱乐是人类生活的重要部分，人们需要快乐，生活需要丰富多彩的娱乐内容。娱乐能提供给我们许多快乐，娱乐使生活变得多姿多彩。历史是娱乐的无尽宝藏。脍炙人口的历史故事，可以折射人性的美丑，帮助人们消除烦恼。如今电视屏幕上演播最多的一类节目大概要算历史剧了，这说明历史在娱乐方面具有独特的作用。当然，历史的娱乐化节目要以科学性为前提，历史故事必须以真实为基础，这样才能起到启迪大众的作用。

从科学角度讲，因存在研究方法和历史观上的差异，导致了两种气质对立的史学家，他们关于历史学的作用的认识是不相同的。实证主义史学家认为，实证主义方法运用于历史学是切实可行的，持这种观点的学者力图建立一门与泛科学的理想相吻合的有关人类进化的学科，于是历史学被作为科学得到了推广，他们倾向于把历史学视为拓展认识真理的一个途径。这种科学化的立场使历史学受益匪浅，历史学家学会了运用实证主义方法恢复事实，学会了用辩证法抓住问题实质开展科学分析。历史学成了一门具有描述性特点的“科学”。人文主义史学家则看到了实证主义方法的僵化，他们认为实证主义过于依赖用自然科学的标准要求历史学，这违背了历史学的人文特性。20 世纪以来，人们普遍看到实证主义史学无法深入

---

① 马克·布洛赫：《历史学家的技艺》，张和声、程郁译，上海社会科学院出版社 1992 年版，第 10 页。

研究人类精神文化，实证主义偏重样本典型性的精英主义历史观也无法全面反映人类生活。于是，人们纷纷要求引进其他社会科学的方法丰富历史研究，扩大历史研究的视野。20 世纪批判实证主义的历史学家持完全不同的观点，他们倾向于把历史学的属性视为人文科学的范畴。在他们看来，历史是一种思想的跃动，是一种美的消遣，是一种有益于心智的健美操，而不是一种真正的科学知识。20 世纪意大利哲学家、美学家、历史学家贝·克罗齐（Benedetto Croce，1866～1952）是这种史学思潮的代表，他从根本上否认历史学是一门科学。克罗齐与英国的柯林武德一起被学术界公认为 20 世纪批判的历史哲学学派的代表人物。克罗齐的历史观被称为“伦理政治史观”，他认为上层建筑领域内的现象在历史过程中起着决定性的作用。他提出了一个著名的论断：“一切历史都是当代史。”克罗齐强调“世界精神”是历史的唯一主体，真正创造历史的人是统治阶级中的“政治贵族”。在他看来，一切历史研究都从现实的兴趣出发，为当前的目的服务，只有当现实生活的发展需要历史时，“死历史就会复活，过去的历史就会变成现实的”①。克罗齐的思想对现代欧美史学界影响巨大，直到法国年鉴学派崛起，他的影响才趋向衰落。

---

① 克罗齐：《历史学的理论和实际》，傅任敢译，商务印书馆 1982 年版，第 2 页。

第五章　历史学方法论

第一节　历史科学的认知原则

一、认识论上的溯古原则

历史科学在认知论上是以时间、空间二维元素建立自己的认知体系的，由今溯古是历史学基本的认知原则。从概念学上讲，任何历史事实都必须建立在一定的时间和空间概念上，只有这样历史才能被描述和理解，这不仅是历史编纂上的要求，也符合现代科学的要求。科学告诉我们，在常规情况下时间是从过去开始的，它有去无返，历史随时间由过去到现在，维持着一个无法回返的线性活动轨迹。历史学研究过去发生的事情，无法直接回到过去对研究对象展开实验的研究，所以，历史研究只能站在今天向后看那些历史遗迹，历史学家通过历史遗迹以及文字记述等历史的“中介”，由今天上溯到过去逐步重建历史。就像我们经常用“距今几万年前”述说人类化石的年代一样，历史科学走的是与时间逆向认知的道路。从这个角度上说，距离今天越近历史越清晰，距离今天越远历史越模糊，重建历史的难度因此也就越大。由于存在认识论上的溯古原则，人们在解释和描述过去的时候总是习惯采用现代的词汇与概念，所以在观念上历史是从现实出发反观过去的，是站在今天看过去的。于是，人们对于过去的认识总是难以达到绝对的“真实”。历史就是这样具有某种扑朔迷离的色彩，让人们永远无法看得清楚，但是求知的本能又总是支使人们努力接近历史的真实，历史学因此得以博大精深，并能绵延不绝。历史学的这一特点与其他科学门类又何尝不同呢？科学探索的无止境，使得科学永远繁荣，历史学也是如此。

二、研究过程的正题法则

历史学研究以恢复过去的事实为旨趣。从历史研究的整个过程来看，历史学关于过去的种种描述或理论概括本质上都是假设，所有的假设须得到史料与逻辑的证明才能成为科学结论。历史研究通行的实证方法就是用各种材料证实理论或事实成立的过程。在历史研究的过程中，人们需要在遵循因果律及逻辑法则的前提下运用专业的科学方法对研究对象进行论证。历史学的这个特点符合现代科学的正题法则。“假设”是一切现代科学研究的出发点，历史科学正是这样的现代科学。就如英国现代著名历史学家 E. H. 卡尔（1892 ~ 1982）曾经说过的那样：“历史学家研究过程中所使用假设的地位与科学家所使用假设的地位似乎极其相似。”① 卡尔以马克斯·韦伯对新教伦理与资本主义之间关系的著名分析以及马克思关于社会发展规律的假设为例，探讨了历史学家的工作。历史学家所谓的规律如同其他科学家所谓的规律一样，都是一种理论上的假设，而现代科学的正题法则要求一切理论假设必须有证据，必须在逻辑上可证明其存在的合理性，必须符合因果律的科学原则。从这一点上说，历史学正是遵循科学正题法则的一门现代科学。历史理论须有足够的依据，须经得起证据和逻辑的两层检验。这里，我们引述胡适先生反复说过的一席话，研究学问就是要“大胆的假设，小心的求证”。假设是人人都可以提出的，但是有了大胆的假设以后，还不要忘记了小心的求证。这求证的工作就不是一般人都能做得来的，需要科学的方法，需要仔细地寻找证据证明假设的成立，否则假设

---

① E. H. 卡尔：《历史是什么?》，陈恒译，商务印书馆 2007 年版，第 154 页。

便永远只是空想而成不了科学。正如胡适强调的那样，“要想法子证实假设或者否证假设，比大胆的假设还要重要”①。历史研究讲究“言必有据”，讲究依照科学的逻辑法则从证据中得出结论，这个研究过程体现了科学的正题法则。

伟大的科学家爱因斯坦曾经告诫他的学生，科学研究要注意三个不能：因果关系不能颠倒，时间先后不能错乱，将来不能影响到现在。爱因斯坦这三句话实际上概括了现代科学正题法则的基本内涵。

第二节 历史学专业法则

一、郑天挺的“五字法则”

关于历史科学研究的专业法则，没有统一的标准，各国学者总结出不少经验。19 世纪以来，西方实证主义及客观主义史学奉献了实证主义研究方法，已经成为历史科学的经典方法，至今人们仍然奉行“用史料说话”的研究信条。20 世纪中国历史学家在历史研究的方法上积累了丰富的经验，已故著名历史学家郑天挺先生曾将历史研究的专业法则概括为深、广、新、严、通五字，我们姑且称之为郑天挺“五字法则”。所谓深，是指研究的深入，即深度挖掘史料、挖掘历史事实，深入了解前人的研究成果，遇到事实要多问几个为什么，这是由历史学研究对象的复杂性所决定的。只要你深入研究下去，就会发现学术研究无止境。正如钱钟书先生总结的那样：“求尽则尽无止境，责实则实无定指。”所以，永远不要说你对问题的研究是终结的研究。所谓广，是指详尽占有史料，搜集资料要广博。还要广泛联系，学会辩证地、联系地看待历史事件的发展。所谓新，是指不断出新资料、新问题、新见解，对新资料新问题不断

① 见《胡适哲学思想资料选》，华东师范大学出版社 1981 年版。

核实之、证明之、解决之。所谓严，是指推论要严谨，不虚构、不臆想、不牵强、不附会。力求做到笔下所述事情件件有来历、处处有交代，不回避问题，将问题讲清楚。所谓通，是指前后贯通、会通，事物来龙去脉要清楚，要道出隐含在事物发展过程中的因果关系，只有条贯地看问题，才能很好地揭示历史发展的规律。这些专业法则都是对中国历史学的科学总结，值得我们深刻领会并加以应用。

二、"严耕望方法"

当代中国台湾杰出历史学家严耕望先生在其《治史经验谈》中将历史研究的基本方法概括为以下几点，这些治史经验对后来者具有很强的指导意义。

1. 要"专精"，也要相当"博通"。历史涉及人类生活的各方面，史学本身需要博通，研究者需要具备广博的知识面，政治、经济、社会、文化、宗教等各方面都应该具备，治某一专史者对于其他的专史也要有很好的了解，还要旁通史学以外其他社会科学门类。治史有考史、论史、撰史的不同，需要综合运用各种不同的方法。历史学研究是一种综合的研究活动，要用综合的方法开展研究。

2. 断代研究不要把时间限制得太短促。历史的演进是不断的，前后有连贯性，注意的时间愈长，愈能得到史事的来龙去脉。研究唐代历史要把魏晋南北朝及宋代的历史资料看个遍，才能做唐代的断代研究。看完《宋史》再做唐史研究就能搞清楚很多问题。

3. 集中心力与时间作"面"的研究，不要作孤立"点"的研究。建立自己的研究重心，不要跟风抢进。历史在时间和空间上都很难割断，同一时期的各项活动更是彼此有关联有影响。所以，研究问题不能孤立，要注意在一个较大的平面上作"面"的研究。比如研究魏晋南北朝地方行政制度，这里面包括都督府建制问题、州府僚佐问题、郡县制度问题、北魏军镇问题、领民酋长问题、诸部护军问题、北周总管问题，还有其他较次要的种种问题。作广面的研究，容易发现材料彼此冲突，就可以及时纠正错误。材料彼此勾连，就可以相互补充。

4. 要看书，不要只抱个题目去翻资料。古代史的书不算多，阅读正史要从头到尾，一字不漏地阅读，不放过任何一点有价值的资料，不能一目十行地去选资料。

5. 看人人能看到的书，说人人所未说过的话。稀有难得的资料当然可贵，新发现的史料极其难得，你能接近它，最是幸运。但基本功夫仍在精研普通史料，真正高明的研究者，是要能从人人能看得到、人人已阅读过的旧的普通史料中研究出新的成果，这就不是人人所能做得到了。

6. 慎作概括性的结论。有才气、讲通识的学者，往往喜欢下概括性的结论，浅学之士也往往喜欢这样。概括性的结论，诚然最能动听，为一般人所欢迎，也能为一般人所盲目地接受，而发生很大的影响力，但史事只有相对的统一性，无绝对的统一性，下概括性的结论极其困难，容易夸张，而很难真的正确，所以，概括性的话要少讲。

7. 注意普通现象，即历史上的一般现象，不要专注于特殊现象。普通现象才是群像，才是历史的主流，应该为历史学家所留意和把握。特殊现象可能偶尔有之，不是群像，在历史发展潮流中不占有重要地位，若是过分注意它，反而会迷惑读者，甚至也可能迷惑自己。

8. 注意时间性与空间性。历史具有时间、空间两维元素，时代不同，只能做比较参考，不能混为一谈；地域空间不同，只能做比较，不能混为一谈。否则，不免会以偏概全或张冠李戴。①

---

① 详见严耕望：《治史三书》，辽宁教育出版社 1998 年版，第 7 ~ 26 页。

三、历史学的学术境界

历史学研究的学术境界，可用近代学者王国维的形象比喻来说明，他在《人间词话》中巧妙地借用三句宋词来概括治学的三种学术境界。王国维说："古今成大事业、大学问者，必经过三种境界。'昨夜西风凋碧树，独上高楼，望尽天涯路。'此第一境界也。'衣带渐宽终不悔，为伊消得人憔悴。'此第二境界也。'众里寻她千百度，回头蓦见，那人正在，灯火阑珊处。'此第三境界也。"① 这三句词原本是言情佳句，抒发的是情人之间的相思之意。王国维巧妙运用了三句词中蕴含的哲理意趣，把诗句由爱情领域推演到治学领域，赋予其以深刻的内涵，生动地概述了治学的三重境界。

王国维所说的这第一个境界"昨夜西风凋碧树，独上高楼，望尽天涯路"引用的是晏殊《蝶恋花》中的词句，原意是说昨夜西风阵阵，吹落了树上的黄叶，碧树尽凋，萧瑟凄迷。木犹如此，人何以堪？"我"独自上高楼骋目远眺，萧瑟的秋景引得我无限惆怅。王国维借题发挥原词意义，说要做大学问首先要登高远望，勘察路径，明确方向和目标。其次，一个"独"字表达了深刻的含义，它传递的思想是做学问还要耐得住寂寞，要有苦心孤诣的心理准备。书斋冷寂，是史学家出成就的实验室，不坐冷板凳是做不出真学问来的。历史学研究不是营利的行当，更不是升官发财的敲门砖。

王国维所说的这第二个境界"衣带渐宽终不悔，为伊消得人憔悴"引用的是柳永《蝶恋花》中的词句，原意表达了相思怀人的情绪，说明爱情追求是一件艰苦的事情，需要无怨无悔的执著精神。王国维又借题发挥，比喻成大事业、大学问绝非易事，要顽强执著，孜孜以求，锲而不舍，不达目的绝不罢休，正所谓"书山有路勤为径，学海无涯苦作舟"。

---

① 王国维：《人间词话》，浙江教育出版社2006年版，第96页。

王国维所说的这第三个境界是“众里寻她千百度，回头蓦见，那人正在，灯火阑珊处”引用的是辛弃疾《青玉案》中的词句，原意是说“自恋幽独，伤心人别有怀抱”（梁启超《艺蘅馆词选》）。王国维再次发挥词句意义，说做学问是一个功到自然成的过程，最后的成功一刻来自于执著的追求，只要专心致志，下足功夫，终会豁然贯通，有所发现，从必然王国进入自由王国，成为大学问家，正所谓“踏破铁鞋无觅处，得来全不费工夫”。王国维这么发挥宋人词句，“恐晏、欧诸公所不许”①，却道出了治学的真谛。

四、历史学的两个视角

（一）由古知今

自从20世纪法国年鉴学派创始以来，人们越来越认识到历史学是一门由现在出发而研究过去的科学。历史研究追寻的目标是人类活动的轨迹，必须靠词语的记载和人们的联想加以描述和记录，从而保证人类不会忘却自身的发展方向。人类活动轨迹是难以用数字化的数据来描述的，这种轨迹只能用时间概念来衡量，而时间又是一个连续不断的过程，人们很难在观念上将过去与现在的界限断开。历史时间与物理时间相似又不同，历史时间更多具有意识性。在人们的思想中，时间是无法断开的，它犹如一把游刃有余的利剑，能刺穿过去与现在。正所谓“一切历史都是当代史”，历史学研究的是变化中的人类活动，优秀的史学家能够捕捉到人类的踪迹，通过考察过去而取得对现在的清晰认识。在历史学的认知体系中，过去与现在是相连接的，这种连接的纽带乃是人性的亘古统一，是文明的绵延传递，语言文字充当着传递文明的使者。在历史的长河中，人性的本质是“真、善、美”，它们是永恒不变的人类属性。在行为上，人们通过自己的父辈与先祖发生了联系，继承着先辈流传下来

---

① 唐圭璋：《宋词三百首笺注》，上海古籍出版社1995年版，第163页。

的一切文明成果与美德，人类就是这样一代一代繁衍生息，绵绵千万年而不绝。在文化上，人们通过文字语言传播着先祖创造的文明，历史记载是这种文明传播的媒介，所以，历史是人类发展的自然过程，历史研究完全可以由古知今。

（二）由今知古

另一方面，人们意识中的历史，古今之间的影响是双向的，这种双向性表现在人们研究历史的活动中，表现在人们的思想中。正如年鉴学派创始人之一马克·布洛赫所说的那样，“古今之间的关系是双向的。对现实的曲解必定源于对历史的无知；而对现实一无所知的人，要了解历史也必定是徒劳无功的”①。的确，学习历史需要置身于现实中，感受生活的跃动，否则便难以真正理解人性真善美的实质。另一方面，历史学家需要依靠思维想象力去拼接古代文献中记录的情景，最终人们自觉不自觉地借用了现实中的生活经验，并加以必要的取舍，不断赋予历史以新的色彩，以此来再现历史。当今的知识往往能以一定的方式直接地帮助我们了解过去，我们会发现历史有时具有惊人的相似性，人们仿佛不断重复着过去的生活，所以，治史可以由今知古。人们可以由现实需要提出历史问题，通过现在的可知管道窥见广阔的历史景象。为了重构已逝的景象，我们必须从已知的景象出发，由今及古伸出挖掘机的铲子，深入挖掘历史这个宝藏——历史原来是那样奇妙无比！

第三节　历史学的考察对象

没有一个历史学家能够直接看到自己研究的对象，所以研究历史只能是“间接”地进行。这个“间接”就是通过史料间接地复原

① 马克·布洛赫：《历史学家的技艺》，张和声、程郁译，上海社会科学院出版社 1992 年版，第 36 页。

过去的事实，史料往往也被说成是“中介”或原型历史的“遗存”，它包括传世的史籍文献、实物及考古发现的遗迹等。所谓史料，是指人类社会在发展过程中遗留下来的痕迹，包括史迹遗存、文字记录（历史文献）、音像资料、口头传说四类，其中最主要的史料是文字记录。人类过去的社会历史无法重现，更无法直接观察和实验，人们研究历史只能凭借各种史料。史料是人们研究历史必备的工具和媒介，史迹遗存与文字记录各有特点，彼此不能互相代替，但可以互补。事实上，历史学家是通过各种史料去确定并复原历史事实的。也就是说，他们根本不可能直接面对已经湮没的历史事件，只能通过历史资料的媒介去确定历史事实，并重组历史事件。历史学家可以通过自己的理性判断了解他们掌握的史料等历史证据，这些历史证据就是历史研究的“对象”。

史料或曰历史证据，可以分为文字和实物两大类，它们不一定可靠，需要专业史学工作者“去伪存真”、“去粗取精”地加以考证，这是历史科学研究的前提。历史上，以文字著述形式保存下来的“史料”十分丰富，阅读它们要做到“博”与“精”。博，是博览群书，反对孤陋寡闻。精，是精深通贯，反对浅尝辄止与华而不实。

历史证据中的文字史料是历史研究最主要的材料。自19世纪兰克史学产生以来，“史料即史学”几乎成了全世界史学家的共识。文字发明以后，人类通过各种介质书写历史，出现了形形色色的文字史料，古代中国有甲骨文、金文、石鼓文、碑刻、简帛等形式的文字史料。纸张、印刷术发明以后，文字记载的史料更是汗牛充栋，浩如烟海。对于数量众多的文字史料，我们必须根据研究的任务进行专业化的处理，运用包括文字释义、数据统计、归纳分析等各种专业方法展开研究。研究文字史料的目的在于发现文字里面或文字背后隐含的历史真相，寻找事情之间的因果关系，总结人类社会发展的规律。

史料考证及利用是一门专业学问，是历史研究的一个基本方面。史料考证需要具备文献学、文字学、版本学、校勘学、目录学、博物学等多方面知识，所以一个优秀的历史学家必须具备渊博的知识。

一、直接证据

在历史学领域内，史学家根据史料所代表的事实书写历史。史料是关于过去的证据，每一个历史学家都相信有过去的证据。历史证据包括文献记载、口头传说、建筑遗迹、传世文物等不同的表现形式。我们可以根据不同标准对历史证据进行分类，依据证据主体的差异，我们一般把证据分为直接证据和间接证据。

所谓直接证据，一般是指历史的当事者书写的文字材料或由当事者制作与使用的实物等，属于这类直接证据的文字材料包括档案、政令、日记、书信、账簿、著作、金石铭刻、竹简文字以及未经技术篡改或复制的图像音像资料等，实物则包括建筑、墓葬及当事者使用的各种物品。通常历史学家所说的“史料”是狭义的史料概念，特指直接证据中的文字材料，一般历史研究所用的资料是这一类材料。中国史籍汗牛充栋，以古代史研究为例，基本的史料有《四库全书》、《续修四库全书》、《永乐大典》、《古今图书集成》、敦煌遗书、明清档案以及地方志等，朝代的史料有“二十四史”、《清史稿》，专题的史料有“十通”等，中国近现代史研究中可以使用的中外文字史料更是多如牛毛。由于历史原因，文字史料的保存非常困难，在流传过程中容易出现讹误，于是，考证史料的真伪在历史研究过程中占据了重要的地位。中国史家历来重视史料考辨，传统史学更是视史料考辨为生命，把研究重点放在了文献考证上，讲究史料的可信可靠。清代史学是传统史学的鼎盛阶段，在史料的考证方面取得了辉煌的成就，尤其在乾嘉学派发展的鼎盛时期，考史成就令后人叹为观止，涌现了大量考订历代正史的著作，尤以王鸣盛的《十七史商榷》和钱大昕的《廿二史札记》为最工。清人的史料考辨为后世的历史研究提供了便利，开发利用好前人的考史成果是历史赋予后人的责任。

直接证据中的实物，主要指考古发现的各类遗址、文物以及流传世面的文物，包括建筑、墓葬、青铜器、钱币、服饰、字画等。流传的文物，无论是保存在各类博物馆还是收藏在私人家中，都是历史研究的重要资料，应该科学利用这些文物。社会上具有商业性质的文物市场也是各类文物集散地，不过市场上的文物鱼龙混杂，要格外小心，要用专业方法对文物进行科学鉴定，莫将假冒伪劣的赝品当成文物使用。

二、间接证据

所谓间接证据，是指经过了使用流转与复制的二手史料，一般包括转述或复制的文字及音像资料、口头传说材料、仿制的实物等。口头传说是远古时期的重要史料，反映着文字发明以前人类的早期活动。世界各民族的早期历史基本都是依靠辗转流传的口头传说来反映的，举凡民谣、童谣、谚语、神话等都是口头传说的资料，如盘古开天、嫦娥奔月的故事等，它们是历史研究的重要辅助资料。一般说来，口头传说的史料是间接史料，可信度较低。不过，历史学家具有拨云见日的本领，荒诞的传说故事背后往往隐藏着人类文化演进的痕迹，史学家对于口头史料同样是重视的，例如王国维根据《山海经》、《竹书纪年》、《楚辞·天问》、《吕氏春秋》中的古代传说，于荒诞神话中求历史之事实，解决了许多重要的历史疑难问题。转述或复制的文字材料主要包括著作引文、文献复制本、回忆录以及经过加工复制的音像资料等，这些间接证据不具有事实说服力，从事历史研究时应慎用间接证据。仿制的实物一般被称为赝品，这类实物只可以作为玩赏的工艺品或文艺道具，绝对不可以用作研究历史的证据。

在历史研究的过程中，需要对相关的研究文献等二手资料展开调查，充分吸收和利用二手文献史料，以扩大资料来源、开阔研究视野。但是，我们且不可将对问题的研究完全建立在二手文献的基础上，不能用二手文献代替一手文献。尤其是在撰写研究论著的时候，引用别人的二手文字材料要注意核对原始文献，并在“注释”中说明文献来源，避免以讹传讹的现象发生。目前，国内许多高校大学生只会用二手资料撰写毕业论文或学位论文，存在严重的论文抄袭现象。我们不能听任这种现象蔓延下去，应该给予足够的重视，采取切实措施扭转这种不良风气，以真正提高教育质量。

历史科学注重直接证据的作用，提倡用直接证据说话，谨慎对待间接证据，一般历史研究不使用间接证据。当然，在历史教学中我们可以合理地使用诸如复制品、仿制品等间接手段以增强历史教学的直观性，增加学生学习历史的兴趣。

第四节　历史学研究的逻辑思维方法

一、归纳法

传统史家编史讲究编年、纪传等体例，现代史家研究历史则讲究理性思维方法，或称逻辑思维方法，包括比较法、分析法、归纳法、演绎法等。有学者将归纳法、演绎法等常用逻辑思维方法称为“技术性方法”，而将唯物主义等历史观称为“导向性方法”，前者多用来确定客观事实，后者多用来解释与评判历史事实。① 当然，人们还运用其他的研究方法对历史现象开展“综合性”的研究。

归纳法原是由近代西方实验科学的奠基人、英国科学家培根最早总结出来的逻辑思维方法之一，后来被作为基本的科学方法推广

① 庞卓恒、李学智、吴英：《史学概论》，高等教育出版社2006年版，第233页。

到自然科学、社会科学研究中。正如人们普遍知道的那样，“18世纪中叶以前，经验科学的归纳方法被普遍认为是科学的标志”①。这种方法的运用，奠定了近代自然科学和社会科学雄伟大厦的基础。

归纳法是把握事物共性与个性的辩证关系的一种思维方法，它是一种对个别事物经过分析比较而上升到“一般性”结论的科学思维方法。归纳法在历史学研究中运用得十分普遍，常用来确定某类历史事实的共性，总结历史发展的规律。举例说，历史学家发现一个事实：古代中国有关于太阳神崇拜的传说，古代欧洲有关于太阳神崇拜的传说，古代日本有关于太阳神崇拜的传说，等等，据此，史学家们普遍认为人类都有关于太阳神崇拜的传说。这说明人类早已普遍认识到太阳对于生命的重要作用，也说明在科学不发达的古代人们对太阳是畏惧的。研究历史，就是要从众多个别事实中总结归纳出具有普遍意义的规律，这就要求史学工作者善于运用归纳法进行科学研究。已故著名史学家陈寅恪曾运用归纳法，从零散的历史文献中发现了一个“治唐史者诚不宜忽视之”② 的重要现象：唐太宗通过控制玄武门中央禁军成功发动“玄武门之变”，登上皇帝宝座；唐中宗通过控制玄武门的中央禁军成功复辟，重登皇帝宝座。可见封建时代“枪杆子里出政权”的真谛。再比如，归纳中国政治制度史，我们发现如下事实：汉代实行郡县二级制的地方行政体制，结果汉代出现了中国封建社会第一个鼎盛时代。唐代实行州县二级制的地方行政体制，结果唐代创造了中国封建社会第二个鼎盛时代。相反，实行多层级地方行政体制的南北朝、宋、元、明、清及中华民国时期，往往呈现国力衰落的迹象。运用归纳法研究中国政治史，可以得出一个科学的历史结论：在中央集权制体制下，地方行政体制与国家兴衰密

---

① 转自《人民日报》2011年2月17日理论版《科学更是一种精神》。

② 陈寅恪：《唐代政治史略稿（手写本）》，上海古籍出版社1988年版，第99页。

切相关，简化地方行政体制有利于取得高效的治理成就。

在历史研究中，运用归纳法需要注意遵循“孤证不立”的原则，仅凭孤证不能得出可靠的结论。这要求我们尽可能广泛搜集资料，特别是搜集第一手的原始史料。运用归纳法，应该从原始史料出发，只有从真实、正确的史料出发，才能归纳出科学的结论。无论研究什么历史问题，无论编写什么内容的历史著作，都应该将自己的归纳结论建立在真实的史料基础上。运用归纳法得出结论，需要众多的证据，证据越多，结论越可靠，越不易引起别人的质疑。运用归纳法归纳证据时，要注意尊重反证，即英国哲学家波普尔所谓的证伪主义方法。一条反证，可以否定数条或数千百条正面的证据。不顾反证的存在，结论必然流于武断。正如有学者指出的那样，科学研究需要理性批判精神，通过不断地创造假说和排除错误，使之得到检验并由此而实现科学知识的增长。① 梁启超在其《中国历史研究法》中曾说：“言上海历史者，每托始于战国时楚之春申君黄歇，故共称其地曰申江，曰黄浦，曰歇浦。但近代学者从各方面研究之结果，确知上海一区，在唐以前尚未成陆地，安得有二千余年春申君之古迹？”梁启超运用反证，推翻上海简称“申”源于春申君黄歇的说法。严耕望先生考证认为：“春申所居，实在苏州，非上海。上海有申之名自属附会，况申之名于古无征。”②

二、比较法

比较法是自然科学及社会科学研究中广泛应用的逻辑思维方法之一，常被运用到历史研究中。比较与概括、抽象一样，都是人们研究事物的最基本的逻辑思维方法之一，人们运用这种方法能够对史料与事实进行鉴别，寻找历史现象之间的异同，进而发现历史发

---

① 张志明：《科学更是一种精神》，《人民日报》2011 年 2 月 17 日。

② 杜维运：《史学方法论》，北京大学出版社 2006 年版，第 51 页。

展的规律。20世纪20年代，比较法被成功地运用到历史研究中，法国年鉴学派创始人马克·布洛赫成功地运用比较法开创了“比较史学”。1928年，布洛赫在奥斯陆国际历史学大会上作题为《论欧洲社会的历史比较》的演讲，该演讲被认为是对比较史学最权威和最系统的阐发，因而他被称为“比较史学之父”。

运用比较法，首先可以对史料进行鉴别，通过对同源或异源史料进行比较，确认真实可靠的史料来源，为历史研究奠定坚实的基础。其次，人们用比较法比较历史现象，能够寻找事物之间的异同关系。一般情况下，人们运用比较法研究历史现象的目的有两个：求同或求异。求同的比较多采用类比手法，求异的比较多采用对比手法。进行类比的时候要注意尽可能将本质属性相同的事物进行比较，以求得事物的共性。进行对比的时候一定要注意选择性质不同的事物进行比较，以求得事物的特殊性。比较法首先要遵循可比性原则，即比较两种或两种以上的历史现象时应该注意它们必须具备可比性，具有共同的属性或条件。如果比较的目的是考察某类历史现象或过程在不同空间显现的共同性或各自的特殊性，需要遵循“共时性”原则，比较的对象必须是处于同一发展阶段上的历史现象或过程。反之，如果要探索历史现象或过程在不同阶段发展的水平或演变的过程，就需要遵循“历时性”原则，比较的对象必须是处于不同发展阶段上的历史现象或过程。① 有学者从时间与空间、整体与局部出发概括地把历史比较的类型划分为横向比较与纵向比较、宏观比较与微观比较。② 所谓的横向比较，主要是指从空间条件不同、时间条件相同的条件下对诸如民族、国家等不同历史主体现象

① 详见庞卓恒、李学智、吴英：《史学概论》，高等教育出版社2006年版，第273页。

② 姜义华、瞿林东、赵吉惠：《史学导论》，复旦大学出版社2004年版，第152页。

进行比较，这是最常用的一种历史比较方法。所谓的纵向比较，一般是指从时间条件不同、空间条件相同的条件下对诸如民族、国家等不同历史主体现象进行比较。总之，人们通过对相同或不同时间、空间条件下的复杂历史现象进行对比研究，分析异同，最终能够发现历史发展的规律。

对历史现象的比较研究，应站在世界历史的大范围，从政治体制、经济结构、文化形态、战争、宗教等多方面进行比较。我们可以将一个国家不同时期的历史现象做比较，如比较宋代与清代的史学。也可以比较不同国家同一时期的历史现象，如比较唐代中国与拜占庭文化的异同。20 世纪英国历史学家汤因比运用比较法研究人类文化史，开创了历史学上的比较文化研究，所著《历史研究》对历史上 30 多种不同文化进行比较，读来给人许多启示。我们在对历史现象进行比较研究时，应该立足于辩证唯物主义的立场、观点和方法，不能静止地、僵化地看待问题，更不能牵强附会地解释历史现象，应该动态地、联系地看待历史现象。世界上从来没有两个完全一样的东西，就如一位古希腊哲学家说的那样，一个人不能跳到同一条河里两次。历史不会重演，所以"历史现象的比较不可能太正确，有时会流于附会"①。

"比较史学"是西方现代历史学的一个流派，主要运用比较方法开展历史学的学术史研究。简单说，"将世界各国的史学，放在一起作比较，是所谓比较史学"②。比较史学研究的重点在于比较各国史学思想、理论、方法的异同，比较各国史学与其他学问的关系，比较各国史学对社会与人群所发挥的影响，比较各国史学上的术语，等等。③例如运用比较史学的方法，人们可以比较德国兰克史学与中国乾嘉史学的异同，也可以比较古代中国与西方的历史观。

---

①②③ 杜维运：《史学方法论》，北京大学出版社 2006 年版，第 80、247 ~248 页。

三、分析法

与传统史学侧重对史料的整理与历史现象的叙述不同，现代历史科学重视对历史现象的分析，因此历史学的分析方法显得十分重要。这里所讲的分析法只是一个笼统的概括，实际上它是一个内涵丰富的方法体系，包括历史分析、逻辑分析、定（计）量分析、定性分析等具体的方法。这些分析法中，既有如逻辑分析、定（计）量分析等“技术性”的分析方法，也有如定性分析等“导向性”的分析法。人们一般通过各种分析方法解释历史现象发展演变的原因、过程、趋势及其意义，加深对历史的全面认识。

历史分析法是历史研究最基本的分析方法之一，它与逻辑分析同为解释历史现象的史学研究方法。历史分析法，是从历史的整体出发，对相互联系的历史事物的各个阶段或部分进行解剖，展现历史现象的自然过程，进而揭示事物发展的规律。具体说，历史分析方法是运用发展、变化的观点分析社会现象的方法。凡事都有一个发生、发展、变化的自然过程，分析事物要把其发展的不同阶段加以联系，追根溯源，弄清问题的来龙去脉，进而为弄清事物的实质、总结历史发展规律提供帮助。历史分析方法一般注重从以下几个方面研究问题：首先，要弄清历史现象发生的原因，弄清事物发生的社会政治、经济、文化环境及国际国内背景；其次，要弄清事物发生发展的过程，把历史现象的具体内容搞清楚；最后，要弄清事物的历史影响。历史分析方法不是单纯地解剖事物现象，而是具有综合分析的特点，其中既有技术性的事实分析，也有导向性的价值判断。作为常用的逻辑思维方法，分析与综合是紧密联系的，两者不可分割。分析重在解剖事物的各个要素，综合重在整合事物的各个要素，前者是后者的基础。

运用历史分析方法研究历史现象，要注意把历史现象置于特定的历史条件下进行分析，不能脱离历史条件分析问题。还应该注意运用辩证法的观点全面地、动态地、联系地看待历史现象，不能片面看问题。比如唐代武则天利用佛教为工具进行政治革命，这与当时社会长久以来信仰佛教的背景分不开，不能孤立地看待武则天个人的所作所为。没有佛教势力和科举制度下新兴的知识阶层的支持，武则天是不可能成功发动政变的。再如 20 世纪前半叶毛泽东领导的中国新民主主义革命之所以能够取得最后胜利，是因为中国共产党人科学分析了旧中国农民占多数的社会实际，制定了以农村包围城市的革命路线，如果没有广大农民阶级的积极响应和支持，毛泽东领导的中国革命是不会取得胜利的。20 世纪三四十年代德国法西斯主义发动第二次世界大战也不完全是希特勒一人所为，而与当时欧洲的政治经济形势分不开，与德国特殊的社会环境分不开。德国的资本主义经济危机是法西斯主义上台的根本原因，希特勒利用了人们渴望经济复苏的心理来转嫁危机并发动了侵略战争。

逻辑分析方法，也是历史研究的基本方法之一，它是比历史分析更高一个层次的研究方法，是揭示历史规律、建立史学理论体系的重要方法。历史分析方法是通过考察历史事物自然进程来揭示历史发展规律的方法，逻辑分析方法则是以抽象的理论的形式来再现历史过程的本质与规律的方法。逻辑分析方法超越事物的自然历史过程，从复杂的历史现象中抽象出最本质、最普遍的属性，将之概括、提升为概念及理论体系。逻辑分析方法不是孤立存在的，在比较法和归纳法中经常运用到逻辑分析。常用的逻辑分析方法是运用概念、判断、推理揭示历史的本质与规律。在进行逻辑推理的过程中，要遵循事物发展的因果规律，用演绎推理或归纳推理等科学的逻辑推理方法揭示事物的性质与特点，揭示事物发展的内在规律。历史研究的推理要尊重逻辑规律，更要遵循历史规律，不能简单进行形式上的逻辑推理，要注意历史的前提条件的可靠性和真实性。例如，我们说，凡是出卖国家民族利益的人最终都没有好的下场，汪精卫是投靠日本军国主义的汉奸卖国贼，所以他最终被钉在了历史的耻辱柱上，与宋代的秦桧沦为一丘之貉，遭万世唾骂。这段推理就是符合历史规律的逻辑推理，这里的前提条件“凡是出卖国家民族利益的人最终都没有好的下场”是从无数历史事实中总结归纳出来的真理，是真实可靠的历史规律，它经得起历史的检验，因而这段分析在逻辑上是成立的。

定（计）量分析法是一种技术性的历史研究方法，它主要借助于数学、经济学的计量统计方法，特别是把数学方法中的数理统计方法运用到历史研究中，开展对历史现象的数据统计与分析，展示历史现象的具体内容。这种方法特别适合运用于诸如人口、土地、交通、赋税、产业发展等情况的研究。定（计）量分析能够为人们提供解释历史现象的科学根据，具有可靠性、精确性、科学性优点，说服力比较强。特别是在当今进入数字化时代的条件下，我们更需要通过计算机信息处理手段对许多历史数据进行定（计）量的统计分析，从中寻找历史发展的规律。现代历史学的许多分支学科直接建立在定量分析的方法基础上，如经济史、人口史、农业史、交通史、灾害史、城市史等，离开了定量分析方法，历史学的这些分支学科将很难发展。

如今，把数学方法中的数理统计方法运用到历史研究中已经形成了一个新兴的历史学分支学科——计量史学（Quantitative Method of History）。这一新兴学科诞生于20世纪50年代，美国康拉德（Alfred H. Conrad）和迈耶尔（John R. Meyer）在1958年4月出版的《政治经济学杂志》第66卷上发表了《南北战争前的奴隶制经济》一文，它是现代“计量史学”（最初也称为“计量经济史学”）诞生的标志。运用这种方法，人们可以更加深入地对经济社会史展开结构分析，更加深刻地解释历史现象的发展趋势及规律。这种方法的推广掀起了一场“新史学”的历史学革命，运用这种方法需要掌握必要的数学技能和必要的历史数据的处理能力。在欧洲国家中，以法国年鉴学派控制的法国高等实验研究院第六部为中心，以人口史、经济史研究为代表，计量史学得到了发展。另外，美国哈佛大学、英国剑桥大学等西方著名大学及研究机构均有学者运用计量史学方法开展近代经济史、人口史、社会史的研究，取得了丰硕的成果。

计量史学方法的推广，克服了传统史学定性分析方法解释事实过于模糊的局限性，提高了历史学研究的精确性、科学性。计量史学方法为人们探索社会经济、文化、政治、科技发展的趋势提供了更加科学的手段，拓展了历史学研究的领域，促进了历史学科的发展，增强了历史学的科学性。但是，定（计）量分析的史学研究方法也具有局限性，精确的统计数据不能取代定性的分析，毕竟历史学研究的对象是灵动的人而不是机械的物质或动物。尤其是在解释诸如人类政治、文化、宗教以及精神文明史现象的时候，史学家不能被定（计）量方法所束缚，需要结合定性分析的方法对问题性质做出合理的判断与解释，否则就会陷入机械分析的泥潭。

定性分析的研究方法是历史学的传统方法，现代历史科学要求我们站在理性的角度，充分认识和把握历史现象的本质，解释人类历史的内在规定性。定性分析法归根到底是由世界观、价值观、道德观、历史观决定的一种判断与评价历史事物的态度，它具有阶级性、民族性与历史性。定性分析的方法有多种，我们应该坚持马克思主义的唯物主义历史观看待历史问题，站在辩证唯物主义立场上分析问题，站在客观、公正与正义的立场上分析问题。对待历史问题，我们应该着眼于进步、文明、发展的角度进行分析，凡是符合人类文明进步的，就应该给予充分的肯定。同时，还要学会辩证地、联系地、发展地看待历史发展中的问题，凡事都不会一帆风顺地直线发展，而是曲折地前进的，历史也不会简单地重复老路，事物总是前进的。历史现象不是孤立存在的，而是有机联系的，人类历史是一个整体，自然、社会、经济、文化具有关联性，分析历史现象要将问题置于特定的历史条件下，不能孤立、静止地看待历史现象。例如，唐朝的盛衰变化与周边民族关系的“连环性”密切相关，中原王朝与西南、东北少数民族的关系甚至影响到了唐以后中国历史的发展趋势，陈寅恪先生在其《唐代政治史述论稿》中对此作了精辟的论述。同样，20世纪60年代毛泽东发动“文化大革命”也是与当时的国际国内形势分不开的，这场错误的运动与当时中国社会的整体水平相适应，不是毛泽东一个人随心所欲就能发动的。对待历史现象，要坚持用辩证法的对立统一原则进行分析，学会一分为二地分析问题，世间没有绝对坏的人或事，也没有绝对好的人或事，凡人或事都有正反两面性。分析历史人物更需要辩证的分析，人的思想是变化的，同一个人处在不同条件下其思想也是会变化的。以梁启超为例，我们将他前后的历史观拿来分析会发现简直判若两人，前期梁启超的历史观是唯物的，后期梁启超的历史观陷入了唯心主义的泥潭。我们不能被某些表面现象所蒙蔽，应该透过现象看本质，找到历史现象的根本性质，揭示事物发展的本质。作为一种定性分析方法，马克思主义的阶级分析方法为我们认识阶级社会的某些社会关系提供了一种方法。然而，这种方法过去曾经在很长时间里被中国历史学家滥用，以致提出了许多经不起历史检验的结论，20世纪中国许多历史教科书的内容体系就是滥用阶级分析法之后提出来的，至今已经无法适应人们的读史要求了。其实，即便是在阶级社会中，并非一切社会关系都可以用阶级分析法去解释，例如宗法关系、宗教关系、民族关系就不能用阶级分析法去解释。

在历史研究中，还有现代系统科学所提供的系统分析方法以及心理分析方法、跨学科的研究方法等。系统分析方法大约在20世纪三四十年代率先在欧美国家形成，七八十年代开始在我国社会科学领域广泛应用，历史学家用这种方法对历史事物或现象展开整体分析、结构分析、层次分析、环境分析、动态分析等。① 但是，系统分析方法片面强调系统与环境的平衡，忽视对社会经济关系进行实质性分析等。心理分析方法也是历史研究中常用的方法。近半个世纪以来，欧美国家逐渐出现心理学与历史学结合的发展趋势，并且正在形成一门新兴交叉学科——心理历史学。心理分析方法，是运用现代心理学的理论方法对历史人物的心理活动和个性特点展开分析的研究方法。由于人的心理活动是复杂的，又由于人们的一切活动都是由心理支配的，所以完全有必要对历史人物展开心理分析，从而揭示历史人物与社会经济、政治、文化等因素的关系，为人们全面认识历史现象提供科学依据。历史研究的对象是复杂的，我们应该充分认识到许多历史事件与社会政治、经济、文化因素相关，也与人物的个性心理特点相关。历史学家的任务就是要运用各种科学的方法揭示各种历史因素的作用，全面解释历史的真相及其发展规律。

四、跨学科研究

“跨学科”一词最早出现于20世纪20年代的美国，最初含义大致相当于“合作研究”。作为20世纪后期逐渐兴起的历史研究方法，跨学科研究的方法经过法国年鉴学派的大力提倡，已然成为世界历史研究的趋势。年鉴学派正是运用了数学、经济学、统计学、人口学等多学科的研究方法，开展了对世界近代经济史的研究，为后人树立了跨学科研究的榜样。20世纪以来，科学的一个重要发展趋势是科学、技术与社会的相互渗透，这使科学更加趋向于综合工程，乃至于不通过跨学科研究的方式就很难在科学上取得真正的突破。新世纪以来，由于技术、市场的全球化趋势的加快，导致社会问题

---

① 姜义华、瞿林东、赵吉惠：《史学导论》，复旦大学出版社2004年版，第141~142页。

的治理难度增加，这对人类的理智提出了前所未有的挑战。人们日益意识到，不通过跨学科研究，现实中诸如SARS和禽流感病毒、艾滋病研究等一切重大课题都是无法解决的。随着科技的快速发展，历史研究的手段也呈现出综合化的显著趋势，各种新的方法被运用到历史研究中，使得历史研究变得生机勃勃。以古代海上贸易的研究为例，这方面的研究涉及陶瓷学、纺织学、水下考古、物理、声呐技术、放射物理、放射化学、古生物学、地理学、气象学、航空遥感技术等多学科方法的运用。如今历史科学更加注重跨学科的研究，过去单一的文献学研究已经无法完成复杂的历史研究任务。例如20世纪末期中国庞大的国家社科基金项目“夏商周断代工程”，就是集合全国文字学、考古学、历史学、天文学、气象学、物理学、数学、计算机科学等多学科领域的专家集体协作的工程，这样的大型研究课题单凭任何个人都是无法进行的。

站在不同的视角来看，跨学科研究可分为方法交叉、理论借鉴、问题拉动、文化交融等不同的层次。方法交叉有方法比较、移植、辐射、聚合等具体形式。这些具体方法通常发生在各学科之间，每一环节都包含着非常丰富细致的内容。理论借鉴主要指知识层次的互动，通常表现为新兴学科向已经成熟学科的求借和靠近，或成熟学科向新兴学科的渗透与扩张。问题拉动是以较大的问题为中心所展开的多元综合过程，有纯粹为研究客观现象而实现的多领域综合，也有探讨重大理论问题而实现的多学科综合，更有为解决重大现实疑难而实现的各个方面的综合。文化交融是不同学科所依托的文化背景之间的相互渗透与融合，这种融合并不是一个单独的过程，因为学科间的任何互动都有文化的因素参与，但真正的文化交融又是一个更深更广的过程，是跨学科研究的终极目标。①

---

① 刘啸霆：《当代跨学科性科学研究的“式”与“法”》，《光明日报》2006年3月28日。

人们一般认为，跨学科研究对于一个传统的基础学科的意义是双重的。一方面，跨学科研究拓展了基础学科研究的理论视野、丰富了它的研究途径，为传统基础学科注入了新的活力；另一方面，跨学科研究又会不同程度地造成基础学科的重心位移，从而使传统基础学科为其“新兴”付出自我泛化的代价，甚至面临自我消解的危机。①

应该指出，近年来在跨学科研究领域的确出现了一系列学术失范现象，这提醒人们应该加强跨学科研究的哲学和伦理学思考，强化科学家的道德自律，保证跨学科研究的顺利进行。

① 肖鹰：《美学跨学科研究的初步检讨》，《光明日报》2006 年 3 月 28 日。

第三编

历史研究的文献学方法

第一章 历史研究的一般方法

第一节 选题原则

历史研究的选题来源有多种途径，可以从政府公布的官方课题指南上获得纵向的资助性课题，也可以从社会组织那里获得横向的资助性课题，更多的历史课题则是来自研究团队或个人的专业兴趣。对于大学生、研究生来讲，一个好的题目，主要来源于我们日常的读书学习，只要勤于阅读和思考，善于发现，总能找到具有研究价值的问题。依照我国高等教育法规的规定，大学生、研究生要撰写课程论文、学年论文、毕业论文、学位论文。大学生、研究生能否写出严谨的学术论文是衡量高等教育质量的重要指标之一，这就需要掌握论文撰写的基本知识。学生懂得一些选题的基本原则，可以避免走许多弯路，并提升自身的科学研究能力。通常情况下，我们确定历史研究的课题应遵循以下几个选题原则。

一、大处着眼，小处着手

我们提倡从大处着眼，从小处着手，以此确定历史研究的课题。所谓“大处着眼”，是指研究课题应该服务于社会政治、经济、文化发展的需要，服务于学术发展的需要，最终有助于增进人类的文明与进步，有助于推动学术发展。一言以蔽之，历史研究的选题必须具有现实意义和学术意义。确定历史研究的课题，要站在历史的高度考虑那些关系到国计民生的问题以及学科发展的问题。例如，“三农”问题事关国家现代化的根本问题，研究历史上的农民问题、农村问题、农业问题具有重大的现实意义和学术意义。历史科学工作者背负着历史的重托，理应有更强的责任担当意识，要明确自身使命，运用马克思主义的基本立场、方法，运用人类一切先进文化分析问题、解决问题，更好地服务广大人民群众的精神需要，为提升中国文化软实力作贡献。

由于史料及个人治学能力等条件的限制，确定选题应从小处着手，研究具体问题。题目太大、太粗、太抽象，且不说史料不宜搜集，一个人的精力及学术驾驭能力也难胜任。最终，确定下来的研究题目应该大小适宜、难易适度。换言之，确定选题应该遵循宜具体不宜抽象、宜细不宜粗、宜小不宜大的原则。这些具体的选题原则对于大学生、研究生十分重要，将来无论你撰写哪一级的学术论文，都应按照这些原则确定自己能够驾驭的问题开展扎实研究。所谓宜小不宜大，是指论文的题目涉及问题不宜太大，而是更应该有针对性地对某个具体的问题开展研究。像《论佛教文化的现代性》、《论儒家文化与中国现代化》之类的题目给人感觉题目太大、太过空疏、太过抽象。这类题目是时下浮躁学风的体现，只能弄些花哨的词汇或空发些议论，很难有多少具体的实质内容，这不是真正的学术研究。衡量选题是否具体，主要看题目是否有具体的内容指向，重要的是不能给人以模糊的感觉。在这方面，前辈史家为我们树立了好榜样。1924 年，31 岁的顾颉刚曾写过一篇题目为《孟姜女故事的转变》的文章，刊登在当年北京大学的《歌谣》周刊第 69 期上，文章选题明确，论述严谨，条理清晰，是一篇经典的史学研究论文。孟姜女研究是顾颉刚运用他的“历史演进法”对传说故事所进行的一次成功的研究尝试。顾颉刚发现，原来故事是没有固定的体的，故事的体便在前后左右的种种变化上。孟姜女的故事便经历了起初的却君郊吊，后来变为善哭其夫，再后来变为哭夫崩城，最后变为万里寻夫。这样的“不立一真，唯穷流变”便是故事演进的一般规律。《孟姜女故事的转变》纵向排列相关材料，将孟姜女故事从春秋到北宋的发展过程大致理出了个“系统”。该文引起了学界的关注——从小小的一则民间故事竟然可以做出一篇大文章。后来，顾颉刚还写有类似《三皇考》、《嫦娥故事的演化》等具有明确内容指向的好文章，大家可以阅读学习。

历史研究大处着眼、小处着手的选题原则，要求我们关注课题的现实意义与学术意义的统一。首先，选题要有现实意义，要注重课题的现实性，要在关乎国计民生的大方向上选择课题。例如国家搞经济建设，研究经济问题便有了现实意义，经济史领域有许多富有现实意义的课题等待我们去研究。此外，社会史、灾害史、政治制度史、宗教史等学术领域都有许多值得我们研究的课题。切忌随兴所至、只顾个人癖好去做课题研究。比如有人花费时间在那里研究诸如后宫秘史、三寸金莲之类的问题，殊不知这类问题均属历史之“旁秽”，丝毫挨不上社会主流文化的边，似这类毫无意义的问题还是省省力气少做研究为好，免得浪费国家宝贵的经费资源，亦免被人讥笑为不登大雅之堂。在选题的现实性方面，已故历史地理学家谭其骧为我们树立了榜样，他在20世纪60年代发表了《何以黄河在东汉以后会出现一个长期安流的局面——从历史上论证黄河中游的土地合理利用是消弭下游水害的决定性因素》一文。① 这是一篇具有现实意义的学术论文，对人们认识植被在水土保持方面的作用具有一定的历史借鉴价值。台湾著名历史学家严耕望所著《中国地方政治制度史》也是一个具有现实意义和学术意义的重要选题。这部百万字的巨著产生了巨大的学术影响，对当今的社会政治体制改革也具有借鉴意义。在选题的现实意义方面，20世纪日本中国史研究的成就值得我们学习。长期以来，日本学者研究中国史注重选

---

① 详见《学术月刊》1962年第2期。

题的现实性，他们研究中国史的水平不一定都很高，但所治多涉经济、社会等国计民生之大事，且研究方法注重实证性，具体而细微的研究给人以充实的感觉，因而受到了国际学术界的重视。

其次，选题要有学术意义。历史学具有很强的学术性，分支领域很多。许多问题也许粗看起来没有太强的现实性，但是对于恢复历史本来面目却具有研究的价值，比如研究中外古典文化的课题往往就不能简单用是否具有现实性的标准衡量课题的价值。陈寅恪研究唐代政治史基本上都与社会现实无太大的关联性，但是他解决了许多历史问题，在世界上产生了巨大的学术影响力。我们不能把学术意义与现实意义对立起来，两者有时是可以统一的，有时则是可以分开的。历史研究的大量课题是那些具有学术意义却无多少现实意义的问题，它们是值得认真研究的学术问题。历史研究虽然具有资政育人的作用，但是它毕竟还不是时政研究，不能用是否具有现实意义这个唯一的标准衡量所有历史研究课题的价值。

大处着眼、小处着手的选题原则，要求我们重视课题的科学性，确定研究选题不能违反科学性原则，而应站在学科的高度重视选题的规范性和科学性。学术研究是一项严肃的工作，绝不能打着创新的旗号，随意订立缺乏学科基础的所谓研究课题。目前，国家公布有学科分类体系，我们设计研究课题应该遵循国家学科分类的有关规定，不可以私自乱设所谓的研究中心或课题。在时下国家提倡学术创新的新形势下，必须注意有人浑水摸鱼：一些人打着所谓跨学科研究或学术创新的名义诡设课题，骗取国家科研经费。这些人的学术投机行为实际上是一种学术腐败，他们身上浮躁的不良风气危害了大学培养人才的事业，误人子弟，贻害学生。

二、小题大做

确定选题要有广博的知识积累和专业素养，要善于从复杂的问题中发现有研究价值的问题，这需要勤读书、善思考，需要博闻强记。

见多才能识广，孤陋寡闻是不可能发现问题的。青年人初涉学术，应做小题目，但要下大工夫，这叫“小题大做”。小问题可以集中精力，可以深入挖掘，由于是小课题，以一人之力做起来能够得心应手，游刃有余，容易成功。切忌做那种大而无当的空泛题目。人一生的精力毕竟有限，青年时期精力旺盛，可做精密的研究，中年学历渐丰，可选大一点的问题做研究，成一家之言。中年学者正处于学术的黄金时代，学养深厚。老年学者的学识达到了最高阶段，但精力不济，可就大问题做少耗精力的学术札记，讲述治学经验，辅导后人。

三、立足基本史料

历史研究的选题还要遵循立足基本史料的原则。“二十四史”是研究中国古代史的基本史料，明清及民国档案是研究近世历史的基本史料，个人文集和日记往往是研究历史人物的基本史料，户籍档案、契约账簿是人口史与经济史研究的基本史料。研究历史，首先应该从基本材料中寻找问题，要通过阅读基本史料发现问题。中华书局点校本的一套“二十四史”，共计3000多卷，若每天读一卷的话，通读一遍“二十四史”大约需用九年时间。不能仅凭一时兴趣抱个题目去翻材料，那样做只能是跟风的研究做派，除了肤浅之外最终不会有大的成就。前辈史家如陈寅恪等也都是从“二十四史”这类基本史料中发现问题的，真正的新材料毕竟很少。判断选题是否有价值，是否值得去做，除了观察学识能力因素外，还要看最基本的材料是否充足，有道是“巧妇难为无米之炊”。有了好的选题，还要看有无足够的史料，如果没有足够的史料做支撑，再好的题目也无法做出来。

四、不重复前人的老路

有了初步的选题意向，还应该检索论著（文献）目录，看看你的题目是否有人做过了，以免枉费精力。不能重复前人的老路，前人已经解决的问题不能再作为选题。随着互联网的普及，检索课题文献变得更加便捷。《中国期刊网》是目前国内主要的学术论文检索系统，该网络检索系统基本可以满足查阅1979年以来国内学术论文的需要。至于1979年以前全国的研究论著以及海外相关研究成果，可以通过纸质文献检索系统查阅。如“人大复印资料索引”、《全国报刊索引》、中国历史学会编《历史学年鉴》、中国社会科学院历史研究所编《七十六年史学书目（1900～1975）》、复旦大学历史系编《中国古代史论文资料索引（1949～1979）》（上、下）、《中国近代史论文资料索引》（1949～1979）等。另外，20世纪80年代北京大学、武汉大学、华东师范大学、吉林大学、四川大学等知名高校历史系均编有历史研究论文资料索引，需要者可以到各地的公共图书馆检索查阅。

当然，做到不重复前人的老路就需要有发现问题的能力。要发现新问题就得有怀疑精神，要敢于怀疑前人，从怀疑中发现新问题。正如梁启超所说的那样：“学问之道，必有怀疑然后有新问题发生，有新问题发生然后有研究，有研究然后有新发明。”①

第二节　建立课题资料库

一、搜集文献资料

巧妇难为无米之炊，写论文不能没有资料。对于历史科学来说，一篇文章的质量如何，固然要看它解决了什么问题，看其中是否具有创造性的科学见解，同时也要看文章中引用的资料是否充实与可靠。资料翔实与论证严谨与否，是衡量历史学论著质量高低的重要标准，只有符合这两点的论著才算是科学的历史研究成果。就像建造房子一样，撰写学术论文要从备料开始，需要搜集和整理材料，

① 梁启超：《中国历史研究法》，江苏文艺出版社2008年版，第77～78页。

这是研究问题的基础。课题题目确定后，接下来就是搜集文献资料，建立课题资料库，为撰写论文储备材料。

课题资料是撰写论文的基本材料，它包括一手的历史文献和二手的参考文献。以中国古代史研究为例，一手文献资料主要包括“二十四史”等历代正史和“十通”等典志文献以及地方志资料，它们是历史研究的基本史料。其次，甲骨文、金石铭文、碑刻、简牍、帛书等考古资料以及历史档案也属于一手文献资料。对于第一手的史料，需要进行真伪的考证，确认其真实性，排除伪造的资料。历史研究所用的一手资料也包括政府的官方档案文件、权威部门发布的统计数据、调查报告等。古代史研究的具体问题大部分归属于断代史或专门史范围，所以搜集一手史料应该从“二十四史”等正史入手，专题史则主要从纪传体史书的“志”或“十通”等典志资料入手，区域历史研究可以搜集地方志，从这些史料中可以寻找课题研究所需要的基本史料。

搜集文献资料应力求全面，尽量求其详尽，做到应搜尽搜。对搜集起来的资料应该做好精简分类，要根据课题研究的需要，对开始阶段搜集来的大量资料进行筛选，选择那些最有说服力的材料作为课题研究的基本材料。这中间有一个咀嚼消化资料的过程，取其精华，区分哪些资料是涉及研究对象的主要材料，哪些是次要材料，确定有价值的基本史料以便进一步深入研究。搜集资料是开展课题研究的基础工作，需要花费相当的时间和精力全力投入，来不得一点马虎。我国著名国际法专家赵理海 20 世纪 40 年代在美国哈佛大学撰写毕业论文时曾经走遍哈佛大学、耶鲁大学及美国国会图书馆，搜集了近千种参考书，经过仔细挑选，最后直接引用的参考文献达二百几十种。可见，搜集资料愈广泛，筛选资料也就愈加方便。

基本资料确定之后，还需要对资料进行仔细研读，重点资料要精读，梳理关键资料并做好卡片摘录，围绕一个主题形成一个个的观点资料群，为下一步拟定论著提纲打下基础。

历史文献有个版本选择的问题，应该掌握点图书目录学、古籍版本学知识，如今天我们阅读“二十四史”一般选用中华书局点校本，阅读其他典志文献要尽可能选择精善的版本。以《大唐六典》（30 卷）为例，它是研究唐代职官制度史的重要参考文献，现存的最早版本是南宋绍兴四年温州州学所刻的《大唐六典》残本 15 卷，后有明正德二年席文同、李立卿刻本（30 卷），明嘉靖刻本、清嘉庆扫叶山房刻本以及清光绪广雅书局刻本都是根据正德本辗转传刻的。另外，日本近卫本系近卫家熙根据明正德本参校其他典籍于 1724 年刊刻的，日本还有广池补订本。中华书局 1992 年点校本《唐六典》系北京大学陈仲夫以南宋本（残卷）和明正德本为底本，以嘉靖本、近卫本、广雅本为主要通校本，参校《太平御览》、《职官分纪》、《资治通鉴音注》（胡三省注）所引《唐六典》文字加以整理的，校勘精审，是迄今最好的版本。

所谓二手的参考文献资料，主要指前人的相关研究论著，包括论文、专著和各种未刊的学位论文。搜集二手文献的目的是为了把握学术动态，了解前人做了哪些相关研究，减少研究工作的盲目性。历史研究讲究以第一手的原始史料为基础。二手文献只能作为辅助性的参考文献，且不可用二手文献替代一手资料。《荀子·劝学》篇曰：“吾尝跂而望矣，不如登高之博见也。”研究学问不可闭门造车，要登高望远。哪怕是站在前人的肩膀上前进一厘米，也远胜过重复前人走过的老路。为此，要通过文献检索系统了解前人已经完成的研究成果，要知道有关你的课题出过多少相关的论著，将前人的研究成果一一搜索出来，做好记录工作，摘录或复印重要的论著资料，以备撰写论著时直接引用。

搜集前人论著资料为的是更好地把握问题，搜集资料时应该积极思考，善于发现新问题、新线索。要不断拓展思路，扩大视野，不要被前人牵着鼻子走，不要人云亦云。要开动脑筋独立思考，敢于怀疑前人的定说，怀疑权威，大胆创新，发前人所未发。

阅读前人有关论著要紧扣选题，深挖浅出，进得去，出得来。不要急于求成，要防止为急于形成自己的观点而匆忙翻阅资料、断章取义地摘选别人的论著，这种做法无异于掩耳盗铃。看别人论著的时候，不可曲解或阉割别人的原意。有些人没有弄懂别人著作的原意便乱摘乱引，只取对自己有利的材料，这实际上是在编造证据为自己辩护。研究问题不能耍小聪明，一开始就要着力培养实事求是的严谨学风，老老实实治学，老老实实做人，来不得半点虚假。更不能将市井习气带到学术研究中来，不能为某种功利的目标粗制滥造学术论文。时下中国高校考评教师习惯于人为制定量化标准的做法非常有害，不利于科学研究的健康发展。

搜集材料要注意记录下材料之出处，包括作者、文献名、出版机构名称、版本年份、页码等要素，以备将来撰写文章和注释文献出处之用，这方面的工作能体现出一个人基本的学术素养。具体说来，搜集资料主要有读书笔记、做资料卡片以及网络检索三种具体方法。读书笔记适用于日常阅读，碰到有价值的书籍文献，可以用笔记的形式记录所需的研究资料。读书笔记的做法有很多，一般有批注、摘录、提要、心得等方式。批注，可以是读者在书中重要地方所画的圆圈或线条，也可以是读者在所读的书籍空白处（页眉或页旁）所作的眉批、旁批，一般写自己对书中内容的解释、评语、疑问或心得体会等意见。摘录，是将原书的重要文字摘抄下来，并在卡片上注明文献出处，以便日后引用核对。提要，是读者在深刻领会原文内容、准确把握原文实质的基础上，用自己语言概括所读书籍内容的提纲。摘要提纲要忠于原文意思，不做主观发挥。提纲撰写可以分行排列，每条提纲前标注序码，以供日后检索。心得，是读者读完一本书或一篇文章后所写的读后感，写读书心得有助于消化原著内容，提高自己理解问题、分析问题的能力，更能锻炼自己的写作能力，提高文字表达水平。我们提倡大家勤于撰写读书笔记，成为一个会读书、能写作的合格的历史学专业人才。

资料卡片，是积累研究资料的常见方法，它灵活简便，易于操作。卡片制作要遵循一事一卡原则，不要把不同性质的几条资料记录在一张卡片上。制作卡片的具体方法有很多种，主要有索引卡片、摘录卡片、提要卡片等。制作索引卡片简单方便，通常是把一篇文献的题名、作者、出处抄在卡片上，供日后翻检之用。摘录卡片，则是把文献中某段或几段有价值的文字抄录在卡片上，并注明出处，以供日后撰写文章时引用。提要卡片，是用自己的话将文献的要点归纳后写在卡片上，供日后检索使用。

当今，我们已经处于信息化时代，人们可以通过计算机系统进行资料的搜索、筛选与处理，建立资料数据库，从而提高研究效率。在利用计算机信息技术建立历史资料数据库方面，欧美发达国家的高校及研究机构走在了世界前列，亚洲的日本也有成功的范例，值得中国学者学习借鉴。

二、提炼材料，拟定提纲

提炼材料、拟定提纲的过程就是根据材料规划设计论著结构的过程，也是初步形成文章主要观点的构思过程。提炼材料，要根据事物的内在联系性对材料做由此及彼、去伪存真、去粗取精的提炼加工。提炼材料的基本方法是把材料联系起来进行比较归类，以资料为基础形成观点材料群，一个个观点材料群有机地连接起来就形成了论著提纲（观点链）。提纲是一个从资料整理到观点生发的自然过程。我们可以把这个拟定提纲的过程概括为“材料—观点材料群—提纲（观点链）”结构。拟定提纲要从整体出发，取最有说服力的材料形成观点材料群，进而形成观点链，这个链最终就是文章的提纲。提纲要简明扼要，层次清晰，详略得当。

提纲是论著的骨架，拟定提纲是撰写论著不可缺少的一环，它可以帮助我们树立全局观念，明确文章层次。篇幅比较大的论著提纲应有章节名目，要反映出文章整体的结构内容，让人一目了然。

提纲从整体上要注意布局合理，前后编排要均衡，每章的节次要均衡，不能前密后疏，否则会给人一种虎头蛇尾的感觉，看起来不舒服。论著提纲的章节名称要有概括性，应涵盖所在章节的内容。前后章节之间要有联系性，自然形成一个有机整体，反映事物各部分之间的本质联系。提纲一般根据事物性质有秩序地编排节次。编排的方式可以灵活多样。从总体上说，提纲要根据问题性质、内容及特点循序渐进，可以从不同角度有规律地组织编排，或按空间顺序由外及里，或按时间顺序由前及后，或按规模顺序由宏观到微观，或按深度顺序由粗到精。提纲也不是一成不变的，在撰写初稿的过程中，写作者很可能会发现原来设计的提纲有不适当的地方，这时就应该及时加以修改和调整，使之臻于完善。

第三节　论文的撰写与修改

论文的撰写是课题研究的主体部分，一篇论文的撰写大致要经过初稿、修改稿、定稿几个阶段。其中初稿撰写是最关键的，一篇完整论文的初稿通常包括标题、摘要、关键词、正文、附注几个组成部分。

一、标题、摘要、关键词

一般情况下，论文标题就是研究课题的名称，它应具有明确的指向性和概括性。标题明确的指向性，是指文章标题内容应具体，表述应准确，读来让人一目了然，让人看了你的标题就能知道文章研究的内容是什么。模糊而抽象的标题会让人摸不清方向，看不出你文章要讲的内容是什么。拟定标题十分重要，不能让读者看了标题还得去猜你的文章的内容。已故著名历史学家黄永年曾撰写《唐肃宗即位前的政治地位和肃代两朝中枢政局》一文（原载 1983 年《唐史研究会论文集》，后收入三秦出版社 2004 年为其结集出版的

《文史存稿》一书)，这是一篇题目很好的文章。这个标题让人一目了然。而某大学生写了一篇《论儒家文化》的论文，题目就是一个严重的败笔，这个题目内涵模糊而抽象，让人看了不知所云，儒家文化博大精深，涉及面极广，岂是你一个学生几千字的小文章所能论述得了的？所谓标题的概括性，是指论文标题应概括文章的全部内容，即涵盖文章的基本内容，切忌以局部的次生问题作为整篇文章的标题。我们不提倡为追求标新立异而定一些让人产生联想的诗化标题，毕竟严肃的学术论著不同于文学作品。

文章的标题一般采取单行标题形式，即一行正标题。个别文章也有采取双行标题的形式，即正、副两个标题。双行中的副标题通常作为正标题的补充和提示。例如哈佛大学的马小鹤曾撰写有《摩尼教宗教符号“珍珠”研究——帕提亚克文 mwrg'ryd（珍珠）考》①，其中的副标题“帕提亚克文 mwrg'ryd（珍珠）考”就是对正标题的补充提示。拟定文章标题应该做到简洁、明了，字数一般不宜过多。以目前一般的 A4 打印纸页面为例，单行 4 号字若为 30 个汉字字符，则文章单行标题字数最好不超过 21 个汉字，否则将影响版面的观瞻效果。

摘要是文章内容的要点摘录，通常用两三百字概括文章内容的要点，使人能在较短时间内了解文章的大概内容。摘要和关键词一样，通常用于编制文献索引，以方便读者浏览。

关键词是由三至五个规范的专业词语组成的一组词汇，它们反映文章内容所属的学科领域、专业范围、具体问题等信息。

二、正文

文章正文通常包括引（导）语、学术综述、主体内容、结语、

① 原文刊王元化主编《学术集林》（卷十七），上海远东出版社 2000 年版，第 290～301 页。

附录、参考文献（注释）等部分。每一部分都有特定的内容。各部分相互联系，形成一个有机整体。文科的学术论文一般没有附录。

“引（导）语”是一段由一两个自然段组成的高度概括的文字，通常置于文章的最前面，起到总领全文的作用。引语应该简要阐述课题由来、理论依据、学术价值或意义。

“学术综述”是相关课题研究的学术史，是科学研究论文必不可少的内容。它一般置于正文主体内容的第一部分，可用论文二级标题“一、学术综述”作为提示标题。“学术综述”应该反映相关课题研究者对二手文献检索的结果，概述搜索文献过程中所搜集的相关研究论著的情况，向读者介绍国内外相关学术史的概况。“学术综述”通常分两部分来写：第一部分首先着眼于宏观综述，概括课题相关研究成果的整体情况，说明最早涉及该课题的研究者及其论著，综述正式出版过的相关著作的数量、已发表的相关研究论文篇数等。第二部分重点介绍，选择若干有代表性的著作及论文进行介绍，包括作者、论著文献名称、出版机构或论文发表的刊物名称、论著出版的时间，作者的主要观点，成果的学术评价等。“学术综述”的内容要详略得当，重点突出，篇幅不宜太长，也不宜过简，文字量控制在文章篇幅的五分之一左右较为适宜。必须指出，论文引用“学术综述”提及的相关研究成果必须做规范的学术注释，不能做简略的处理。

“主体内容”是论文的核心，应该按照提纲的顺序分节次进行论述，每一部分可用二级标题分别标示，各部分之间自然体现事物的内在联系性。整篇文章要做到论点突出、层次分明、条理清晰、文句通顺。作为严谨的科学研究成果，学术论文不同于其他文字作品，而是要求语言做到规范而准确、简洁而明白，用词恰当、贴切，不能拖泥带水，更不可随意使用文学修辞手法。论文用语应尽力避免使用诸如似乎、也许、可能、大概、仿佛、好像之类模棱两可的词汇。文字表述畅达、简练、平实是学术论文的语言特点。

撰写论文要善于运用逻辑思维的方法，综合运用归纳、演绎和比较分析方法解释事物现象之间的有机联系，提出自己对问题的认识。历史研究较多使用归纳法，一般不用演绎法，要善于从纷繁的史料中归纳总结事物发展的特点和规律。历史研究提倡言之有据，言之有理，讲究广征博引，反对孤证。写历史论文切忌先有结论然后再找证据，这是违背科研规则的。

论文主体部分要写得详略得当，叙述别人的东西要概括简略，叙述自己的发明与创造要详细，特别是讲述自己的结论如何得出来的地方要讲透彻，让人读后觉得你的结论有理有据。这样的文章就是成功的文章。

"结语"主要对文章进行总结与评价。好的文章结语应高度概括文章的思想精华，对所研究的问题进行更高层次的讨论，或将研究中的未竟事宜提出来，或提出新的研究建议供后人思考等等。好的"结语"能给人以启迪，引导研究工作向纵深发展。

"附录"是附于文章正文主体内容之后的附加材料，一般列出有参考价值的图表、统计数据或流程示意图等。附录作为文章正文的补充，能够给读者提供更加详细的参考资料，具有一定的学术参考价值。附录多出现在理科论文中，文科论文大多数没有附录。

"参考文献"一般附于文章正文之后，说明文章使用参考文献的情况。论文作者应该按照学术界的约定或国家技术部门公布的规范的文献著录格式列出主要参考文献。参考文献一般根据文章引用的前后顺序统一编号。关于文献注释格式详见下一节"论文注释方式"。

三、初稿的修改与定稿

论文初稿是提纲的观点、层次及重点的明细化、条理化、系统化。初稿完成后要进行反复的修改。文章修改应该是全面的，大到文章层次结构的调整，小到文辞字句的斟酌，都要经过反复推敲。通常作者对于自己辛辛苦苦写出来的文章是不忍动刀斧的，尤其刚刚出炉的新作品，受到思维模式的束缚，加上头脑发热，不易发现问题。这时不妨先把写出来的初稿放一放，等头脑冷静后再来看自己的文章，你会发现许多新问题。第一遍修改文章是自己必须做的功课，此次修改可暂不调整文章结构，只看文章行文是否通畅，有无科学性错误，待自己把文章中明显的错误改过来后再交熟悉的师友或专业人士去审看。请别人帮忙修改，要虚心接受别人的批评。请人修改文章，可以让人着重看文章结构是否合理，层次是否分明，条理是否清晰，看文章中有无科学性错误，让人挑文章中的硬伤。等别人的修改意见反馈回来后，自己再作第二遍修改，修改文章结构，修改文章中的科学性错误，避免出现大的“硬伤”。

改好的文章二稿可再一次请人审阅，可以请他们着重就文章的表述提意见，看文章的论点、论据、论证三要素是否存在问题，看语言方面是否存在问题。别人的修改意见反馈回来后，自己再作第三次修改，这样反复再三，力求使文章臻于完善。文章无大的问题，最后再逐字逐句地细看一遍，确定文章引文核对无误、行文通畅、用字正确，最后誊录定稿。定稿的文章应该做到版面整洁，要素完善，注释格式规范。现在一般采用 A4 打印纸打印文章定稿，同时要有电子文本的备份，以便审查、答辩和检验。

用中文写文章，语言应力求精练、准确、规范。文章语言能体现出一个人的语言素养。好的中文文章应该做到文句精练，不能拖沓，尤其要避免使用长句子。著名物理学家、诺贝尔奖获得者杨振宁曾经说：“因为汉字是单音字，不啰唆，精简以后，读起来音调铿锵。……所以，在中国的传统里头，在中国的文字里头，‘美’这个观念，很重要的一点就是要精简化，要浓缩化，要抽象化，最后就渗透到整个中国哲学的思维方式里面了。”① 的确，正如杨振宁指出的那样，汉字是一种高度抽象的符号系统，每一个单音节的汉字都

① 杨振宁等:《中国文化与科学》，江苏教育出版社 2003 年版，第 19 页。

有独立的完整意义，使用汉字写文章，实际上就是在排列意境，只有做到精炼，才能达到人们经常讲的“字字珠玑”的境界。西方的拼音文字则不同。西文文字是多音节字，每个词不具有独立的意境，需要增加很多介词等辅助性的词语才能使意境成立。所以，用西文写出来的句子格外冗长，文章也显得臃肿。我国古人用汉字写诗能够凝炼到极妙的意境，例如“空山新雨后”短短的五个字就能营造出一种空灵而淡远的意境，这句诗的意境用五个英文单词是无法翻译出来的。当然，我们今天不必如古人写诗那样做文章，但要懂得中文的特点，做到语言精练。当代青年大学生基本上是改革开放后生长起来的 80 后或 90 后，从小接受了很多现代西方语言文化的教育（主要是外语），使用中文写东西习惯了用修饰性的词语做点缀，殊不知这种习惯恰恰违反了汉字文化的规律，结果写出来的文章冗长。许多人的文章文句不通顺、层次不清晰，读起来很不舒服。写出精练的文句绝非一朝之功，需要经年的学习与积累，需要多读多看多练，熟，方能生巧，常言说得好：熟读唐诗三百首，不会做诗也会吟。想提高你的文字表达能力吗？多读些中国历代的美文吧！

最后，简单谈一下论文体例问题。文章体例一般统称文体，亦称文章体裁、体制、体统。文体是指文章结构的剪裁格式，即撰写论著所采取的编写形式，或者说是文章的组织形式。古代中国有所谓编年体的史书撰写体例，该体例采取以时间为经、以史事为纬的编写形式，系事于时，线索清楚，事实明确，能最大限度地展现历史的时间与空间元素。今天的历史论文并无固定体例格式；作者采取何种编写格式（即使用何种文章组织形式）完全取决于文章内容的需要，因材而异，因人而异。不过，历史研究的学术论文一般有体例上的常规，多数学术论文在体例上属于“夹叙夹议”的议论文。议论文在组织形式上能充分将材料与观点融会起来，形成一个整体；议论文将材料（包括直接或间接引用的资料）包含在作者的述说中，文献出处等枝蔓的东西则归于注释，整体上不影响文章行文的连贯性，具有较强的可读性，适宜于论述问题。

以上介绍，是有关论文撰写的一般知识，也是学术界约定俗成的一些做法，不作为一定要照办的范式。美学家朱光潜曾经说过：文章有一定的理，没有一定的法。每个人都要运思妙想，便可达“神而明之，存乎其人”的境界。当然，个人的才智与努力是最终成功的决定性因素。我们鼓励大家在方法上有所创新，从而推动学术事业向前发展，繁荣我国的哲学社会科学研究。

第四节 论文引用材料及注释方式

一、引用材料方式

论文写作离不开引用材料。无论何种专业方向的学术论文，处理材料的方式无外乎两种：一种是直接引用材料的方式，即将材料直接录入文中，形成支持论点的事实或理论论据；另一种是间接引用材料的方式，即将材料消化以后用自己的语言表述事实或理论，服务于文章自圆其说的需要。通常，研究者撰写文章时多混合使用这两种方式。无论使用哪一种引用文献的方式都需在文章之后编号标注材料来源，并说明出处。

文章中直接引用材料的地方，应该优先考虑引文的证据作用。使用直接引文要有说服力，证据一定要有典型性、代表性，能支持文章的中心论点。同时，文章中引用材料还要考虑行文的通畅，引文不能妨碍文章的阅读效果，尤其在直接引用古代文献时，要注意控制文字数量，切忌大段大段引用原始史料，因为古文与现代语言之间存在较大差异，引文过多过长会破坏文章行文的整体流畅感。为了增强文章的可读性，尽量用间接引用材料的方式处理材料。

间接引用材料需要作者正确理解材料原意，准确把握材料的内涵，不能望文生义，不能断章取义。要善于概括和分析史料，不能仅仅停留在史料反映的表面现象上，要透过现象看本质，深入分析史料背后隐藏的社会真相，找出现象之间的联系。使用古代文献要准确理解原文含义，切忌穿凿附会。还应了解史料的历史背景，避免误读误解史料。对于较长的史料，在不影响文意的前提下可以适当做一些删裁，省略不必要的文字。正文中需要直接插入史料的地方，应注意上下文之间文意的连贯性，可用连接语联络上下文，使文章读起来自然流畅。

二、论文注释方式

注释是学术论文重要的组成部分，它体现着科学研究的严谨性。注释格式规范与否，是衡量论文质量高低的重要指标。中国古代学术注重为前人著述作注，很少为自己的著述作注。古代流行“双行夹注”，即注文夹在所注经传本字本句之下，作小字双行，不易排错，方便读者。这种注释方式主要用来为儒家经典作注，曰注疏，其缺点是注文稍长会影响行文流畅。古代注释经书有传、注、疏等几种具体的方式，传为经文作注，注为传文作注，疏为注文作注。近代以来，西方学者习惯以附注形式为自己的论著作注，一般将注释置于章节之末，这种注释方式现已为学界普遍接受。

我国现行的论文注释方式主要有三种：（1）夹注，即在行文之中用括弧小字注释引文出处，这是古代传统的“双行夹注”方式的继承与发展。夹注形式适用于短小的引文材料，注文字数较少，一般用于报纸文章。夹注以不影响文章整体行文的流畅性为出发点，太长的引文不宜使用夹注。（2）尾注，即在论著正文之末附列注文，根据正文中引文出现的先后顺序依次编号，正文中只在引文的右上角标识注号，读者可以依据注文编号在文尾附注中查找文献出处。这是西方学术论著通用的注释方式。这种注释方式一般标注文献作者、文献名、出版机构名称、版本年份、页码等要素。这种注释方式现已为世界各国所广泛采用。（3）页下注，即在文章当页下端编号注释当页引文出处，换页重新编号，这种注释方式是20世纪中叶以后世界学术界普遍推尚的注释方式。

随着全球化潮流的到来，我国学术出版界渐与国际惯例接轨。国家技术部门推出了电子光盘版文献注释格式，这种格式大有取代以往传统注释方式的趋势。

这里，以著作、期刊论文、论文集论文、报纸文章等四种常见的文献形式为例，具体介绍电子光盘版文献注释格式。

光盘版文献注释格式中关于引用著作和教材的说明应该依次列出下列要素：［序号］文献主要责任人．文献题名［文献类别标识］．出版地：出版者，出版年，起止页码．如：［1］欧阳修．新唐书·魏征传［M］．北京：中华书局，1975. 3853～3858.

光盘版文献注释格式中关于引用期刊论文的说明应该依次列出下列要素：［序号］文献主要责任人．文献题名［文献类别标识］．刊名，年，卷（期）：起止页码．如：［2］李湜．唐太宗与东南文人［J］．中国史研究，1997，（2）：95～106. ①

光盘版文献注释格式中关于引用论文集中的文章说明应该依次列出下列要素：［序号］析出文献主要责任人．析出文献名［文献类别标识］．原文献主要责任人．原文献题名［文献类别标识］．出版地：出版者，出版年．析出文献起止页码．如：［3］傅振伦．辽代雕印的佛经佛像［A］．陈述．辽金史论集［C］．上海：上海古籍出版社，1987. 210～223.

光盘版文献注释格式中关于引用报纸文章的说明应该依次列出下列要素：［序号］文献主要责任人．文献题名［文献类别标识］．报纸名，出版日期（版次）．如：［4］高菲．中国股市一年蒸发24万亿［N］．新闻晚报，2008－10－29（A31）．

---

① 拙文《唐太宗与东南文人》（署名李湜），原刊《中国史研究》1997年第2期，入选中国社会科学院编《中国社会科学前沿报告》（1998年版）。

第二章　史料的搜集、整理与分析方法

第一节　搜集史料的方法

一、借助工具书检索资料

历史资料种类繁多，数量庞大，寻找研究所需要的资料可以通过多种途径，除了目前大家熟悉的电子互联网搜索途径之外，借助工具书检索资料就是一个主要的途径。工具书是按照一定的编排方法，把有关某一问题或某一部门的知识资料汇集在一起，专供人们查阅的一种特定类型的图书。世界各国的图书馆或学术研究机构每年都编辑大量工具书，以满足读者检索文献之需。

“工欲善其事，必先利其器。”从事科学研究工作，离不开使用工具书。学会使用工具书，能及时找到学术研究所需要的文献资料，提高科研效率。例如，当你面对浩繁的古代经济史文献时，可能会感到一筹莫展，如果去翻阅商务印书馆 1937 年编印的《十通索引》，你便可以迅速找到你想要的某个朝代的人口、田赋等专题资料，这部工具书帮助你提高了搜集资料的效率。再比如当你查阅胡文楷著《历代妇女著作考》（商务印书馆 1957 年版）这部工具书时，便可查找到古代妇女著作的资料。同样，当我们要了解 1958 年以前有关鲁迅研究的资料，便可以查阅沈鹏年辑录的《鲁迅研究资料编目》

这部工具书（上海文艺出版社 1958 年出版）。

大学生必须学会使用专业工具书，这是一门必修的功课。利用文史工具书，需要学习文史工具书的基本知识，要熟悉工具书的分类和使用方法，要懂得怎样查找字音、字义和词义，怎样查找词语和典故出处，怎样查找历史人物的生平事迹，怎样查找历代典章制度，怎样查找古今中外历史地名。为了积累文史工具书的知识，同学们不妨去图书馆借阅一些介绍文史工具书的入门书。如中华书局 1979 年出版朱一清所编《文史工具书及其使用法》，便是一本值得阅读的小册子，该书附录“文史工具书选目”列举了截至 20 世纪 70 年代历代所编文史方面的工具书，方便初学者了解文史工具书的情况。

我国有编撰文史工具书的悠久历史，如现存最早的字典《说文解字》、词典《尔雅》均出现于汉代，前者以字形编排，后者以字义编排。清代《康熙字典》收录汉字单字 47035 个，是历史研究工作者案头必备的字典类工具书。对于文史研究者来说，可利用的工具书种类繁多，常用的有以下五大类：

第一类是解释字音、字形、字义的各种字典、词典。这类工具书主要有《说文解字》、《尔雅》、《广韵》、《中华大字典》、《康熙字典》、《同音字典》、《联绵字典》、《现代汉语词典》、《辞源》、《古汉语常用字字典》等。它们可以帮助我们解决文字方面的各种疑难问题。文字功夫是文史研究者必备的基本功之一，除了现代汉语之外，研究中国历史还需要具备比较精深的古汉语知识，研究世界历史则需具备较多的外文知识，研究世界各国国别史更需要熟悉和精通所属国家的语言，比如研究希腊史则需要精通希腊文，研究犹太史则需要熟悉希伯来语。中外不乏在文字方面有超凡能力的史学家，比如人所共知的陈寅恪精通包括突厥文、巴利文、梵文在内的十多种语言。

第二类工具书是各种百科全书、专门知识的辞典、图集等。历史研究涉及各种专门知识，需要查找这方面的工具书，常用的这类工具书有《中国大百科全书》、《中国历史大辞典》、《辞海》、《世界历史辞典》、《中国人名大辞典》、《中国文学家大辞典》、《中国历史地图集》等。这类工具书可以帮助人们寻找相关的知识信息及资料。

第三类工具书是专为搜集资料提供线索的目录、索引、引得等。编写目录是中国古代的传统，并成为一门专门的学问——目录学。从汉代开始，我国历代学者重视整理编录传世书籍，留下了丰富的书目学遗产。古代目与录是分开编写的，目指篇名或书名，录是对目的说明和编次，也称序录或书录。我国现存最早的书录是汉代刘歆的《七略》，刘歆在其父刘向《别录》（原书已佚）基础上写成了这部伟大的目录学著作。该书分《辑略》（总论）、《六艺略》、《诸子略》、《诗赋略》、《兵书略》、《术数略》、《方技略》，汇集了先秦时期的学术文献，具有很高的历史文化价值。东汉班固《汉书·艺文志》以刘歆《七略》为蓝本，全面总结了西周以来特别是战国时期的文化遗产，是研究中国文化史的珍贵史料。

自班固撰《汉书·艺文志》以后，历代修正史保留着编写图书目录的传统。"二十四史"中，《汉书·艺文志》、《隋书·经籍志》、《明史·艺文志》都是比较经典的图书目录，也是研究中国学术文化史的珍贵史料。《清史稿·艺文志》、《四库全书总目提要》、《中国丛书综录》、《中国地方志综录》都是比较重要的图书目录。

《四库全书总目提要》是清代乾隆年间编写的一部大型官修工具书，共收书 3503 种，存目 6720 种，分经、史、子、集四部，部下又分 44 类，类下再分 67 个子目录。部有大序，类有小序，每书均附提要，内有某书的内容、价值、版本及材料的真伪、作者简介等信息，是研究古代学术文化史的重要工具书。

上海图书馆所编《中国丛书综录》是我国规模最大的丛书目录，1959 年由中华书局出版。该书收录了我国国内各大图书馆馆藏古代丛书共计 2797 种，古籍 38091 种。全书共分三册，第一册是《丛书总目》，第二册是《子目分类目录》，第三册是《子目书名索引》和《著者索引》，该书附有《全国主要图书馆收藏情况表》、《索引字头笔画检字表》、《四角号码检字表》，便于读者翻检。《中国丛书综录》为我们研究古典文献和搜集资料提供了便利。

朱士嘉编《中国地方志综录》由商务印书馆于1958年出版增订第一版。该书收录了我国41家图书馆所藏7413种地方志，按书名、卷数、纂修人、版本、收藏地点等项列表一一著录，是近百年来方志目录的总结。通过它，读者可以了解我国各地图书馆现存地方志的面貌。

“索引”是一种常见的工具书，它按书刊的主题、人名、书名、篇名和事物等项经过分析以后一一摘出标题，注明卷数、页数或报刊名，用一定方法排列，以便读者检索。与类书提供资料内容不同，索引只提供书名或论文题目，并不提供资料本身。索引可以提供研究所需要的专题论文题名，指示资料来源，为人们搜集和查找报刊资料提供了一种快捷的途径，它可以使读者在短时间内查到自己所需要的资料出处。历史研究经常使用的重要索引有《中国史学论文索引》、《八十年来史学书目》、《廿五史人名索引》、《二十四史纪传人名索引》、《十三经索引》、《全国报刊资料索引》、《中国古代史论文资料索引》等。

《中国史学论文索引》分上、下编，16开本，由原中国科学院历史研究所一、二所（今中国社会科学院历史研究所、近代史研究所）与北京大学历史系合编，科学出版社1957年6月出版。该书收录了自1900年至1937年7月间出版的1300多种定期刊物发表的3万多篇论文。上编专载有关历史科学的论文，分为历史、人物传记、考古学、目录学四大类；下编专载有关各种科学历史的专门史论文，分为学术思想史、社会学史、政治学史、经济学史、文化教育事业史、宗教史、语言文字学史、文学史、艺术史、历史地理、自然科学史、农业史、医学史、工程技术史等。书后附有索引，便于翻检。

《十三经索引》，叶绍钧编，1957 年中华书局出版。该书将《周易》、《尚书》、《诗经》、《周礼》、《礼记》、《仪礼》、《春秋左氏传》、《春秋公羊传》、《春秋穀梁传》、《论语》、《孝经》、《尔雅》、《孟子》13 部儒家经典的每一句话按讽诵时的每一自然停顿为一条，以每条的首字笔画顺序排列，编成索引，其下注明该句出自何经、何篇、何章，以方便查找某句话出自某部经典。该书是研究古代历史和学术文化思想的重要资料。

《中国古代史论文资料索引》（1949～1979）由复旦大学历史系资料室编，上、下册，1985 年上海人民出版社出版。该索引收录 1949 年 10 月至 1979 年 9 月计 30 年间国内报刊上发表的中国古代史论文资料有关篇目 3 万多条。该索引按文章内容分为“总类”和“分类”两大部分，凡属通论性质或跨朝代的文章归入“总类”，能用朝代划分的文章一律归入“分类”。各类目下的条目按文章发表先后为序，以利于检索。

该书“总类”分为十部分：1. 通论，包括历史研究综述，历史观和方法论，史学史，史料学等；2. 政治、社会史，包括研究综述，国家的形成与发展，政治制度，阶级与阶层，社会性质和古史分期，农民战争，人口问题，神话传说，社会生活，等等；3. 经济史，包括经济史研究综述，土地问题，商业、手工业与资本主义萌芽，城市的兴起与发展，水利、交通，赋税徭役等；4. 法律史；5. 军事史；6. 民族史；7. 地方史；8. 中外关系史；9. 文化史，包括综述，哲学，思想，宗教，图书，目录学，教育，体育，语言，文字，艺术，考古与文物，历史地理，自然技术科学，等等；10. 教学问题与学术动态，社会性质、土地问题、农民战争、人物评价、政治、经济、军事、文化等专题。以上类别及其子目一般是相对独立的，有关条目均集中在一起，便于寻检。“历史地理”包括概论和疆域、山脉、道路、关塞、长城以及河道、湖泊、河口、海岸等。对于某一地方的研究则入“地方史”。

该书“分类”按时间顺序分为16个子目：1. 原始社会；2. 夏；3. 商；4. 周和春秋战国；5. 秦；6. 两汉；7. 三国；8. 两晋南北朝；9. 隋；10. 唐；11. 五代十国；12. 两宋；13. 辽、金、夏；14. 元；15. 明；16. 清。各朝代之下又分为综述、政治、社会、经济、法律、军事、民族、中外关系、文化、人物等。

《十通索引》，1937年商务印书馆编辑出版，16开精装本。十通，是我国古代十部政书的总称，即唐代杜佑《通典》、宋代郑樵《通志》、元代马端临《文献通考》、清乾隆朝官修《续通典》、《续通志》、《续文献通考》、《清朝通典》、《清朝通志》、《清朝文献通考》和近代刘锦藻撰《清朝续文献通考》。这十部政书记载了自上古以来至清朝末年的典章制度沿革历史，是研究中国历史文化不可缺少的参考资料。《十通索引》是专门为检索商务印书馆印行的“十通”文句而编写的工具书。该索引分两部分，一是四角号码检字索引，将“十通”所载的制度、名物、篇章节目等按名词或文句一一列成条目，注明它们在原书中最初的出处。在每条目下详细注出载于何书、何页、何栏，便于读者检索。

“引得”是英文“index”的音译，意思是“指点”，原出拉丁语“indiae”，日本人译为“索引”，近代传入我国并沿用下来。我国大量编印引得始于20世纪30年代，哈佛—燕京学社引得编纂处1931年开始出版《引得特刊》第一号和《引得》第一号。《引得特刊》收录原书，标点校订再加引得，至1950年共出版23号；《引得》不录原书，仅有引得，至1950年共出版41号。四部要籍中的群经诸子、前四史、各史艺文志和食货志、宋辽金元明清传记、《太平御览》、佛道藏子目、文选、杜诗等书均被编制了引得，便利了研究者查阅古籍资料出处。1943～1947年，中法汉学研究所先后编辑出版《吕氏春秋》、《论衡》等书的“通检”八部。1948～1950年又以巴黎大学北平汉学研究所的名义出版《山海经》、《辍耕录》等书的“通检”六部。日本、我国香港等地也编制了一些我国的专书索引，具有较高的学术价值，亦可参考。

第四类工具书是类书。类书是我国古代百科全书式的资料汇编，它在我国古代各种工具书中占有特殊重要的地位，是研究历史的重要参考资料。类书主要剪裁、抄录历代书籍中的某类资料，并按照一定的方法综合编排，便于研究者寻检、征引。类书对于所辑录的资料按部类汇编，只注明来源，不作解释。类书内容广泛，无所不包，通常所采集的资料包括历史事实、名物制度、成语典故、诗词文章等。我国古代编纂类书的历史十分悠久，秦汉时期杂家一类的书籍《淮南子》便采用“博采群说，分诸部类”的方法融会各家学说，此为类书体例的肇端。我国第一部类书是三国时期魏文帝命王象、刘劭等人编纂的《皇览》一书，原书已佚。现存最著名的古代类书有唐代的《艺文类聚》、《初学记》、《北堂书钞》，宋代的《太平御览》、《册府元龟》、《太平广记》、《文苑英华》，明代的《永乐大典》，清代的《佩文韵府》、《古今图书集成》等。从采集内容的范围来看，类书又可分为综合性和专题性两种，前者内容广博，搜罗广泛，如《太平御览》、《永乐大典》；后者专收一类或几类，如专收笔记、小说的《太平广记》。

《艺文类聚》是我国现存最早的类书，唐初高祖五年（公元 622 年）书法家欧阳询等十余人奉诏编修，全书 100 卷。今有中华书局 1965 年版，大 32 开，精装，全二册，共计 1735 页，可资翻检。该书共分天部、岁时部、地州郡部、山部、水部、帝王部等 46 部，每部之下又列子目共计 727 条，合计 100 卷百余万字。本书所辑录的 1400 多种典籍大多为唐代以前的古本，存世者不及十分之一，后世校勘古籍多依据此书，因此本书史料价值极高。《艺文类聚》在辑集文献的方法上有一个重大的创新，它将过去只辑录历史事实的类书（如《皇览》）与收录文学作品的文集（如《文选》）糅合了起来，创造了“事”与“文”兼录的新体例。该书“金箱玉印，比类相从”，将事与文并列辑录，“故事居其前，文列于后”，供当时文人学士翻检之用，保留了汉至隋代的大量词章名篇，成为人们查找古代诗文的重要工具书。

《初学记》30 卷，唐代徐坚等撰。今有中华书局 1962 年版，大 32 开，平装，全三册，共计 752 页。本书原是唐玄宗为方便皇子们作文时检查事类而编写的一部工具书。参与该书编撰的学者有张说、韦述等人。全书 23 部，子目 313 条。每条所列资料先“叙事”，继“事对”，后“诗文”。编排简练、内容丰富是该书的一大特点。书中保留了许多失传的古书片断，具有较高的史料价值。例如，唐初魏王李泰所撰五百余卷《括地志》原书已佚，幸得《初学记》卷八“总序州郡第一”中辑录《括地志》之《序略》，后人由此得知唐贞观年间的行政区划和州郡数目。《初学记》辑录了唐代以前的大量诗文，为我们研究古代诗词文赋提供了有价值的史料。

《太平御览》1000 卷，宋李昉等奉敕编撰。今有中华书局 1960 年影印《四部丛刊》本，16 开，精装，全四册，共计 4426 页。该书费时六年零九个月，清本完成于宋太平兴国八年（公元 983 年）。初名《太平总类》，宋太宗问学，命文臣每天进呈三卷供自己阅读，一年全书读完，赐名《太平御览》。全书依据《周易·系辞》“凡天地之数，五十有五”的说法，分为 55 部大类。各部类又分若干细目，计 1000 余条，不包括诗、赋、铭、箴、杂书等。《太平御览》主要取材于已有的类书《修文殿御览》、《艺文类聚》、《文思博要》等，引用图书多达 1690 种。该书门类繁多，广采博引，内容大大超过以前的类书。凡宋代以前的成语典故，一般收罗殆尽。该书保存了秦汉以来大量佚书的断编残简，学术研究价值颇高。例如，崔鸿著《十六国春秋》已佚，幸得《太平御览》保存 480 多条，为研究五胡十六国之历史提供了珍贵的资料。哈佛—燕京学社引得编纂处将书中的部目编成《太平御览引得》（哈佛—燕京学社 1935 年出版），商务印书馆 1934 年出版钱亚新编《太平御览索引》，均为检索《太平御览》的工具书。

《文苑英华》1000 卷，宋李昉等编撰，今有中华书局 1966 年影印本，16 开，精装，全六册，共计 5307 页。这是一部诗文总集，是继《昭明文选》之后又一部诗文汇编。其内容及体例上承《文选》，选录梁至唐代 2200 余位作家的作品近两万篇，唐代作品占九成。这部书可供搜集亡佚的唐人诗文之用，清《四库全书》所存 76 家唐人文集中，由《文苑英华》辑录而得者有李邕、李华、萧颖士、李商隐等。该书编排按照文体分类，分赋、诗、杂文、表、檄、论等 38 类，每一文体之下又按内容分若干小类。如“赋”下分天象、宫室、军旅、人事、草本等小类。书中附有“作者姓名索引”，供翻检本书时用。该索引据文章作者姓名的四角号码排列，将作者的全部著作著录于姓名之下，如“柳宗元”名下就详列了作者 200 篇著作的篇名，读者可以依据篇名后所列页码查到全文。中华书局影印本附有南宋学者彭叔夏十卷《文苑英华辨证》，考订书中错乱重复之处，可供参考使用。

《永乐大典》系明代永乐年间解缙等人编撰，是我国历史上最大的一部类书，也是世界上最早最大的百科全书。全书按字韵编排，历时六年编成，著录 22877 卷，另有凡例 60 卷，依次将天文、地理、人事、名物、奇文异见、诗词文赋等古代书籍按类辑录，一字不改，辑录宋元以前经、史、子、集、释藏、道经、戏剧、平话、工技、农艺等重要古书七八千种，由三千儒士文臣编校、圈点、录写，以楷书手工抄写，装订成 11095 册，全书 3. 7 亿字。

由于卷帙浩繁，《永乐大典》无法印行，编成后原书先藏南京，后移北京。嘉靖、隆庆年间徐阶、高拱、张居正等人督导儒士 109 人摹写得正副两部，连同原本共三部。正本藏文渊阁，副本藏皇史宬，原本则藏南京。明朝灭亡时，原本及副本并毁，文渊阁正本则移至清翰林院。清乾隆年间修《四库全书》时，该书已残缺 2422 卷。1900 年，八国联军侵入北京，《永乐大典》遭兵燹，大部分被焚毁，余下的被列强劫掠。清朝末年，残存仅 64 册的《永乐大典》

被移至京师图书馆。1960年，中华书局影印了从国外搜集到的714卷《永乐大典》（约占原书1/30），按照原书红、黑二色套印，32开，线装本，200册，共计17000多页，是珍贵的历史资料。

《古今图书集成》1万卷，清代康熙年间陈梦雷等撰、蒋廷锡等校订，是我国现存最大的一部类书。全书分为6汇编32典，6109部，书前有目录索引，书后附有《考证》24卷，共计1亿字。今有1934年中华书局据清初殿本影印本，线装，800册。

《古今图书集成》六汇编及各典分布如下：1. 历象汇编——乾象典、岁功典、历法典、庶征典；2. 方舆汇编——坤舆典、职方典、山川典、边裔典；3. 明伦汇编——皇极典、宫闱典、官常典、家范典、交谊典、氏族典、人事典、闺媛典；4. 博物汇编——艺术典、神异典、禽虫典、草木典；5. 理学汇编——经籍典、学行典、文学典、字学典；6. 经济汇编——选举典、铨衡典、食货典、礼仪典、乐律典、戎政典、祥刑典、考工典。每典之下又分若干部，例如乾象典之下分为天地、阴阳、五行、七政、日月、星辰、天河、风、云霞、虹霓、雷电、雨、露、霜、雪、火、烟部等。每部中又有“汇考”、“总论”、“图表”、“列传”、“艺文”、“选句”、“记事”、“杂录”、“外编”等项。其中，“汇考”条列事物因革损益的源流、古今称谓、其种类性情及制造之法，记述其大概，以便观览；“总论”收录经书及其注疏和子书中有关某事物的论述；“列传”载历史上著名人物的传记；“艺文”收录涉及该事该物的诗、文、词、赋等辞藻；“选句”摘录涉及该事物的对偶句；“记事”按照正史、稗史、子集顺序收录“汇考”所述大事之外的有关该事物的琐细记载；“杂录”收录关于该事物除经书之外的各种论述，汇集各种真假难辨的材料；“外编”收录各种荒唐无稽的记述。由于该书材料丰富，搜罗全面，后人得以通过本书了解许多历史典故及事物沿革。例如，《红楼梦》第七十八回贾宝玉《芙蓉女儿诔》中有“洲迷聚窟，何来却死之香”诗句，后人多不明“却死香”之出处。《艺文类聚·灵异部·仙道》、《太平御览·香部·惊精香》虽有记载，均不详细。《古今图书集成》第 556 册第 315 卷“草木典·香部”之“汇考”汇集了“却死香”的详细资料。《山海经》、《述异志》、《香谱》、李时珍《本草纲目》等十四部古籍有记载。《述异志》作“反生香”，《本草纲目》称“反魂香”。原来，传说西海中有“聚窟洲”，那里出产一种类似枫木的“反魂树”，花叶香闻数百里，叶子被熬成曰惊精香、震灵丸、反生香、人鸟精、震檀香的还魂药丸，又称“却死香”。据说，这种还魂药丸可以起死回生。贾宝玉引用这个典故是说自己迷失了去聚窟洲的路，更无法得到反魂的“却死香”，不能使晴雯死而复生，表达了他对晴雯深深的怀念之情。

《古今图书集成》辑录了大量具有较高史料价值的古史资料，如该书收集有反映古代科技史、手工业史、医药史、地震灾害史的资料，也有反映明末清初西方科学技术传入我国的材料。2008 年 5 月 12 日，四川西部汶川等地发生了大地震，损失重大。检《古今图书集成》之《历象汇编·庶征典·地异部》，可知四川西北山区自古多地震灾害。该书记载：“万历三十八年六月十七日巳时，松潘、漳腊、小河、平潘地震，声如大鼓。”

《古今图书集成》卷帙浩繁，翻检时可先书前总目录，再阅程长源所编四角号码《古今图书集成索引》。日本人泷泽俊亮也有《古今图书集成分类索引》(1934 年印行)，颇便翻检。

第五类工具书是各种年鉴、会刊。年鉴，是按年度编辑的系统汇编一年内重要时事和统计资料的工具书，有综合性的如《世界知识年鉴》，有地区性的如《上海年鉴》，有行业性的如《中国商业年鉴》，也有专业性的如《中国历史学年鉴》、《中国考古学年鉴》，等等。年鉴多半取材于政府公报、文件和报刊资料，具有总结与统计的性质。年鉴资料的可信度高，可靠性较强，是研究历史的重要文献。年鉴的时间性很强，比较注重对最新资料数据的统计和搜集。西方国家出版年鉴比较早，我国大量出版年鉴开始于辛亥革命以后。

在我国出版的各种年鉴中，《世界知识年鉴》编辑出版时间较长，这是一部查找有关国家资料的工具书，原名《世界知识手册》，1953年由世界知识出版社出版，1958 年改名《世界知识年鉴》。该书按年度反映了世界各地区的自然地理、政治、经济、文化等方面的基本情况，并收录了有关国际组织、国际会议与重要政治活动、国际问题大事记等。

《中国历史学年鉴》是 1979 年开始编辑的国家重要的专业性年鉴，由中国历史学会编辑出版，此后每年出版一辑，例由中华书局出版，全面反映中国史学界的研究成果及学术组织机构的主要学术活动。《中国历史学年鉴》例由各分支学科专家撰文，综述上年度断代史及国别地区史的研究成果，记录各大专院校、科研单位的相关学术活动，附录上年度历史学论文索引，供人们检索。

《中国考古学年鉴》创刊于 1979 年，是年度性的国家考古专业资料汇编，由中国考古学会编辑，全面反映上个年度国家考古学的成就。这里以 1994 年版《中国考古学年鉴》为例，介绍该年鉴的主要栏目。“考古学研究”综述各分支学科研究领域的年度考古学研究成果，“考古文物新发现”报道各省、区、市年度考古新发现，“文物展览、学术动态”介绍国内外文物展览及学术活动情况，另有“对外学术交流”、“考古教学”、“本年逝世考古学家”等栏目，最后是“考古学文献资料目录”，分考古学书目、考古学论文资料索引、新发表古代铭刻资料简目三个部分，系统介绍上个年度考古发现及研究成果。

会刊，是各种学术团体编写的反映专业学会及其学术活动等相关信息的工具书，也是专业学会的资料汇编。一般的学术会刊按年度编写，书后通常附有当年搜集到的专业学术论文索引，便于读者翻检浏览。由于我国多数学术团体属于群众性组织，缺乏政府财政支持，所以 20 世纪 80 年代以前大多数学术团体编写的会刊是作为内部交流使用的工具书，公开出版的会刊数量较少。改革开放以后，随着我国经济实力的不断提升，越来越多的学术团体开始将它们编辑的学术会刊公开出版发行，大大方便了读者检索和使用。

这里以1984 年3 月内部印行的《中国唐史学会会刊》（第一期）为例，对会刊略作介绍和说明。中国唐史学会至今保持了编写会刊的良好传统。根据这份学会年度会刊的记述，我们知道中国唐史学会第二届年会于1983 年10 月29 日至11 月2 日在成都召开，这次年会改选了中国唐史学会领导机构成员，产生了由38 名理事（包括给港台学者保留的两个名额）组成的理事会。理事会推选唐长孺为会长，王仲荦、史念海、吴枫、胡如雷为副会长，秘书长由吴枫兼任。理事会聘请白寿彝、何兹全、谷霁光、周一良、武伯伦、韩国磐、缪钺、谭其骧、熊德基等著名学者为顾问。理事会通讯表决通过了《中国唐史学会章程》（共七条），学会会址设在陕西师范大学历史系，学会设秘书处负责日常工作。会刊汇编了学会章程、年会简况、会长秘书长名单、开幕辞、闭幕辞、学会活动安排等学会内部文件和活动内容，刊登了学会会员通讯录，附录1981 ~1983 年隋唐五代史论文索引，基本反映了此间我国唐史研究领域的主要成果，是比较专业的资料汇编。

二、资料的搜索与汇集

历史研究讲究用资料说话，提倡广征博引以增强论点的说服力。历史资料往往分散在不同的文献中，搜集起来不太容易。比较常见的资料搜集方法是横向搜索、按类汇集，这种方法是梁启超在其《中国历史研究法》第五章中提倡的一种搜集资料的方法，是在清代史家传统方法的基础上总结出来的科学方法。该方法注重围绕主题从横向的不同渠道搜集资料，是一种有的放矢的资料搜集方法，运用起来十分方便。例如，先秦墨家的文献资料十分缺乏，《史记·孟子荀卿列传》仅有二十四个字，即“盖墨翟，宋之大夫，善守御，为节用。或曰并孔子时，或曰在其后”。清代学者孙诒让将散见于先秦文献中涉及墨子的记载汇集起来，写出了《墨子间诂》。孙诒让搜集资料用的就是横向搜索的方法，清代乾嘉学派的史学家大多采用这种横向搜索资料的方法。横向搜索资料注重检阅相同时代的资料，就如在同一段河中淘金，可以分头去找你要的金子颗粒。用这种方法需要专心致志，肯花时间就能有所收获。正如前辈史学家范文澜所说“板凳要坐十年冷”，历史学是需要甘守寂寞的，守住书斋才是史学家的本职，任何急功近利的思想都是有害的。大学的历史学科，需要一批耐得住寂寞的人，历史学不能搞所谓“跨越式”发展，更不可进行“大跃进”。用所谓硬性“量化指标”的管理模式要求我们的史学工作者每年产出多少篇科研论文或承接多少个纵向研究项目的做法，只会导致文字垃圾的大量出现，危害学术的健康发展。

横向搜索的方法简便易行，适合所有历史研究的领域。例如，要研究唐代人口问题，可搜索相关正史的表、志及《文献通考》等书，还可搜索《通典》、《通志》及地方文献、杂史、笔记、文牍档案等。另外，还应注意搜集前人的研究成果，包括现代学者的研究论著。研究中国古史还要特别注意搜集清代学者的成果。再如，研究古代某个历史人物，首先应该搜索中华书局《二十四史纪传人名索引》（张枕石、吴树平编），看看正史纪传中有无该人的传记；再搜索《四库全书总目提要》，看看有无该人的文集；最后搜索前人的有关研究成果。另外，还应该搜索同时代文人的相关笔记文集，最大限度地寻找反映这个人物的文字资料，理清人物的生平与思想。如我们要研究唐代宰相张说这个人物，可以从中华书局《二十四史纪传人名索引》中查到《旧唐书》卷九十七、《新唐书》卷一百二十五有张说传。从《四库全书总目提要》中可查到张说有《张燕公集》，该书单行本曾由上海古籍出版社于1992年影印出版。我们还可以通过互联网的《中国期刊网》以及复旦大学历史系资料室所编

《中国古代史论文资料索引》等文献检索工具书搜索目前为止发表的关于张说的研究论著。对于搜索到的各种文献资料，必须认真阅读和消化理解，做好资料卡片的摘录、整理、分类，以便于日后撰写论著作为论据使用。

搜集资料要注意穷尽性，做到应搜尽搜、不留余地。搜索资料越是全面，说明你的研究越有深度。广泛占有资料，这是历史研究的基本要求。在搜集资料的过程中，要注意对第一手资料的搜集。凡是原始的资料应该尽量搜罗，原文原貌地摘录保存原始资料，摘录原文应准确无误，不错过一个标点符号。注意对学术界已有研究成果（二手文献）的搜集整理，除了摘录文献内容以外，还应注意记录相关文献的出处。准确记录论著的版权要素，包括作者、文献名称、出版机构或刊物名称、出版年份或刊物年卷（期）数、文献原文起止页码等要素，以备日后撰写论著时引用。最好把上述这些文献要素记录在资料卡片上，或原样复印下来整理分类。成型的论文“注释”应该规范化，需要如实地标注所引文献版权诸要素。如果论文中引文处缺失注释与说明，就是学术抄袭与剽窃行为，这个问题应该引起大家的高度重视。

随着信息技术的发展，历史文献研究已经呈现出数据化的趋势，各种文献检索系统及超文本技术、数据库技术得到了广泛应用，史料搜集的效率因此大大提高。人们借助于计算机强大的信息处理功能，可以实现文献数据化处理，这是以往手工翻检文献资料的落后手段难以实现的。目前，我国史学专业工作者已经着手进行史学数字化平台建设，如陕西师范大学袁林教授负责开发的历史文献全文数据库、数字图书馆和简单史学考证自动化辅助工具已经在专题研究方面发挥显著作用。① 人们通过建立强大的文献检索系统，可以实

---

① 袁林：《史学数字化工作平台与我们的工作》，原刊汤勤福主编：《历史文献整理研究与史学方法论》，黄山书社 2008 年版，第 267～275 页。

现对文献全文的关键词检索、条件检索、逻辑检索、模糊检索、组配检索、属性检索等。数据库技术则为人们提供了搜索内容、卡片制作、日历工具等功能，这些技术无疑大幅度提高了文献资料的搜集与处理效率。不过，由于文献数据化技术还有许多技术上的难关尚未攻克，文献数据化的普及尚待时日。计算机技术虽然在数据信息处理方面为人们提供了便利，却不能最终代替史学家的工作，计算机无法从事定性的历史研究，它无法取代人的思想。

时下已进入信息化时代，网络检索浏览资料已成为人们搜集资料的主要方式，这是计算机技术带给人们的便捷。以科研论文的搜索为例，目前我国常用的科研文献网络搜索系统有“中国学术期刊网全文数据库”（简称 CJFD），该数据库是中国学术期刊（光盘版）电子杂志社和北京清华同方光盘有限公司合作研制的中国知识基础设施工程（China National Knowledge Infrastrure，简称 CNKI）系统中的一个子系统，是查找最近三十多年来国内期刊文章的一个主要网络数据库。该数据库内容庞杂，特别汇集了 1994 年以来国内出版的 7200 种学术专业期刊的全文，累计达 1350 余万篇，专业覆盖理、工、农、医、文、史、哲、政、法、经、教育与社会科学、电子技术与信息科学等知识门类。中国学术期刊网全文数据库提供专辑导航、中图法导航和知识导航三种导航方式，每一导航方式都提供从学科角度查找文献的途径。其中较为人们习用的是专辑导航方式，它将全部文献分成理工、农业、医药、文史、教育和社会科学总论等 9 个专辑，形成了按专辑栏目排列的分类导航。该数据库对其收录的每一篇文章均提供文章篇名、作者、关键词、摘要、印刷版出处等有效信息，并提供全文的原貌显示、打印下载等功能。全文文件格式有 CAJ 和 PDF 两种，只需预先下载、安装相应浏览器即可上网浏览阅读或下载。

鉴于网络系统的局限性，我们搜集文献还应结合传统纸质文献检索方式进行全面的资料搜集，不能完全依赖网络系统进行文献检索。利用计算机网络系统上网检索或搜集资料要注意以下几点：首先，使用网页所传文献资料应该注明网络 IP 地址，凡有纸质文献出处的网络文献要核对原始的纸质文献，原则上文献资料以纸质文献为准，不能以网页文字取代原始纸质文献，因为现今网络论著资料的权威性仍未得到国家权威技术部门的认可。其次，目前上网检索文献资料一般只是速度快捷，还不能完全免费获得文献原文，这提高了获取文献资料的经济成本。第三，网络文章稂莠不齐，不能完全参考网络资料撰写学术论文。总之，网络资料仍然不能替代纸质文献的阅读和搜集，应该积极搜集纸质文献。目前，大学生随意从网络上下载文章，甚至把网络文章简单拼凑后冒充学术论文，这种现象实际上是新形势下的抄袭行为，应予禁止，这种现象的蔓延破坏了神圣的高等教育秩序与科学研究事业，败坏了学术道德。

第二节 资料的整理与分析方法

搜集材料的工作结束后，要对搜集来的各种材料进行由此及彼、由表及里、去伪存真、去粗取精的整理。要用抽象思维的方法概括分析纷杂的材料，从中提炼出理论认识，形成明确的观点（论点）。

一、整理资料的方法

这里所讲的历史材料的整理与分析，就是我们通常所说的历史科学方法的训练，它是一种科学思维的训练过程，重点在于归纳整理第一手资料。掌握了史料整理方法的历史专业大学生，将来可以从事很多专业工作，比如律师、企业高层管理等，因为史料整理分析是一种科学思维的训练，而科学思维是触类旁通的。关于历史学的训练方法，当代美国华人历史学家薛涌曾经说过："历史训练并不是许多人想象的那样，是掌握一些历史知识，比如文艺复兴、宗教改革、法国大革命、美国独立战争、工业革命、第二次世界大战，等等。我从来不要求学生记住这些。事情明摆着：你要求学生记住，他们考试后也会忘掉。我所强调的是他们不会忘掉的东西。首先，历史训练你通过原始文献或尽可能是第一手的文献以及其他证据对过去进行调查；通过这些调查，把漫无头绪的零散事实连接起来，最终形成自己的论断或观点。然后，你要学会怎么陈述自己的观点，怎么用事实支持自己的每一个论断。总之，你要知道怎样变得有说服力。这难道和律师在法庭上的工作不是很接近吗？其实，这也并不仅仅限于法律。有位中世纪史学家说，研究中世纪的人搞情报工作特别合适。因为中世纪的史料残缺不全，你必须根据这些残缺不全的材料发现某种事实、得出最令人信服的结论。难道企业的运营不也是如此吗？一个企业总裁不可能获得全部的市场信息。他也不能坐在那里等待信息完备后再决策。他每天都在根据不完备的信息去理解不断变化的现实，并有所行动。这和历史学家的处境很相似。"① 薛涌的概括非常到位，他说出了历史研究的科学训练方法，具有很强的针对性，一扫非专业人士对历史方法的疑惑。

对于历史专业工作者来说，整理资料实际上就是重建历史的过程。首先需要在文献学上编排有关历史事实的资料，形成有关事实的文献排序，这项工作的成果就是我们常说的资料长编的东西。整理资料，先要辨别资料的真伪，做到去伪存真、去粗取精。中国历史上遗留下来的各种史料存在大量的讹误，需要对资料进行文字校勘、辨伪和考证。西方史学界把这个过程称为"史料批判"，兰克史学最核心的方法就是史料批判。文字校勘又是史料批判的核心。所谓文字校勘，就是校正勘误文字，这是一项专门的学问，古代称之为"校雠"。关于"校雠"，南朝萧统《昭明文选·魏都赋》李善注引汉代《风俗通》所录西汉校雠学家刘向《别录》的解释比较经典，即"校雠：一人读书，校其上下，得谬误为校；一人持本，一

---

① 薛涌：《北大批判》，江苏文艺出版社 2009 年版，第 25 页。

人读书，若怨家相对，故曰雠也”①。关于文字校勘学，可学习史学家陈垣所著《校勘学释例》，它“是中国校勘学的一部最重要的方法论”②。陈垣先生提出了文献校勘的四种基本方法，即对校法、本校法、他校法、理校法。所谓“对校法”，即以同书祖本与别本对校，其主旨在校异同，不校是非。所谓“本校法”，以本书前后互证，而抉摘其异同，则知其中之谬误，此法最宜用于未得祖本或别本以前。所谓“他校法”，即以他书校本书。凡其书有采自前人或为后人所引用者，可以前人或后人之书校对之，有为同时之书所并载者，可以同时之书校之。此法可证明书中讹误。所谓“理校法”，凡遇无古本可据，或数本互异，而无所适从之时，则须用此法，断于情理，故名“理校”。此法最高妙，也最危险，须通识为之，否则卤莽灭裂，以不误为误，而纠纷愈甚矣。陈垣将中国传统的文献校勘方法提到了科学的境界。

辨伪是对史料真伪的鉴别，我国古代有辨伪的学术传统。汉代已经有了辨伪的学问，明代学问家胡应麟总结了辨伪的多种方法。古人主要通过目录、文体、时事等方面考察史料的可信度。如前所述，梁启超《中国历史研究法》总结了十二种史料辨伪的具体方法，举事证、物证、理证等手段辨别史料的真伪。

史料考证，是在史料辨伪的基础上对史料内容所做的考据工作。我们不能迷信古人或古书，要有怀疑的精神，这是考证史料的前提。正如《孟子》所说“尽信书，不如无书”，不加考证而随意使用文字史料是不严谨的，一旦结论所依据的资料存在问题，你的整个研究工作便前功尽弃了。史料考证的传统方法有溯源法、旁证法、反证法等。溯源法讲究追根溯源来寻找最原始的记载，反证法讲究以矛陷盾来辨别是非，旁证法提倡孤证不立。如今，随着科学的发展，

① 萧统：《文选》，中华书局1981年影印清胡刻本，第106页。

② 见《校勘学释例》所附胡适《元典章校补释例序》。

考证史料的方法更具综合性，但凡文字学、考古学、地理学、年代学、金石学、目录学、版本学以及自然科学的方法都可以用来进行史料考证。

对于当代大学生来说，辨别与考证史料的工作也许有些难度，但是，在选择使用文献资料的时候，具备一些版本学的知识可以少走些弯路。大家要学会尽可能使用原始的、经典的、权威的文献资料。比如使用“二十四史”，首选还是中华书局标点本，不能随意用其他出版社的版本。以唐史研究为例，如果是相同内容的史料记载，应该尽可能使用《旧唐书》、《旧五代史》、《通典》、《唐会要》、《元和姓纂》及敦煌遗书等唐五代时期的史料记载，慎用后人编撰的其他文字资料。

二、分析资料的方法

归根到底，历史研究就是对历史资料进行分析，在解释和复原历史事实的基础上，总结发现事物发展的规律，所以历史研究的论著应该兼具真实性与理论性。好的历史论文应该具有一定的思想性，要有作者自己独到的观点，体现作者对资料的分析与理解水平。分析资料的方法有多种多样，从性质上区分不外乎定性分析与定量分析两类。在史料分析之前，首先要对史料进行归纳整理，按照事物的本身结构或前后关系将同类或相关资料归在一起，从中发现历史的真实内容，得出研究的初步结论。归纳资料应该遵循多多益善的原则，凡能说明问题的资料越多越好，孤证无凭，文章的结论应该建立在证据充分的基础上。这样，才能保证从资料中提炼出来的结论具有说服力。

归纳史料应该从做好资料卡片开始，资料卡片是构成历史论著的毛坯材料。当然，积累资料只是历史研究的基础性工作，对资料进行归纳分析才是历史研究最关键的环节。在历史研究活动中，历史学家对整理出来的资料要做归纳、比较、综合的分析，得出最终的研究结论。陈寅恪在《唐代政治史述论稿》中分析并归纳了唐朝宫廷政变与北门禁军的关系，他最后得出了如下研究结论：唐代中央政治革命之成败常系于玄武门之形势及守卫北门之禁军。这一结论揭示了唐代军队与政治的密切关系。

历史学家在重构历史的过程中，常运用定性分析方法对历史事件的渊源、背景、影响及意义进行定性评价，找出历史真相背后的东西。所谓定性分析，是与定量分析方法相对而言的一种科学方法。该方法强调根据事物或现象所特有的属性及其运动变化规律来确定事物性质，它是人类认识事物的基本方法之一，广泛运用于自然科学、社会科学及人文科学领域。定性分析着眼于判断事物属性，以便将一事物与他事物区别开来。一般说来，定性分析具有揭示事物整体性质的特点。对事物定性的认识或判断主要凭借经验和概念推导出来，所以定性分析具有较强的主观性，对事物的认识容易失真。定性分析主要运用在文字论述方面，数据资料的分析则多用定量分析方法。

当然，定性分析需要依据一定的理论，在对事实进行定性分析的过程中，由于所依据的理论不同，往往会存在价值判断上的差异，形成见仁见智的不同说法，定性分析的主观性缺陷因此凸现出来，从而影响结论的客观与真实。例如同样是评价“五四”运动，马克思主义史学家将“五四”运动定性为促进中国发展进步的爱国运动，信奉自由主义的胡适则说“五四”运动是一场延缓中国社会进步的“不幸的政治事件”。

定量分析方法，是对社会现象的数量特征、数量关系与数量变化进行分析的方法。它依据统计学原理，建立并运用数学模型计算出分析对象的各项指标及其数值的变化。这种方法最初运用在经济统计领域，后来逐步推广到学术领域。为了减弱主观性，增强历史认识的客观性，在进行历史研究的过程中需要运用定量分析的方法。20 世纪 30 年代以来，受年鉴学派影响，人们普遍重视运用定量分析方法开展历史研究。20 世纪 70 年代以后，随着电子计算机技术的发展，计量史学应运而生。定量分析方法大大提高了历史研究的效率，使诸如人口、土地、赋税等过去无法处理的数据资料得以利用，增强了历史研究的客观性。计量史学方法拓展了历史研究的领域，催生了新社会史及其分支领域的发展，城市史、家庭史、人口史、社区史、妇女史等新兴历史学分支均得益于计量分析方法。但是，由于历史研究的对象是复杂而能动的人类行为，定量分析方法有时显得很无奈，它不能解决所有问题。这就要求我们必须把定性分析与定量分析结合起来，二者相辅相成，定性以定量为依据，定量分析为定性分析服务，二者结合起来才能取得最佳的分析效果。尤其是研究人物的思想行为，往往不能简单采用定量分析方法加以概括。例如历史人物在特定环境中说的话会随着环境的变化而改变，人的情绪与思想会因环境而发生波动与变化，这时就难以对人物开展定量分析。所以，我们不能迷信定量分析的结论，环境因素与人的思想波动性是不能忽略的。我们也许可以透过资料分析捕捉到一个特殊历史时期社会思潮的某些反映，个人思想也许能够反映所在时代的思想，但不一定代表一个历史时代。总体上看，人们常用的定性分析与定量分析都是静态的分析方法，它们都无法反映某些处于变化之中的历史现象。当历史现象处于两种概念的临界状态时，还需要我们运用辩证的思维方法或数学模糊论的方法，把事物的联系性及动态性充分考虑进去，从而揭示历史现象的真实变化。

人们在分析历史资料时运用了许多行之有效的方法，最主要的方法有历史分析法、逻辑分析法、结构分析法、阶级分析法、系统分析法等。所谓历史分析法，是依据哲学上历史主义思想建立起来的分析方法，它在方法论上为近代历史科学的诞生作出了贡献。它是一种着眼于历史的联系性，依照历史本身的线索，对历史发展的自然过程进行研究与描述，进而揭示历史发展规律的方法。历史主义这个英语名词源于德语名词 Histori smus，是德国学者普兰陀于

1852 年在巴伐利亚科学院所作的报告《当代哲学的任务》中首次提出来的（参阅黄进兴《历史主义与历史理论》）。历史主义思潮由 18 世纪中叶意大利维科开创，后经 19 世纪德国黑格尔、赫尔德等人逐步发展成熟。历史主义者信奉"不懂得过去，就无法理解现在"的格言。后来，马克思克服了历史主义的缺陷，将其改造发展成为辩证唯物主义历史观。历史主义主张人类历史及其各种表现（如制度、文化等）是一个自然变化和发展的过程，各民族、各时代、各国家有各自独特的历史时代属性，表现自己的独特价值，但人类历史不存在共同的规律。今天，我们所用的历史分析方法是马克思主义的历史科学方法，这种方法吸收历史主义的合理成分，强调用辩证的、发展的、联系的观点研究历史，承认历史具有规律性，它是我们全面、客观、正确认识历史的科学方法。一般说来，历史分析方法主要通过分析历史现象发生的具体时间、地点和背景条件以及事件发生的具体过程、事件的影响及其意义认识历史现象，揭示历史规律。对历史现象进行历史分析，应该充分考虑历史条件，把人物、事件、制度、思想等历史现象置于特定的历史条件下进行考察，不能脱离历史背景分析历史现象。用历史分析方法研究历史现象，还要注意用联系的、整体的、辩证的观点和方法分析历史事物的关系，揭示历史现象各要素之间的相互联系。例如，研究某一种政治制度，就要充分考虑它产生的历史条件及其与社会经济、文化等要素之间的联系，不能孤立地看问题。

逻辑分析方法，是比历史分析方法更高一个层次的研究方法。逻辑分析方法超越自然历史过程，注重从纷杂的历史资料中抽象概括出历史现象最本质的属性，并将其升华为概念或理论。这种方法是揭示历史规律、开展历史研究的重要方法之一。在史学研究中，逻辑分析方法常与历史分析方法联系运用。逻辑分析方法的认识特点具有本质性、概括性、抽象性。尽管逻辑分析法通常也用概念、判断、推理的手段揭示历史的本质规律，但历史研究的逻辑分析是一般形式逻辑的方法，它不是纯粹的概念推理，而是运用逻辑的原理概括总结历史资料，揭示历史现象内在的本质联系。历史研究的逻辑分析方法要求我们立足于史料的分析，不能脱离具体的历史事实而进行纯粹的概念分析，历史研究不能玩名词概念游戏。历史研究常用的逻辑分析方法有归纳法、分析法、演绎法等。运用逻辑分析方法，应该具备透过现象看本质的能力，具备一定的哲学思辨能力和分析能力。

结构分析方法是西方现代社会科学研究方法之一。结构主义史学分析方法的主要奠基人是法国人类学家、历史学家列维·斯特劳斯（1908～2009），他是20世纪“结构主义”的代表人物。列维·斯特劳斯认为“结构”普遍存在于所有人类行为中，它能够使看似分离的文化和创作有一体的形态，即所谓“历史是由诸历史领域组成的非连续体的集合”①。结构主义主张同时态研究，否认历时态研究的意义。列维·斯特劳斯认为，历史所研究的是结构而非起源，是结果而非演变。作为历史基本组成要素的“结构”是排他性的，每一社会各种非连续性的结构可以通过符号化而具有客观性。结构主义理论具有反历史主义的特点，它力图从静态横断面揭示社会结构的联系性，为人们了解历史面貌提供了新的途径。列维·斯特劳斯把社会文化现象视为一种深层结构体系来表现，把个别的习俗、故事看做是“语言”的元素。他的理论对语言学、人类学、历史学研究产生了非常深远的影响。列维·斯特劳斯开创了结构主义的文化人类学，他应用结构分析方法分析了原始社会中的社会结构、神话结构、思维结构、历史结构等，为人们展示了历史的非连续性的结构特点。列维·斯特劳斯著有《结构人类学》、《野性的思维》、《神话学》、《演讲集》等。

---

① 列维·斯特劳斯：《野性的思维》（中译本），商务印书馆1987年版，第297页。

在实际的历史研究中，人们进行一般历史现象的结构分析时，通常运用统计学的结构分析方法。在研究经济、人口、赋税、工业、农业史等具体历史课题时，我们可以运用统计学的结构分析方法分析社会史的某些具体结构。统计学的结构分析法在统计分组的基础上，计算各组成部分所占比重，进而分析某一总体现象的内部结构特征、总体的性质、总体内部结构依时间推移而表现出的变化和规律性。结构分析法的基本表现形式就是计算结构指标。所谓结构指标，就是总体各个部分占总体的比重。我们通过结构分析可以认识总体构成的特征。运用这种统计学的结构分析方法分析某些历史现象的结构，得到的结果客观而准确。

阶级分析法，是马克思主义历史科学的基本方法之一。马克思主义认为，人类社会是阶级社会，在每个历史时期，社会不同阶级之间存在着深刻的政治、经济方面的利益冲突，阶级矛盾是普遍存在的，所以，研究阶级社会的历史要用阶级分析的方法，分析社会阶级结构及其相互关系。一般情况下，阶级分析法比较适合于对特定历史社会进行结构分析，运用阶级分析方法开展历史研究，应着眼于分析特定历史时期的社会阶级状况，分析不同阶级赖以存在的经济基础，考察历史人物行为所代表的阶级利益诉求。运用阶级分析方法研究历史人物，不能唯出身论，不能仅看阶级出身，要看人物的实际行为，切忌按阶级出身给人物贴标签。通常一个人的思想行为与其所处的阶级地位相一致，也有例外的情况：由于受不同世界观、价值观、人生观影响，人的思想行为有时会发生脱离本阶级的情况。例如，20 世纪中国无产阶级革命家毛泽东、周恩来、邓小平原本都是非无产阶级出身，受马克思主义思想影响，他们脱离本阶级的阵营而投身无产阶级革命事业。阶级分析方法不是一种可以广泛运用的历史研究方法，比如研究文化史、思想史、宗教史方面的问题，就不能简单用阶级分析学说进行分析。用阶级分析法研究社会阶级结构，应该结合社会经济、文化而开展研究，不能从单一的阶级分析角度研究社会矛盾，要综合考虑社会阶级结构的复合要素，开展综合性的社会史研究，防止片面化、简单化看问题的错误倾向。

系统分析法，系统分析方法来源于系统科学。系统科学是20世纪40年代以后迅速发展起来的一个跨学科的新的科学部门，它从系统的着眼点或角度去考察和研究整个客观世界，为人类认识和改造世界提供了科学的理论和方法。它的产生和发展标志着人类的科学思维由主要以“实物为中心”逐渐过渡到以“系统为中心”，是科学思维的一个划时代突破。系统分析法最早是由美国兰德公司在二战结束前后提出并加以使用的。从20世纪40年代末到70年代的约30年间，系统分析法主要运用数学工具和经济学原理分析和研究新型武器防御系统。后来，在军事和政府部门的带动下，美国民间企业也开始应用系统分析方法来改善交通、通讯、计算机、公共卫生设施的效率和效能，系统分析方法得到了广泛的应用。系统分析方法的具体步骤包括限定问题、确定目标、调查研究收集数据、提出备选方案和评价标准、备选方案评估和提出最可行方案。20世纪80年代以后，系统分析方法被广泛运用到社会科学领域。历史学研究中的系统分析法是应用现代系统论原理研究历史现象整体与局部辩证关系的方法，这种方法注重从整体观点出发，对社会结构及其特点进行独立的整体分析，总结社会历史过程的面貌和特征。系统分析法要求对社会历史现象进行分层次的结构分析，从而为整体分析提供资料，这符合历史过程自身具有多层次结构的客观实际。比如，中国古代社会群体分士、农、工、商等不同层次，只有详细分析了不同层次的社会群体状况之后，才能更好地认识社会整体特征。系统分析方法也要求我们根据系统论的基本原理，对历史现象展开结构分析、环境分析和开放的动态分析，以便从整体上认识和把握事物的本质特征。当然，系统分析法的结构分析与结构主义的结构分析不同，系统分析法的结构分析重点在于用动态的系统方法分析整体与要素、要素与要素之间的关系，而结构主义的结构分析重点在于用同时态方法静态分析非连续性历史横断面的种种因素及其关系。正如学者们指出的那样，系统论不否定历时性现象在历史发展中的作用，结构主义轻视历时性现象在历史发展中的作用。① 两者具有明显的差异，运用这两种方法分析历史社会现象时应该注意各自立足点的差异，避免看问题时产生片面化倾向。

由于历史现象的复杂性，现代历史学研究越来越注重研究方法的综合性，跨学科研究正在成为历史科学的发展趋势，历史科学成为一门综合性的基础学科。如今，历史学与心理学、文化人类学、社会学、政治学、宗教学等学科之间的相互结合已经成为世界历史研究的趋势。历史学犹如一艘巨大的航空母舰，接纳了来自不同学科背景的学者们的光顾。

---

① 姜义华、瞿林东、赵吉惠：《史学导论》，复旦大学出版社 2004 年版，第 141 ~ 142 页。

第四编

现代历史学的发展

第一章　20世纪西方历史学流派

第一节　美国鲁滨逊“新史学派”

一、鲁滨逊“新史学派”的历史地位

1912年，美国历史学家詹姆斯·哈维·鲁滨逊（James Harvey Robinson）发表《新史学》，发起了一场“新史学”革命。① 在以后的半个多世纪里，鲁滨逊的“新史学”理论主宰了美国历史学，成为西方历史学的主流，甚至影响到中国现代历史学的发展。②

鲁滨逊生长在历史学专业化的19世纪末，他继承了欧洲史学改革的思想。1888年，在美国历史协会成立四年后，鲁滨逊赴德国留学，开始接受系统的历史学研究方法训练。19世纪60年代以来，欧洲史学正处于新旧交替与激烈变革的时期，以斯宾塞、布克哈特、格林为代表的“文化史运动”方兴未艾。德国兰普勒希特倡导的“新史学”被越来越多的人所接受，并影响了鲁滨逊。鲁滨逊吸收欧洲“文化史运动”之成果，大胆开拓，创立了以他为核心的“新史学派”，比尔德、贝克及肖特威尔、巴恩斯、海斯、桑代克等都是该

---

① J. H. 鲁滨逊之《新史学》最早由何炳松于1920年译成中文，商务印书馆1989年出版新版本。

② 胡逢祥、张文建：《中国近代史学思潮与流派》（第五章），华东师范大学出版社1991年版。

学派的重要成员。“新史学派”积极参与社会活动，强调历史学为现实社会服务。鲁滨逊“新史学派”拓展了历史研究的范围，他们研究的历史内容非常广泛，包括了民主政治史、工业史、宗教史、社会史、经济史、文化史、军事史、思想史、妇女史、文学史等众多领域。鲁滨逊曾任美国教育部学术委员、美国历史学会主席，负责编写和审查全国大、中学校历史教科书。

鲁滨逊“新史学派”适应了美国近代以来社会发展的趋势，突破了以往历史学研究局限于宪法史、政党发展史和外交史等传统领域的束缚，将历史学研究转向更广泛的社会史，转向普通大众，转向社会变革，提升了历史学的学术地位和社会影响力。

二、鲁滨逊的“新史学”思想

鲁滨逊“新史学派”强调史学研究应该涵盖整个人类既往活动，主张用综合的多种因素的观点分析历史，冲破以往以政治史为中心的传统束缚，扩大历史研究的视野。鲁滨逊认为历史还远远没有实现科学化，因为历史学家都在研究特殊现象而非普遍现象。鲁滨逊首先反对传统史学局限于政治史的狭隘性，主张“新史学”应包含人类过去的全部活动。《新史学》开宗明义地指出：“从广义来说，一切关于人类在世界上出现以来所做的或所想的事业与痕迹，都包括在历史范围之内。大到可以描述各民族的兴亡，小到描写一个最平凡的人物的习惯和感情。”①

在研究方法上，鲁滨逊突破了传统史学单一的文献考订方法，主张综合采用语言学、心理学等方法开展研究。鲁滨逊新史学反对叙事史学，重视研究方法的革新，重视理论概括和解释，力求提高历史认识和解释的准确性。

鲁滨逊之《新史学》开宗明义地阐释了“新史学”。鲁滨逊认

① J. H. 鲁滨逊：《新史学》，何炳松译，商务印书馆 1989 年版，第 3 页。

为，我们研究历史，并不是因为过去可以给我们种种教训，实在是因为我们可以根据历史的知识来说明现在的问题，因为唯有历史可以说明现在各种制度。鲁滨逊颠覆了19世纪以来传统史学强调历史就是事实考据的观点，强调历史研究的功能在于通过历史了解现在和推测未来。

鲁滨逊历数了欧洲上古以来的传统历史观，将历史研究的宗旨提高到了前所未有的地位。鲁滨逊指出，“新史学”的方向是建立一种真正意义的“科学”的历史，立足科学的现实关照才是历史学的价值所在。他认为，以前的历史研究更多地被守旧的人所利用，故遮掩了历史发展的光明图景，现在应该破除以过去为指向的历史研究，让历史呈现进步的、以未来为取向的光明前景。鲁滨逊“新史学”为历史学立身于现代学术之林奠定了坚实的理论基础。

鲁滨逊的新史学观，概括起来主要有以下几个特点：1. 打破传统史学狭隘的政治史研究和注重考据的传统，把历史研究的范围扩大到人类既往的全部活动，方法上应当采用综合性的研究范式；2. 用进步的观点来考察历史的变化，把人类历史看做一个连续不断的成长过程；3. 用综合和多因素的观点来解释和分析历史事实，把历史看成是各种因素同时相互作用的结果；4. 注重历史的社会功用，强调历史为现实服务。

鲁滨逊的“新史学”强调历史学方法的革新，主张对历史进行综合的研究甚至跨学科的研究。鲁滨逊认为历史学的发展必须借助于其他新兴学科的帮助，具体说来需要借助人类学、宗教学、心理学、社会学等这些具有同盟性质的学科。在鲁滨逊影响下，美国许多新史学家运用地理学、人类学、心理学、社会学、政治学、经济学和伦理学等新科学方法研究历史，取得了丰硕的成果。新史学家普遍使用现代先进的技术手段。大量新的研究方法被创造出来，如模式比较法、回归分析法、家庭重建法、系统分析法、结构主义方法、口述方法等。这些新的研究方法扩大了史料的使用范围，完全不像传统史学那样局限于官方文字资料。① 总之，“新史学”大大拓展了历史研究的范围，开阔了人们认识历史的视野。

第二节　法国年鉴学派及其科学贡献

一、年鉴学派的创立及其发展

进入 20 世纪以后，人们普遍反省 19 世纪以来的科学传统。人们意识到，近代科学化的潮流把人们带入了一个个专门化的胡同，人们的视野被局限于狭窄的范围之内。正像捷克现代著名作家米兰·昆德拉曾经批评的那样：“科学的兴起把人推入一条专门化训练的隧道。人越在知识方面有所进展，就越看不清作为一个整体的世界，看不清他自己，于是就进一步陷入胡塞尔的学生海德格尔用优美的、近乎神秘的术语所称的‘存在的遗忘’（the forgetting of being）。”② 现代历史学家反省后意识到，19 世纪的实证史学虽然具有科学的严谨学风，却过分追求对局部的史事做文献学的专门化的繁琐考释，忽视了对整体历史的把握和认知，忽视了对历史发展规律的认识，忽视了对人性的关照。

19 世纪传统史学注重事实考订（复原事实），20 世纪现代史学注重在理论层面上重建过去（复原精神），讲究用现代话语或借助现代技术手段解构或重建历史。19 世纪传统史学偏重单一的文献学研究，现代史学则注重方法上的综合研究。19 世纪传统史学轻视史家参与历史的复原，现代史学重视史家参与历史的重构。19 世纪传统史学注重专门化的局部的学科研究，现代史学注重综合性的整体的

---

① 关于鲁滨逊之“新史学派”，可参阅李勇《鲁滨逊新史学派研究》，该书由安徽人民出版社于 2004 年出版。

② 米兰·昆德拉：《小说的艺术》，唐晓渡译，作家出版社 1993 年版，第 2 页。

系统研究。

在20世纪历史学的反思与创新过程中，法国年鉴学派独树一帜，尽得风流。该学派批判地继承19世纪以来实证主义史学传统，引领了20世纪世界历史学的发展潮流。年鉴学派由法国史学家吕西安·费弗尔（Lucien Febver，1878～1956）和马克·布洛赫（Marc Bloch，1886～1944）于1929年创立，该学派得名于当年发刊的《经济与社会史年鉴》（简称《年鉴》）。这份创刊于法国斯特拉斯堡大学的史学杂志，提出了拓展历史学研究范围并进行跨学科研究的新思路。在杂志的创刊号上，吕西安·费弗尔和马克·布洛赫共同提出了他们的办刊方针，鼓励整体的历史研究。日后，以这份杂志为阵地，逐渐形成了与传统实证史学截然不同的"年鉴学派"。

年鉴学派的思想基础立足于20世纪初期对经验主义、实证主义史学的批判，当时人们批判的主要对象是德国兰克史学。兰克史学标榜历史的"客观性"，强调依据缜密考证的第一手资料自然地展示历史真相，重视官方的档案资料。因此，他们的研究范围往往局限于政治、军事、外交领域，忽视历史的整体性。

针对传统实证史学的弊端，年鉴学派创始人吕西安·费弗尔和马克·布洛赫大胆创新，提倡研究"全面的（或整体的）历史"，将历史研究的范围扩大到了人类活动的全部现象。年鉴学派反对简单地复述史料，反对描绘个别特殊事件、人物、制度，主张把个别事物放到特定的社会环境里加以综合的考察分析，找出各种社会历史现象之间的相互关系；提倡运用历史比较法，向史料（包括文献与实物资料）提出问题（因此有人称年鉴学派为"问题史学"）。

年鉴学派的治学特点主要有：1. 重视整体史观，提倡将历史研究的触角伸入到人类历史的每一个方面。2. 提倡对历史学进行跨学科综合研究，广泛应用历史学方法以外的社会学方法、心理学方法、计量方法和比较方法，注重通过社会科学与历史学间的学际对话进行研究，并注意开拓史料的来源。3. 重视经济史、社会史和心理史研究，其经济史研究在一定程度上受到了马克思主义的启发，提倡“新社会史”观。4. 强调历史学与现实的联系，提倡对人类命运的关注，强调历史学家不断进取的精神。5. 主张用问题史学代替传统的叙述史学，强调不让史料自己说话，而是由史学家带着现实中提出的问题开展学术研究。6. 在语言表达形式上，主张从描述转向解释和分析，提升了历史学的科学性。

年鉴学派讲究务实学风，反对空谈理论，反对一味仿效前人，追求创新。《年鉴》杂志提倡整体史学的办刊思路，体现了 20 世纪历史学与时俱进的发展潮流。很快，一批有成就的史学家集结在《年鉴》杂志周围，形成了独特的学术个性。他们勇于向传统的精英史学挑战，跳出 19 世纪以来兰克史学政治史、军事史、外交史的狭隘范畴，致力于拓宽历史学的新领域。在研究方法上，年鉴学派突破传统实证史学侧重文献考证的单一研究模式，致力于探索用心理学、经济学、统计学等多学科方法综合研究历史发展规律的新路径。

自 1929 年至今的 80 余年间，年鉴学派主导了西方历史学的发展，自身也经历了三个不同的发展阶段。第一阶段从 1929 年至 1945 年，第二阶段从 1945 年至 1968 年，第三阶段从 1968 年至今。吕西安·费弗尔和马克·布洛赫是年鉴学派第一阶段的代表人物。吕西安·费弗尔生于法国洛林地区南锡市一个知识分子家庭，1902 年毕业于巴黎高等师范学校，1911 年获巴黎大学博士学位。他一生著有《腓力二世与孔德省：政治、宗教和社会史研究》、《地理历史学导论》、《马丁·路德：一种命运》、《16 世纪的不信神问题：拉伯雷的宗教》等重要著作，所著论文集《为历史而战斗》汇集了作者 1929 年后在《年鉴》杂志上发表的史学理论文章，全面系统地表达了年鉴学派的史学观点。马克·布洛赫出生于法国里昂的一个犹太人家庭，1908 年毕业于巴黎高等师范学校，1920 年获巴黎大学博士学位，曾长期在斯特拉斯堡大学教授欧洲中世纪史。不同于吕西安·费弗尔，马克·布洛赫并不热心于学术组织，而把主要精力放在了著书立说上，一生著述等身，主要的历史著作有《创造奇迹的国王们》、《欧洲社会历史的比较研究》、《法国农村史的基本特性》、《奇怪的溃败》、《封建社会》、《为历史学辩护》(英译本为《历史学家的技艺》) 等。

第二次世界大战以后，直到1968年为止，年鉴学派进入了自身发展的第二阶段。此间，该学派的理论阵地由原来的《经济与社会史年鉴》改名为《经济、社会与文明年鉴》，这一阶段的代表人物是费尔南德·布罗代尔（Fernand Braudel，1902～1985）。1947年布罗代尔接替费弗尔任《年鉴》杂志主编，并很快成为年鉴学派的灵魂人物。在年鉴学派第一代历史学家奠定的方法论与组织基础之上，年鉴学派第二代历史学家利用20世纪五六十年代法国经济发展的有利条件，广泛开展经济社会史研究，出版了大量学术著作，扩大了年鉴学派的影响。布罗代尔将社会学的结构主义理论运用到历史学研究领域，建立了以"三时段"理论为核心的结构主义历史观，总体观察和多元时间、多层面分析是该理论的显著特点，非常适合经济史研究。布罗代尔关于时间多元性和历史解释多层性的"三时段"理论体现了年鉴学派总体历史学的思想。布罗代尔的总体论是结构论，总体由部分（研究领域）组成，且"总体大于部分之和"，"总体即各部分关系之和"。历史研究就是研究各部分的关系及其变迁，尤其是各部分与总体的关系及其变迁。布罗代尔的历史观体系由长时段的构造史（自然地理环境和社会心态史)、中时段的动态史（社会经济和文化史)、短时段的事件史三者构成，这一理论丰富了传统史学的历史观。正如我国著名史学家吴承明总结的那样，"布罗代尔认为，事件的发展常由动态史的局势和节奏调节，而动态史又受环境的制约，故在研究中有重视长时段而轻视事件史的倾向（恐怕也有改正传统历史主义专注重于事件的意思)"①。布罗代尔"三时段"

---

① 斯波义信:《宋代江南经济史研究》(中译本）吴承明序，江苏人民出版社2001年版，第3页。

理论从内容上扩大了历史研究的对象，从地域上延伸了历史研究的范围，把历史学的视野投向了更广阔的社会、经济、政治、文化、地理、生态气候，投向了整个世界，他引领了现代西方史学的发展，直接影响了20 世纪六七十年代欧美及亚洲之日本的历史学。斯波义信是日本当代最有影响的中国经济史专家，曾任东京大学东洋文化研究所所长，他就曾运用年鉴学派的结构主义方法研究我国宋代经济的时空动态及周期，取得了举世认可的成就，所著《宋代商业史研究》和《宋代江南经济史研究》产生了广泛的学术影响。

布罗代尔有三部代表性的历史学巨著，即未完成的《法国史》（第一卷已出版）、《菲利普二世时代的地中海和地中海世界》及《15 至 18 世纪的物质文明、经济和资本主义》，后两部著作的出版在年鉴学派发展史上具有划时代的意义。其中《菲利普二世时代的地中海和地中海世界》更体现了布罗代尔的历史观，该书由三部分组成：第一部分描写地中海地区 10 个国家的地理环境，包括山脉、平原、海岸、岛屿、气候、城市、交通等，力图说明地理与历史、空间与时间的辩证关系；第二部分主要研究 16 世纪地中海地区的社会和经济状况，包括人口、劳动力、货币流通、物价、商业、财政、交通、海盗、宗教等，以及菲利普二世时期的土耳其和西班牙帝国的社会、文化、战争方式等；第三部分涉及 16 世纪地中海地区的政治、军事史、外交史，主要描述土耳其和西班牙两大帝国争霸地中海的过程。布罗代尔力图把 16 世纪西班牙国王菲利普二世在位时期的地中海世界作为一个密切相连的整体加以考察，而社会、文化和经济则随着漫长的历史缓缓地流动。

《15 至 18 世纪的物质文明、经济和资本主义》共分三卷，在书中作者依次叙述了 400 年间欧洲的物质文明、经济状况和资本主义市场的形成过程。布罗代尔用整部书来证明了他的“长时段”理论。布罗代尔的著作延伸了历史研究的地域范围，摆脱了以法国为中心的国别史，把视野扩展到整个地中海区域以至全世界。在历史研究的内容方面，作者将视野扩展到了包括地理、生态、经济、社会、政治、科技、文化在内的人类“全部”活动，体现了年鉴学派的“全面历史”思想。他的著作体现了沟通史学与社会科学的思想。他综合利用人文地理学、经济学、社会学、人类学、人口学等各种社会科学方法，阐明变化中的历史现象以及这些现象之间的相互关系，形成了他的结构主义方法体系。“长时段”理论后来成为布罗代尔全部历史思想的出发点，并成为年鉴学派第二代历史学家研究历史的指导思想。年鉴学派提高了历史学的科学地位，是20世纪世界范围内最重要的社会科学成就之一。

1958年布罗代尔发表了一篇题为《历史与社会科学：长时段》的重要文章，全面阐述了“三时段”理论。文章认为，历史学之所以不同于其他科学，主要体现在时间概念上。历史时间就像电波一样，有短波、中波和长波之分。布罗代尔把历史时间分为三种，即“长时段”、“中时段”和“短时段”，与这三种时段相适应的概念分别为“结构”（Structure）、“局势”（Conjoncture）和“事件”（E-vent）。所谓“结构”，是指长时期不变或者变化极慢的，但在历史上经常起深刻作用的一些因素，如地理、气候、生态环境、社会组织、思想传统等；所谓“局势”，是指在较短时期（10年、20年、50年以至一二百年）内起伏兴衰、形成周期和节奏的一些对历史起重要作用的现象，如人口消长、物价升降、生产增减、工资变化等；所谓“事件”，是指一些突发的事变，它存在于经济的、社会的、文学的、制度的、宗教的乃至地理的、政治的等各种生活形式之中，主要是历史上突发的现象，如革命、条约、地震等。布罗代尔认为，这些“事件”只是“闪光的尘埃”，转瞬即逝，对整个历史进程只起微小的作用。布罗代尔认为，乍看起来历史似乎是由这些短时段的大量引人注目的事实所构成，但这些大量的细节远非现实的全部，远非作为科学研究对象的历史的全部。他指出：“短时段是所有时段中最变化莫测、最具欺骗性的。”① 布罗代尔概括了三时段在历史中的不同作用。在他看来，短时段现象只构成了历史的表面层次，它转瞬即逝，对整个历史进程只起微小的作用。中时段现象对历史进程起着直接和重要的作用。只有长时段现象才构成历史的深层结构，构成整个历史发展的基础，对历史进程起着决定性和根本的作用，因此，历史学家只有借助长时段的观点，研究长时段的历史现象，才能从根本上把握历史的总体。以资本主义为例，布罗代尔将其视为一个长时段的现象，他进行长期的科学研究之后认为，资本主义的出现并不是一朝一夕的现象，而是千百年来人们日常物质生活演变的结果。布罗代尔认为：“资本主义是一种长时段的结构，但这并不等于说是一种绝对静止不动的实在。所谓长时段，就是一系列的反复运动，其中包括变异、回归、衰变、整治和停滞，或用社会学的术语来说，构成、解构、重构……”②

除布罗代尔以外，年鉴学派第二代学者中还有一些知名人物，如著有《18 世纪法国物价与收入的变动》等经济史著的厄内斯特·拉布鲁斯发展了数量经济史；研究精神状态史的罗伯尔·芒德录和米歇尔·弗费尔拓展了历史学研究的范围；雅克·儒尔塔、迪·施纳佩、让·埃克则把口碑史学引入了法国；路易·昂利和比埃尔·古贝尔在历史人口学研究领域成果卓著。和第一代学者相比，年鉴学派第二代学者的思想更加开放，他们积极开展学术交流，能够容纳不同的学术观点。他们普遍注重研究历史的深层结构，并注意对人民群众的物质生活进行考察，发掘了口碑资料和私人档案等新的史料来源。

1968 年，布罗代尔辞去了《年鉴》杂志主编的职务，由年轻一

① 费尔南德·布罗代尔：《论历史》，刘北成、周立红译，北京大学出版社 2009 年版，第 31 页。

② 布罗代尔：《15 至 18 世纪的物质文明、经济和资本主义》第 3 卷，顾良、施康强译，三联书店 1993 年版，第 736 页。

代的史学家雅克·勒高夫和勒鲁瓦·拉杜里接任，这标志着年鉴学派进入了自身发展的第三个阶段（1968 年至今），这一时期也是年鉴学派的转型时期。勒高夫（1924～　）毕业于巴黎高等师范学校，他被公认为第三代年鉴学派的领袖，所著《中世纪的商人和银行家》、《中世纪的知识分子》、《中世纪的西方文明》等著作注重长时段社会经济史的研究，着力描写人的日常生活，是第三代年鉴学派的经典著作。

年鉴学派发展到第三阶段，出现了一些引人注目的变化。年鉴学派第三代学者认为历史的间断性是决定一切的因素，否认各种历史事件之间有任何联系，所以他们研究的不再是整体的历史，而是历史上一些孤立的现象。另外，传统的政治史和人物史也开始复兴，历史人类学研究得到重视，学者们注重于考察人们的日常生活，他们的写作通俗易懂，广受普通读者欢迎。20 世纪 70 年代以后，年鉴学派的更多学者如雅克·勒高夫等开始转向精神形态史及观念史研究，涉及的问题有集团心理、生死观、对性和宗教的看法等文化心态与感觉表象研究。① 与此同时，年鉴学派第三代史学家更加注重跨学科的研究，他们甚至产生了在历史学的基础上统一整个人文科学的远大抱负。所以，20 世纪后期的几十年里，历史学在法国的社会科学中一直居于领导地位。由于这些新变化，许多人认为与其称呼这些历史学家为第三代年鉴学派，不如叫他们为“新史学”更加贴切。今天，这股“新史学”已经遍布法国各大学，并把他们的触角伸进了出版界和新闻界，形成了一股比布罗代尔时代更加强劲的新史学潮流，成了一股不可忽视的社会力量。

---

①　如雅克·勒高夫的论文集《历史与记忆》便具有观念史研究的性质，作者不仅探讨了历史学科的发展问题，更讨论了过去与现在、现代化、现代主义、现代性等观念的变迁，该书中译本（译者方仁杰、倪复生）由中国人民大学出版社 2010 年出版。

正如张芝联先生概括的那样，从 20 世纪 20 年代末以来，法国年鉴学派以一份杂志（《经济与社会史年鉴》，后改名为《经济、社会与文明年鉴》），两个机构（即 1947 年创立的高等实践研究院第六部——经济社会科学部，1975 年独立成为高等社会科学研究院，1963 年建立的人类科学院），三代人物，与传统史学及各史学派别相抗衡，从当初的一个学术小团体一跃而为史学界的权势集团，影响遍及东西欧与南北美，甚至远播亚洲，在世界范围内产生了深远的学术影响。① 年鉴学派的活动不仅提高了自身的学术地位，而且提高了整个历史学的社会地位，推动了历史知识在法国的普及。年鉴学派对 20 世纪世界历史学的发展与繁荣作出了历史性贡献，巩固和加强了历史学的科学地位。

二、年鉴学派的人文主义史学特点

年鉴学派不仅创立了以科学研究为旨趣的现代史学新体系，还致力于建立一种以人为本的、反映总体历史的综合的历史学。经过几代人的努力，年鉴学派突破了 19 世纪以来实证主义精英史学机械论或经验论的束缚，把历史学建设得更具人性化，更符合人类共同的心理期待。无论是在治学内容还是在研究方法上，年鉴学派都比传统的实证史学更加具有人文主义特征，形成了年鉴学派人文主义的史学特色。

年鉴学派的人文主义史学特色首先体现在历史观方面，年鉴学派强调整体的历史观，强调历史学的人文属性。该学派认为历史学本质上是关于人类自身活动的科学，历史学的研究对象是全体人民，以人为本是历史学研究的根本宗旨；历史学家追寻的目标是人，捕捉人类的踪迹是历史学家的本职。费弗尔在《为历史而战斗》中指

---

① 参见张芝联《15 至 18 世纪的物质文明、经济和资本主义》（卷 1）中译本代序，三联书店 1992 年版。

出：“历史是关于人的科学，是关于人的过去的科学，而不是关于物或思想的科学。”在费弗尔看来，历史研究的对象就是人，历史学家应该把人生活的实际和时空中的一切错综复杂的关系视为统一的不可分割的整体。他同时强调，历史研究的人不是个别与孤立的个人，而是一定时空范围内活动的有组织的具体的人群。研究全体人类的社会生活史，这既是年鉴学派的基本历史观，也是年鉴学派人文主义史学的显著特征。

《历史学家的技艺》是马克·布洛赫重要的史学理论著作。作者阐明了对历史学人文属性的态度，强调理解历史比再现历史更能体现历史学的宗旨。布洛赫强调，“‘理解’才是历史研究的指路明灯。”① 在布洛赫看来，“理解”历史的出发点是人类共同遵循的人性原则。为此，他强调人类意识的一致性，认为人类的心灵是相通的。在年鉴学派那里，历史学具有某些人文科学的特征，是以人类共同的良知为基础建立起来的一门科学。

关于历史的因果关系，马克·布洛赫强调从多因素多层面分析历史现象的因果关系。他批判了传统实证史学习惯从单一视角寻找历史因果关系的做法。他提醒人们注意：“在进行历史研究时人们往往迷恋于寻找单一的原因，便错误地将原因归结于某一个。这样，就成为一种价值判断。”② 布洛赫认为事故是很多因素造成的，所以用一元论指导历史研究是有害无益的。年鉴学派批判单纯做价值判断的习惯，强调从历史环境中把握和理解历史现象的发生与发展。

关于史料，马克·布洛赫继承了实证史学注重对证据进行辨伪证误的优良传统。他一方面强调史学家最困难的任务之一就是收集

---

① 马克·布洛赫：《历史学家的技艺》，张和声、程郁译，上海社会科学院出版社 1992 年版，第 105 页。

② 马克·布洛赫：《历史学家的技艺》，张和声、程郁译，上海社会科学院出版社 1992 年版，第 141 页。

必需的资料，另一方面也认为史学家的研究不仅仅是收集资料、审读文献、考辨真伪，还需要借助多视角透视隐含在历史事实中的秘密，运用多种研究方法分析人们的心理，解释事情之间的相互联系。在治学理念上，年鉴学派区别于传统实证史学的根本之处在于前者强调历史研究是一种有目的的活动，需要从史料中发现问题，从史料中寻找灵感，而不是简单地"用史料说话"。所以，重视史学家的主观参与也是年鉴学派人文主义史学特点的一个体现。

关于历史的作用，马克·布洛赫认为这是个无法回避又难以回答的问题。在这位年鉴学派史学家看来，历史的作用是因人而异的，它对于不同的人们具有不同的作用，比如对一些人来说历史具有娱乐的作用，而对于另一些人来说历史可能具有帮助恢复记忆的作用，如此等等。马克·布洛赫最终将历史学归结为一门能够增进人类利益的学科，历史的最根本作用在于它能给人们提供所需要的知识。历史具有永恒的魅力，它永远不会消亡，只要有人类存在，就有历史存在的必要，任何贬低历史作用的言行都是武断的，也是浅薄无知的表现。

在强调史学的人文特性的同时，年鉴学派坚持认为历史学是科学。年鉴学派使历史学彻底摆脱了 19 世纪以来对于自然科学的依附关系，强调即使历史学不具备任何实用的功能，它也有充分的理由跻身于科学之列。马克·布洛赫重申历史学的科学地位，他提醒人们，要防止近代以来特别是 19 世纪孔德实证主义思潮盛行以来习以为常的学问和经验主义的滥用，即使一门学科不具备欧几里得式的论证或亘古不易的定律，也无损其科学的尊严。在布洛赫看来，作为一门注重理性分析的科学，历史学还很年轻，史学属性的某些不确定性正是史学存在的理由。对于真正的历史学家来说，耕耘的喜悦未必亚于收获的欢欣。在研究方法上，年鉴学派要求打破学科之间的围墙，提倡综合研究，运用历史学、社会学、经济学、人类学、心理学、地理学等多学科方法研究整个人类生动的社会生活史。

作为第二代年鉴学派的核心人物，布罗代尔发展了年鉴学派的人文主义思想。布罗代尔部分同意阿诺德·汤因比将人类视为同一个屋檐下求生存的共同体的说法，但他不赞成汤因比将人类文明区分为各种类型的做法。布罗代尔认为现代历史学家应该超越所谓不同文明之间的矛盾，建立属于我们这个时代的现代人文主义历史学。站在关心人类共同命运的历史高度，布罗代尔解释了现代人文主义。他说："人文主义是一个希望的方式，它希望四海之内皆兄弟，希望各个考虑自身的同时也顾及大家的文明能够得救并且拯救我们。"①布罗代尔实际上是在修补阿诺德·汤因比文化形态历史学给人们造成的思想上的混乱，他为全世界历史学家指明了前进的方向和出路，各国的历史学家必须关心同一个问题，那就是人类如何才能共同生存与发展。从这一点上看，年鉴学派所建立的现代人文主义历史学比以往任何学派的历史学都更加具有现代意义。

三、年鉴学派对我国的影响

中国史学界了解法国年鉴学派始于20世纪50年代，1956年第6期《史学译丛》发表了由俞旦初翻译的苏联学者介绍年鉴学派的文章，那时把年鉴学派翻译成编年学派，文中提到了布洛克的著作《封建社会》、布洛杰里的著作《菲立普二世时代的地中海与地中海世界》。② 20世纪60年代张芝联先生在北京大学开设了"西方史学流派"课程，介绍了年鉴学派、文化形态学派等西方史学流派。不过，从总体上看，"文化大革命"结束以前，中国史学界对年鉴学派还是知之甚少的。③

---

① 费尔南德·布罗代尔：《论历史》，刘北成、周立红译，北京大学出版社2009年版，第243页。

② 加斯顿·马纳科尔达：《第十届历史学家代表大会上的现代史学的主要流派》，俞旦初译，《史学译丛》1956年第6期，第154页。

③ 陈启能：《法国年鉴派与中国史学》，鲍绍霖编：《西方史学的东方回响》，社会科学文献出版社2001年版，第230页。

进入 20 世纪 80 年代以后，西方史学思想被大量翻译介绍到国内，年鉴学派的著作也被陆续翻译成中文在中国出版。1982 年上海人民出版社出版了田汝康、金重远选编的《现代西方史学流派文选》，其中收录王养冲所译吕西安·费弗尔《历史与心理学——一个总的看法》，这是改革开放后较早翻译介绍年鉴学派的成果。2003 年，辽宁教育出版社出版了由许明龙翻译的费弗尔的《莱茵河：历史、神话和现实》一书。与吕西安·费弗尔的著作较少被译介形成很大的反差，马克·布洛赫受到了中国学术界格外的关注，他的一系列经典著作如《论欧洲社会的历史比较》、《历史学家的技艺》、《法国农村史》、《封建社会》等相继被译成中文在中国出版。作为第二代年鉴学派的灵魂人物，布罗代尔更是引起了我国学者的兴趣。我国翻译出版了布罗代尔的大量著作，主要有《历史与社会科学：长时段》、《论历史》、《法国经济与社会：50 年代至今》、《15 至 18 世纪的物质文明、经济和资本主义》、《资本主义的动力》、《菲利普二世时代的地中海和地中海世界》、《法兰西的特性》、《资本主义论丛》、《文明史纲》等。① 近年来，第三代年鉴学派史学家的重要史著也相继被翻译成中文出版发行，如勒鲁瓦·拉杜里的《事件史、历史人类学及其他》、《蒙塔尤》、《历史学家的思想和方法》、《新史学的斗士们》等，勒高夫的《新史学》、《〈年鉴〉运动及西方史学的回归》、《中世纪的知识分子》、《史学研究的新问题新方法新对象》、《圣路易》、《关于史学的若干问题》、《历史与记忆》等。年鉴学派史著中译本的大量出现，对于我国历史学彻底摆脱过去极“左”思想的影响产生了积极的作用，具有重要的学术意义，推动了我国史学现代化的进程。

---

① 例如布罗代尔《菲利普二世时代的地中海和地中海世界》的中译本由唐家龙、曾培耿翻译，该书由商务印书馆于 1998 年出版。

第三节　20世纪西方历史文化形态学派

一、德国斯宾格勒文化形态学理论

在20世纪西方历史学发展史上，由德国著名历史哲学家奥斯瓦尔德·斯宾格勒（Oswald Spengler，1880～1936）开创的文化形态学理论占有重要地位，该理论受到了从法国启蒙先驱伏尔泰到英国达尔文生物进化论思想的深远影响。后来，文化形态史学经由英国史学家汤因比发扬光大，成为20世纪西方重要的史学流派。

斯宾格勒1880年出生于德国北部哈尔茨山区一个名叫布兰肯堡的小镇，其祖上几代从事采矿业，家境殷实。父亲因资源枯竭而放弃祖业，出任低级公职，母亲是一个有灵性的舞蹈家。20岁之前，斯宾格勒失去了双亲，此后的生活主要依靠父母留给他的一笔遗产。1901～1904年，斯宾格勒先后就读于慕尼黑大学、柏林大学和哈雷大学，并于1904年在哈雷大学获得博士学位。除了研究历史和艺术之外，他还对数学和博物学有浓厚的兴趣。大学毕业后，斯宾格勒成为汉堡的一名高级中学教师，讲授数学、物理学、历史、德国文学等科目。一年以后，他不堪忍受北方的寒冷气候而辞去了汉堡的教职，移居到南部的慕尼黑，决计在这里做一个隐修的学者。第一次世界大战爆发期间，他因健康原因未被征召入伍。在隐居的慕尼黑一所贫民窟里，在昏暗的烛光下，斯宾格勒完成了《西方的没落》。这部书的出版给斯宾格勒带来巨大声誉，但他拒绝了许多大学请他执掌教席的邀请，一直以自由职业者的身份从事历史研究和政论写作，过着近乎隐居的生活。他终生未娶，一生留下了丰富的著作，主要有《西方的没落》、《普鲁士人民和社会主义》、《悲观主义》、《德国青年的政治义务》、《德国的重建》、《人与技术》、《决定的时刻》等。

《西方的没落》是一部历史哲学著作，也是斯宾格勒纵横捭阖、贯古论今的代表作。该书奠定了斯宾格勒历史哲学家的地位，书中大胆地提出了研究人类历史与文化发展的新学说，形成了历史文化形态学的理论体系。①

1918 年 7 月，《西方的没落》在维也纳首次出版，初版仅印行了 1500 本，这部被称为“骇人听闻”的巨著让西方社会倍感失落。它打破了欧洲人长期以来的优越感，突破了欧洲文明中心论的束缚，预言“西方的没落”，引起了巨大轰动。短短几年内，这部学术著作销售近十万册。该书的读者遍及社会各个领域，上至政界显要，下至一般百姓，人们普遍被书中宣讲的观念吸引。

20 世纪初期，欧洲思想界普遍弥漫着一种文化危机和价值重估的倾向。伴随着现代民主政治和科技的发展，军国主义和社会主义思潮暗流涌动。这个时期，欧洲的历史学、宗教学、社会学、国民经济学、诗学领域都在价值重估的基础上对各自的研究对象和方法进行着历史主义的重构，学者们都以一种浓重的郁悒的笔调描述了黄金时代的远去和完整性的消逝。出于对西方文化命运的忧虑与反思，也是受到慕尼黑大学古代史教授奥托·泽克（Otto Seeck）《古代世界没落的历史》一书的启发，斯宾格勒写出了《西方的没落》。他通过引入比较形态学的方法，通过对不同文化形态作观相的研究，揭示了西方文化走向没落的历史必然性。在这部巨著中，现代民主政治、军国主义、技术主义、大都市经济都作为现代西方文化（文明）的历史象征被编织到一个整体的文化图像中，并加以详细的说明，给人们展现了西方文化的晚景。正如有学者指出的那样，“斯宾格勒的《西方的没落》以哲学思维透视历史，提出了‘文化形态史学’，否定了西方以西欧为中心的所谓理性主义历史观。然而，以时间导向性和周期性来分析历史现象，则又不自觉地使其认识论沦入

① 上海三联书店 2006 年 10 月出版《西方的没落》中文全译本（吴琼译），这是该书问世 88 年后第一个中文全译本。

唯心主义的‘先定论’，从而使其对西方文化的命运作出了悲观、宿命的预言”①。

斯宾格勒文化形态学历史观从根本上动摇了学院里固有的偏执的历史学传统，故遭到了来自学术界的激烈批评。但是，大多数的指责只是针对《西方的没落》第一卷中所涉及的历史与文化的某些细节问题，而对其总体的方法论和精神的逻辑则保持刻意的回避。作为回应，1922年，斯宾格勒整理出版了《西方的没落》第二卷，在总体的观念与方法论方面一如既往地保持了他的哲学理念，并且论证更加具体详细。

1919年12月，斯宾格勒完成了《普鲁士人民和社会主义》，这是一部有关德国的政论性著作，它讨论了战后德国议会制的魏玛共和国。斯宾格勒认为，议会民主制乃是把英国的政治理想强加在德国人的身上，英国式的民主和自由是极端个人主义的“成功的伦理”，与德意志民族要求个人服从整体利益的“责任的伦理”背道而驰。斯宾格勒指出，德国旧式的君主政治已不适合于今天的时代，但源起于腓特烈一世的普鲁士精神仍是未来德国谋求民族统一的道德基础，而这一精神的本质就体现在腓特烈一世的格言“朕为国家的第一公仆”中，它是“普鲁士社会主义”的真谛。实际上，斯宾格勒预言了德国法西斯统治的到来。斯宾格勒认为，马克思的社会主义是一种英国式的“工人阶级的资本主义”，这一理想的伦理基础仍是以经济利益为目标的个人主义，而真正的社会主义应是在官僚制和恺撒主义的基础上把民族或国家建成一个有机的共同体。斯宾格勒强调，民主制乃是本世纪的政治形式，这并非因为它是最好的，而是因为它是必然的，是西方心灵发展的必然。故而今日工人阶级的领导人和有远见的保守主义者必须适应民主原则，把自己的力量

---

① 周爱萍：《斯宾格勒的贡献与失误——重读斯宾格勒的〈西方的没落〉》，《河南教育学院学报》（哲学社会科学版）2007年第4期。

联合起来，反对共同的敌人——自由主义和资本主义，以建立一个真正民主的普鲁士国家。斯宾格勒折中的保守主义思想，受到了另一位学术巨人马克斯·韦伯及其拥护者的极力嘲笑。斯宾格勒和韦伯都是这个时代“学术革命”的领头人，但两者的学术路径迥然不同：前者是直观的、体验的、诗性的，而后者是分析的、理性的和科学的。在方法论上，斯宾格勒是形态学的，以生物学的隐喻来思考文化有机体；韦伯是类型学的，以理解社会学的框架来分析文化的结构与发展。两者之间断难有沟通之处。

1922 年，《西方的没落》第二卷出版，该书赢得了学界普遍的好评，历史学家爱德华·迈耶尔（E. Meyer）把斯宾格勒的著作与德国历史哲学的鼻祖赫尔德（Herder）的《人类历史哲学思想》相提并论。1924 年起，性格内向的斯宾格勒开始参加社会活动，到各地旅游、演讲。他劝告德国青年应明了自己的政治责任，以维护德国的政治传统为己任，实现帝国的重建。这个时期，斯宾格勒已预感到了希特勒及其国家社会党的危险，但他的种族思想与纳粹主义的种族主义有着根本的不同。在《西方的没落》第二卷中，斯宾格勒明确指出，种族乃是经由一种共同的生命经验、一种共同的世界观而产生的一个共同体，它与血统、生物遗传甚至语言并无必然联系。在 1924 年的多次演讲中，斯宾格勒直指希特勒及其国家社会党的雅利安人种理论和种族言论，他认为它们不过是 19 世纪达尔文主义的残余渣滓，是一种卑鄙的种族仇恨论调。斯宾格勒指出，纳粹党以衣着颜色和徽标、游行和煽动性的演讲、夸张的宣誓和庸俗的音乐来激起青年的政治热情，乃是对年轻一代的毒害，是一种危险的信号。在斯宾格勒看来，希特勒并不是领导真正的民族革命的“英雄”，而不过是像歌剧中扮演主角的男高音。1931 年，斯宾格勒出版了《人与技术》，该书从人类学的角度追述了技术与人类生活的发展关系，深刻揭示了技术发明最终使人成为技术的奴隶的命运。1935 年，斯宾格勒在他去世的前一年出版了生前最后一部著作《历史世界》，探讨了人类早期文化的发展。

作为文化形态学理论的奠基之作，斯宾格勒《西方的没落》不是一部“为了研究历史而研究历史”的纯史学著作，而是一部具有浓厚思辨色彩的历史哲学著作。

《西方的没落》所创立的文化形态学理论打开了人们认识自身历史的一个新窗口，是研究和认识人类历史与文化发展的新学说。该理论强调，全人类的历史是不存在的，现实存在的只是各种文化的历史。斯宾格勒认为，从历史形态学的观点出发，可以很好地审视人类历史与文化的发展，研究世界历史只能是研究各种文化的历史，每种文化都有其基本的个性和特征，这些基本特征作为文化的灵魂从文化的各个方面表现出来。因而，研究世界历史必须采用“文化形态学”的方法，从贯穿于每一种文化的基本的特征去把握其形态。但把握各种文化的基本特征不能靠自然科学方法，要靠本能和直觉去理解。文化形态学理论也认为，历史是有逻辑的，有一种形而上学的结构贯穿于人类历史中。具体地说，人类历史是一个有机体，每种文化都有相同的生命周期，历经青春、生长、成熟和衰败四个阶段，就如大自然有春、夏、秋、冬四季更替一样，只要属于文化形态学的统一阶段，就是同时代的。文化形态学理论关注各种文化的自然与历史环境，以及生活在特定自然与历史环境中的人群对于自由的精神生活的追求和享受及表达。

文化形态学理论批判了“西方中心论”的陈旧历史观，虽然存在持论武断的缺陷，但该学说客观上有利于平等地研究人类历史上存在的各种不同的文化。斯宾格勒就曾把人类历史上出现过的文化形态分为八大文化，即古典文化、西方文化、巴比伦文化、中国文化、埃及文化、墨西哥文化、阿拉伯文化、印度文化，这为人们客观了解人类历史文化提供了空间。他认为，古典文化、西方文化并不比其他文化优越。不过，他认为，除了西方文化，其他文化都已经死亡，只是一种无历史、无生气的存在，只剩下西方文化还处于文明发展的“战国时期”。

斯宾格勒是一位“为了了解和认识现实”而去研究历史的学者，他的这种基于现实性而研究历史的学术旨趣成为文化形态学派的最显著特点，并深刻影响了其后世界历史学的发展。他深信历史的发展不是杂乱无章的，而是有其必然性的，从现实问题出发研究历史，有助于深入地认识历史与现实。继斯宾格勒《西方的没落》之后，汤因比《历史研究》、本尼迪克特《菊花与刀》和《文化模式》、亨廷顿《文明的冲突》等文化形态学的学术著作都直接受到过斯宾格勒思想的影响，然后形成自己的历史文化观。

强调历史的宿命是斯宾格勒文化形态学理论又一个显著的特点。《西方的没落》是他对历史和有关宿命的哲学的一种新的看法。他认为，不论人类是多么努力，都不可能改变历史的宿命。人们只能适应技术的、物质的、政治的社会要求，从而委身于技术、海洋、政治，而不是抒情诗、画笔、认识论。

斯宾格勒文化形态学理论对中国现代史学也产生了影响，《西方的没落》问世不久便受到中国学者的关注。赴欧留学的王光祈写于1920 年 10 月 26 日的《旅欧杂感》说：当时出版的《欧洲之没运》（即《西方的没落》）等书“攻击西方文明不遗余力，大受欧洲欢迎，出版后风行一世”。此后，魏时珍、张君劢、李思纯等学者先后介绍过斯宾格勒的思想。张荫麟和雷海宗在 20 世纪二三十年代深入研究了斯宾格勒的学说。雷海宗曾在武汉大学和清华大学系统地讲授过斯宾格勒的文化形态史观，他吸收并改造了斯宾格勒的理论，自觉地应用文化形态史观研究人类历史和中国历史，形成了自己颇具特色的历史观。

二、英国汤因比《历史研究》及其贡献

20 世纪英国史学家阿诺德·约瑟·汤因比（Arnold J. Toynbee，1889 ~ 1975）是继斯宾格勒之后西方文化形态学的集大成者。他一生著述颇多，其12卷本巨著《历史研究》被誉为20世纪最伟大的历史著作，它奠定了汤因比“当代最伟大的史学家”地位。汤因比在理论上继承了斯宾格勒的许多东西，如在历史研究单位和世界历史体系、历史研究方法、欧洲中心论等问题上，他们是一脉相承的。汤因比发展了斯宾格勒的思想，特别是在文明起源、西方文明的前途、文明间的关系等问题上，汤因比的论述较斯宾格勒更全面、更系统。汤因比及其《历史研究》被称为“二十世纪精神史上最重要事件之一”。

汤因比早年就读于英国温彻斯特学院（Winchester College）和牛津大学贝利奥尔学院（Balliol College，Oxford），在牛津大学接受了古典教育，并成为希腊罗马史和近东问题的专家。1911年他大学毕业，其后加入雅典考古学院成为研究生，曾前往希腊进行考古工作。回国后，1912年到1915年成为母校的研究员，研究和讲授希腊罗马古代史。

在第一次世界大战期间，汤因比供职于英国外交部政治情报厅，曾于1919年以英国代表团成员身份参加巴黎和会。20年代后，历任伦敦大学教授、皇家国际问题研究所部长、伦敦大学国际关系史教授。第二次世界大战期间，他再次为英国外交部工作，参与了战后和谈。汤因比长期担任伦敦大学教授，并多次参加政治和社会活动。

汤因比是一位具有现实责任感的伟大历史学家，他一生经历了人类历史上空前惨烈的两次世界大战，亲眼目睹了战争给人类文明造成的巨大破坏，深感暴力正将人类推向自我毁灭的危险境地。为此，他呼吁“我们必须相互熟识，这意味着我们需要逐步熟悉彼此的历史，因为人类并非仅仅生存于直接的现在”。汤因比怀着深厚的人道主义精神投身于历史研究。

汤因比批评欧洲历史学家长期以来善于微观研究而疏于宏观关照的缺陷，指出绝大部分西方史学家都在向研究细节的历史这一方加权，他们明于观木，而黯于观林。《历史研究》正是作者基于这样的写作动机完成的历史巨著。从1914年算起，到1961年最终停笔，汤因比数十年磨一剑，完成了博大精深的《历史研究》。汤因比代表了一个时代，一个古史专家的通史著作时代。

在这部 12 卷本的《历史研究》中，汤因比以文明为单位，从宏大的视角出发，采用“大历史”的叙述手法，将人类史作为一个整体加以考察。他对已知的二三十种文明进行了深入分析，描述了不同文明的起源、成长、衰落与解体。在此基础上，汤因比广泛考察了历史长河中各个文明在时间和空间中的碰撞、接触和融合。汤因比闻名遐迩的“挑战—应战”模式贯穿全书，形成了他的“文化形态史观”（或称“历史形态学”）理论。该理论的主要论点有四：1. 文化是通过对环境的“挑战”的应战所遭受的考验而产生的。2. 文化的生长是由那些“退隐”和“复出”的少数伟大人物的历史活动所决定的。3. 文化的衰落来自于少数创造者丧失了创造能力，多数人相应地撤回了他们的支持与模仿，整个社会失去了新的应战能力。4. 文明的解体在于社会体和灵魂的分裂。

汤因比的文化形态学理论论述了八个方面的基本问题：1. 历史研究单位。汤因比抛弃了传统史学国别史与断代史的概念，而代之以文明（或社会）。他认为历史研究的单位既不是一个民族国家，也不是人类全体，而是社会的某一群人类。2. 文明的数量。汤因比考察人类文明的视界扩展了，从斯宾格勒的八种文明发展到 26 种。在他看来，这些文明之间存在着某种亲属关系，即上代文明与下代文明的关系。他承认西方文明只不过是这类文明中的一个，从而抛弃了西方传统史学“西欧中心论”的陈说。3. 文明的可比性。汤因比认为，人类各种形态的文明尽管出现时间有先有后，却是可以比较的。4. 文明起源于“挑战与应战”。汤因比分析了文明的起源，得出了结论：文明的产生是对一种特别困难的环境进行成功的应战的结果。5. 文明生长的尺度。汤因比认为，并不是所有文明都是能顺利成长壮大的，事实上，有些文明流产了，有些文明则在它们生长的早期就停止了，这显然是因为挑战过量而致。在他看来，在一系列的挑战和应战的过程中，场所发生了转移，即从文明的外部环境移入到文明的内部。在这种逐渐升华的过程中表现出来的“自决能力”才是文明成长的尺度。文明生成的过程最终归结为这个社会内“自决能力”的不断增长，而这正是由那些富有创造性的少数人所促成的。6. 文明衰落的原因。汤因比认为，文明衰落的原因是“自决能力”的丧失。7. 文明的解体。汤因比总结了文明解体的一般轨迹，即“大一统帝国—间歇时期—大一统教会—民族大迁移”。8. 西方文明的前景。汤因比反对斯宾格勒对西方文明发展前途所持的悲观论调。他认为只要处理得当，西方文明可以避免解体的命运，而且可以保持活力继续发展。晚年的汤因比对和谐的中国文化在人类未来中的作用寄予了厚望。

汤因比的《历史研究》开篇阐述了文明的含义，他指出以往历史研究的一大缺陷就是把民族国家作为历史研究的一般范围，这大大限制了历史学家的眼界。事实上，欧洲没有一个民族国家能够独立地说明自身的历史问题。因此，应该把历史现象放到更大的范围内加以比较和考察，这种更大的范围就是文明。文明是具有一定时间和空间联系的某一群人，可以同时包括几个同样类型的国家。文明自身又包含政治、经济、文化三个方面，文化构成了一个文明社会的精髓。汤因比认为文明具有两个特点：第一，都经历起源、生长、衰落、解体和死亡5个发展阶段。第二，文明和文明之间具有一定的历史继承性，或称“亲属关系”，就如生命的母体与子体的关系。文明之间的历史继承性并不排斥它们之间的可比性。首先，从时间上看，文明社会最多只不过三代，历史进入文明阶段也不过刚刚超过6000年，而人类历史至少已有30万年，两者相比，文明的历史长度只占整个人类历史长度的2%，因此，站在哲学高度上看，所有文明社会都是同时代的。其次，从价值上看，如果与原始社会相比，所有文明社会都取得了巨大成就，但如果同理想的标准相比，这些成就又都是微不足道的。因此，所有文明社会在哲学上又是等价的。

汤因比把6000年的人类文明分为26种：埃及、苏美尔、米诺斯、古代中国、安第斯、玛雅、赫梯、巴比伦、古代印度、希腊、伊朗、叙利亚、阿拉伯、中国、印度、朝鲜、西方、拜占庭、俄罗斯、墨西哥、育加丹。其中前6个是直接从原始社会产生的第一代文明，后15个是从第一代文明派生出来的亲属文明。另外还有5个中途夭折停滞的文明：玻利尼西亚、爱斯基摩、游牧、斯巴达和奥斯曼。

关于文明的起源，汤因比否定了“种族论”和“环境论”。他认为，西方的种族偏见既是对西方科学思想的一种歪曲，又是对西方种族感情的一种虚伪的反映。他强调“环境”是一个相对概念，自然的总和构成了人类的环境，包括“人性自身的天性”，包括人类迎战大自然挑战的精神。汤因比认为，如果人类没有想象力，没有创新和持之以恒的精神，那么再好的环境也不能使人类完成文明起源这项伟业，因此，创造力才是人类文明起源的根本动力。汤因比提出了闻名遐迩的“挑战—应战”模式理论，他把创造称之为“挑战和迎战之间发生的一场遭遇战的结果”，而“文明起源则是一种交互作用的产物”。

对于文明的成长与衰落的过程，汤因比认为“挑战—应战”的一系列运动并无方向可循，“那种朝一个预定目标必然前进的观念并不适用于人类世界”，而“一个文明的未来命运操在具有创造力的少数个人手中”。因此，汤因比特别重视人类心智和人格的成长。他指出，当迎战的举动趋于从外部环境向正在成长中的人格或文明的内部转移时，才可以把一系列对挑战的成功迎战看成是成长的体现。创造性领袖人才为了带动没有创造性的群众，必须求之于社会“训练”，当他们的创造灵感消失的时候，文明开始走向衰落。汤因比把这种创造性消失的原因归结于精神道德的败坏。在他看来，衰落并非不可避免，也不是无可救药，但更多的情况是文明走向解体：群众开始疏远他们的领袖，领袖则使用武力来取代其已经丧失的吸引力，以便保护自己的地位，社会分裂成当权的少数人、内部的无产者和外部的无产者这样几个集团。社会衰落解体的过程是一种“分裂与重生”的运动。即使在痛苦的解体过程中，创造的精神，或者说对挑战应对的能力，并没有完全被压垮，“挑战—应战”仍在持续上演，只不过演出背景是新的，演员也是新人。在汤因比“挑战—应战”的理论模式那里，历史仿佛进入了一个无限循环的宿命怪圈。

由于《历史研究》过于厚重，不方便阅读。英国教师索默维尔对出版的前六册进行了缩写。1946年缩写本在伦敦出版，风行一时，成为英美国家的畅销书。汤因比也因此登上美国《时代》周刊封面，风光一时，有人甚至称其为超越马克思的思想导师，是人类的先知。1957年，索默维尔缩写的《历史研究》后四册同样由牛津大学出版。① 汤因比在后四卷中更倾向于宗教解脱，更重视以中国为代表的东方文明，这引起了欧美学者的批评，苏联学者就批评了汤因比“对人类历史的理解，基本上是重弹斯宾格勒的反科学的旧调，否认历史的继承性和进步性”。更多学者指责汤因比虽长于希腊罗马史，但对其他文明多一知半解，而且他的理论假设性太强，旁征博引时削足适履之言很多，整个立论有失严谨。有学者批评汤因比未涉猎心理学、社会学、考古人类学等新一代的知识。尽管如此，汤因比在东方的日本获得了意外的成功。20世纪50年代，战败后的日本正在竭力寻求一种精神解脱。汤因比的宗教倾向、世界观倾向恰好吻合了日本思想界的需求。日本人尊其为宗教与道德大师，日本天皇邀请汤因比进宫讲学，给他国师一般的待遇。日本报纸甚至开了长达三个月的“汤因比答客问”专栏，宣传其文明冲突论。

三、美国亨廷顿的文明冲突论

在20世纪的西方学术界，塞缪尔·P·亨廷顿（SamuelP. Hun-

① 汤因比的《历史研究》中译本（曹未风等译，上、中、下三册）依据索默维尔缩写本翻译，由上海人民出版社于20世纪60年代出版，后多次重印。

tington，1927～2008）不是一个职业历史学家，而是运用历史文化形态学和比较历史学方法研究世界政治的美国杰出政治学家。亨廷顿1927年出生于纽约一个中产阶级家庭，16岁考入耶鲁大学，18岁便以优异成绩提前毕业，后在芝加哥大学、哈佛大学分获硕士、博士学位。亨廷顿23岁博士毕业后在哈佛大学任教达58年，历任该校政府学讲座教授、国际事务中心主任、政府学系主任，曾参与创办《外交政策》杂志，担任过美国国防部的顾问，1977～1978年任美国国家安全委员会安全计划小组的负责人。1987年因在比较政治学领域中的贡献他当选为美国政治学会主席。亨廷顿著述颇丰，主要有《政治权力：美国与苏联》（1964年）、《变化社会中的政治秩序》（1968年）、《难以抉择：发展中国家的政治参与》（1976年）、《美国政治：不协调的允诺》（1981年）、《第三波：20世纪末的民主化进程》（1991年）等。据美国《政治学季刊》所载统计资料，在国际政治领域，亨氏作品被他人在学术著作中引用的次数遥居同行之首。

20世纪60年代是亨廷顿学术成熟的时期。在政治思想上，亨廷顿是一个保守的自由主义者，是美国民主党的终身党员，被称为杰出的“美国右翼政治思想家”。1957年亨廷顿发表《作为一种意识形态的保守主义》一文，解释了自由主义、保守主义。他认为，自由主义是一种宣扬个人主义、自由市场、法治的意识形态，而古典保守主义则没有一种明确的主张。在他看来，美国的政治智慧不是从我们的观念而是从我们的制度中体现出来的，最需要的不是创造更多的自由制度，而是成功地保护那些已经存在的制度。1968年亨廷顿出版了《变化社会中的政治秩序》（*Political Order in Changing Societies*），该书关于发展中国家政治发展的理论确立了亨廷顿“最杰出政治学家”的声誉。亨廷顿认为，政治衰朽至少和政治发展一样可能发生，新近独立国家的实际经历是一种愈演愈烈的社会和政治混乱。他提出，现代化中的好东西常常向交错的目标运动，特别是在社会动员超越政治机构发展时，新来者发现他们无法参与政治而产生挫折感，其结果便是反叛、军事政变以及政府失效。该书的结论是：经济发展和政治发展不是同一事物的严丝合缝的组成部分，并不必然导致政治稳定。

亨廷顿运用比较历史的研究方法，全面深入地分析了发展中国家的政治现代化与政治发展的过程。他认为，国与国之间最重要的政治差异不在于政府统治形式的不同，而在于政府统治程度的高低。政治发展是“现代化的政治性后果”，这种后果既可能有助于社会经济文化的现代化，也可能导致政治的衰败。政治现代化取得成功的关键在于政治的制度化。强有力的政党制度的形成是提高制度化水平的核心，只有大力提高政治制度化的程度，才可能缓解现代化过程中必然出现的大众政治参与压力，从而确保现代化进程中的政治稳定，最终实现社会的现代化。

1993年，亨廷顿发表《文明的冲突》一文，引起了国际社会的普遍关注和争议。1996年亨廷顿将他的理论整理成著作《文明的冲突与世界秩序的重建》，该书之观点在学术界同样引起较大争论。作者在书中讥讽了美国自1917年以来外交政策一以贯之的普世主义论调。他认为，一战时所谓建立“民主”的世界，二战时所谓建立“自由”的世界都是没希望的。因为西方人坚信的西方文化普世论存在有虚假、不道德和危险的问题。说西方文化普世论虚假，是因为其他文明也有自己的理想和观念。说西方文化普世论不道德，是因为“普世论的必然逻辑结果是帝国主义”。说西方文化普世论危险，是因为它“可能导致文明间大战”。亨廷顿认为，代替西方文化普世论的应该是一种正在形成的力量，这种力量要求不同文明相互适应，这种相互适应已然存在。论及“文明之间的关系”，亨廷顿指出文明之间关系的演变迄今为止经历了三个阶段：遭遇、冲击和相互作用。

在《文明的冲突与世界秩序的重建》“引论”中，亨廷顿开宗明义地提出了中心论点：文明认同形成了“冷战”后世界上的结合、分裂和冲突模式。这一命题的五个推论构成了该书的五个部分。第一部分“一个多文明的世界”，作者立足于文化形态学的理论分析了世界文明的格局，指出当今世界有七大或八大文明：中华文明、日本文明、印度文明、伊斯兰文明、西方文明、东正教文明、拉美文明和可能存在的非洲文明。第二部分“变动中的各文明力量对比”，作者论述了文明势力间的消长趋势：西方的影响在相对下降，亚洲文明正在扩张其经济、军事和政治权力，伊斯兰世界正在出现的人口爆炸造成了伊斯兰国家及其邻国的不稳定。第三部分“正在形成的文明秩序”，作者指出以核心国家为中心的每个文明都占据有一定的势力范围，文明之间的断层线正在变成全球政治冲突的中心地带。第四部分“文明的冲突”，这是全书的重点，作者着重论述了西方文明同伊斯兰文明、西方文明与中华文明之间的冲突，以及穆斯林同非穆斯林在断层线上的战争。第五部分“文明的未来”，作者探讨了未来避免文明间战争各国所应努力的方向。

亨廷顿认为，“冷战”后世界冲突的基本根源不再是意识形态，而是文化方面的差异，主宰全球的将是“文明的冲突”。在亨廷顿看来，中华文明和伊斯兰文明同西方的基督教文明有很大的差异，而未来世界的冲突将是由中华文明与西方文明间的冲突以及伊斯兰文明与西方文明间的冲突引起的。

亨廷顿所提出的文明冲突论，特别是其关于“冷战”后的世界将以“文明”画线，文明认同形成了“冷战”后世界上的结合、分裂和冲突模式的理论，为解释“冷战”后的国际世界提供了具有说服力的新范式。作者以文明的冲突作为单位来分析国际事务，为人们分析和判断国际形势提供了有价值的方法。

第四节　20 世纪西方批判历史哲学学派

一、意大利克罗齐批判的历史哲学

贝·克罗齐（Benedetto Croce，1866～1952）是 20 世纪意大利哲

学家、历史学家，新黑格尔主义的主要代表之一，也是20世纪西方批判历史哲学学派的代表性人物之一（另一代表人物是英国的柯林武德）。他们创立的“批判的历史哲学”主张历史相对主义，明确提出历史学不可能成为科学，至少不能成为自然科学意义上的那种科学。

克罗齐早年在罗马的大学接受高等教育，1903年起主编《评论》杂志。1920~1921年曾任教育大臣。政治思想上奉行自由主义，是意大利自由主义的领袖人物。哲学上，克罗齐深受黑格尔影响，且更加唯心化，他把精神视为现实的全部内容，认为哲学就是关于精神的科学。克罗齐批判的历史哲学（新黑格尔主义）体系形成于20世纪20年代。新黑格尔主义者力图摆脱黑格尔的精神—物质转化论，认为精神或“直接经验”就是整个世界，除精神外，没有历史，也没有哲学。克罗齐一生著述繁多，主要有《精神哲学》（4卷）、《作为表现的科学和一般语言学的美学的历史》、《黑格尔哲学中的死东西和活东西》、《美学原理》、《历史学的理论和实际》等。其中，《美学原理》体现了他的美学思想，《历史学的理论和实际》是其历史哲学的代表作。

克罗齐之美学思想独树一帜，他继承了浪漫主义哲学家维柯的形象思维论，认为语言是一种形象思维，在本质上和艺术相同。他肯定艺术是一种纯直觉的存在，主张直觉即艺术，人人都有直觉，人人都是艺术家。在他看来，直觉的成功表现即是美。直觉的功用在于给无形式的情感赋予形式，使情感成为意象而“对象化”。这种“心灵的综合活动”有成功与失败之分，美只是成功的表现，不成功的表现则是丑。美感就是成功的表现引起的一种快感。克罗齐把黑格尔以理念为核心的理性主义美学转变为以直觉为中心的非理性主义美学，开辟了20世纪西方美学的新趋向，对英国的柯林武德产生了深刻影响。基于相对主义历史观和非理性主义美学思想，克罗齐于1893年撰写了《纳入艺术概念之下的历史学》一文，否认历史学是一门科学。他认为，人类历史的发展根本无规律可言，实证主义史学企图寻求人类历史发展规律的努力是徒劳的。在他看来，历史学只有一个责任，即叙述事实，叙述单独的、互不联系的个体事实，而对个体的描述恰恰是艺术的天职。历史学既然是描述性的，不是研究事物发展规律的，就谈不上是什么科学。

克罗齐作为20世纪批判的历史哲学学派的代表人物，他所构建的历史哲学体系对现代西方历史学产生了深刻的影响。20世纪初，克罗齐撰写的《历史学的理论和实际》一书集中体现了作者的历史哲学思想。克罗齐认为，在我们所已描绘的哲学中，真实界被确认为精神，这种精神不是高悬在世界之上的，也不是徘徊在世界之中的，而是与世界一体的。克罗齐说："哲学与史学携手并进，它们是不可分割地结合着的。"① 在他看来，精神就是世界，哲学就是历史，一个历史学家如果不同时兼具哲学家的禀赋，那么他在拥有浩如烟海的文献资料面前，只能望史兴叹，而不能写出有思想的历史著作来。

克罗齐十分强调历史研究的现实性，他和马克思都启示我们，不懂得现在，就无法理解过去。在克罗齐那里，现实生活的需要是当代人研究历史的根本出发点，只有懂得现在的历史学家才能真正理解过去，才能在以往的历史资料中找到合适的主题和相关的题材。他认为，人们研究历史总是从现实的兴趣出发，为当前的目的服务，于是，他提出了"一切历史都是当代史"的著名论断。克罗齐认为："当代史固然是直接从生活中涌现出来的，被称为非当代史的历史也是从生活中涌现出来的。因而，显而易见，只有现在生活中的兴趣方能使人去研究过去的事实。因此，这种过去的事实只要和现在生活的一种兴趣打成一片，它就不是针对一种过去的兴趣而是针对一种现在的兴趣的。"②

---

①② 克罗齐：《历史学的理论和实际》，傅任敢译，商务印书馆1982年版，第92、2页。

在《历史学的理论和实际》中，克罗齐探讨了历史与编年史的区别、普遍史、自然史、历史哲学、历史的人性、专门史、史学史等问题。关于历史与编年史的区别，克罗齐立足"一切历史都是当代史"的论断，阐明了编年史应该是一种活的思想史的观点。他认为："历史是活的编年史，编年史是死的历史；历史是当前的历史，编年史是过去的历史；历史主要是一种思想活动，编年史主要是一种意志活动。"① 在克罗齐看来，一切历史当其不再是思想而只是用抽象的字句记录下来时，它就变成了编年史，尽管那些字句一度是具体的和有表现力的，但它们都是死的历史。关于一般史与专门史，克罗齐反对一般史的学说，认为专门史才是真实的东西。他概括了西方史学因编撰形式多样化而形成的专门史格局，即以对象的性质为标准而形成了宗教史、风俗史、观念史、制度史等专门史，或以时间空间的排列为标准而形成了欧洲史、亚洲史、美洲史、古代史、中古史、近代史、古希腊史、古罗马史等专门史格局。② 关于一般史，克罗齐明显反对编撰一般史或通史的做法。实际上，20世纪有些通史或一般史的编写仍然是非常成功的，如人们熟悉的20年代英国学者韦尔斯的《世界史纲》、30年代汤因比的《历史研究》以及苏联科学院编写的《世界通史》等，这些一般史或通史为我们了解人类历史的总体面貌提供了便利。关于历史的人性，克罗齐强调历史与个人的统一，他认为真正的历史是作为普遍的个别的历史，人们无法从历史中排除个人，就如谈希腊哲学无法抛弃柏拉图，谈希腊悲剧无法抛弃索福克利一样。关于史学史，克罗齐依照历史的顺序论述了西方史学发展的历程，依照他的划分，西方史学经历了希腊罗马的史学、中世纪的史学、文艺复兴时期的史学、启蒙运动的史学、浪漫主义时期的史学、实证主义的史学等几个不同的历史阶

①② 克罗齐：《历史学的理论和实际》，傅任敢译，商务印书馆1982年版，第8、97页。

段。显然，克罗齐的历史观既有浓厚的唯心主义特点，也有某些传统的精英主义色彩。20 世纪以来，西方史学在克罗齐批判的历史哲学思想影响下朝着现实主义方向大步前进，历史学在西方的学术及社会地位明显提高，这也许是克罗齐始料不及的。

二、英国柯林武德的人性史学思想

在 20 世纪西方学术史上，英国历史学家柯林武德（R. G. Collingwood，1889～1943）具有十分重要的地位，其历史哲学思想对 20 世纪西方美学理论和历史学发展具有重要的影响，他和意大利的克罗齐同为 20 世纪西方批判历史哲学学派的代表性人物。柯林武德身兼哲学家、历史学家、美学家、艺术家多种身份，著述颇丰，在历史学、哲学、美学、考古学、艺术、宗教、人类学等多个学术领域都有重要建树，主要著作有《宗教与哲学》、《心灵的思辨》、《艺术原理》、《罗马统治时期不列颠的考古学》、《牛津英国史》、《形而上学》、《新利维坦》、《历史的观念》、《柯林武德自传》等。

柯林武德出生于英国兰开郡科尼斯顿一个知识分子家庭，父亲是一位画家、考古学家。也许是受家庭的影响，柯林武德自幼对艺术和历史产生了浓厚兴趣。1908 年他考入牛津大学学习哲学和历史学，1912 年毕业后先后在剑桥大学和牛津大学任研究员和教授。1914～1918 年服务于英国海军参谋部。1927 年起他成为牛津大学罗马史讲座教师，成为继哈佛菲尔德之后研究罗马统治时期不列颠历史的权威专家。1935 年起为牛津大学温弗莱特形而上学哲学教授，至 1941 年退休。柯林武德所撰《历史的观念》是其代表作，该书奠定了柯林武德历史哲学家的地位。全书分两部分：一部分叙述了西方自希腊罗马到 20 世纪的历史哲学思想（第一至四编）；另一部分是作者本人的历史哲学思想（导论和第五编）。在书中，作者批判了实证主义的历史思潮，他力图将历史学与哲学联系起来。他通过对西方历史哲学史的梳理，提出了“一切历史都是思想史”的著名论题，深刻影响了20世纪世界历史学。

在哲学上，柯林武德基本上属于新黑格尔主义，他反对只研究实在（现象）而忽视研究实在（现象）背后的思想。柯林武德继承和发展了克罗齐的“艺术即表现”的美学思想，使其更加完善和具体，形成了所谓的“克罗齐—柯林武德表现说”。柯林武德认为，艺术是艺术家的情感表现，表现情感是一种创造性想象活动。柯林武德强调想象与表现的统一，并把表现活动看做是语言问题。与克罗齐不同，柯林武德承认并强调思维在想象活动中的地位。他认为，思维分为意识和理智两种不同的形式，意识将感觉经验转化为想象，使之成为一种总体想象性经验，这就是审美活动和艺术。通过想象，主体可以意识到本来没有意识到的情感，把无意识的情感提升为自觉的情感，从而使情感获得表现。柯林武德把艺术定义为纯粹的想象，既区别于理智上的推理，又区别于被动的知觉，也与有目的的技艺不同。他把表现情感的艺术视为真正的艺术，把一切再现性的艺术都视为不能名副其实的艺术。他贬低艺术技巧的作用，认为宣传、鼓动等一切有目的的“巫术艺术”和追求享乐目的的“娱乐艺术”都不是真正的艺术。柯林武德认为艺术家是预言家，他们能意识到艺术与历史生活的联系。柯林武德主张用艺术挽救西方精神上的深刻危机。

柯林武德的史学思想与其哲学观点是一致的，他批判19世纪以来实证史学只考证事实而忽视研究事实背后的人的思想。他反对“剪刀加浆糊”的史学，认为他们只不过剪贴了前人现成的文献和理论而加以不同的排列组合而已。他主张，历史学家的任务就是研究历史现象后面的思想，历史学家要在自己的心灵中重演古人的思想，并把它纳入到现代的思想轨道。

依照英国当代历史哲学家沃尔什《历史哲学导论》的说法，现代的历史哲学分为思辨的历史哲学与分析的历史哲学，柯林武德是分析的历史哲学的代表人物。他所提出的“一切历史都是思想史”

深刻影响了20世纪的西方历史学。基于自己的哲学立场，柯林武德提出“研究心灵的正确道路则是要靠历史学的方法”①，最终他提出“一切历史都是思想史”这一著名论断。在《历史的观念》导论部分，柯林武德开明宗义地提出了他的基本哲学观——“哲学是反思的”。柯林武德认为，人在进行历史思考时不仅要思考客体，而且要思考主体。因而当人在认识其他事物时，也必须认识他自己。人的这种自我认识不是关于身体的，也不包含感知、感觉和情绪的心灵知识，而是“人的认识能力、他的思想或理解能力或理性的知识”②。

如何建立“人性的科学”？在柯林武德看来，包括心理学在内的自然科学的方法不能解决这个问题。他强调要用历史学的方法来研究心灵，进而取代人性的科学。依照他的方法，应该观察自我与他人的心灵在特定环境下的行为方式，之后寻找联系，发现规律。于是，历史学成为真正的人性的科学。为了认识人的心灵，柯林武德之前的哲学家洛克、休谟等人都曾试图建立起“人性的科学”，柯林武德认为他们都失败了。柯林武德认为，先前洛克、休谟和康德三人的思路及方法“被自然科学方法的类比所扭曲”③。虽然柯林武德没有指出历史学方法与自然科学方法之间的本质差别，但他强调了历史学的心灵重演的人文性特点。柯林武德指出，自然科学只是一件件仅有外部而无内部的事件(event)的序列，不研究现象内部的思想活动。而历史学家在进行历史研究时始终关注的是体现出内部与外部统一的行动（action)，历史研究需要从发现事件外部入手，深入事件的内部，了解历史人物的内心思想，自然科学研究做不到这一点。柯林武德认为，近代自然科学的进展极其深刻地改变了人类的思想面貌和整个世界历史面貌，但是人类控制自然能力的增长却

①②③ 柯林武德：《历史的观念》，何兆武、张文杰译，商务印书馆1997年版，第238、233、37页。

并未同时伴之以控制人类局势能力的增长。人类控制物质力量的能力的增长和控制人类本身局势的无能形成了日益扩大的差距，从而使得文明世界中的一切美好与价值有面临毁灭的危险，因此，成为当务之急的就不仅仅是要求人与人之间的和解或善意，而尤其在于真正理解人事并懂得如何驾驭人事。柯林武德认为，历史学家总以“人事（human affair）”为研究对象，而每一历史事件又划分为“事件的外部”和“事件的内部”，外部指“属于可以用身体和他们的运动来加以描述的一切事物”①，内部则是指“其中只能用思想来加以描述的东西”。柯林武德说：“历史的过程不是单纯事件的过程而是行动的过程，它有一个由思想的过程所构成的内在方面，而历史学家所寻求的正是这些思想过程。一切历史都是思想史。”②

历史学家如何去发现历史人物的思想？对于这个问题，柯林武德除了强调用心灵重演的手段外，未能给出具有可操作性的明确方法。尽管如此，柯林武德提升了历史学的地位，强调在自然科学之外历史学的自我存在，这是他对历史学作出的重要贡献。

---

①② 柯林武德：《历史的观念》，何兆武、张文杰译，商务印书馆1997年版，第242、244页。

第二章　现代西方史学新趋势

第一节　后现代主义

后现代主义（Postmodernism）是 20 世纪 70 年代以后在西方兴起的一种反对欧洲近代科学体系的社会思潮。在全球化趋势下，人类面临空前的生存危机，一些前卫的思想家开始反思近代欧洲形成的科学传统。他们质疑传统科学理论，质疑实证主义的传统方法，试图重新解释人类文明现象，形成了结构主义、解构主义等新哲学思想，逐渐汇集成为一股后现代主义思潮。受后现代主义思潮影响，西方史学理论和方法出现了一些新的趋势，质疑历史客观性的声音甚嚣尘上，历史的主观性得到了重视。以口述历史为主的叙事史复兴，微观史学、新文化史的兴起，都与后现代主义思潮有关。文学、人类学、宗教学、伦理学、心理学纷纷"侵入"史学领域，使得传统的学科界限变得越来越模糊，在繁荣历史研究的同时也给职业史学家队伍造成了危机感。

20 世纪 70 年代以后，后现代主义迅猛发展，成为风靡欧美学术界、艺术界的主要思潮，涉及哲学、社会学、美学、语言学、历史学、宗教学、心理学、教育学等诸多领域。后现代主义是对现代主义的反思与批判，它是一种反传统、反权威、反理性的思维模式。20 世纪 60 年代末期，后现代主义首先通过叙述主义历史哲学进入史学领域，其代表人物是美国历史哲学家、新历史主义理论家海登·怀特。怀特把后现代主义哲学运用于历史学，因而他被视为后现代主义史学的代表性人物。此外，福柯、哈贝马斯、德里达等人也是20世纪后现代主义历史学家。

海登·怀特（Hayden White，1928～　），当代西方最著名的历史哲学家之一，新历史主义最主要的批评家，后现代主义史学的代表性人物。怀特早年研究中世纪史和文化史，20世纪60年代涉足历史哲学领域，曾获密歇根大学哲学博士，历任美国斯坦福大学比较文学系教授、加州大学圣塔克鲁斯分校历史系荣誉教授。他广泛吸收哲学、文学、语言学成果，构建了一套比喻理论来分析历史文本、作者、读者之间的关系，揭示了意识形态要素介入历史学的种种途径。怀特在文化理解和叙事的语境中把历史编纂和文学批评完美地结合起来。他主导了20世纪70年代以后历史哲学领域中的语言学转向，并将历史主义思想带入文学批评领域，成为跨学科研究的典范。怀特的主要著作有《历史的负担》（*The Burden of History*，1965）、《十九世纪欧洲的历史想象》（*The Historical Imagination in Nineteenth-Century Europe*，1973）、《叙事的回归线》（*Tropics of Discourse*，1978）、《希腊罗马传统》（*The Greco-Roman Tradition*，1978）、《形式之内容》（*The Content of the Form*，1987）、《借喻的现实主义》（*Figural Realism*，1997）等，理论著作有《元史学：19世纪欧洲的历史想象》、《话语的比喻：文化批评论集》、《形式的内容：叙事话语与历史表现》、《比喻实在论：模拟效果研究》、《话语转义学》等。

《元史学》是海登·怀特的成名作，也是奠定其学术地位的代表作。① 该书旨在消除历史与文学的界限，被誉为20世纪下半叶最重要的历史哲学著作，也是当代西方历史哲学研究中语言学转向的标志。该书运用形式主义方法建构起结构主义文本分析理论，对叙事

---

① 海登·怀特之《元史学》中译本（陈新译）由译林出版社于2004年出版。

与历史解释、叙事与人类行动、叙事与社会经济结构、叙事与历史实在等问题展开讨论，展示了他著述历史时所采用的主导性比喻方式及与之相伴随的语言规则，确证了历史作品普遍存在的诗学本质。作者认为，史与诗并不存在截然断裂的鸿沟，任何史学作品都包含了一种深层结构，它是诗学的，实质上也是语言学的，是一种未经批判而被接受的范式。

怀特批判了欧洲近代实证史学传统，其新历史主义理论始终围绕历史、比喻、想象三个概念展开论述。他希望在真实与虚构之间确立一个话语连续系统，借助比喻理论寻找想象与历史之间的合理联系。他在理论上消除了历史学与文学的界限。

怀特认为，从本体论上看，历史事实不是"真实"，事实漂流在历史中并可以与任何观念结合，而历史"真实"只能出现在追求真实的话语阐释和观念构造之中，历史文本与文学文本在使用的词汇、修辞和形式方面并没有多少区别。正如有学者指出的那样，他们的研究"揭示出历史文本中认识者主观性介入的方式，历史文本反映的政治和意识形态蕴涵，历史事件作为一种认识者主观构造的现实性等等"①。怀特的新历史主义是一种诗意直觉的、印象主义的、本文细读式而非理论式的，这种理论后来一度获得广泛的共鸣，在世界学术界尤其是文学、史学界产生了深远的影响。20 世纪 80 年代，怀特的新历史主义名噪一时，成为学术界受压抑的各类"边缘学者"聚结的一面旗帜。后现代主义在理论上意图颠覆传统历史学的基础，而过去人们一般认为历史是客观真实的、连续发展的、必然进步的。不过，由于自身缺乏系统的基础理论和支配性主导力量的支撑，怀特的新历史主义理论虽然曾获得少许新锐史家的赞誉，却为多数现代史家所不容。自 20 世纪 60 年代以来，怀特始终处于史学理论争执的漩涡之中。80 年代后，他又被卷入现代主义与后现代主义史学

① 张广智：《西方史学史》，复旦大学出版社 2005 年版，第 389 页。

的争论。如今，怀特的新历史主义已经成为历史，历史学作为现代社会科学门类的地位未被撼动。

怀特的新历史主义强调历史认识的相对性，批判历史主义追求所谓纯粹客观的历史“事实”，这具有一定的思辨性和理论意义。但是，后现代主义坚持非理性，否认一切科学理性，特别是它从根本上否认历史科学的态度，对于历史学的发展也产生了破坏作用。也许正是看到了后现代主义对科学的破坏性的缺陷，另一些后现代主义哲学家如米歇尔·福柯、雅克·德里达进行了建设性的后现代主义的理论构建。

米歇尔·福柯（Michel Foucault，1926～1984），法国著名哲学家、历史学家，结构主义者。他对20世纪西方文学、哲学、历史学、教育学、社会学均有很大影响。其著有《精神病与人格》、《疯癫与文明》、《临床医学的诞生》、《词与物》、《知识考古学》、《规训与惩罚》、《性史》、《不正常的人》、《必须保卫社会》、《主体解释学》、《快感的享用》等。

米歇尔·福柯1926年出生于法国普瓦捷的一个乡村家庭。父亲是一位外科医生。1946年福柯进入著名的法国高等师范学校学习哲学，这是法国传统的通向学术殿堂的门户。在校期间，福柯师从著名翻译家和德国哲学专家梅洛·庞蒂教授学习存在主义和现象学课程，并受到马克思主义影响。1950～1953年间，经教师阿尔都塞介绍加入法国共产党，但从未参加过共产党的活动。1950年福柯通过毕业考试，1952年受聘为里尔大学助教。1955年8月，在著名神话学家乔治·杜梅泽尔（Georges Dumezil）的大力推荐下，福柯前往瑞典乌普萨拉大学担任法语教师。1954～1970年他先后在瑞典乌普萨拉大学、波兰华沙大学和德国汉堡大学任教，后到法国克莱蒙费朗第一大学、突尼斯大学、法国梵森大学、法兰西学院、美国水牛城大学、加州大学伯克利分校等校任教。后来，福柯在旧金山的同性恋社群活动中染上了艾滋病。1984年福柯在巴黎去世。

福柯毕生致力于知识社会学研究，研究权力与知识的关系。1966 年福柯出版《词与物》，引起了极大反响。这部著作力图构建一种“人文科学考古学”，“旨在测定，在西方文化中，人的探索从何时开始，作为知识对象的人何时出现”。这本书为福柯赢得了巨大声望。在《词与物》中，福柯使用“知识型”这一新术语指称特定时期知识产生、运动以及表达的深层框架。通过对文艺复兴以来知识型转变流动的考察，福柯指出，在各个时期的知识型之间存在深层断裂。语言学具有解构流淌于所有人文学科中语言的特殊功能，在人文科学研究中，语言学都处于一个十分特殊的位置：透过对语言的研究，知识型从深藏之处显现出来。福柯的认识论及历史观深受黑格尔思想影响，他认为历史归根到底是一系列“认识”，他将这个认识定义为一个文化内一定形式的权力分布。他认为，权力是一种贯穿于整个社会的“能量流”，人能够表现出来有知识是权力的一种来源，“真理”（其实是在某一历史环境中被当做真理的事物）是运用权力的结果，人只不过是使用权力的工具。福柯认为，通过讨论、知识、历史等途径，依靠一个真理系统建立的权力可以被质疑；通过强调身体，贬低思考，或通过艺术创造也可以对这样的权力进行挑战。

20 世纪 70 年代，福柯积极致力于各种社会运动，他运用自己的声望支持旨在改善犯人人权状况的运动，并亲自发起“监狱情报组”以收集整理监狱制度日常运作的详细过程。他在维护移民和难民权益的请愿书上签名，与萨特一起出席声援监狱暴动犯人的抗议游行，冒着危险前往西班牙抗议独裁者佛朗哥对政治犯的死刑判决。所有这一切都促使他深入思考权力的深层结构及由此而来的监禁、惩戒过程的运作问题，并最终构成了他《规训与惩罚》的全部主题。福柯最后一部著作《性史》第一卷《求知意志》在 1976 年 12 月出版，这部作品的目的是要探究性观念在历史中的变迁和发展。按照福柯最后的安排，这部巨著分为四卷，分别为《求知意志》、《快感的享用》、《自我的呵护》、《肉欲的告赎》。只可惜没等书出齐，这位研究 20 世纪后期现代性的思想家便因可怕的艾滋病而过早离开了喜爱他的广大读者。

雅克·德里达（Jacques Derrida，1930 ~ 2004），20 世纪下半叶世界著名哲学家，后现代主义思想家，当代法国哲学家、符号学家、文艺理论家和美学家，解构主义思潮创始人。

雅克·德里达 1930 年出生于阿尔及利亚一个犹太人家庭。1942 年法国宣布取消阿尔及利亚犹太人的法国公民资格，他被迫辍学两年。这个经历对他的心灵产生了很大影响，他的思想中的怀疑精神甚至伴随了他的一生。1952 ~ 1956 年他就读于法国高等师范学校，1956 ~ 1957 年到美国哈佛大学短期进修。60 年代成为《泰凯尔》杂志的核心人物，60 年代末与该杂志分裂。后一直在巴黎高等师范学校任教。曾任美国霍普金斯大学和耶鲁大学的访问教授。1984 年后任法国高等社会科学院研究员。

德里达的思想在 20 世纪 60 年代以后掀起了巨大波澜，成为欧美知识界最有争议的人物。他的理论动摇了整个传统人文科学的基础，也是整个后现代思潮最重要的理论源泉。其主要著作有《文字语言学》、《声音与现象》、《书写与差异》、《散播》、《哲学的边缘》、《立场》、《人的目的》、《马克思的幽灵》、《文学行动》等。

1967 年，德里达连续推出了《书写与差异》、《论文字学》、《声音与现象》，奠定了他的解构主义思想基础。90 年代，他推出了新作《文学行动》，汇聚了他各个时期以来的文学思考，这既是一部哲学著作，也是一部异想天开的批评作品。

德里达长期致力于研究文字与语言结构的关系问题。他指出，在西方思想中，言语是造成文字不利地位的首要原因，哲学言语的结果与基本前提都是由逻辑性决定的。他称这种情况为“言语中心论”，是说文字与言语的关系如同外部与内部、身体与灵魂的关系一样，是相对的。在他看来，声音符号的言语有它的所指，而这种所指是由逻辑性决定的。如果取消了这种言语中心论，就可以看出与声音言语相对的文字语言，它有它自己的生成能力和规律。

德里达从文字语言学的基本观点出发，认为文字意义的绝对根源是不存在的。他强调符号的物质性，认为语言只是通过踪迹维持的。文章不单纯是言语的抄写，它在成为一种语言之前首先是一种踪迹，等待着我们去辨明它。他还认为，每种踪迹只有区别于另一种踪迹才能存在，而且踪迹是由符号相互联系起来的，所以一种踪迹可以转化为其他踪迹，并且意义也是流动的。

20 世纪 80 年代以后，德里达转向政治伦理方面，并直接参与了一些政治事件。例如 1981 年他支持拉丁美洲精神分析界对独裁政府的反抗，1982 年在布拉格支持捷克知识分子的反抗运动。他还支持南非的反种族隔离运动。德里达认为，“人权”不仅是抵抗集权主义的工具，还与主宰着政治性的世界概念的那个欧洲传统密不可分，而后者正是解构的首要质疑对象。所以，他的解构工作依次围绕着主体与自由、民主与公民性、边界与民族国家这些观念展开。基于这种理念，他在课堂上分析死刑的政治神学基础。他谴责恐怖主义，并分析恐怖主义的形态、条件以及影响。他分析美国划分流氓国家和邪恶轴心国的原教旨主义情结，也指责“没有启蒙、没有政治远见的阿拉伯伊斯兰神权政治主义”。他以犹太人的身份批评以色列的犹太复国主义。他也支持同性婚姻。

德里达向世界传递了一种当代最伟大的哲学思想，他的人本思想在世界各地影响非常广泛，往往被用作女权主义运动、同性恋抗争、黑人运动等的理论武器，他在世界各地获得了许多名誉教授和荣誉博士职衔。但是，人们对于德里达的思想一直以来都有很大争议。由于他的思想和英美哲学主流的分析哲学格格不入，他的思想不被许多传统学者所接受。学者们普遍指责德里达企图颠覆存在决定意识、现实决定文化的科学定论，指责他破坏了西方社会科学的理论基础。

第二节 微观史学

20 世纪 70 ~ 80 年代，西方新史学和年鉴学派受到史学界的批评与质疑。法国年鉴学派历史学家、剑桥人口史小组和美国克丽奥学派单纯强调计量方法和社会史研究、片面夸大“长时段”结构及热衷于所谓“静止的历史”（Immobile History）的倾向受到严峻的挑战，甚至出现了“史学危机”之说。在这样的背景下，西方史学家积极应对，力图克服新史学的弊端，涌现出新的史学潮流，形成于 20 世纪 70 年代末的意大利微观史学派便是其中之一。该学派受到了吉尔茨文化人类学和福柯思想的影响，20 世纪 80 年代以后法国年鉴学派的“日常生活史”（Histoire de la vie quotidienne）、心态史（Histoire des mentalite）研究趋势也对意大利微观史学产生了积极影响。1973 年，法国年鉴学派历史学家乔治·杜比（George Duby）出版了《布维纳的传说：1214 年 7 月 27 日》（*La Dimanche de Bouvines*：27 *juillet*，1214），他被誉为是西方微观史学研究的先驱之一。微观史学一经出现便迅速成为国际性史学潮流，在法国、德国、美国史学界产生了广泛影响，例如德国和奥地利的“日常史”（Alltagsgeschichte）、英国的“个案史”（Case History）都与意大利微观史学有着密切的关系。

作为一个学派，微观史学（Microhistory）最初以意大利北部的博洛尼亚大学为中心，主要代表人物有卡洛·金兹伯格（Carlo Ginzberg）、乔万尼·列维（Giovanni Levi）、卡洛·波尼（Carlo Poni）、埃德尔多·格伦迪（Edoardo Grendi）、马可·费拉里（Marco Ferrari）等。他们最早创造了“微观史学”这个词，用来界定这种“在本质上以缩小观察规模、进行微观分析和细致研究文献资料为基础”的研究方法。微观史学是相对于宏观史学而言的历史研究。一般认为，微观史学多指对一个人物、一种事件、一种组织或制度等所做的考证、排比、叙述性的历史研究；微观史学得出的结论往往是具体的、局部的和专门的；微观史学的主要任务在于阐述史实，如“论明代内阁制度”之类的研究。

1977 年，埃德尔多·格伦迪撰有《微观分析与社会史》，首先提出了利用微观分析方法进行历史研究的倡议。1979 年，卡洛·金兹伯格和卡洛·波尼发表《名称和游戏：不平等的交流和史学市场》一文，推动了微观史学研究。他们主张开拓微观史学与文化人类学相互间的理论借鉴，在意大利建立历史人类学。

1976 年，金兹伯格出版了学术名著《奶酪与蛆虫——一个 16 世纪磨坊主的精神世界》（*The Cheese and the Worms*: *The Cosmos of a Sixteenth-Century Miller*），该书如今已被奉为微观史学的经典著作。该书篇幅不长，研究的是一位名为梅诺乔（Menocchio）的意大利农民，他生活在 16 世纪意大利北部山区一个叫做蒙特利勒（Montereale）的偏僻山村，以经营磨坊为生。与那个时代的同类不一样，由于他受过一定的教育，能读会写，接触到一些异端思想，因此持有独特的世界观。他一直试图向周围的村民宣传自己关于上帝、教会和世界的观点，挑战上帝创造一切的观念，宣称人是由泥土、空气和水而产生，犹如奶酪中生蛆虫一般。他因“异端邪说”于1583 年被当地宗教法庭以“异端和亵渎上帝”的罪名起诉，经过前后两次长达十多年的审讯，于 1599 年前后被宣判处死。

历经几个世纪，宗教法庭对梅诺乔的审讯记录等相关文件被幸运地保存了下来，金兹伯格于 20 世纪 60 ~ 70 年代在乌迪内（Udine）的档案馆里发现了这批尘封已久的珍贵史料，并利用丰富的数据史料将研究聚焦在一个历史中的小人物身上，用显微镜去放大和解读这个人物及其所处的时代。由于他的精细的微观研究，人们得以了解梅诺乔的所作所为，以及他的思想和感情中的恐惧、希望、嘲讽、愤怒、失望。

金兹伯格研究的最初目的是根据梅诺乔零散的供词记录描绘 16

世纪意大利通俗文化与精英文化之间的巨大差异和相互关系。在《奶酪与蛆虫》1976年最早的意大利版序言里，金兹伯格首先批评了过去传统史家关注帝王将相功绩的做法，表示要将历史研究的对象转向那些历史上默默无闻的大多数普通人，从而建立起一种与上层精英文化相对的“下层文化”或“通俗文化”的历史。

意大利微观史学分为文化微观史（Cultural Microhistory）和社会微观史（Social Microhistory）两个分支。以金兹伯格为代表的文化微观史是意大利微观史学的主流，该学派主要借助于文化人类学的理论和方法开展微观历史研究。其中，克里福德·吉尔茨（Clifford Geertz）解释人类学所谓“厚描述”（Thick Description）的观点在文化微观史家中有着巨大的影响。与人类学家的田野调查一样，微观史学家通过历史资料的重新挖掘和整理，运用大量细节的描述、深入的分析重建一个微观化的个人、家族或是小区。文化微观史家们认为，一个时代的文化或是历史的意义是具体而微的，它们仅存在于那些接受了具体规则和信仰的特定社会群体和有名有姓的个人的身上，因此必须根据不同的背景和语境区别地加以考察，进行微观化的历史分析。金兹伯格就是通过对审判记录等数据的细致研究，来揭示精英文化与通俗文化在历史中的相互关系。

社会微观史主张“社会边缘人群的行为可以用来说明社会权威的本质”。这一派的代表人物是列维和格伦迪，他们在理论上主要受到了西方马克思主义的影响。1977年，格伦迪在《微观分析与社会史》一文中就把微观分析定义为“社会史，即‘人与人群的历史’的一个基本步骤”。列维在其讨论微观史学理论的论文《论微观史学》（On Microhistory）中，强调历史学家的任务是去研究那些决定我们生活的思想的起源，而不是写小说。列维1985年出版的《继承权力》一书，研究农民世界两样不可捉摸的和象征性的东西（指权力和威信）是如何维护和转移的，力图揭示乡村权力关系的模式。这本书是社会微观史研究的代表之作。

人们一般认为，意大利微观史学的最大特征是注重局部、细节和强调叙述性。在这两个方面，微观史学超越了年鉴学派注重宏观社会史、经济史研究的局限，为人们了解历史提供了新的途径。但是，在具体的研究中，微观史学也存在理论和方法上的明显缺陷，不少微观史学研究在进行微观分析的过程中，往往走向了另一个极端，他们往往将视野局限在狭小、琐碎的问题上，而忽视了宏观的、总体的历史背景，终究只是见木不见林。突破微观史学的这些局限，将微观研究与宏观研究结合起来，展开更加丰富多彩的历史画卷，这已成为当今世界史学发展的潮流。

第三节　新文化史

20 世纪以来，西方史学发展迅速，以社会史研究为主的“新史学”（又称“社会史”）成功挑战了以兰克史学为代表的传统史学，社会史逐渐取代政治史而成为史学研究的主流。20 世纪中期，西方形成了法国年鉴学派、英国马克思主义历史学派（或称“新社会史学派”）、美国的社会科学史学派（或称“克莱奥学派”等新的史学流派。到 70 年代后期，肇始于法国的“新文化史”（又称为“社会文化史”）又取代“新史学”，成为西方史学界的新宠。为了区别以布克哈特（Jacob Burckhardt，1818 ~1897）、哈伊津哈（Johan Huizinga，1872 ~ 1945）等人为代表的文化史，1989 年美国杰出的女历史学家林·亨特（Lynn Hunt）在《新文化史》（*The New Cultural History*）中将这一新的学派命名为“新文化史”。

20 世纪 80 年代以来，新文化史研究逐渐在西方史学界流行起来，该阵营史学家们将历史上的普通人视为历史研究的主要对象。在研究方法上，新文化史回归了古典史学的人文学科特色，他们从过去现代化理论流行时代的社会科学和科学方法，转向讲究叙事和细节的人文的历史学方法。新文化史研究开拓了历史研究的视角，过去不被重视的民众日常生活等大众文化现象得到了足够的重视，丰富了历史研究的内涵，提高了人们对社会政治文化的认识能力。英国历史学家E·P·汤普森的《英国工人阶级的形成》通常被看做是西方新文化史之开山之作。新文化史研究的重点强调的不仅是文化建构在语言表述中的作用，还有它在社会和个人行为中的作用。有学者指出，新文化史研究在人类学的基础上，拓展了许多历史研究的新领域，这些新领域包括感官史、情绪史、疾病史和性史等。① 英国文化史家彼得·伯克(Peter Burke)依据不同的研究课题将新文化史分作七类：1. 物质文化史，亦即饮食、服装、居所、家具及其他消费品如书的历史；2. 身体史，它与性态史、性别史相联系；3. 表象史，即对自我、民族及他人等的形象、想象及感知的历史或如法国人所称的“表象社会史”，它正逐渐取代“集体心态史”；4. 记忆社会史或“社会记忆史”；5. 政治文化史；6. 语言社会史；7. 旅行史。②

新文化史研究最大的特点并非在理论上颠覆传统史学的方法，而在于更新考察问题的视角，通过改变传统历史学家解释历史的角度，对社会政治进行文化现象学的有趣阐释，从而深刻影响读者。例如，新文化史研究学者林·亨特考察了法国大革命中的服装、帽徽和旗帜等文化的“标志”，并从标志上分析政治和文化的关系。她的《法国革命中的家庭罗曼史》从家庭秩序的变革中解读了法国革命的政治文化。作者通过讨论家庭成员间的关系，以家国互喻的手段，来解释法国革命中的复杂思想和文化。亨特指出，国王被杀，隐喻着家庭权力结构的动摇、父权地位的动摇，而兄弟的地位变得更为重要。革命兄弟在“父亲”留下的权力真空中对内争权夺利。

---

① 周兵：《精彩纷呈的新文化史》，《历史教学问题》2007年第1期。

② 彼得·伯克：《西方新社会文化史》，刘华译，《历史教学问题》2000年第4期。

她也指出了妇女在法国革命中的尴尬地位，在革命文学中，母亲经常作为坏女人出现，革命党推翻父权制，但不愿让女人参政。当时色情文学中的妇女形象便反映了男人对女性参政的恐惧。

从学科间相互影响的角度看，新文化史受到了人类学的启发。如人类学家吉尔茨（Clifford Geertz）的著作《尼加拉：十九世纪巴厘剧场国家》及其论文集《文化的阐释》对新文化史的研究产生了重要影响。吉尔茨对尼加拉的研究，揭示了生态、地理、宗族、婚姻、结盟、村落、庙会、庆典、祭祀、权力等方面的问题。吉尔茨以详细而敏锐的观察，通过对各种社会文化生活的细节描述反映社会、文化和政治。

研究显示，在西方的中国史研究领域，有大量体现新文化史研究的成果，特别是在资料、课题、方法的取向方面涌现了许多积极的成果，这些研究被称为是大众文化史研究。20 世纪 80 年代，以姜士彬（David D. Johnson）、黎安友（Andrew J. Nathan）、罗斯基（Evelyn Rowski）所编论文集《晚期中华帝国的大众文化》为标志，西方中国史研究开始了中国大众文化史的研究。该书所搜集的论文涉及大众文化划分、大众戏曲、印刷、宗教文化等方面的研究。

在这部论文集中，姜士彬研究了山西东南的“赛”，他为人们认识大众文化与国家政治提供了新的认识途径。赛是一种地方宗教庆祝活动，是庙会和神的生日庆祝，一直受到官方的资助，村镇文化实际上也为其所主导。赛的文化组成是复杂的，它既是地方文化的一种表达，也反映了正统的价值观。大众宗教可以与国家和正统结合在一起，精英和国家意识形态在乡民的礼仪生活中扮演了重要角色。

孔飞力（Philip A. Kuhn）的《叫魂》和周锡瑞（Joseph W. Esherick）的《义和团运动的起源》等著作，以大众文化作为切入点，对重要政治事件展开文化视角的研究与考察。孔飞力、周锡瑞从叫魂、巫术、庙会、社戏等具体的民间文化入手，把村社、乞丐、僧侣等社会史的许多方面与官僚结构综合起来进行分析，剖析国家政治权力的运作，展开对社会动荡和民众文化心理因素的研究，帮助人们理解清朝的独裁政治。他们研究的着眼点不在巫术本身，而在于政治文化系统，但他们没有从传统的角度考察政治系统，而是把视角放在大众文化。他们的研究告诉我们，大众文化所能揭示的东西与政治、经济同样重要，有时它甚至对社会有着更深刻和更长久的影响。这些具体而精彩的研究，体现了新文化史研究的特色。

在中国国内，改革开放后，20世纪80年代以复旦大学的学者为主的上海史学家率先编辑出版了《中国文化》研究集刊，该杂志对中国文化史的研究产生了积极的影响，不过当时中国的文化史研究主要以经典的精英政治文化研究为主，对民间大众文化现象进行具体而细致的考察还是后来的事情。

第四节 新社会史

20世纪50~70年代，英国一些史学家以马克思主义理论为指导，吸收其他社会科学的新观念和新方法来研究英国历史，逐渐形成了新社会史学派。

作为一种新史学流派，英国新社会史的诞生是20世纪后期西方历史编纂学方面最重要的发展成果之一。英国新社会史学派倡导马克思主义整体社会史研究，宣扬“自下而上”的史学观念，强调新社会史应该反映普通人民的声音，注重从社会下层的角度和大众文化的层面研究历史，重视追求“小人物”或弱势群体参与历史运动过程的微观描述。在研究取向方面，新社会史学派注重从社会现实出发开展整体社会史研究，注重研究方法的多种方式分析。该学派的重要成员有克里斯托弗·希尔、埃里克·霍布斯鲍姆（Eric Hobsbawm）、爱德华·汤普森和拉斐尔·萨缪尔等，他们对西方史学界产生了广泛影响。新社会史研究曾一度引领西方史学的发展。

例如20世纪六七十年代，美国受到英国新社会史学影响，兴起了一股新社会史学研究热潮。由于美国民权运动出现新高涨，引起史学界的变化。不少犹太人、妇女、黑人史学家进入史学界，他们从全新的历史视角对史学界传统的核心价值观展开批判。美国出现了新黑人史学，这种史学深受英国“新社会史”等马克思主义史学和新左派运动的影响。在霍布斯鲍姆、汤普森等英国新社会史学家的影响下，美国史学家开始关注城市下层民众，尤其是劳工的各种社会特性，诸如他们的种族背景、宗教信仰、技艺传统、家庭生活、社团组织等。

在历史观方面，英国新社会史学家如霍布斯鲍姆不承认年鉴学派将历史视为具有永恒结构的观点，他们认为历史是发展变化的，人们可以能动地有意识地创造社会历史，而不是任由历史“结构”与“规律”摆布。在研究方法上，英国新社会史学派主张多种分析方法的综合运用，在吸收年鉴学派及结构主义分析方法的基础上，更加注重运用马克思主义阶级分析方法分析历史事实。英国新社会史学派认为，历史研究应从社会生活现实与经历出发，借助于一定结构分析框架来认识历史事实，观察社会历史发展的长期规律。新社会史学研究具有浓厚的人文色彩，强调人类的现实关怀，反对单纯的自然环境与地理结构分析的研究，反对把历史写成纯粹客观的“无人的历史”。

埃里克·霍布斯鲍姆是备受国际史学界推崇的英国新社会史学家、世界近代史大师。第一次世界大战后，这位出生于埃及后移民英国的俄国犹太人后裔，在德国、奥地利度过了颠沛的童年时代，在英国完成了中学教育，并进入剑桥大学学习。1947 年，他从剑桥大学历史专业毕业后任教于伦敦大学，一直工作到退休。

霍布斯鲍姆是英国著名的左派史学家，14 岁便加入了共产党，就读于剑桥大学期间，积极参加共产党的活动，与威廉士、汤普森等马克思主义学派的学生交往甚密。1952 年，他参与创办著名的新左派史学期刊《过去与现在》，树立了崇高的国际声誉。霍布斯鲍姆擅长欧洲19世纪近代史及拉丁美洲史研究，兼及政治、社会学理论研究与艺术、文化批评。他关于资本主义制度发展史、劳工运动、农民运动、土匪强盗、无政府主义等问题的研究成果，在学术界有很大影响。霍布斯鲍姆在英国新社会史学形成过程中具有举足轻重的地位，他所强调的“整体社会史”构想及其研究实践，开阔了历史学家的研究视野，开拓了史学研究的范围，促成了英国新社会史学体系的形成。20世纪60年代后，由于霍布斯鲍姆等马克思主义史学家的提倡与实践，新社会史学在英国确立了它的主流史学地位。霍布斯鲍姆著作丰富，主要著作有《革命的年代》、《资本的年代》、《帝国的年代》、《盗匪》、《民族与民族主义》、《原始的叛乱》、《爵士风情》等。

霍布斯鲍姆和汤普森等所开创的英国马克思主义新社会史学研究，对当代国际历史科学研究产生了重要的影响，加快了国际整体社会史学走向现代化的步伐。当今，史学现代化的趋势排斥任何单一视角的史学研究，而注重社会历史的微观与综合研究的统一。值得高兴的是，现在人们已经摆脱过去孤立研究上层精英文化的传统，而更多地去注重性别、家庭、闲暇时间以及大众生活方式的微观的社会史。另外，口述历史、教区记录、人口调查和考古发掘材料等各种新型史料补充了公共档案中书面文献的不足，丰富了历史研究的内容，历史正在恢复它的人民历史的本来面目。

第五节　计量史学

运用数学方法对历史资料进行定量分析的计量史学兴起于20世纪50年代中期的欧洲，后来风靡欧美各国。20世纪上半叶，法国年鉴学派推动了计量史学的发展。计量史学不像当代西方的其他史学流派那样注重创设新理论，而是强调研究方法的更新，它开拓了一种反思与记录过去变化的重要方法，从而动摇了历史学方法论的基础。因此，站在史学发展史的角度看，计量史学对历史学的改造，比其他史学流派要深远得多。

计量史学在西方大约萌芽于19世纪末，当时发展起来的统计学首先被应用到经济研究领域，后来逐渐推广到社会科学研究领域。1882年，德国学者伊纳马·斯坦格发表《历史与统计学》一文，这是早期的关于计量史学的著作。20世纪50年代法国年鉴学派推动了计量史学的发展，60~70年代以后计量史学的研究重心从欧洲转向北美，应用范围也从经济史和人口史扩大到政治史、社会史和文化史等领域。同时，历史计量研究的方法日趋复杂，从一般的描述性统计过渡到相关分析、回归方程、趋势推论、意义度量、线型规划、动态数列、超几何分布、投入产出分析、因子分析、马尔科夫链等数学模型、模糊数学，还有博弈论和对策论、曲线拓扑理论等。在计量史学的基础上，形成一系列新的历史分支学科，如新经济史、新政治史、新人口史、新社会史等。

计量史学在西方的发展，以美国最具代表性。1958年，康拉德和迈耶尔合作出版的《内战前南部奴隶制经济学》被认为是美国计量史学的第一部代表作。1963年，美国历史协会成立了计量史学分会“历史计量资料委员会”。1972年，这个委员会组织出版了10卷本《计量史学研究丛书》，该书在世界学术界引起了巨大反响。1974年，福格尔与恩格尔曼合著了《苦难时代：美国黑人奴隶制经济》和《苦难时代：证据与方法补编》两部巨著。他们汇集了一切能够收集到的数据史料，运用了一切可供运用的数学工具，通过浩繁复杂的运算，肯定并发展了南北战争前南方奴隶制经济本是一种高效益经济的结论。两位作者给读者展示了他们使用什么样的史料证据、怎样获取和整理数据、运用了什么数学工具、怎样进行运算等，是计量史学研究的空前之作。该书1975年获班克罗夫特奖（美国历史学方面的一个重要奖项），引人注目。1972年，国际历史学大会正式接纳计量史学为历史学的新分支。在英国，剑桥大学的人口和社会结构史研究组是一个从事计量研究的著名学术组织。该组织的学者彼得·拉斯勒特和理查德·沃尔编辑出版的《过去时代的户和家庭》一书，汇集欧美国家学者运用计量方法研究家庭史和人口史的重要成果，已成为享有国际盛誉的名著。1972年，英国史学家R·弗拉特出版了《历史学家计量方法导论》，被视为目前国际计量史学的经典性著作。20世纪80年代以后，计量史学的国际合作逐渐加强，美国、苏联、法国等国的计量史学家在80年代初联合成立了“历史学应用计量方法国际委员会”，每隔一两年便召开一次国际讨论会。现在，计量史学的理论研究得到重视，人们已经不再探讨历史研究是否可以采用计量方法的问题，而是去探讨采用什么样的计量方法、怎样应用计量方法、计量方法导致什么样的结果这一类问题。80年代末，美国半数以上大学历史系在研究生培养方案中设置了计量方法论或统计学的教学课程，历史资料的统计与数学分析已成为公认的历史研究基本方法。1983年，美国“计量经济史学会”成立。1993年，诺贝尔经济学奖颁给了从事计量经济史研究的罗伯特·福格尔（Robert W. Fogel）和道格拉斯·诺思，以肯定他们“为解释经济和制度变迁，通过应用经济理论与计量方法革新经济史研究”的贡献。以罗伯特·福格尔为首的计量史学派（Cliometrics）主张建立模拟模型或理论模型，建立模型不是从史料出发，计量也不完全依靠历史统计系列，而常常是寻求所谓“间接度量”的数据。计量史学实际上只曾盛行于美国。在欧洲虽有短暂反应，但没成气候。目前流行的是以计量经济学(Econometrics)方法来研究历史，主要是用回归分析、相关分析和矩阵分析法，很有成效。由于采用了计量分析，历史学家更多地把目光转向了下层人民群众，转向了物质生活和生产领域，转向了家庭史、妇女史、社区史、人口史、城市史等专门史。计量史学方法的推广，特别是计算机存贮和处理资料技术的提高，使得历史资料的来源更加广泛，类似遗嘱、死亡证明、法院审判记录、选票、民意测验等过去常被忽略的历史资料，都成为计量分析的对象，这大大提高了历史研究的效率，丰富了历史研究的内涵。

计量史学有一个显著的作用，那就是它促成了历史研究走向精密化。用一种模糊的语言解释历史，是西方传统史学的缺陷之一。在传统的历史研究中，史学家往往随意抽出一些史料来证明自己的结论，这样得出的结论难免片面。计量史学则在一定程度上纠正了这种偏差。计量史学把传统史学中常见的定性论断中隐含着的模糊的数量判断明晰化，从而对那些包含着模糊的数量判断的定性论断加以验证，并在此基础上提出新的论断。例如，计量方法的应用使得美国史得到了重新解释。过去一般认为内战前美国南方的居民主要分为黑人奴隶、白种穷人和种植园主三个阶层。通过计量分析，人们发现这不符合实际情况，当时除上述三个阶层外，还存在着大量的既不是穷人又不是种植园主的白人平民。

计量史学的迅速发展，反映了当代社会科学和自然科学融合的趋势，它提高了历史学的科学性。但是，计量史学自身存在明显的局限性，比如计量史学具有一定的适用范围，它只涉及历史现象中量的方面，只是从数量关系上帮助研究者揭示事物的性质，并不能代替全部历史研究。正如我国著名经济史学家吴承明先生曾经指出的那样，“采用计量模型并不是研究历史最好的方法，它将复杂的社会关系都简化为函数关系，已属失真，又用时间变量代替历史思考，不能说明其来龙去脉”①。在思想文化史研究方面，计量史学往往是无能为力的，因为精神的东西很难用数量关系来精确地加以概括。例如 20 世纪 70 年代后，美国计量史学家对黑人的家庭结构、饮食、卫生和健康状况等问题的研究取得了重要成果，曾被认为是美国历

① 刘维维：《经济史应当成为经济学之源——访中国经济史学专家吴承明》，《中国社会科学报》2010 年 11 月 11 日。

史研究的重大突破。但他们的著作对黑人以及白人奴隶主的文化和心理状况却没有涉及，因为这方面的资料根本就无法进行计量分析，因此在对黑人奴隶制的总体认识上，他们的结论往往是片面的，甚至是荒谬的。计量史学研究方法不能单独应用，必须同其他的历史研究方法如逻辑分析方法相结合。因为事物的结构关系错综复杂，有因果关系、双向关系、辩证关系等。研究它们要用逻辑思维，用归纳法、推理法，分析、综合，又都要有史料证实。逻辑分析能全面观察，分析层次，揭露实质。如果单纯依靠计量方法，就会把丰富和生动的历史变成一堆枯燥无味的公式，降低历史的真实性。另外，计量史学不可能完全排除历史学家的主观因素，以不同理论作指导的历史学家会从不同角度选取自己所需要的史料。所以，我们不能过分夸大计量史学的作用。

第六节 口述史学

口述史学也称口碑史学，是一种搜集和利用口头史料研究历史和撰写历史著作的方法和流派。口述史学方法作为一种独立的历史学方法诞生于20世纪三四十年代的美国。美国现代口述史学方法的第一个倡导者是阿兰·尼文斯（Alan Nevins，1890～1971）。

历史上，史学家对口头史料的运用由来已久。西方口述史学源远流长，可以追溯到荷马史诗、希罗多德的《历史》和修昔底德的《伯罗奔尼撒战争史》。西方“史学之父”希罗多德曾把史学家的责任归结为“报道人们所说的一切”①。在19世纪中叶史学走向专业化之前，口头史料一直是西方历史著述的主要依据，直到德国兰克学派兴起后，档案库的资料被看做最可信的记录，口述资料才遭到冷落。

---

① 希罗多德：《历史》，商务印书馆1959年版，第691页。

在中国，上古史中的历史传说就是最早的口述史学。周秦以来，在中国古代历史编纂学史上，口述资料始终是野史、杂史、地方志以及少数民族史著述重要的史料来源，也是正史的重要资料来源。司马迁撰写《史记》，重视实地考察与采访，他使用了一些口述史料。近人梁启超在《中国历史研究法》中正式把口述史料列为一类历史资料。他解释说："采访而得其口说，此即口碑性质之史料也。"①

在西方，进入 20 世纪以后，兰克学派的治史方法受到普遍的批评，口述资料又重新受到史学界的重视。1938 年，美国历史学家阿兰·尼文斯出版了《通往历史之路》，首次发出开展口述史学研究的呼吁。1948 年，阿兰·尼文斯建立哥伦比亚大学口述史研究中心，是美国影响最大的口述史研究机构。美国早期的口述史学主要用于研究企业史和个人传记。第二次世界大战以后，史学家重视研究历史上普通民众的日常生活，使口述史学方法发挥了自己特有的优势。现代录音技术的进步，也为口述史学方法的运用提供了方便的条件。1948 年，尼文斯在哥伦比亚大学建立了口述史料学研究室，1960 年出版了第一部《口述史料汇编》，1967 年美国口述史协会成立，并出版《口述历史通讯》(70 年代初更名为《口述历史评论》)。在美国的影响下，口述史学在英国、加拿大、意大利、澳大利亚以及亚洲和非洲一些国家迅速发展。

现代西方的口述史学和传统的口述史学已有明显不同，传统史学对口头资料的搜集比较粗糙和简单，当代口述史学则有专门的理论与方法，比较著名的成果有美国历史学家 W·鲍姆的《口述史料的抄录与编写》、S·柯蒂斯的《口述历史指南》、P·汤普森的《往昔的回声：口述史学》等。传统史学的口述资料主要来自社会的上

---

① 梁启超：《中国历史研究法》，华东师范大学出版社 1995 年版，第 56 页。

层，当代口述史学则把注意力集中在社会的下层。例如在美国，以往不受重视的黑人和印第安人的口述史学得到较大发展，口述资料在社会史、地方史、企业史、劳工史、城市史等方面也得到了很大程度上的运用。从这一点上来看，口述史学的出现适应了当代西方史学发展的趋势。口述史料分口述回忆和口头传说两种，前者是指人们回忆自己以前的经历和见闻的口述材料，后者是指那些以口碑形式流传下来的关于以往人物、事件的叙述。口述历史是一种搜集历史资料的途径，该类历史资料源自人的记忆，一般由历史学家、学者、记者、学生等访问曾经亲身活跃于历史现场的见证人，多表现为学者文字笔录、有声录音、影像录制等。

口述史学重视口述史料的作用，作为文献资料的补充，口述资料能够增强历史资料的真实感。口述史学恢复了普通人民群众在历史上的地位，使历史学家对历史的认识更加全面。口述史学一定程度上丰富了落后国家与民族的历史，有助于打破欧洲中心论的思想束缚。比如史学家依靠口述资料曾恢复了非洲历史的基本轮廓，肯定了非洲人民对世界历史的巨大贡献。口述史学是一种动态的历史教育方法，其通俗、生动、形象的特点，有利于提高人们对历史学习的兴趣。

口述史学也存在明显的问题，比如口述资料往往带有一定的片面性，史学家的立场是否公正，材料来源是否可靠，这些都值得怀疑。口述资料有时可能脱离历史实际，因为口头传说往往都是一代人一代人传下来的，难免有些误差。另外，口述史学只适用于缺少文献资料的特定领域和细小的问题，对于研究比较庞杂的问题就不太适合。对于以统计为主的经济史和以原始文件为主的政治制度史，口述史学也难有用武之地。

第五编

20世纪中国史家学术列传

第一章 20世纪中国大学历史学家学术列传

过去的20世纪里，中国高等学校历史学科从无到有，逐渐发展壮大，形成了一整套具有中国特色的历史科学教育与研究体系，见证了中国现代历史科学的发展历程。20世纪的中国大学始终是史家荟萃的地方，一批杰出的历史学家撑起了大学历史科学的大厦。诚如20世纪三四十年代清华大学校长梅贻琦①所说的那样——大学者，非谓有大楼之谓也，有大师之谓也。

20世纪前半叶（1902年至1949年），我国学术界紧随世界历史潮流，逐步建立了以实证方法为代表的现代历史科学体系，涌现出梁启超、王国维、陈寅恪、钱穆、陈垣、吕思勉、傅斯年等一大批实证主义史学宗师。

1949年新中国成立后，我国现代历史学经历了一次根本性的变革。1949年，“借助于政权的更迭，宗奉马克思主义为圭臬的唯物史观学派，才开始对长期占据民国学术界主流地位的史料学派取得了决定性胜利”②。

---

① 梅贻琦（1889~1962），天津人，现代著名教育家，1931年至1948年任国立清华大学校长，是清华大学历史上任期最长的校长。在他任校长的10多年里，清华大学得到长足发展，全校设有文、理、工、法、农5个学院26个系。

② 王学典：《六十年来中国史学之变迁》，《文史知识》2009年第8期。

20世纪90年代以来，思想文化界开始从改革开放以来的激进主义转向保守主义，学术研究转向文献考订，历史学回归传统国学。与此同时，受西方后现代主义思潮影响，人们越来越专注于历史的人文性，并有回归叙事史的趋势。与此同时，微观史学研究的“新社会史”成为新趋势。

新中国成立60多年来，高校历史学科规模增长迅速。在20世纪50～80年代的30多年间，我国高校文史哲三大学科具有重要地位。进入80年代以后，随着改革开放的不断深入，教育形成了为经济建设服务的格局。受到社会外部环境的影响，以往规模偏大的高校历史学本科教育规模有所减缩，但研究生规模明显增大。据国务院学位办公室发布的统计数据，截至2008年，我国开设历史学专业的大学共185所，有权授予历史学硕士学位的大学131所，有权授予历史学博士学位的大学有48所。1999～2003年全国大学授予的历史学学士学位占学士学位总数的1.44%，授予的历史学硕士学位占硕士学位总数的1.50%，历史学博士学位占博士学位总数的2.21%。而同期我国有权授予法学硕士学位的大学共339所，有权授予法学博士学位的大学有97所，大学授予的法学学士学位占学士学位总数的3.67%，授予的法学硕士学位占硕士学位总数的6.86%，法学博士学位占博士学位总数的3.56%。比较之下，历史学硕士博士研究生数量规模仍然不小，这是因为我国大学历史学科师资力量强、硕士博士学位点数多。①

在我国的高等学校中，历史学科体系比较完整的大学主要有北京大学、北京师范大学、南开大学、复旦大学、南京大学、武汉大学、四川大学、山东大学、吉林大学、兰州大学、中山大学、厦门大学、东北师范大学、华东师范大学、陕西师范大学、华中师范大

---

① 摘自武书连主编：《挑大学选专业——2008高考志愿填报指南》，中国统计出版社2008年出版。

学等。我国高等院校和各级社会科学院历史研究所承担研究生（博士生或硕士生）的培养任务，每年为国家输送数以千计的历史专业人才。

第一节　北京大学、清华大学、北京师范大学、南开大学

一、北京大学

北京大学是中国现代大学历史学的发祥地。1899 年，北京大学的前身京师大学堂设立史学堂，这是近代中国最早的国立史学高等教育机构。1903 年京师大学堂开设中国史学门和万国史学门，形成了我国高校历史系中国历史和世界历史的学科格局。次年夏，京师大学堂开始进行预备科和师范馆的史学教育。1910 年 3 月，京师大学堂分科大学（相当于四年制本科）的中国史学门开始招生。1919 年北京大学史学门改称史学系。① 北京大学历史系现已成为我国学科齐全、师资雄厚的大学历史系之一。该系现有世界史、中国古代史、中国近现代史、历史地理学、专门史、史学理论与史学史、历史文献学及考古学等 8 个历史学二级学科，1997 年获得我国首批历史学一级学科博士学位授予权，博士点涵盖历史学所有二级学科。

百余年来，北大史学名师荟萃，李大钊、朱希祖、孟森、邓之诚、马叙伦、马衡、陈翰笙、冯承钧、何炳松、傅斯年、陈寅恪、李济、董作宾、钱穆、陈垣、陈受颐、顾颉刚、范文澜、冯家昇、张星烺、毛子水、姚从吾、王重民、郑天挺、阎文儒等数十位史学大家先后在此执教。1952 年，新中国对高校院系进行调整，清华、燕京等校史学精英汇入北京大学，使北京大学形成了当时全国高校最为完整的中国史和世界史教学与科研队伍。北京大学历史系史学

---

① 1912 年 5 月，京师大学堂改名为北京大学。

家的研究范围涵盖了中国史和世界史各分支领域，其中有翦伯赞（先秦秦汉史、史学理论）、汤用彤（宗教史）、向达（中西交通史）、张政烺（古文字）、邓广铭（宋史）、齐思和（世界史）、杨人楩（世界史）、周一良（魏晋南北朝史）、侯仁之（历史地理学）、王铁崖（世界史）、邵循正（蒙古元代史）、许大龄（明清史）、苏秉琦（考古学）、阎文儒（考古学）、王永兴（隋唐史）、田余庆（秦汉三国两晋南北朝史）、张芝联（世界史）、罗荣渠（世界史）、张广达（敦煌学）、宿白（考古学）、严文明（考古学）等。他们长期执教于北京大学，桃李遍天下，为北京大学历史学科的发展作出了重要贡献，产生了深远的学术影响。

孟森（1869～1937），字莼孙，号心史，世称孟心史，江苏武进人，著名历史学家，我国明清史研究学科主要奠基人之一。

孟森早年习八股制艺之学。1901 年赴日本留学，就读于东京法政大学。1904 年毕业回国，入广西边防大臣郑孝胥幕，撰成《广西边事旁记》。后随郑孝胥到上海，参与成立预备立宪公会。1908 年接任《东方杂志》主编，宣传君主立宪。1909 年当选江苏省咨议局议员。1913 年当选中华民国临时政府众议院议员。1914 年，袁世凯下令解散国会，孟森脱离政治，开始专力于学术。

1914 年孟森署名“心史”发表《心史史料》第一册，系统研究清朝入关前的历史。1929 年后，孟森受聘任教于南京中央大学，撰成讲义《清朝前纪》。1931 年，任国立北京大学教授，讲授《满洲开国史》，编印《明元清系通纪》、《明史讲义》、《清史讲义》。孟森致力于发掘、梳理和考订清朝入关前后的历史资料，开创了清朝开国史的研究。孟森擅长考史，著有《清太祖起兵为父祖复仇事详考》、《女真源流考略》、《横波夫人考》、《海宁陈家》、《清世宗入承大统考实》、《太后下嫁考实》、《世祖出家考实》等。

孟森致力于明清史研究，成绩斐然。他在传统方法上吸收了近代研究方法，开创了我国明清断代史研究的先河，被公认是中国现代明清史研究学科主要奠基人。他十分重视利用第一手档案资料，所著《清史讲义》是一部高水平的断代史著作。他利用《清实录》、《清史稿》、清宫档册及《朝鲜李朝实录》，考订史实多有发明创见，评议历史人物精辟独到。另撰有《满洲名义考》、《清国号原称后金考》、《清始祖布库里英雄考》、《清初三大疑案考实》、《八旗制度考实》、《奏销案》、《科场案》、《朱方旦案》、《金圣叹考》等，后来多被收入《心史丛刊》一、二、三集中。1949年后，中华书局编辑其少量未刊文章成《明清史论著集刊》及《续刊》。

朱希祖（1879～1944），浙江海盐人，字逷先，又作迪先、逖先，著名历史学家、教育家，中国现代历史学奠基人之一。

朱希祖出生于书香门第，17岁中秀才。1905年考取官费留学日本早稻田大学，攻读史学专业。在东京与鲁迅同随章太炎学习《说文解字》，并聆听孙中山宣讲三民主义。1909年学成回国，与鲁迅同受聘于浙江两级师范学堂任教。翌年转嘉兴府中学任教。辛亥革命后被公举为海盐县首任民事长，推行新政。1913年为教育部起草国语注音字母方案，后受聘任北京大学预科教员兼清史馆编修。袁世凯称帝时，朱希祖辞去编修，专任北京大学教授。

“五四”运动前后，朱希祖积极参与推行白话文，为《新青年》和《晨报》副刊撰稿。1918年任北京大学中国文学系主任，教授中国文学史。不久，兼任史学系主任，讲授中国史学概要、断代史及文学史，写成《中国史学通论》。1920年，联合北京大学六教授上书教育部，要求推行新式标点，中国新式标点自此始，是年底，和沈雁冰、郑振铎、叶圣陶等12人共同发起成立文学研究会。

1921年，为北京大学接收历史博物馆残存内阁大库档案1502麻袋，领导史学系学生整理研究。1926年夏，应聘为国立清华大学及北京私立辅仁大学教授。1928年重返北京大学，任史学系主任，并发起成立中国史学会。1930年任中央研究院研究员。1932年任广州中山大学教授兼文史研究所所长，先后撰写《南明之国本与政权》、

《南明广州殉国诸王考》、《中国最初经营台湾考》、《屈大均传》、《明广东东林党传》等数十篇论文，成为研究南明史的权威。1934 年受聘为南京中央大学历史系主任，同年任古物保管委员会主任，撰《六朝陵墓调查报告》等专著。1935 ~ 1940 年历任高等考试典试委员、国史馆筹备委员会总干事、重庆中央大学历史系主任、考试院考选委员会委员、考试院公职候选人检核委员会主任。1944 年 7 月病逝于重庆。

朱希祖是 20 世纪中国大学历史学主要奠基人之一。他开创了我国大学历史专业的课程体系，率先倡导在大学开设中国史学原理及史学理论课程，并讲授《中国史学概论》。他主持北大史学系时，倡导新史学，制定了大学历史学科的课程体系。他将历史专业必修课程分为六个部分，即史学的基本科学、史学的辅助科学、史学史及史学原理、中外通史及断代史、专门史、第一及第二外国语。这种制度施行后，被国内大学历史系一致采用。

邓之诚（1887 ~ 1960），字文如，号明斋、五石斋，祖籍江苏南京，著名历史学家、教育家，中国通史、明清史研究开拓者之一。

邓之诚幼年入私塾，受家学影响颇深，嗜读六朝史。后随父入滇，考入昆明云南两级师范学堂文科，毕业后任滇报社编辑，1910 年任昆明第一中学史地教员。武昌起义后，仍兼报社工作，宣传革命，并结识革命领袖孙中山、黄兴及护国军统帅蔡锷等。曾著《护国军纪实》，为不可多得的有关辛亥革命的实录。1917 年任北京大学教授、教育部国史编纂处纂辑员。1921 ~ 1941 年间，先后任北京大学、北平师范大学、北平女子文理学院、辅仁大学、燕京大学等校教授。1952 年院系调整后，燕京大学历史系并入北京大学历史系，邓之诚专任明清史教授、中国科学院哲学社会科学部历史考古专门委员。邓之诚是 20 世纪中国著名史学教育家，他一生诲人不倦，培养了一大批文史学者，其中就有成就斐然的黄现璠、王重民、朱士嘉、周一良、谭其骧、王钟翰等。

邓之诚一生治学谨严，博闻强识，著有《骨董琐记全编》、《中华二千年史》、《清诗纪事初编》、《桑园读书记》、《东京梦华录注》等。《中华二千年史》（原名《中国通史讲义》，上、中、下卷）系20世纪30～50年代在北京大学讲中国历史的讲义，通历代兴亡史实始末，识成败得失，颇具阅读价值。《骨董琐记全编》为文史工作者提供了不少有用的资料和线索。未刊手稿尚有二十万字的《滇语》，是研究西南少数民族历史的珍贵资料。

翦伯赞（1898～1968），湖南桃源人，维吾尔族，中国现代著名马克思主义历史学家、社会活动家，我国秦汉史、中国通史学科主要奠基者之一，中国科学院哲学社会科学部学部委员。

1916年，翦伯赞考入北京政法专门学校，后转入武昌商业专门学校。1924年赴美国加利福尼亚大学留学。1926年回国后，南下广东参加国民革命军，参加北伐战争。大革命失败后，在马克思主义历史学家吕振羽等人影响下，开始用马克思主义观点研究中国社会和历史问题。

1937年翦伯赞加入中国共产党，此后参加了抗日战争、解放战争，长期从事党的统一战线、理论宣传和史学研究工作。1938年他出版《历史哲学教程》宣传历史唯物主义，为我国马克思主义历史科学的建立作出了重要贡献。

《中国史纲》是翦伯赞关于中国通史的著作。作者原计划编著多卷本的《中国史纲》，实际完成了前两卷。《中国史纲》第一卷（1944年版）以历史唯物主义为指导，比较具体地论述了从原始社会到战国时期历史发展的基本规律和特点。作者把这段漫长的历史划分为原始社会、奴隶社会和初期封建社会三个阶段。《中国史纲》第二卷（1946年版）专述秦汉史。该书产生了深远的影响。

中华人民共和国成立后，翦伯赞历任中央人民政府政务院文化教育委员会委员，中央民族事务委员会委员，燕京大学社会学系教授，北京大学历史学系教授兼系主任、副校长，中国科学院哲学社会科学部学部委员，中国史学会常务理事兼秘书长，第一届全国政协委员，第一、二、三届全国人民代表大会代表。

从 20 世纪 50 年代开始，翦伯赞致力于我国历史学学科建设。他发起编纂两千多万字的《中国近代史资料丛刊》，并亲自主编其中的《戊戌变法》和《义和团》两个专题。从 1961 年开始，他兼任全国高等学校历史教材编审组组长，主编《中国史纲要》和《中国古代史教学参考资料》。

1961 年翦伯赞接受高教部委托，组织北京大学历史系教师集体编写全国大学历史专业中国通史教材《中国史纲要》。参与编著的学者有翦伯赞、吴荣曾（内蒙古大学历史系，先秦史）、田余庆（秦汉三国两晋南北朝史）、汪篯、吴宗国（隋唐史）、邓广铭（五代十国宋辽金史）、许大龄（明清史）、邵循正、陈庆华（近代史）。翦伯赞撰写了西周至战国部分，采用他自己的“西周封建说”。全书共四册，1962 年至 1979 年由人民出版社相继出版。1983 年再版为上、下册。该书以马克思历史唯物主义理论为指导，把从远古到近代（五四运动以前）的中国历史分为原始社会、奴隶社会、封建社会、半殖民地半封建社会四个发展阶段，叙述条理清晰，文笔精炼，是当时广受读者喜爱的一部优秀的中国通史类教材。

翦伯赞治学严谨，贡献卓著，被公认为我国马列主义新史学“五名家”（郭沫若、范文澜、翦伯赞、吕振羽、侯外庐）之一。在中国史研究领域，除中国通史外，翦伯赞长于先秦、秦汉史研究，著有《先秦史》、《秦汉史》两部断代史著作。在中国古史分期研究上，翦伯赞的“西周封建说”独树一帜。作为马克思主义史学理论家，翦伯赞还著有《中国历史哲学教程》、《对处理若干历史问题的初步意见》、《目前史学研究中存在的几个问题》、《中国史论集》、《历史问题论丛》等史论著作。

汤用彤（1893～1964），字锡予，湖北黄梅人，著名哲学史家、教育家，我国佛教史研究学科主要奠基人之一，中国科学院哲学社会科学部学部委员。

汤用彤早年在父亲汤霖的教馆学习国学，后求学于北京顺天学堂，接受新式教育，与梁漱溟共读印度哲学与佛教典籍。1912年考入清华学校，1917年考取官费留美，先入明尼苏达州汉姆林大学哲学系学习。1919年夏转入哈佛大学研究院，与陈寅恪同时师从Lanman学习梵文、巴利文及佛学，并与吴宓、陈寅恪一起接触新人文主义大师白璧德（Babbit）。汤、陈、吴三人被时人并称为“哈佛三杰”。

1922年汤用彤获哈佛哲学硕士学位后回国任教，任东南大学哲学系教授。1922年初吴宓、梅光迪等人在南京创办《学衡》杂志，汤用彤与柳诒徵、王国维、吴宓、梅光迪等组成“学衡派”，力主合中西文化之精华，走民主富强之道路，影响广泛。1926～1937年先后任南开大学哲学系教授兼系主任、中央大学哲学系教授兼系主任、北京大学哲学系教授兼系主任。1933～1937年，汤用彤撰写《汉魏两晋南北朝佛教史》，胡适称“此书为最有权威之作”，并推荐给商务印书馆出版（1938年正式出版）。

1937年抗战爆发，汤用彤随北京大学南迁，先后任西南联合大学哲学系主任、文学院院长。1946年随北京大学回迁，任哲学系教授、系主任。1949年，汤用彤被推为北京大学校务委员会主席，行使校长之职。1952年起，历任北京大学副校长，中国科学院哲学社会科学部学部委员，《哲学研究》、《历史研究》杂志编委，中国人民政治协商会议第一届全国委员会委员、第三届常务委员，第一、二、三届全国人民代表大会代表。

汤用彤是现代中国学术史上会通中西、接通华梵、熔铸古今的学术大师之一。他通晓梵语、巴利语等多种外国语文，精通中国哲学、印度哲学、西方哲学，治学严谨，襟怀宏阔。他从事学术研究重分析、重逻辑、重方法，强调运用科学方法达到求真的目的。他研究中、西、印文化不是将它们孤立起来进行研究，而是着眼于三者的相互关系，于事实广搜精考，于分析高瞻远瞩。

汤用彤毕生致力于中国佛教史和印度哲学的研究，所著《汉魏两晋南北朝佛教史》开辟了中国佛教史研究的新纪元。抗战期间，此书与陈寅恪的《唐代政治史述论稿》同获国民政府教育部学术研究一等奖。所撰《印度哲学史略》取材精审、考证严谨，是用现代科学方法研究印度哲学史的一部重要著作，为研究中国佛教史提供了必要的印度历史背景知识。汤用彤已刊著作主要有《汉魏两晋南北朝佛教史》、《隋唐佛教史稿》、《魏晋玄学论稿》、《印度哲学史略》、《汤用彤学术论文集》等，遗著还有《隋唐佛教史稿》（讲义）、《五代宋元明佛教史略》、校点《高僧传》等。

王重民（1903～1975），曾化名鉴，字有三，号冷庐主人，河北高阳人，著名历史文献学家、目录学家、版本学家，我国图书馆学、敦煌学奠基人之一。

1921 年王重民入保定直隶第六中学学习，1924 年考入北京高等师范学校国文系，师从高步瀛、杨树达、陈垣等。1928 年毕业，任保定河北大学国文系主任、北京辅仁大学讲师，主持北平图书馆古籍整理及编目、索引。1934 年被派往国外进修，先后在法、英、德、意、美等国著名图书馆刻意搜求流散于国外的珍贵文献。1934～1945 年，王重民在国外搜集到大量中国珍贵历史文献，并对这些文献进行整理研究，特别在敦煌文献研究方面成就突出。1939 年受聘于美国国会图书馆，整理馆藏中国善本古籍。1947 年回国，任职于北平图书馆，兼任北京大学中文系教授。1947 年创办北京大学中国文学系图书馆学专科（后改本科，王重民任系主任）。1949 年北平和平解放后，兼任北京图书馆副馆长。1952 年辞去北京图书馆职务，专事教学，主持北京大学图书馆学系，讲授目录学等课程。1956 年以北京大学图书馆学系主任身份主持制定全国图书馆学发展规划。1957 年被错划为“右派”，成为历史学界著名的五大右派之一（黄现璠、向达、雷海宗、王重民、陈梦家）。

王重民一生从事文献目录研究，著述颇丰，为我国文化遗产的整理事业作出了重要贡献，著有专著、论文160余部（篇），主要有《普通目录学》、《中国目录学史论丛》、《〈校雠通义〉通解》、《中国善本书提要》、《清代文集篇目分类索引》、《国学论文索引》（初编、续编、三编）、《文学论文索引》（初编、续编）、《图书与图书馆论丛》、《徐光启传》、《李越缦先生著述考》等，著有《敦煌古籍叙录》、《敦煌遗书论文集》，编有《敦煌曲子词集》、《敦煌变文集》、《敦煌遗书总目索引》等，另收集、校勘、整理出版有《徐光启集》、《太平天国官书》、《孙渊如外集》、《越缦堂文集》等。

齐思和（1907～1980），字致中，山东宁津人，著名历史学家、教育家，我国世界史学科主要奠基人之一。

1931年齐思和毕业于燕京大学历史系，后留学于美国哈佛大学研究院攻读西洋史，1935年获得哲学博士学位，同年回国。历任北平师范大学教授、中国大学历史系主任、燕京大学历史系主任、燕京大学文学院院长。1952年院系调整后转任北京大学历史系教授，历任北京大学历史系世界古代史教研室主任、中国世界中世纪史研究会名誉理事长。

齐思和精通英、法、德、俄等多种外文，他学识渊博，贯通古今中外，对中国近代史、中外关系史、世界史、史学理论均有精深研究，尤其对先秦史和世界中世纪史造诣精深，著有《中国史探研》、《世界中世纪史讲义》、《史学概论讲义》等。正如有学者指出的那样，“齐思和的古史研究，熟练运用中西历史比较法，关照中西封建制的同与异，既将中西历史彼此参较，获得一种世界史的通识，又绝不以西史框架硬套中国历史”①。

齐思和研究先秦史成就卓著，著有《黄帝的制器故事》、《五行

---

① 冯天瑜：《非西方封建形态的前近代中国社会》，《文汇报》2011年5月16日。

说之起源》、《战国制度考》、《〈战国策〉注作时代考》、《〈战国策〉注者高诱事迹考》、《西周地理考》、《毛诗名考》、《周代锡名礼考》、《西周时代之政治思想》等论著。《战国制度考》撰写于1938年前后，书中提出战国变法始于魏的观点被学术界认可。《孙子兵法著作时代考》提出《孙子兵法》为战国时代产物，并提出《孙子兵法》和《孙膑兵法》为两种书，后为山东临沂银雀山出土汉简所证实。

在中国近代史研究方面，齐思和著有《魏源与晚清学风》，被誉为魏源研究的里程碑之作。1951年，应中国历史学会副会长范文澜邀请，参加了《中国近代史资料丛刊》的编辑工作，先后完成了《鸦片战争》、《第二次鸦片战争》部分，标点整理了《筹办夷务始末·道光朝》，编辑了《黄爵滋许乃济奏议合刊》。

齐思和著有《西洋现代史提纲与文件》（英文）、《世界中世纪史讲义》等世界史著作，并发表了《英国封建土地所有制形成的过程》、《西欧中世纪的庄园制度》等多篇重要论文。主编《世界通史》（古代史卷），编译有文献资料集《中世纪初期的西欧》和《中世纪晚期的西欧》，译有《新史学》，合编《中外历史年表》等。

邓广铭（1907~1998），山东临邑人，字恭三，著名历史学家、教育家，我国宋史研究一代宗师。

1936年邓广铭于国立北京大学史学系毕业，深受导师胡适的赏识，留校任教于文科研究所和史学系。1943~1946年，任复旦大学史地系教授。

1950年起邓广铭任北京大学史学系教授。60年代初，执笔撰写了翦伯赞主编的《中国史纲要》中宋辽金史部分，成为高校文科的首选教材之一。后历任北京大学历史系中国古代史教研室主任、历史系主任、中国中古史研究中心主任等职。1980年当选为中国史学会主席团成员和中国宋史研究会会长。1981年以后历任国务院学位委员会成员，中国史学会主席团成员，中国宋史研究会会长、名誉会长，全国高校古籍整理委员会副主任，全国政协委员等职。

邓广铭毕生致力于中国古代史研究，擅长宋辽金史研究。他治学严谨，研究领域宽阔，在政治史、经济史、军事史、学术文化史、历史人物传记、古籍整理等方面均有精深的造诣。他提出治史入门的四把钥匙：职官制度、历史地理、年代学、目录学，一直受到史学界的重视。他在宋史研究方面取得了超越前人的成就，成为宋史研究的一代宗师。其主要著作有《辛稼轩年谱》、《稼轩词编年笺注》、《宋史职官志考正》、《宋史刑法志考正》、《岳飞》等，陈寅恪曾为其《宋史职官志考正》作序。

邵循正（1909～1972），字心恒，福建侯官（今福州市）人，著名历史学家，我国蒙古元代史学科奠基人之一。

1924年邵循正入福州英华书院，1926年入福州协和大学，同年秋入国立清华学校政治学系攻读国际法和国际关系学。1930年入清华大学研究院改习历史。1934年初赴欧洲留学，在法国巴黎法兰西学院东方语言学院师从汉学家伯希和攻蒙古史，学习古波斯文，次年转入德国柏林大学继续研究蒙古史。1936年由法回国，被聘为清华大学历史系讲师，讲授蒙古文。1937年“七七”事变后随校南迁，赴长沙临时大学、昆明西南联合大学，讲授蒙古史、波斯文和中国近代史课程。1945年秋应英国文化委员会之聘，与陈寅恪、洪谦、孙毓棠、沈有鼎联袂赴英，任牛津大学访问教授，研究蒙古史，并到比利时布鲁塞尔大学和鲁文大学作短期讲学。1946年冬回国，任清华大学历史系教授。

中华人民共和国成立后，邵循正曾于1950年任清华大学历史系主任。1952年高校院系调整后，任北京大学历史系教授、中国近代史教研室主任，兼中国科学院第三历史研究所（今中国社会科学院近代史研究所）研究员，1952～1958年任该所史料编辑室主任，政协第三、第四届全国委员会委员，并担任全国政协文史资料委员会委员。1956年邵循正与翁独健、韩儒林作为中华人民共和国蒙古史专家代表赴莫斯科，拟定由蒙、中、苏三国历史学家合作编写《蒙古通史》的研究计划，促进了国际学术文化交流。

邵循正是我国蒙古元代史研究的开拓者之一，熟谙英、法、德、意、俄等多种语言，精通古波斯文、蒙古文，能直接把蒙古文资料（《元朝秘史》）、波斯文资料（拉施都丁《史集》）、汉文资料（《元史》）和法、德、英等西欧诸国学者的研究成果糅合参证，互纠讹误，旁征博引，融会贯通，做了许多史实订正的工作，为我国蒙古元代史研究作出了重要贡献。

邵循正在中国近代史研究方面也有很深的造诣。1949 年后，他编辑《中国近代史资料丛刊》，开拓对中国近代资产阶级问题的研究，尤其在洋务派人物研究方面成就突出。其主要著作有《中法越南关系始末》、《中国史纲要》第四册（与陈庆华合著）等，主编《中国近代史资料丛刊》之《中法战争》、《中日战争》及《盛宣怀未刊信稿》等。与翦伯赞、胡华合著有《中国历史概要》，点校《元史》，有《邵循正历史论文集》。

阎文儒（1912～1994），字述祖，又名成凡，号真斋主人，晚号三万老人，辽宁锦州人，满族，著名历史学家、考古学家，我国石窟寺考古开拓者之一，隋唐文化史研究的重要学者。

1934 年阎文儒考入东北大学史地系。1938 年毕业后，考取北京大学文科研究所，师从著名历史学家、考古学家向达。其毕业论文《汉唐西域文明史》达 20 余万字，深得向达好评。1941 年阎文儒到西安调查长安城，撰写《西京胜迹考》。1943～1945 年，阎文儒随西北科学考察团赴敦煌、酒泉、张掖、武威等地考古。抗日战争胜利后，阎文儒历任西北师范学院副教授兼敦煌文物研究所副研究员，长白师范学院教授。他应恩师金毓黻之聘，任沈阳博物院博物馆主任、博物院委员、秘书长、代理主任委员，后任东北大学教授，《东北民报》主笔等职。1948 年后，历任北京大学文科研究所助教、副教授、历史系教授。

中华人民共和国成立后，一直在北京大学从事隋唐考古和石窟寺艺术的教学与研究工作。“文化大革命”中受到残酷迫害。1972年恢复工作后，他全身心地投入到石窟寺艺术的研究和整理工作中，成为我国石窟寺考古研究的开拓者。阎文儒忠耿、正直，不畏权势。他学识渊博，造诣精深，把毕生的心血和精力贡献给了中国考古事业。其出版有《中国石窟艺术总论》、《唐代贡举制度》、《麦积山石窟》、《炳灵寺石窟》、《两京城坊考补》、《龙门石窟研究》等多部著作，发表学术论文数十篇。其中，《中国石窟艺术总论》是石窟寺考古学领域的经典之作。

周一良（1913～2001），早年曾用字太初，安徽东至人，著名历史学家，我国亚洲史研究的开拓者之一，魏晋南北朝史研究领域的重要学者。

周一良8岁入塾，习经、史、子书及日文、英文。1931～1935年先后就读于北平辅仁大学、燕京大学历史系，曾受业于洪业、邓之诚、胡适、陈寅恪等。1936～1937年任中央研究院历史语言研究所助理员。1939年入美国哈佛大学研究院远东语文系，主修日本语言文学，并学梵文，1944年获博士学位，1944～1946年任哈佛大学日语教员。1946～1947年回国任燕京大学中文系副教授，1947～1949年任清华大学外文系教授，1949～1952年转任清华大学历史系教授，曾兼系主任。1952年加入中国民主同盟，1956年加入中国共产党。

1952年院系调整后，历任北京大学历史系教授、中国古代史教研室主任、亚洲史（后改亚非史）教研室主任、历史系副主任、主任，联合国教科文组织《人类科学文化史》（第三卷）编委，中国史学会理事，中国日本史学会名誉会长，《中国大百科全书·中国历史》编辑委员会委员。

周一良精通多种外语，学贯中西，在中国古代史、亚洲史、佛教史、世界史研究领域均有重要建树。在中国史研究方面，他毕生致力于魏晋南北朝史研究，著有《魏晋南北朝史论集》、《魏晋南北朝史札记》、《魏晋南北朝史论集续编》等极具功力的学术著作，受到国内外学界推重。

在中国佛教史及敦煌学研究方面，周一良的博士论文《唐代印度来华密宗三僧考》（英文）在欧美佛教史学界颇受重视。周一良曾撰文讨论敦煌变文俗讲及书仪的分类、源流等问题，参与编校《敦煌变文集》。

周一良是我国亚洲史研究的开拓者之一，曾讲授日本史，创设亚洲各国史课程，主持编写高校教材《亚洲各国古代史》（上册）。20 世纪 80 年代主编《中外文化交流史》，出访亚、非、欧、美许多国家，促进了中外学术文化交流。其著有《中日文化关系史论集》、《中外文化关系史论》、《唐代密宗》、《周一良学术论著自选集》、《周一良学术文化随笔集》、《周一良学述》、《毕竟是书生》等，主编《世界通史》（与吴于廑共同主编）。

王永兴（1914～2008），辽宁昌图人，著名历史学家，我国隋唐史、敦煌学研究领域的重要学者。

1934～1940 年王永兴就读于清华大学中文系、西南联合大学历史系，1943 年于北京大学文科研究所史学部研究生毕业。1943～1952 年，他先后任教于西南联合大学历史系、北京大学文科研究所、清华大学历史系。

1952～1955 年任清华工农中学常务副校长。1955～1958 年任人民教育出版社编辑。1958～1978 年任教于山西省教育学院，曾参加中华书局“二十四史”的点校工作。1978 年调至北京大学历史系任教。1986 年离休。

王永兴治学严谨，一生致力于唐史研究，在唐代经济史、唐代政治史、唐代制度史方面多有建树。他是我国较早进行敦煌学研究的学者之一，对考释敦煌吐鲁番文书多有贡献。他主编的《敦煌吐鲁番文献研究论集》辑刊推动了中国敦煌学研究。

王永兴受业于一代宗师陈寅恪，曾多年担任陈寅恪的助手。他遵循陈寅恪推崇的宋人“长编考异”治史方法，钩沉索隐，潜心研究，孜孜不倦；他辛勤整理陈寅恪之读书札记，主编《纪念陈寅恪先生百年诞辰学术论文集》，撰著《陈寅恪先生史学述略稿》。王永兴著有《隋末农民战争史料汇编》、《隋唐五代经济史料汇编校注》（第一编，上、下）、《唐勾检制研究》、《陈门问学丛稿》、《唐代前期西北军事研究》、《敦煌经济文书导论》、《唐代前期军事史略论稿》、《王永兴学述》等重要著作，发表《敦煌唐代差科簿考释》（刊《历史研究》1957年第4期）等论文数十篇。

张芝联（1918～2008），浙江鄞县人，著名历史学家，我国世界史研究领域的开拓者之一。

张芝联出生于书香世家，自幼在家塾饱读诗书，博闻强识。1935年考入北平燕京大学西语系，两年后转入上海光华大学，受业于英国文学教授张歆海和中国史学大家吕思勉、童书业。1941年入燕京大学研究院攻读历史，受业于张尔田和聂崇岐，研究中国史学，发表《〈资治通鉴〉纂修始末》等论文。1946年，张芝联赴美国耶鲁大学研究院攻读历史，次年肄业并到英国牛津大学进修，曾到法国参加国际讨论会，广泛涉猎中外文学、历史和学术思想。回国后，先后任教于上海光华大学、北平燕京大学历史系，教授世界史。1952年转入北京大学任教。1988年退休。

张芝联是我国世界史研究领域的开拓者之一，长期致力于世界史学科基础建设。他先后参加《世界通史》教材的编著，参与编审《世界史资料丛刊》，编译英国史资料集《1815～1870年的英国》，为《历史研究》撰文介绍国外史学动态。他最早把法国年鉴学派介绍到中国，1986年所撰论文《费尔南·布罗代尔的史学方法》引起学术界广泛关注。张芝联是我国公认的法国史研究领域的开拓者之一，1979年参与创立中国法国史研究会，并担任会长；主编我国第一部《法国通史》，资料翔实，见解独到，体系新颖，赢得广泛赞誉。1988年出版专集《从高卢到戴高乐》，汇集他有关法国史方面的研究成果。1983年他当选为法国革命史国际委员会理事。1985

年，法国政府授予他法兰西共和国荣誉军团骑士勋章。

张芝联 1989 年首次提出研究人权问题，主持承担了国家社科基金重点课题《国际关系中的人权问题》，从历史、理论、实践三方面研究人权问题。他曾两次组织国际人权问题研讨会，编辑出版《国际人权纵横》一书。

张芝联是我国杰出的教育家，他注意培养人才，为国家输送了大批教学、研究的骨干人才；多次到法、美、英、德、意、荷兰、瑞士、日本、苏联等国访问讲学，参加国际学术会议，促进了中外学术文化交流。1995 年三联书店出版其第二本专集《从〈通鉴〉到人权研究》，收集张芝联半个世纪以来的研究成果，涉及中国史、中国史学、法国史、西方史学、中外关系、人权问题、教学改革等方面的内容。另有英、法文讲演论文集《张芝联演讲精选》。

二、清华大学

清华大学历史学科有着悠久的学术传统，是中国现代史学的发源地之一。历史学曾经是清华大学历史最悠久、成就最辉煌的学科之一。20 世纪中国新史学的开创者梁启超、王国维、陈寅恪、张荫麟以及多位著名史学家都曾任教于清华大学。1911 年清华学堂建立初期便开设有中国史、西洋史等课程。1925 年清华学校设立国学研究院，主要从事文史领域的高等研究和人才培养工作。

1926 年清华学校正式设立历史系，这是我国最早成立的大学历史学系之一。著名史学家梁启超（20 世纪中国新史学开创者）、王国维（20 世纪中国新史学开拓者）、陈寅恪（中国新史学开创者）、柳诒徵（中国文化史）、陆懋德（史学理论）、蒋廷黻（中国近代史）、刘崇鋐（西洋通史）、雷海宗（世界通史）、张荫麟（20 世纪中国新史学开拓者）、吴晗（明清史）、邵循正（蒙古元代史）、王信忠（世界近代史）、孙毓棠（经济史）、周一良（魏晋南北朝史）、丁则良（世界史）、王永兴（隋唐史）、何炳棣（明清史）等先后在清华大学历史系执教，并形成了该系中西融会、古今贯通的学术传统。1930年清华国学研究院停办，研究院师资后来大部分转入历史、中文两系。1949年以前，清华大学历史学科在中国大学中实力最强。1952年高校院系调整，盛极一时的清华大学文科停办，历史学科教师分别被调入中国科学院、北京大学、南开大学等院校。20世纪80年代以后，清华大学逐渐恢复历史学等人文学科，先后延请何兆武（史学理论）、李学勤（先秦史）、张岂之（中国思想史）、葛兆光（中国思想史）① 等学术名家充实师资队伍。1993年清华大学历史系恢复建制，并开始招生。

陈寅恪（1890～1969），江西义宁（今修水县）人，著名历史学家、古典文学研究家，中国现代历史学开创者之一，我国隋唐史、敦煌学研究主要奠基者，中国科学院哲学社会科学部学部委员。

陈寅恪为清末著名诗人陈三立之子，湖南巡抚陈宝箴之孙。陈寅恪少时在南京家塾就读，自幼熟读“四书五经”，奠定了深厚的国学功底。1902年，陈寅恪随兄衡恪东渡日本留学。1904年夏，假期返回南京，与兄隆恪同时考取官费留日，冬季初入日本庆应大学，后转东京帝国大学财商系。1905年因足疾辍学回国修养。1907年春插班考入上海复旦公学（高中程度）。1910年考取官费留学，先后到德国柏林大学、瑞士苏黎世大学、法国巴黎大学就读。1914年因第一次世界大战爆发回国，居南京家中侍奉父母。1918年冬又得到江西官费的资助，再度出国游学，在美国哈佛大学师从Lanman教授学习梵文和巴利文两年。1921年，转往德国柏林大学研究梵文及东方古文字学，师从Lueders教授学习梵文和巴利文逾四年。留学期间，还学习了蒙古文、藏文、满文、波斯文等，具备阅读梵文、巴利文、波斯文、突厥文、西夏文及英、法、德等八种语文的能力，

---

① 葛兆光：现为复旦大学教授，并任该校文史研究院院长，主要从事中国古代思想史和宗教史研究工作。

尤以梵文和巴利文最精。

1925 年陈寅恪回国，此时清华学校创办国学研究院，其“用现代的科学方法整理国故”的理念深得胡适、梁启超赞赏。1926 年陈寅恪与王国维、梁启超、赵元任同时被聘为清华学校国学研究院导师。1929 年陈寅恪应学生之请作“王观堂先生纪念碑铭”，文中提出了“独立之精神，自由之思想”的学术精神与价值取向。1928 年，清华学校更名为国立清华大学，清华国学研究院停办，陈寅恪转任清华大学历史、中文系合聘教授，兼中央研究院理事、历史语言研究所研究员、故宫博物院理事等职。

1937 年 7 月抗日战争爆发，陈三立义愤绝食而亡。陈寅恪随校南迁，开始了八年颠沛流离的生活。抗战时期，陈寅恪先后出版了《隋唐制度渊源略论稿》、《唐代政治史述论稿》两部著作，提出了重要的新见解，为后人研究隋唐史开辟了新的途径。1945 年秋，陈寅恪应英国皇家学会约请赴英国伦敦治疗眼疾（视网膜脱落），并再次应聘去牛津大学任教。1946 年春辞去牛津大学聘约回国，任教于清华园，继续从事学术研究，曾在清华大学开设“魏晋南北朝史研究”课程，其讲义后经入室弟子万绳楠教授①根据笔记整理成《陈寅恪魏晋南北朝史讲演录》②。本书虽非陈先生的原著，但仍较为真实地体现了陈先生在魏晋南北朝史方面的研究成果。1949 年，陈寅恪拒绝了傅斯年要他去台湾的邀聘，到广州岭南大学中文、历史系任教。1952 年新中国高校院系调整，岭南大学并入中山大学。陈寅

---

① 万绳楠：1923 年生，江西南昌人，历史学家。1946 年国立西南联合大学历史系毕业，同年考取清华大学历史研究所研究生，师从陈寅恪，1948 年后弃笔从戎，参加革命。新中国成立后先后任教于安徽大学、合肥师范学院、安徽师范大学历史系。著有《魏晋南北朝史论稿》、《魏晋南北朝文化史》、《中国长江流域开发史》等。

②《陈寅恪魏晋南北朝史讲演录》由黄山书社于 1987 年出版，贵州人民出版社 2007 年再版。

恪转到中山大学任历史系教授。

新中国成立后，陈寅恪受到党和政府的器重与关怀，先后被选为中国科学院哲学社会科学部学部委员、中央文史馆副馆长、第三届全国政协常务委员等职。在助手的帮助下，他把《隋唐制度渊源略论稿》、《唐代政治史述论稿》、《元白诗笺证稿》以外的旧文编为《寒柳堂集》、《金明馆丛稿》，并写有专著《柳如是别传》等。陈寅恪平生的主要著作经由其学生、复旦大学中文系教授蒋天枢整理，编成一套200万字的《陈寅恪文集》，由上海古籍出版社于20世纪80年代出版，产生了重要的学术影响。2001~2002年，三联书店编辑出版了《陈寅恪集》（13种14册），包括专著、论文集、书信、诗作、读书札记、讲义、备课笔记及其他杂著，是目前所见收录陈寅恪著作最全的文集，总计约350万字，另附各类图片140余幅。

陈寅恪堪称20世纪中国学术界的一面旗帜，对中国近现代学术文化发展作出了重要贡献。他在魏晋南北朝隋唐史、蒙古史、西域民族史、宗教史、古典文学、敦煌学等诸多研究领域的精湛研究，达到了前所未有的高度，具有开拓性意义。他以终生的学术实践诠释了“独立之精神，自由之思想”的现代学术精神。其学识与人格广受海内外学人景仰，产生了广泛而深远的影响。

陈寅恪治学严谨，学风醇正。他道德高尚，一身正气，以学术匡浮尘之浇漓，树立了一座学术与人格的双面丰碑。在研究方法上，陈寅恪通古今、会中西：于内继承清代乾嘉学风，考史重证据，且“较乾嘉诸老更上一层”①；于外吸取西方实证方法，论史重变化。他娴熟地运用中西结合的考证比较方法，对资料穷本溯源，去伪存真，注重对史实的综合分析，在运用现代科学理性的同时又富有一种人文主义的情怀。陈寅恪将自己的学术植根于中华民族优良的文

---

① 陈寅恪：《与妹书》，详见《陈寅恪集·书信集》，三联书店2001年版，第1页。

化土壤，上承宋代知识分子的忧患意识和会通致远的史学思想，以近代科学的严谨学术精神捍卫中华文化的主体地位。他通过史料考据以“重建信史”的思路及治学方法背后潜藏着一种重义理、重文化大义的“宋学精神”。陈寅恪眼力超凡，善于从史料中寻史识，从细微处洞察历史的大变迁，从事物的联系中求历史的真面目，在变化中得历史发展的规律，在治史方法上为后世树立了永远的学术楷模。①

蒋廷黻（1895～1965），湖南邵阳人，著名历史学家、教育家，中国近代史研究的开拓者之一。

蒋廷黻幼年读私塾，10 岁就读于长沙明德小学，11 岁改入美国基督教长老会创办的益智学堂学习英文。1912 年只身赴美留学，在俄亥俄州奥伯林学院主修历史，获文学学士学位。1919 年夏入美国哥伦比亚大学研究院专攻历史，师从著名学者海斯教授。

1923 年蒋廷黻在美国获博士学位后回国，任南开大学历史系教授、系主任兼文科主任，讲授西史大纲、欧洲近代史、法兰西革命史、欧洲势力扩充史等课程，开始从事中国近代外交史的研究。蒋廷黻在南开大学首次讲授“中国近代史”，将中国近代史大断代上限定为 1840 年鸦片战争，为学界普遍认同。他因此成为“中国近代史研究的拓荒者”。1929 年，蒋廷黻转入清华大学任历史系主任，在学术界产生了深远影响，被誉为“一代学人”。1935 年后从政，直到 1965 年退休。

蒋廷黻致力于中国近代外交史研究，他引进西方新的研究方法和新的研究观念，开拓了中国近代史研究，为建立中国现代历史学作出了积极的贡献，为中国近代史建立了一个科学的基础。20 世纪 20 年代，他在我国首倡利用原始档案资料开展历史研究，强调社会

---

① 关于陈寅恪之生平，可参阅蒋天枢撰《陈寅恪先生编年事辑》（增订本），上海古籍出版社 1997 年版。

科学与自然科学的研究一样，要以事实为基础，历史研究必须从原始资料的研究入手。他身体力行，为搜集和整理中国近代外交原始资料付出了大量的心血。比如他联络各方鉴定专家、收藏家，频繁地访问调查，搜集掌握了李鸿章1896年至1900年期间从事外交活动的史料，率先运用这些资料在南开大学历史系讲授中国近代外交问题，并以西方现代史学体例编纂出我国第一部《中国近代外交史资料辑要》，奠定了中国近代外交史的研究基础。

1929年，蒋廷黻应清华大学校长罗家伦之邀出任清华大学历史系教授。他开创了用新史学理论培养新式历史学者的教学方法，采用西方综合的治史方法，培养和训练学生，他要求历史系学生多习外国语及其他人文学术，如政治学、经济学、哲学、文学、人类学，从而了解历史的复杂性、整体性。蒋廷黻对中国传统史学的考据方法持批评态度，认为中国旧史家往往倾力于古籍版本训诂，对史料本身却没有多少认识，人们只是为研究版本而研究版本，为研究古籍而研究古籍，这是“治史书而不是治历史”。这种研究方法已经落伍，不能再继续下去了。蒋廷黻深受湖南故乡近代经世致用学风的影响，注重把历史研究与社会现实紧密结合，努力探寻历史直接服务于社会的途径，总结历史的成败得失，以奉献于社会。蒋廷黻撰有《中国近代史》、《最近三百年东北外患史》、《蒋廷黻回忆录》等著作。

罗家伦（1897～1969），字志希，笔名毅，浙江绍兴人，著名历史学家、教育家，中华民国史研究开拓者之一。

罗家伦出生于书香门第，幼承庭训，4岁入私塾，熟读经史，15岁入南昌的英文夜校读外文，1914年入上海复旦公学。中学时代，罗家伦崇拜立宪派人物梁启超。1917年罗家伦进入北京大学文科主修外国文学。1918年罗家伦和傅斯年、顾颉刚等人创办《新潮》杂志，提倡文学革命，积极支持新文化运动。1919年“五四”运动中，提出了“外争国权，内除国贼”的口号，并第一次提出“五四运动”一词。

1920～1926 年，罗家伦先后留学于美国普林斯顿大学、哥伦比亚大学、英国伦敦大学、德国柏林大学、法国巴黎大学，主修历史与哲学。1926 年归国后参加北伐，任国民革命军总司令部参议、编辑委员会委员长等职。

1928 年 9 月，罗家伦受命任国立清华大学校长，他增聘名师，裁并学系，招收女生，添造宿舍，裁汰冗员，结束旧制留美预备部，停办国学研究院，创设与大学各系相关联的研究所，对清华大学的发展有所建树。但他作风专断，不尊重师生意见，引起师生的“驱罗”运动，被迫辞职。1930 年后，任武汉大学历史系教授、南京中央政治学院教育长、中央大学校长等职。在执掌中央大学期间，罗家伦改革教学方法，培养了一大批人才。1941 年 9 月以后从政。1969 年病逝于台湾。

罗家伦是中华民国史研究的开拓者，长期主持国民党国史馆工作，致力于研究中国近代史，与蒋廷黻同为中国近代史研究的开拓者之一。罗氏文章见解透辟，感情充沛，文辞秀丽婉转，深得学界好评。其主要著作有《新民族观》、《新人生观》、《文化教育与青年》、《科学与玄学》、《逝者如斯集》、《中山先生伦敦蒙难史料考订》、《蔡元培先生与北京大学》等。

张荫麟（1905～1942），字素痴，广东东莞人，著名历史学家。

1921 年张荫麟考入清华学校。在清华求学八年，他对中西文学、史学、哲学均有兴趣，尤精于史学，经常在《大公报》文学副刊、《时代思潮》、《学术》、《燕京学报》、《清华学报》发表著作，文笔流利生动，名震一时。1923 年 9 月，张荫麟在《学衡》第 21 期发表《老子生后孔子百余年之说质疑》一文，批驳梁启超，一举成名。清华求学期间，张荫麟积极参加学术讨论，经他批评或表扬的著名学者有梁启超、胡适、冯友兰、苏雪林、卫聚贤、朱希祖等，尤以对顾颉刚“古史辨”派的批评最有名，影响最大。

1929年秋，张荫麟从清华大学毕业后赴美国留学，在斯坦福大学学习西洋哲学、社会学，并立志以史学为终身职业。这期间，他依然为国内报刊撰稿，并曾运用人类学理论评论郭沫若《中国古代社会研究》一书。他认为："郭先生竟毫无条件地承受了那久成陈迹的、19世纪末年的一条鞭式社会进化论，并担任用中国史来证明它，结果弄出许多牵强穿凿的地方。"留学美国期间，他未接受美国哲学，甚至反对杜威的哲学。1933年夏，张荫麟由美返国，其后一直任教于清华大学历史系，主讲中国学术史与宋史等课程。1935年，受国民政府委托，由傅斯年推荐，张荫麟主编高中及小学历史教科书。他原本计划组织吴晗、千家驹、王芸生等专家按专题编写，后因战乱未能如愿，至1940年2月只完成他自己执笔的东汉以前部分，取名《中国史纲》（上古篇），1941年3月由浙江大学史地教育研究室出版。《中国史纲》是张荫麟的一部代表性著作，出版后颇获好评。[①] 1937年"七七"事变后不久，张荫麟只身南下，任教于浙江天目山的浙江大学，主讲历史。后浙江大学几度搬迁，张荫麟辗转至昆明，任教于西南联合大学。在浙江大学，他与同人创办《思想与时代》杂志，张荫麟的晚期文稿主要发表于此。1942年10月张荫麟病逝于任上，史学界痛失英才！

张荫麟具有多方面的修养，他治学规模宏大、约博双精，除史学外，涉及哲学、伦理学、社会学、政治学、翻译学等方面。他识见高明，富于现代批判精神。张荫麟的历史研究成果主要集中在中国科技史领域。他研究过张衡的科技成就、《九章》及两汉的数学、历史上的奇器与作者、宋代卢道隆、吴德仁所记鼓车之制造方法等，均受到学界好评。他精通英文，热衷于翻译。译文包括诗歌、文化、教育、政治、语言文字诸多内容，对斯宾格勒理论的介绍尤为完整。

---

① 张荫麟的《中国史纲》（上古篇），北京三联书店1955年曾经重版，今有上海古籍出版社2006年版、中华书局2009年版等版本。

他一生著述甚多，多散见于报章杂志，生前拟作《历史研究法》、《宋史新编》、《中国政治哲学史》，皆未着手而身亡。后人所编其文集有三种：《张荫麟文集》（台北中华丛书委员会1956年出版，伦伟良编）；《张荫麟先生文集》（台北九思出版社1977年出版，李毓澍编）；《张荫麟文集》（北京教育科学出版社1993年出版，张云台编）。

吴晗（1909～1969），原名春晗，字伯辰，浙江义乌人，著名历史学家、社会活动家，我国明清史研究开拓者之一，中国科学院哲学社会科学部学部委员。

吴晗自幼喜读文史书籍，11岁时始读《御批通鉴》，17岁毕业于省立金华中学，1927年考入杭州之江大学预科，1929年考入胡适主持的上海吴淞中国公学大学部预科，次年升入本科历史社会系。1930年任燕京大学图书馆馆员。1931年因写成《胡应麟年谱》，被清华大学史学系破格录取，师从顾颉刚、胡适、傅斯年、张荫鳞、蒋廷黻等。① 1934年毕业后留校任教。1937年，才华出众的吴晗被聘为云南大学文史教授，1940年执教于西南联合大学。1943年7月，在昆明加入中国民主同盟，并参加共产党组织的"西南文化研究会"等活动。

1949年北平解放，吴晗参加接管北大、清华的工作，任清华大学校务委员会副主任、文学院院长、历史系主任等职，并参加了开国大典。新中国成立后，历任第一、二、三届全国人大代表，第一届全国政协委员，第二、三届政协委员、常委、副主席，全国青联副主席、秘书长，民盟北京市主任委员、民盟中央副主席等职。从1949年11月起，担任北京市副市长。吴晗是中国科学院哲学社会科学部学部委员，在文化教育、学术活动、古籍整理及文物古迹的保护等方面作出了巨大的贡献。

---

① 王晓清：《学者的师承与家派》，湖北人民出版社2000年版，第267～268页。

吴晗治学严谨，在明史方面的研究取得了丰硕的成果，是现代明史研究的开拓者和奠基者之一。他早期的研究作品如《胡惟庸党案考》、《明成祖生母考》历来被视为学术经典。20世纪40年代所撰《朱元璋传》在史学界产生过重大影响。他提议编辑出版的《中国历史小丛书》在普及历史知识、进行爱国主义教育方面发挥了重要作用。

吴晗著述丰富，著有学术著作《胡应麟年谱》、《江苏藏书家小史》、《十六世纪前期之中国与南洋》、《由僧钵到皇权》、《明太祖》、《皇权与神权》、《明史简述》、《朝鲜〈李朝实录〉中之中国史料》、《江浙藏书家史略》、《吴晗历史论著选集》等，杂文集《历史的镜子》、《史事与人物》、《灯下集》、《春天集》、《投抱集》、《学习集》等，另有杂文《三家村札记》、《读史札记》，以及传记《朱元璋传》、新编历史剧剧本《海瑞罢官》等，主编《中国历史小丛书》、《外国历史小丛书》等，《吴晗全集》（10卷）共400多万字，基本收全了吴晗一生写作的有关历史学的文章及杂文、诗歌、书信、剧作、译作等。

何兆武（1921～　），湖南岳阳人，生于北京，著名历史学家、翻译家，我国西方史学理论研究的开拓者之一。

1939年何兆武考入西南联合大学，先后就读于土木专业、中文专业、历史专业，1943年毕业于西南联合大学历史系，1946年西南联合大学外文系研究生毕业，并先后到台湾、湖南任教。1949年回到北京，任北京图书馆编目员，后任西安师范学院历史系讲师。1956～1986年，任中国科学院（中国社会科学院）历史研究所助理研究员、研究员等职。1986年后任清华大学思想文化研究所教授，兼任美国哥伦比亚大学访问教授和德国马堡大学客座教授。1991年离休。

何兆武学识渊博，精通中西思想文化史。他长期从事历史理论、历史哲学及思想史的研究和西方经典著作的翻译工作，是我国研究西方思想史的权威学者之一。1956 年调入中国科学院（中国社会科学院）历史研究所后，曾参加侯外庐主持的《中国思想通史》的撰写研究工作。“文革”以后，何兆武的研究重点转到了中西思想史以及史学理论方面，先后发表了数量颇丰的论文和译著。他不遗余力地从英文、法文、德文等译介西方史学哲学思想，其译作“意达辞雅，文质兼美”，受到专业人士的高度评价。

何兆武译作颇丰，仅商务印书馆《汉译世界学术名著丛书》就收录其译作达 8 种之多，他翻译的罗素《西方哲学史》影响广泛。其著述有《中国思想发展史》、《近代西方思想史》、《当代西方史学理论》、《上学记》等十余部。另有论文集《历史性批判散论》、《历史与历史学》等。

三、北京师范大学

北京师范大学的前身是 1902 年创立的京师大学堂师范馆，1908 年改称京师优级师范学堂，独立设校。1912 年改名为北京高等师范学校。1923 年更名为北京师范大学，成为中国历史上第一所师范大学。历史学科是北京师范大学最早形成的系科之一，1912 年称北京高师史地部，1928 年单独设系。1931 年，北平女子师范大学并入北平师范大学。1952 年高校院系调整，北京师范大学历史系和辅仁大学历史系合并。

在学校的百年发展史上，一批享誉海内外的史学家如李大钊（史学理论）、吴承仕（经学）、邓之诚（金石博物）、方国瑜（民族史）、朱希祖（史学、藏书）、张星烺（中西交通史）、陈垣（民族史）、侯外庐（马克思主义史学）、柴德赓（宋史）、白寿彝（中国通史、史学史）、何兹全（魏晋南北朝史）、赵光贤（先秦史）、王真（民族史研究专家，中国现代史研究先驱）、王桧林（中国近现代史）、龚书铎（中国近现代史）、张静如（中国近现代史）、瞿林东（史学理论）、晁福林（先秦史）等在此耕耘，奠定了北京师范大学历史学坚实的基础。北京师范大学历史系是国家首批拥有历史学一级博士学位授予权单位，师资力量雄厚，学术实力在全国高校名列前茅。

陈垣（1880～1971），字援庵，笔名谦益、钱罂等，广东新会人，著名历史学家、教育家，我国现代"新史学"的开拓者，宗教史、蒙古元代史研究学科主要奠基人之一，中国科学院哲学社会科学部学部委员。

陈垣出生于富商之家，自幼嗜好读书。16岁起自行购买了《四库全书总目》、《十三经注疏》、《皇清经解》、《二十四史》等书籍。1907年考入广州博济医学院。1908年与梁培基等广州医药界名人共同创办光华医学院，三年毕业后留校任教。1911年参与创办《震旦日报》并担任副刊主编。中华民国成立后，当选为众议院议员。1913年定居北京，得梁士诒提携任职于全国税务处和公债局。从政10年后，最终弃政从学。

1915年起，陈垣十年通读京师图书馆《四库全书》，对基督教史籍深感兴趣，成为我国最早研究宗教史的史学家。1917～1922年，陈垣撰写《元也里可温教考》、《开封一赐乐业教考》、《火祆教入中国考》、《摩尼教入中国考》"古教四考"名震学界。1923年发表《元西域人华化考》，在中外学术界引起巨大轰动，被称为是"石破天惊"之作。在我国传统史学向现代学术转型的过渡时期，陈垣是少数无师承而自为人师的大家。①

1923～1927年，陈垣任教于燕京大学，同时在北京大学、北平师范大学等校兼课。1929年，因王国维、梁启超相继逝世，陈寅恪向清华大学推荐陈垣为国学研究院导师，陈垣以"不足继梁、王二先生之后"为词恳辞。1929年，陈垣出任辅仁大学校长，此后二十多年他苦心经营，终使辅仁大学成为北京著名学府，聚集了朱希祖、

① 王晓清：《学者的师承与家派》，湖北人民出版社2000年版，第89页。

邓之诚、马衡、罗常培等一批学术大师。抗战期间，辅仁大学在沦陷区孑然屹立。1950 年新中国中央政府宣布接办辅仁大学，改称“国立辅仁大学”，陈垣被任命为校长。1952 年全国高校院系调整，辅仁大学并入北京师范大学，陈垣任北京师范大学校长直至 1971 年去世。1949 年后，陈垣兼任中国科学院历史研究所第二所所长，中国科学院哲学社会科学部学部委员，历任第一、二、三届全国人民代表大会常委。

陈垣是我国宗教史学的开创者和奠基人，在宗教史、元史、考据学、校勘学等方面成绩卓著，受到国内外学者的广泛推重。旧时的史学界曾将陈垣与梁启超并称我国新史学的“双子星座”，两人又恰巧都是广东新会人。法国汉学家伯希和曾说：“中国近代之世界学者，唯王国维与陈垣先生两人。”陈垣晚年与陈寅恪并称“南北二陈”，可见其地位十分崇高。陈垣早年发表的“古教四考”资料完备，考证精细，文笔简古，是研究宗教史乃至学术史不可多得的精品佳作。

20 世纪 20 年代陈垣着手进行伊斯兰教的研究，这也是他当时的一个重要研究领域。1925 年，陈垣在完成《二十史朔闰表》的基础上编撰《中西回史日历》，运用西方纪年的科学手段，以建中西回三历岁首为干，为治伊斯兰教史树立了一个历史坐标。他的这一创举，为创建中国伊斯兰教史学科奠定了牢固的基础。

陈垣的佛教研究，重点在佛教文献学及区域佛教史，他先后刊布了《释氏疑年录》、《明季滇黔佛教考》、《清初僧诤记》、《中国佛教史籍概论》等四部著作及若干篇重要论文。

陈垣是我国道教文献史料整理的建设者和道教史研究的一代宗师。20 世纪 20 年代，陈垣着手搜寻道教文献，30 年代刊发《南宋初河北新道教考》，80 年代刊行《道家金石略》，在道教文献乃至历史文献编纂方面均有很高的价值，为道教史研究提供了可靠的史料。

陈垣是我国现代历史学的开拓者之一，他注重经世致用。以

《元西域人华化考》为例，陈垣通过史料考证，说明蒙古及元代历史上的华化事实，揭示了中华文化的强大生命力，其最终的着眼点却是以华化论反对当时风靡一时的西化论，意在纠正妄自菲薄的民族自卑感，试图解答社会现实问题。《通鉴胡注表微》也体现了陈垣经世致用的治学思想，该书是他自己最满意的著作之一，称其为“学识的记里碑”。陈垣将胡三省隐藏在注释里的思想如实地揭示出来，很好地展现了史学发微启覆的作用。

陈垣著有《元西域人华化考》、《校勘学释例》、《史讳举例》、《南宋初河北新道教考》、《明季滇黔佛教考》、《清初僧诤记》、《中国佛教史籍概论》及《通鉴胡注表微》等。今有《陈垣学术论文集》行世。

白寿彝（1909～2000），回族，河南开封人，著名史学家、教育家、社会活动家，我国回族史和伊斯兰教史学科奠基人之一。

白寿彝出生于商人家庭，1929年考入北平燕京大学国学研究所，攻读中国哲学史。1937年，参加顾颉刚组织的考察团，考察绥远、宁夏、甘肃等省民族、宗教、农田水利情况。1938年后曾任中央大学教授。抗战期间，曾任重庆中央大学、南京中央大学、云南大学等校教授，编辑《盖世报》副刊、《边疆》半月刊、《星星》半月刊、《文讯》月刊等。

新中国成立后，白寿彝长期担任北京师范大学历史系主任。历任民盟北京市委常委、中国回民文化协会副主任、中国伊斯兰教协会副主任、国务院学位委员会委员、国务院古籍整理规划领导小组成员、中国史学会理事、中国教育学会历史分会会长、中国民俗学会会长、北京师范大学史学研究所所长等职。

白寿彝毕生辛勤耕耘，在中国交通史、中国伊斯兰教史、回族史、中国民族关系史、中国思想史、中国史学史、中国通史和史学理论等多个学术领域成就卓著，作出了具有开拓性的重大贡献。

1929年5月，白寿彝收集的《开封歌谣集》由广州惠爱文化印刷公司出版，对其中的一些作品，明确注明是回族族属。1930年初，他赴云南调查，写了《滇南丛话》，记载了一批重要的回族民间传说故事和民俗资料。1936年他编辑的《禹贡》半月刊“回教与回族专号”上发表了《陕甘动余录》，收录有关同治年间陕甘宁回民起义的传闻、传说，一直是研究西北回族起义的重要史料。20世纪30~40年代，白寿彝先后在《禹贡》、《西南边疆》等刊物上发表了一批研究伊斯兰教史和回族史的重要论著，1983年结集为《中国伊斯兰史存稿》，由宁夏人民出版社出版。1937年上海商务印书馆出版了白寿彝撰写的我国第一部《中国交通史》（1987年河南人民出版社再版）。

新中国成立初期，白寿彝参加了由中国史学会主编的《中国近代史资料丛刊》的编辑工作。1952年他与郭沫若等一起参加了中国科学院历史研究所的筹建工作。1978年他修改《回族历史》，20世纪80年代后他又主编了《回族人物志》、《中国通史纲要》、《中国史学史》等论著。

1972年，周恩来总理向全国史学工作者提出了编撰《中国通史》的任务，白寿彝牵头约请全国数百位史学界、考古界、科技界的专家学者通力合作，于1998年底完成编撰工作。这部通史共12卷22册，约1200万字，上起远古时代，下迄中华人民共和国成立。它规模宏大，在史书体裁上有所创新，为中国通史的编撰开辟了一条新的途径，被学术界誉为20世纪中国史学的压轴之作。《中国通史》贯穿了白寿彝“中国的历史是统一的多民族国家的历史”的编纂思想。除第1、第2卷外，各卷都分为序说、综述、典志、传记四个部分，《综述》阐述历史发展的总向，《典志》剖视各种历史现象，《传记》体现历史人物群象。

赵光贤（1910~2003），河北玉田人，著名历史学家，我国先秦史研究的开拓者之一。

1932年赵光贤毕业于清华大学政治学系。1932~1937年任《大公报》助理编辑。1940年辅仁大学史学研究所研究生毕业后留校，历任辅仁大学讲师、副教授、教授，主要讲授西洋上古史中古史、中国通史、中国先秦史、春秋战国史等课程。新中国成立后，历任辅仁大学副教务长、北京师范大学历史系教授、中国先秦史研究会副理事长、中国孔子基金会理事、中华孔子研究所顾问、北京辅仁大学校友会理事等。

赵光贤长期从事中国古代史教学与研究工作，是我国著名的先秦史专家，尤精于西周史和孔子研究。他早年跟随陈垣先生学习清代史学考证方法，在历史文献与史事考辨方面多有建树。他长期以来致力于武王伐纣年代之研究，发表过多篇文章，如《说〈逸周书·世俘〉篇并拟武王伐纣日程表》（刊《历史研究》1986年第6期），明确提出武王伐纣在公元前1045年，论证全面，令人信服。另著有《周代社会辨析》、《古史考辨》、《中国历史研究法》等。

何兹全（1911~2011），山东菏泽人，著名历史学家，我国魏晋南北朝史研究开拓者之一。

1935年何兹全毕业于北京大学史学系，后去日本留学，翌年因病回国。何兹全曾师从傅斯年、陈寅恪。1939~1940年接受中英庚款董事会的专款资助，在中央大学历史系研究魏晋南北朝史，并在该系讲授中国通史。1941~1944年任国民党中央训练委员会编审。1944年秋任中央研究院历史语言研究所助理研究员。1947年赴美国哥伦比亚大学留学，并受霍普金斯大学资助，协助法兰西斯英译范文澜《中国通史简编》。1950年抗美援朝战争爆发后回国，任教于北京师范大学历史系，历任魏晋南北朝研究室主任，中国秦汉史学会、中国魏晋南北朝史学会、中国唐史学会、北京史学会理事、副会长、顾问，中国文化书院院务委员兼导师，北京师范大学东西方文化研究中心主任，等等。

何兹全长期致力于中国社会史、汉唐经济史研究，长于魏晋兵制史、中古时期佛教寺院经济史。他是国内最早倡导魏晋封建说的学者之一。他治学严谨，注重实证研究，史论并重。在他约80年的学术生涯中，共发表学术论文 90 余篇，出版著作十余部。代表作《中国古代社会》是他多年研究中国古代社会史的学术成果，该书对西周封建说、春秋战国之际封建说和亚细亚型东方社会说提出不同意见，并就“人类社会发展道路的同与异”发表了个人独到的见解，在海内外产生了重大的学术影响，被誉为“新中国史学史上的一个里程碑，反映了20 世纪 90 年代中国史研究的最新突破，标志着中国史学研究的最新水平”①。另著有《秦汉史略》、《魏晋南北朝史略》、《三国史》、《爱国一书生：八十五自述》等。

王桧林（1925～2009），河北乐亭人，著名历史学家、教育家，中国现代史学科的开拓者之一。

1948 年王桧林考入北京师范大学历史系，师从白寿彝、王真教授。1952 年大学毕业并留校任教，历任历史系助教、讲师、副教授、教授，中国现代史教研室主任，中国现代史学会名誉会长，中国社会科学院中日历史研究中心专家委员会委员，南京大学“中华民国史研究中心”名誉研究员等。

王桧林长期从事中国现代史、中国现代政治思想史和抗日战争史的教学和研究，是公认的中国现代史学科权威。从 20 世纪 50 年代开始，他所在的中国现代史教研室不仅担负了本系中国现代史课程的教学任务，还为各地高校培养中国现代史课程的教师，并参与制定教育部中国现代史学科教学大纲。1956 年他与王真等参加孙思白等主编的《中国新民主主义革命时期通史》。1975 年王桧林主持、组织编写《中国现代史》教材，1979 年初稿完成，1980 年 1 月形成内部铅印本，1983 年《中国现代史》分上下册由北京师范大学出版社正式出版。该书初步确立了中国现代史的学科体系，至今仍是使用最广的一部高校历史系《中国现代史》教材。

---

① 宁欣：《红楼岁月，坐看神州——缅怀何兹全先生》，《中国社会科学报》2011 年 3 月 11 日。

四、南开大学

1919年南开大学创建伊始即设置历史学门。20世纪20年代初期，中国近代历史学奠基人梁启超到南开大学讲学，其《历史研究法》就是在其授课讲义的基础上编撰而成的。1923年，南开大学正式建立历史系，著名学者蒋廷黻任系主任，他是南开历史系的奠基人。20世纪20～30年代，美国留学归来的刘崇鋐、蔡维藩先后任教于历史系，历史系的教学和研究也有了一定的发展。

1937年7月“七七”事变爆发，9月南开大学奉命南迁，与北京大学、清华大学合组为长沙临时大学。翌年4月，南开大学历史系并入昆明西南联合大学历史系，荟萃了三校著名的历史学家，如雷海宗、刘崇鋐、蔡维藩、姚从吾、郑天挺、向达、陈寅恪、钱穆、吴晗等。抗战胜利后，南开大学重返天津，历史系吸纳了杨志玖、黎国彬、杨生茂、王玉哲等一批史学精英。1947年后，傅筑夫则在南开大学经济学领域从事中国经济史研究，卓然成为大家，形成了自己的学术体系。

新中国成立后，南开大学历史系有了长足的发展，形成了严谨的学术传统。20世纪50年代初，吴廷璆（日本史）、谢国桢（明清史）、辜燮高（英国史）、来新夏（中国近代史、方志学）、魏宏运（中国现代史）等先后至历史系工作。1952年高校院系调整，原北京大学历史系主任郑天挺教授、清华大学历史系主任雷海宗教授相继调至南开大学，分别担任历史系主任和世界史教研室主任。不久，原北京大学历史系杨翼骧先生也加盟南开大学历史系，这些人的到来奠定了南开大学历史系在全国高校历史学科中的重要地位。20世纪50年代以后，明清史、美国史、日本史、拉丁美洲史、历史文献学、中国近现代史研究逐渐成为南开大学历史系的特色学科。南开大学历史系是国家首批具有历史学一级学科博士学位授予权单位，师资力量在全国高校名列前茅。

郑天挺（1899～1981），原名庆甡，字毅生，原籍福建长乐，生于北京，著名历史学家、教育家，我国明清史研究开拓者之一。

1907 年郑天挺入北京闽学堂，1911 年考入顺天高等学堂，1912 年考入北京高等师范学校附属中学，1917 年考入北京大学本科国文门。1919 年郑天挺参加了“五四”运动。1920 年郑天挺从北京大学毕业，应聘为厦门大学国文教授，兼任厦门大学图书部主任。1921 年秋，郑天挺入北京大学研究所国学门为研究生，研究古文字学。1922 年加入北京大学“清代内阁大库档案整理会”，参加明清档案整理工作，奠定了日后从事明清史研究的基础。1924～1927 年，郑天挺任北京大学预科国文讲师。1933 年任北京大学中文系副教授，讲授古地理学、校勘学。1936 年兼历史系课程，讲授魏晋南北朝史。1937 年任北京大学中文系教授。抗战全面爆发后，郑天挺不畏强暴，保护北京大学师生安全离校，后与罗常培、魏建功等辗转至长沙临时大学。1938 年至昆明，任西南联合大学历史系教授。1940 年兼任西南联合大学总务长。

抗战胜利后，郑天挺奉命回北平筹备北京大学旧校开学事宜，任北京大学史学系教授、系主任。1949 年北平解放后，任北京大学校务委员会委员、副校长。1952 年高校院系调整，郑天挺调任南开大学历史系教授、系主任、中国史研究室主任。1963 年起任南开大学副校长。在南开大学期间创建明清史研究室，主持校点《明史》。1961 年参加教育部文科教材选编工作，任历史组副组长，为中国高等教育的发展作出了突出贡献。1979 年郑天挺担任《中国历史大辞典》主编。1980 年任中国史学会常务理事。1981 年任中国史学会主席团执行主席。曾任国务院学位委员会历史组负责人，中国档案学会顾问，第三、五届全国人大代表，天津市政协副主席，中国民主促进会中央委员等职。

郑天挺治学严谨，精于比证，早年受黄侃、刘师培治学方法影响，主张研究历史应从客观事实出发，学习历史的目的在于求真、致用；注重史料功夫，认为只有更多地占有资料才有说服力。郑天挺毕生从事中国古代史教学与研究，在明清史、隋唐史、魏晋南北朝史、音韵学、历史地理学等方面均有突出的成就，是我国公认的明清史研究方面的权威。郑天挺的主要著作有《列国在华领事裁判权志要》、《清史探微》、《探微集》、《清史简述》，主编《史学名著选读》、《中国通史参考资料》（与翦伯赞合编）等，主要论文有《杭世骏"三国志补注"与赵一清"三国志注补"》、《多尔衮称皇父之臆测》、《清世祖入关前章奏程式》、《清代皇室之氏族与血系》、《发羌之地望与对音》、《清代的幕府》、《清代的八旗兵和绿营兵》等。

谢国桢（1901～1982），字刚主，晚号瓜蒂庵主，祖籍江苏常州，出生于河南安阳，著名历史学家、文献学家，我国明清史研究开拓者之一。

谢国桢出生于没落官僚家庭。18岁离开安阳到天津南开中学求学，后转入北京汇文学校预科。1925年，考取了清华学校研究院国学门，师从梁启超、王国维、陈寅恪等名家。在清华研究院读书期间，受到学术大师梁启超先生教诲，发表处女作《明季奴变考》。①1926年结业后，到天津"饮冰室"协助梁启超编纂《中国图书大辞典》，并兼任梁氏子女思达、思懿的家庭教师。次年，经梁启超介绍至南开中学任国文教员。半年后，又由梁先生推荐，到国立北平图书馆供职，最初是编辑馆藏丛书目录，梁启超去世后在梁先生纪念室里整理馆藏金石碑版并从事明清史研究，陆续写出《清初三藩史籍考》、《清开国史料考》等文，在此基础上于1931年完成80万字的《晚明史籍考》，著录有关明代万历年间至清代康熙年间的文献1140余种，未见书目620余种，蔚为大观，使得一些复壁深藏

① 该文见谢国桢《明清之际党社运动考》，中华书局1982年版，第234页。

的缥缃奇秘重见天日，为研究满族发祥史、清兵入关史提供了许多珍贵资料。《晚明史籍考》已成为“研究明清史的一部必不可少的参考书”①。它的出版，是谢国桢先生对明清史、目录学研究的重大贡献。

1949 年新中国成立后，谢国桢相继在南开大学和中国科学院任职，并从事研究工作。在长期的学术生涯中，他孜孜不倦、勤奋耕耘，在明清史、文献学、金石学和汉代社会史等研究领域都取得了令人瞩目的业绩，撰写有《顾宁人先生学谱》、《黄梨洲学谱》、《孙夏峰、李二曲学谱》、《晚明史籍考》、《清开国史料考》、《明清之际党社运动考》、《南明史略》、《两汉社会生活概述》等重要著作和大量学术论文，编纂有《清初农民起义史料辑录》、《明代社会经济史料选编》、《明代农民起义史料选编》等资料汇编，另有论文集《明末清初的学风》。

雷海宗（1902 ~ 1962），字伯伦，河北永清人，著名历史学家、教育家，我国世界史学科主要奠基人之一。

1922 年雷海宗毕业于清华学堂，后考取公费留学资格赴美国芝加哥大学攻读历史和哲学，1924 年入该校研究院历史学研究所，1927 年获哲学博士学位，同年回国，任南京中央大学史学系教授、系主任，金陵女子大学历史系教授和中国文化研究所研究员。1931 年任武汉大学史学系和哲学教育系合聘教授。1932 年后，历任清华大学、西南联合大学历史系教授、系主任和文学院代理院长。1952 年新中国高校院系调整，雷海宗调任南开大学历史系教授，直至逝世。

雷海宗毕生从事历史教学和研究工作，在 30 多年执教生涯中，讲授过中国通史、中国上古史、中国哲学史、中国文化史、西洋通

---

① 商传：《谢国桢》，见《中国历史学年鉴》，人民出版社 1986 年版，第 267 ~ 268 页。

史、世界上古史、世界中古史、世界近代史、外国史学史、外国文化史、基督教史等多种课程。

雷海宗曾受德国史学家斯宾格勒“文化形态史观”影响，他“以一定的哲学观点来消化史料，解释历史，自成体系”①。雷海宗认为真正的史学不是繁琐的考证或事实的堆砌，而是于事实之外讲求道理，要以哲学的眼光，对历史作深刻透彻的了解。他认为历史是多元的，各种不同的文化在不同时间和地域可以独自产生和自由发展。

中华人民共和国成立后，雷海宗在世界史教学和研究方面作出了贡献。1957 年被错划为历史学界五大右派（黄现璠、向达、雷海宗、王重民、陈梦家）之一。之后，其健康状况急剧恶化，被迫停止了教学科研工作。但他仍未放弃学术研究，而是精心译注斯宾格勒《西方的没落》的有关章节。1961 年底，雷海宗被摘掉“右派”帽子，抱病残之躯重返讲台，讲授《外国史学名著选读》和《外国史学史》。

雷海宗著有《中国通史》、《中国通史选读》、《西洋通史》、《西洋通史选读》、《中国文化与中国的兵》、《世界上古史交流讲义》等。

傅筑夫（1902～1985），祖籍浙江诸暨，著名历史学家、经济学家、教育家，中国经济史学科开拓者之一。

傅筑夫自幼熟读古文，1921 年考入北京师范大学化学系，后转入国文系。20 世纪 20 年代，傅筑夫开始尝试学习和运用马克思主义的经济理论分析和研究中国社会经济问题。1928 年出版《中国社会问题的理论和实际》。1928～1932 年，傅筑夫先后任河北大学、安徽大学、中央大学教授。

---

① 何炳棣：《读史阅世六十年》，广西师范大学出版社 2005 年版，第 107 页。

傅筑夫参加了20世纪30年代中国社会史论战，较早注意到秦汉以来中国社会结构的特殊性，发表多篇研究中国经济史的论文，初步提出了关于西周封建制和中国历史上几次经济大波动的见解。1936年傅筑夫赴英国伦敦大学政治经济学院进修。1940～1949年开始大规模收集整理中国经济史资料，初步形成了对中国经济史整个轮廓的认识。1945年重返中央大学。次年任重庆大学法学院经济系主任。1947年初赴东北大学法商学院任院长兼教务长，同年秋任职于南开大学经济研究所。

新中国成立后，傅筑夫继续执教于南开大学经济系，讲授中外经济史和《资本论》研究等课程。1956年兼任中国人民大学教授。1957年后开始中国经济史资料的第二轮搜集和整理工作，“文化大革命”十年浩劫，资料文稿毁于一旦。① 粉碎“四人帮”后，他发奋著述。1978年，他应中国社会科学院和北京经济学院之约借调至北京，承担《中国经济通史》的撰写任务，数年间写成了多卷本《中国封建社会经济史》。1980年人民出版社将其论文集结成《中国经济史论丛》出版。

傅筑夫长期从事中国经济史的教学与研究，逐步形成了自己的中国经济史研究体系。他认为，西周以后直到鸦片战争前两千多年的封建社会里，中国封建社会经济形态分为领主制经济和地主制经济两种形态，东周时期是分界线。他还认为，中国在战国时期的社会经济结构中已经有了资本主义因素的萌芽，出现了产生资本主义的前提条件，并有了一定程度的发展，这就为封建制度的崩溃准备了条件。他指出，中国封建社会经济发展迟缓，资本主义因素不能正常发展，其主要原因在于社会经济的基本结构形态是小农经济，中国是一个封建自然经济占统治地位的社会，一切皆可自给，无需

① 高增德、丁冬编：《世纪学人自述》（第二卷），北京十月文艺出版社2000年版，第191页。

他求。他不赞同以朝代定性中国经济史的分期，认为社会经济结构形态的发展是一种自然历史过程，朝代兴亡更迭是政治的历史而非经济的历史，两者偶有吻合，但这种吻合不是经济变化的原因，恰是经济变化的结果。傅筑夫著述丰富，主要有七卷本《中国封建社会经济史》、《中国经济史资料》、《中国古代经济史概论》、《中国近代经济史》、《中国经济史论丛》、《中国经济史论丛（续集）》等。

王玉哲（1913～2005），字维商，河北深县人，著名历史学家，我国先秦史研究领域的重要学者。

王玉哲早年接受私塾启蒙，在县城读完小学、中学。中学阶段受到梁启超“新史学”思想的影响，喜爱文史。① 1936年王玉哲考入北京大学历史系，师从钱穆研习中国古代史。1937年抗战爆发后，随学校南迁，问哲学于冯友兰，学《庄子》于刘文典，学《诗经》、《楚辞》于闻一多，积累了广博的文史知识。1940年大学本科毕业，获文学学士学位，旋即考入北京大学文科研究所做研究生，师从唐兰。1943年研究生毕业，先后受聘于华中大学、湖南大学、南开大学历史系。新中国成立后，一直在南开大学历史系执教，历任南开大学学术委员会委员、天津市文物保护管理委员会委员、天津市文博系列高级职称评审委员会主任委员、中国先秦史学会副理事长、中国孔子基金会副会长、中国博物馆学会理事、中国殷商文化学会理事等职。

王玉哲从教六十年，先后开设过中国通史、先秦史、秦汉史、地理沿革史、甲骨史料选读、史学名著选读、殷周史专题等课程，桃李满天下。他治学严谨，在古文献、古文字、古音韵等方面有深厚的功底，在先秦史研究领域有许多建树。他在商族起源、商代社会史、先秦民族史、西周社会性质等研究领域作出了重要贡献，先

---

① 高增德、丁东编：《世纪学人自述》（第四卷），北京十月文艺出版社2000年版，第462～467页。

后发表有《中国古代史上的民族问题》、《论先秦的戎狄及其与华夏的关系》、《鬼方考》、《楚族故地及其迁移路线》、《有关西周社会性质的几个问题》等重要学术论文，主要著作有《中国上古史纲》、《中国历史大辞典·先秦史》（主编）等。

杨生茂（1917～2010），字畅如，河北涿鹿人，著名历史学家、教育家，我国美国史研究学科奠基人之一。

杨生茂幼年入私塾启蒙，熟读经史典籍，11 岁入县立高级小学接受新式教育，1931 年入宣化第二中学，后入河北省立北平高级中学就读。1938 年考入燕京大学修历史、文学。1941 年负笈涉洋，入美国加利福尼亚大学（伯克利校区）留学，主攻历史学。后转入斯坦福大学研究院深造，师从美国著名史学家托马斯·贝利研究美国外交史。1947 年初获得斯坦福大学硕士学位后返回北平，同年 9 月受聘到南开大学文学院任教，一直工作到 1995 年退休。历任历史系代主任、世界史教研室主任、历史系副主任、美国史研究室主任、历史系学位委员会主任、中国美国史研究会副理事长、中国美国学会常务理事、国务院学位评议委员会历史组成员、中国世界近代史研究会学术顾问等。

杨生茂被公认为中国美国史研究的奠基人之一，为我国高校世界史学科的建设作出了重要贡献。20 世纪 60 年代他建立了国内高校第一家美国史研究机构——南开大学美国史研究室，70 年代末他参与发起并成立了中国美国史研究会。任教于南开大学以后，他先后开设过西洋史、苏联史、世界近代史、世界现代史、美国史等课程，1951 年参与创办《历史教学》。20 世纪 60 年代初，出任商务印书馆“外国历史小丛书”编委。1961 年，与张芝联、程秋原等主持编写大学教材《世界通史·近代部分》（上、下），该书 30 年间被作为大学历史专业教科书。

1990 年杨生茂与人合作完成《美国史新编》，建构了新的美国史研究体系，展现了更为完整全面的美国历史。这部学术著作评说人物和事件不见了以往那种泛政治化倾向，不以意识形态代替历史评价，它标志着中国美国史研究走向成熟。商务印书馆1984年出版了杨生茂编著的《美国历史学家特纳及其学派》，介绍了美国新史学发展情况。1996年，为祝贺杨生茂八十华诞，中国社会科学出版社出版了《美国历史问题新探》。杨生茂多年研究美国外交史。1991年人民出版社出版所著《美国外交政策史（1775~1989）》，这是第一部由中国人撰写的美国外交史，体现了杨生茂对美国外交史的独到认识。他认为："扩张是贯穿整个美国外交史的主线，也是理解美国外交政策发展的关键。"杨生茂文史兼通，除学术论文外，他还写了许多随笔和杂谈，文采焕然，韵味绵长。

杨志玖（1915~2002），字佩之，回族，山东长山（今周村）人，著名历史学家、教育家，我国蒙古元代史研究的开拓者之一。

杨志玖幼年曾受私塾启蒙教育。1931年考入山东省济南高级中学，1934年考入北京大学史学系，1938年毕业于西南联合大学，曾受业于郑天挺、钱穆、傅斯年等名师，1939年9月考入北京大学文科研究所，师从姚从吾、向达教授。[①] 1941年从北京大学研究所毕业并从教，历任西南联合大学、南开大学教员，中央研究院历史语言研究所助理研究员，南开大学副教授、教授。抗战胜利后，杨志玖执教于南开大学历史系长达五十余年，先后开设中国通史、元史、宋辽金元史、蒙古史专题、隋唐史、史学名著选读、中国历史文选、中国土地制度史、中国回族史、中国交通史等多门课程，为南开大学历史系的发展作出了重要贡献，历任《历史教学》编辑委员会主任、中国元史研究会名誉会长、中国蒙古史学会理事、中国海外交通史学会顾问、中国民族史学会顾问、中国唐史学会顾问等职，曾任天津市第六、七、八届政协委员和常务委员。

---

① 高增德、丁东编:《世纪学人自述》（第五卷），北京十月文艺出版社2000年版，第115~141页。

杨志玖学术研究和教学的主要领域是元史、隋唐史、中国回族史、中国土地制度史，并取得了令人瞩目的成就。在蒙古元代史研究领域，杨志玖的突出贡献主要集中在马可·波罗研究、探马赤军研究、元代回族史研究等方面。半个多世纪里，杨志玖发表了一系列研究马可·波罗的文章，他以令人信服的成果赢得了国际学术界的认可，被公认为研究马可·波罗的国际权威。相关重要论文今收入《杨志玖文集·文史三论》。杨志玖是国内第一个研究元史探马赤军的学者，他的论文弄清了元代探马赤军的性质，纠正了日本学者的错误认识。

杨志玖长期致力于元代回族史的研究，取得了丰硕成果，先后发表《元代回汉通婚举例》等十余篇论文，考证确认了元代回族的基本情况。

在隋唐五代史研究方面，杨志玖也作出了自己的贡献，发表了《论唐代的藩镇割据与儒家学说》等多篇学术论文。1955 年，杨志玖编著出版了《隋唐五代史纲要》，这是新中国成立初期颇受欢迎的一部断代史著作和优秀教材。20 世纪 70 年代末，中国社会科学院发起编纂我国第一部大型中国历史辞典《中国历史大辞典》，郑天挺、谭其骧担任编纂委员会主任，杨志玖被聘为编纂委员会主编之一（另外两位主编是郑天挺、吴泽）和《隋唐五代史》分卷主编。

杨翼骧（1918～2003），山东金乡人，著名历史学家，中国史学史学科开拓者之一。

杨翼骧出身于知识分子家庭，自幼受到中国古典文化的熏陶，5 岁诵读《三字经》、《百家姓》、《千字文》等，小学时能背诵《论语》、《孟子》、《大学》、《中庸》、《诗经》、《左传》和《古文观止》等。1929～1936 年在金乡、济南完成中学学业。1936 年考入国立北京大学史学系，师从姚从吾研习史学史，同时旁听哲学系汤用彤、中文系刘文典、经济系陈岱孙等名家的课程。

杨翼骧 1942 年从西南联合大学历史系毕业并留校任教，1953 年从北京大学调南开大学历史系，历任历史系副主任、教授，古籍研究所所长。杨翼骧文史兼备，治学严谨，在历史研究和史学史研究领域取得了丰硕成果。他讲授中国通史、中国史学史、秦汉南北朝史、历史文选等课程，备课认真，条理清楚，语言生动，内容充实，富有见解，受到学生的好评。他为人师表，谦虚谨慎，淡泊名利，道德文章俱佳，常教导学生“治学先学做人”。杨翼骧著有《秦汉史纲要》，《中国史学史资料编年》第一、二、三册，合著《中国古代史》（教材），合编《中国历史大辞典·史学史》。

第二节　复旦大学、南京大学、山东大学、厦门大学

一、复旦大学

复旦大学历史学系始建于1925年。经过长期的积累与发展，特别是1952年新中国院系调整后，复旦大学历史学科名家荟萃，整体实力在我国大学历史学科中名列前茅。复旦大学是我国首批具有历史学一级学科博士学位授予权单位，是国家文科基础学科人才培养和科学研究基地；中国历史地理学、中国近现代史现为全国重点学科。80多年来，任教于该校的著名史学家有周谷城、周予同、顾颉刚、谭其骧、陈守实（中国土地关系史）、王造时（世界近现代史）、方豪（中西交通史）、姚名达（目录学）、柳诒徵（中国文化史）、邓广铭（宋史）、章巽（中西交通史）、胡厚宣（商周史）、耿淡如（西方史学史）、陈仁炳（世界史）、靳文翰（世界史）、蔡尚思（中国思想史）、杨宽（先秦史）、田汝康（世界史）、金冲及（中国近现代史）、邹逸麟（中国历史地理）、朱维铮（中国思想文化史）、姜义华（中国近现代史）、金重远（世界史）、樊树志（明清史）等。

周谷城（1898～1996），湖南益阳人，杰出的爱国民主战士和政

治活动家，中国农工民主党的卓越领导人，著名历史学家，我国世界史研究学科奠基人之一。

1905 年周谷城入家乡周氏“族学”读书，1913 年入湖南长沙省立第一中学，1917 年考入北京高等师范学校（今北京师范大学）英语部，学习政治学。① 1921 年毕业后，任湖南第一师范英文教员，与当时在该校任国文教员的毛泽东建立了友谊。大革命时期，受毛泽东的影响，参加农民运动，任湖南农民运动讲习所教师。1927 年国民大革命失败后，周谷城到上海以卖文和翻译作为谋生手段。1930 年任广东中山大学教授兼社会学系主任，期间撰写了若干探讨中国社会的著作，如《中国社会之结构》、《中国社会之变化》、《中国社会之现状》等。1932 年后任暨南大学教授兼历史系主任，撰写了《中国通史》上、下两册，书中首次提出“历史完形论”的理论，意在指出历史事件的有机组织和必然规律。1942 年后，周谷城在复旦大学执教长达半个多世纪，历任历史系主任、教务长等职。

1949 年 9 月周谷城出席中国人民政治协商会议。1949 年他撰写的《世界通史》出版，该书打破了以欧洲为中心的旧的世界史框架，曾多次再版。由此周谷城成为当代仅有的一人撰写《中国通史》、《世界通史》两部通史的史学家。新中国成立后，周谷城历任上海市人民政府委员，上海市人大常委会副主任兼文教委员会主任，上海市政协副主席，第一、二、三、五届全国人大代表，第六、七届全国人大常委会副委员长兼教育科学文化卫生委员会主任委员，第五届全国政协常委。1952 年加入中国农工民主党，历任中国农工民主党上海市委员会主任委员，中国农工民主党中央委员会副主席、主席。他长期从事学术研究的组织领导工作，中华人民共和国成立初期担任中国科学院历史一所学术委员会委员，创建上海历史学会，

① 武克全:《周谷城传》，姜义华主编《史魂》，上海人民出版社 2002 年版，第 130 页。

曾任中国史学会常务理事兼主席团执行主席、中国太平洋历史学会会长、上海市哲学社会科学联合会副主席、上海市历史学会会长。

周谷城的教学和研究涉及历史学、哲学、美学、逻辑学、政治学、社会学、教育学等多个领域。他纵述古今、横论中外，是一位学识渊博的学者。60多年间，他著述数百万字，出版专著十余部，发表论文两百余篇。他的主要著作有《生活系统》、《农村社会新论》、《中国社会史论》三卷、《中国通史》两卷、《中国政治史》、《中国史学之进化》、《世界通史》三卷、《古史零证》、《形式逻辑与辩证法》、《史学与美学》、《周谷城史学论文选集》、《诗词小集》等，译有《黑格尔逻辑大纲》等。

陈守实（1893～1974），别名漱石，字淮佩，号哭云，室名冷庵，江苏武进人，著名历史学家、教育家，明清史、中国土地关系史研究开拓者之一。

陈守实自幼受经史熏陶，具有扎实的国学功底，16岁入新式小学堂读书，一年后考入常州府中学堂，因家庭困难两度休学。中学毕业后无力接受大学教育，于是一边任小学教师，一边师从著名史学家屠寄、吕思勉研习历史。1925年考入清华学校研究院国学门，师从梁启超专攻明史。① 清华学校求学期间，陈守实博览清人文集，撰《万斯同年谱》，钩沉抉微，撰写《明史稿考证》，考辨《明史稿》的来龙去脉。1928年清华大学研究院毕业后，陈守实曾在南开大学、大夏大学、中山大学、安徽大学及广州勷勤大学任教。1943～1949年历任暨南大学、之江大学（上海）历史系教授。1949年后任教于复旦大学历史系，直至1974年逝世。

陈守实治学涉猎甚广，在明清史、哲学史、史学史、文献史、佛学等领域均有精深造诣。作为杰出的教育家，他为新中国培养了

---

① 《求真守实，抉奥探幽——陈守实传》，姜义华主编《史魂》，上海人民出版社2002年版，第178页。

一批历史学高级人才。他先后在复旦大学开设过中国通史、中国哲学史、中国史学史、中国土地关系史、历史文选、元明清史等课程，其中中国土地关系史是新中国成立后全国高校中最早开设的专业课程。20 世纪 20 ~ 30 年代，陈守实钻研《资本论》，运用马克思主义观点考察、剖析中国土地关系史、中国史学史、农民战争史、民族关系史等，许多学术论著持论独特，影响广泛，如《明清之际史料》、《清初奴患》、《明史抉微》、《克拉维约东传记》、《明初与帖木儿关系试探》、《中国农民战争组织形态》、《读“永禁机匠叫歇碑记”》、《跋苏州织造局志》、《论曹魏屯田》、《我国历史上的义仓制度》、《关于王船山史论的现实问题》、《曹操与天师道》、《中国农民战争史散论》、《农民战争与宗教》、《先秦土地问题》、《秦汉土地问题》等，陈守实还有 60 万字的学术日记，遗著《中国古代土地关系史稿》经复旦大学历史系徐连达教授整理，由上海人民出版社于 1982 年出版。

周予同（1898 ~ 1981），初名周毓懋，学名周蘧、周豫桐，浙江瑞安人，著名历史学家、教育家，中国经学史研究学科主要奠基人之一。

周予同少年时代接受国学启蒙，1916 年，以第一名考取北京高等师范学校国文部，受教于钱玄同、朱希祖等名家。① 受“科学”与“民主”新思潮影响，周予同组织励学会、工学会、平民教育社，进行“工读主义”实验。1919 年“五四”运动爆发，周予同作为北京高师的学生代表参加了“火烧赵家楼”。1921 ~ 1932 年周予同大学毕业后在上海工作，先后任商务印书馆编辑、教育杂志社主编，曾一度执教于上海大学。1925 年春季，李石岑主编的《民铎》杂志连载了周予同的文章《经今古文学及其异同》。周予同开始了其中国

---

① 高增德、丁东编:《世纪学人自述》（第一卷），北京十月文艺出版社 2000 年版，第 245 页。

经学史的研究生涯。次年，他出版了《经今古文学》①。1926年10月发表《僵尸的出祟》一文，猛烈抨击北洋军阀政府的“读经”叫嚣。1928年周予同出版清代学者皮锡瑞《经学历史》注释本。②1933年，周予同应邀到安徽大学任教，曾任中文系主任、文学院院长。1935年任教于上海暨南大学，此间出版《群经概论》、《汉学师承记选注》。1943~1945年，任开明书店编辑兼襄理。1945年后周予同一直在复旦大学历史系任教。

1949年后，周予同曾任复旦大学历史系主任、副教务长、华东军政委员会文教委员会委员、上海市文教委员会副主任、民盟上海市委副主任等职。1957年后兼任上海市历史研究所副所长。1963年，当选为第三届全国人民代表大会代表。1959年起恢复经学史研究，开设了全国高校唯一的“中国经学史”课程。60年代初，和汤志钧合撰数篇经学史论文，推动了我国经学史的研究。60年代，周予同应高教部的邀请主编全国文科教材《中国历史文选》，被高校广泛采用。周予同还主编了《辞海》经学史的全部条目，其经学史论文由朱维铮编成《周予同经学史论选集》，由上海人民出版社出版。

蔡尚思（1905~2008），号中睿，福建德化人，著名历史学家，中国思想史学科开拓者之一。

蔡尚思出身于普通农家，少时半耕半读完成小学、中学学业。1925~1928年在北京自由听讲，相继考入孔教大学国学研究科和北京大学国学研究所，受业于陈垣、朱希祖、王国维、梁启超等名家。1929~1934年先后任上海大夏大学、复旦大学和武昌华中大学讲师、教授。30年代遍访名家，曾问佛学于太虚、蒋维乔，问国学于章太炎，问哲学于李石岑，问文化史于柳诒徵，问通史于吕思勉。1935~1949年，曾任沪江、复旦、东吴大学和无锡国学专修学校教

① 周予同的《经今古文学》1955年曾由中华书局重印。

② 周予同《经学历史》的注释本曾由中华书局于1959年重印。

授，光华大学历史系主任，商务印书馆特约编辑。1949～1952 年，任沪江大学教授、副校长、代校长。

1952 年高校院系调整后，蔡尚思回复旦大学任教，先后任历史系教授、系主任、中国思想文化研究室主任、复旦大学副校长，教授的课程有中国思想史、中国通史、中国历代文选、中国近代思想史、中国哲学史、中国经学概论、中国政治史、中国社会史等。

蔡尚思治学严谨，学识深邃，擅长中国思想史、文化史、学术史研究。他具有坚韧的拼搏意识和顽强的奋斗精神，少年敢于冲破封建迷信的束缚，青年又"以忍饥耐寒的精神冲破生活困难关"，中年"以正义斗争的精神冲破政治压迫关"，晚年"以永葆青春的精神突破衰老关"。① 他著作等身，主要有《孔子哲学之真面目》、《中国思想研究法》、《中国历史新研究法》、《中国传统思想总批判》、《中国文化史要论》、《中国文化的优良传统》、《孔子思想体系》（合著）、《蔡元培学术思想传记》、《王船山思想体系》、《中国近现代学术思想史论》、《中国古代学术思想史论》、《中国礼教思想史》、《周易思想要论》、《论语导读》、《墨子思想要论》等，主编《谭嗣同全集》、《中国现代思想史资料简编》，另有《蔡尚思自传》、《蔡尚思选集》，发表学术论文 200 多篇。

谭其骧（1911～1992），字季龙，笔名禾子，浙江嘉兴人，著名历史学家、教育家，中国历史地理学科的主要奠基人之一，中国科学院地学部学部委员。

谭其骧童年接受私塾启蒙，后接受小学教育。1923 年进教会学校秀州中学。② 1926 年考入共产党人恽代英、萧楚女等人创办的上

① 《浙江日报》编辑部编：《学人谈治学》，浙江文艺出版社 1983 年版，第 82～98 页。

② 高增德、丁东编：《世纪学人自述》（第四卷），北京十月文艺出版社 2000 年版，第 101 页。

海大学社会系，期间积极参加学生运动。① 1927年“四一二”事变后，因学校被封而转学上海暨南大学中文系，次年转入外文系，旋转历史社会系。后入北平燕京大学研究院历史系师从顾颉刚先生学习历史地理。1932年研究生毕业。1932~1935年，任北平图书馆馆员、辅仁大学讲师，兼燕京大学、北京大学讲师，讲授中国地理沿革史。1936年，先后任北平燕京大学、清华大学讲师。1940年春，离开北平经由上海、香港、越南进入大后方，至贵州浙江大学史地系任副教授、教授，讲授中国通史、中国历史地理、魏晋南北朝史、隋唐五代史、中国文学史等课。1942~1950年任浙江大学教授。1950年后，调任上海复旦大学历史系教授，历任系主任、历史地理研究室主任、历史地理研究所所长、校务委员会委员，第三、四、五届全国人大代表，上海市第八届政协委员，中国史学会理事。1980年，当选为中国科学院地学部学部委员。

谭其骧是中国现代历史地理学创始人之一，他长期从事中国历史地理学研究和中国历史地图的绘编工作。1934年，顾颉刚与谭其骧、史念海等发起成立中国第一个历史地理的学术团体——禹贡学会，创办《禹贡》半月刊，研究地理沿革、疆域史地和人口与民族问题。

1954年秋，毛泽东出席第一届全国人民代表大会，与吴晗谈到读历史应有一部历史地图集。吴晗找范文澜、尹达等商议后，决定请复旦大学谭其骧赴京主持地图编绘工作。编绘一部中国历代沿革地图是20世纪30年代顾颉刚、谭其骧等历史地理学家创办“禹贡学会”的夙愿。1955年起，由吴晗推荐谭其骧到北京改编、修订杨守敬的《历代舆地图》。1957年初，谭其骧回上海主持编纂《中国历史地图集》，最初他带领章巽、吴应寿、邹逸麟、王文楚四同志参

---

① 葛剑雄：《悠悠长水，求索时空——谭其骧传》，姜义华主编《史魂》，上海人民出版社2002年版，第320页。

加，次年学校又调集历史系十名高年级学生参加。1959年历史地理研究室成立。

从1955年开始，谭其骧确定编绘图集方针，并带领课题组进行历史地图编绘工作。他强调，历史上中国的范围应充分反映各民族共同创造历史的客观事实，在尊重历史事实的前提下，努力做到有利于国家统一和民族团结。《图集》确定的关于历史中国、中原王朝、边疆政权、非汉族政权、地方政权、自治地区之间关系的原则，对于中国史、民族史、中外关系史、中国历史政区地理等学科的研究都具有指导意义。1972年底图集编绘工作基本结束。1974年底，《中国历史地图集》第八册（清时期）以中华地图学社的名义出版，其余七册于1979年底全部出齐。谭其骧主编的八巨册《中国历史地图集》内容完备、考订精审、绘制准确，赢得了国内外学术界的高度评价，被认为是“中国历史地理学科建设史上有开拓性建树的一部著作”，并被认为是新中国成立以后“史学界最有成绩的工作之一”。1984年时任美国总统里根访问复旦大学，《中国历史地图集》被作为校礼由谢希德校长赠送给里根总统。这部地图集凝聚着现代中国历史地理学家的集体智慧，也是谭其骧为复旦大学作出积极贡献的一座丰碑。

《中国历史地图集》以历史文献资料为主要依据，上起原始社会，下迄清末，包括20个图组、304幅地图和约7万个地名，全部采用古今对照。该《图集》汲取了现代考古成果，收录了石器时代的重要文化遗址，绘出了自商周至清代全部可考的县级和县级以上的行政单位，绘出了边区的部族分布和其他各种地区名、居民点，绘出了主要的山峰、河流、湖泊、长城、海岸线、岛屿等。除中原王朝外，该《图集》还绘出了少数民族在边疆地区建立的大小政权和活动区域。与《图集》相配套，谭其骧还主编了《中国历史地图集释文汇编》作为这套地图集的文字说明。

谭其骧治学严谨，从不拿学问作名利的敲门砖。他认为求真、求实是做学问的基本，一个人如果只知迎合“当前需要什么”，那就无法求到真学问了。他总结出治学的基本经验是“锲而不舍，终身以之”①。历史地理研究是一项很艰苦的工作，不仅需要熟读古代有关典籍，具备扎实的文史基础知识，还需要大量的野外考察。几十年间，谭其骧跋山涉水，走遍天山南北、中原各省，考察了长江水系和黄河古道。作为杰出的教育家，谭其骧为国家培养了大批历史地理专门人才，其中周振鹤、葛剑雄现已成为全国历史地理学的领军人物。因长期致力于主持编绘《中国历史地图集》，谭其骧生前不曾出版个人专著，除主编《中国历史地图集》外，另主编有《简明中国历史地图集》、《中国自然地理·历史自然地理》、《中国历史大辞典·历史地理》等大型工具书。谭其骧的主要学术论文由其学生葛剑雄整理，结集为《长水集》、《长水集续编》、《长水粹编》，广受海内外学术界重视。

章巽（1914～1994），字丹枫，浙江金华人，著名历史学家、历史地理学家，中西交通史、中亚史研究开拓者之一。

章巽出身于贫寒的知识分子家庭，幼年得母亲教诲，后考入浙江省立第七中学。1930年考入浙江大学文理学院，半年后转赴南京中央大学历史系就读，师从缪凤林、朱希祖、张其昀。1934年大学毕业后，历任南开中学教员和天津、上海、香港、桂林各版《大公报》编辑及中华书局编辑。1942年任重庆中央大学历史系讲师，兼任《新中华》杂志主编。1944年赴美国留学，就读于哥伦比亚大学、约翰·霍普金斯大学和纽约大学研究院历史系。1947年获纽约大学文学硕士后回国，任南京中央大学（今南京大学）历史系教授。

1951年因病回上海家中疗养，与顾颉刚结为忘年之交。自1956年起，一直任上海复旦大学历史系教授，讲授中西交通史、中亚史、

---

① 《浙江日报》编辑部编：《学人谈治学》，浙江文艺出版社1983年版，第128页。

海上交通史及民族史、历史沿革地理等课程，历任上海历史学会理事、中国中亚文化研究协会理事、中外关系史学会名誉理事、中国海外交通史研究会顾问等。①

章巽长期致力于中外交通史和历史地理教学与研究工作，尤其在史籍校注和地图编绘方面取得了许多重要成果。他对古代陆上与海上“丝绸之路”有精深的研究。1955 年曾与顾颉刚合编《中国历史地图集》。② 其著有《法显传校注》、《古航海图考释》、《我国古代的海上交通》等，译著《中亚古国史》（1958 年中华书局出版）等，校点古籍《大唐西域记》，编译《世界历史地图》、《十字军时代的欧洲》(张志云绘制)，主编《中国航海科技史》（海洋出版社 1991 年出版）和《辞海》“中西交通史”部分。论文集《章巽文集》1986 年由海洋出版社出版。

杨宽（1914～2005)，字宽正，上海青浦人，著名历史学家，我国先秦史研究开拓者之一。

1919 年秋杨宽入家乡新式小学堂，后考入苏州省立第一师范(苏州中学师范科)，校长汪懋祖延揽著名学者授课讲学，王国维、钱穆、吕叔湘、杨人楩都曾是该校教师。章太炎、胡适、顾颉刚、张其昀、欧阳予倩等先后到该校讲学。杨宽勤奋好学，阅读广泛，为日后成长为一位史学家奠定了坚实基础。

1936 年杨宽毕业于光华大学中文系，师从吕思勉、蒋维乔。30 年代后，受顾颉刚指导，与童书业合作研究春秋战国史。童书业从事春秋史研究，出版了《春秋史》。杨宽则独立从事战国史兼及西周史的研究，出版了《战国史》。早年杨宽所著《中国上古史导论》提出神话的分化研究说，成为顾颉刚开创的“古史辨”派神话学的

---

① 高增德、丁东编:《世纪学人自述》（第五卷)，北京十月文艺出版社 2000 年版，第 13～27 页。

② 该书由地图出版社于 1955 年出版。

重要继承者。

1946年杨宽任上海博物馆馆长兼光华大学历史系教授，1953年任复旦大学历史系教授，1960年调任上海社会科学院历史所副所长，1970年再任复旦大学历史系教授。历任上海市文物保管委员会主任秘书，上海市博物馆馆长，中国先秦史学会第一至三届副理事长。

1986年杨宽赴美国定居，2005年病故于美国迈阿密。20世纪90年代以来，杨宽老骥伏枥，壮心不已，在史学园地勤奋耕耘，连续修订出版了多部著作，主要有《西周史》、《战国史》（增订本）、《中国古代都城制度史研究》、《中国古代陵寝制度史研究》、《杨宽古史论文选集》、《历史急流中的动荡和曲折》、《战国史编年辑证》等。另有《墨经哲学》、《中国历代尺度考》、《古史新探》、《吕氏春秋集释》（与沈延国合作）、《中国古代冶铁技术发展史》等。杨宽以其丰富的著述成为我国先秦史研究的权威，他一生还发表论文225篇，曾参与修订《辞海》、编绘《中国历代地图集》（先秦部分）及《宋史》点校工作。

田汝康（1916~2006），云南昆明人，著名历史学家、社会学家、人类学家，我国中外贸易史、华侨史、东南亚史研究开拓者之一。

1935~1937年田汝康就读于北京师范大学教育心理学系，后转入昆明国立西南联合大学攻读哲学心理学，1940年获文学学士学位。后参加燕京大学和云南大学合办的社会学研究工作站，从事社会学研究，曾在滇西德宏傣族及景颇族自治州从事人类学调查，发表有《滇缅边境傣族宗教仪式研究》的调查报告。1948年获英国伦敦大学哲学博士学位后，受英国殖民地社会科学研究理事会委任，前往沙捞越从事该地华人社会结构的研究。1950年回国后，因涉嫌所谓“历史问题”而遭受迫害。1984年，复旦大学为其平反。

田汝康曾任教于浙江大学人类学系，1952年高校院系调整后到复旦大学任教，历任复旦大学历史系教授、社会学系主任，全国华侨历史学会副会长，中国社会学学会副会长，中国东南亚研究会顾问，美国纽约州立大学石溪分校人类学系特聘教授。田汝康为复旦大学历史系、社会学系的学科建设作出了重要贡献。1979～1992 年间，曾担任英国剑桥大学克莱尔学院客座研究员，澳大利亚国立大学太平洋研究院访问学者，日本京都大学、荷兰莱顿大学、美国哈佛大学、康奈尔大学、加州大学伯克利分校及普林斯顿大学等著名大学的访问教授，是享有国际声誉的著名学者。

作为著名历史学家，田汝康研究的领域主要涉及海外华人的社会经济结构、中世纪中国航运史以及中国云南省民族宗教研究，著有《中国帆船贸易的兴起与衰落》、《男性的忧虑与女性的贞节》、《*The Chinese of Sarawak*：*A Study of Social Structure*》（《沙捞越华人社会结构研究》）、《滇缅边地傣族的宗教研究》、《芒市边民的摆》、《中国帆船贸易和对外关系史论集》、《十七至十九世纪中叶中国帆船在东南亚洲》等多部著作，发表《婆罗洲客家公司》、《中国与胡椒贸易》等论文 40 余篇。

二、南京大学

南京大学历史学系的前身可溯源于 1902 年建立的三江师范学堂国史科。1905 年，“三江”改为“两江”，1912 年因战乱停办。1921 年教育家郭秉文以南京高等师范学校为基础建立东南大学，1928 年学校改名为国立中央大学，学科之全为全国各高校之冠。1949 年 8 月 8 日，国立中央大学更名为国立南京大学。1952 年高校院系调整，原中央大学历史系、边疆政治系和金陵大学历史系合并而成新的南京大学历史系。

百余年来，先后在南京大学历史系任教的史学家有金毓黻、柳诒徵（中国文化史）、缪凤林、陈训慈、郭廷以、沈刚伯、朱希祖、顾颉刚、丁山、张贵永、贺昌群、雷海宗、罗尔纲、白寿彝、蒋复璁、陈恭禄、王拭、王觉非、王绳祖（国际关系史）、韩儒林（蒙古元代史）、蒋孟引（英国史）、卞孝萱（魏晋南北朝史）、茅家琦

（中国近现代史）、陈得芝（蒙古元代史）、张宪文（中华民国史）等，他们奠定了南京大学历史学科的坚实基础。南京大学历史系是国家首批具有历史学一级学科博士学位授予权单位，师资力量雄厚，现为国家文科人才培养和科学研究基地。世界地区、国别史为全国重点学科，中华民国史研究中心为教育部人文社会科学重点研究基地。

柳诒徵（1879～1956），字翼谋，号劬堂、知非，江苏镇江人，著名历史学家、文献学家、教育家、图书馆学家，中国文化史研究学科主要奠基人。

柳诒徵少时失父，家境清寒，自幼受母教诲，博览群书，17 岁考中秀才。后就读于三江师范学堂。卒业后曾任教于江南高等商业学堂、江南高等实业学堂、两江师范学堂等校，一度主持镇江府中学堂校政。1914 年 2 月，应聘为南京高等师范学校国文、历史教授，并任史地部和历史部主任。1925 年后，执教于清华学校、北平女子大学和东北大学。1927 年任江苏省立国学图书馆馆长。1929 年重返南京，任教于中央大学（今南京大学），并任南京图书馆馆长、国民政府考试院委员、江苏省参议员。抗战期间，先后任教于浙江大学、贵州大学和重庆中央大学，兼任国史馆纂修。新中国成立后，执教于复旦大学，曾任上海市文物管理委员会委员。主编《江苏省立国学图书馆图书总目》、《江苏省立国学图书馆现存书目》。

柳诒徵治学文史哲兼备，诗文书法俱为名家，治史注重经世致用。当年东南大学的同事吴宓曾在《空轩诗话》中全面评述柳诒徵的学术成就，将其与梁启超相比。柳诒徵著有《中国文化史》、《中国历史要义》、《东亚各国史》、《中国版本概说》、《劬堂读书录》等。《中国文化史》分上古、中古、近世三册，约一百余万字，简明扼要，援古证今，尽得历史典章制度因循源流，立论公允，是中国文化史的经典著作。

缪凤林（1899～1959），字赞虞，浙江富阳人，著名史学家、教育家，中国通史、中国民族史、西洋哲学史研究的开拓者之一。

1919 年缪凤林考入南京高等师范学校史地部。他勤奋好学，博涉中外史籍，与陈训慈、张其昀同为柳诒徵弟子，在校所撰论文《哲学与史学》、《三代海权考证》发表于《史地学报》，深受学术界好评。1923 年毕业后，缪凤林去沈阳东北大学任教，北伐军兴起后南归，时值柳诒徵任江苏国立图书馆馆长，缪凤林即入该馆印行部工作。1928 年起在母校国立中央大学任文学院史学系教授，讲授中国通史、中国文化史、日本史等课程，同时兼任金陵女子大学教职，参与《国风》半月刊编务。1929 年，发起成立中国史学会，并创刊《史学杂志》。学术上，缪凤林与柳诒徵、张其昀、陈训慈等组织了“史地研究会”，形成了著名的“史地学派”①，该学派加快了中国史学现代化的进程。抗日战争爆发后，缪凤林随校西迁重庆，继续执教，并兼任中央大学师范学院史地系主任。抗战胜利后，缪凤林重返南京，专任中央大学史地系教授。1948 年出任中央大学文学院史学系主任。1951 年在北京军政大学学习，一年后回南京大学任教。不久患中风，长期卧病，于 1959 年 2 月去世。

缪凤林师承柳诒徵治史的学脉，擅长文献考订与证伪。他长期执教于南京大学，培养了大批优秀人才，及门弟子如蒋孟引、刘毓璜、章巽、洪诚等均为著名史学家。缪凤林治史领域广博，涉及中国通史、中国民族史、西洋哲学史、历史地理、日本史等领域，主要著作有《中国通史要略》、《中国史论丛》、《中国民族史》、《中国民族文化》、《西洋古代中世哲学史大纲》、《近代西洋哲学史大纲》、《日本史论丛》等。

陈恭禄（1900～1966），江苏丹徒人，著名历史学家，中国近代史研究开拓者之一。

---

① 关于柳诒徵、缪凤林等的“史地学派”，可参见吴忠良著《传统与现代之间——南高史地学派研究》，华龄出版社 2006 年版。

陈恭禄早年受业于青州知府鲍心增。1916年，考入美国教会主办的扬州美汉中学。1921年考入金陵大学，由化学而农科，后又入历史系学习。1926年毕业，获文学学士学位。1928年开始任金陵大学历史系助教，此间，撰写《日本全史》、《印度通史大纲》。1933年任教于武汉大学，主讲中国通史、中国近代史、专史研究（日本史、印度史）等课程。1936年重回金陵大学任教，由助教晋升为教授。抗战胜利后，继续在金陵大学执教。

1952年高校院系调整后，陈恭禄任南京大学历史系教授，曾任南京市第二、三届政协委员，南京历史学会理事。1966年病逝。其主要著作有《中国近代史》、《中国近代史资料概述》、《中国上古史史料之评论》、《甲午战后庚子乱前中国变法运动之研究》、《近代中国史料评论》、《曾国藩与海军》、《中国通史》、《日本全史》、《中国近百年史》等。

韩儒林（1903～1983），字鸿庵，河南舞阳人，著名历史学家，我国蒙古元代史研究奠基人之一，中国科学院哲学社会科学部学部委员。

1930年韩儒林毕业于北京大学哲学系，曾任教于北平女子师范大学、北平师范大学。1933年起，先后在比利时鲁文大学、巴黎大学、柏林大学留学，学习欧洲中世纪史和拉丁文，并学习蒙古史、中亚史和波斯、蒙古、藏、突厥等文字。1936年回国，先后任燕京大学历史系讲师、昆明北平研究院副研究员、成都华西大学历史系教授、中央大学历史系教授等。

1946年兼任中央研究院历史语言研究所研究员。1949年后一直在南京大学历史系任教，历任南京大学历史系主任、中国科学院哲学社会科学部学部委员、内蒙古大学副校长兼蒙古史研究所所长、中国蒙古史学会副理事长、中国中亚文化研究协会名誉理事、中国元史研究会会长、中国史学会常务理事、《中国大百科全书·中国历史》编辑委员会副主任、联合国教科文组织《中亚文明史》编委会副主任、江苏史学会会长、江苏哲学社会科学联合会副主任等职。

韩儒林留学归国后，始终专注于蒙古元代史和西北民族史研究，并在突厥史、西藏史、西夏史、中西交流史等方面有所建树。20 世纪 50 年代以后，他以主要精力从事教学行政、史学研究的组织和人才培养工作，但学术研究仍未停辍。1956 年，他创立南京大学元史研究室。1977 年，创办《元史与北方民族史研究集刊》。后与翁独健等一起倡议建立了中国蒙古史、元史和中亚文化研究会。60 年代，他与助手一起完成了《中国通史参考资料》元代分册，参加编绘《中国历史地图集》的组织工作，主持北方地区历代图幅的编绘。由他主编的两卷本《元朝史》获国家优秀图书奖。他撰写的主要论文有《论成吉思汗》、《元朝中央政府是怎样管理西藏地方的》、《成吉思汗十三翼考》、《蒙古氏族札记》、《蒙古答剌罕考》、《元代阔端赤考》等。韩儒林的主要论文多收入《穹庐集》，另有《成吉思汗传》、《元史讲座》等著作。

王绳祖（1905～1990），字伯武，江苏高邮人，著名历史学家，我国国际关系史研究学科开拓者之一。

1918 年王绳祖入南京金陵大学附中（今金陵中学）学习。1923 年考入金陵大学化学系，次年转入历史系。1927 年夏毕业，1929 年任金陵大学历史系助教，此间撰写了《欧洲近代史》讲义，编入大学丛书，改变了中国高等学校世界史教学由外国课本垄断的状况。1936 年考入英国牛津大学布拉斯诺斯学院，专攻世界外交史，1938 年完成文学硕士论文《马嘉里案和烟台条约》，1940 年由牛津大学出版社出版，美国历史学会所编《历史文献指南》将该书列为研究中国国际关系史的必读参考书。1939 年回国任金陵大学（当时在成都，1946 年迁回南京）历史系教授、系主任。1945 年重庆商务印书馆出版其在金陵大学的讲义《近代欧洲外交史》。1949 年任金陵大学文学院院长。

1952 年高校院系调整后，王绳祖先后任南京大学历史学系教授、系副主任、英美对外关系研究室主任。1980年任中国国际关系史研究会（现为中国国际关系学会）理事长。其主要著作有《欧洲近代史》、《近代欧洲外交史》、《国际关系史》等，与著名国际法学家王铁崖合作编译《1898~1914年的欧洲国际关系》。

蒋孟引（1907~1988），字百幻，湖南新宁人，著名历史学家、教育家，我国英国史研究开拓者之一。

蒋孟引少年时期就读于乡里私塾，聪明好学，对历史尤感兴趣。1929年，考入南京国立中央大学，受业于缪凤林，大学期间曾撰写《欧洲中古封建制度》、《产业革命影响说略》等文章，并获得好评，1933年从中央大学毕业。次年至英国伦敦大学学习。1939年获伦敦大学哲学博士学位，博士毕业论文《论1856~1860年的中英关系》以无可辩驳的历史事实揭露英帝国主义侵略中国的真相。回国后，历任西南大学教授、中央大学教授兼历史系主任、江苏学院教授。抗战期间，作为历史学家，蒋孟引以特殊的方式为民族的解放倾注热血，先后撰写了《英国档案馆》、《国际结合的三种形态》、《中苏友谊之炎凉》、《历史知识与历史科学》、《愚拙的英国外交》等论著。

中华人民共和国成立后，蒋孟引任南京大学历史系教授，专攻英国史，是我国大学英国史研究的开拓者和领路人。1952年高校院系调整，蒋孟引任南京大学历史学系教授，兼系副主任。1964年出版《英国史论丛》，这是我国学术界系统研究英国史的第一本专集。20世纪六七十年代，蒋孟引翻译出版了《罗马帝国衰亡史》（选评）、《瑞士简史》、《摩纳哥史》等，填补了世界史研究的多项空白。改革开放后，蒋孟引是教育部批准的全国第一批世界史学科6名博士生导师之一，为国家培养了大批高级人才，也使南京大学历史系成为我国英国史研究的重要基地。1980年，全国英国史研究会成立，蒋孟引当之无愧地被推选为第一任会长。蒋孟引毕生致力于世界近代史、英国史的教学研究工作，晚年仍勤奋笔耕，1986年耄耋之年的蒋孟引接受了教育部的委托，编写出版我国大学《英国史》

教材，改写了中国高等院校英国史教学由外国教材垄断的历史。蒋孟引另著有《第一次世界大战史》、《第二次鸦片战争》等著作。1995 年，南京大学出版社编辑出版了《蒋孟引文集》，收录蒋孟引生前撰写的英国史研究论文 20 多篇，产生了深远影响。

王觉非（1923～2010），河南安阳人，著名历史学家，我国英国史研究的重要学者。

青少年时期王觉非生活在战乱之中，抗日战争爆发后随母亲和妹妹流亡湘、桂、皖等地，后在安徽屯溪进入中学学习。1944 年考进中央大学历史系，抗战胜利后随中央大学迁回南京，1948 年以优异成绩毕业并留校任教。新中国成立后，历任南京大学历史系教授、南京大学欧美研究中心主任、中国英国史研究会会长、江苏省世界史研究会会长。

王觉非长期致力于欧洲近代史、英国近代史研究，兼治近代法国史、俄国史，他曾多年讲授俄国近代史，1962 年人民出版社的《世界通史》（近代部分）中的俄国部分便出自他的手笔。他研究欧洲近代史能够融会贯通地把握英、法、俄各国近代历史的发展，并能精辟地总结各国近代化的发展特征。其主要著作有《欧洲史论》、《近代英国史》（主编）、《世界史·近代史编》（合编）、《欧洲五百年史》（主编）、《欧洲历史大辞典》（主编）等，译作有《克伦威尔传》（合译）等。

卞孝萱（1924～2009），江苏扬州人，著名历史学家、古典文学家，我国魏晋南北朝隋唐史研究的重要学者。

卞孝萱出身于没落的书香门第，1942 年中学毕业后独自到上海的银行谋生，工作之余补习文化，得到过陈垣、陈寅恪等学术名家指点。1949 年后，到北京的银行工作，业余时间研究民国史，收集、整理辛亥革命时期重要人物的墓碑、墓志铭、家传、行状等，发表了一批学术文章。后被推荐到中国科学院近代史研究所，协助范文澜修订《中国通史简编》，他遵照范文澜的教诲，文史兼采，把陈寅恪“以诗证史”的方法运用到研究过程中，成为唐代文史研究方面卓有成就的学问家。他为人忠厚，专意学问，学术民主，交游广泛，曾奉周恩来之命协助章士钊校勘《柳文指要》全稿。

“文革”后期，卞孝萱任教于扬州师院。1984年调入南京大学古典文献研究所，开设过中国文化史、年代学研究、唐代小说与政治等课程，与程千帆、周勋初等组成学术团队，提携后学不遗余力。卞孝萱历任江苏省六朝史研究会会长、中国历史文献研究会常务理事、中国唐史学会顾问、中国唐代文学学会韩愈研究会会长等，出版著作《刘禹锡年谱》、《唐代文史论丛》、《刘禹锡丛考》、《元稹年谱》、《刘禹锡评传》、《韩愈评传》、《郑板桥丛考》、《冬青书屋笔记》、《唐传奇新探》、《唐人小说与政治》等30余部，发表学术论文200余篇。

三、山东大学

山东大学历史系具有悠久的学术传统，早在1901年官立山东大学堂创建之初即开设历史课程。后来，随着社会的变革，学校几度更名、搬迁。1926年，省立山东大学组建于济南，1928年迁青岛改为国立山东大学。1937年抗日战争爆发，学校从青岛南迁安徽、四川等地，后因经费不足而停办。1945年8月，山东抗日人民政府在解放区临沂创办山东大学。1946年春，国立山东大学在青岛复校，设有历史学系，知名学者王统照、陆侃如、冯沅君、杨向奎、丁山、赵纪彬等在校任教。1949年6月青岛解放，山东大学进入新的发展时期。

1952年夏，全国高等院校调整，山东大学成为以文、理为主的教育部直属综合大学。20世纪50年代，在青岛的山东大学历史系盛极一时，历史系独立成系，杨向奎先生兼任中文、历史两系主任。当时历史系有杨向奎、赵俪生、陈同燮、黄云眉、郑鹤声、童书业、张维华、王仲荦等8位知名教授，被称为“八马同槽”，以及丁山、赵纪彬、吴大琨、许思园、刘敦愿、韩连琪、卢振华、徐绪典、孙思白、华山、蒋捷夫等一批知名学者，创办了《文史哲》（杨向奎先生为第一任主编）。他们奠定了山东大学以文史见长的学术基础，也使山东大学历史系在全国高校历史学中占有着重要地位。1958年10月学校奉命从青岛迁往济南。长期以来，陈同燮、黄云眉、童书业、王仲荦、张维华、郑鹤声、葛懋春、韩连琪、刘敦愿、田昌五等前辈学者辛勤耕耘在山东大学历史系，为学校的发展作出了重要贡献。该系的中国古代史、中国近代史、中外关系史及史学理论研究在学术界有着较高地位，拥有历史学一级学科博士学位授予权，是国家文科基础人才培养和科学研究基地。2007年中国古代史专业被评定为国家重点学科。

陈同燮（1898～1970），河北武清人，著名历史学家，我国世界史研究的先驱，古代希腊、罗马史研究开拓者之一。

1913年陈同燮入南开中学就读，与周恩来是同学。1919年入南开大学。1923年毕业时，以优异成绩被张伯苓校长聘为南开中学教师。后任教于北京大学、北京师范大学、燕京大学等校，齐思和、杨向奎等是他的学生。陈同燮在欧洲前后生活了十五年，精通多种外语，为其研究世界史奠定了基础。陈同燮曾审校谢德风翻译的《波罗奔尼撒战争史》。新中国成立后，全国高校院系调整时期来到山东大学任教，直至逝世。

陈同燮治学严谨，教书育人态度认真。他长期在山东大学讲授古代希腊罗马史。“文革”中，他受到冲击。其著作《希腊罗马简史》是研究古代希腊罗马史的重要成果。

黄云眉（1898～1977），原名鋆鋳，字子亭，号半坡，浙江余姚人，著名历史学家，我国明史研究开拓者之一。

由于家境清贫，黄云眉12岁方入私塾启蒙，15岁入余姚县立第一高等小学校，17岁第六期毕业并留校任教。黄云眉博览群书，自学成才。1927年执教于宁波中学，披读“天一阁”藏书，始治考据之学。1929年任金陵大学文化研究所教授。1931年，著《〈古今伪书考〉补正》考订和补正清人姚际恒《古今伪书考》。1933年任上海世界书局《辞林》编辑部主任。1937年抗战爆发后，回余姚中学任教。余姚沦陷后，到上海亲戚家寄居，一度赖卖文度日。抗日战争胜利后，任上海沪江大学、无锡国学专修学校教授。新中国成立初期，执教于上海临时大学。1951年，至青岛山东大学任教，任中文系和历史系教授、历史系主任兼图书馆馆长、中国古代史教研室主任。1958年随山东大学迁校济南，历任民盟济南市主任委员、民盟山东省副主委、民盟中央候补委员、政协山东省委常委、山东省历史学会会长等职。1965年，黄云眉将旧籍245种（3130册）赠送给家乡余姚的梨洲文献馆及梨洲中学。

黄云眉继承和发展了浙东学派无征不信、实事求是、经世致用的优良传统。他治学严谨，涉猎广泛，对中国古代史、中国文学史、音韵训诂学、版本目录学都有精深研究，尤其精于明史研究，是国内外学术界公认的学术名家。其著作丰富，有《李卓吾事实辨证》、《韩愈柳宗元文学评价》、《史学杂稿续存》、《鲒崎亭文集选注》等著作，所著《明史考证》（八册）200余万字汇集了作者30余年治学的成果，在国际和国内史坛赢得了崇高的声誉。这部详考明代历史的学术巨著，为研读《明史》提供了极大的便利，对《明史》研究作出了重要贡献，另有《明实录分类索引》等手稿遗世。

郑鹤声（1901～1989），原名松表，字萼荪，号鹤皋，浙江诸暨人，著名历史学家、文献学家，我国中西交通史和中外关系史研究的开拓者之一、中华民国史研究开拓者之一。

郑鹤声早年入私塾，后考入浙江省立第一中学，潜心攻读《史记》、《汉书》、《资治通鉴》等史籍。1920年夏，郑鹤声考入南京高等师范学堂文史地部，受业于柳诒徵、竺可桢。1925年毕业后任教于云南高等师范、东陆大学（今云南大学）。1924年其毕业论文《汉隋间之史学》由中华书局出版成十余万字的专著。1929年任南京国民政府教育部编审处编审、教育部编译馆专任编译兼人文组主任。国立编译馆转为国史馆后，郑鹤声任纂修兼史料处处长。1949年4月南京解放，国史馆改为中国科学院近代史研究所，郑鹤声任研究员。1951年郑鹤声至青岛，任山东大学历史系教授、中国近代史教研室主任、中西交通史研究室名誉主任、校学术委员会委员等职。1958年随山东大学迁往济南。郑鹤声曾任政协山东省第二至五届委员会委员、山东省地方史志编纂委员会委员。

郑鹤声治学勤奋，涉猎广泛，研究范围涉及清史、中华民国史、中国近代史、中国史学史、中国文献学、中西交通史、中国文化史、中国民族史，尤以中国近代史、中西交通史和中国史学史成就最大。其著有专著20多部，论文160多篇，主要著作有《正史研究》、《正史汇目》、《司马迁年谱》、《班固年谱》、《杜佑年谱》、《袁枢年谱》、《郑和》、《郑和遗事汇编》、《中华民国史》、《中国近世史》、《近世中西史目对照表》、《中华民国建国史》、《汉隋间之史学》、《中国史部目录学》、《中国文献学概要》、《十四至十七世纪中国与海外诸国关系史料》等，主编《黄河志·文献编》、《孔子研究资料目初编》、《中国近现代留学生资料》、《山东地方志文献目录》、《六百年来中国与海外诸国关系资料汇编》等。

张维华（1902～1987），字西山，山东寿光人，著名历史学家，我国秦汉史研究、明清史研究的重要学者，中西交通史学科开拓者之一。

1928年张维华毕业于济南齐鲁大学。1931年入燕京大学研究院学习，师从陈垣、顾颉刚，其间加入禹贡学会。1933年回齐鲁大学历史系任教。1936年应顾颉刚邀请赴北京禹贡学会工作，协助编辑《禹贡》杂志。1937年“七七”事变后赴河南大学历史系任教，后辗转昆明、成都各地。[1] 1938年在昆明北平研究院历史考古研究所与顾颉刚、徐旭生一起研究中西交通史。1939年在成都与顾颉刚共

---

① 高增德、丁冬编：《世纪学人自述》（第二卷），北京十月文艺出版社2000年版，第134～135页。

同主办齐鲁大学国学研究所，曾任齐鲁大学文学院院长兼历史系主任。新中国成立后，回济南齐鲁大学任文学院院长，兼国学研究所主任。1952年高校院系调整后，任山东大学历史系教授。

张维华长期从事战国秦汉史、明清史、中国土地制度史、中西交通史的教学与研究工作，许多成果受到史学界重视。他治学严谨，注重实证，做学问讲究求通、求实，能博采众长，融会贯通，深受乾嘉学派影响。其著有《汉史论集》、《中国古代长城建置考》、《明清之际中西关系简史》、《明代海外贸易简论》、《晚学斋论文集》、《清前期中俄关系》（合著）等，主编《曲阜孔府档案史料选编》等。

童书业（1908～1968），字丕绳，号庸安，安徽芜湖人，九三学社社员，著名历史学家、教育家，我国先秦史学科开拓者之一。

童书业自学成才，1935年结识顾颉刚先生，任《禹贡》编辑，研究春秋史。抗战期间，顾颉刚先生搬到大后方，童书业留在皖、浙、杭一带，生活陷入困境，杨宽先生对其给予了很多帮助。1945年，杨宽在上海博物馆工作，聘童书业为上海博物馆历史部主任。新中国成立后，童书业历任山东大学教授、历史系副主任。其著有《春秋史》、《中国疆域沿革史略》、《中国手工业商业发展史》、《先秦七子思想》等14部专著和129篇论文。

童书业有着旺盛的学术生命力，治学范围极广。他专于先秦史，兼治中国绘画史、中国手工业商业史、瓷器史和历史地理学等，在多个学术领域都有建树。他有着超乎常人的记忆力和洞察力，能触类旁通，举一反三。他治学严谨，为人师表，做教师有“三严精神”，即严格对待承诺、严格读书计划、严格遵守时间。童书业做学问忘我投入，生活上不修边幅，比如他在学术上有惊人的记忆力，在现实生活中却常常记不住别人的姓名，有时甚至忘记了回家的路。

王仲荦（1913～1986），浙江余姚人，著名历史学家、教育家，我国魏晋南北朝史研究的一代宗师。

王仲荦自幼爱好诗文，从小生长在上海。1930年在上海正风文学院求学期间，因诗写得好，得邻居和亲戚章太炎先生赏识，收为晚年入室弟子。30 年代初，王仲荦受章太炎“读史救国”思想影响，开始走上学术研究道路。他选择补编《北周职官志》，广搜金石资料，草成初稿，举凡北周一代典章网罗殆尽，后人常将其当做《北周会要》来使用。1935 年又撰成《北周地理志》。1937 年抗日战争爆发后，王仲荦从浙江到上海，和一批进步人士在租界创建太炎文学院，讲授中华三千年历史。1940 年，太炎文学院解散，王仲荦离开上海抵达昆明，以秘书身份协助云贵监察使李印泉（章太炎先生盟兄弟）抗击日军侵略。1942 年底，赴重庆中央大学任教，1945 年抗战胜利后随中央大学迁回南京。1947 年春，北上青岛任教于山东大学。王仲荦在山东大学教书近 40 年，直到逝世。

新中国成立后，王仲荦历任山东大学教授、历史系主任、古籍所副所长、校学术委员会副主任委员、《文史哲》编委会副主任，中国史学会理事，中国唐史学会第一、二届副理事长，山东省史学会第一、二届理事长，国务院古籍整理出版规划小组成员，国务院学位委员会第一届学科评议组成员，教育部历史学科第一届学位评议组成员。

长期以来，我国学术界一致公认魏晋南北朝史研究领域有“南唐北王”两大家，“南唐”指武汉大学唐长孺，“北王”即山东大学王仲荦。王仲荦一生为人师表，桃李遍天下，深受师生爱戴。1986 年王仲荦逝世，北京师范大学启功先生撰挽联曰：“直谅名闻，是为益友。精勤盖代，无愧宗师。”王仲荦一生孜孜不倦，著述不辍，积累了丰富的经验，形成了博精兼具、严谨创新的治学风格。王仲荦著述精益求精，总是自认无一丝瑕疵才肯脱手。他曾谆谆告诫青年：“不要急于出书，良工不示人以璞。”他的《北周职官志》和《北周地理志》四十多年后才由中华书局出版。为了方便人们阅读王仲荦的经典之作，近年中华书局重新出版了王仲荦所有的专著，并将其论文结集为《𡸣华山馆丛稿》及《𡸣华山馆丛稿续编》，前者所收文章内容涉及中国古代社会分期、孔孟思想的评价、中国资本主义的萌芽与发展、敦煌吐鲁番文书的考释以及作者的个人经历和治学经验等方面；后者所收文章涉及鲜卑姓氏考、代北姓氏考、唐代两税法研究等内容。王仲荦著有《魏晋南北朝史》、《隋唐五代史》、《关于中国奴隶社会的瓦解及封建关系的形成问题》、《北周六典》、《北周地理志》、《西昆酬唱集注》、《峼华山馆丛稿》、《敦煌石室地志残卷考释》、《金泥玉屑丛考》、《中国古代物价史》等。《北周六典》和《北周地理志》旁征博引，是他的学术力著。《魏晋南北朝史》和《隋唐五代史》两部断代史更是学习魏晋南北朝隋唐史的经典教材。王仲荦也曾参与点校"二十四史"，主持南朝史的校点工作，并具体负责《宋书》、《南齐书》和《南史》点校的定稿。曾主编《历史论丛》一至五辑。

田昌五（1925～2001），河南郾城人，著名马克思主义历史学家，中国古代史学科的重要学者。

田昌五幼年读私塾，后入本县召陵中学和安阳高中读书。1945 年参加抗日远征军赴印、缅抗击日军。抗战胜利后于 1946 年入开封高中。1947 年考入北京大学历史系。1951 年毕业后留校任教。1956 年调入中国科学院历史研究所。1987 年调入山东大学，历任山东大学历史系教授、山东大学历史研究所所长，兼任中国社会科学院古代文明研究中心学术顾问、中国文化书院导师、中国殷商文化学会会长、中国农民战争史研究会会长、中国秦汉史研究会顾问等职。

田昌五是卓越的马克思主义史学家，理论修养深厚，视野开阔，学风谨严。他长期研究中国社会历史发展形态问题，曾协助郭沫若编写《中国史稿》第一、第二卷，主持编辑《马克思恩格斯论前资本主义社会诸形态》。新中国成立以后，他倾力从事中国史研究，在史学理论、文明起源、中国古代社会形态、古史分期、农民战争与农民问题、封建社会经济结构、中国古代思想文化史等研究领域均有建树，发表了大量具有重要影响的文章。他一生著述宏富，成就卓著，先后出版了《王充及其论衡》、《中国农民革命史》（第 1

卷)、《古代社会形态研究》、《古代社会形态析论》、《古代社会断代新论》、《历史学概论》、《论衡导读》、《中国古代社会发展史论》、《中华文化起源志》、《中国历史体系新论》、《中国历史体系新论续编》、《周秦社会结构研究》(与臧知非合著)、《孙子兵法全译》等十余部学术专著，并主编《秦汉史》(与安作璋合编)、《中国封建社会经济史》(四卷本，与漆侠合编)、《华夏文明》和《中国原始文化论丛》(与石兴邦合编)等著作。

四、厦门大学

厦门大学历史系是厦门大学最早创办的系科之一，具有悠久的历史和深厚的学术底蕴。80 多年来，经过几代学者的努力，形成了深厚的学术传统，办学特色突出。该系拥有历史学一级学科博士学位授予权，是国家文科基础人才培养和科学研究基地。以中国经济史为特点的专门史、中国古代史两个专业系全国首批博士点，专门史(经济史)自 1988 年以来连续蝉联全国重点学科。创办于 1982 年的《中国社会经济史研究》是全国第一份经济史研究学术刊物，在海内外学术界享有盛誉。顾颉刚、林惠祥、傅衣凌、韩国磐、郑学檬、杨国桢等著名史学家先后在厦门大学任教，为厦门大学历史学科的发展作出了重要贡献。

林惠祥(1901~1958)，又名圣麟、石仁、淡墨，福建晋江人，著名人类学家、历史学家、考古学家、民俗学家，我国人类学奠基人之一、民族史研究开拓者之一。

林惠祥自幼随父在台湾生活，聪颖好学，9 岁入私塾，熟读诗文。1926 年毕业于厦门大学文科社会学系。1927 年秋，考入菲律宾大学研究院人类学系，师从美国教授 H. O. Beyer(拜耶)学习人类学，1928 年获人类学硕士学位。1929 年任中央研究院特约编辑员，后参加该院民族学组研究工作。1931 年任厦门大学历史社会学系主任、教授。中华人民共和国成立后，历任厦门大学历史系主任、人类博物馆（我国第一个人类博物馆）馆长、南洋研究所副所长（厦门大学党委书记兼任所长），厦门市人大代表，厦门市侨联副主席，福建省政协委员等。

林惠祥主要从事东南亚和中国东南地区考古发掘和民族调查研究，是我国南洋考古研究的开拓者和倡导者之一，是我国最早系统调查和研究台湾省高山族文化的学者。1938年，林惠祥自费到闽西考察，最先发现武平新石器时代的石器和印纹陶等文物，揭示了中国东南地区古文化的特征，得到考古学界的广泛认可。其所著《文化人类学》确立了中国人类学体系，该书对人类学总论、略史以及物质文化、社会组织、宗教艺术、语言文字等重要问题都有精辟的论述。他的《中国民族史》是中国最早、最完整的民族学专著，对民族文化和中国民族的来源颇多创见，获得了国内外学者的广泛赞誉。他一生留下了18种专著、约80篇论文和译文，主要著作有《台湾番族之原始文化》、《民俗学》、《世界人种志》、《神话论》、《文化人类学》等，编译《菲律宾民族志》、《婆罗洲民族志》、《苏门答腊民族志》等，编著教材《考古通论》，发表有《马来人与中国东南方人同源说》、《南洋人种总论》、《南洋民族与华南古民族的关系》等重要学术论文。

傅衣凌（1911～1988），原名家麟，笔名休休生，福建福州人，著名历史学家、经济学家，中国社会经济史学科的主要奠基人之一，徽学研究的开拓者之一。

傅衣凌5岁入私塾启蒙，1924年入省立福州第一中学，1927年进入福州第一高级中学，1929年入私立福建学院经济系，1930年转入厦门大学历史系。1934年大学毕业后，在福州做了短期的中学教师。1935年入日本法政大学研究院学习社会学。1937年夏提前回国，投入救亡运动。[①] 30年代，傅衣凌立志研究中国农村经济史、

① 高增德、丁冬编：《世纪学人自述》（第四卷），北京十月文艺出版社2000年版，第115～123页。

中国商业资本史。1941 年应聘到协和大学任教，1942 年编成出版《福建省农村社会经济参考资料汇编》一书。

1944 年，傅衣凌以在永安发现的农村契约文书为资料，出版了《福建佃农经济史丛考》，这是我国学者第一次引用民间契约文书研究中国社会经济史的著作，也是傅衣凌开创中国社会经济史学派的奠基之作。该书很快被介绍到日本，对战后日本史学界重建中国史研究产生了巨大影响。该书又传播到美国，对美国 20 世纪五六十年代新汉学研究产生了重要影响。1946 年前后傅衣凌完成了《明代徽商考》，开始系统研究我国商业资本主义问题，并成为徽学研究的拓荒者。傅衣凌提出了中国封建社会弹性论、乡族论、中国资本主义萌芽论等重要问题，受到海内外学术界的瞩目和重视。

1950 年后，傅衣凌一直在厦门大学任教，历任历史系主任、历史研究所所长、厦门大学副校长、《厦门大学学报》（哲学社会科学版）主编，《中国社会经济史研究》主编、名誉主编，厦门大学文科学术委员会主任，第五、六届全国政协委员，中国民主同盟中央委员，民盟福建省副主任委员，中国史学会理事，中国经济史学会副会长，福建省历史学会会长，曾兼任中国科学院历史研究所研究员。

傅衣凌学识渊博，主要学术贡献在中国社会经济史领域，长于明清经济史研究。傅衣凌早年在厦门大学和日本法政大学受过历史学和社会学的双重学术训练，这对于他创立中国社会经济史学产生了至关重要的影响。傅衣凌是一位开风气之先的学者，他和法国年鉴学派的第一代学者几乎是同时代的人，他们都提倡跨学科研究，注重综合运用多学科手段研究社会经济史。傅衣凌在研究方法上吸取传统学术和西方社会学、经济学、民俗学的长处，重视对民间记录的搜集，利用前人很少注意到的契约文书、族谱、地方志研究明清经济史，扩大了史料来源。

20 世纪 50 年代初，傅衣凌把研究重点放在明代的江南地区，并从农村经济开始探讨资本主义萌芽问题，发表了一系列关于明代江南地区经营地主与农村经济商品化的论文。1960年，他在厦门大学建立了全国大学历史系第一个中国社会经济史研究室。20世纪80年代以后，傅衣凌着手对自己半个世纪从事中国社会经济史研究的历程及其构想作系统的总结。1982年，经他自己选编的《明清社会经济史论文集》由人民出版社出版发行。同时，他又对于自己以往的许多学术观点进行系统的梳理和提升。他尤其关注中国封建社会长期迟滞的问题。他形象地把中国封建社会比喻为一种“弹性的封建社会”，指出中国封建社会的发展长期处于“早熟又不成熟”、“死的拖住活的”的状态。傅衣凌晚年提出“明清社会变迁论”，指出从16世纪开始中国在政治、社会和文化方面发生一系列变化，但因种种原因，这些变化有所中断以至倒退，但最后仍未脱离世界经济发展的共同规律。1982年，傅衣凌创办了《中国社会经济史研究》杂志，对推动全国社会经济史研究起了重要作用。

傅衣凌是中国社会经济史学的主要开创者，在他的学术影响之下，以闽粤地区的一批学者为骨干力量注重从社会史的角度研究经济史，注重地域性的细部研究、特定农村经济社区的研究，把个案追索与对宏观社会结构和历史变迁大势有机地结合起来，强调发掘民间文献如契约文书、谱牒、志书、文集、账籍、碑刻等史料，倡导田野调查，以今证古，形成了一个以经济史和社会史等跨学科整合为学术特色的研究群体。这个学术群体被学界称之为“傅衣凌学派”、“新社会史学派”、“中国社会经济史学派”。

傅衣凌的主要著作有《福建佃农经济史丛考》、《明清时代商人和商业资本》、《明代江南市民经济试探》、《明清农村社会经济》、《明清社会经济史论文集》、《明清社会经济变迁论》、《明清封建土地所有制论纲》、《傅衣凌治史50年文编》等，主编《明清福建社会与乡村经济》（与杨国桢共同主编）、《中国通史参考资料》第7册等。2006~2008年，中华书局组织整理傅衣凌生前所有论著，重新出版《傅衣凌著作集》（六册）。

韩国磐（1919～2003），字漱石，号蘧庵，江苏海安人，著名历史学家，我国隋唐史研究开拓者之一。

1945 年韩国磐毕业于厦门大学历史系，是厦门大学自己培养出来的著名历史学家。新中国成立后，韩国磐历任厦门大学讲师、副教授、教授、历史研究所副所长，第六届全国人民代表大会代表，第四、五届福建省政协主席团成员、常委，民盟中央教育委员会委员，中国唐史学会顾问，中国魏晋南北朝史学会顾问，中国敦煌吐鲁番学会顾问，福建省历史学会会长，福建省诗词学会顾问。

韩国磐擅长于魏晋南北朝隋唐五代经济史研究，是新中国隋唐史研究的代表性学者之一。20 世纪 50 年代以来，他长期耕耘在厦门大学历史系古代史教学与研究园地里，为厦门大学中国古代史学科的建设作出了重要贡献。1954 年韩国磐出版的《隋唐史略》是新中国成立后我国发行的第一部隋唐断代史，长期被高等院校历史系用做教材。同年他发表《唐朝的科举制度与朋党之争》一文，受到老一辈史学家的重视，受聘为中国科学院历史研究所兼职副研究员。1977 年出版《隋唐五代史纲》①，1983 年出版《魏晋南北朝史纲》，这两本断代史是教育部推荐的大学文科教材。

韩国磐一生笔耕不辍，在魏晋南北朝隋唐五代史领域辛勤耕耘，硕果累累，赢得了海内外史学界广泛尊重。其著有《隋唐五代史纲》、《魏晋南北朝史纲》、《北朝经济试探》、《南朝经济试探》、《北朝隋唐的均田制度》、《南北朝经济史略》、《唐代社会经济诸问题》、《中国古代法制史研究》、《隋唐史略》、《柴荣》、《隋炀帝》等，主编《敦煌吐鲁番出土经济文书研究》、《中华文明五千年》等，与人合译日本堀敏一著《均田制的研究》汉文版。

---

① 1979 年修订第二版。

第三节 武汉大学、中山大学、四川大学、兰州大学、暨南大学

一、武汉大学

武汉大学历史系是我国高等院校中较早成立的历史系科之一，可以追溯到1913年国立武昌高等师范学校所设历史地理部。1930年国立武汉大学设史学系，著名学者李剑农、吴其昌、杨人楩等先后在此执教。1953年改名历史学系，李剑农、姚薇元、唐长孺、吴于廑、刘绪贻（美国史）、方壮猷（民族史）、石泉（历史地理学）、朱雷（魏晋南北朝史）、陈国灿（魏晋南北朝隋唐史）等史学名家长期在这块沃土上耕耘，奠定了武汉大学历史学科坚实的基础，在中国史、世界史研究与人才培养方面取得了重大成绩。经过几代学人的不懈努力，武汉大学历史系具备了雄厚的学科优势和科研实力，形成了理论探讨与实证研究相统一，断代史与专门史、地区史与国别史相结合，传世文献与出土文物并重等学术特色，成为武汉大学在学术界有重大影响的系科之一。

改革开放以来，武汉大学历史系学科建设成绩卓著。该校历史系1997年获得全国首批历史学一级学科博士学位授予权，是国家人文社会科学基础学科人才培养与科学研究基地。中国古代史、世界史是全国重点学科。另外，武汉大学法学院杨鸿年教授在中国法制史、中国政治制度史及隋唐史研究领域也有重要建树。

李剑农（1880～1963），号德生，湖南邵阳人，著名历史学家，中国近代政治史、中国经济史研究开拓者之一。

1904年李剑农入湖南师范史地科学习，1906年加入中国同盟会。1910年入日本早稻田大学学习政治经济学。1911年回国参加辛亥革命，曾撰写《武汉革命始末记》。1912年赴英留学，进入伦敦政治经济学院旁听并作自由研究。1916年夏回国。1919～1922年，

受聘担任汉口明德大学教授，期间曾为湖南军阀赵恒惕起草省宪，并任省教育司司长。1924年11月，因与赵政见分歧而离职，专心治学，致力于中国近代史研究。1927年夏，李剑农任上海太平洋书店编译主任，撰写《中山出世后中国六十年大事记》、《苏俄的东方政策》等书，研究戊戌以后三十年政治史。1930年秋，任武汉大学教授兼史学系主任，讲授中国近代政治史。抗日战争时期，回湖南从事抗战工作。1940~1945年，执教于蓝田（后迁溆浦）国立师范学院。1946年借聘于湖南大学。1947年以后回武汉大学继续执教。1950年7月任湖南军政委员会顾问，不久仍回武汉大学执教。1954年任全国政协委员。1963年病逝于武汉。

李剑农长期致力于中国近代政治史研究，撰有《戊戌以后三十年中国政治史》、《中国近百年政治史》、《政治学概论》、《先秦两汉经济史稿》、《魏晋南北朝隋唐经济史稿》、《宋元明经济史稿》等，受到中外学者瞩目。

姚薇元（1905~1985），安徽繁昌人，著名历史学家，我国魏晋南北朝隋唐史、中国近代史研究开拓者之一。

1926年姚薇元考入清华学校，初学物理，后转攻历史。1931年考入清华大学，师从陈寅恪研究魏晋南北朝隋唐史。1936年其研究生毕业论文《北朝胡姓考》是中国第一部研究胡姓的专著。1940年后姚薇元任教于大夏大学、贵州大学、中央大学、金陵女子文理学院、政治大学、南岳国立师范学院、湖南大学。在贵州大学期间，发表《可汗称号源出中国说》、《藏族考源》、《唐代诸帝享年考》、《北朝帝室氏族考》、《四史解说》等论文。

1953年姚薇元调任武汉大学历史系教授，他服从组织安排，从事中国近代史的教学与研究，为武汉大学中国近现代史专业奠基人之一。1956年姚薇元参加教育部中国近代史教学大纲讨论会，与邵循正等共同拟定新的《中国近代史教学大纲》（初稿），写成《近代中国社会历史的特点及其划分阶段的问题》。1963年姚薇元结合教学编写《中国近代史简编》。

姚薇元的《北朝胡姓考》是他在清华大学做研究生期间，根据陈寅恪开列的研究课题所做的研究生论文。他根据史书纪传和姓氏专书的相关记载，参以碑铭、石刻、文集、说部、韵书等材料，对魏书官氏志所记胡姓以及汉魏以降的质子降胡、隋唐时代的番将胡商共193个姓氏的来龙去脉作了详尽考证，分析其民族渊源及其在北朝隋唐的源流与影响，资料翔实，论述透彻。该书对探讨中华民族发展史具有重要意义。姚薇元另著有《道光洋艘征抚记考订》、《鸦片战争史实考》、《中国近代史简编》等。

唐长孺（1911～1994），江苏吴江人，著名历史学家、教育家，我国魏晋南北朝隋唐史和敦煌学研究一代宗师。

1932年唐长孺于上海大同大学文科毕业，毕业后曾任大学讲师、副教授、教授。1949年后，历任武汉大学历史系教授、系主任，中国史学会理事，中国唐史学会会长，中国敦煌吐鲁番学会副会长，湖北历史学会会长，国家文物局古文献研究室主任，武汉大学中国三至九世纪研究所所长，中国科学院历史研究所研究员。唐长孺早年从事中国辽金元史的研究。1944年后，专事魏晋南北朝隋唐史研究，并从事敦煌吐鲁番出土文书的整理和研究。

唐长孺治学严谨，著有多部魏晋南北朝隋唐史研究的经典之作，并发表了大量具有重要学术价值的论文。自1955年以来，三联书店、科学出版社、上海人民出版社、中华书局、武汉大学出版社先后出版了他撰写的《魏晋南北朝史论丛》、《三至九世纪江南大土地所有制的发展》、《魏晋南北朝史论丛续编》、《魏晋南北朝史论拾遗》、《山居存稿》、《魏晋南北朝隋唐史三论》等学术专著。1961年，唐长孺主编《中国通史参考资料》（魏晋南北朝分册）。20世纪60年代中期至70年代末，唐长孺受命主持点校“二十四史”之《魏书》、《周书》、《北齐书》、《北史》等北朝四史，并主持新出吐鲁番文书的整理工作。1975年担任国家文物局“吐鲁番出土文书整理组”组长，主持整理出版了《吐鲁番出土文书》（10 册），主编《敦煌吐鲁番文书初探》一、二编等。1955 年以来，唐长孺招收并培养了多批研究生。他领导成立的魏晋南北朝隋唐史研究室是一支学风严谨、成果显著的较完整的学术梯队。他生前还担任了《中国大百科全书·历史》（隋唐五代部分）、《吐鲁番出土文书》等大型工具书的主编。

唐长孺对中国中古社会史的研究达到了前所未有的学术高度，在许多论题上取得了超越前人的成就。他研究的多是三至九世纪时代变迁、社会结构等大问题，且能从实在处入手，从细微处入手，形成了他自己的学术风格。唐长孺尤其擅长“从典制的辨证、文献的考核、新史料的发掘等处入手，由此达到历史与逻辑的统一”①。1954 年，唐长孺发表《南朝的屯、邸、别墅及山泽占领》一文，产生了广泛的学术影响。1955 年，唐长孺撰《魏晋南北朝史论丛》一书，至今被史学界视为魏晋南北朝史研究的经典之作。

唐长孺治学范围广泛，在魏晋南北朝隋唐史、宋辽金元史、古籍整理和敦煌吐鲁番文书整理与研究等领域成就卓著，取得了学术界公认的业绩。仅在魏晋南北朝隋唐史研究领域，举凡此间的社会经济、政治、兵制、民族、宗教和学术文化等论题，唐长孺均有精深研究，极大地推动了 20 世纪中国中古史研究的发展。唐长孺是我国史学界公认的魏晋南北朝隋唐史学术泰斗，饮誉海内外。其晚年完成的《魏晋南北朝隋唐史三论》将中国中古史研究推向了新阶段。

杨鸿年（1912～2000），江苏宿迁人，著名历史学家、法学家，中国法制史研究的开拓者之一。

1935 年杨鸿年毕业于武汉大学政治系，1936～1937 年在南京中

---

① 姜伯勤：《寻求历史与逻辑的统一——试论唐长孺先生的史学风格》，载《魏晋南北朝隋唐史资料——唐长孺教授逝世十周年纪念专辑》，武汉大学出版社 2004 年版。

央大学从事科研工作，1937年9月后长期执教于武汉大学，直至2000年逝世为止，曾任武汉大学法学院教授、湖北省法学会理事、法史学研究会名誉理事长。

杨鸿年学术功底深厚，治学严谨，终生从事中国政治制度史和中国法制史的研究和教学工作，先后讲授过中国政府、中国地方政府、中国近代史、中国法制史、中国政制史等课程。他承明清以来考训之风，注重史料辨识，厚积而薄发，成果丰硕。其著有《汉魏制度丛考》、《隋唐两京坊里谱》、《隋唐两京宫殿谱》、《隋唐宫廷建筑考》、《隋唐两京考》、《唐兵制杂志》、《民国政制史》、《中国政制史》等。

吴于廑（1913~1993），原名吴保安，祖籍安徽休宁，出生于江苏宝应，著名历史学家、教育家，我国世界史学科奠基人之一。

吴于廑早年家境贫寒，获奖学金升入东吴大学，1935年大学毕业后任教于东吴大学附中。抗战爆发后，吴于廑辗转至昆明，免试升入南开大学经济研究所作研究生（1939~1941）①，旁听著名历史学家雷海宗的历史课，萌发了作中西比较研究的思想。1941年吴于廑以“特优成绩”获清华大学第五届留美公费生资格，入哈佛大学文理研究院深造，1944~1946年在哈佛大学先后获文学硕士和哲学博士学位。1947年，吴于廑回国并任武汉大学历史系教授，历任系主任、副教务长、副校长，并担任全国人大代表、九三学社中央委员、中国史学会执行主席等职。

20世纪50年代以后，吴于廑致力于世界上古中古史的研究。他为新中国世界史学科建设作出了突出贡献，是我国世界史学科的一位开拓者和奠基人。60年代，高校文科教材编写工作启动，吴于廑与周一良共同主编了我国第一部大学《世界通史》教材及《世界通史参考资料》和《世界历史名著选》，建立了我国大学世界史学科。

---

① 高增德、丁冬编：《世纪学人自述》（第五卷），北京十月文艺出版社2000年版，第1页。

从20世纪80年代起，吴于廑开始将主要精力用于研究和探索我国世界史学科独立发展的道路，相继发表了《世界历史上的游牧世界与农耕世界》等重要论文。他从马克思恩格斯有关世界史的论述中得到启发，着眼于从宏观上建构世界历史的发展轮廓，最终形成了他对世界史研究方法的创造性见解。他认为，世界史是一门有特定含义和研究主题的历史学重要分支学科，它系统探讨和阐述人类历史自原始、孤立、分散的人群发展为全世界成为一个密切联系整体的过程，它既不是把中国除外的域外史，也不是包罗一切国家的各国历史汇编。

吴于廑认为，在历史由分散走向整体的过程中，十五、十六世纪是世界各地区各民族间闭塞状态发生世界性突破的重大转折时期，由此才开始出现真正意义上的世界历史，是真正世界史形成的开端。为此，他在武汉大学历史系创建十五、十六世纪世界史研究室，先后出版多种论文集与专著，受到了史学界的重视。吴于廑从分散到整体的世界史观和编史体系集中体现在他与齐世荣主编的六卷本《世界史》中，该体系得到了广泛的认同。

吴于廑主编了多种世界史教学用书，主要有《世界史·古代史编》(上、下卷)、《世界史·近代史编》(上、下卷)、《十五十六世纪东西方历史初学集》、《十五十六世纪东西方历史初学集续编》、《外国史学名著选》(上、下册)、《大学世界历史地图》、《世界通史·中古篇》(与齐世荣共同主编)、《世界通史·现代篇》(与齐世荣共同主编)等。1995年首都师范大学出版社将吴于廑主要论著集结为《吴于廑学术论著自选集》出版发行。

石泉(1918~2005)，原名刘适，安徽贵池人，著名历史学家、历史地理学家。

石泉出生于北京，1938年入北平燕京大学历史系学习。1944年夏，在徐中舒指导下完成毕业论文《春秋吴师入郢地名新释》。1944年秋，入燕京大学研究院成为陈寅恪的研究生，硕士论文为《甲午战争前后之晚清政局》。由于参加地下党领导的民主运动，1948年夏被国民党政府列入黑名单，遭到搜捕，在地下党和师友帮助下，石泉脱身奔赴华北解放区。1949年2月北平解放，石泉参加接管工作。新中国成立后，在教育部高教司及高教部任职，1954年调至武汉大学历史系任教。曾任国务院学位委员会第二届学科评议组成员、民进中央常委、民进湖北省委主任委员、全国政协常委、湖北省政协副主席等职。

石泉长期从事中国历史地理和中国史的教学和研究工作，尤以古荆楚地区的史地研究见长。他建立的古代荆楚地理的全新解说体系开创了荆楚历史地理研究新局面，在国内外学术界引起了广泛关注。其著有《古代荆楚地理新探》、《古云梦泽研究》、《古代荆楚地理新探·续集》、《甲午战争前后之晚清政局》、《石泉文集》等，发表重要学术论文数十篇。

二、中山大学

中山大学历史学具有悠久的学术传统，早在1924年该校便成立了历史系，它是中山大学最早设立的系科之一。多位中国现代史学的奠基人如陈寅恪、傅斯年、顾颉刚以及岑仲勉、容庚、郭沫若、成仿吾、朱谦之、周谷城、商承祚、梁方仲、刘节、金应熙、戴裔煊、陈锡祺、杨荣国、陈胜粦、姜伯勤等著名史学家曾在该校的历史系及中文系任教，奠定了该校深厚的史学学术根基。

中山大学历史系拥有历史学一级学科博士学位授予权，是国家人文社会科学基础学科人才培养与科学研究基地，中国古代史、中国近现代史是全国重点学科，历史人类学研究中心是教育部人文社会科学重点研究基地，民间文化遗产研究基地是国家人文社会科学研究创新基地。

岑仲勉（1886~1961），学名铭恕，字仲勉，别名汝懋，广东顺德人，著名历史学家，我国隋唐史研究、突厥学研究的开拓者之一。

岑仲勉早年入两广大学堂（由清广雅书院改制）、两广游学预备科（由清粤秀书院改制）就读，1908 年入北京高等专门税务学校。1912 年毕业后在上海江海关及广东财政厅等处任职员，业余从事植物名实考订及中外史地考证。1934～1935 年，任上海暨南大学秘书兼文书主任，撰著《佛游天竺记考释》（1934 年上海商务印书馆出版）。1933～1937 年在《圣心》、《辅仁学志》、《金陵学报》、《中山大学文史专刊》杂志发表《水经注卷一笺校》、《金石证史》等论著，引起史学界瞩目。1937～1948 年经陈垣推荐任中央研究院历史语言研究所研究员。1948～1961 年任中山大学历史系教授，先后开设隋唐五代史、唐代石刻文选读、两汉西域学、蒙古初期史、隋唐史等课程。曾任广东省政协委员。

岑仲勉治学勤奋而严谨，著作等身，已经刊布的主要有《汉书西域传地理校释》、《登科记考订补》、《郎官石柱题名新著录》、《郎官石柱题名新考订》、《续劳格读全唐文札记》、《元和姓纂四校记》、《金石论丛》、《隋书求是》、《唐史余审》、《括地志序略新铨》、《通鉴隋唐纪比事质疑》、《唐人行第录》、《翰林学士壁记注补》、《补唐代翰林两记》、《黄河变迁史》、《府兵制度研究》、《西周社会制度问题》、《两周文史论丛》、《墨子城守各篇简注》等 20 多种专著，全部史学著作约 1000 万字，发表论文 180 余篇。

岑仲勉早年治学深受清代西北史地学派的影响，擅长以碑刻考证历史，以碑志考证史实，所著《郎官石柱题名新考订》等著作超越了清代金石学家的研究。在中外史地研究方面出版有《西突厥史料补阙及考证》、《突厥集史》、《中外史地考证》等著作。

岑仲勉是我国隋唐史研究的开拓者之一，所著《隋唐史》是较早的一部隋唐断代史著作。岑仲勉擅长史料辨伪，另有《白集醉吟先生墓志铭存疑》、《白氏长庆集伪文》、《论白氏长庆集源流并评东洋本白集》等论著。

容庚（1894～1983），字希白，号颂斋，广东东莞人，现代著名古文字学家、考古学家、历史学家、书画家，我国甲骨文、金文学术研究泰斗。

容庚幼年聪慧，熟读《说文解字》及吴大澂《说文古籀补》。20岁前后编成1200余页的《金文编》，持书稿北上天津，向古文字学权威罗振玉请教，深得罗氏赏识。1922年容庚入读清华学校国学研究所，师从王国维，奠定了其一生从事考古学和古文学校研究的基础。毕业后容庚历任燕京大学教授、《燕京学报》主编兼北平古物陈列所鉴定委员、岭南大学中文系教授兼系主任、《岭南学报》主编、中山大学中文系教授等。

容庚长期从事古文字研究，治学严谨，勤奋钻研。在70多年的学术生涯中，他从书法开始，转向金文、甲骨文和古文物的研究，晚年又回到书法和绘画研究。他知识渊博，精通古文物和金石书画，是举世公认的金文研究泰斗。1931年他发表《商周彝器通考》，被学术界誉为是商周彝器研究的奠基性著作。容庚是一位热爱祖国的学者，逝世前他将自己珍藏的150余件珍贵的商周青铜器、名贵书画以及藏书捐赠给了中国历史博物馆和广州博物馆。

容庚精于青铜器及书画碑帖鉴定，编有《金文编》、《金文续编》、《商周彝器通考》、《殷周青铜器通论》、《宝蕴楼彝器图录》、《秦汉金文录》、《武英殿彝器图录》、《海外吉金图录》、《善斋彝器吉金图录》、《秦公钟簋之年代》、《兰亭集刊十种》、《伏庐书画录》、《汉梁武祠画像录》等。其中，《金文编》汇集历代出土的3000多件商周秦汉青铜器铭文，共收字18000多个，是一部相当完备的金文字典。这是继吴大澂《说文古籀补》之后的第一部金文大字典，是古文字研究者必备的工具书之一。《商周彝器通考》（哈佛—燕京学社1941年出版）对青铜器进行系统理论阐释并加以科学分类，是研究青铜器的重要参考书。

商承祚（1902～1991），字锡永，号驽刚、蠖公、契斋，广东番禺人，著名古文字学家、历史学家、考古学家、金石篆刻家、书法家，我国古代楚文化研究开拓者之一。

商承祚出身于书香之家，父亲商衍鎏为清末探花。① 商承祚幼承家学，酷爱古器物、古文字研究与搜集。1921 年到天津，拜罗振玉为师研习甲骨文、金文。20 岁时入北京大学国学门做研究生。1922 年与容庚相识。1923 年出版《殷墟文字类编》，得罗振玉、王国维赞赏，该书是中国最早的甲骨文工具书。1925 年商承祚毕业后任教于东南大学。1927 年受国立中山大学史学系主任顾颉刚之邀任中山大学史学系教授，开设殷周古器物研究、殷周古器物铭释、殷墟文字研究、三代古器物研究等课程。1929 年顾颉刚先生离校后，商承祚继任语言历史学研究所代主任。抗日战争爆发，商承祚随金陵大学西迁，后在齐鲁大学、重庆大学、重庆女子师范大学等校任教。1948 年秋回广州，执教于国立中山大学文学院语言学系。1952 年高校院系调整后，商承祚与容庚同在中山大学，同为古文字研究室的著名学者，作为甲骨学、金文学研究学术泰斗，为我国古文字学研究作出了重要贡献。他历任民盟中央委员、民盟广东省副主委、广东书法篆刻研究会副主任、中国古文字研究会理事会召集人、中国考古学会名誉理事、中国书法家协会广东分会副主席、中国书法家协会理事。

商承祚长期从事商周甲骨文、金文及战国文字和秦汉文字资料研究与考释，并利用古文字和古器物研究古史、校勘古籍。他还是我国楚文化研究的主要开拓者，1939 年所著《长沙古物闻见记》和 1941 年所写《续记》被誉为楚文化研究的开拓性著作。商承祚擅长篆体书法，是饮誉中外的书家法。其甲骨文书体超逸秀劲，金文华贵雍容，小篆柔和娴雅，行楷遒劲凝练。其书法行笔干练，体态自然，晚年钟情秦隶，创造出浑穆雄奇而又婉通流畅、意趣盎然的秦隶体书法“商体”。商承祚还是一位爱国的文物收藏家，生前曾分多

① 商衍鎏著有《清代科举考试述略》、《太平天国考试纪略》等书。

次将其收购收藏的120件珍贵文物无偿捐献给国家。商承祚一生著述宏富，出版专著15种，书法作品集2种，发表学术论文60余篇。其主要著作有《石刻篆文类编》、《金文萃编》、《商承祚篆隶册》、《福氏所藏甲骨文字及考释》和《殷契佚存及考释》、《评宝蕴楼彝器图录》、《古代彝器伪字研究》、《浑源彝器图》、《石刻篆文编》、《说文中之古文考》、《十二家吉金图录》、《战国楚帛书述略》、《战国楚简汇编》、《先秦货币文编》（与王贵忱、谭棣华合作）、《我与容希白》、《商承祚秦隶册》等。

梁方仲（1908～1970），原名梁嘉官，笔名方翁、方仲、畏人，广东番禺人，著名历史学家、经济学家，中国社会经济史、明清史研究的开拓者之一。

梁方仲出身于书香世家，自幼入私塾读“四书五经”。1926年考入清华学校农学系，次年转读西洋文学系，1928年再转读经济学系。1930年毕业后考入清华大学研究院。1933年冬毕业后任职于中央研究院社会科学研究所经济史组，开始学术生涯。

梁方仲在中国社会经济史研究方面作出了开拓性贡献，早年致力于明代社会经济史的研究。1934年，梁方仲与吴晗等人成立“史学研究会”。1936年5月，他在《中国社会经济史研究集刊》第4卷第1期发表论文《一条鞭法》，受到我国与日本学界的高度评价，梁方仲因此被日本学者称为“少壮学者”。1937年梁方仲赴日本考察，“七七”事变后回国奔赴国难，坚持社会经济史研究，先后发表了《明代银矿考》、《明代的国际贸易与银的输出入》、《明代江西推行一条鞭法之经过》、《明代的户帖》等论文。1939年梁方仲到西北考察，对延安共产党人廉洁奉公的生活作风倍加称颂。1943年初，美国哈佛—燕京学社给中国学者一笔科研资助奖金，包括陈寅恪、闻一多、梁方仲等10名著名学者得到资助。1944年10月，梁方仲取道印度赴美，被哈佛大学经济系聘为研究员。1946年9月离美赴英，入伦敦大学政治经济学院从事研究工作，在此期间曾以中国代表团成员的身份出席联合国教科文组织第一次大会。1947 年回国，任中央研究院社会研究所研究员、代理所长，兼任中央大学教授。1949 年应邀任岭南大学经济系教授兼系主任。新中国成立后，他积极为祖国建设培养人才。1952 年岭南大学并入中山大学，梁方仲历任该校历史系教授、校务委员会委员、校学术委员会委员、《中山大学学报》编辑委员会委员、广州市政协委员等职。

梁方仲治学严谨，学风务实。他教育学生倡导科学的研究方法，常说："选题不要太大，要从小题入手，但在研究时，却要'小题大做'。"他以严谨的治学态度，实事求是地进行研究，科学处理资料，客观评价问题。他研究课题往往通过广泛搜集史料，细致地研究，科学地剖析，最后概括出带规律性的认识，体现了一位严谨的史学家的科学素养。

梁方仲是我国明清史学科的权威学者之一，在这方面取得了巨大成就。他发表了一系列研究明代一条鞭法的论文，至今仍被国际学术界公认为该领域最高水平的研究成果。何柄棣称他为"明代赋役制度的世界权威"。20 世纪 50 年代以后，梁方仲在汤明燧的具体协助下，全力编著《中国历代户口、田地、田赋统计》，1962 年完成并交上海人民出版社，后因"文化大革命"的干扰，至 1980 年才得以出版发行。这本 76 万字的巨著，是中国自汉迄清末 2100 多年历代人口、田地、田赋的大型历史统计专书，获得国内外专家的高度评价。该书连同《明代粮长制度》等论著体现了作者深厚的功力，见解独到，被誉为是新中国成立以后中国史学界为数不多的"能垂之久远的经典之作"。

梁方仲一生共撰写经济史论文 70 多篇，约 120 多万字，专著两部，约 86 万字。其论文已整理成《梁方仲经济史论文集》三册，分别由中华书局、中州古籍出版社和广东人民出版社出版。2004 年中山大学出版社编辑出版了《梁方仲文集》，汇集了作者具有代表性的研究论文 18 篇，书后附有《梁方仲先生学术编年》。

刘节（1901～1977），字子植，浙江温州人，著名历史学家、教育家，中国史学史学科开拓者之一。

刘节出生于书香门第。1920年刘节从浙江省立第十中学（今温州中学）毕业，入读上海南方大学哲学系，因参与学潮被开除，转入上海国民大学哲学系。1926年，以第二名的优异成绩考入清华学校研究院国学门，专攻中国哲学史，为清华学校研究院第二届学生，与他同届的有陆侃如、王力、姜亮夫等。刘节师从王国维、梁启超和陈寅恪。1927年6月，清华学校国学院导师王国维自沉于昆明湖，刘节等请陈寅恪撰《王观堂先生纪念碑文》，碑文有词："为此独立之精神，自由之思想，历千万祀，与天壤而同久，共三光而永光。"陈寅恪此文在刘节思想深处打下深深烙印，影响所及至于他一生的治学和做人。

1928年刘节从清华学校研究院毕业后任天津大学讲师，1930年转任河南大学文学院教授，1931年任北平图书馆编纂委员及金石部主任，参与编撰《续修四库全书总目提要》。1935年刘节任教于燕京大学，系统研究古史地理及氏族，考释古籍、古碑、古器物。1937年"七七"事变后，刘节辗转任上海大夏大学、浙江大学、金陵大学、中央大学等校教授。抗战期间刘节滞居重庆，从事学术研究，相继完成《历史论》、《人性论》、《中国古代宗族移植史论》等专著，形成了自己的历史哲学体系。1946年刘节南下广州，任中山大学教授。20世纪50年代初，刘节任中山大学历史系主任。1953年杨荣国调入中山大学历史系，一年后，杨氏取代刘节任历史系主任。

刘节深受王国维、梁启超、陈寅恪之影响，注重文人气节，奉行"独立之精神，自由之思想"。他治学严谨，在古文学和古器物学、先秦诸子思想、史料学和史学史等诸多领域均有重要建树，尤其在先秦古史、先秦诸子思想、史学史研究方面成就卓著。他强调历史科学的精义是求真。自20世纪50年代始，他在历次政治风浪中屡遭批判，受到了不公正的待遇。刘节已刊的著作主要有《洪范疏证》、《历史论》、《人性论》、《中国古代宗族移植史论》、《古史存考》、《中国史学史稿》、《中国语言史》、《刘节日记》等。

三、四川大学

四川大学的历史学科具有悠久的学术传统，最早可以追溯到清末洋务派主将张之洞任四川学政时创办的尊经书院。1902 年的四川高等学堂设史学科。1910 年，四川大学的前身之一存古学堂设有史学科。1931 年，国立四川大学文学院正式设置历史系。四川大学是蜀中人文荟萃之地，学风严谨朴实，历史学教学科研特色鲜明，尤以中国古代史、西南民族史、考古学、道教史研究成就斐然，享誉海内外学术界。80 余年来，吴玉章、顾颉刚、闻在宥、蒙文通、徐中舒、缪钺、冯汉骥、叶石荪（麐）、童恩正、金少英①、金宝祥②等学术名家都曾在该系任教。四川大学历史系具有历史学一级学科博士学位授予权，是国家文科基础学科人才培养和科学研究基地。新中国成立以后，徐中舒、缪钺长期在历史系任教，使四川大学的先秦史、魏晋南北朝史研究在全国高校同行中树立了重要地位。

四川大学哲学系卿希泰教授开创的道教史研究是我国重要的宗教史研究阵地，现为国家宗教学重点学科。四川大学中文系项楚教授是国际知名的敦煌学家、文献学家，他所领导的敦煌文献研究现为国家历史文献学重点学科。

蒙文通（1894～1968），字尔达，名文通，四川盐亭人，著名历史学家、哲学史家、佛学家，我国先秦上古史、民族史学科开拓者

---

① 金少英（1898～1979），浙江绍兴人，秦汉史研究专家，新中国成立后任教于西北师范学院，著有《汉书食货志集释》等。

② 金宝祥（1914～2005），浙江萧山人，著名隋唐史研究专家。新中国成立后执教于西北师范学院（1988 年更名为西北师范大学）历史系，著有《唐史论文集》、《隋史新探》、《吐蕃的形成、发展及其和唐的关系》等。

之一。

蒙文通五岁入私塾，1906年随其伯父入四川高等学堂分设中学，五年后入四川存古学堂。蒙文通广涉经、史、子、集、佛。1918年从四川存古学堂毕业后，返回家乡盐亭以办私塾为生，从事经、史研究。“五四”运动后，蒙文通辞去重庆府联中和重庆省立二女子师范学校职务，“游学于吴越之间，访学于各大经史家门下，与章太炎论古今之流变，与欧阳竟无论佛典之影响”，悟及佛学在中国思想中的深层潜意识影响，1923～1927年在欧阳竟无“支那内学院”潜心研究佛学，与汤用彤、熊十力、吕澄等朝夕相处，互相争论。此间，他撰写《中国禅学考》、《唯识新觉罗》两篇重要论文。蒙文通曾得到过廖平、刘师培、章太炎、欧阳竟无等多位名家指点，奠定了深厚的国学功底。

从20世纪20年代起蒙文通先后执教于成都大学、成都师范大学、成都国学院、中央大学、河南大学、北京大学、河北女子师范学院、四川大学等高校，40年代曾兼任四川省图书馆馆长。新中国成立后，蒙文通历任华西大学、四川大学教授，兼任中国科学院研究员、学术委员，成都市人民代表大会代表、政协成都市委委员、中国民主同盟成都市委委员和四川省委委员。

蒙文通学识渊博，治学广泛。他在中国古代史、历史地理、民族史、学术史、宗教史等领域取得了丰硕的研究成果，尤其在中国上古史、中国思想史、魏晋南北朝隋唐史、唐宋思想史、巴蜀文化史方面取得了公认的学术成就。1927年，蒙文通撰写学术成名之作《古史甄微》，对中国上古文化问题提出了自己的“三系学说”，认为上古民族分为江汉、海岱、河洛三系，其部落、姓氏、居处地域各不相同，其经济文化各具特征。蒙文通之“三系学说”与“古史辨派”观点迥异，在学术界产生了广泛而深远的影响。

蒙文通在经史方面有很深的造诣，常以经治史、以史注经。其早年所著《孔氏古文说》深得廖平赞赏。蒙文通治史“通观达识，明其流变”，论述历史条理清晰、脉络分明。晚年致力于民族史和巴蜀地方史研究，提出昆仑为上古一个文化中心的学说。他认为巴蜀文化系自西东渐，楚文化也受巴蜀文化影响，《山海经》是上古巴蜀及楚文化的产品。蒙文通的学术遗作《越史丛考》经史互证，从十余个不同角度考论古代百越民族的起源、发展、扩张、削弱过程，论证谨严，资料翔实，极具说服力。蒙文通著有《近二十年汉学之平议》、《经学抉源》、《天问本身》、《周秦民族史》、《中国史学史》、《考古甄微》、《儒家政治思想之发展》、《墨学之流变及其原理》、《儒学五论》、《道书辑校十种》、《巴蜀古史论述》、《先秦少数民族研究》等论著，另发表学术论文数十篇。

徐中舒（1898～1991），初名道威，安徽怀宁人，著名历史学家、古文字学家、考古学家、博物馆学家，我国先秦史研究开拓者之一，中国科学院哲学社会科学部学部委员。

1914 年徐中舒考入安庆第一师范学校，接触桐城派古文。1916 年毕业后任该校附小教师。1918 年后就读于武昌高等师范等学校。1921 年经人介绍，到桐城方家任家庭教师，讲授《左传》。1925 年徐中舒考入清华学校国学研究院，师从王国维、梁启超等学术名家。1928 年任复旦大学和暨南大学中文系教授。徐中舒所撰《古诗十九首考》一文受陈寅恪赏识，1930 年陈荐其任中央研究院历史语言研究所专任编辑员，两年后升为研究员。在历史语言研究所八年，徐中舒发表一系列学术论著，受到学术界的重视。30 年代初期徐中舒参加整理清代内阁大库所藏明清档案。同时在北京大学历史系兼课，讲授“殷周史料”。1934 年徐中舒与容庚等共同发起成立考古学社。1937 年抗日战争爆发后，应中英庚款和四川大学协聘，徐中舒任四川大学历史系教授。

1949 年以后，徐中舒长期任教于四川大学历史系。历任西南博物馆和四川博物馆馆长、中国科学院哲学社会科学部学部委员、国务院古籍整理小组顾问、四川省历史学会会长、中国先秦史学会理事长、中国古文字学会常务理事、中国考古学会名誉理事以及《中国大百科全书·中国历史》编辑委员会委员等职。

徐中舒学贯古今，涉猎广泛，在先秦史、考古学、古文字学、民族史、四川地方史、明清史等方面均有很深的造诣。他长期从事先秦史和古文字学教学研究工作，是我国20世纪杰出的先秦史专家。他继承王国维的“二重证据法”，注重将传世文献与出土证据相结合。他熟悉文献，视野开阔，善于把田野考古、民族学、人类学、社会学诸方面的专业知识结合起来。他撰写了《木兰歌再考》、《五言诗发生时期的讨论》、《耒耜》、《再论小屯与仰韶》、《〈左传〉的作者及其成书年代》、《论〈战国策〉的编写及其有关苏秦诸问题》、《论周代田制及其社会性质》、《论西周是封建社会——兼论殷代社会性质》、《陈侯四器考释》、《禹鼎的年代及其相关问题》、《甲骨文中所见的儒》、《西周墙盘铭文笺释》、《西周利簋文笺释》、《巴蜀文化初论》、《论〈蜀王本纪〉成书年代及其作者》、《〈交州外域记〉蜀王子安阳王史迹笺证》等大量学术论文。

徐中舒治学严谨，著作宏富，专著有《金文嘏辞释例》、《古代灌溉工程原起考》、《周原甲骨初论》、《史学论著辑存》、《汉语古文字字形表》、《先秦史论稿》、《论巴蜀文化》、《左传选》、《先秦史十讲》等；主编《汉语大字典》、《殷周金文集录》、《秦汉魏晋篆隶字形表》、《巴蜀考古论文集》、《甲骨文字典》等多种工具书。1998年，中华书局将其重要论文结集为《徐中舒历史论文选辑》出版发行。

冯汉骥（1899～1977），字伯良，湖北宜昌人，著名历史学家、考古学家、人类学家、民族学家，我国西南民族史研究及考古事业开拓者之一。

冯汉骥幼年在家乡私塾接受启蒙教育，10岁考入美国教会办的宜昌美华书院学习，后入安庆圣保罗高等中学，1919年，以第一名的成绩免费进入武昌文华大学文科兼图书馆科。1923年毕业后任厦门大学图书馆襄理、主任，与任教于厦门大学的鲁迅过往密切。

1931 年赴美留学，入哈佛大学研究院人类学系，1933 年转入费城宾夕法尼亚大学人类学系，1936 年获人类学哲学博士。1937 年春，应著名考古学家李济邀请，回国参加殷墟及城子崖等考古发掘工作，适逢中原沦陷，冯汉骥受聘于四川大学历史系。抗战时期，冯汉骥曾发表《岷江上游的石棺葬文化》一文，首次科学地分析了此类墓葬，开创了川西高原考古发掘研究的先河。1942～1943 年，冯汉骥主持前蜀王建墓发掘工作。

新中国成立后，冯汉骥和著名历史学家徐中舒共同开创了四川的考古事业。他制定了探索长江流域远古文化源流的考古计划，系统地研究西南民族历史。1962 年完成《前蜀王建墓发掘报告》编写工作，该书 1964 年由文物出版社出版，被誉为“我国现当代考古学上的一座丰碑”。除《前蜀王建墓发掘报告》外，另有《冯汉骥考古学论文集》等著作存世。

缪钺（1904～1995），字彦威，江苏溧阳人，生于直隶迁安，著名历史学家、古典文学家，我国魏晋南北朝史研究的开拓者之一。

缪钺少承庭训，酷好文史书籍。1922 年考入北京大学。1924 年冬其父去世，缪钺遂辍学教书以赡养家人，从此开始了长达约 70 年的教学和治学生涯。① 1938 年浙江大学因日军侵华而内迁，缪钺应聘为浙江大学中文系副教授，两年后升任教授，后随浙江大学迁至贵州遵义。抗战胜利后，缪钺应聘到成都任华西协合大学中文系教授兼中国文化研究所研究员，同时兼任四川大学历史系教授，与闻在宥、徐中舒、蒙文通、冯汉骥、叶石荪先生往还论学。1952 年高校院系调整，缪钺专任四川大学历史系教授，历任中国古代史教研室主任、历史研究所副所长、古籍整理研究所名誉所长、历史研究所学术顾问。

---

① 高增德、丁冬编：《世纪学人自述》（第二卷），北京十月文艺出版社 2000 年版，第 374 页。

缪钺文史兼优，曾亲承张尔田教诲，同时深受王国维、陈寅恪影响，师法陈寅恪文史互证的方法，以史说文，以文证史。他治学广泛，精通中国古代史、中国古典文学、历史文献学、先秦诸子学、魏晋南北朝史、词学等。20世纪50年代，缪钺开始培养研究生。缪钺的主要著作有《元遗山年谱汇纂》、《诗词散论》、《杜牧诗选》、《读史存稿》、《杜牧传》、《杜牧年谱》、《三国志选注》（主编）、《冰茧庵丛稿》、《灵溪词说》（合著）、《三国志导读》（主编）、《冰茧庵序跋辑存》、《冰茧庵剩稿》、《词学古今谈》（合著）等专著，发表论文120余篇，与人共同主编了《唐诗精华》、《中国野史集成》等，另有旧体诗词集《冰茧庵诗词稿》行世。2004年河北教育出版社出版有《缪钺全集》（八卷）。

四、兰州大学

兰州大学历史学科源起于1934年设立的甘肃学院文史系。1946年国立兰州大学设立历史学系，顾颉刚是历史学系首届系主任，为该校的历史学科建设作出过重要贡献。几十年来，曾在该系任教的史学界前辈有张舜徽、史念海、杨向奎、王树民、赵俪生、张孟伦（中国史学史）、李天祜（希腊史）等。2004年3月历史学系改建为历史文化学院，历史学已形成了“本科—硕士—博士—博士后流动站”完整的专业学科培养体系。该校历史系在西北少数民族、敦煌学、中国古代史、史学理论与史学史、历史文献学、中国古代思想史、地区国别史、现当代中国社会研究领域取得了重要成果，尤以西北少数民族和敦煌学研究成绩最为卓著，是国家人文社会科学重点研究基地及国家文科基础学科人才培养基地，在国内外学界有重要影响，现有历史文献学博士点和历史学博士后科研流动站。

张孟伦（1905～1988），江西万年人，著名历史学家，中国史学史研究的开拓者之一。

张孟伦早年接受乡间私塾教育，1929年考入武汉大学历史系，毕业后任教于江西省立樟树中学，撰写《汉魏饮食考》、《汉魏人名考》。1942 年后任教于中正大学历史系，讲授宋代兴亡史、辽金元史略等课程。1950 年后任教于兰州大学历史系，从事中国古代史、中国史学史教学科研工作。1980 年后为研究生讲授中国史学史课程，编写出《中国史学史论丛》，1981 年至 1983 年撰写出版《中国史学史》（上、下册），产生了广泛的学术影响。

张孟伦学问渊博，治学严谨，注重实证研究和会通史观，重视发挥历史研究的社会功能和研究方法的不断更新。他功力深厚，阐述前贤史学钩稽载籍、探究精微。他在秦汉史、魏晋南北朝史、宋辽金元史、明清史等多个研究领域有重要成果，特别是在中国史学史研究方面独辟蹊径，自成体系，深得海内外学者赞誉。邓广铭曾称赞其《中国史学史》“各章持论均极精审是当”①。张孟伦的主要著作有《中国史学史》、《汉魏饮食考》、《汉魏人名考》、《宋代兴亡史》、《中国上古史》、《中国近古史》、《两汉政治史评》、《秦汉史要略》、《中国史学史论丛》等，另发表有《隋唐史学》、《顾炎武〈日知录〉中的四权史观》等多篇重要学术论文。

赵俪生（1917 ~ 2007），山东安丘人，著名历史学家、教育家，我国农民战争史、土地制度史开拓者之一。

赵俪生出生于官宦之家，早年接受马克思主义，走上革命道路，并从事苏联文学翻译和革命文学创作，以冯夷等笔名发表译作、剧本和小说。1934 年入清华大学外语系就读，积极参加“一二·九”运动，加入左翼作家联盟。1937 年“七七”事变后，一度在山西投身抗日游击战争，后在陕西多所中等学校任教。1947 年任河南大学副教授，讲授“明清思想史”，同年写成论文《清初山陕学者交游事迹考》，得胡适的赞誉。1948 年任华北大学第四部研究员。新中国

---

① 高增德、丁冬编：《世纪学人自述》（第三卷），北京十月文艺出版社 2000 年版，第 51 页。

成立后，历任济南市政府秘书，中国科学院编译处副处长，东北师范大学、山东大学教授，1957年调任兰州大学教授，直到1991年离休。

从20世纪50年代开始，赵俪生致力于中国农民战争史研究，1954年出版新中国第一部研究农民战争史的专著《中国农民战争史论文集》，被誉为“中国农民战争史研究的开拓者之一”。赵俪生晚年专攻先秦文化，探讨中国文化的源头，在个案研究（如顾炎武研究）和理论认识方面均有重要学术建树。在古史分期问题上，赵俪生是“东汉封建说”的提出者。①

赵俪生治学严谨，注重综合研究历史，尤以理论思维见长。他主张思辨与考据结合，以思辨带动考据。1949年10月，他在《新建设》上发表《论中国新史学的建设问题》，提出中国新史学建设的必由之路是马列主义原理与中国具体史料的结合。赵俪生是我国著名的历史学家、教育家，在他执教的半个多世纪里，先后开设过中国古代中世纪史、中国农民战争史、明清思想史、史学概论等许多课程。他对课堂教学有强烈的责任感并且有出色的讲课艺术，为国家培养出大批的高水平人才。他重视教学与科研相长，重视对中青年教师的培养，引导他们从教学需要进行科研，以科研成果促进教学质量的提高，为兰州大学历史系的建设和发展作出了杰出的贡献。他在几十年的学术生涯中辛勤耕耘，取得蜚声中外的学术成绩，出版著作16部，发表论文200余篇。其主要著作有《清初山陕学者交游事迹考》、《论中国新史学的建设问题》、《中国土地制度史》、《顾亭林新传》、《赵俪生史学论著自选集》、《赵俪生文集》（六卷本）、《篱槿堂自叙》等。

李天祜（1916～1988），河南汲县人，字受之，笔名毅人，历史学家，我国希腊史研究开拓者之一。

---

① 高增德、丁冬编：《世纪学人自述》（第五卷），北京十月文艺出版社2000年版，第291页。

李天祜长期从事世界史教学与研究工作，贡献卓著。他具有良好的外语功底，先后在西北师范学院历史系、兰州大学历史系教授世界古代史、英语史学名著选读等课程，深受学生欢迎。其著有《古代希腊史》，曾发表《基督教的产生及其早期学说的演变》、《古代希腊早期居民初探》等多篇世界古代史方向的重要学术论文。

李天祜的《古代希腊史》是中国学者撰写的第一部系统的“希腊史”著作，被国内学术界视为研究学习古代希腊史的必读书。该书系统论述了从公元前20世纪的爱琴海、克利特文化到公元前200年前后亚历山大帝国崩溃期间古希腊的主要城邦、地区及其工商业、军事、政治、文化、哲学、戏剧、艺术等。

五、暨南大学

暨南大学是中国第一所由国家创办的主要面向外国留学生的华侨最高学府，将近一半学生来自港澳台地区或海外，是国家重点综合性大学，直属于国务院侨务办公室。暨南大学历史学系有着悠久的历史，自1927年建系以来，曾有周谷城、许德珩、郑振铎、金应熙、陈乐素、朱杰勤等名家执教。经过几代暨南史学人的辛勤耕耘，特别是1978年复校以后，历史学系得到了长足的发展，形成了良好的教学科研环境，学科建设的层次不断提高，研究领域有新拓展，形成了独具特色的学术传统。在中外关系史、华侨华人研究、宋元明清史、港澳台史等方面具有优势；“中外关系史和华侨华人研究”被列入国家“211工程”重点学科建设项目；2000年中外关系史被列为广东省重点学科；华侨华人研究基地被批准为教育部人文社会科学重点科研基地。历史学拥有一级学科博士学位授予权，中国古代史、专门史、历史文献学、历史地理、中国近现代史、考古学及博物馆学招收博士、硕士研究生。

陈乐素（1902～1990），广东新会人，著名历史学家，我国宋史研究开拓者之一。

陈乐素是我国著名教育家、历史学家陈垣先生的长子。陈乐素少时就读于广州圣心书院、岭南小学，后随家迁居北京。1918 年中学毕业后赴日留学，就读于明治大学政治经济科。1923 年归国，在广州南武等小学任教。1926 年大革命期间投笔从戎，参加北伐军，任宣传员。1928 年至上海，开始研究历史，在其主编的《日本研究》杂志上发表《魏志倭人传研究》，受到史学界关注。1931 年“九一八”事变后，转治宋史，发表《〈三朝北盟会编〉考》和《徐梦莘考》。1935 年被教育部派往日本考察。抗日战争爆发后，到香港九龙英华女子中学任教。曾主持编校《皇明四朝成仁录》。1942 年香港沦陷，陈乐素入贵州遵义任浙江大学历史系教授。

新中国成立后，陈乐素奉军事管制委员会之命，参与接管浙江大学。1952 年高等学校院系调整后，改任浙江师范学院历史系教授兼图书馆馆长。1954 年任人民教育出版社编审。1956 年被聘为中国社会科学院历史研究所兼职研究员，参与院长郭沫若主编的《中国史稿》宋史部分的编写。

“文化大革命”期间，陈乐素被下放到安徽“五七”干校劳动，被迫退休。后辗转回杭州，仍专心治史，编著《〈宋史·艺文志〉考证》。“文革”结束后回杭州大学执教。后调任广州暨南大学教授兼宋史研究室主任、古籍研究所名誉所长。历任中国宋史研究会副会长、国务院古籍整理出版规划小组顾问、广东省地方志编纂委员会委员。

陈乐素治学严谨，教书育人勤奋敬业，从事学术研究 60 余年，在宋史研究领域取得了重要成果，是公认的我国宋史研究的开拓者之一。其著作有《求是集》（一、二集）、《〈宋史·艺文志〉考证》，主编《宋元文史研究》、《援庵史学论著选》等，发表论著 30 多篇，另有《中国目录学史》、《〈日知录〉校注》等遗稿。

金应熙（1919 ~ 1991），广东广州人，著名历史学家，我国香港史研究开拓者之一。

金应熙天资聪慧，早年就读于香港英皇书院，后在香港高中会考中名列榜首。1938～1941 年入香港大学中文系学习，师从许地山、陈寅恪。1941 年太平洋战争爆发后，金应熙到广州岭南大学任教，是岭南大学最年轻的讲师。1953 年后，先后担任中山大学历史系教授、系主任，暨南大学教授、系主任，广东省社科院副院长，中国史学会理事，广东省历史学会会长，广东省孙中山研究会首任会长。

金应熙治学领域广博，其治学特点“学兼中外，博古通今”，具有开阔的学术视野。他在中国古代史、中国近现代史、职工运动史、东南亚史、思想史、香港史等领域有较高学术成就。其学术生涯的前期及后期论著主要集中在中国古代史领域，此间一度转治近现代史。其中国古代史研究深受陈寅恪影响，重视对第一手资料的钩稽贯穿和考辨分析，能综合历史学、语言学、民族学、文化学等多学科方法，探求历史的沿革变化。著名史学家周一良先生把他列为陈寅恪三大弟子之一。金应熙重视民族史、政治史研究，例如他对中国王位继承法的研究和对长城历史作用的研究，均具有突出的开拓性意义。他对中国封建社会分期的研究在国内也具有相当影响，1959 年发表《略论中国封建社会内部分期问题》一文，把中国两千多年的封建社会分为上升（秦至西汉）、发展（东汉至唐）、走下坡路（五代至明中叶）及没落（明中叶后至清鸦片战争以前）四个历史阶段。

金应熙的主要论著有《十九世纪前半柬埔寨人民反抗越南侵略的两次起义》、《金应熙史学论文集》等，外文专著有《中国古代史纲》、《国外关于中国古代史的研究》等，主编《香港今昔谈》、《简明中国通史》，参与翻译《澳大利亚简史》、《东南亚史》等，另有《中国王位继承法之初步研究》、《作为军事防御线和文化会聚线的中国古代长城》、《吐蕃的兴起》、《陈寅恪先生评传》、《试论印度古代的六师哲学》、《孙权之遣使辽东》等重要学术论文。

朱杰勤（1913～1990），广东顺德人，著名历史学家，我国华侨史、海外交通史研究开拓者之一。

朱杰勤幼年入私塾接受传统教育，青年时期自学完成中文、英文、数学、商科等大学文科课程。1933 年考取中山大学研究院历史研究所研究生，师从朱希祖学习秦汉史。① 1936 年毕业后任教于广州美术学校和中山大学，讲授国画史和中国艺术史课程。抗战爆发后，1940 年取道越南抵达昆明，先后在迁至云南的中山大学、昆明巫家坝空军军官学校、重庆南洋研究所、云南大学等处任教。

1952 年高等院校院系调整后，朱杰勤由云南军区司令部参议室调至广州中山大学，任历史系教授。1958 年任暨南大学历史系教授、系主任。1957 年负责为高教部制定《亚洲各国史教学大纲》（古代部分）。1970 年暨南大学停办，朱杰勤转入华南师范大学历史系和中山大学历史系。1978 年暨南大学复办，朱杰勤重返暨南大学历史系担任系主任，1981 年创办暨南大学华侨研究所并任所长。曾任中国史学会常务理事、中国海外交通史研究会会长、中国东南亚研究会理事长、中外关系史学会名誉理事、中国华侨历史学会顾问、联合国教科文组织《人类科学文化发展史》中国编审委员会委员、中国社会科学院南亚研究所研究员等。

朱杰勤治学严谨，涉猎广博，在秦汉史、魏晋南北朝史、中西交通史、东南亚史、中亚史、中国近代史、华侨史研究领域均有重要建树。他在华侨史研究方面的成果最为显著，是公认的我国华侨史研究开拓者之一。他著述宏富，主要有《秦汉美术史》、《王羲之评传》、《亚历山大故事》、《龚定盦研究》、《微雨集》、《郑成功收复台湾事迹》、《亚洲各国史》、《中西文化交通史料译粹》、《中国古代史学史》、《中国和伊朗关系史稿》、《东南亚华侨史》（外一种）、《中外关系史论文集》，并主编有《东南亚华侨史丛书》、《世界华侨

① 高增德、丁冬编：《世纪学人自述》（第四卷），北京十月文艺出版社 2000 年版，第 390 页。

史丛书》等，另发表有《中国古代海舶杂考》、《海神天妃的研究》等多篇重要学术论文。

第四节 吉林大学、东北师范大学、华东师范大学

一、吉林大学

吉林大学历史学科创建于 1952 年，当时名为东北人民大学历史系，1958 年随学校更名为吉林大学历史系。1960 年中央正式批准吉林大学为国家重点综合性大学。在半个多世纪的时间里，吉林大学历史学科在著名历史学家吕振羽、于省吾、金景芳、罗继祖、林耘、李时岳等前辈学者带领下，发展成为我国实力雄厚的教学研究基地。历史系具有历史学博士学位一级学科授予权，并设有博士后科研流动站，中国古代史专业是教育部首批博士点，历史系是教育部历史学科人才培养与科学研究基地和人文社会科学重点研究基地。该校考古学及博物馆学专业现为国家重点学科。

于省吾（1896～1984），字思泊，号双剑誃主人、泽螺居士、夙兴叟，辽宁海城人，著名历史学家、古文字学家，我国甲骨文研究的学术泰斗。

1919 年于省吾毕业于沈阳国立高等师范，历任奉天萃升书院院监，辅仁大学讲师、教授，北京大学教授，燕京大学名誉教授，故宫博物院专门委员。新中国成立后，任东北人民大学（今吉林大学）历史系教授、古文字研究室主任兼校学术委员会委员，中国古文字研究会理事，中国考古学会名誉理事，中国语言学会顾问兼学术委员，中国训诂学会顾问，国务院古籍整理出版规划小组顾问等职。

于省吾长期从事古文字研究和古代典籍的考证，尤其在甲骨文、金文的研究与考释方面成就卓著，一向以考文释义精审周密而著称。他坚信古文字的形可识、音可读、义可寻，只要方法科学，经过深

入钻研，多数古文字可以被正确识认。他著有《双剑誃殷契骈枝》、《双剑誃殷契骈枝续编》、《双剑誃殷契骈枝三编》、《双剑誃吉金文选》、《双剑誃吉金图录》、《双剑誃古器物图录》、《商周金文录遗》等多部古文字研究性著作。

1979年，中华书局出版了于省吾古文字研究的代表作《甲骨文字释林》，该书共考释前人未识或虽识而不知其造字本义的甲骨文约300字，占全部已识甲骨文字的四分之一多，从而使他成为继王国维、罗振玉以来考释甲骨文字数量最多的甲骨学泰斗。他从不孤立地看问题，而是结合多学科知识研究古文字，合理地解决了“玄鸟生商”、“《尚书·召诰》中一段500字的话到底是谁说的”等久悬未决的问题。他利用古文字的研究成果对我国古史研究作出了重大贡献。

于省吾还擅长对先秦文献的考证，著有《双剑誃尚书新证》、《双剑誃易经新证》、《双剑誃诸子新证》、《论语新证》、《泽螺居诗义解结》、《泽螺居楚辞新证》、《急就篇新证》、《泽螺居诗经新证》等多部（篇）论著，另有考释单字论文多篇。

金景芳（1902～2001），辽宁义县人，著名历史学家、文献学家，我国先秦史研究开拓者之一。

1923年金景芳毕业于辽宁省立第四师范学校，后从事中小学教学工作。1936年，金景芳辗转各地，先后任教于东北中学、东北大学。① 1940年考入乐山复性书院，师从马一浮、谢无量研究儒学。

新中国成立之初金景芳任东北文物管理处研究员、东北图书馆研究员兼研究组组长。1954年调入东北人民大学（后更名为吉林大学）历史系，历任系主任、校图书馆馆长，兼任国家古籍整理出版工作领导小组顾问、中国孔子基金会顾问、国际儒学联合会顾问、

① 高增德、丁冬编：《世纪学人自述》（第二卷），北京十月文艺出版社2000年版，第175页。

东方易学研究院顾问、中国先秦史学会顾问、吉林省史学会顾问、吉林省周易学会顾问。

金景芳学无师承，早年自学不辍，系统研究先秦古文献。他爱好《周易》，曾遍读前人各家著述。20 世纪 30 年代末，学习用辩证法思想解读《周易》，使一些长期困扰他的学术难题涣然冰释，最终一举写成奠定其学术地位的《易通》，该书也使他成为国内较早用马克思主义理论方法研究《周易》的学者之一。金景芳在《易通》序言中为自己定下了“四不”、“四贵”八条治学的戒规：不自欺欺人，不枉己徇人，不立异，不炫博；贵创，贵精，贵平实，贵客观。治学中他始终贯彻八戒条，敢于向权威挑战，敢于提出自己的独立见解。

金景芳学术成就卓著，用力最多、贡献最大的研究领域集中在先秦史和易学研究领域，他对古史分期、古代宗法制度、古代社会结构、思想文化等方面有许多独到见解，对孔子的思想体系、孔学的现代价值以及孔子与六经关系的研究独树一帜，对易学源流、易经的深邃内涵以及孔子与《易经》关系的研究多有创见。金景芳一生发表论文 100 余篇，出版专著 14 部，主要著作有《春秋释要》、《易通》、《中国奴隶社会的几个问题》、《论井田制度》、《中国奴隶社会史》、《周易讲座》、《孔子新传》、《〈尚书·虞夏书〉新解》等。

20 世纪 80 年代后，耄耋之年的金景芳仍笔耕不辍。他的大多数论著就是在这一时期完成的。金景芳晚年致力于中国古代思想史研究，将思想史、经学、古代文献学、古代社会史研究融为一体，作出了创造性的学术贡献。金景芳学开一派，执教近 80 年，桃李满天下，在国内先秦史学界形成了气度不凡的“金门学派”。

罗继祖（1913～2002），字奉高、甘孺，晚年号鲠庵、鲠翁。祖籍浙江上虞，出生于日本京都，著名历史学家、文献学家、书法家、诗人，我国辽史及东北史研究开拓者之一。

罗继祖幼承家训，学贯文史，博涉多通，在历史、考古、文博、图书、书法等学术领域均有建树，尤其以文献学和东北史研究成就最为突出。他自幼与祖父——著名金石学家、文献学家罗振玉一起生活，接受严格的家庭教育，从塾师读古书、习书画，18 岁时协助罗振玉作《朱笥河年谱》，26 岁写成《辽史校勘记》，奠定了其学术地位。《辽史校勘记》书用辽代墓志碑刻核校辽史，至今仍为研究辽史的重要参考资料。1939 年任沈阳医科大学预科国文课讲师。1942 年赴日本任京都大学文学部讲师，写成《辽史表订补》，1944 年辞职回国。1946 年参加革命，任旅顺市教育局科员，负责整理家中 9 万多册藏书，并捐献给国家。1949 年任沈阳博物馆研究员。1955 年到东北人民大学历史系任教，历任古籍研究所文献研究室主任、九三学社社员、中国历史文献研究会学术委员等。

罗继祖长期在历史系任教，教书育人的同时潜心学术研究，发表了不少有关辽史的研究论文，为学界所关注，成为我国辽史研究的开拓者之一。1963 年，奉中央宣传部之命借调到中华书局参加“二十四史”及《清史稿》的校点工作。20 世纪 80 年代中期，罗继祖自选部分读史札记编成《枫窗脞语》，由中华书局出版。后续选为《墐户录》、《留灯录》、《枫窗三录》，他持论平和，见解独到，体例独特。《枫窗三录》用笔记体文言写作，文笔雅致，精彩纷呈，表现出作者广博的修养和卓异的史识，被誉为当代的《容斋随笔》。

罗继祖学贯文史，兼通诗、书、画，宗法唐宋，精研笔法。其书法严整挺拔，极富书卷气息，在国内外享有盛誉。他不事张扬，更不屑于以此牟取名利。其绘画多山水小品，笔墨精到，极具传统功力。其论书法的专集《墨佣小记》有很高的学术价值。

罗继祖写有大量旧体诗，晚年热衷于楹联创作，有自刊本《两启轩韵语》。其著作主要有《永丰乡人行年录》、《庭闻忆略》、《鲁诗堂谈往录》、《两启轩笔麈》、《罗继祖绝妙小品文》等。《枫窗三录》和《罗继祖绝妙小品文》一文言一白话，堪称罗继祖众多著述中的双璧。他还主编有《王国维之死》、《罗振玉王国维往来书信》、

《雪堂学术论著集》（12册）等。

李时岳（1928～1996），福建长汀人，著名历史学家，我国近代史研究领域的重要学者。

1952年李时岳毕业于南京大学历史学系，1955年从北京大学历史学系中国近代史专业研究生毕业。历任吉林大学历史系教授、副主任，《史学集刊》主编，东北地区中日关系史研究会副会长，汕头大学副校长兼历史系主任，《汕头大学学报》主编，汕头市历史学会会长，中南地区辛亥革命研究会理事，广东省孙中山研究会副会长，广东省社会科学院孙中山研究所研究员，广东省社会科学联合会理事，等等。

李时岳长期从事中国近代史教学与研究工作，是新中国培养出来的第一代杰出的历史学家。他擅长于洋务运动史研究，对李鸿章、张謇等近代历史人物也有精深研究，长期与山东师范大学教授胡滨合作，取得了一系列重要研究成果。1980年他曾在吉林大学倡导并主持了新中国成立以来关于洋务运动问题的第一次全国学术研讨会。其主要著作有《从闭关到开放——晚清“洋务”热透视》（合著）、《孙中山与中国民主革命》（合著）、《近代中国反洋教运动》、《辛亥革命时期两湖地区的革命运动》、《张謇和立宪派》、《中国近代史》（合编）、《近代史新论》，另发表论文《从洋务、维新到资产阶级革命》、《关于“半殖民地半封建”的几点思考》、《论李鸿章的洋务思想》、《义和团运动再认识》等数十篇。

二、东北师范大学

东北师范大学历史系始建于1949年，在60多年的时间里，该系学科建设成就非凡，著名史学家林志纯（世界上古史）、丁则民（美国史）、李洵（明清史）、吴枫（隋唐史）、朱寰（世界中古史）、陈连庆（历史文献学）、冯君实（魏晋南北朝史）、徐喜辰（先秦史）等长期在该系执教。该系是国家首批文科基础学科人才培养和科学研究基地，世界文明史研究中心被教育部确定为全国高等院校世界历史学科唯一的重点研究基地，世界古代中世纪史专业1988年被评为全国重点学科。2001年，世界史学科被国家教育部评为全国重点学科。2003年，历史系成为一级学科博士点授权单位。

该系世界古代中世纪史研究、亚述学、埃及学、古典文献研究、基督教文明研究、东北亚国际关系史、“冷战”史研究、美国史研究（城市史、移民史、社会史）在国内学术界居于领先地位，具有不可替代性。中国古代史研究领域中的商周史研究、汉代豪民研究、唐代制度史研究、西夏外交史研究、明清社会史研究及日本与中国东北研究也具有一定的学术特色。

林志纯（1910～2007），笔名日知，福建福州人，著名历史学家、教育家，我国世界古典文明史学科的主要奠基人，世界上古史研究的一代宗师。

他七岁丧父，童年入父亲故友办的私塾及小学就读。1925～1928年，靠半工半读完成中学学习。1937～1938年，林志纯开始学习英文并发表译文，1939年，入上海大夏大学（华东师范大学前身之一）学习，并在上海圣约翰大学旁听英语，靠家教兼课及稿费完成学业。1944年大学毕业，到福州、南宁任银行职员、中学教员。1946～1950年，任上海大夏大学历史系讲师、副教授，兼任上海新闻专科学校历史系教授。1950年秋离开上海，到东北师范大学历史系任教，直至去世。

林志纯精通英语、俄语，涉猎拉丁语，在世界上古史研究领域成就卓越，蜚声于海内外，成为该领域当之无愧的学术泰斗。他创办了我国史学界第一本世界古代史专业刊物《古代世界史通讯》及西文版《世界古典文明史杂志》，创立了中国世界古代史研究会，创建了我国第一个世界古典文明史研究所。

20世纪五六十年代，林志纯服从组织安排开始致力于世界古代史的教学与科研工作，为我国世界古代史学科建设作出了巨大贡献。

1952 年他组织编写《古代世界史》，解决了新中国成立初期各高校教学无书参考的急难问题。1955 年，他协助苏联专家在东北师范大学历史系办起了为期两年的全国性世界上古史研究班。1956 年，人民出版社发表林志纯翻译的马克思的长文《资本主义生产以前各形态》，宣传马克思主义的唯物史观，并运用马克思主义观点展开对世界历史的探讨。林志纯还致力于编译世界古代史原始史料，填补了国内的空白。

从 20 世纪 60 年代开始，林志纯的学术研究已显示出跳出苏联窠臼的端倪，发表了多篇重要文章，介绍西方最新的考古发现和研究成果，并在此基础上提出自己的看法。中共十一届三中全会后，林志纯迎来了科学的春天。1979 年，他指导成立了中国世界古代史研究会，促进了中外学者之间的学术交流。1979～1981 年，人民出版社出版林志纯主编的《世界上古史纲》（上、下册），该书奠定了林志纯关于古代世界从城邦到帝国发展的理论体系。林志纯学术视野开阔，善于运用比较方法研究世界史。20 世纪 80 年代初，他运用有关古代城邦制的观点来研究中国的早期国家政治制度，连续发表了《孔子述在所反映的古代中国城市国家制度》（载《历史研究》1980 年第 3 期）和《从〈春秋〉称人之例再论亚洲古代民主政治》（载《历史研究》1981 年第 3 期）等重要论文。

1980 年，在林志纯的倡导下，东北师范大学历史系成立西亚、北非、欧洲上古史研究室。1984 年，教育部批准在东北师范大学建立世界古典文明史研究所，招收亚述学、赫梯学、埃及学和西方古典学研究方向的硕士生及博士生。1986 年，林志纯创办西文版《世界古典文明史杂志》，刊登中外学者在这一领域的最新研究成果。

为了扩大中外古典文明研究的国际交流，1988 年林志纯与周谷城、吴于廑、周一良、任继愈等九位著名学者联合发起，组织出版由他本人担任主编的《世界古典文明丛书》。1989 年，人民出版社出版林志纯主编的《古代城邦史研究》，进一步丰富、深化了古代城邦普遍说的理论，产生了广泛的学术影响。

林志纯治学严谨，为国家培养输送了大批古典学、埃及学、亚述学、赫梯学专业研究人才。他关于整个古代世界历史的理论体系博大精深，标志着我国世界史研究达到了世界水平。他学贯中西，著述丰富，先后发表学术论文百余篇，出版学术专著十几部，主要有《古代中国纪年》、《孔子的政治——论语》、《古代世界史》（合著）、《世界通史资料选辑（上古部分）》（主编）等，译著有《雅典政制》等，编录史料集《古代埃及与古代两河流域》等。

丁则民（1919～2001），祖籍福建闽侯，出身于书香世家，出生于北京，著名历史学家，我国美国史研究开拓者之一。

因受家庭环境的影响，丁则民自幼喜好读书。1937年考入北平燕京大学法学院，抗日战争爆发后，参加抗日工作。1938年就读于昆明西南联合大学历史系，受业于陈寅恪、钱穆、雷海宗、潘光旦等学术大家，尤其喜爱世界史。1947年负笈美国华盛顿大学攻读美国史。

1949年获悉新中国成立的消息，丁则民毅然放弃攻读博士学位的机会回国，任教于北京师范大学历史系。1952年全国高校院系调整，丁则民到东北师范大学历史系任教，历任历史系教授、系副主任、美国研究所所长，中国美国史研究会副理事长、顾问，民盟长春市主委、政协吉林省长春市第六届委员等。

半个多世纪里，丁则民辛勤耕耘在东北师范大学世界史教学科研第一线，成就卓著。1957年他受教育部委托，负责编写本科教材《世界现代史教学大纲》和《世界现代史》教材（上册），为我国世界史学科体系的建设作出了重要贡献。五六十年代，他先后主持或与人合作翻译了《美国资本主义：1607年》、《欧洲简史：拿破仑以后》等多部国外著作，与人合作创办《光明日报》史学版，并发表十多篇论文，出版了新中国第一部《美国排华史》。

“文化大革命”结束后，他将主要精力集中在美国史研究学科建设上，并取得了丰硕的成绩，1979年创办东北师范大学历史系“美国史研究室”。1979 年他与国内的几名资深学者一起发起了中国美国史研究会，并担任副理事长。1981～1986 年相继带领学术团队获得“世界地区国别史（美国史）”、“世界近现代史”硕士、博士学位授予权，从而使该系成为国内最早培养美国史方向研究生的主要单位之一。他辛勤耕耘，精心培养了十余位美国史专业博士生，并在美国史学史、移民史、民族史、城市史、西部史、断代史、区域发展史、妇女史和环境史等领域取得了大量科研成果。

20 世纪 90 年代后，丁则民被美国最权威的两大史学刊物之一《美国历史杂志》遴选为特邀评论员，担任中国美国史研究会顾问，参与组织撰写国内最权威的 6 卷本《美国通史》。1990 年出版《美国内战与镀金时代》，成为国内美国史研究的代表作。

李洵（1922～1995），字仲符，辽宁北镇人，著名历史学家，我国明清史研究开拓者之一。

李洵生于北京，幼承庭训，涉猎国学典籍，喜好文史。早年毕业于北平临时大学文学院史学系，师从冯承钧、谢国桢、刘盼遂、容庚、陈垣等。① 1948 年，李洵到吉林东北大学任教，历任东北大学、东北师范大学历史系教授，明清史研究所所长，中国明史学会顾问。李洵从事明清史研究和教学四十余年，成就卓著，自成体系。

李洵是新中国明清史研究的开拓者之一，他参与创建了马克思主义明清史研究的学科体系。1956 年人民出版社出版李洵所著《明清史》，该书是新中国第一部明清断代史著作，也是创建明清史独立学科体系的首次尝试。作者对明清史分期、君主专制中央集权的消长、资本主义萌芽等重大历史问题展开论述，颇多自己的创见。该书在海内外史学界产生了巨大影响，历来被视为研究明清史的入门书。

李洵的明清史学科体系理论与方法的中心是资本主义萌芽问题，

---

① 高增德、丁冬编：《世纪学人自述》（第六卷），北京十月文艺出版社 2000 年版，第 127～136 页。

他以此为线索展开对明清时期社会历史各方面的研究，使其与社会诸要素间具有一种内在的逻辑联系。20世纪50年代，李洵在研究资本主义萌芽问题时，开始对明末东林党进行研究，提出了自己独到的见解。1980年以后，李洵及其学术团队的学者开始对明清时期资本主义萌芽发展的阶段性、特征作进一步的研究和概括，他们研究了流民、海盗、城市结构、各阶级阶层力量的变迁、政治构造、清统一的局限性诸问题，不断完善着明清史的学科体系。

他治学严谨，遵循科学实证主义学术传统，坚持用史料说话，不盲从旧说，不主观臆想。他能够将马克思主义基本原理与中国明清史研究的实际结合起来，从不以经典著作的言论代替历史证据，努力做到“论从史出”，而不是“以论代史”。

李洵具有开阔的研究视野，善于运用比较的方法研究历史问题。他强调研究中国历史应该具有世界性的眼光，比如研究中国资本主义萌芽问题只有在世界史中才能说明。他还将以资本主义萌芽为中心的研究拓展为社会结构的研究，使之具有丰富明晰的内涵。李洵著有《明清史》、《明史食货志校注》、《下学集》等，点校古籍《钦定八旗通志》（十册），主编《清代全史》（第一卷）等，另有重要学术论文30余篇。

吴枫（1926～2001），原名吴春城，辽宁兴城人，著名历史学家、文献学家，我国隋唐史研究的重要学者。

1951年吴枫毕业于原东北大学历史系，1953年后毕生从事隋唐五代史的教学和研究工作，历任东北师范大学历史系副主任、古籍整理研究所所长，中国唐史学会副会长兼秘书长，国家教委古籍整理研究工作委员会委员等。

1955年，吴枫编写完成了《隋唐五代史》作为历史系本科生中国古代史教材，1958年由中华书局正式出版。本书是新中国成立以来较早以马克思主义唯物史观和科学方法系统研究、论述隋唐五代史的断代史著作之一，作者在继承前人研究成果的基础上，全面叙述了隋唐五代从兴盛走向衰弱的历史，其中对隋唐时期社会阶级关系、土地关系、典章制度及政治局势的嬗变的研究用功尤勤。本书在 20 世纪五六十年代我国的历史学界和高等院校产生过较大的影响。1958 年后，吴枫被错划为“右派”，研究工作被迫中断达 20 年之久，70 年代末以后他发表了一系列关于唐代政治史的研究论著，在学术界产生了较大影响。80 年代吴枫集中研究了唐代中央行政体制，并发表了《封驳制度和唐初政治》、《中唐时期三省制度的削弱与变化》等多篇具有重要价值的论文，在学术界赢得了普遍的赞誉。

1983 年，吴枫当选为中国唐史学会副会长兼秘书长，参与组织多次国内国际学术交流活动，有力地推动了我国隋唐史研究的发展。吴枫著有《隋唐五代史》、《魏征》、《中国古典文献学》、《隋唐历史文献集释》等，主编《简明中国古籍辞典》、《中华古文献大辞典》、《中华儒学通典》等，与人共同主编《中国历史大辞典·隋唐五代史》，发表学术论文 50 余篇。中华书局 2005 年出版《吴枫学术文存》，收录作者 50 余篇关于隋唐史和文献学的学术论文。

三、华东师范大学

华东师范大学是 1951 年在大夏大学、光华大学的基础上创办的新中国第一所社会主义师范大学。1959 年华东师范大学被确定为全国首批 16 所重点院校之一，是国家“211 工程”和“985 工程”重点建设高校。60 多年来，著名史学家吕思勉、林举岱、苏渊雷、戴家祥、王养冲、李平心、吴泽、郭圣铭、陈旭麓、夏东元、艾周昌、陈崇武、王斯德、袁英光、王家范等在此辛勤耕耘，奠定了华东师范大学历史学科坚实的基础。

华东师范大学历史学系具有历史学一级学科博士学位授予权，并设有博士后流动站，是国家文科基础学科人才培养与科学研究基地。20 世纪 80 年代以来，该校先后形成了中国古代社会形态研究、金文研究、中国近代社会变迁、法国史、第二次世界大战史、非洲史、江南地区社会史、城市发展与文化研究、海外中国学、中国近现代史学史等特色研究方向。

吕思勉（1884~1957），字诚之，笔名驽牛、程芸等，江苏常州人，著名历史学家，中国现代“新史学”的早期实践者，中国古代史学科开拓者之一。

吕思勉自幼入私塾接受经史子集传统教育，熟读史籍。其父在上海盛宣怀府第为坐馆教授。得父亲指教，吕思勉也读介绍近代西方学术文化的书籍。靠顽强的自学毅力，到23岁时吕思勉已通读了“二十四史”，成为现代史学家中的佼佼者。1905年后，吕思勉在常州任小学教员，曾听回乡小住的京师大学堂元史专家屠寄讲元史，深受影响，遂立志专意治史。1907年吕思勉到苏州东吴大学教授国文和历史，同年秋季辞职回常州府中学堂任教，钱穆是当时该校最年轻的学生。1919~1949年，吕思勉先后在南通国文专修馆、上海私立甲种商业学校、沈阳高等师范学校、上海沪江大学任教。后去上海光华大学任教，任国文系教授、历史系主任。1937年“七七”事变后，吕思勉在上海协助顾颉刚发行《古史辨》第六册，并与童书业一起编辑《古史辨》第七册。1951年，新中国高校院系调整，光华大学并入华东师范大学，吕思勉遂入华东师范大学历史系任教。①

吕思勉对中国古代史的研究取得了多方面的成就。他在中国通史、断代史、社会史、文化史、民族史、政治制度史、思想史、学术史、史学史、历史研究法、史籍读法、文字学等研究领域写了大量的著述，很多研究具有开拓意义。其治学范围之广、规模之大、著述之丰富在近现代史学家中是罕见的。在现代史学史上，他是唯一一位在通史、断代史和专史诸多领域里都作出了重大贡献的历史学家。著名史学家严耕望把吕思勉、陈垣、陈寅恪、钱穆一并推重

① 张耕华：《识大而不遗细，泛览而会其通——吕思勉传》，姜义华主编《史魂》，上海人民出版社2002年版，第1~42页。

为前辈史学四大家。

吕思勉一生写了《白话本国史》和《吕著中国通史》两部通史，五部断代史即《先秦史》、《秦汉史》、《两晋南北朝史》、《隋唐五代史》、《吕著中国近代史》，八部专史即《先秦学术概论》、《经子解题》、《理学纲要》、《宋代文学》、《中国制度史》、《中国民族史》、《史学与史籍》和《文字学四种》，三部史学论文、札记及讲稿汇编即《论学集林》、《吕思勉读史札记》、《吕思勉遗文集》，以及十多种教材和文史通俗读物，著述总量超过 1000 万字。吕思勉晚年体衰多病，计划中的六部断代史的最后两部《宋辽金元史》和《明清史》已做了史料的摘录，可惜未能完稿，为史学界的一大遗憾。至今，他的这些著作在国内外仍有多种翻印本和重印本，流传广泛，影响深远。2009 年上海古籍出版社出版了《吕思勉文集》之《中国通史》与《中国文化思想史九种》，后者包括吕思勉先生有关中国文化思想史、学术史的九种专著，即《医籍知津》、《群经概要》、《经子解题》、《中国文化史六讲》、《理学纲要》、《先秦学术概论》、《大同释义》、《中国社会变迁史》、《中国政治思想史十讲》等。

吕思勉是 20 世纪初期“新史学”的实践者。他在古史材料的整理研究方面引入社会科学新理论以丰富史学研究方法，建立了通史著述的新模式，为中国现代历史科学的建立作出了重大的贡献。20 世纪初期，吕思勉在“史界革命”的学术氛围下较早注意到西方社会学的价值，把西方社会学理论引入史学研究领域，开始关注和研究社会史，并逐步形成了自己的研究理路和认识。他重视史学服务社会进步的功能，认为一个史学工作者不应该仅仅满足于为学术而学术，而应该具有时代责任感，关心社会现实，积极为社会贡献心力。他认为史学研究的对象是人类社会，而不应以帝王将相为中心，所以他重视研究社会生活方式。他主张史学与社会科学以及自然科学的广泛结合，尤其注重社会学与史学研究方法的优势互补。吕思勉把梁启超提出的“新史学”主张转化为可以广泛传播的通史教材，用出色的通史撰述成绩奠定了自己在“新史学”中的独立地位。他强调，研究中国历史应从“观其会通”、“摄其全体”到“深求其故”，最后归之于“认识社会发展过程及其变迁因果”，将新式通史的编著引向了社会史的新方向。因此，吕思勉既是梁启超“新史学”旨趣的实践会通第一人，又是开拓中国社会史方向的先驱者。①

吕思勉著史有自己的特点。与“新史学”注重专题研究的风格不同，吕著更注重通史的撰述，在平淡的叙述中往往蕴藏着他个人的真知灼见，读来给人以启迪。《吕著中国通史》（上、下两册）1940～1944年由上海开明书店出版发行，是吕思勉的代表性史著之一：上册分门别类叙述社会经济制度、政治制度和文化学术的发展历程，内容涉及婚姻、族制、官制、选举、赋税、兵制、刑法、货币、衣食、教育、学术、宗教等18类；下册按历史顺序叙述政治史的变革。

吕思勉治史恪守严谨的科学精神，鄙视功利主义倾向。他提出了以“求真”为核心的史家修养论，强调史家应遵守“直笔”、“直书”的传统精神。吕思勉认为只有绝去名利之念，才能成为真正的历史科学工作者。

戴家祥（1906～1998），字幼和，浙江瑞安人，著名历史学家、古文字学家。

1926年戴家祥考取清华学校国学研究院，师从王国维治经学和古文字学，1929年毕业，任教于广州中山大学。20世纪30年代后先后任教于南开大学、四川大学等校。1951年，他任华东师范大学中文系教授，次年转入历史系。戴家祥曾任上海历史学会理事，1956年加入中国民主同盟，1986年加入中国共产党。

戴家祥长期从事古文字学研究，他从青铜器铭文、甲骨文字本身归纳出语法辞例10条基本规律：1. 象形正侧动容变革例；2. 象

① 王家范：《吕思勉与“新史学”》，《史林》2008年第1期。

形点划繁简例；3. 辅助符号增省例；4. 形声符号更换例；5. 形声符号重复例；6. 形声符号位移例；7. 六书隶属再分例；8. 同声文字通假例；9. 同义字代用例；10. 古今音读分歧例。① 戴家祥根据上列10条基本规律，广泛搜集《说文解字》、《玉篇》、《广韵》、《集韵》、《一切经音义》、《经典释文》等书中所有重文异体字，分类排比，编辑成册，作为分析字形的参考依据。戴家祥先后发表学术论文数十篇，校点孙诒让遗著《名原》、孙诒让遗著《古籀余论》等，代表作有《墙盘铭文通释》、《金文大字典》等。

王养冲（1907～2008），上海南汇人，巴黎大学文科博士，著名历史学家，我国法国大革命史和西方近代思想史研究开拓者之一。

王养冲早年曾担任国民党元老胡汉民的私人秘书，20 世纪三四十年代旅居法国，师从哲学家瓦尔、历史学家费弗尔、社会学家拉洛等，学习欧洲哲学史、法国革命史以及涂尔干等人的社会学思想，奠定了深厚的学术功底。1947 年回国，任复旦大学社会学系西方社会学思想史教授。

1952 年高等院校院系调整，王养冲转入华东师范大学历史系，任世界近现代史和西方思想史教授。王养冲是华东师范大学历史系世界史学科的开拓者和学术带头人之一。在长达近 60 年的教学和研究生涯中，他淡泊名利，不畏艰难，孜孜不倦，不仅为华东师范大学历史系而且为当代中国世界史学科建设作出了卓越的贡献。

“文革”结束后，年逾古稀的王养冲撰写并出版了《法国大革命研究》、《西方近代社会学思想的演进》等多部专著，发表了数十篇高质量的学术论文，在学术界引起热烈的反响。耄耋之年的王养冲主编完成了近 90 万字的《法国大革命史》，被同行专家誉为国内“最全面、最系统、最详尽又最有创见的法国大革命史专著”。此外，

① 高增德、丁冬编：《世纪学人自述》（第三卷），北京十月文艺出版社 2000 年版，第 98～99 页。

他还充分发挥自己精通多门外语的优势，翻译出版了《拿破仑书信文件集》、《罗伯斯庇尔选集》、《阿·索布尔法国革命史论选》等文献资料。他公开刊行的译作还有非洲法语国家历史著作以及人物传记、回忆录等计九种十册，发表论文数十篇。

李平心（1907~1966），原名循钺，又名圣悦，笔名李鼎声、邵翰齐、万流、青之、倩之等，江西南昌人，著名马克思主义历史学家、社会学家、经济学家。

李平心早年读私塾、小学及中学，1925年考入上海大学社会学系，开始接触马克思主义理论并系统学习社会科学。

1927年1月，李平心受中共党组织安排，肄业离校，赴浙江第六师范学校任教，宣传马克思主义，讨论中国政治、经济和社会等问题。同年"四一二"政变后，李平心潜归上海继续从事党的地下活动。1928年4月因叛徒出卖被捕入狱，半年后经保释回南昌乡下。1930年5月李平心重回上海，先后在中共地下党上海市法兰区区委和全国苏维埃代表大会准备委员会任职，长期坚持在马克思主义理论指导下从事学术研究和各项社会进步事业。抗战时期，他积极投身于上海"孤岛"的抗日救亡宣传活动。

抗战胜利后，李平心参与发起成立中国民主促进会，撰文揭露蒋介石的内战阴谋，为日益高涨的爱国民主运动奔走呼喊。1945年，他与马叙伦、周建人、许广平、赵朴初等文化界知名人士在上海共同发起成立了中国民主促进会。① 新中国成立之初，他一度出任《文汇报》特约主笔。1952年8月任华东师范大学历史系教授，从此专事历史教学和科研工作。1955年起，李平心当选为中国民主促进会中央理事、全国政协委员和上海史学会副会长。"文革"中惨遭迫害，含冤去世。

---

① 胡逢祥：《不屈的史魂——李平心传》，姜义华主编《史魂》，上海人民出版社2002年版，第43~86页。

李平心长期从事中国近代史研究，他理论功底深厚，并开创了运用马克思主义唯物史观研究中国近现代史的先河，研究成果自成一家，在学术界具有重要影响。其著述丰富，主要有《现代社会学理论大纲》、《中国近代史》、《生活书店全国总书目》、《社会科学研究法》、《国际问题研究法》、《各国革命史讲义》、《社会哲学研究》、《中国现代史初编》、《论鲁迅思想》等，著译20多种，其余散篇文章多见于罗竹风主编的《平心文集》（三卷本，1985～1992）。

苏渊雷（1908～1995），原名中常，字仲翔，易名渊雷，晚署钵翁，浙江平阳人，著名历史学家、书画家。

苏渊雷早年接受私塾教育，1922年考入浙江省立第十师范学校。1924年投身社会运动。1925年参加国民党。1926年加入中国共产党。1927～1933年被国民党逮捕入狱，出狱后与党组织失去联系，1934年与钱俊瑞等创办“新知书店”。历任上海世界书局编辑所编辑、中央政治学校教员、立信会计专科学校国文讲席、中国红十字总会秘书兼第一处长、中华工商专科学校教授兼总务长等职。1943年在重庆创办“钵水斋”书肆，以文会友，结纳中外名流，并著书多种。[①] 新中国成立后，苏渊雷长期从事文化教育事业，历任华东师范大学教授、中国孔子基金会理事、中华诗词学会顾问、中国佛教协会常务理事、上海佛教协会副会长、上海书法家协会名誉理事等。苏渊雷著有《名理新论》、《玄奘》、《读史举要》、《白居易传论》、《佛教与中国传统文化》、《苏渊雷文集》等。

苏渊雷治学广博，在文史哲及佛学诸方面均有杰出建树，曾被人尊称为“平阳三苏”（即苏步青、苏渊雷、苏昧朔）。他对佛学研究独到，洞悉禅宗，有专著《中国禅宗史》（未完稿）。他雅好文艺，兼擅书画，笔墨洒脱，自然浑成，被誉为“文史哲兼擅，诗书

---

① 高增德、丁冬编：《世纪学人自述》（第三卷），北京十月文艺出版社2000年版，第240～241页。

画三绝”，赢得了海外学者的崇敬，享有国际声誉。苏渊雷一生著述等身，已刊著作30余种，论文100多篇。今有《苏渊雷全集》五卷，即哲学卷、史学卷、文学卷、诗词卷和佛学卷，共约200万字，收录了作者的自传、诗作、信件、诗札、遗作、书画作品等。

吴泽（1913～2005），原名吴瑶青，江苏武进人，著名马克思主义史学家、理论家。

吴泽幼年丧父，家境贫寒，7岁入私塾启蒙，后就读于常州及无锡新式学堂。1930年夏考入上海大夏大学附属高中部。1933年考入北京中国大学经济系，师从著名马克思主义理论家李达和吕振羽，开始系统学习马克思主义理论，并用以研究经济学和中国社会经济史。抗日战争时期，辗转流离于内地，先后执教于重庆朝阳法学院、复旦大学、贵州大夏大学。

新中国成立后，吴泽历任大夏大学校务委员会委员、教务长和文学院院长，华东师范大学历史系主任、中国史学研究所所长，上海市华侨史学会会长，中国史学会常务理事，国务院学位委员会第一、二届学科评议组成员，《中国历史大辞典》主编之一。

吴泽是我国老一辈马克思主义史学家，政治上追求进步，学术上勇于探索，在中国古史分期问题、社会经济形态学说、地理环境与社会发展、历史人物的评判、古代东方社会的理论研究方面坚持马克思主义观点，取得了重要的研究成果。吴泽在长达近70年的学术生涯中共出版史学论著10余部，主编学术著作多部，发表论文200余篇。今有《吴泽文集》（四卷），汇集了作者有关中国古代史、中国思想文化史、中国史学史、东方学、华侨史、客家学等领域有代表性的论著。

郭圣铭（1915～2006），原名郭节述，江苏镇江人，著名历史学家、世界史研究专家，我国西方史学史学科开拓者之一。

郭圣铭出身于书香门第，1930年考入江苏省南京中学。1934考入国立中央大学历史系。抗战爆发后，郭圣铭一直走在学生爱国运动前列，1937 年，翻译出版约翰·里德报导俄国十月革命的名著《震撼世界的十日》。投身“一二·九”爱国救亡运动。1938 年任教于南开中学。1940 年经高等文官考试进入外交部任职。1945 年春考取公费留英，后携妻赴美任驻新奥尔良副领事，同时在杜伦大学历史系攻读博士学位。

1950 年 9 月郭圣铭辗转回国，进入华北革命大学学习。1951 年受聘于广西大学历史系。1954 年后任教于湖南师范学院历史系。1955 年出版《世界古代史简编》，此书被北京大学、武汉大学等多所院校定为教材。1957 年郭圣铭奉调至华东师范大学历史系，直到 1989 年退休。

郭圣铭长期致力于世界史的教学和科研工作，笔耕不辍，硕果累累，著有《世界古代史简编》、《世界中世纪史讲稿》、《世界近代史讲稿》、《西方史学史概要》、《文艺复兴》、《世界文明史纲要》、《美国独立战争》等，译著有《俄国历史地图解说》、《美国独立宣言》等。

陈旭麓（1918～1988），湖南双峰人，初名修禄，著名历史学家、教育家，中国近现代史研究开拓者之一。

陈旭麓幼年入私塾习旧学。1934 年秋赴长沙入孔道国学专科学校。1938 年入战时内迁的大夏大学历史社会系。1942 年被聘为大夏大学附中历史教员。抗战胜利后，陈旭麓参与大夏大学回迁上海的工作，任校长室秘书。1946 年冬受聘于大夏大学讲授中国通史，历任讲师、副教授，1949 年 2 月起兼任圣约翰大学教授。

1952 年高校院系调整，大夏大学和光华大学合并组建华东师范大学，陈旭麓任筹备委员会委员。华东师范大学成立后，陈旭麓历任历史系副教授、教授，兼任历史系副主任、研究生处处长、副教务长、中国史学会理事、中国现代史学会副理事长、上海中山学社副社长、上海中西哲学与文化交流中心副主席、上海地方史志研究会副会长、华东师范大学中西文化研究中心主任、中国近代史研究室主任等职。至 1966 年“文化大革命”前陈旭麓发表论著 50 余篇

(种)，专著有《论历史人物评价问题》、《辛亥革命》等，论文有《阶级观点与历史观点的统一》、《论梁桂芬的思想》、《论五四初期的新文化运动》、《论宋教仁》等。1959～1961年陈旭麓由教育部借调到北京编撰《新民主主义革命时期通史》，与李新、孙思白、彭明、蔡尚思等四位主编共同被称为"八角亭学派"。该书出版后被列为全国高等院校指定教材，1985年获国家教委高校优秀教材一等奖。

"文革"期间，陈旭麓被调至复旦大学，主持编写《中国近代史丛书》和章太炎著作编注及盛宣怀未刊档案史料的整理工作。1978年陈旭麓回华东师范大学历史系，研究中国近代社会的变迁，发表了一批颇具影响的论文，如《中国近代史上的爱国与卖国》、《中国近代史上的革命与改良》、《论"中体西用"》、《关于近代史线索的思考》以及《农民起义和人口问题》、《军阀与近代中国社会》、《秘密会党与中国社会》等。1984年其论文选辑《近代史思辨录》出版，该书获上海哲学社会科学著作奖。

陈旭麓长期从事中国近代史的教学与研究工作，取得了一系列关于辛亥革命及中华民国史的研究成果，为国家培养了一批中国近现代史研究人才。陈旭麓的论著大多融义理、考据、辞章于一体，以思辨和文笔见称于学术界，主要著作有《初中本国史》、《论历史人物评价问题》、《辛亥革命》、《邹容与陈天华》(合著)、《戊戌变法》、《宋教仁》(合著)、《邹容》、《近代史思辨录》、《浮想录》、《近代中国社会的新陈代谢》等，主编有《中国近代史丛书》、《近代中国八十年》、《五四以来政派及其思想》、《中国革命史教程》、《中国近代史》、《五四后三十年》、《辞海·近代史部分》、《中国近代史词典》、《中国名人辞典·近代部分》、《中华民国史词典》、《宋教仁集》、《盛宣怀档案史料选辑》、《孙中山集外集》等。1988年陈旭麓在上海病逝，学生将其遗稿整理成《陈旭麓文集》(共4卷)，由华东师范大学出版社于1997年出版。其代表性论文大多编入《陈旭麓学术文存》。

第五节　中国人民大学、浙江大学、华中师范大学、陕西师范大学、中央民族大学

一、中国人民大学

中国人民大学历史系的前身是1948年成立的华北大学中国历史教研室，1956年正式建系，“文革”期间中断，1978年复校后重建。著名历史学家范文澜、尚钺、戴逸、李文海曾先后主持历史系工作。中国人民大学历史系学科体系完整，学科特点突出，在全国高校中享有较高的声誉，拥有历史学一级学科博士学位授予权，设有博士后流动站，是教育部文科基础学科人才培养与科学研究基地（由历史系与清史所共建），目前设有八个硕士点（中国古代史、中国近现代史、世界史、专门史、史学理论及史学史、历史文献学、历史地理学、考古学），六个博士点（中国古代史、中国近现代史、世界史、专门史、史学理论及史学史、历史文献学），由戴逸领衔的中国古代史现为全国重点学科。

中国人民大学党史系始建于20世纪50年代初期，几十年来，在何干之、胡华等著名学者创业的基础上，经过几代学者的努力，已发展成为培养层次齐全、在全国同类学科处于领先地位并在国际上有一定影响的学科。党史系现设教学和研究机构有：中共党史、党建教研室，毛泽东思想、邓小平理论教研室，台港澳研究中心，当代中国研究中心，二十世纪的中国研究室等。

尚钺（1902～1982），原名宗武，字健庵，化名谢仲五、丁祥生、聂树先，河南罗山人，著名马克思主义历史学家、文学家，中国通史研究开拓者之一。

1917年尚钺入开封河南省立第二中学读书。1919年参与“五四”运动。1921年入北京大学预科，后入英国文学系本科肄业，并随鲁迅学习文学创作，积极宣传新思想、新文化。尚钺的文学创作

取材广泛，曾得到鲁迅肯定，主要作品有短篇小说集《病》、《斧背》、长篇小说《预谋》等。受李大钊思想影响和具体指导，1927 年尚钺南下投身革命，同年 9 月在开封加入中国共产党，被派赴豫南发动武装暴动。1929～1936 年，尚钺先后在吉林、上海、宁夏等地从事革命活动。抗日战争爆发后，尚钺转向历史研究。1942 年任云南大学讲师、副教授。1945 年，根据中国共产党的安排加入中国民主同盟，继续从事民主统战工作。1946 年由上海入山东解放区，次年任山东大学教授。1948 年任华北大学二部史地系主任、教授。

1950 年中国人民大学成立，尚钺历任中国历史教研室主任等职，并兼任中国科学院历史研究所学术委员、政协北京市委常委等职。"文化大革命"期间，中国人民大学停办。1972 年，以原人民大学中国历史教研室为基础成立清史研究小组，尚钺任副组长。1978 年中国人民大学复校，尚钺任历史系主任，直至 1982 年去世。

尚钺坚持用马克思主义基本原理指导历史研究，在中国古代史分期问题上是"魏晋封建论"的代表人物之一。他深入系统地研究中国资本主义萌芽发生、演变、停滞的历史，提出中国历史发展有其自身的线索，不应以鸦片战争为界限人为地将其割断。由于独特的史学见解，他曾长期受到批判，但仍坚持自己的观点，主张治史要有光明磊落、实事求是的史德。尚钺的主要史学著作有《中国历史纲要》、《中国通史讲义》、《中国资本主义关系发生及演变的初步研究》、《中国原始社会问题的探索》及《尚钺史学论文选集》等。

何干之（1906～1969），原名谭毓均，学名谭秀峰，广东台山人，著名历史学家、教育家，马克思主义理论家，中共党史研究学科奠基人之一。

何干之早年就读于广州中山大学，并投身革命运动。1925～1926 年创办秋明书店，宣传马克思主义。大革命失败后，何干之为躲避国民党反动当局的追捕，于 1929 年东渡日本留学，入早稻田大学和明治大学经济科。1931 年"九一八"事变爆发后回国。1932 年任广州女子师范学校国文教员，并受聘到华侨捐办的国民大学任教授兼经济系主任。由于宣传马克思主义，何干之被当局通缉，1933年底逃亡至上海。1934 年初，参加上海社会科学家联盟；5 月，参加中国共产党。1935 年，为躲避当局迫害再度流亡日本。1936 年初回国参加了上海理论界关于中国社会性质问题的论战。同年开始用“何干之”的笔名发表文章。在 20 世纪 30 年代中国社会性质和社会史问题论战中，何干之先后在《时代论坛》、《世界知识》、《自修大学》等进步刊物上发表关于中国社会性质问题和抗日战争问题的理论文章；先后出版了《中国经济读本》、《中国的过去、现在与未来》、《中国社会性质问题论战》、《中国社会史问题论战》等专著，运用马克思主义分析中国的社会政治和经济，论证了中国是一个半殖民地半封建社会，批驳了那种认为中国已是资本主义社会的观点。特别是《中国社会性质问题论战》一书影响巨大，对我党形成关于中国半殖民地半封建社会性质的认识起到了积极探索的作用。① 1937年“七七”事变后，党中央调何干之、周扬、艾思奇等从国统区到延安工作。何干之在陕北公学、抗日军政大学和中央党校任教，毛泽东曾写信表扬和支持他的研究工作。

在近 40 年的理论研究工作中，何干之坚持理论和实际相结合的原则开展教学和研究工作。他思想活跃，笔锋犀利，对中国历史特别是对中国现代革命史的研究作出了重大贡献。② 何干之另著有《蒋介石传》。

胡华（1921 ~ 1987），原名胡家骅，浙江奉化人，著名历史学家，我国新民主主义革命史和中共党史学科奠基人之一。

---

① 李福长：《何干之对旧中国社会性质的研究》，《广东党史》2004 年第 1 期。

② 耿化敏、张立艳：《何干之研究述评》，《济南大学学报（社会科学版）》2004 年第 2 期。

胡华青年时期投身革命，1937年肄业于浙江省立高等师范学校，1938年赴延安陕北公学学习，次年2月参加中国共产党。1940年4月，受党组织委派任华北联大社会科学部工人部教员，讲解中国革命问题和中国近代史。1946年10月任华北联合大学史地系副主任。1948年4月任华北大学中共党史教学组组长，在吴玉章、成仿吾等同志直接领导下从事中共党史的教学和教材编写工作，同时开始担任吴玉章的学术助手。

1949年新中国成立后，胡华主要致力于中国革命史的研究，参与领导创建中国人民大学中共党史专业系科，先后担任中国人民大学中国革命史教研室副主任、中共党史教研室主任、中共党史系主任，兼任中国近代史研究所学术委员会委员、中国史学会中国现代化史组副组长。"文化大革命"中遭到批判。中国人民大学复校后，胡华先后担任中共党史系主任、名誉主任。同时，他还担任了国务院学位委员会学科评议组成员、政治学社会学会组召集人，中共党史研究会副会长，中国史学会常务理事，《中国大百科全书·科学社会主义》主编，《中共党史人物传》主编等职。

胡华作为中共党史研究学科奠基人之一，著述丰硕，先后出版了《美帝国主义侵华史》、《日本投降以来中国政局史话》（主编）、《学习列宁、斯大林关于中国革命的学说》、《中国近代革命史讲话初稿第一、二、三编》、《中国新民主主义革命史》（初稿）、《中国历史概要》（与翦伯赞、邵循正合著）、《南昌起义史话》、《中国社会主义革命和建设史讲义》、《五四时期的历史人物》、《周恩来的思想及理论贡献》、《青少年时期的周恩来同志》等史著，主编《新民主主义革命史参考资料》、大型丛书《中共党史人物传》（50卷）、教材《中国革命史讲义》等，另有《胡华文集》。

二、浙江大学

浙江大学历史学科具有悠久的历史，虽几经变迁仍具有良好的基础。该校历史学科的前身是1928年浙江大学文理学院创设的史学与政治学系（1936年改称史地系）。1951年夏，以浙江大学史地系为基础组建浙江师范专科学校历史专科。1952年高校院系调整，并入浙江师范学院，改称历史学系。1958年更名为杭州大学历史系。1998年随着学校改制，杭州大学历史系重新成为新的浙江大学历史系。几十年来，曾有一批蜚声海内外的著名学者如钱穆、张其昀、贺昌群、张荫麟、钱基博、汤用彤、郁达夫、马一浮、向达、刘节、沈炼之、方豪、谭其骧、陈乐素、陈桥驿、徐规、梁太济、龚延明等先后在浙江大学执教，为该校历史学科的发展打下了良好的基础。该校历史学系在长期的实践中逐步建立起了比较完善的教学和科研体制，形成了一定的特色和优势。浙江大学历史学系现有中国古代史和中国近现代史两个博士点，中国古代史、中国近现代史、世界史3个硕士点。以宋史研究为特色的中国古代史专业一直是该校的传统优势学科，徐规为学术带头人。陈桥驿为该校地理系教授，是我国著名的历史地理学家、郦道元《水经注》研究的学术泰斗。该校中国古典文献学为国家重点学科。

沈炼之（1904～1992），又名沈翔、味荔，浙江温州人，著名历史学家、教育家，我国法国史研究开拓者之一。

1922年沈炼之入燕京大学英语系学习，1926年7月毕业后赴法国留学，研习法语、西洋史，1933年获里昂大学人文博士学位。回国后，曾任教于广州、北平、南京等地高校。1938年举家迁至福建永安，主编抗战时期的进步刊物《改进》月刊，后任福建教育厅督学、秘书、科长、所长。1943～1948年到建阳和上海任暨南大学教授。1948年后回温州中学任教。1951年底，奉调杭州任浙江师范学院历史系主任，后任杭州大学历史系主任长达30年之久。历任浙江省人大代表、省政协委员、浙江省历史学会会长、中国法国史研究会名誉会长等职。

沈炼之长期从事世界史教学与研究工作，是我国法国史研究的开拓者，他参与组建法国史研究会，培育法国史研究人才，为中法学术交流作出了积极贡献。他翻译了一大批有学术价值的法国史论著，如《1848年的六月起义》、《法国史》、《法兰西第三共和国史资料选编》（8期）等，出版《罗曼·罗兰传》等多部译作，撰有《法国革命史讲话》、《法国通史简编》、《简明世界近代史》、《德国维护帝国宪法的运动》、《法国社会主义运动》等重要学术论著。

徐规（1920～2010），初名毓珠，学名规，字仲矩，浙江平阳人，著名历史学家、教育家，我国宋史研究开拓者之一。

1939年秋，徐规从温州中学毕业后考入浙江大学龙泉分校，先在文学院中国文学系读书，翌年浙江大学总校西迁贵州遵义，转入史地系读历史。当时系里聚集着一批很有名望的教授，如张荫麟、谭其骧、李源澄、钱穆等。1943年秋，升入浙江大学研究院师从陈乐素学习宋史。陈乐素是史学大师陈垣的哲嗣，早年留学日本，回国后专攻宋史，又精目录学、史料学、校勘学。徐规继承了导师严谨、笃实的治学风格，善于利用科学方法收集资料。1946年研究生毕业后留校任教。1949年浙江大学紧缩编制，历史系停办，徐规返回故乡应聘，在温州中学教历史。1952年浙江师范学院成立，重建历史系，徐规重返高校教坛，1958年浙江师范学院和新成立的杭州大学合并，定名为杭州大学，1998年后又与浙江大学合并改称浙江大学，徐规一直在历史系任教。徐规历任浙江大学古籍研究所副所长、学术委员会委员、中国古代史研究所名誉所长、中国宋史研究会副会长、岳飞研究会会长等职。

徐规是史坛德高望重的老前辈，长期致力于中国古代史研究，为我国宋史研究作出了突出贡献。他教书育人，提携后学，为国家培育了一批优秀人才。他治学严谨，是我国宋史研究领域卓有成就的学术名家。其编著有《王禹偁事迹著作编年》、《李焘传》、《宋史研究集刊》、《宋史补正丛书》等，校注《建炎以来朝野杂记》等，另有文集《仰素集》行世。

三、华中师范大学

华中师范大学有着百年历史，该校前身之一的文华大学 1903 年创办时期即开设历史课，1924 年改名为华中大学，1927 年学校停办。1929 年，重建后的华中大学文学院首次设立历史系。1938 年以后，华中大学西迁云南大理，历史系与社会科学系合并成为历史社会学系。1953 年全国高校院系调整后，华中大学与中原大学教育学院合并组建华中师范学院，1985 年学校更名为华中师范大学。历史学科是该校传统优势学科之一，著名史学家钱基博、张舜徽、章开沅、熊铁基长期在该校任教，为历史学科发展奠定了良好基础。经过几代人的长期努力，历史学系现为国家文科基础学科人才培养和科学研究基地，具有历史学一级学科博士学位授予权，设中国历史文献学、中国古代史、中国近现代史、世界史、专门史、国际关系史、区域文化史、社会经济史八个专业方向博士点，并设历史学博士后流动站。章开沅领军的中国近现代史现为全国重点学科，张舜徽开创的中国历史文献学为湖北省重点学科。

钱基博（1887~1957），字子泉，别号潜庐，江苏无锡人，著名古文学家、历史学家、教育家，国学大师。

钱基博幼年承家学熏陶，熟读经史书籍和唐宋八大家文选。16 岁撰《中国舆地大势论》，发表于《新民丛报》。青年时期参加辛亥革命。后应苏浙联军总参谋、邑人顾忠琛之聘，至安徽任援淮部队总司令部少校参谋，不久，部队改编为第 16 师，钱基博晋中校衔，任副官参谋，调江苏都督府，随部队驻镇江。1913 年任无锡县立第一小学文史地教员。1918 年 6 月任无锡县图书馆馆长。1920 年后任吴江丽则女子中学国文教员、江苏省立第三师范学校国文与经学教员及教务长。1923 年后历任上海圣约翰大学国文教授、北京清华大学国文教授、南京中央大学（1949 年改名南京大学）中国语文学系教授、无锡国学专修学校校务主任、光华大学中国文学系主任及文学院院长等职。1937年抗日战争爆发后，历任浙江大学中文系教授、湖南蓝田国立师范学院国文系主任、南岳抗日干部训练班教员。1946年抗战胜利后，转任武汉华中大学教授。

新中国成立后，钱基博将5万余册藏书全部赠给华中大学。1952年，他又把历年收藏的甲骨、铜玉、陶瓷、历代货币、书画等文物200余件捐赠给华中师范学院历史博物馆。此外，尚有碑帖字画1000余件、方志1000余种，他将之悉数赠予苏南文物管理委员会和江苏泰伯文献馆。

钱基博学识渊博，治学范围涉及经、史、子、集。钱基博撰写的国学论著主要有《经学通志》、《国学文选类纂》、《国学必读》、《十年来国学之商兑》、《今日之国学》、《茹经堂外集·叙》等。其经学研究的代表作是《经学通志》，述经学版本、目录、源流精深透彻。《国学文选类纂》全面论述了国学的兴起、内容、义旨，见解独到而精辟。钱基博有关集部的研究成就最受学术界赞誉，尤其长于韩愈研究，撰有《中国文学史》、《现代中国文学史》、《桐城文派论》、《明代文学》、《江汉炳灵诗文谈》、《文心雕龙校读记》、《韩愈志》、《韩愈文读》等，其《潜庐日记》（五百余册）在十年浩劫中被查抄焚毁。

张舜徽（1911～1992），湖南沅江人，著名历史学家，中国历史文献学奠基人之一。

张舜徽出生于书香门第，幼承庭训，博览群书。自小学而经学，打下了治学的坚实功底。17岁写成《尔雅义疏跋》一文，指出《尔雅》、《说文》的异同，开始了文献考证研究。

1928年父亲去世后，张舜徽负笈出游，寻师访友，先后到长沙、北京，得不少通人硕学指教。1932年回到长沙，在多所高级中学担任语文、历史教师，在此期间，自学并精读《史记》、《汉书》、《三国志》，通读《资治通鉴》，仔细研读了“二十四史”。1941年起，先后在国立师范学院、民国大学、兰州大学任教。1950年起任教于中原大学教育学院和华中师范大学。1979 年，创建中国历史文献研究会，此后 10 年间一直担任会长。1981 年创建华中师范大学历史文献研究所。

张舜徽治史走的是博通之路，他在长期的治学生涯中形成了自己治学的经验，总结起来主要有以下几点："从练基本功做起，将做学问的基础打好"；"有所取必有所弃，不要因其他爱好分散治学精力"；"要把做学问的范围推广，不可走太狭窄的路"；"除书本外，还应多读'无字书'，以扩大求知领域"；"研究成果多由积累而来，不可急于求成"；"恒心、毅力、耐性、信念、傻气五者，是坚持研究工作的重要条件"。① 张舜徽长于校勘、版本、目录声韵、文字之学，是我国历史文献学的主要奠基人。他先后出版著作 26 部 50 多种，著述字数总计超过 1000 万，主要有《广校雠略》、《积石丛稿》(五种)、《中国历史要籍介绍》、《中国史论文集》、《中国古代史籍校读法》、《顾亭林学记》、《清代扬州学记》、《周秦道论发微》、《清人文集别录》、《清人笔记条辨》、《史学三书平议》、《说文解字约注》、《郑学丛著》、《中国文献学》、《汉书艺文志通释》、《清儒学记》等。此外，由他主编的《中国历史文献研究集刊》及《中国历史文献研究》在海内外产生了广泛影响。

章开沅（1926～　），祖籍浙江吴兴（今浙江湖州），生于安徽芜湖，著名历史学家、教育家，中国近代史研究的重要学者，辛亥革命史学科开拓者之一。

1946 年 10 月章开沅入南京金陵大学历史系，1948 年肄业后赴中原解放区，在中原大学政治研究室做研究生。1949 年 7 月随校南下武汉，任教育学院历史系教员。1951 年后入华中大学历史系任教。1983～1990 年，任孙中山研究学会理事、湖北省社会科学联合会主席、国务院学位委员会历史学科评议组成员、召集人，1985～1991

① 《浙江日报》编辑部编：《学人谈治学》，浙江文艺出版社 1983 年版，第 232～246 页。

年任华中师范大学校长，兼任华中师范大学中国近代史研究所教授、名誉所长。

1954年以来，章开沅长期从事中国近代史研究，在辛亥革命史、中国资产阶级、中国商会史、中国教会大学史、南京大屠杀历史文献等领域均有开创性的学术贡献，在国际上享有盛誉。近年则致力于中外近代化比较研究。他论著丰厚，主要有《辛亥革命史》（三卷本，与林增平共同主编）、《辛亥革命与近代社会》、《开拓者的足迹——张謇传稿》、《辛亥前后史事论丛》、《从耶鲁到东京——为南京大屠杀取证》、《南京大屠杀的历史见证》、《传播与植根——基督教与中西文化交流论集》、《实斋笔记》、《张謇与近代社会》等，另主编有《辛亥革命史丛刊》、《中外近代化比较研究丛书》、《湖北通史》等。

四、陕西师范大学

陕西师范大学历史学科始于1944年陕西省立师范专科学校史地系。1954年学校定名为西安师范学院，历史系为独立建制，著名历史地理学家史念海担任系主任。1960年西安师范学院与陕西师范学院合并，成立陕西师范大学，历史系保留原有建制。20世纪80年代中期，由历史系分设独立建制的历史地理研究所、唐史研究所和古籍整理研究所。2000年历史系、唐史研究所和古籍整理研究所合并组建为历史文化学院。现有历史学一级学科博士学位授予权，已具备相当完善的历史学高素质人才培养体系。半个多世纪以来，史念海、黄永年、斯维至等史学名家长期在该校执教，为历史学科发展奠定了良好基础。该校的中国古代史是陕西省重点学科。

史念海（1912～2001），字筱苏，山西平陆人，著名历史学家、教育家，中国现代历史地理学奠基人之一。

1932年，史念海考入北平辅仁大学历史系，1934年初，与顾颉刚、谭其骧等人筹备组织禹贡学会，创办《禹贡》杂志。1936年大学毕业后留驻禹贡学会，协助顾颉刚编辑出版刊物。大学期间受顾颉刚之命撰写《中国疆域沿革史》，该书于 1937 年出版，这部与顾颉刚合著的专著是我国现代第一部公开问世的沿革地理著作。1944 年出版《中国的运河》。1944 年后历任西北大学、西安师范学院、陕西师范大学教授、历史系主任，陕西师范大学历史地理研究所及唐史研究所所长、副校长，陕西省历史学会第一届会长，民进陕西省委主任委员、民进中央委员，第五、六届全国政协委员，1979 年加入中国共产党。

史念海与顾颉刚、谭其骧、侯仁之同为现代中国历史地理学的奠基人之一。20 世纪 50 年代初，他曾撰写出版《中国历史地理纲要》，明确划定了历史地理学与传统的沿革地理学在理论上的区别和联系，对中国历史自然地理、历史人口地理和历史经济地理等历史地理主要分支领域做了系统论述，为创建中国历史地理学作出了重大贡献。《中国历史地理纲要》的诞生，被认为是建立现代学科意义的中国历史地理学的重要标志之一。1963 年，史念海出版论文集《河山集》（初集），这是一部以历史经济地理为主要内容的论文集，也是我国出版的第一部历史地理学论文集。

20 世纪后期的 20 余年，史念海致力于研究黄土高原自然环境变迁及其影响，同时研究历史军事地理。《河山集》二、三集所收论文反映了作者在历史自然地理研究方面的卓越成就，作者集中研究黄土高原水土流失和黄河泥沙含量的变化过程，其中，《历史时期黄河流域的侵蚀与堆积》、《历史时期黄河中游的森林》、《黄土高原及其农林牧分布地区的变迁》等论文已成为经典性的历史地理学著述。20 世纪 80 年代中期以后，史念海致力于从理论上系统总结、整理中国历史地理学的发展历程，有关论文多收入《河山集》六集，其中代表性的论文有《中国历史地理学的渊源和发展》等。

黄永年（1925~2007），江苏江阴人，著名历史学家，我国唐史研究的重要学者，古籍版本学开拓者之一。

黄永年早年熟读文史，积累了深厚的基础，曾得到过吕思勉、顾颉刚、童书业、启功等前辈名家指点。1950年毕业于复旦大学历史系，被统一分配至上海交通大学任教。1956年随校迁至西安。1978年调入陕西师范大学。历任陕西师范大学古籍整理研究所所长、全国古籍整理出版规划领导小组成员、《中国史研究》编辑委员会委员、第七届全国人民代表大会代表。

黄永年学识渊博，治学严谨，在古籍版本学、唐史研究、篆刻等多个领域都有建树，其主要著作有《唐史史料学》、《唐代史事考释》、《文史探微》、《古籍整理概论》、《古籍版本学》、《古文献学四讲》、《六至九世纪中国政治史》、《唐史十二讲》、《黄永年印存》等，所撰《古籍版本学》是我国第一部系统阐述古籍版本学的学术专著，由江苏教育出版社于2005年正式出版。该书从研究对象、研究方法、版本和善本、研究角度和用途、版本史和版本鉴别、雕版印刷的出现、书册制度、宋辽金刻本、元刻本、明刻本、清刻本、民国刻本、活字本套印本、插图本、抄本稿本批校本、影印本等多个方面系统阐述了古籍版本学的知识与理论，初步构建了古籍版本学的学科体系。

《唐史史料学》是研究隋唐史的重要工具书，它梳理了各种唐史文献，详述版本流变及版本价值，对两《唐书》叙述尤详。作者通过对新、旧《唐书》修撰过程、史料来源和价值的分析，指出应以读《旧唐书》为主，结合《旧唐书》来读《新唐书》，用新书对勘补充旧书的不足；读旧书应先读列传，并按不同时期分单元阅读，以期对这个时期的大事有个深刻印象。这些意见汇聚了作者长期研读两《唐书》的经验，对于学习研究唐史的后来者具有很强的指导意义。《六至九世纪中国政治史》是黄永年致力于唐史研究的又一部力作，作者从宏观角度审视3~9世纪政治史的发展过程，又从微观角度对李唐创业、玄武门之变、武周政权、玄宗朝中枢政局、安史之乱、两税法、永贞革新等一系列唐代的历史问题进行了精细的分析。全书脉络清晰，文笔流畅，广征博引，立论新颖，具有很高的学术价值。

五、中央民族大学

中央民族大学历史学科起源于20世纪50年代的高校院系调整，1952年原燕京大学、辅仁大学、清华大学历史系、社会学系撤销，三校的专家学者汇集当时的中央民族学院。1956年翁独健、傅乐焕、王钟翰、吴文藻、费孝通、林耀华、潘光旦等著名学者共同创建了历史系。经过50多年的发展，该校历史学科不仅造就了一大批优秀的民族干部，而且在满文清史、蒙古元代史、辽金史、藏族史、南方民族史、民族关系史和中华民族形成史等研究领域取得了丰硕成果，形成了自身的鲜明特色，涌现了石钟健（南方民族史）、苏晋仁（佛教史）、施联珠（台湾民族史）、贾敬颜（北方民族史）、王辅仁（藏族史）、王恒杰（边疆史）、汪宁生（云南民族史）、李松茂（回族史）等多位民族史学家。2008年该校历史系更名为历史文化学院，现为国家教育部文科基础学科人才培养与科学研究基地，有中国少数民族史、专门史两个博士点，一个博士后流动站（合作），形成了本科、硕士、博士层次完整的办学体系。

傅乐焕（1913～1966），山东聊城人，著名历史学家，我国民族史学科奠基人之一。

傅乐焕出生于书香门第，青年时期在济南读书，后因丧父一度辍学。1930年冬，得堂叔傅斯年之助，到中央研究院历史语言研究所充任书记员。1932年考入北京大学历史系学习。1937年应聘到中央研究院历史语言研究所任助理研究员。抗日战争时期，随研究所迁徙长沙、昆明、重庆等地，从事语言研究工作。1947年得英国文化委员会资助赴伦敦大学东方学院留学，继续从事契丹、蒙古及中亚民族史的研究工作。1950年获博士学位。1951年回国，任中国科学院考古所研究员。1952年调入中央民族学院，任历史系教授、副主任、院工会副主席等职，兼任中国科学院历史研究所研究员和学术委员。20世纪50年代曾参加满族、达斡尔族等少数民族的民族识别和社会历史调查等工作。

傅乐焕长期从事北方民族史的研究与教学工作，在辽金史研究领域颇有建树，在国内外有较大影响，与冯家昇、陈述并称为“辽史三大家”。他曾参与编绘《中国历史地图集》，编纂《辞海》、《中国地震史料辑录》，编辑《中国历史小丛书》，点校“二十四史”，主持编写《满族简史》、《金史》等。其主要著述有《辽史丛考》、《康熙年代的中西关系》、《康熙年间两个来华的葡萄牙使节》、《中西编年史文献资料》、《捺钵与斡尔鲁朵》等。

石钟健（1913～1991），浙江诸暨人，著名历史学家、考古学家，我国西南民族史研究开拓者之一。

石钟健出生在河北保定。1939年就读于武汉大学历史系，师从吴其昌先生。1941年转至昆明西南联合大学历史系学习，毕业后在昆明市多所中学任教。工作期间接受向达先生的建议，多次到云南大理做考古工作。新中国成立后于1954年调四川工作，先后执教于川东教育学院、四川师范学院历史系。1955年调中央民族学院任教，先后任副教授、教授。兼任中国古代铜鼓研究会理事长，中国百越民族历史研究会副会长兼秘书长。

作为我国著名的民族史学家，石钟健擅长壮族史、百越民族史研究。作为考古学家，他主要从事古墓及石碑研究工作，曾发表论文《段氏世系考》、《滇西考古报告》、《邓川访碑录》等。他对中国古老神秘悠久的悬棺葬现象颇有研究，曾经与同事多次到福建南平武夷山景区及四川、重庆长江三峡边等地实地察看悬棺墓葬的情况，撰写有《悬棺葬与船棺葬》、《论悬棺的起源地和越人的海外迁徙》等论文。1996年民族出版社将其民族史研究的学术论文汇编成《石钟健民族研究文集》一书。抗战时期他在云南大理等地的考古论文现均收录在《石钟健大理访碑集》一书中。

王钟翰（1913～2007），湖南东安人，著名历史学家，我国民族史研究的重要学者，清史研究、满族史研究开拓者之一。

1934 年王钟翰毕业于长沙雅礼中学，考入北平燕京大学历史系，师从著名历史学家洪业、邓之诚、顾颉刚。1940 年燕京大学历史系研究生毕业后留校任教，1946 年赴美国哈佛大学进修两年。回国后在燕京大学历史系任副教授，兼任哈佛—燕京学社引得编纂处代副主任。1952 年高校院系调整，王钟翰调入新成立的中央民族学院，主要研究满族史。1956 年起一直担任历史系教授，长期从事清史、满族史的教学科研工作。历任中央民族大学历史系及民族史研究所教授、历史系名誉主任、满学研究所所长、中国社会科学院民族研究所兼职研究员、北京市历史学会顾问和中国民族史学会顾问等。

王钟翰精通清史，早在 20 世纪 40 年代就曾撰成高质量论文《清世宗夺嫡考实》、《胤禛西征纪实》，在清史研究领域一鸣惊人。1952 年调入新成立的中央民族学院以后，王钟翰继续从事满族史研究，成就卓著，是中国老一辈学者中较早利用历史唯物论研究少数民族历史的学者之一。1957 年出版第一部论文集《清史杂考》，该书收录作者 1948 年以后的论文 8 篇、附录 2 篇，凡 30 万字，代表着中国当时清史研究的最高水平。50 ~ 60 年代，从《李朝实录》中辑录出《朝鲜李朝实录中之女真史料选编》。70 年代，王钟翰借调入中华书局，参与《清史稿》点校工作。20 世纪 80 ~ 90 年代，王钟翰发表了《论袁崇焕与皇太极》、《清代民族宗教政策》等大量高质量的学术论文，相继出版《清史新考》、《清史续考》、《清史余考》三部论文集，研究视野覆盖清史各个领域，参与编纂《〈中国历史地图集〉释文汇编·东北卷》，主编《满族史研究集》、《中国民族史》、《四库禁毁书丛刊》、《满族简史》等。其中《中国民族史》内容结构上打破以汉族为主的传统体系，以不同历史时期在历史舞台上产生重要影响的少数民族为主线，以民族平等的眼光看待历史，体例颇具创新意义。

苏晋仁（1915 ~ 2002），字公望，笔名靖居，湖南湘阴人，著名历史学家、文献学家，我国佛教史研究开拓者之一。

青年时期苏晋仁受教于吴廷燮、周叔迦等名师，始研佛教经典，后执教于中国佛学院、辅仁大学、中国大学、天津女子师范学院。新中国成立后至中央民族学院研究部、历史系任教，并在中国佛教文化研究所、道教文化研究所及中国佛学院兼职。

苏晋仁长期致力于佛教史研究及中国古代文献典籍校勘、整理工作。其主要著作有《两汉县政考》、《北京市志·礼俗志》（参编）、《江苏通志·大事志》（参编）、《〈宋书·乐志〉校注》、《〈宋书·天文志〉校注》、《〈宋书·律历志〉校注》、《〈宋书·百官志〉校注》、《〈册府元龟〉吐蕃史料校证》、《〈通鉴〉吐蕃史料》、《佛典文选》、《真谛三藏年谱附译述考》、《出三藏记集校点》、《佛教文化与历史》、《道书综目》、《敦煌道教遗书》等，发表重要论文《宋书丛考》、《〈宋书·百官志〉考异》、《藏汉文化交流的历史丰碑》、《佛教传记综述》、《慧皎及其高僧传》、《佛教经籍目录综考》、《辽代佛教逸典考》、《唐蕃使者之研究》、《元代对西藏地方的管辖和影响》等。

贾敬颜（1924～1990），河北束鹿人，著名历史学家，我国北方民族史研究的重要学者。

1949年贾敬颜毕业于北平中法大学文史系。曾任中国科学院考古研究所助理员。1952年调入中央民族学院，1956年历史系建系后调至历史系任讲师、副教授、教授，主讲历史文献学、蒙古史等课程。

贾敬颜毕生致力于北方民族史及历史文献学的教学与研究，尤重辽金元史，长于考证名物、制度，每有独到见解。其主要著述有《民族历史文化萃要》、《东北古代民族古代地理丛考》、《五代宋金元人边疆行记十三种疏证稿》、《〈中国历史地图集〉释文汇编·东北卷》（合著）、《中华民族·蒙古族》（合著）、《〈蒙古译语〉〈女真译语〉汇编》（合编）、《契丹国志》校点本，译注《汉译蒙古黄金史》等。贾敬颜所撰《民族历史文化萃要》由吉林教育出版社

1990 年出版。

王辅仁（1930～1995），河北滦南人，著名历史学家、民族学家、宗教学家，我国藏学研究开拓者之一。

1948 年王辅仁入北平朝阳学院学习，翌年春，转入燕京大学社会学系民族组。1952 年毕业后，任教于中央民族学院历史系，历任民族研究所教授、所长、名誉所长，民族学系主任、名誉主任，民族文化交流研究所顾问，中国藏学中心干事，北京市社会学会副会长，中国民族史学会副会长，中国民族学学会、中国西南民族研究会、西藏佛教研究会、国家哲学社会科学基金民族研究评审组成员，中国少数民族文学艺术基金会学术委员等职。

王辅仁是我国藏学学科的开拓者之一，毕生致力于民族学、藏学的教学和研究工作，参与创建中央民族大学民族学系，为我国民族学研究及教育事业作出了重要贡献。新中国成立后，他先后参与民族识别、少数民族社会历史调查等大规模调查工作，足迹遍及内蒙古、西藏、云南、四川、黑龙江等少数民族主要生活地区，并应邀到加拿大、美国、我国香港等地多所大学讲学。他注重将民族史与民族学相结合开展历史研究，一生著述丰厚，主要有《西藏佛教史略》、《藏族史要》、《蒙藏民族关系史略》、《西藏社会的飞跃》等，参与编写《藏汉大辞典》、《西藏社会历史调查》、《西藏社会概况》、《藏族简史》、《藏族简志》、《中国大百科全书》（民族、历史、宗教）、《中国民族史》、《中国近现代民族关系史》、《民族词典》等藏学、民族学著作。

第六节　中国地方高等院校历史学家

一、西北大学

西北大学历史学科始于 1937 年西北联合大学所设历史系。历史专业是西北大学传统优势专业之一，长期以来在全国高校中有着较大的影响。侯外庐、张岂之等主编的《宋明理学史》、陈直的《汉书新证》、《史记新证》及陈登原的《国史旧闻》等专著被学术界公认为经典之作。许寿裳、马师儒、黄文弼、侯外庐、陈直、马长寿、陈登原、张岂之、彭树智、林剑鸣等著名学者先后在这里任教。20世纪50年代著名史学家侯外庐担任西北大学校长，奠定了该校历史学科发展的基础。1984年中国思想史专业获博士学位授予权，1986年世界史专业获博士学位授予权，1995年被国家教委批准为首批国家文科基础学科人才培养和科学研究基地，2005年获历史学一级学科博士学位授予权，设历史学博士后科研流动站。

黄文弼（1893～1966），字仲良，湖北汉川人，著名历史学家、考古学家，我国西北史地学及新疆考古学开拓者之一。

1915～1918年黄文弼入北京大学哲学门学习。1919年任教于北京大学研究所国学门。1927～1930年参加中瑞西北科学考察团考察蒙古、新疆地区。1934～1937年为西北科学考察团专任研究员。1935年任中央古物保管委员会西安办事处主任，整理碑林。抗日战争期间任西北联合大学及四川大学教授，后任西北大学历史系、边政系主任。1947年任北平研究院史学研究所研究员。

中华人民共和国成立后，黄文弼任中国科学院考古研究所研究员。1964年被选为中国人民政治协商会议全国委员会委员。

黄文弼长期从事西北史地和新疆考古研究，成就卓著，是我国西北历史地理和新疆考古研究的主要开拓者。他的治学方法师承近代史学大家、《新元史》撰者柯劭忞，擅长西北史地研究，并结合考古资料考证史地。① 黄文弼曾多次考察新疆文物古迹，根据实地考察所得，论证了楼兰、龟兹、于阗、焉耆等古国及高昌古城、交河古城等多个古城的地理位置和历史演变。判明了麴氏高昌的纪年顺序

① 王晓清：《学者的师承与家派》，湖北人民出版社2000年版，第22页。

和茔域分布，提出古代塔里木盆地南北两河的变迁问题，为探讨新疆地区不同时期的历史文化积累了丰富资料。其著有《高昌陶集》、《高昌砖集》、《罗布淖尔考古记》、《吐鲁番考古记》、《塔里木盆地考古记》、《新疆考古发掘报告》、《西北史地论丛》等。

陈直（1901～1980），原名邦直，号摹庐，又号弄瓦翁，祖籍江苏镇江，著名历史学家，我国秦汉史研究的开拓者之一。

陈直幼年家境清贫，自学不辍。早年喜研秦汉史，13 岁系统研读《史记》和《汉书》。17 岁到扬州宜之斋碑店当学徒，兼做家庭教师、小学教员，业余从事历史研究。24 岁撰成《史汉问答》二卷。39 岁前刊行著作有《楚辞大义述》、《楚辞拾遗》、《汉晋木简考略》、《汉封泥考略》、《列国印制》、《周秦诸子述略》、《摹庐金石录》等多种，深受学界瞩目。另研究古代货币，著《列国币考》，参与丁福保主编《古钱大辞典》的撰写工作。

抗日战争爆发后，陈直在兰州、西安等地金融机构中供职，致力于收集整理秦汉瓦当、货币、玺印、陶器等文物，用以作为研究秦汉历史的资料，从古董商手中挽救保护了许多稀世国宝。1949 年后经著名学者、教育部长马叙伦推荐，由西北大学校长侯外庐邀请其执教于西北大学历史系，从此集中精力从事学术研究。20 世纪 50～60 年代，陈直的学术研究取得丰硕成果，发表百余篇学术论文，完成 200 余万字的学术巨著《摹庐丛书》。

陈直历任西北大学历史系教授、考古研究室与秦汉史研究室主任、西北大学学术委员，西安市文物管理委员会委员，陕西省政协委员，陕西省社联及史学会顾问，中国考古学会理事，中国秦汉史研究会筹备小组组长等职。

陈直治学传承清代朴学传统，深受王国维“二重证据法”的影响，注重文献资料与考古资料相结合研究历史，提出了“使文献和考古合为一家、使考古为历史服务的”学术主张。在扩大资料来源方面，他独辟蹊径，别开生面，把人们不太注意的瓦当、砖文、玺印、封泥、货币、钱范、铜镜、陶器、漆器等寻常古物出神入化地引入史学研究殿堂，取得了突出的成就。《摹庐丛书》是陈直学术研究成果的结晶，丛书由18种学术专著组成，至1994年全部出版或发表。另有手稿本4部。《汉书新证》、《史记新证》是陈直的代表作，两书取资古器物考证《汉书》、《史记》职官、州郡县属吏名称、地理、人名、宫殿名称、物价、典制等讹误，考证精到，发前人之所未发，被学术界奉为《汉书》、《史记》研究之圭臬，对推进《汉书》、《史记》研究作出了创造性的贡献。另有《两汉经济史料论丛》、《盐铁论解要》、《南北朝王谢元氏世系表》、《读子日札》、《居延汉简研究》、《文史考古丛书》、《关中秦汉陶录》等学术力作。陈直精于古诗，《摹庐诗约》收录作者诗作200余首。

马长寿（1907～1971），字松龄，又作松舲，山西昔阳人，著名民族学家、社会学家、历史学家，我国现代民族学、人类学的开拓者之一。

马长寿自幼丧父，家境贫寒。1929年考入南京中央大学社会学系，攻读民族学专业。1933年毕业并留校任教。1936年转中央博物院任职，先后在四川大凉山、川西北等地考察彝、藏、羌等族的社会历史。从1942年起，先后任教于东北大学、金陵大学、四川大学等校。中华人民共和国成立后，任浙江大学、复旦大学教授。1955年调西北大学任教授，并根据国家规划筹建西北民族研究室，任该室主任。

他早年引进西方近现代社会学、人类学、语言学、考古学等先进科学方法，深入西南少数民族地区进行民族调查，发表了一批关于民族学、人类学的奠基之作。20世纪50年代后，他在中国民族史领域，融中国史学优良传统和近现代西方社会科学精华为一体，发展成别具一格、自成体系的学派，在匈奴学、鲜卑学、突厥学、藏学等研究领域内取得了开创性的研究成果，并得到了海内外学者的普遍认可。

马长寿长期致力于民族史研究，关注边政问题研究，强调将民族学、人类学的理论和方法运用到边政研究与实践中，并自觉将学术研究与边政问题结合起来，为后人留下了宝贵财富。其著作有《凉山罗彝的族谱》、《嘉戎民族社会史》、《钵教源流》、《中国西南民族分类》、《论匈奴部落国家的奴隶制》、《突厥人和突厥汗国》、《南诏国内的部族组成和奴隶制度》、《北狄和匈奴》、《乌桓与鲜卑》等，遗著有《凉山罗彝考察报告》、《彝族古代史初稿》、《氐与羌》、《碑铭所见前秦至隋初的关中部族》和《清代同治年间陕西回民起义调查资料》等。《马长寿民族学论集》是迄今为止最为系统地反映马长寿学术思想的代表作。

林剑鸣（1935～1997），北京人，著名历史学家，我国秦汉史研究的重要学者，简牍学研究开拓者之一。

1949 年林剑鸣入华北大学学习。1957 年考入西北大学历史系。1961～1972 年任教于西北政法学院。1972～1988 年任西北大学历史系讲师、副教授、教授。1988 年调任中国政法大学法律史研究所所长。1989～1991 年任司法部法律出版社副总编辑、总编辑。曾任西北大学秦汉史研究室主任、中国秦汉史研究会会长、陕西省文物管理委员会副主任、中国政法大学法律史研究所所长等。

林剑鸣长期致力于秦汉史教学与研究工作，发表《秦代法律制度初探》、《“隶臣妾”辨》、《支那称谓问题》、《日本学者对中国简牍的研究》、《从云梦秦简看秦代的法律制度》等学术论文 100 余篇，著有《秦史稿》、《秦汉史》、《简牍概述》、《秦国发展史》、《吕不韦传》、《汉武帝》、《法与中国社会》、《秦汉简史》（合著）、《秦汉社会文明》（合著）、《长江文化史》（合著）、《中国古代史》第一卷（主编）等 10 余部著作，译著［日］大庭修《秦汉法制史研究》（合译），为我国秦汉史、法律史的教学、研究和出版事业作出了突出贡献。

二、郑州大学

郑州大学历史学科始建于 1956 年，是郑州大学最早创办的 7 个系科之一。半个多世纪以来，由著名历史学家、郑州大学首任校长嵇文甫领导创建的郑州大学历史学科取得了丰硕成果，秦佩珩、刘铭恕、张文彬、高敏（秦汉魏晋南北朝史）、李民、戴可来等一批知名教授长期在此执教，在他们的影响和带领下，郑州大学历史学科蓬勃发展。1981年中国古代史、专门史和世界史率先取得我国第一批硕士学位授予权，1996年由高敏领衔的中国古代史专业获得了博士学位授予权，2003年考古学及博物馆学取得博士学位授权点，并获准设立了历史学博士后流动工作站，2005年获得历史学一级学科博士学位授予权，现设8个二级学科博士学位授权点：考古学及博物馆学、历史地理学、历史文献学、史学史、专门史（中国经济史）、中国古代史、中国近现代史、世界史。

嵇文甫（1895~1963），原名嵇明，河南汲县人，著名马克思主义史学家、教育家、哲学家，中国科学院哲学社会科学部学部委员。

嵇文甫早年接受私塾启蒙教育，1910年入卫辉中学，1913年考入北京大学预科，1915~1918入北京大学哲学系。从北京大学毕业后任河南省第一师范国文教员，并在河南留学欧美预备学校兼课。1926年加入中国共产党并赴苏联莫斯科中山大学学习。1928年回国，与党失去联系。先后执教于清华大学、北京大学、燕京大学、中国大学和北平女子师范大学，讲授宋代哲学、十七世纪思想史和中国经济史等课程。1933年后任河南大学教授、文史系主任、文学院院长。1937年抗日战争全面爆发，他和范文澜等创办河南大学抗敌训练班和河南省抗战教育工作团，积极宣传抗日救国。

1949年新中国成立后，他积极从事马克思主义历史学科的建设。历任河南大学副校长、校长，中南军政委员会委员，河南省人民政府副主席、河南省文教委员会主任、副省长、河南省历史研究所所长和河南省文史研究馆馆长、河南第一师范学院院长，兼任《历史教学》、《历史研究》和《哲学研究》编委，领导创办了《新史学通讯》（《史学月刊》的前身）。1956年11月任郑州大学首任校长，中国科学院哲学社会科学部学部委员。嵇文甫是著名马克思主义理论家，长期致力于中国社会史和哲学思想史的研究，其主要著作有《先秦诸子政治社会思想述要》、《左派王学》、《船山哲学》、《晚明思想史论》、《王船山史论选评》、《王船山学术论丛》、《关于历史评价问题》、《嵇文甫文集》等。

刘铭恕（1911～2000），河南淮滨人，著名历史文献学家，敦煌学研究的重要学者。

刘铭恕是著名学者刘盼遂之弟。[①] 刘铭恕 1933 年毕业于北平中国大学国文系，1935 年留学于日本早稻田大学，回国后长期从事历史文献研究工作。1957 年，任职于中国科学院图书馆，从事《斯坦因劫经录》的编撰工作。1961 年调入郑州大学。

刘铭恕主要从事古文字学、史部目录学、古籍选读等课程的教学和考古学、中国古代史、佛教史、敦煌学等方面的研究工作。1957 年，中国科学院图书馆得到了部分英藏敦煌汉文文书（S. 1～6980）的缩微胶卷，刘铭恕依胶卷流水号（即斯坦因编号）排列款目，编成《敦煌遗书总目索引》，对敦煌文书的编目和整理工作作出了开创性的贡献。刘铭恕著有《关于沂南画像》、《试说近年出土的两组珠子》、《泉州丰石刻三跋》、《斯坦因劫经录》、《敦煌遗书丛识》、《隋唐时代的僧佣和门僧制》等论著。

秦佩珩（1914～1989），山东安丘人，著名历史学家，中国经济史研究开拓者之一。

1934 年秦佩珩考入北京育英中学，1937 年考入燕京大学。后来先后在四川大学、光华大学、西北大学、湖南大学等校任教，1953 年到中南财经学院工作。1956 年，河南筹备郑州大学，他作为历史系的骨干学者，创设经济史专业。秦佩珩是中国民主促进会河南省

---

① 姜伯勤：《论陈寅恪先生“新方法”、“新材料”之史学“试验”——陈寅恪先生〈书信集：致刘铭恕〉解析》，《史学月刊》2009 年第 5 期。

组织的创始人，曾任民进中央参议委员会委员、民进中央直属河南省支部主任、河南省政协常委。

秦佩珩长期致力于中国经济史研究，是国内学术界较早研究明清社会经济发展的学者之一，也是国内经济史学界较早研究经济史学科发展历史的学者之一，还是国内经济史学界最早研究城市经济史的学者之一。其主要著作有《辽代货币新考》、《古代经济史》、《中国古代地理史剩稿》、《中国史部目录学论要》、《南诏史渊源略论稿》、《明清社会经济史论稿》等。

三、云南大学

云南大学历史学科具有悠久的历史传统，人文积淀深厚。早在云南大学的前身东陆大学创办之初即开设史学课程。1937 年，云南大学设文史系，下有史学组。1951 年正式成立历史系，形成了以方国瑜、江应梁、杨堃、李埏、尤中为代表的学术队伍，形成了具有特色的中国民族史、西南文化史、云南地方史、中国封建经济史、西南边疆史等学科体系。1964 年，中国民族史专业开始招收培养研究生。1981 年中国民族史获国家第一批博士、硕士学位授予权，1986 年专门史（经济史）获博士学位授予权，2000 年世界史获博士学位授予权，2003 年获得历史学一级学科博士学位授予权，设立历史学博士后流动站，1995 年历史系被国家教委批准为文科基础学科人才培养与科学研究基地，2000 年西南边疆少数民族研究中心被国家教育部批准为全国高校人文社会科学重点研究基地，2007 年云南大学专门史（经济史）获准为国家重点学科。云南大学历史系在中国经济史、中国民族史、中国西南边疆问题研究、中国与南亚东南亚国家关系史、亚非史研究方面形成了学科优势。①

方国瑜（1903～1983），云南丽江人，纳西族，著名历史学家、

---

① http：//www. ydrwxy. ynu. edu. cn/structure/lsx/index.

民族学家、语言学家、方志学家、教育家，中国民族史学科开拓者之一。

方国瑜出生于书香世家，生性质朴，勤勉好学。1923 年他离家到北京求学，因成绩优异，越级升入北京师范大学国文二年级，第二年考取北京大学研究所研究生，得钱玄同、余嘉锡、马衡、陈垣、梁启超、杨树达等名师指点，涉猎音韵、训诂、目录、校勘、名物、历史、地理学科，纵目经史，博览群书，为日后治学奠定了坚实的基础。

1932 年和 1933 年，方国瑜先后任北京师范大学研究院编辑员、私立民国大学教授等职。1933 ~ 1934 年受刘半农督促，回到家乡立志揭开东巴纳西象形文字及东巴文化的神秘面纱。1935 年入滇边考察，经过潜心研究，完成了《纳西象形文字谱》初稿（该书 1981 年才公之于世）。1934 年 6 月后到南京向赵元任学习语言学，用国际音标为纳西象形文字标音，编成世界第一部翔实、科学的《纳西象形文字谱》，章太炎欣然为之作序。方国瑜因此被国际学术界誉为“纳西语言与历史学之父”。著名史学家徐中舒称他是“南中泰斗，滇史巨擘”。

1936 年起方国瑜任云南大学教授，兼《云南通志》编审。抗战期间，与凌纯生、向达、楚图南、闻在宥等编辑出版《西南边疆》杂志，主持云南大学西南文化研究所，编辑出版《西南研究》。① 20 世纪 30 年代到 80 年代，他孜孜不倦地在云南史地研究领域耕耘，是云南地方史、西南民族史、西南边疆历史地理等研究领域的拓荒者。20 世纪五六十年代，他参与了国家民族识别和少数民族社会历史调查，担任云南民族调查组副组长，深入楚雄、大理、西双版纳、德宏、凉山等地进行民族调查。方国瑜所著《滇西边区考察记》至今被誉为云南民族研究、田野调查的典范之作。他在云南大学执教近五十年，为中国民族史和中国地方史的研究与人才培养作出了重要贡献。

---

① 高增德、丁冬编：《世纪学人自述》（第二卷），北京十月文艺出版社 2000 年版，第 247 页。

方国瑜学问渊博，著作宏富，在多个研究领域有重要建树。他治学严谨，所撰著作旁征博引，考证严密，多有创新发明。方国瑜是云南地方史、民族史研究的开拓者和奠基人，为发展我国统一战线、加强民族团结、维护祖国领土完整作出了重要的历史性贡献。1963年，方国瑜发表《论中国历史发展的整体性》一文，指出中国各民族由于社会生活的共同要求，相互联系，相互影响，相互融合，发展共同的社会经济文化，形成一个稳定的紧密联系的整体；政权形式的统一和分裂，从未改变中国历史的整体性。这一理论贯穿于他的民族研究中，并为越来越多的学者所认同，是20世纪阐述中国多民族统一国家形成发展的两大理论流派之一。方国瑜在云南民族史、地方史方面贡献巨大，撰写了大量具有很高学术水平的著作，主要有《滇西边区考察记》，《困学斋杂著五种》，《云南通志》之《疆域考》、《宗教考》、《金石考》、《族姓考》40卷，《元代云南行省傣族史料编年》、《纳西象形文字谱》，《滇史论丛》4辑，《中国西南历史地理考释》，《云南史料目录概说》，《彝族史稿》，《汉晋民族史》，《抗日战争滇西战事篇》，《云南的土司制度》，《方国瑜文集》等，还主编有《云南史料丛刊》、《云南地方史讲义》等。

李埏（1914~2008），字子沂，号幼舟，云南路南人，著名历史学家、教育家，中国经济史研究开拓者之一。

李埏出生于书香门第，四岁入私塾，后就读于昆明市立第一小学、省立第一中学。1935年以全省第一名的优异成绩被保送入北京师范大学历史系。“七七”事变后，转入西南联合大学历史系，受业于张荫麟、吴晗、钱穆、陈寅恪等史学大师，深得史学真传。获益于大家教泽，学生时代的李埏撰写和发表了《北宋楮币起源考》、《宋代四川交子兑界考》、《宋代交子发展史》等一批重要论文，深得学术界好评。1940年西南联合大学毕业后考入北京大学文科研究所。1942年任教于浙江大学史地系。1943年受聘执教于云南大学，一干60余年，成为云南大学中国经济史学科创建者。

1949 年 12 月，云南和平解放后，历任云南大学教授会第一任主席、云南大学筹捐委主委、云南大学工会筹委会主席、昆明市教育工会筹委会主委、云南省图书馆馆长、中国科学院历史研究所兼职研究员等。李埏毕生研究中国经济史和中国古代史，对中国土地制度史和中国商品经济史的研究尤为深入。在土地所有制形态、古史分期、农村公社以及地主阶级等重大问题上独树一帜，是中国土地国有制和西周封建论的重要代表，并在云南地方经济史研究方面取得了令人瞩目的成就。

李埏研究商品经济史始于 20 世纪三四十年代。1956 年他在《历史研究》第 8 期发表了 2.5 万字的长篇论文《论我国的“封建的土地国有制”》，首次提出了土地国有制、大土地占有制、小农土地所有制以及村社所有制等多种土地所有制“同时存在”的观点，在我国史学界引起热烈的讨论。土地所有制问题成为推动中国史学研究发展的“五朵金花”之一。80 年代初他发表了《经济史研究中的商品经济问题》，将对商品经济的研究从微观的典型剖析上升到更高层次的理论阐释，揭开了中国商品经济史研究的序幕。该文奠定了他作为中国商品经济史理论研究的重要开拓者和奠基人的地位。

李埏是一位思想型的学者。他眼光犀利，能将中国经济史研究置于历史发展的大势之中，探赜索隐，阐幽发微，融通古今，给人启迪，因此被学术界誉为“通古今之变，成一家之言”的著名经济史学家。李埏治学严谨，不轻信，不盲从。他常说：“科学研究必须坐冷板凳，啃冷猪头肉。”他强调科学研究必须有献身和牺牲精神，不能急功近利。他主张文不贵多，贵工，凡有所论，一定要经过反复推敲、修改，不成熟不能随便发表。李埏著有《中国封建经济史论集》、《中国封建经济史研究》、《中国古代土地国有制史》、《宋金楮币史系年》、《滇云历年传点校》等重要学术著作，另外编写有《中国封建经济史专题》、《唐宋经济史》、《宋代史稿》、《唐宋社会的等级分析》等教材讲义，发表学术论文数十篇。云南人民出版社 2001

年出版李埏的《不自小斋文存》，从中也可见作者质朴古雅的文风。

四、河北大学

河北大学历史学科创建于 1945 年，经过 60 多年的建设与发展取得了丰硕成果，具有中国古代史、中国近代史两个硕士点，1995 年被河北省评定为“历史学科人才培养与科学研究基地”。在著名历史学家漆侠教授带领下，中国古代史成为河北省最早获准设立的文科博士点，并成为省重点学科。

河北大学宋史研究中心是一个独立设置的研究机构，主要从事宋辽夏金史和中国古代史的研究与研究生培养工作，原称宋史研究室，由漆侠先生创建于 1982 年，1990 年扩建为历史研究所，2000 年组建为宋史研究中心。

漆侠（1923～2001），山东巨野人，著名历史学家，20 世纪后半叶我国宋史研究学术泰斗。

1944 年漆侠考入国立西南联合大学历史系，1948 年入北京大学文科研究所史学部攻读研究生。1951～1953 年，任中国科学院近代史研究所助理研究员。1953 年后任教于天津师范学院（后改称河北大学）。历任河北大学历史研究所教授、所长，中国史学会理事，中国宋史研究会会长，中国农民战争史学会理事长、顾问，河北省历史学会会长，河北省社科联副主席等职。

漆侠长期致力于中国农民战争史、中国古代经济史、宋辽夏金史的教学和科研工作，著述丰富，是宋史学界公认的学术泰斗。他撰有《隋末农民起义》、《秦汉农民战争史》、《王安石变法》、《宋代经济史》（上、下）、《辽夏金经济史》（与乔幼梅教授合著）、《求是集》、《知困集》、《探知集》、《两宋政治经济问题》（与邓广铭先生合著）、《宋学的发展和演变》、《历史研究法》等，发表论文多篇，主编《宋史研究丛书》、《宋史研究论文集》、《宋史研究论丛》、《中日宋史研讨会中方论文选编》（与邓广铭先生共同主编）、《国际宋史研讨会论文选集》（与邓广铭先生共同主编）、《中国封建社会经济史》（四卷本，与田昌五先生共同主编）、十卷本《中国改革通史》等。2009 年 4 月，河北大学出版社编辑出版了《漆侠全集》十二卷，收录了作者各个时期撰写的学术论著。

漆侠关于中国农民战争史研究的专著包括《隋末农民起义》、《唐太宗》、《秦汉农民战争史》等，反映了作者关于中国农民战争的基本观点。《王安石变法》出版 40 年来，赢得了广泛的赞誉。《宋代经济史》（上、下）被认为是“新中国成立以来第一部大型的、具有很高学术价值的中国古代经济史断代研究的专著”。《宋代经济史》全面系统地论述了两宋 300 多年经济发展的总过程，详细叙述了宋代农业、手工业、商业、城市经济的发展。《宋代经济史》引用史料丰富，理论上颇多创新。《辽夏金经济史》由漆侠与乔幼梅合著，漆侠负责撰写辽夏经济史部分，乔幼梅负责撰写女真金代经济史部分，该书被认为是《宋代经济史》的姊妹篇，是研究辽夏金三个北方少数民族政权的拓荒之作。1994 年起，漆侠在其学术生涯的晚年将研究的重点转向了宋代学术思想史，该领域的成果在漆侠去世后由其弟子整理为《宋学的发展和演变》于 2002 年出版。该书突破了此前以理学为主体的思想史旧框架，从总体上概括了宋学形成、发展和演变的历史过程，突出了宋学发展各个阶段与当时政治、经济状况的密切联系，被认为代表了宋代学术思想史研究的新方向，开辟了宋学研究的一条新路。

五、苏州大学

苏州大学历史学系是该校最早建立的系科之一，1927 年苏州大学的前身东吴大学文学院设有历史系。1952 年高等学校院系调整，东吴大学与原无锡国学专修学校等合并，并定名为江苏师范学院，无锡国学专修学校原设历史专修科。1955 年，著名历史学家柴德赓奉调江苏师范学院创建历史系。1995 年苏州大学院系调整，历史系更名为社会学院，下设历史学、社会学、档案学、旅游管理学等本科专业。该校中国近代史专业是省重点学科，具有博士学位授予权，在太平天国史研究、中国近现代社会史研究、长三角区域社会史研究、严复思想研究等方面具有一定的学术影响。

唐文治（1865~1954），字颖侯，号蔚芝，晚号茹经，江苏太仓人，著名教育家、经学家、历史学家，国学大师。

唐文治的父亲唐若钦为清朝贡生，以课徒教书为业。唐文治自幼从父攻读经书，16岁入州学，从师于太仓理学家王紫翔，潜心研读性理之学及古文辞，18岁中举，21岁进江阴南菁书院，受业于东南经学大师黄元同和王先谦，治训诂学。1892年考中进士，任户部江西司主事。甲午战争后，唐文治向清廷呈《请挽大局以维国运折》，针砭时弊，吁请严惩战败将领。1901年任外务部榷算司主事，管理通商、关税等事务。1903年任商部右丞、左丞、左侍郎。1906年秋，以农工商部左侍郎署理尚书，不久，因母丧回籍，从此脱离仕途，致力于教育事业。

1907年，唐文治就任邮传部上海高等实业学堂（后改为交通部上海工业专门学校即今西安交通大学和上海交通大学之前身）监督（校长）。辛亥革命爆发，唐文治与伍廷芳等一起联合通电，要求清帝逊位。“五四”运动时，通电要求保护北京学生。1921年因目疾辞去上海工业专门学校校长职务，回无锡休养。是年底，应聘任无锡国学专修馆（后改为无锡国学专修学校）馆长，并提出“厚植基础，博览专精”的原则，主张教古籍原书，使学生能掌握古典文献的基本知识。在学习方法上，他强调学生自学，并培养了大批优秀人才。抗战期间，唐文治辗转各地经营无锡国专。新中国成立后，无锡国专改名为中国文学院，唐文治仍任院长。1954年病逝于上海。

作为近代杰出的国学家、教育家，唐文治重视语言基础教育，强调研究学问需要奠定坚实的古汉语基础知识，曾编写《曾子大义》、《国文阴阳刚柔大义》、《大学大义》、《中庸大义》、《论语大义》、《孟子大义》等课本。他重视道德教育，认为道德是基础，学问为屋宇墙垣。为此，他编《人格》一书，作为道德教育的范本。唐文治著有《茹经堂文集》、《茹经堂奏书》、《茹经先生自订年谱》、《唐文治文选》等。

柴德赓（1908～1970），字青峰，浙江诸暨人，著名历史学家、教育家，中国历史文献学开拓者之一。

1933 年柴德赓毕业于北平师范大学历史系。曾任四川白沙女子师范学院副教授、辅仁大学历史系教授、北京师范大学历史系教授兼系主任。1955 年，调往江苏师范学院，创建江苏省属高校第一个历史系，任教授兼系主任。历任中国民主促进会第四届中央委员、民进江苏省委第一届副主任委员。

柴德赓毕生从事历史教学与研究工作，曾讲授中国历史纲要、中国古代史、中国历史教学法、史料与史学、中国历史要籍介绍及选读等课程。他学识渊博，功力深厚，尤精于目录学和文献史料学。作为陈垣的学术传人之一，他继承了陈垣“学术从目录学入手”的治学方法。柴德赓的遗稿《史籍举要》内容丰富，评论精辟，是我国历史文献学领域的重要学术著作。

新中国成立后，柴德赓受中国史学会的委托，负责编辑《中国近代史资料丛刊》之《辛亥革命》，参加点校“二十四史”。柴德赓在唐宋史、明清史、辛亥革命史等领域也取得了重要成果。柴德赓著有《史学丛考》、《史籍举要》、《资治通鉴介绍》、《陈垣先生的学识》等。

六、河南大学

河南大学历史学系的前身为创建于 1925 年的中州大学历史系，是河南大学设立最早的院系之一。著名学者范文澜、嵇文甫、蒙文通、姚从吾、高亨、姜亮夫、郭绍虞、马非百、朱芳圃、朱绍侯、孙海波、孙作云、黄元起、胡思庸、唐嘉弘、靳德行等先后在此执教。这里培养出了尹达、石璋如、白寿彝、韩儒林等一批享誉中外的历史学家、考古学家。该系现已发展成为历史文化学院，下设历史学系、旅游学系、文博系和世界历史四个系科，拥有中国古代史研究中心、宋史研究所、世界历史研究所、近代中国研究所、犹太研究所、旅游规划发展中心等科研机构。中国古代史专业具有博士学位授予权（由河南大学和国家博物馆联合招生），拥有历史学硕士一级学科授予权。学院资料室拥有20余万册图书，图书资料丰富、种类齐全。

朱芳圃（1895~1973），湖南醴陵人，著名古文字学家、历史学家，我国先秦史研究的开拓者之一。

1928年朱芳圃毕业于清华学校国学研究院。曾任河南大学、湖南大学、东北大学教授。新中国成立后，历任开封师范学院教授、河南省历史研究所研究员。

朱芳圃毕生从事音韵、训诂及考古学研究，精通甲骨文、金文，编著有《孙诒让年谱》、《殷周文字释丛》、《甲骨学商史编》。遗著《中国古代神话与史实》由中州书画社于1982年11月出版，作者以古文献中关于神话传说的史料为依据，运用古文字学、古音韵学、训诂学、考古学、民俗学等对夏禹之前的神话传说的产生、发展做了较详细的文献学方面的考证，资料丰富，论点鲜明，为我国先秦史研究及中华文明源流研究作出了开拓性贡献。

孙海波（1909~1972），字铭恩，河南光州（今潢川）人，著名古文字学家、历史学家。

1934年孙海波毕业于北平师范大学研究院，获史学硕士学位，历任中央研究院历史语言研究所助理研究员、北平师范大学中文系讲师、中国大学和东北大学中文系教授，1942年任北平师范大学秘书长，后任中国大学、长白师范学院、云南大学教授。

1954年孙海波调任河南师范学院历史系教授。他长期致力于古文字学、先秦史的教学与研究工作，尤其擅长甲骨文研究。他治学严谨，实事求是，在甲骨文研究方面撰写出大量高质量的学术论文，赢得了郭沫若、商承祚的赞扬。孙海波著有《甲骨文编》、《古文声系》、《中国文字学》等专著。

孙作云（1912～1978），字雨庵，辽宁复县人，著名历史学家、民俗学家。

1931 年孙作云考入复旦大学中国文学系。1932 年秋，考入清华大学中国文学系，以发表《九歌山鬼考》（刊于 1936 年《清华学报》第 11 卷第 4 期）开始其学术生涯。1936 年考入清华大学研究院文科研究所，师从闻一多先生，致力于《九歌》研究。1941 年秋，受聘任北京大学文学院讲师、副教授，主讲中国古代神话研究、民俗学、楚辞、中国古代史等课程。1946～1949 年，应聘为东北临时大学、东北大学、长白师范学院中国文学系副教授，同时担任沈阳博物院研究员，1948 年随博物院迁到北平，兼任中国大学教授。1952 年调任新乡平原师范学院（今河南师范大学）教授，讲授中国古代史、中国文学史课程。全国院系调整后，孙作云执教于河南大学历史系，主讲中国古代史、中国文学史、历史文选、《诗经》选读等课程，历任《史学月刊》编委、校学术委员会委员、中国人民政治协商会议河南省第四届委员会委员等职。

孙作云长期致力于中国古代神话和楚文化研究，在《诗经》研究、夏史研究、中国古史分期问题研究、汉代壁画研究等方面均有重要建树。孙作云一生中为后人留下《诗经与周代社会研究》等两本专著、80 余篇论文以及大量的手稿。

七、首都师范大学

首都师范大学原名北京师范学院，该校历史系随学校一起创建于 1954 年。长期以来，著名历史学家戚国淦（世界中古史）、齐世荣（世界近现代史）、宁可（隋唐史）等前辈学者为首都师范大学历史学科的发展呕心沥血，作出了重要贡献。经过 50 多年的辛勤耕耘，该校历史学科发展取得了辉煌成就，形成了学士、硕士、博士学位完整的教育体系，是教育部文科人才培养与科学研究基地，具有历史学一级学科博士学位授予权，设有历史学博士后流动站，世界现代史为国家重点学科。

戚国淦（1918～2010），热河承德人，著名历史学家、教育家，我国世界中古史研究的开拓者之一。

戚国淦出生于书香之家，自幼饱读诗书。1936年考入北京大学西语系，次年抗战爆发后北京大学南迁，戚国淦因病未能去已并入西南联合大学的北京大学就读。1938年戚国淦重考燕京大学，先读外国文学，一年后转入历史系，在邓之诚、齐思和、翁独健等名师的指引下研读中外历史，打下了深厚的外文与文史功底。大学毕业后戚国淦先任中学教师，因教学质量高而被调入北京教师进修学院。1954年，北京师范学院（今首都师范大学）建立，戚国淦受命筹建历史系，为该校历史学科的发展作出了重要贡献。戚国淦历任世界中世纪研究会理事长、英国史研究会副会长、北京史学会学术顾问、《中国大百科全书》副主编、中国社会科学院世界历史研究所兼职研究员、中国世界中世纪史研究会理事长等。

20世纪50年代，由于工作需要，戚国淦从中国史研究转向世界中古史研究领域。从此，在长达40多年的教学生涯中，他克服了资料缺乏、难度较大的各种困难，逐步建立了学校世界史教学体系。“文革”期间，戚国淦屡遭不公平待遇，但问学之心从未改变。1978年改革开放后，年已花甲的戚国淦重新焕发出青春的活力，在我国世界中世纪史研究领域作出了重要贡献。

戚国淦治学严谨，注重第一手史料的运用，坚持论从史出的原则。他认为，搞世界史研究要搞细致的国别断代史。他选择了资本原始积累时期英国都铎时代作为主攻方向，带领学生从艰苦的资料积累与建设工作做起，建起了英国史研究室。为了充实第一手资料，他用自己并不丰厚的薪水托人从英国购买图书。在他的辛勤努力下，首都师范大学英国都铎史藏书之丰富居全国之首，他带领的学术团队在英国都铎史研究方面在国内独领风骚。他还率先向国内学术界介绍英国“修正史学派”，赞赏这一学派不囿于成说、敢于创新的治学精神，他的观点启发了国内同仁的治史思路。

戚国淦著述丰厚，曾主编《外国历史名人传·古代部分》、《外国历史大事集·古代部分》、《世界史资料丛刊·中世纪部分》等大型资料工具书，独译或合译《查理大帝传》、《法兰克人史》、《西方的没落》等。他为商务印书馆《汉译世界学术名著丛书》撰写多篇序言，这些序言凝聚着他独到的见解，其中的许多真知灼见与那些名著一起熠熠生辉。

八、湖南师范大学

湖南师范大学文学院历史学系的前身为国立师范学院历史系，创建于 1938 年。70 余年来，著名历史学家杨树达、林增平、皮名举、谢德风、陶懋炳、孙秉莹等曾先后在此执教，为历史学科发展打下了深厚的基础。该校历史系 1995 年被批准为国家文科基础学科人才培养和科学研究基地。在林增平带领下，该校中国近现代史专业 1990 年获博士学位授予权，2002 年被评为全国重点学科。

杨树达（1885～1956），字遇夫，号积微，晚年号耐林翁。湖南长沙人，著名语言文字学家、历史学家，中国科学院哲学社会科学部学部委员。

1905 年，杨树达留学日本，先入东京宏文学院，后转入京都第三高等学校，进修外国语言学，肄业。1911 年回国，就职于湖南省教育司。1913 年后任湖南省立第四师范、第一师范、第一女子师范国文法教师。1920 年，任北京高等师范学校（后为北京师范大学）国文系教授。1925 年，任清华学校大学部国文系教授，后为清华大学中文系、历史系教授，讲授中国文字学概要、国学要籍、修辞学等课程。1928～1930 年，任武汉大学文学院历史系教授、系主任。1937 年抗日战争爆发后回到长沙，任湖南大学中文系主任、文学院院长。1941 年，受聘为教育部部聘教授。1947 年，受聘为中央研究院院士。1949年新中国成立后，与吴玉章、马叙伦等组织中国文字改革协会，任理事会副主席。1952年，因高校院系调整，转入湖南师范学院任教授，后兼任湖南省文史研究馆馆长。1955年，当选为中国科学院哲学社会科学部学部委员，苏联科学院通讯院士。

杨树达早期研究古汉语语法，后期研究文字学（训诂、音韵和方言等），在语言文字学领域有重要贡献。他在汉语语法方面著有《古书疑义举例续补》（两卷，家刻本，1924年）、《中国语法纲要》（商务印书馆1928年出版）、《词诠》（商务印书馆1928年出版）、《高等国文法》（商务印书馆1930年出版）、《马氏文通刊误》（商务印书馆1931年出版）及《中国修辞学》（世界书局，1933年出版，增订后更名为《汉文言修辞学》，科学出版社1954年出版）等。其中，《中国语法纲要》是仿英语语法而写的一本白话文语法书；《高等国文法》是作者于20世纪30年代写成的一部博采众家之长的古汉语语法著作，是他多年教学与研究的经验积累，也是他的代表作之一；《词诠》是《高等国文法》的姊妹篇，是其另一部代表作，它仿《经传释词》的体例，解释了472个虚词，是当时同类著作中收词最多的一部。《词诠》克服了清代人讲虚词只知其然而不知其所以然的弊病，结合文法来讲解，从而使文言虚词的研究从清代的训诂学提高到科学的文法研究的高度。该书集《马氏文通》以来虚词研究之大成，多有精辟见解，颇具学术价值。

杨树达晚年从事甲骨文和金文的研究，取得了很大的成就。在文字学方面，著有《积微居文录》（商务印书馆1931年出版）、《古声韵讨论集》（好望书局1934年出版）、《古书句读释例》（商务印书馆1934年出版）、《积微居小学金石论丛》（商务印书馆1937年出版）、《积微居金文说》（科学出版社1952年出版）、《积微居小学述林》（科学出版社1954年出版）、《积微居甲文说》、《卜辞琐记》（科学出版社1954年出版）、《耐林庼甲文说》、《卜辞求义》（群联书店1954年出版）等。他研究文字学独具特色，成果超过了前人。

他怀疑章炳麟“形声字声不含义”观点，认为“形声声类有假借，同义字往往同源”。其研究方法是“循声类以探语源，因语源而得条贯”，在方法上受到了欧洲语源学的影响。他的文字学研究中富有创意的基本论点是：形声字中声旁往往有意义；造字之初已有彼此通假的现象；意义相同的字，其构造往往相同或相类；象形、指事、会意和形声四书的字往往有后起的加旁字；象形、指事和会意三书往往有后起的形声字。

作为历史学家，杨树达擅长历史文献研究，著有《春秋大义述》、《周易古义》、《老子古义》、《论语古义》、《论语疏证》、《汉书窥管》、《汉书补注补正》等，今有《杨树达文集》（上海古籍出版社 1983～1988 年出版）。

皮名举（1907～1958），湖南长沙人，著名历史学家，我国世界史研究开拓者之一。

皮名举出生于长沙望族之家，其祖父是清代经学大师皮锡瑞。1923～1927 年皮名举在清华学校留学生部学习。1927 年去美国留学，专攻世界史，先后获得耶鲁大学硕士、哈佛大学博士学位。1935 年学成归国，先后任北京大学、西南联合大学教授，讲授西洋通史、西洋近世史、西洋现代史等课程。在西南联合大学时皮名举与雷海宗齐名，时人称“南有皮名举，北有雷海宗”。当时，皮名举以其渊博的知识和风趣的讲授风格而深受学生爱戴。据美国弗吉尼亚大学历史系教授易社强（John Israel）《西南联大：战争与革命中的中国大学》（*Lianda*：*A Chinese University in War and Revolution*）①介绍，身为西南联合大学的文史教授，皮名举的课堂教学风格辛辣，具有讽刺气息，无所顾忌，但他鼓励和爱护学生的求知精神。

---

① 该书 1998 年由斯坦福大学出版社出版。何炳棣先生称赞易著是“迄今为止最佳联大校史”。国内学者饶佳荣曾撰文《易社强的西南联大研究》介绍它，饶文见 2008 年 6 月 25 日《中华读书报》。

1942年皮名举离开昆明回到湖南，出任国立师范学院教授、史地系主任、教务长、代理院长。1948年8月应聘到湖南大学执教，讲授世界通史、西洋史学史等课程。1949年9月长沙和平解放，皮名举仍留在湖南大学任教。

1953年高校院系调整后，皮名举任教于新成立的湖南师范学院历史系。他致力于建设新中国高等学校世界史学科体系，1954年夏曾应邀参加全国高校历史教学计划教学大纲讨论会，由他负责拟订的世界现代史教学大纲后来在全国高校推广。

皮名举毕生从事世界史教学与研究工作。他早年在哈佛大学的博士学位论文题目是《胶州湾租借史》，论文以丰富的史料、鲜明的观点揭露了德国帝国主义疯狂侵略我国山东省的罪恶行径。1957年，皮名举被打成“右派”，受到了残酷的政治迫害。原本身体羸弱的他经受不住沉重打击，一年后染有肺结核的皮名举抱憾去世，过早离开了学术界。皮名举著有《皮鹿门先生传略》等，1957年他与人合作编译《1760~1917年的美国》由三联书店出版。

陶懋炳（1923~1993），江西新建人，著名历史学家，我国五代十国史研究的开拓者。

陶懋炳早年毕业于抗战时期的（湖南安化）国立师范学院史地系，后任教于长沙师范专科学校，1957~1958年就读于北京师范大学历史系中国古代中世纪史研究生班，受业于白寿彝、赵光贤、何兹全、熊德基等名家。1958年后任教于湖南师范学院（1984年改名为湖南师范大学）历史系，直到退休。

陶懋炳长期致力于中国古代史研究，尤其擅长隋唐五代十国史研究。他对断代史研究有自己的独到见解，主张“研究断代史或专史，一定要有相当的通史知识和世界史知识”①，要将中国历史与世

① 高增德、丁东编：《世纪学人自述》，北京十月文艺出版社2000年版，第157页。

界历史贯通起来研究历史。所著《五代史略》由人民出版社于 1983 年出版，该书填补了我国古代史中五代十国史断代史著的一项空白。另著有《窦建德、李密、杜伏威评传》、《中国古代史学史略》、《司马光史论探微》等著作。

林增平（1923～1992），江西萍乡人，著名历史学家，中国近代史研究开拓者之一。

1947 年林增平毕业于中正大学历史系。新中国成立后，历任南昌大学讲师，湖南师范学院讲师、副教授、历史系主任、院长，湖南师范大学教授、校长，辛亥革命史研究会第一、二届理事长，湖南历史学会第三、四届理事长，湖南省哲学社会科学联合会副主席。

林增平长期致力于中国近代史、辛亥革命史研究，取得了突出成就。所撰《中国近代史》（上、下册）1958 年首版后多次重印，产生了巨大的学术影响。该书体系完整，史料翔实，立论公允，奠定了林增平在中国近代史研究领域的重要地位。1981 年人民出版社出版了他的《辛亥革命史》，该书分上、中、下三册，篇幅在百万字以上，被认为是辛亥革命史研究中具有里程碑意义的巨作，深得海内外学者赞誉。

自 20 世纪 60 年代开始，林增平相继发表多篇论文探讨中国资产阶级的孕育、产生、形成和分化过程，对一些引起争鸣的问题发表了自己的见解。他的研究成果推动了中国近代史研究。林增平还著有《黄兴》，主编《熊希龄集》，与章开沅合编《辛亥革命史》。2006 年中华书局出版有《林增平文存》，共收论文 50 余篇，序言、致辞 20 余篇，基本上反映了作者的治学历程及学术水平。

九、上海师范大学

上海师范大学历史系前身是 1954 年设立的上海师范专科学校历史科。1956 年，上海师范专科学校改建成上海第一师范学院（文科）和上海第二师范学院（理科），历史系隶属于一师。1958 年上海一师、二师合并为上海师范学院，1984年更名为上海师范大学。历史学科一直是上海师范大学教学科研实力最强的专业之一，在魏建猷、程应镠、张家驹、朱瑞熙等前辈史学家的带领下，该校宋史研究、中国近现代社会史研究、中国中古史研究、古籍整理研究已形成特色，现拥有历史学一级学科博士学位授予权，设历史学博士后流动站。

魏建猷（1909～1988），曾用名魏守谟，安徽巢湖人，著名历史学家，中国近现代史专家，中国会党史研究开拓者之一。

魏建猷幼年聪慧，在家乡入私塾读书，1924年就读于无锡中学（名誉校长唐文治），博览史籍，后因内战爆发，中途辍学。1931年毕业于无锡国学专修学校，任燕京大学图书馆中日文编考部助理员，结识顾颉刚、郭绍虞先生。并与顾颉刚保持了终生友情，得到顾颉刚的无数关怀。① 1933～1936年在日本中央大学经济科学习。1936年回国后曾任无锡国学专修学校、光华大学、同济大学教授。抗日战争时期，数年失去教职，生活流离失所。1942～1946年任教于重庆中央大学，撰写《中国近代货币史》。1946年，到上海任《东南日报》副刊主编，联络顾颉刚、郭绍虞、吕思勉、方诗铭、童书业、罗根泽、杨宽、朱东润、顾廷龙、钱基博、黄永年、王蘧常等学术文化界名流发表大量历史研究文章。1947年，任上海暨南大学历史系副教授、光华大学兼职教授。新中国成立后，历任上海航务学院（1953年并入大连海运学院）图书馆主任，上海师范大学教授、历史系主任，上海市历史学会副会长，中国会党史研究会第一届会长。

魏建猷治学严谨，主要从事中国近代史、中国会党史研究，研究范围涉及近代经济史、军事史、政治史、民间宗教、帝国主义侵华史、史学理论、历史文献整理等，著有《中国近代货币史》、《第二次鸦片战争》，主编《中国会党史论著汇要》、《上海小刀会档案

---

① 周育民：《风雨八十载——魏建猷传》，姜义华主编《史魂》，上海人民出版社2002年版，第353～389页。

史料汇编》，共同主编《中国近代史辞典》，点校明代刘基《郁离子》等，发表论文数十篇。上海书店2007年编辑出版了《秘密结社与社会经济》，收录魏建猷《黄德美与闽南小刀会起义》、《上海小刀会起义文献的新发现》、《辛亥革命时期会党运动的新发展》、《清雍正朝试行井田制的考察》、《中国新式海军的起源》、《明清两代的田价与米价》、《中国近代货币史》、《刘基〈郁离子〉点校说明》等38篇主要学术论文。

张家驹（1914～1973），曾用名张襄衢，广东广州人，著名历史学家，我国宋史研究开拓者之一。

1935年张家驹毕业于燕京大学历史系，获文学学士学位。肄业于燕京大学研究院历史部。抗日战争期间，张家驹在香港和广东的培英中学任史地教员。抗战胜利后，先后在大中国图书局（上海）和华夏史地社任编辑，并在粤东中学（上海）兼课。1954年上海师范专科学校（上海师范大学前身）成立，调入该校历史科任教。曾任上海师范学院（今上海师范大学）历史系副教授、副主任、中国古代史教研室主任。

张家驹一生从事中国宋史研究，勤奋执著，锲而不舍。他对宋代经济、政治、人物的研究蜚声学术界。早在20世纪三四十年代，即开始发表宋史研究的文章，如《宋代公路考》、《南宋两浙之盐政》、《两宋与高丽之关系》、《宋室南渡前夕的中国南方社会》、《宋代造船工业之地理分布》、《宋代社会中心南迁史》等，这些论文引起学术界的广泛关注。新中国成立后，他的《宋代社会中心南迁史》、《两宋经济中心的南移》等论著曾在宋史学界引起巨大反响。他是中国经济重心在宋代南移说的创立者，因此成为中国宋史研究开创期的重要学者之一。张家驹出版有《两宋经济中心的南移》、《赵匡胤传》、《沈括》等专著，发表了《十一二世纪中朝两国的友谊》、《宋初的水利建设》、《赵匡胤论》、《宋代的两淮水寨——南方人民抗金斗争中的一种武装组织》、《辨奸论的伪造为北宋党争缩影说——并略论邵伯温及其〈见闻录〉》、《范成大的地理学》等重要论文。晚年，他参加中华书局组织的“二十四史”之《宋史》点校整理工作，为古籍整理工作作出贡献。他治学严谨，学风淳厚，为上海师范大学宋史研究与教学奠定了基础。

程应镠（1916~1994），江西新建人，著名历史学家、教育家，我国宋史研究开拓者之一。

程应镠出生于官宦世家，五岁入家塾望庐楼读文史古籍，接受数年旧式教育。1929年考入南昌江西省立二中。1935年考入燕京大学历史系。1937年抗日战争爆发后，辗转到汉口借读于武汉大学历史系。1938年9月转入西南联合大学历史系继续深造，1940年毕业后任洛阳第一战区长官司令部上校秘书。1944年到昆明任云南大学文史系助教。1947~1949年，先后任教于上海新陆师范学校、上海市立师范专科学校、上海法政学院、光华大学等校。1949年上海解放，奉命任光华大学教授、高桥中学校长。

1954年，任上海师范专科学校（上海师范学院前身）历史科主任，负责历史学科的建设工作。1956年7月出任上海第一师范学院历史系主任。1957年被打成“右派”，随后在“文革”中遭受迫害。从1972年起，参加上海师范大学“二十四史”之《宋史》标点组的工作。1973年张家驹去世后，程应镠从魏晋南北朝史研究转向宋史研究，使上海师范学院历史系很快成为全国宋史研究的重要基地之一。1979年被选为中国史学会理事兼副秘书长，并与北京大学邓广铭一同被聘为《中国历史大辞典》宋史分册主编。1980年10月，他与邓广铭、陈乐素发起组织中国宋史研究会，任秘书长。1984年中国魏晋南北朝史学会成立，他与谭其骧、周一良、唐长孺、何兹全、王仲荦、缪钺、田余庆、韩国磐、吴泽等被推为顾问。

程应镠治学严谨，在魏晋南北朝史、宋史研究领域多有建树，他注重从生存环境研究社会结构，重视史料功夫，倡导范文澜“板凳要坐十年冷，文章不写一句空”的治学精神。

程应镠是杰出的教育家，相对于历史学家的声名，他更重视自己作为历史教师的身份。① 他长期讲授世界史、中国通史、魏晋南北朝史、宋史、国学概论、中国历史文献学、史学理论等基础课程，具有高超的授课艺术。程应镠的史学著作主要有《南北朝史话》、《范仲淹新传》和《司马光新传》，其学术论文结集为《流金集·学术编》，文学作品有《一年集》，其他散文、杂感和政论结集为《流金集·诗文编》，另主编《中国文化史大辞典·宋代卷》，与邓广铭共同主编《中国历史大辞典·宋史》。主持中华书局《宋史》点校（1977 年中华书局出版）。

十、广西师范大学

广西师范大学的前身是 1932 年建立的广西省立师范专科学校，该校成立时便设有历史专修科，1954 年历史专修科改称历史系，后来历史系名称几经变更，2006 年更名为广西师范大学历史文化与旅游学院。数十年来，杨东莼、薛暮桥、杨荣国、黄现璠、钟文典、钱宗范等著名学者在这里留下了辛勤耕耘的足迹，为该校历史专业的发展奠定了良好的基础。该校历史学已被立项资助为广西高校优质专业，中国近现代史被确立为广西重点建设学科。学院现有历史学、旅游管理、文化产业管理 3 个系，14 个硕士学位授予点，面向全国和东南亚地区招生。

黄现璠（1899～1982），原名甘锦英，广西扶绥人，壮族，著名民族学家、历史学家、社会学家、教育家，中国现代民族学奠基人之一。

1922 年黄现璠考入广西省立第三师范学校，1926～1935 年入北平师范大学接受预科、本科、研究院九年教育，受业于陈垣、钱玄同等名师。1935 年留学日本东京帝国大学（现东京大学）研究院，

① 虞云国、严耀中、范荧：《晚于青史识苍凉——程应镠传》，载姜义华主编《史魂》，上海人民出版社 2002 年版，第 301～302 页。

师从日本东洋史东京学派名家和田清、加藤繁。留学期间结识郭沫若，时常往来论学，互受切磋之益。1937年归国后，历任广西大学、中山大学、国立桂林师范学院、广西师范学院（现广西师范大学）等校历史学教授。1943年8月任“黔桂边区考察团”团长，1945年任“黔南边民考察团”团长，多次深入黔桂两省少数民族地区展开调查活动，成为我国现代少数民族田野调查先驱之一。

1949年新中国成立后，黄现璠作为广西文化教育界唯一代表，当选为第一届中国人民对外文化协会（后改名为中国人民对外友好协会）理事。1954年当选为第一届全国人大代表、全国人大民族委员会委员。1951～1956年，与费孝通、夏康农等组织领导新中国少数民族识别调查，并负责广西少数民族历史和传统文化的调查，先后调查了壮族、瑶族、毛南族、苗族、仫佬族等少数民族，为广西民族研究所的建立和后来壮学研究的发展创造了条件，同时也引起国际民族学界的广泛关注，得到很高的评价。

1958年黄现璠被错划为中国历史学界头号大右派，1979年右派冤案彻底平反。此后黄现璠历任中国民族学研究会（后改名为中国民族学学会）顾问、《中国大百科全书·民族》编辑委员会委员、中国西南民族研究学会顾问、中国百越民族史研究会副会长、第五届全国政协委员。

黄现璠学识渊博，治学范围广泛，在中国通史、先秦史、中古史、社会生活史、文化史、民族学、语言学、壮学等研究领域造诣精深，多有开拓性贡献。20世纪40年代发表大量社会生活史研究论文，所著《唐代社会概略》是20世纪第一部唐代社会史研究专著，成为中国社会生活史研究的先驱；所著《广西僮族简史》、《壮族通史》开创了中国壮族历史文化研究；所著《中国历史没有奴隶社会》一书，主张中华民族史“无奴隶社会”，影响广泛。由于黄现璠在民族学、壮学和历史学等方面的开创性贡献，他被学术界称为“壮学宗师”、“中国现代民族学奠基人之一”、“八桂学派领袖”，学术声誉名扬海内外。

黄现璠一生著述丰硕，主要有《中国通史纲要》（合著）三册、《高中外国史》（两册）、《元代农民之生活》、《唐代社会概略》、《宋代太学生救国运动》、《广西僮族简史》、《古书解读入门》、《汉族的形成》、《中国历史没有奴隶社会》（合著）、《侬智高》、《壮族通史》（合著）、《古书解读初探——黄现璠学术论文选》等，发表《周代无井田制》、《我国坐俗古今之变》、《吸烟风俗传播考》、《我国服装演变之研究》、《殷周社会初考》、《土司制度在桂西》、《我国民族历史没有奴隶社会的探讨》、《民族调查与研究近 40 年的回顾与思考》等史学及民族学研究论文 80 余篇。

杨东莼（1900 ~ 1979），湖南醴陵人，著名历史学家、教育家、马克思主义理论家。

青年时代杨东莼参加“五四”运动，1920 年参与组织北京大学马克思学说研究会，从事传播马克思主义的工作。1923 年加入中国共产党。1927 年大革命失败后，到日本从事翻译工作，宣传唯物主义和辩证法。1930 年回国后执教于中山大学、武汉大学、四川大学，曾任广西师范学校校长、香港达德学院代理院长、香港《大公报》顾问。抗战时期，到广西桂林、湖南长沙等地从事抗日救亡活动。1949 年在香港新闻界从事统战工作。

中华人民共和国成立后，杨东莼由香港赴北京，受周恩来总理安排，历任广西大学校长，华中师范学院院长，国务院副秘书长，中央文史研究馆馆长，全国政协文史委员会副主任，第一至第四届全国人大代表，第四、五届全国人大常委会委员，第三、四、五届全国政协常委，曾任中南军政委员会委员、中南行政委员会委员，1953 年参加中国民主促进会，任民进第四届中央常委兼秘书长、第五届中央副主席。

从 20 世纪 20 年代初开始，杨东莼长期致力于宣传和研究马克思主义科学理论及中国历史研究。他治学严谨，坚持真理，敢于直言，勤奋写作，著作有《中国学术史讲话》、《中国文化史大纲》、

《高中中国史教科书》等，译著有《费尔巴哈论》、《古代社会》、《狄慈根哲学著作选》等。

十一、江西师范大学

江西师范大学历史学科源于1941年国立中正大学文史系。几十年来在该校历史学专业发展史上留下了著名学者姚名达（目录学史）、吴士栋（古罗马史）、谷霁光（中国古代军事史）、黄今言（秦汉史）等人辛勤耕耘的足迹。现设有历史学、旅游管理以及博物馆学三个本科专业，有历史学硕士学位一级学科授予权，历史系下设中国古代史、中国近现代史、世界史、江西地方史教研室。

姚名达（1905～1942），字达人，号显微，江西兴国人，著名历史学家、目录学家，我国现代目录学奠基人之一。

1923年姚名达毕业于省立赣县中学，后考入上海南洋公学国学专修科。1925年考入清华学校国学研究院，师从梁启超、陈寅恪、李济等，1928年毕业。1934～1937年任复旦大学历史研究法教授。1926～1937年出版著作16种，为我国现代史学和目录学研究作出了卓越贡献。1940年，国立中正大学（江西师范大学前身）在江西创办，校长胡先骕聘请姚名达为研究部教授。1942年6月，日军侵扰浙江金华、江西上饶一带。姚名达发起组织"战地服务团"，率全团30余人奔赴抗日前线。1942年7月7日，姚名达为国捐躯。新中国成立后，姚名达被国家民政部正式追认为革命烈士。

姚名达擅长史学史和目录学研究，对浙东史学有精深研究；曾开拓对章学诚、朱筠、邵念鲁、刘宗周、程颐等著名学者的研究，撰写了多部年谱。其主要著作有《目录学》、《中国目录学史》、《中国目录学年表》、《刘宗周年谱》、《程伊川年谱》、《朱筠年谱》等。其中，《中国目录学史》为其代表作，全书分叙论、溯源、分类、校雠、史志、宗教目录、专科目录、特种目录、结论诸编，详细论述自古至抗战前中国目录学的发展，也介绍了西方图书馆编目理论与方法输入中国后的成就（1957 年重印时附王重民后记）。① 该书资料详备，源流清晰，开启了我国现代目录学研究的新时代。本书是近代以来第一部以《中国目录学史》命名，全面、系统研究中国目录学发展历史的学术著作，是了解、研究中国目录学史的必读参考书。《中国目录学年表》（1940）上起秦代，下迄民国，考订排比目录学史事，以补《中国目录学史》按专题分写之不足。

谷霁光（1907～1993），湖南湘潭人，著名历史学家，我国魏晋南北朝隋唐史研究的重要学者，中国古代军事史研究学科开拓者之一。

1933 年谷霁光从清华大学历史系毕业并留校任教，后到南开大学、厦门大学、南昌中正大学历史系任教。1949 年入江西八一革命大学政治研究班学习。1950 年入华北人民革命大学政治研究院学习。1951 年任南昌大学教授，1953 年高校院系调整后任江西师范学院（今江西师范大学）历史系教授、系主任、教务长。1956 年后，历任民盟江西省委副主委、主委、名誉主委，民盟第一、二届中央委员、参议委员。曾任江西省教育厅副厅长，江西大学副校长、校长、名誉校长，江西省社科联副主席、名誉主席，全国政协委员，第二至五届江西省政协副主席，江西省人大常委会副主任，江西省历史学会会长，全国秦汉史学会、魏晋南北朝史学会、唐史学会、宋史学会顾问，中国经济思想史学会名誉理事，《中国大百科全书·军事》军制分支学科顾问。

谷霁光长期从事中国史研究，对中国古代军制史、经济史有精深研究，著述颇丰。1935 年所撰论文《补魏书兵制》、《唐折冲府考校补》载入上海开明书店出版的《二十五史补编》，闻名史坛。谷霁光的主要著作有《府兵制度考释》、《中国古代经济史论集》、《史林漫拾》、《谷霁光史学文集》（4 卷本）等，主编《中国兵制史》等。

---

① 上海古籍出版社 2002 年出版有姚名达《中国目录学史》导读本，由严佐之导读。

十二、山东师范大学

山东师范大学历史学科始于1950年建校之初的史地系，1952年正式独立建系。60年来，历史系在教学科研方面取得了丰硕成果，现有世界史、中国近现代史和专门史三个硕士学位授权点。20世纪50年代初，由著名学者刘祚昌创建的世界史专业为新中国早期的世界近代史研究、教材建设和人才培养作出了重大贡献，1991年被评为省级重点学科。安作璋教授是我国秦汉史研究的重要学者。胡滨教授是我国近代史研究的重要学者。

刘祚昌（1921～2006），辽宁辽阳人，著名历史学家、教育家，我国世界近代史和美国史研究的开拓者之一。

刘祚昌出生于耕读世家，自幼博览文史典籍。1939年就读于北平辅仁大学，后转入西南联合大学历史系，两年后再转四川大学，对欧美近代史产生浓厚兴趣。新中国成立后，最初任教于东北长春大学（后改为东北师范大学）。1956年到山东师范学院历史系（今山东师范大学历史系）任教。曾被打成“右派”，“文革”期间受冲击。粉碎“四人帮”后，政治上获得解放的刘祚昌重新焕发了学术青春，在美国史研究方面成就卓著，为建立我国的美国史研究作出了重要贡献。曾任第六、七届全国人大代表，南开大学兼职教授，山东省历史学会会长，中国史学会理事，中国美国史研究会顾问等职。其主要著作有《美国内战史》、《杰斐逊传》等，主编教育部高校统编教材《世界史·近代史》、《世界史·近代史编》、《世界近代史》等，译有两卷本《杰斐逊集》等。

刘祚昌治学严谨，淡泊名利。他是我国世界近代史学科的主要奠基者之一。新中国成立初期，他在长春大学教授世界近代史，为国家培养了一批高校世界近代史教学骨干。1954～1956年，他出版的《美国独立战争简史》等著作成为新中国美国史研究的开拓之作。20世纪70年代末，为了摆脱苏联史学体系的束缚，建立我国世界近代史教学体系，刘祚昌着手探索新的世界史体系。80 年代后，他先后主编《世界史·近代史》（上、下册）和《世界史·近代史编》（上、下册）两部全国通用教材。他就其中的许多重大问题提出了自己的独到见解，如他把英国 1688 年政变定为"1688 年革命"；认为法国大革命的一系列过激行为和恐怖政策给法国造成了巨大灾难，包括政治动荡和社会不安；他重视美国革命中进行的民主改革在世界史上的重大意义。他在《世界史·近代史编》中增加了社会史的内容，使这部新教材内容更加生动和翔实，在学术上达到了新的高度，为创立中国特色的世界近代史学科体系作出了重要贡献。

《杰斐逊传》是刘祚昌用力最多的一部著作，该书产生了巨大的社会影响。1994 年三联书店出版了刘祚昌翻译的《杰斐逊集》（上、下册），为人们研究杰斐逊提供了权威资料。刘祚昌对杰斐逊的研究赢得了世界声誉，1993 年刘祚昌应邀出席美国杰斐逊诞生 250 周年学术讲座会并作报告，受到广泛赞誉。

胡滨（1927～1996），又名胡福彩，江西清江（今江西樟树）人，著名历史学家，中国近代史研究的重要学者。

1952 年胡滨从清华大学研究生毕业，任教于东北师范大学，1956 年调山东师范学院历史系任教，1980 年任教授。1987 年 5 月调青岛大学工作。曾任中国义和团研究会常务理事、山东省历史学会副会长、第七届全国人大代表等职。他主要从事中国近代史的教学和科研工作，擅长中国近代思想史研究，长期与吉林大学历史系教授李时岳合作，取得了丰硕的研究成果。胡滨的主要著作有《戊戌变法》、《十九世纪末叶帝国主义争夺中国权益史》、《中国近代改良主义思想》、《从闭关到开放》等，合编、主编《中国近代史》、《西方文化与近代中国》等，译著有《列强对华外交》、《英国蓝皮书有关义和团运动资料选译》、《英国蓝皮书有关辛亥革命资料选译》、《北京的隐士》、《英国档案有关鸦片战争资料选译》等，发表论文 50 余篇。

第二章　当代中国科研暨文化机构历史学家学术列传

第一节　中国社科院历史研究所、近代史研究所历史学家

一、中国社会科学院历史研究所

中国社会科学院历史研究所是主要研究1840年以前中国历史的专业学术机构，由原中国科学院历史研究所第一所和第二所合并而成。第一所、第二所成立于1954年。第一所的主要研究对象为中国的原始社会、奴隶社会和魏晋南北朝以前封建社会的历史，所长由郭沫若兼任，尹达任副所长。第二所主要研究隋唐以后到1840年以前中国封建社会的历史，所长由陈垣兼任，副所长为侯外庐、向达、熊德基。1958年，两所合并为历史研究所，所长仍由郭沫若兼任，尹达、侯外庐、熊德基任副所长。1977年，中国社会科学院成立，历史研究所成为社会科学院的下属机构之一，侯外庐任所长，尹达、梁寒冰、熊德基、林甘泉任副所长。1982年后，所长分别为林甘泉、陈高华、李学勤、陈祖武等。

历史研究所设先秦史研究室、秦汉魏晋南北朝史研究室、隋唐宋辽金元史研究室、明史研究室、清史研究室、思想史研究室、中外关系史研究室、历史文献学与史学史研究室、历史地理研究室、

文化史研究室、社会史研究室。该所主办杂志有《中国史研究》、《中国史研究动态》。《中国史研究》是刊载中国古代史研究成果的专门性学术刊物,《中国史研究动态》登载中外学术界研究中国古代史的信息和文章。

历史研究所名家荟萃，取得了丰硕的研究成果。新中国成立以来，该所在中国史研究领域具有代表性的学术著作主要有《甲骨文合集》、《中国史稿》、《中国思想通史》、《宋明理学史》、《中国古代服饰研究》、《居延新简——甲渠候官》、《英藏敦煌文献》、《徽州千年契约文书》等，深受国内外重视。

郭沫若（1892~1978)，原名郭开贞，字鼎堂，号尚武，笔名沫若，四川乐山人，著名文学家、历史学家、诗人、剧作家、考古学家、思想家、古文字学家、书法家、社会活动家，我国现代马克思主义历史学主要奠基人之一，中国科学院哲学社会科学部学部委员。

郭沫若幼年入家塾读书，1906 年入嘉定高等学堂学习。1914 年赴日本留学，先学医，后从文。1919 年在日本福冈投身“五四”新文化运动。1921 年 6 月，他和成仿吾、郁达夫等人组织创造社，编辑《创造季刊》。1923 年从日本帝国大学毕业，回国后继续编辑《创造周报》。1923 年后系统学习马克思主义理论，提倡无产阶级史学，为建立中国现代马克思主义历史学作出了重要贡献。1926 年参加北伐战争，任国民革命军政治部副主任，后参加“八一”南昌起义。1924~1927 年间，他创作了历史剧《王昭君》、《卓文君》等。1928 年因受国民党通缉，旅居日本，从事中国古代史和古文字学的研究工作，著有《中国古代社会研究》、《甲骨文研究》等。1937 年抗日战争爆发后，郭沫若毅然只身返国参加抗战，任军事委员会政治部第三厅厅长，后改任文化工作委员会主任，团结进步文化人士从事抗日救亡运动。

新中国成立后，郭沫若历任中央人民政府委员，政务院副总理兼文化教育委员会主任，全国人民代表大会常务委员会副委员长，中国科学院院长、中国科学院哲学社会科学部主任、历史研究所第一所所长，中国科技大学校长，中国文联主席，中国人民保卫世界和平委员会委员，中日友好协会名誉会长等职。

郭沫若是20世纪杰出的古文字学家，开创甲骨学的“四堂”①之一，我国甲骨学和现代考古学的主要奠基者之一，为甲骨学研究作出了开创性贡献，所著《甲骨文字研究》、《两周金文辞图录考释》、《金文丛考》、《卜辞通纂》等曾引起学术界震动。唐兰评价“四堂”的主要贡献是：殷墟卜辞研究“雪堂导夫先路，观堂继以考史，彦堂区其时代，鼎堂发其辞例”。

作为20世纪中国杰出的马克思主义历史学家，郭沫若致力于对中国上古史的研究，他是中国古史分期问题“战国封建说”的代表人物，著有《中国古代史的分期问题》、《中国古代社会研究》、《青铜时代》、《十批判书》、《奴隶制时代》、《李白与杜甫》、《甲申三百年祭》等重要学术著作，主编《中国史稿》、《甲骨文合集》。《中国史稿》以马克思唯物主义历史观为指导，是他带领原中国科学院历史研究所科研人员集体编著的中国通史著作，曾长期作为各类院校和党政干部学习中国历史的教科书，产生了广泛而深远的社会影响。但是，该书也存在明显的将马克思某些论断“泛化”的错误。郭沫若著述宏富，生平著述集有《郭沫若文集》（17卷）。《郭沫若全集》由人民出版社、人民文学出版社和科学出版社于1982年后陆续出版，全集分为《文学编》、《历史编》、《考古编》共38卷，收录作者文学、历史、考古3方面的全部著作，为研究郭沫若的全部学术贡献提供了翔实的资料。

顾颉刚（1893～1980），原名诵坤，字铭坚，号颉刚，笔名无

---

① 广为学界赞誉的“甲骨四堂”是指我国甲骨学奠基人罗振玉（号雪堂）、王国维（号观堂）、郭沫若（号鼎堂）、董作宾（字彦堂）。

悔、天游、张久、诚吾、武兴国等，江苏苏州人，著名历史学家、民俗学家，中国历史地理学和民俗学的主要奠基人之一，“古史辨”学派创始人。

顾颉刚天资聪慧，幼承母教，四岁入私塾学《大学》、《中庸》等。1906～1908 年入家乡高等小学读书。1908～1912 年入苏州公立中学读书，1913 年考入北京大学预科。1916 年考入北京大学文科中国哲学门，师从崔适、陈汉章、胡适、章士钊。1920 年从北京大学文科中国哲学门毕业，留在北京大学研究所。1922 年结识王国维，并为上海商务印书馆编辑教科书。1923 年底，顾颉刚离开商务印书馆，回北京大学研究所，担任《歌谣》周刊编辑，专心从事民俗学、民间文艺研究，成为《歌谣》周刊的主要撰稿人。1928 年主编《中山大学语言历史研究所周刊》。1929 年 5 月，任燕京大学国学研究所研究员兼历史系教授，又在北京大学兼“中国古代地理沿革史”课程，主编《燕京学报》。自到燕京大学后，顾颉刚专心于古史研究，1934 年初与谭其骧等人筹备组织禹贡学会，创办《禹贡》杂志，创立中国历史地理学。“七七”事变后，顾颉刚赴西北工作。1938 年 10 月到昆明，任云南大学文史教授，在《益世报》辟办《边疆》周刊。1939 年秋到成都，任齐鲁大学国学研究所主任。1941 年春，赴重庆主编《文史杂志》。8 月，任中央大学中文系和历史系教授，兼出版部主任。是年冬迁北碚，任中国史地图表编纂社社长、中国史学会常务理事、复旦大学教授等职。1948 年 7 月，任兰州大学历史系教授兼系主任，兼复旦大学教授。

中华人民共和国成立后，顾颉刚任上海市文管会委员、上海图书馆筹备委员、中国史学会上海分会常务理事。1951 年任上海学院中文系教授。1952 年任复旦大学教授。1954 年 11 月，根据毛泽东的指示，成立“标点《资治通鉴》、改编‘杨图’委员会”，由吴晗和范文澜领衔，尹达、侯外庐、刘大年、翦伯赞、金灿然以及高教部和地图出版社的负责人组成。标点《资治通鉴》工作的召集人①为王崇武，顾颉刚为总校对，聂崇岐②、齐思和、张政烺、周一良、邓广铭、贺昌群、容肇祖、何兹全等参加标点。当年顾颉刚奉调进京任中国科学院历史研究所第一所研究员，主要负责古籍整理工作，总校《资治通鉴》之标点。历任中国科学院历史研究所研究员，中国民间文艺研究会副主席，第二、三届全国政协委员，第四、五届全国人大代表。

1958 年后，中央委托中华书局组织“二十四史”及《清史稿》的点校工作。1963 年 8 月中宣部发出调令，从全国各高校抽调一批史学家到北京参与校点工作，吴则虞、王仲荦、唐长孺、陈垣、聂崇岐、刘节、柴德赓、刘乃和、罗继祖、邓广铭、冯家昇、傅乐焕、翁独健、郑天挺等人相继奉调进京。后因“文革”而中断。1971 年“二十四史”及《清史稿》校点工作再次启动，顾颉刚奉周恩来总理之命“总其成”，同时抽调唐长孺、翁独健、王仲荦、白寿彝、赵守俨、吴树平、郑天挺、邓广铭、吴泽、罗尔纲、陈述、王毓铨、孙毓堂、张政烺、启功、周振甫、阴法鲁等到中华书局参加校点。从 1971 年 5 月开始，经北京、上海两地 80 多位史学工作者的共同努力，1973 年底“二十四史”及《清史稿》校点完毕，1978 年由中华书局全部出版。

---

① 王崇武（1911～1957），著名明史专家，1936 年北京大学史学系毕业，后在中央研究院历史语言研究所从事明史研究。新中国成立后任中国科学院历史研究所研究员，1957 年病逝。其著有《明本纪校注》、《明靖难史事考证稿》等，译有《太平天国史料译丛》（与黎世清合译）以及（日）清水泰次的《明代之漕运》等。

② 聂崇岐（1903～1962），天津蓟县人，著名历史学家。燕京大学毕业后长期执教于该校，曾任燕京大学引得编纂处编辑、副主任，北平中法汉学研究所研究员兼通检部主任，燕京大学图书馆代理主任，燕京大学教授、代理教务长。新中国成立后，任中国科学院近代史研究所研究员。著有《宋史丛考》等。

顾颉刚深受“五四”新文化运动巨擘胡适“整理国故”思想的影响，从20世纪20年代起即从事中国历史和古代文献典籍的研究和辨伪工作，开始辩论古史。他主张用历史演进的观念和大胆疑古的精神，吸收近代西方社会学、考古学等方法，研究中国古代的历史和典籍。他与钱玄同等发起并主持了古史辨伪的大讨论，广集当时的研究成果编成《古史辨》八册，形成了“古史辨”派。该派对夏以前的古史系统从根本上进行批判，认为经书所载“三皇五帝”的古史系统为“伪古史”。1922年，顾颉刚为商务印书馆编纂中学历史教科书，拟将《诗经》、《尚书》等古籍中的上古史传说整理出来，初步提出“古史是层累地造成”的学说。后来，顾颉刚提出了“层累地造成的中国古史”的观点，认为古代的史实记载多由神话转化而成，时代越后传说的古史期越长；周代时最古的是禹，到孔子时有尧、舜，到战国时有黄帝、神农，到秦代有三皇，汉代以后有盘古；古史系统的形成，主要出于战国到西汉的儒家之手。他认为越是古史系统中排列在先的古帝王的传说发生得越晚，越往后由人附加的成分越多，这便是所谓的“层累地造成的中国古史”观。①

然而，正如不少学者指出的那样，“古史辨”派疑古过了头。包括顾颉刚在内的“古史辨”派的多数学者把传说时代的人物故事一概视作神话，只注意了对这些神话传说的分化演变之迹进行清理，却忽视了这类神话传说中同样也包含着真实的历史成分。该学派“敢于打倒《经》和《传》中的一切偶像”的做法，特别是该学派带有相对主义的历史虚无论色彩的历史观，在某种程度上给古史研究带来了一些消极的影响，理所当然地受到了钱穆等人的批评。不过，顾颉刚本人后来逐渐由“疑古”转而趋向“考信”，在古史研究和古籍整理方面作出了重要贡献。

---

① 《古史辨》第1册《自序》，1926年北平朴社初版本，上海古籍出版社1982年重印本。

顾颉刚学问渊博，一生著述颇丰，除所编《古史辨》之外，重要的著作有《汉代学术史略》、《秦汉的方士与儒生》、《尚书通检》、《中国疆域沿革史》、《史林杂识》、《顾颉刚选集》① 等。他还发表有大量关于中国古代史、民俗学的研究论文，许多篇章堪称学术经典。中华书局2010年出版有《顾颉刚全集》（59卷），分为《古史论文集》、《民俗论文集》、《读书笔记》、《书信集》、《日记》、《宝树园文存》、《清代著述考》、《文库古籍书目》8集，共计62册，2500万字。最近20多年来，海内外学者出版了大量研究顾颉刚的学术著作，主要有刘起釪《顾颉刚先生学述》，郑树良《顾颉刚先生著述年谱》，顾潮《顾颉刚年谱》，《纪念顾颉刚学术论文集》（巴蜀书社编辑出版），（美）施耐德著、梅寅生译《顾颉刚与中国新史学——民族主义与取代中国传统方案的探索》，陈其泰、张京华《古史辨学说评论讨论集》，彭明辉《疑古思想与现代中国史学的发展》等。

吕振羽（1900～1980），名典爱，字行仁，学名振羽，曾化名柳岗，笔名晨光、正于、曾与，瑶族，湖南武冈（今邵阳）人，中国马克思主义历史学主要奠基人之一，我国先秦史学科开拓者之一，中国科学院哲学社会科学部学部委员。

吕振羽出生于农家，早年怀"工业救国"之志，考入湖南大学，攻读电机工程。1926年大学毕业后参加北伐军。大革命失败后，脱离军队，东渡日本，在明治大学攻读经济学课程。1928年回到北平，受聘为《村治》月刊社编辑，次年出版《中国外交问题》一书。1930～1932年，担任《新东方》杂志社编辑，此间阅读了大量社会科学书籍和介绍马克思主义的著作，逐步树立起马克思主义观点。1930年冬至1932年初，相继发表了《中国国民经济的趋势之推测》、《中国国民经济的三条路线》、《中国革命问题研究》等论文。1932年出版《中日问题批判》与《最近之世界资本主义经济》两

① 《顾颉刚选集》，顾颉刚著、王煦华编选，天津人民出版社1988年版。

书。并任中国大学教授，主讲社会科学概论、中国政治思想史，兼有民国大学、朝阳大学中国经济史、殖民地问题等课程，有“红色教授”之誉。1933 年起，吕振羽积极参加当时的中国社会史论战，在李达的支持下，开始了历史研究的生涯。1934 ~ 1937 年，先后出版了《史前期中国社会研究》、《殷周时代的中国社会》和《中国政治思想史》等专著，成为一名有影响的马克思主义史学家。1936 年 3 月加入中国共产党。

吕振羽以马克思主义唯物史观为指导，努力探索中国历史发展规律。在《史前期中国社会研究》和《殷周时代的中国社会》两部学术著作中，他根据考古发掘材料和古文献记载，系统地论证了殷以前为中国史的原始公社制阶段，提出殷代是奴隶制阶段、西周是初期封建制阶段的论断。关于旧中国社会性质问题，吕振羽从中国实际出发，运用马克思主义理论指导具体的历史研究，揭示了鸦片战争后中国半殖民地半封建社会的性质，为中国新民主主义革命方略提供了历史依据。

1937 年“七七”事变后，吕振羽回到湖南长沙，和翦伯赞等人筹组了湖南文化界抗敌后援会和中苏文化协会长沙分会，创办了《中苏文化》月刊。1939 年他接受周恩来电召，到重庆任复旦大学教授，一面进行统战工作，一面从事教学和学术研究，相继发表《关于中国社会史的诸问题》、《中国社会史上的奴隶制度问题》、《“亚细亚生产方法”和所谓中国社会的“停止性”问题》、《创造民族新文化与民族遗产的继承问题》、《本国史研究提纲》等论著，1942 年辑成《中国社会史诸问题》一书刊行。同时，他还致力于《简明中国通史》的编著，并于 1941 年由生活书店出版了上册。1942 年他到延安，任刘少奇的政治秘书。1947 年出版《中国民族简史》，这是以马克思主义为指导思想的通史著作。1948 年《简明中国通史》下册完成并出版，这是运用马克思主义观点阐述中国各民族历史的重要著作，为建立中国马克思主义历史学科作出了重要贡献。

中华人民共和国成立后，吕振羽历任大连大学校长兼党委书记，东北人民政府文化教育委员会副主任，东北人民大学（今吉林大学）校长兼党委书记，中共中央历史问题研究委员会委员，中国科学院哲学社会科学部学部委员、考古研究所和历史研究所学术委员，第三届全国政协委员，全国人民代表大会民族委员会委员，国家民族事务委员会委员，民族历史指导委员会委员等。此外，他还担任中央高级党校兼职教授及历史教研室顾问、中国史学会理事和一些重要刊物的编委等。吕振羽治史数十年，著书十余部，撰写了大量关于史学理论建设的论文，部分辑入《史学研究论文集》、《史论集》、《吕振羽史论选集》。

向达（1900～1966），字觉明，笔名方回、佛陀耶舍，湖南溆浦人，土家族，著名历史学家，我国中西交通史、敦煌学、目录学奠基人之一，中国科学院哲学社会科学部学部委员。

向达早年丧父，幼承母训，中学毕业考入南京高等师范学校，1924 年以优异成绩毕业，入上海商务印书馆编译所任编辑。此间，开始研究中西交流史，译出卡特《中国印刷术之发明及其西传》若干章、《印度现代史》等外文著作，写成《龟兹苏祇婆琵琶七调考原》、《唐代刊书考》、《摄山佛教石刻小记》及《补记》等论文。1930 年任北平图书馆编纂委员会委员，利用馆藏丰富文献从事敦煌俗文学写卷和中西文化交流等领域的研究，完成力著《唐代长安与西域文明》（1933 年刊于《燕京学报》专号），奠定其在学术界的地位，从此在中西交通、中外文化交流方面卓然成家，为中外学界所瞩目。翌年刊出《中西交通史》，受聘在北京大学历史系讲授明清之际西学东渐史。1935 年秋赴欧洲，先访素以收藏东方善本著称于世的英国牛津大学鲍德里图书馆，抄录有关中西交通史的重要资料。后在不列颠博物馆东方部检阅敦煌写卷、汉籍及俗文学等写卷，抄录有关来华耶稣会士和太平天国的重要文献。1937 年末访问巴黎、柏林、慕尼黑等地科学院、博物馆，考察各处窃自中国西北地区的壁画、写卷等藏品。在巴黎期间，着重研究了法国国立图书馆收藏的敦煌写卷，抄录了明清之际来华耶稣会士的有关文献等。1938 年秋，携带数百万字资料返国，先在浙江大学史地系任教，不久转任昆明西南联合大学历史系教授兼北京大学文科研究所导师。1941 年，国立中央研究院组织西北史地考察团，向达代表北京大学参加考察团。1942 年春到达敦煌，考察了莫高窟（千佛洞）、万佛峡等。返重庆后，发表《论敦煌千佛洞的管理、研究及其连带的几个问题》，提议将千佛洞收归国有，由学术机关进行管理、研究。这一建议对促进“敦煌艺术研究所”的设立起了重要作用。1943 ~ 1944 年，向达作为西北科学考察团历史考古组组长再赴河西、两到敦煌，记述了敦煌地区诸石窟，写成多篇有关敦煌和西域考古方面的论文，后来陆续发表《敦煌藏经过眼录》、《西征小记》、《莫高榆林杂考》、《两关杂考》、《唐代俗讲考》等。他关于俗讲的研究具有开创意义，丰富了敦煌学研究的内容。

1949 年后，向达历任北京大学一级教授、图书馆馆长，中国科学院哲学社会科学部学部委员，北京大学校务委员会委员，《历史研究》及《考古学报》编委，北京市人大代表，全国政协委员等职。1959 年以后刊出了一系列中外交通史资料，并发表有关中西交通、南海交通、敦煌学方面的论文多篇，向达晚年倾注心血校注《蛮书》、《真腊风土记》等。

向达治学严谨，为人正直，坚持真理，不畏权贵。1957 年他提出史学界要百花齐放，不能只开“五朵金花”①。他认为学术观点上应百家争鸣，马克思主义的原理和个别结论不能代替具体的历史研究。因为讲了这些话，在当时的“反右”及后来“文革”当中他受到了不公正的待遇，但他仍坚持忘我工作。向达曾被错划为史学界

---

① 指 20 世纪 50 年代史学界开展的古史分期、近代史分期、资本主义萌芽、农民战争及民族问题 5 个方面的讨论。

五大右派（黄现璠、向达、雷海宗、王重民、陈梦家）第二号“大右派”，1980 年获得平反昭雪。

向达是我国现代图书目录学奠基人之一，1947 年他与王重民力促在北京大学建立图书馆学、博物馆学专业，为我国目录学发展作出了重要贡献。向达著有《史料目录学引论》、《伦敦所藏敦煌卷子经眼目录》、《汉唐间西域及南海诸国古地理书叙录》、《关于三宝太监下西洋的几种资料》等目录学著作，另有《印度现代史》、《中西交通史》、《唐代长安与西域文明》、《唐代佛曲考》等论著 10 余部，译著有《世界史纲》、《斯坦因西域考古记》、《匈奴史》、《甘地自传》等，整理有《郑和航海图》等，发表《敦煌藏经过眼录》、《唐代俗讲考》等学术论文 70 余篇。

贺昌群（1903～1973），四川乐山人，著名历史学家，我国敦煌学、中西交通史研究开拓者之一。

1921 年贺昌群自成都联合中学毕业并考取上海沪江大学，次年辍学谋生，考入上海商务印书馆编译所工作，受到郑振铎、沈雁冰、叶圣陶、周建人等进步作家影响，加入文学研究会。30 年代初，始治西北史地、中西交通史和敦煌学。1931 年离开上海到天津河北女子师范大学任教。1933 年任北平图书馆编纂委员会委员，参加整理和考释前西北科学考察团所获居延汉简，发表敦煌学研究论文《汉唐间外国音乐的输入》、《敦煌佛教艺术的系统》、《近年西北考古的成绩》、《唐代女子服饰考》、《大唐西域记之译与撰》等。抗日战争爆发后，贺昌群南下至浙江大学史地系任教。1942～1946 年任教于重庆中央大学历史系，中央大学迁回南京后，贺昌群任历史系主任。1950 年任南京图书馆馆长，后调任中国科学院历史研究所第二所研究员，兼中国科学院图书馆馆长。1964 年被选为第三届全国人民代表大会代表。

贺昌群涉猎广泛，在宋元戏曲史、中西交通史、敦煌学、简帛学、汉唐史等诸多领域取得了重要成果。他关于西域文化是中国内地和印度波斯等几种文化的融合、汉唐文化是中外文化交流的结果、中国封建社会前期国家土地所有制占支配地位等论断一直受到史学界的重视。贺昌群著有《魏晋清谈思想初探》、《汉唐精神》、《古代西域交通与法显印度巡礼》、《论两汉土地占有形态的发展》、《汉唐间封建土地所有制形式研究》、《元曲概论》、《英国现代史》、《汉简释文初稿》等，译作有日本羽溪了谛著《西域之佛教》等，另有《贺昌群文集》行世。

侯外庐（1903~1987），原名兆麟，又名玉枢，自号外庐。山西平遥人，著名马克思主义历史学家、思想家、教育家，中国思想史学科主要奠基人之一，中国科学院哲学社会科学部学部委员。

1923 年侯外庐考入北京法政大学和北京高等师范学校，攻读法律和历史。后结识了中国共产主义的先驱者李大钊，受到马列主义的影响。1927 年赴法国巴黎大学留学，经成仿吾、章伯韬介绍在巴黎加入中国共产党，主编周恩来等创办的《赤光报》。

1930 年经莫斯科回国，与中共党组织失去联系。先后在哈尔滨法政大学、北平大学、北平师范大学等校任教。1936 年与王思华翻译了《资本论》第一卷。侯外庐参加了 20 世纪 30 年代中国古代社会性质问题的论战，他根据马克思主义的基本原则，厘清了中国古代城市和国家的起源，解决了“亚细亚生产方式”等重大历史问题。抗日战争时期侯外庐从事抗日救亡运动和抗日宣传活动，1948 年进入东北解放区。

新中国成立后，侯外庐历任中央人民政府文教委员会委员、北京师范大学历史系主任、北京大学教授、西北大学校长、中国科学院哲学社会科学部学部委员、中国社会科学院历史研究所所长、中国史学会理事、中国哲学史学会名誉会长等职，曾当选为第一、二、三、五届全国人大代表，第六届全国政协委员、常务委员等。

侯外庐一生从事社会史、思想史研究和教学工作，他对中国古代思想的发展历程做了系统梳理，明确了从社会史入手解决思想史问题，扩大了思想史的研究范围，发掘出很多曾经不被重视的思想家和“异端”学说，丰富了中国思想史的研究范围。其主要著作有《中国古代社会与老子》、《中国古代社会史论》、《中国古代思想学说史》（上、下册）、《中国近代思想学说史》、《中国近代哲学史》、《中国思想史纲》（上、下册）、《中国封建社会史论》、《宋明理学史》（上、下册）等。自20世纪50年代开始，侯外庐主持编写《中国思想通史》，全书共分为5卷，约200余万字，20世纪50年代起由人民出版社分卷出版，1960年出齐，在国内外学术界产生了广泛的影响。参加该书编写的学者主要有侯外庐、杜国庠、赵纪彬、邱汉生、白寿彝、杨荣国、杨向奎、张岂之、李学勤、杨超、林英、何兆武等。该书叙述了上自殷商下迄鸦片战争时期中国思想发展的历史过程，内容丰富，自成体系。虽然是全国学者开展学术研究的集体成果，却体现了侯外庐对几千年中国社会历史和思想文化传统的系统总结，对中国思想史学科建设作出了重要贡献。

尹达（1906～1983），河南滑县人，著名考古学家、历史学家，中国新石器时代考古学科学体系奠基人之一，中国科学院哲学社会科学部学部委员。

1931年尹达毕业于河南大学。1931～1937年，在中央研究院历史语言研究所工作，曾参加殷墟、浚县辛村卫国墓和日照两城遗址等重要的考古发掘工作。1938年赴延安参加革命。延安期间撰写《中国原始社会》一书，用马克思主义观点研究中国原始社会。该书1955年修订为《中国新石器时代》出版。1979年再版时改名为《新石器时代》，是尹达致力于“探索新石器时代的考古”、建立中国新石器时代体系的代表作。

新中国成立初期，尹达曾任中国人民大学研究部副部长和北京大学副教务长。后任中国科学院历史研究所副所长，兼任考古研究所副所长、所长。从1955年起，历任中国科学院哲学社会科学部学部委员，《历史研究》主编，中国考古学会第一、二届理事会副理事长，中国史学会常务理事，文化部国家文物委员会委员，第一、二、三届全国人民代表大会代表，中国人民政治协商会议第五、六届全国委员会委员，参与主持中国历史博物馆的建馆工作，具体组织郭沫若主编的《中国史稿》一书的编写工作。

尹达为中国现代考古学的建立作出过重要的贡献，他长期致力于建立中国史前考古学科学体系。他坚持认为，中国考古学走上科学轨道的首要任务是正确判别考古学文化的年代序列，为此他根据多年田野发掘的实践经验，并进行科学的研究。1931～1934 年，他参加梁思永主持进行和自行负责的后冈遗址发掘工作。这项中国考古学发展史上具有划时代意义的发掘，第一次从地层学上确定仰韶文化、龙山文化和商殷文化的相对年代，使中国史前时期考古研究的水平大大地提高。在李济和梁思永的领导下，他在浚县大赉店遗址的发掘和安阳同乐寨遗址的调查中，曾发现龙山文化叠压仰韶文化的地层关系，进一步证实了中原地区两种原始文化的年代序列。这些在今天早已成为中国考古学上的常识，当时却是中国考古学界的头等大事，因而成为中国史前考古科学化的重要标志。尹达第一次详细论证了安特生在中国新石器时代分期问题上的不正确观点。1954～1963 年他担任中国科学院考古研究所的领导职务，对于把握考古研究的正确发展方向起了重要的作用。

尹达在新石器考古学、史前历史研究和中国史学史领域取得了重要的学术成就，所撰《新石器时代》、《从考古学上所见到的中国原始社会》和《中国史学发展史》三部代表性著作清晰地展示出尹达“从考古到史学研究”的治学道路。他重视多学科、多角度的交叉研究与综合研究。

杨向奎（1910～2000），字拱辰，河北丰润人，著名历史学家，中国思想史、中国古代史研究的一代宗师。

杨向奎出生于富裕的农民家庭，7 岁至 15 岁入小学、中学学习，1929 年考入北京大学预科，1931 年秋进入北京大学历史系，师从顾颉刚先生。1935年毕业后留校任文科研究所助理。1936年赴日本东京帝国大学做研究生。1937年7月抗战爆发后回国，先后执教于甘肃学院、西北大学、东北大学，并与姚雪垠、丁易等文化名人成立了“中华文艺界抗敌协会川北分会”。1946年任教于山东大学，历任中文系教授、系主任，历史系主任，历史语文研究所所长，文学院院长，科学研究委员会副主任委员，《文史哲》主编，中国史学会青岛市分会副主任。

1950年杨向奎加入中国共产党，同年加入中国民主同盟。1951年5月，杨向奎参与创办新中国最早的高校文科学报和人文社会科学杂志《文史哲》。他任杂志主编期间，以历史唯物主义为指导，引领全国学术潮流，成为当时全国学术界的一面旗帜。1957年杨向奎调中国科学院历史研究所工作，历任研究员、历史研究所学术委员会主任、秦汉史研究室和清史研究室主任。其主要社会兼职有中国人民政治协商会议第五、六届全国委员会委员，国务院学位委员会历史学科第一届评议组成员。

杨向奎从事历史教学和研究工作60余年，致力于中国社会史、经济史、思想史、学术史、历史地理的研究，治学严谨，成就卓著。他注重运用综合方法研究历史，提倡将文献资料、考古发掘和民俗调查相结合。20世纪50年代，他响应国家号召，与中国科学院历史研究所同仁深入四川彝族地区开展少数民族社会历史调查。1986年，撰写《宗周社会与礼乐文明》期间，他赴洛阳、豫西和关中考察，实地了解周朝建立初年的地理环境等问题。在文献资料的整理和研究方面，杨向奎重视开发明清档案资料，率所内同仁先后与曲阜文物管理委员会、曲阜师范学院历史系和中国第一历史档案馆明清档案部等单位合作，选编和研究孔府档案史料、乾隆朝刑科题本，为后来学者充分利用这些档案进行历史研究做了大量基础性工作。

杨向奎学识广博，兼通自然科学和人文科学。“文革”期间，杨向奎迈入自然哲学和理论物理学的研究领域，撰写了《论时间、空间》、《熵与引力》、《未来的理论物理学：量子与熵——二进位的数字表达式》、《关于数理逻辑中的悖论》、《人生境界论——自然空间与理性空间》等论著，受到了国内外科学界的高度重视，为新世纪打破各门科学之间的阻碍作出了重要贡献。

杨向奎治学勤奋，务实求新，硕果累累，著有《西汉经学与政治》、《中国古代社会与古代思想研究》、《中国古代史论》、《清儒学案新编》、《大一统与儒家思想》、《宗周社会与礼乐文明》、《墨经数理研究》、《自然哲学与道德哲学》、《哲学与科学——自然哲学续编》、《绎史斋学术文集》、《缁经室学术文集》和《中国屯垦史》（合著）等。

王毓铨（1910～2002），字伯衡，山东莱芜人，著名历史学家，我国明史学科开拓者之一。

1924 年，王毓铨由莱芜县立职业学校考入山东省立第二师范学校（曲阜），次年加入中国共产主义青年团。1928 年考入北京大学预科，1931 年进入北京大学经济系，年底转入史学系。1936 年从北京大学史学系毕业，到南开大学经济研究所工作。1938 年应太平洋学会国际秘书处邀请赴美，1939～1946 年一直在太平洋学会主持的中国历史编纂处工作（主编魏特夫，设在哥伦比亚大学），主要是阅读、研究、收集中国秦汉时期的社会经济史料。① 1946 年获哥伦比亚大学硕士学位。1948 年任美洲古钱学会博物馆远东部主任，从事先秦货币史的研究。1950 年出版《中国早期货币》（*Early Chinese Coinage*）。

1950 年王毓铨回国，任中国历史博物馆陈列部主任。1955 年调中国科学院历史研究二所，任明清史研究组副组长。历任中国社会科学院历史研究所研究员、中国明史学会名誉会长、中国古代经济史学会

---

① 高增德、丁冬编：《世纪学人自述》（第四卷），北京十月文艺出版社 2000 年版，第 37 页。

会长、太平洋历史学会顾问、英国剑桥大学 Asia Major 学报顾问、意大利东方大学《中国历史与文化百科全书》顾问、《香港大学中文系集刊》顾问、《中国大百科全书·中国历史》编辑委员会委员。

王毓铨治学严谨，在明史、秦汉史、古钱币学研究领域均有建树。他致力于明史研究近半个世纪，对明史学科体系有开拓之功，在明代土地制度史以及相关问题上的研究具有开创意义。其著作主要有《中国早期货币》（英文版）、《我国古代货币的起源和发展》、《明代的军屯》、《莱芜集》等，主编《中国历史大词典·明史》、《中国大百科全书·中国历史·明史》、《中国经济通史·明代经济卷》等，所著论文主要有《西汉中央官制》（The Organization of the Central Government of the Western Han Dynasty）、《明代劳役制的若干显著特点》（Some Salient Features of the Ming Labor Service System）、《纳粮也是当差》、《明朝徭役审编与土地》等。

胡厚宣（1911～1995），幼名福林，河北望都人，著名古文字学家、历史学家，当代中国甲骨学学术泰斗。

1934 年胡厚宣从北京大学史学系毕业后，被傅斯年延揽入中央研究院历史语言研究所考古组安阳殷墟发掘团，实际参加由梁思永主持的殷墟第十次发掘，并参与整理殷墟历次发掘的甲骨文。1940 年，应顾颉刚之聘转任齐鲁大学国学研究所研究员兼中文系、历史社会系两系主任。七年后，改任复旦大学教授，兼历史系中国古代史教研室主任。胡厚宣前后完成了 8 部书、16 篇文章对商代卜龟来源、记事刻辞、四方风名、农业生产、宗法制度等有关甲骨学和商史上的一些问题进行专题研究。1956 年奉调转入中国科学院历史研究所，主持郭沫若主编的《甲骨文合集》的编纂工作，担任该书的总编辑，历时 20 余年。1983 年编成煌煌巨册《甲骨文合集》（13 册），共收甲骨 41956 版。该书被认为是新中国历史学研究的最重要成果之一，受到了海内外学术界的推崇。

胡宣厚治学严谨，在甲骨学、商周史研究领域取得了影响深远的学术成就，是举世公认的当代甲骨学泰斗。他一生著作等身，发表、出版学术论著170余种，主要著作有《甲骨学商史论丛》、《战后宁沪新获甲骨集》、《战后南北所见甲骨录》、《战后京津新获甲骨集》、《甲骨续存》、《五十年甲骨发现的总结》、《五十年甲骨论著目》等。

张政烺（1912～2005），山东荣成人，著名历史学家、考古学家、文献学家、古文字学家。

张政烺幼年接受私塾启蒙教育，后在青岛礼贤中学、北京弘达中学学习。1932年，他考入北京大学历史系，1936年从北京大学毕业进入南京中央研究院历史语言研究所，历任图书管理员（曾编印方志目录一册）、助理研究员、副研究员等职，抗日战争后期曾兼任战区文物保存委员会委员，此段时间曾在历史语言研究所集刊上发表多篇重要学术论文，内容涉及甲骨文、金文、陶文、碑刻、通俗小说等许多领域。1946年后，受聘任北京大学历史系教授，在清华大学兼授中国文字学，并任故宫博物院专门委员会委员。

1952年中国科学院考古研究所、文化部文物局和北京大学联合举办考古工作人员训练班，他具体讲授，为培养新中国的考古工作者队伍作出了贡献。1954年，参加筹建中国科学院历史研究所，任研究员。1960～1966年任中华书局副总编辑。1966年后专任中国科学院（1978年后为中国社会科学院）历史研究所研究员，先后任物质文化研究室、古文字古文献研究室主任。1950年后一直任考古研究所学术委员。曾任国务院古籍整理出版规划小组成员、顾问，文化部国家文物委员会委员，国家文物鉴定委员会委员，中国社会科学院郭沫若著作编辑出版委员会顾问，中国史学会理事，中国考古学会常务理事，中国古文字学会理事、顾问，中国先秦史学会顾问等职。

张政烺在中国古代史、考古学、古文字学、古文献学等领域具有很深的造诣。在60余年的学术生涯中，他在中国古代史、考古学、古文字学、古器物学、版本目录学、通俗小说等诸多学术领域都进行了具有开拓性的研究。尤其在古史分期、甲骨文的释读与考证、青铜器铭文的考释和年代考订方面成就卓著，一生发表了大量重要学术论文，其主要学术成就集中收入《张政烺文史论集》一书。

熊德基（1913~1987），又名吕晓、鉴堂，江西南昌人，著名历史学家，我国中古史研究开拓者之一。

1935 年熊德基考入中国大学文史系，曾因参加学生抗日活动而被捕入狱。1937 年加入中国共产党，后两次与党组织失去联系。1946 年受聘于厦门大学，担任历史系副教授。1947 年担任中共厦门大学党支部书记。1950 年 7 月，任厦门大学校务委员、副教务长，兼教学计划研究部主任及中共厦门大学党组书记、中共厦门市学校区委员会委员。1951 年，任福州大学（后改名福建师范学院）教务长、教授。1957 年调北京，任中国科学院历史研究所副所长。1958 年主持编写《昌黎县志》。1978 年兼任中国社会科学院研究生院历史系主任及魏晋南北朝史专业导师。

熊德基长期致力于中国古代史研究，尤其擅长魏晋南北朝隋唐五代史研究。他在担任中国社会科学院研究生院历史系主任期间，甘为人梯，奖掖后学，为国家培养出一批学术骨干。熊德基的主要著作有《论武则天》（吉林人民出版社 1979 年版）、《六朝史考实》（中华书局 2000 年版）、《熊德基集》（中国社会科学出版社 2008 年版）等。

黄烈（1924~2006），字治平，湖北汉川人，著名历史学家，我国魏晋南北朝史研究的重要学者。

1948 年黄烈毕业于西北大学历史系，1949~1954 年任共青团江西省委干事，后调中国社会科学院学术秘书处工作，任郭沫若的秘书兼学术助手。1956 年进入中国社会科学院历史研究所，历任助理研究员、副研究员、研究员，历史研究所魏晋南北朝隋唐史研究室副主任、主任，历史研究所学术委员会委员，郭沫若研究会副会长。

黄烈长期致力于魏晋南北朝史研究，取得了丰硕的科研成果；积极参与创建中国魏晋南北朝史学会，被推举为首任会长。黄烈曾参加郭沫若主编的《中国史稿》的撰写工作，负责《郭沫若全集·历史编》（1～8卷）的编辑出版工作。黄烈还整理出版其父、著名考古学家黄文弼的遗稿《西北史地论丛》等4种。黄烈著有《中国古代民族史研究》，此外发表有《释汉简中有关汉代社会性质诸例》（《历史研究》1957年第6期）、《五胡汉化与五胡政权的关系》（《历史研究》1963年第3期）、《魏晋南北朝民族关系的几个理论问题》（《历史研究》1985年第3期）等大量有影响的学术论文，受到了学界的高度评价。

二、中国社会科学院近代史研究所

中国社会科学院近代史研究所前身为1950年5月在华北大学历史研究室基础上正式创建的中国科学院近代史研究所，该所为研究1840～1949年间中国历史的国家专业研究机构。1954～1959年一度称为中国科学院历史研究所第三所。1977年随着中国社会科学院的成立，称现名。至1988年，近代史研究所设有政治史、经济史、文化史、中外关系史、中华民国史、现代史、中国通史、国外史学动态等研究室及《近代史资料》编辑室、《近代史研究》编辑部。

著名历史学家范文澜是近代史研究所的创建者、第一任所长。1978年后，刘大年、余绳武、王庆成、张海鹏等先后任所长，著名历史学家金毓黻、朱士嘉、黎澍、李新、孙思白、瞿同祖、蔡美彪等先后任职于近代史研究所，为我国近代史研究事业作出了重要贡献。

范文澜（1893～1969），字仲澐，浙江绍兴人，著名历史学家、经学家、国学大师，中国马克思主义历史科学的主要奠基人之一，中国科学院哲学社会科学部学部委员。

范文澜出生于书香门第，幼承庭训，入私塾启蒙，诵读古籍原典。14岁入县高等小学堂，1909年入上海浦东中学堂，一年后转杭州安定中学堂。1913年进北京大学预科，次年考入北京大学国学门，受业于著名学者黄侃（季刚）、陈汉章、刘师培，从黄侃学《文心雕龙》。1917年大学毕业后，任蔡元培的私人秘书。1918年，经许寿裳介绍，到沈阳高等师范学堂任教。从1920年到1925年先后在河南省卫辉一中、天津南开中学、南开大学任教。1926年，加入中国共产党，不久失去联系。先后在南开大学、北京大学、北平师范大学、北平女子师范大学、中国大学、朝阳大学、中法大学、辅仁大学等校任教。1925年出版第一部学术著作《文心雕龙讲疏》。1926年出版《群经概论》。1931年出版《正史考略》。《文心雕龙讲疏》后改为《文心雕龙注》，于1936年由开明书店再版，编辑部在为该书写的“校记”中称该书“博综群书，为之疏证，取材之富，校订之精，前无古人”①。上述范文澜早年的三部学术著作显示了他文学、经学、史学深厚的功底。1930年后，曾任北平女子文理学院国文系主任、北平女子文理学院院长、中法大学教授、河南大学教授。

1937年“七七”事变后，在党的领导下，范文澜创办抗战讲习班，积极从事抗日救亡活动。1938年6月随河南大学南迁到鸡公山一带。1939年9月，在竹沟加入中国共产党。1940年初从河南到达延安，从事党的马克思主义理论研究与宣传工作，任马列学院历史研究室主任。范文澜到延安后，开始撰写中国通史，1941、1942、1946年先后在延安出版了上册（上古到五代）、中册（宋辽到清中叶）、下册（题名为《中国近代史》上册，只完成鸦片战争到义和团运动部分）。上、中册合称《中国通史简编》。范文澜这两部重要著作的出现，是中国史学史上一个革命性的里程碑，是第一部马克思主义中国通史著作。

1946年4月范文澜从延安到达晋冀鲁豫边区，任北方大学校长兼历史研究室主任。1948年7月，北方大学与华北联合大学合并为

---

① 王家范：《中国通史编纂百年回顾》，《史林》2003年第6期。

华北大学，吴玉章为校长，范文澜为副校长兼研究部主任、历史研究室主任。1949 年，范文澜参加中国人民政治协商会议第一届全体会议。

1950 年，华北大学历史研究室改为中国科学院近代史研究所，范文澜为所长。1951 年中国史学会成立，郭沫若为会长，范文澜为副会长，主持学会日常工作。范文澜历任第一、二届全国人民代表大会代表，中国科学院哲学社会科学部学部委员，中国共产党第八届中央委员会候补委员，中国人民政治协商会议第三届全国委员会常务委员，第三届全国人民代表大会常务委员会委员，中国共产党第九届中央委员会委员。

新中国成立后，范文澜致力于改写《中国通史简编（修订本)》，本书是第一部运用马克思主义系统论述中国通史的通史性著作。自 1953 ~1965 年人民出版社分册出版了 4 册，篇幅达 101.3 万字，写到隋唐五代，但作者因病逝世，未能完成全部改写计划。本书是作者史学研究的代表作。

《中国通史简编（修订本)》在通史编写史上具有开创新体例的作用。作者运用马克思主义理论分析中国历史，建构起一套马克思主义中国通史体系。该书将中国历史划分为原始社会、奴隶社会、封建社会、半殖民地半封建社会、社会主义五种社会形态；肯定劳动人民创造历史的观点，把阶级斗争理论作为研究历史的基本线索；重视对生产斗争的描述，尤其重视古代的科学成就，借以增强民族自信心；强调中国是多民族的统一国家，应平等对待国内各民族；重视吸收考古发掘的新成果，体现了严谨、科学性。范文澜还著有《太平天国革命运动》等学术著作，主编有大型资料专辑《捻军》（全 6 册）。范文澜著述丰富，并将所有稿费上交做党费。范文澜逝世十周年时，其近代史研究所同仁选编了《范文澜历史论文选集》。

金毓黻（1887 ~1962），字静庵，辽宁辽阳人，著名历史学家，国学大师，我国东北地方史研究的奠基人之一。

1907年，金毓黻毕业于辽阳启化学堂，后入北京高等师范学校学习。1913年入北京大学文科。历任奉天省立一中、奉天文学专门学校教员，奉天省议会、东北行政委员会秘书。1930年，任辽宁省政府秘书长、东北大学史地学教授。1931年，任辽宁省政府委员兼教育厅厅长。“九一八”事变后被迫出任伪职，先后担任伪奉天公署参事官、伪奉天图书馆馆长、奉天通志馆主纂。1936年，借访日之机，他化名逃回上海。经蔡元培介绍，任中央大学史学教授，后兼系主任。1939年，到四川任东北大学史学教授兼文科教研所主任。1943年，发起成立中国史学会。1946年回东北视察东北文物。1947年，任国史馆纂修、沈阳博物馆筹委会主任。1949年，任北京大学、辅仁大学教授。1952年起任中科院历史所第三研究所（后改名为近代史研究所）研究员。

金毓黻学识渊博，功力深厚，治学广博，在史学、文学、文献学、考古学等领域均有精深造诣，其学术体大思精，包罗宏富。他心胸宽广，视野开阔，是将东北史置于中国史和世界史的大背景下进行研究的第一人。抗战八年期间，他不仅出版了三部重要的学术著作《东北通史》、《宋辽金史》和《中国史学史》，还出版了《东北文献零拾》、《辽海书征》、《中国史》、《东北古印钩沉》、《东北要览》等资料性著作，发表了《历史上之东北疆域》、《中国东北部民族考》、《辽部族考》、《辽会要作法》、《历代实录考略》等数十篇论文。他是一个开风气之先的学术前辈，由其开拓的新学术研究领域有东北地方史、辽金史、明清内阁大库史料、太平天国史料、中国地震史料等，极大地丰富了我国现代历史科学研究的内容。金毓黻道德文章俱佳，影响着一大批同时代的学者，向达、王重民、裴文中、李文信、于省吾等都与他过从甚密，是相互影响的好友。傅振伦、孙作云、罗福颐、阎文儒、佟柱臣、金景芳、卞孝萱等则是师友相兼，都受到金毓黻的提携与教诲。

金毓黻著作宏富，生前已出版的著作有16种、资料9部、论文

100 余篇，主要著作有《渤海国志长编》、《东北通史》、《中国史学史》、《宋辽金史》等，另编有《辽海丛书》、《奉天通志》、《明清内阁大库史料》（第一辑）等。其中，《东北通史》是第一部完整而翔实的东北地方史，《中国史学史》至今仍是大学历史专业重要教学参考书，所撰《静晤室日记》是一部内涵丰富的现代学术史志。

罗尔纲（1901~1997），广西贵县（今贵港）人，著名历史学家、训诂学家，太平天国史、晚清兵制史研究的一代宗师。

1920~1926 年罗尔纲就读于广西贵县高中。1930 年毕业于上海中国公学大学部中文系。1932~1934 年任广西贵县高中文史教员。1936 年 8 月任北京大学文科研究所助教，著有《金石粹编校补》及《艺风堂金石文字伪误举例》，写成《太平天国史纲》、《太平天国史丛考》、《金田起义前洪秀全年谱》等书。1936~1947 年历任中央研究院社会研究所助理员、副研究员、研究员，期间写成《湘军新志》、《捻军的运动战》、《绿营兵志》《晚清兵志》（内包括《淮军志》、《癸甲练兵志》、《海军志》、《陆军志》、《军事教育志》、《兵工厂志》六种）等清代兵制史著作。1944 年借调至广西通志馆研究忠王李秀成自传原稿，写有《李秀成自传原稿笺证》、《广西太平天国人物传》、《太平天国广西首义志》等书。

新中国成立后，罗尔纲于 1954 年调至中国科学院近代史研究所，历任中国科学院经济研究所研究员、近代史研究所一级研究员，第二、三届全国人大代表，政协第二、五届全国委员会委员。1950~1964 年，奉命筹建南京太平天国历史博物馆，撰写《太平天国史》、《李秀成自述注》，编成《太平天国》、《太平天国资料汇编》等文献。罗尔纲是我国太平天国史研究的奠基人，也是晚清兵制史研究、金石学、文博学和校勘学兼长的知名学者，更是当代史坛著述最多的学者之一，他治学勤奋，著作等身，毕生出版专著 40 多种，共 700 多万字。1989 年，他完成了 150 多万字的巨著《太平天国史》，这不仅是他个人毕生心血的结晶，更是新中国太平天国史研究的总结性成果。

朱士嘉（1905～1989），字蓉江，江苏无锡人，著名历史学家，我国现代方志学研究的奠基人之一。

1924年朱士嘉考入燕京大学历史系，参加该校禹贡学会，在顾颉刚主编的《禹贡》杂志上发表多篇中国地方志研究论文。1928年研究生毕业，留校任图书馆中文编目部主任，兼任辅仁大学历史系讲师。1934年，与燕京大学研究生谭其骧、北平师范大学研究生黄现璠及清华大学、北京大学等校历史系同行发起组织“中国历史学会”，邀请顾颉刚、陈垣、邓之诚、萧一山等史学名流参加。1935年编著《中国地方志综录》（三册，上海商务印书馆出版），该书著录全国各图书馆所藏方志5832部（1958年增订版著录7413部），是一部极具实用价值的工具书。

1939～1942年应美国国会图书馆东方部主任恒慕义邀请赴美工作，遍览馆内东方部特藏中国地方志，编写《美国国会图书馆藏中国方志目录》，著录2939部地方志，为学术界提供了便利。在此期间，他利用业余时间复制了大约1000多页有关中美关系的档案胶卷（1956年交给中国历史博物馆）。1942年9月，入哥伦比亚大学研究院深造，1946年获博士学位。1947～1950年，受聘任美国西雅图华盛顿大学远东系副教授，并加入美国远东学会、美国地方志学会和美国档案工作者协会。1950年回国，任武汉大学历史系教授。1951年，兼任武汉大学图书馆馆长。1953年，从武汉大学调至中国科学院历史研究所第三所。1956年起，参与编纂《中国地震资料年表》、《美国迫害华工史料》、《十九世纪美国侵华档案资料选辑》等资料。20世纪50～60年代，在政治上受迫害，却仍坚持学术工作，编写《中国天象记录总表》、《中国天文史料汇编》、《中国地方志联合目录》（著录8000多部地方志）、《宋元方志传索引》等目录文献。1975年，借调回北京。1978年发表《整理研究地方志刍议》。1979年，任湖北省文史馆副馆长、政协湖北省委员。1981年中国地方史志协会正式成立，他被推为协会副会长。1983 年为中国地方志指导小组成员，朱士嘉先后撰写了《整理研究地方志刍议》、《中国地方志的起源特征及其史料价值》、《中国地方志浅说》、《顾炎武整理研究地方志的成就》、《谈谈清代学者论述修志的问题》、《推陈出新，编好社会主义新方志》等学术论著，总结编修地方志的历史经验，条理清晰，议论精辟，对修志工作具有重要的指导意义。朱士嘉还著有《中国旧志名家论选》、《美国国会图书馆藏中国方志目录》等。

瞿同祖（1910～2008），字天贶，后改天况，湖南长沙人，著名历史学家、法学家，中国社会史、中国法律史学科奠基人之一。

瞿同祖出生于官宦世家，幼承庭训，积累了深厚的国学功底，精通文史。1930 年以优异成绩保送入燕京大学，主修社会学，与费孝通、林耀华等同为社会学系主任吴文藻的门生。1934 年入燕京大学研究院，在吴文藻指引下，从事中国社会史研究。1937 年其硕士论文《中国封建社会》由商务印书馆出版。抗战爆发后，应吴文藻和费孝通邀请，到云南大学任教，兼任西南联合大学讲师。1939 年任云南大学社会、政经、法律三系讲师，后升任副教授、教授。1944 年兼任西南联合大学讲师，期间撰写重要著作《中国法律与中国社会》，成为学术界的开新之作。1947 年，《中国法律与中国社会》由商务印书馆出版，1961 年以《传统中国的法律与社会》为名，在巴黎和海牙出版英文版，赢得国际声誉。1945 年春天，应魏特夫的邀请，瞿同祖携家人赴美国纽约，任哥伦比亚大学中国历史研究室研究员，出版《清代地方政府》，在西方汉学界产生了重大影响。1955 年，应费正清之邀前往哈佛大学东亚研究中心任研究员，继续从事中国史的研究，并与中心成员杨联陞和哈佛法学院梅伦（Arthur von Mehren）教授共同开设“中国法律”一课。

1965 年回国，历任湖南文史馆馆员、湖南省政协文史资料研究委员会副主任、中国社会科学院近代史研究所研究员。1976 年调入中国社会科学院近代史研究所工作后，他曾与夫人赵曾玖合译《艾登回忆录》，并编译《史迪威资料》一书。

瞿同祖早年极富原创性的法律社会史研究庶几可与马克斯·韦伯的法律社会学研究东西辉映，其中国法律社会史的研究方法和研究成果独步学林，垂范后世。他以一流的成就赢得了国际学术界的赞誉，美国社会经济史学家魏特夫认为，瞿同祖的工作已经将中国社会和历史的研究提高到了新的水平。瞿同祖著有《中国封建社会》、《中国法律与中国社会》、《清代地方政府》、《汉代社会》等论著。

黎澍（1912～1988），湖南醴陵人，著名历史学家、理论家，新中国新闻出版事业的开拓者之一，中国近代史研究、史学理论研究开拓者之一。

少年时代黎澍即受民主思潮影响，积极追求进步。1935 年在北京大学法商学院商学系读书时投身革命。1936 年加入中国共产党。1937 年“七七”事变后，投身抗日战争。1937 年 12 月创办并任中共湖南省委机关报《观察日报》总编辑。1940～1948 年先后在桂林、香港、成都、上海从事新闻工作。所撰第一部史学著作《辛亥革命与袁世凯》1948 年由香港三联书店出版。新中国成立后修改为《辛亥革命前后的中国政治》由人民出版社于 1954 年出版，曾被誉为运用马克思主义理论研究辛亥革命的典范之作。

1949 年中华人民共和国成立后，历任新闻出版总署研究室主任、中共中央政治研究室历史组组长。1961 年以后任《历史研究》杂志主编和中国科学院近代史研究所副所长。1966 年“文化大革命”中受到错误批判。1975 年仍任《历史研究》杂志主编，兼近代史研究所副所长。1980 年后历任《中国社会科学》杂志总编辑、中国社会科学院研究员、学术委员会委员，国务院学位委员会委员，中国史学会理事，政协第六届全国委员会委员，中国史学会常务理事，中国现代史学会会长，《中国大百科全书·中国历史》编辑委员会委员等职。

黎澍主要从事中国资本主义萌芽问题、孙中山、辛亥革命、五四运动、毛泽东思想研究。20 世纪 60 年代，黎澍开始研究马克思主义史学理论。他主持编纂《马克思主义经典作家论历史科学》，在学术界产生了广泛而深刻的影响。“文革”结束后，黎澍主要研究中国封建主义、近代中国文化史、人民群众的历史作用等问题。他长期主持学术刊物的编辑工作，尤其在主编《历史研究》杂志期间，敢于开风气之先，倡导并支持发表确有新见解、新观点的学术论著，为我国历史科学的发展作出了积极的贡献。

作为杰出的马克思主义理论家，20 世纪 70 ~80 年代黎澍为我国历史科学的发展作出了历史性的贡献。他坚持真理，崇尚实事求是的科学精神，积极探索具有中国特色的社会主义历史科学的发展道路。他认为消灭封建主义残余影响是实现中国现代化的重要条件。他否定以“人民群众是历史的创造者”作为历史创造者的总提法，指出按照马克思的原意，正确的提法应是在既定历史条件制约下“人们自己创造自己的历史”。他指出“一切历史都是阶级斗争史”的提法不是马克思主义的观点，不能将一切历史都归结为阶级斗争史。黎澍的这一见解，引起中国学术界广泛的大讨论。黎澍著有《辛亥革命前后的中国政治》、《马克思主义与中国革命》、《再思集》、《黎澍自选集》、《早岁》、《历史的创造者及其他》、《黎澍集外集》等，主编《马克思恩格斯列宁斯大林论历史科学》、《马克思恩格斯列宁斯大林论历史人物评价》、《马克思恩格斯论历史科学》等。

孙思白（1913 ~2002），原名孙兴诗，字思白，化名孙放，笔名劳苏、叶是一等，山东历城人，著名历史学家，中华民国史研究开拓者之一。

孙思白幼年在家乡接受国学基础教育。中学阶段先后在济南、北平接受新式教育。1934 年秋考入北京大学历史系学习。次年“一二·九运动”爆发，参加民族解放先锋队。平津沦陷后，回山东参加抗战。1938 年加入中国共产党。1940 年春至昆明西南联合大学复学，加入群社，翌年毕业，先后在云南省呈贡、泸西等县任教。

1942年秋到重庆，接受八路军驻渝办事处指导，从事地下工作，任职于学校及出版社。1946年后任山东大学中国通史讲师，继续从事革命活动。

新中国成立后，孙思白历任山东大学历史系副教授、系副主任、校长办公室副主任、校工会副主席兼宣传部长、《文史哲》编委、济南市人民代表。1956～1960年，受教育部高教司委托，与李新等共同主编《新民主主义革命时期通史》（四卷本），从事定稿工作。在此期间，与李新、彭明、蔡尚思、陈旭麓等四位主编相处融洽，被学界称为“八角亭学派”。1971年借调至北京中国历史博物馆，参与总体设计。1973年调至中国社会科学院近代史所，历任副研究员、研究员、民国史研究室主任、近代史研究所学术委员以及中国现代史学会副会长、名誉会长、顾问等职。

孙思白是新中国民国史研究的开拓者之一，早在新中国成立初期他便撰文呼吁开展这方面的研究。他先后发表了《为什么中国现代史研究至今这般寥落?》、《略论中国现代史开展研究工作中的几个问题》、《中国现代史讨论会概述》、《谈研究中国现代史的问题兼答青年同志提问》等重要论文，有力地推动了民国史研究。后来他主编《民国人物传》，负责审稿工作，并参与《中华民国史》第一编的撰写，主编《中华民国史》第二编第三卷。孙思白的主要论著有《新民主主义革命时期通史》（主编之一）、《清算胡适反动政治思想》、《民国人物传》（第一、二卷主编）、《红楼风雨》（北京大学“一二·九”运动回顾）等，另有论文60余篇。孙思白在山东大学任教期间以授课生动、循循善诱而著称，又以文笔秀美、发人深思而闻名。

刘大年（1915～1999），湖南华容人，著名马克思主义历史学家，中国抗日战争史研究开拓者之一，中国科学院哲学社会科学部学部委员。

1936年刘大年肄业于长沙湖南国学专修学校。1938年，受到徐特立、王凌波指点奔赴延安参加革命，同年加入中国共产党。翌年，从抗日军政大学第五期毕业，被分配在冀西和冀南抗日根据地工作。1939年起，历任冀西专区行政干部学校教导主任，晋冀鲁豫边区政府冀南行署宣传科长、教育科长，冀南抗战学院教员，北方大学工学院副主任，北方大学、华北大学历史研究室副主任。1950年起，担任中国科学院近代史研究所研究员，中国科学院党组成员、编译局副局长。1954年以后，历任近代史研究所副所长、所长、名誉所长，中国科学院哲学社会科学部学部委员，中国史学会主席团执行主席，孙中山研究学会副会长，第三届全国人大代表，第四至七届全国人大常委。

刘大年长期从事中国近现代史研究工作，他是我国抗日战争史研究的主要开拓者，他筹建了中国抗日战争史学会，并担任该会首任会长，主编《中日学者对谈录——卢沟桥事变50周年中日学术讨论会文集》，组织和推动了我国抗日战争史研究。刘大年著有《美国侵华史》、《台湾历史概述》（与丁名楠、余绳武合著）、《中国近代史问题》、《赤门谈史录》、《刘大年史学论文选集》，主编《中国近代史稿》（一、二、三册）、《中国史稿》第四册、《孙中山书信手迹选》、《台湾历史概述》等，编辑《范文澜历史论文集》，另有回忆录《大路》。

胡绳（1918～2000），原名项之迪，江苏苏州人，著名马克思主义理论家、历史学家，中国科学院哲学社会科学部学部委员，欧洲科学院通讯院士。

1934年胡绳入北京大学哲学系学习。1937年北京大学肄业后，以笔名浦韧为杂志撰文，为《读书生活》、《生活知识》、《新知识》、《自修大学》等刊物撰稿，并参加《新知识》的编辑工作。历任武汉《全民周刊》编辑、《鄂北日报》主编、中共中央南方局文委委员、生活书店编辑、《读书月报》主编。1938年加入中国共产党。1941年任香港《大众生活》编辑。1942年后，任重庆中共中央南方局文委委员、《新华日报》社编委。1946年后任中共上海市工委文委委员，香港生活书店总编辑。1949年后任中共中央宣传部教材编写组组长、华北人民政府教科书编审委员会副主任、人民出版社社长、政务院出版总署党组书记、中共中央宣传部秘书长。1955～1966年，任中共中央政治研究室副主任，《红旗》杂志社副总编辑。1975年后任毛泽东著作编委会办公室副主任、中共中央文献研究室副主任、中共中央党史研究室主任、中国社会科学院院长、中国人民政治协商会议全国委员会副主席、曾任中国历史学会会长，中共党史研究会会长，孙中山研究会会长，中共第十二届中央委员，第一、二、三届全国人大代表，第四、五届全国人大常委。

胡绳长期从事马克思主义理论宣传工作，在历史、哲学、文化思想等方面有深入的研究。他是杰出的马克思主义史学家，与范文澜同为我国以马克思主义观点、方法指导中国近代史研究的先行者。在1985～1992年担任中国社会科学院院长期间，他支持王庆成、余绳武等后辈学者的探索性研究，鼓励学术争鸣，对形成学术界的良好氛围起到了积极的作用。胡绳著有《帝国主义与中国政治》、《从鸦片战争到五四运动》、《中国共产党的七十年》、《现实主义当代流变史》、《马克思主义与改革开放》、《童稚集》、《理性与自由》、《历史和现实》、《枣下论丛》等，今有《胡绳文集》、《胡绳全书》传世。

李新（1918～2004），原名忠慎，四川荣昌人，著名历史学家，中共党史研究的开拓者之一。

1934年李新考入重庆川东师范学校，积极从事进步学生运动和救亡活动。1938年初，李新由四川万县步行去延安参加革命，入陕北公学，后任中共太行分局科长、晋冀鲁豫中央局青委书记、晋冀鲁豫根据地县委书记、军调部北平执行部整军小组中校组员、华北大学正定分校主任等职。

中华人民共和国成立后，李新参与筹办中国人民大学，任校党委副书记。1960～1962年，担任中国文字改革委员会秘书长、党组副书记。1962 年开始历任中国科学院近代史研究所研究员、现代史组和通史组组长。1976 年后历任中国社会科学院近代史研究所副所长、中华民国史研究室主任及现代史研究室主任，中共中央党史研究室副主任，中共党史学会副会长，中共党史人物研究会副会长，中国现代史学会理事长，政协第五、六、七届全国委员会委员。

李新治学严谨，在中国革命史、中共党史和中华民国史研究领域造诣精深，是公认的中国现代史研究的学术权威。其主要著作有《中国新民主主义革命简史》、《中国革命史的几个问题》、《中国新民主主义革命史讲话》、《流逝的岁月：李新回忆录》等，主编《中国革命史》（全书 12 卷）和《中华民国史》（全书 13 卷），与人共同主编有《中国新民主主义革命时期通史》（四卷本）等。

第二节　中国社科院世界史研究所、世界宗教研究所历史学家

一、中国社会科学院世界历史研究所

中国社会科学院世界历史研究所成立于 1964 年 5 月，前身为 1959 年设在中国科学院哲学社会科学部历史研究所的世界历史研究组，1962 年扩建为世界历史研究室，1964 年 5 月，经国务院批准正式建立中国科学院世界历史研究所，它是研究世界主要国家和地区历史的专门学术机构。40 多年来，汪世汉、陈翰笙、刘思慕、朱庭光、黄绍湘、张椿年、廖学盛、武寅、于沛先后任职于该所。目前，该所主要研究世界近现代史，特别研究 16 世纪以来世界各国政治、经济、文化发展演变的统一性、多样性及历史经验，同时开展对世界古代和中世纪历史的研究。

陈翰笙（1897 ~ 2004），原名陈枢，江苏无锡人，著名马克思主义农村经济学家、社会学家、历史学家、社会活动家，中国科学院哲学社会科学部学部委员。

陈翰笙幼年就读于无锡东林小学，后随父母到长沙。1909 年考入长沙明德中学。1915 年自费留学美国，半工半读一年多后考入洛杉矶珀玛拿大学学习欧美历史。1920 年转入芝加哥大学研究生院，结识妻子顾淑型，改名陈翰笙。1922 年春，得奖学金到波士顿哈佛大学学习东欧史，是年秋，改赴德国柏林大学史地研究所研究东欧史。1924 年夏，获得柏林大学博士学位。同年秋，蔡元培去欧洲考察，邀请他回国任北京大学教授。

在北京大学任教期间，陈翰笙为历史系讲授欧美通史、史学史，为法学系讲授美国宪法史，是北京大学最年轻的教授之一，并为胡适、王世杰等创办的《现代评论》撰写文章。李大钊介绍他参加第三国际。1927 年“四一二”事变后，经由日本去苏联，任共产国际（即第三国际）国际农民运动研究所研究员。1928 年回国，积极参加关于中国农村社会性质的大讨论。1929 年应蔡元培邀请担任中央研究院社会科学研究所副所长，并主持社会学组工作。1929～1934 年春，先后组织对江苏无锡、河北保定、山东潍县、安徽凤阳、河南襄城及广东农村开展经济调查。陈翰笙清楚地认识到“中国社会，纯粹的封建已成过去，纯粹的资本主义尚未形成，是正在转变时期的社会”，阐明了中国农村半封建半殖民地社会性质。

1933 年陈翰笙辞去中央研究院社会科学研究所职务，与吴觉农、孙晓村、冯和法、王寅生、钱俊瑞、薛暮桥、孙冶方、秦柳方、张锡昌、姜君宸等在上海发起成立“中国农村经济研究会”，他被推选为理事长。1934 年在上海创办《中国农村》月刊，由薛暮桥主持，发表了许多关于农村问题的论文、调查报告和农村通讯。陈翰笙坚持以马克思主义立场、观点、方法分析研究中国农业、农民和农村问题，以第一手的农村调查材料论证中国农村半封建、半殖民地的社会性质，指明中国农业发展的道路。他明确地认定：“这就是半封建半殖民地的社会，废除封建的土地制度，进行土地革命，使无地少地的农民得到土地，是发展农业生产，解决农村问题唯一正确的道路。”

20 世纪 30 ~40 年代，由于受到国民党当局迫害，陈翰笙长期流亡国外，先后在日本《东洋文库》、苏联第三国际、美国太平洋国际学会从事研究工作，并正式转为中国共产党党员。1937 年抗日战争爆发后，他积极号召华侨与华人捐献财物支持国内抗日战争。1939 年 5 月，陈翰笙根据党的指示，由美国回到香港，协助宋庆龄和埃德加·斯诺夫人及艾黎等友人发起组织的工业合作化运动，解决战时人民的迫切需要。1945 年 8 月抗战胜利后，陈翰笙等转到印度史学会工作，考察印度经济。次年，转任华盛顿州立大学特约教授，讲授印度史。

中华人民共和国成立后，陈翰笙受周恩来总理电邀，于 1950 年 1 月回国。周总理原希望他担任外交部副部长，可他只接受担任顾问，仍愿以较多时间从事学术研究。1952 年 3 月，宋庆龄倡议创办英文刊物《中国建设》，由他和金仲华等共同主持编辑工作，向世界介绍新中国的建设成就，受到外国友人欢迎。陈翰笙历任外交学会副会长，中印友好协会副会长，国际问题研究所副所长，中国科学院哲学社会科学部学部委员，中国科学院世界历史研究所所长、名誉所长，《中国大百科全书·外国历史》编委会主任等职。

陈翰笙著作宏富，主要有《五口通商与茶叶贸易》、《封建社会的农村生产关系》、《东北的难民与土地问题》、《现代中国的土地问题》、《广东农村生产关系与生产力》、《中国的地主和农民》（英文版）、《工业资本与中国农民》（英文版）、《中国农民》（英文版）、《中国工业合作运动》（英文版）、《印度和巴基斯坦经济区域》、《印度莫卧尔王朝》、《解放前的中国农村》1 ~3 辑（与薛暮桥、冯和法合编）、《解放前后无锡、保定农村经济》（与薛暮桥、秦柳方合编）、《陈翰笙文选》等。

刘思慕（1904 ~1985），原名刘燧元，笔名刘穆、尹穆、刘君木、居山、小默等，广东新会人，著名历史学家、国际问题评论家、作家。

1923年刘思慕入广东岭南大学读书，投身新文化运动，是广州文学研究会的创建者之一。1925年参加国民党。1926年赴苏联莫斯科中山大学学习。1927年回国，同年脱离国民党。1932年后先后在德国、奥地利留学。1933年秋回国开始革命工作。抗日战争期间积极参加抗日救国宣传工作。抗日战争胜利后历任香港《华商报》总编辑、香港《文汇报》总编辑、上海《新闻日报》总编辑。1946年参加中国民主同盟。1957年加入中国共产党。

新中国成立后，刘思慕历任北京国际关系研究所副所长，世界知识出版社社长兼总编辑，上海《新闻日报》社长，《解放日报》副总编辑，上海国际问题研究所副所长，中国社会科学院世界历史研究所所长、顾问等职，曾被选为第一、二、三届全国人民代表大会代表，政协第一、五、六届全国委员会委员，中国民主同盟中央常委。

刘思慕长期致力于世界现代史研究，著述颇丰，主要有《日本的财阀、军队与政党》、《战争途中的日本》、《弱小民族解放史读本》、《欧战纵横谈》、《战后日本问题》、《世界政治地理》、《歌德自传》（译作）、《野菊集》、《国际通讯选》等。

朱庭光（1924～2005），浙江鄞县人，著名历史学家，我国二战史研究的开拓者之一。

朱庭光的父亲朱镜我早年留学日本，生于日本的朱庭光于1925年随母亲回国，靠母亲教书维持生活。少年朱庭光曾掩护父亲做中共地下革命工作。1938年，14岁时随母亲参加父亲所在的新四军，靠着勤学苦练，成为一名坚强的革命战士。

皖南事变中时任新四军政治部宣教部长的朱镜我壮烈牺牲。1942年朱庭光离开部队，到地方从事党的宣传工作。1950年奉命到上海，任中共中央华东局宣传部宣传处副处长，主编《宣传手册》。1954年奉调入中共中央宣传部工作，负责部刊《宣传通讯》。1958

年参加党中央的理论刊物《红旗》杂志国际评论的写作班子，曾多次随刘少奇、周恩来、邓小平、彭真等领导同志出国访问。1960 年 9 月，参与中苏两党会谈。

1978 年后，朱庭光任中国社会科学院世界历史研究所所长，把世界历史研究所办得有声有色，成绩卓著，如创办《世界历史》、《世界史研究动态》、《世界历史译丛》等刊物，在本所和全国相继成立了多个世界史分学科研究会。有人称这个时期是我国世界史研究的“黄金时代”。

朱庭光对 20 世纪二三十年代的苏联史和第二次世界大战史有精深研究。为促进二战史的研究，1979 年 7 月他倡议召开了二战史研究的首次全国学术研讨会，并建立了中国第二次世界大战史研究会。他所撰写的《法西斯新论》、《法西斯体制研究》等学术专著史料丰富，观点鲜明，具有开拓性价值，因此他被称为我国二战史研究的奠基人。朱庭光尊重史学界老专家，重视培养、支持中青年研究人员成长，他是我国世界史研究界卓越的学术组织者与领导者，先后主编《法西斯主义与第二次世界大战》、《外国历史名人传》、《外国历史大事集》、《法西斯新论》、《当代国际知识大辞典》、《世界历史名人谱》等，另著有《巴黎公社史》、《风雨吟——朱庭光诗词选》等。

二、中国社会科学院世界宗教研究所

中国社会科学院世界宗教研究所成立于 1964 年，设有佛教、基督教、伊斯兰教、道教和中国民间宗教、儒教、宗教学理论、当代宗教、宗教文化艺术等 8 个研究室及《世界宗教研究》杂志社。长期以来，在朱谦之、徐梵澄、任继愈、李冀诚（藏传佛教）、戴康生（伊斯兰教）等著名学者带领下，世界宗教研究所坚持实事求是的科学态度，实行学术民主，尊重独立探索，取得了丰硕的研究成果，出版了大量古籍、著作、译著、工具书等，其中《中华大藏经》（汉文部分）和《宗教学通论》等成果获得了社会好评。

朱谦之（1899 ~ 1972），字牟情，福建福州人，著名历史学家、哲学家，我国东方哲学研究开拓者之一，中国科学院哲学社会科学部学部委员。

朱谦之幼时父母双亡，由姑母抚养成人。民国初年入省立第一中学学习，熟读经史。1916 年入北京大学哲学系学习。1919 年参加“五四”运动，编辑《北京大学学生周刊》和《奋斗》杂志，宣传无政府思想。1920 年，朱谦之因散发革命传单遭军阀当局逮捕，入狱百余日。1921 年离京南下，至杭州兜串寺从太虚大师出家。后又去南京支那内学院，向著名佛学家欧阳竟无求教。后发表《反教》诗，宣布与佛门断绝关系。1923 年应邀任厦门大学讲师。1925 ~ 1928 年隐居于杭州西湖葛岭山下，潜心著述。寄希望于孙中山为首的国民党左派，号召“农工大联合”，倡导革命，并赴广州任黄埔军校政治教官。1929 年获中央研究院资助赴日本进修两年，潜心于历史哲学的研究。1932 年回国。1932 ~ 1951 年历任广州中山大学教授、哲学系主任、历史系主任、文学院院长、文学研究院院长。1952 年全国高校院系调整后，任北京大学哲学系教授，从事中国哲学史的教学和研究工作。1964 年任中国科学院哲学社会科学部学部委员。

朱谦之著作宏富，为后人留下了大量珍贵的文化遗产，有专著 42 部，译著 2 部，论文 100 余篇。其主要著作有《中国哲学对欧洲的影响》、《中国景教》、《历史哲学大纲》、《文化哲学》、《孔德的历史哲学》、《黑格尔的历史哲学》、《中国思想对于欧洲文化之影响》、《扶桑国考证》、《哥伦布前一千年中国僧人发现美洲考》、《太平天国革命文化史》、《辩证唯物论与历史唯物论教学大纲》、《中国哲学史简编》、《中国哲学史史科学》、《老子哲学》、《老子校释》、《李贺》、《中国哲学对于欧洲之影响》、《中国古代乐律对于希腊之影响》、《王充著作考》、《日本哲学史》、《日本的朱子学》、《日本古学及阳明学》、《新编朱舜水集》、《日本哲学史资料选编》（古代和德川之部）等，译作有《中国禅学思想史》和《韩国禅教史》等。

朱谦之治学广泛，他的论著涉及历史、哲学、文学、音乐、戏剧、考古、宗教、政治、经济、中外文化关系等多个领域，有些研究具有开创性意义，他开辟了我国的日本哲学、中西哲学交流、文化社会学等研究，因此人们称赞他为百科全书式的学者。朱谦之在历史研究特别是在中外关系史研究中作出特殊贡献，取得国际性荣誉。郭沫若曾说朱谦之和向达教授是我国治中外交通史方面最杰出的学者。

徐梵澄（1909～2000），湖南长沙人，著名宗教学家、历史学家、哲学家、翻译家，我国印度学研究的开拓者之一。

徐梵澄自幼受到严格的家庭教育，1926 年中学毕业后考入武汉中山大学历史社会学系，次年考入上海复旦大学西洋文学系。自 1928 年起追随鲁迅，对中国新兴版画的发展有过重要贡献。1929～1932 年留学德国海德堡大学哲学系，回国后曾在上海为《申报》“自由谈”撰写杂文，并受鲁迅之嘱翻译尼采的著作，是中国最早翻译和研究尼采的著作的学者之一。

抗日战争爆发后，徐梵澄执教于中央艺专。1940 年任重庆中央图书馆《图书月刊》编辑，兼任中央大学教授。1945 年初接受国民政府教育部委派参与中印文化交流，任教于印度泰戈尔国际大学，研究古印度哲学，译成《安慧三十唯识疏释》等。1950 年学习梵文并译出印度教经典《薄伽梵歌》、迦里达萨《行云使者》。1951 年任南印度捧地舍里的室利阿罗频多学院国际教育中心华文部主任，致力于研究精神哲学，探讨法相唯识之学，著书立说，成就卓著。1978 年底回国，经任继愈推荐任中国社会科学院世界宗教研究所研究员。回到祖国后的 20 年，是他学术生命的又一高峰，为丰富中国现当代学术作出了重要贡献。

徐梵澄是我国系统介绍和翻译印度古代精神文化典籍《奥义书》的先驱者，被誉为东方哲学大家。他在研究和传播印度精神哲学大师室利阿罗频多思想方面取得了丰硕成果，1954 年出版《室利阿罗频多事略》。1959 年以后陆续出版了译著《综合瑜伽论》（三部）、《玄理参同》、《神圣人生论》、《综合瑜伽论》（第四部）、《周天集》、《母亲的话》（共 6 辑）等。

徐梵澄精通古今多种语言，是 20 世纪中国学人中极少数贯通中、西、印三大文化体系的学者之一。20 世纪 60 ~ 90 年代，他先后出版《孔学古微》、《小学菁华》、《周子通书》、《唯识菁华》等多种英文著作，致力于向世界介绍中国哲学。1988 年、1994 年相继出版《老子臆解》、《陆王学术》，作者对中国哲学的研究介绍具有独到之处，在古籍文字、句读上有异于别人，在思想内容上参以中、印、西古今学说，疏释疑难，阐发隐理。徐梵澄博学多闻，涉猎广泛，著译甚丰，存世的文艺评论和诗歌集有《异学杂著》、《蓬屋诗存》等。他淡泊名利、宁静超然的精神气质和严谨执著、锲而不舍的学术风范是后人学习的楷模，今有《徐梵澄文集》。

任继愈（1916 ~ 2009），字又之，山东平原人，著名哲学家、宗教学家、历史学家，我国世界宗教学科奠基人之一。

任继愈出生于封建大家族，毕业于山东济南省立第一模范小学，后进入北平大学附属高中读书。1934 年考入北京大学哲学系，师从汤用彤、熊十力、贺麟、钱穆。1939 ~ 1941 年入北京大学（西南联合大学）文科研究所攻读研究生，师从贺麟和汤用彤。1942 ~ 1964 年任教于北京大学哲学系，历任讲师、副教授、教授，讲授中国哲学史、宋明理学、中国哲学问题、朱子哲学、华严宗研究、佛教著作选读、隋唐佛教和逻辑学等课程。1955 ~ 1966 年担任《北京大学学报》人文科学版编辑。1956 年起兼任中国科学院哲学研究所研究员。1964 年，奉命负责筹建中国科学院世界宗教研究所。历任北京大学哲学系教授，中国科学院世界宗教研究所所长，中国哲学史学会会长，中国无神论学会理事长，中国西藏佛教研究会会长，国家图书馆馆长、名誉馆长。

任继愈致力于用唯物史观研究中国佛教史和中国哲学史。1979年他提出了“儒教是教说”的著名观点，打破了“五四”以来“中国无宗教”这一流行观点，得到了学术界赞同，成为认识中国传统文化的基础性理论建树。他认为，任何一个国家都不可能没有自己的宗教信仰，不然不可能维系一个有着五千年文明史的国家和民族，中国的儒教就是宗教，而教主就是孔子。所著《汉唐佛教思想论集》是新中国用马克思主义理论研究宗教问题的奠基之作。任继愈另著有《老子今译》、《任继愈自选集》等学术著作，主编《中国哲学史》(四卷本)、《宗教大词典》、《中国佛教史》、《中国道教史》，主持编纂《中华大藏经》(汉文部分)、《中华大典》等。

第三节　中国社科院民族研究所、经济研究所、自然科学史研究所历史学家

一、中国社会科学院民族研究所

中国历史由中华民族大家庭56个成员共同创造，各民族的历史构成了中华五千年文明史的丰富内容。自1956年中国科学院建立少数民族语言研究所以来，我国民族史研究取得了丰硕成果。1958年中国科学院成立民族研究所，1962年少数民族语言研究所与民族研究所合并为中国科学院民族研究所，隶属于哲学社会科学部。民族研究所下设社会历史研究室，专门致力于民族史研究。1978年，民族研究所归属于中国社会科学院。

半个多世纪以来，民族研究所始终开展民族史的研究，特别是在蒙古元代史、辽金史、西夏史、藏学研究等少数民族历史研究领域取得了重要成就，涌现了翁独健（蒙古元代史)、陈述（辽金史)、史金波（西夏史）等一批著名史学家。

翁独健（1906～1986)，原名翁贤华，福建福清人，著名历史学家、教育家，我国蒙古元代史一代宗师、学科奠基人之一。

1913年翁独健入小学，1919年入福清融美中学，1922年入福州英华中学，1928年考入燕京大学历史系，受业于邓之诚、洪业、陈垣，立志从事蒙古元代史研究。1935年赴美留学，1938年获哈佛大学博士学位，同年入巴黎大学深造，受业于汉学家伯希和。1939年回国，先后担任云南大学、北平中国大学、燕京大学等校教授。抗日战争、解放战争时期，他在中共地下党组织领导下从事进步活动。

中华人民共和国成立后，翁独健历任燕京大学代理校长，北京市教育局局长，国家民族事务委员会委员，民族历史研究工作指导委员会副主任委员，中国民族研究学会副理事长，中国社会科学院民族研究所研究员、副所长、顾问，中国社会科学院中国边疆史地研究中心主任，中央民族学院历史系主任、研究部主任，中国史学会常务理事，中外关系史学会名誉理事，中国蒙古史学会理事长、名誉理事长，中国元史研究会名誉会长等职，曾当选为政协第三、四、五、六届全国委员会委员。

翁独健早年专攻蒙古元代史，大学时代曾撰写《元田制考》、《元代政府统治各教僧侣的官司和法律考》等精辟论作。20世纪40年代出版《新元史、蒙兀儿史江爱萨传订误》、《斡脱杂考》、《元典章译语集释》等名作，史料翔实，论述精辟，解决了蒙古元代史研究中的一些疑难问题，确立了他在这一研究领域的权威地位。他与韩儒林、邵循正共同奠定了我国现代蒙古元代史研究的学科基础，在国内外学术界赢得了盛誉。

20世纪50年代开始，我国政府启动少数民族社会历史调查工作，编辑出版民族问题大型综合丛书《民族问题五种丛书》，翁独健担任编委会副主任。1956年起他负责内蒙古少数民族历史调查工作，主持并亲自执笔撰写《蒙古族简史》。1971～1974年，主持点校《元史》，依据多种版本，勘出讹误一千余条，使校点本成为迄今最好的《元史》版本。

翁独健是新中国民族史研究的杰出领导者，在民族史研究和组织工作方面成就卓著。1956 年，参与制订我国哲学社会科学十二年规划，对我国民族史研究的发展产生了积极影响。50～80 年代，他先后担任了《中国历史小丛书》编委、《民族问题五种丛书》编委会副主任，《中国大百科全书·民族》编委、《民族史》主编，《中国历史大辞典·民族史》主编，《中国历史地图集》编委会副主任委员，《中国少数民族历史大辞典》主编。他曾赴美国、苏联等国讲学及参加国际性学术会议，并担任联合国教科文组织的国际中亚文化研究协会理事和副主席，推动了中外学术文化的交流。翁独健的主要著作有《道藏子目引得》、《中国民族关系史研究》（主编）、《中国民族史研究》、《蒙古族简史》、《中国民族关系史纲要》（主编），译著有《蒙古人民共和国通史》、《蒙古社会制度史》、《世界征服者史》、《马可·波罗行记注释》等，主持编辑《全元诗》等。

陈述（1911～1992），字玉书，河北乐亭人，著名历史学家、民族史学家，我国辽金史研究奠基人之一。

陈述出生于诗书之家，自幼聪明好学，早年就读于乐亭县立高等小学，成绩优异。后转入北京香山中学、河北省立第十六中学（宣化）、北京求实中学。1929 年考入北京师范大学历史系，师从陈垣、朱希祖、陆懋德等名家，深得陈垣赏识。1935 年大学毕业，因品学兼优，被傅斯年邀入中央研究院历史语言研究所工作。

1940 年冬，赴四川三台东北大学东北史地经济研究室任研究员，1942 年专任历史系教授，讲授辽金史、中国史学史。此间，由于陈述在辽金史研究上的成绩突出，获得哈佛—燕京学社的奖助金（丁山、陆侃如、梁方仲、陈寅恪也曾获得过此项奖助金）。① 抗战胜利后，先后任上海复旦大学、暨南大学教授。后北上任教于北京师范大学，又兼中法大学、燕京大学教授。此间，又有多种著作问世，

① 高增德、丁冬编：《世纪学人自述》（第四卷），北京十月文艺出版社 2000 年版，第 177 页。

其中《契丹史论证稿》一书是辽史研究的杰出作品。

新中国成立时，陈述任北京师范大学教授，并以史学界知名人士的身份参加了开国大典的观礼。1952年后，转任中央民族学院研究部教授兼图书馆馆长。1958年任中国科学院民族研究所研究员。历任中国辽金史学会会长、中国辽金契丹女真史学会会长、国务院古籍整理出版规划小组顾问、中国民族史学会顾问、《辽金史论集》主编。

陈述治学勤奋、朴实，一生致力于辽金史的研究，硕果累累，贡献突出。在辽金史学界，他是一位里程碑式的人物，被誉为辽金史学的一代宗师。他的独创性、开拓性研究为辽金史的研究开辟了广阔的园地。他创建"中国辽金史学会"、"中国辽金契丹女真史学会"，创办《辽金史论集》，有力地推进了辽金史的研究。他论证了"辽金"与"两宋"在祖国历史上的第二次南北朝式的地位，阐释了辽金文化是祖国历史文化北方的一支，考定了达斡尔族是契丹后裔的北方支系。陈述突破了以前史家停留在对官修辽、金二史的校勘、补正及遗文的搜集，按照社会进化、民族融合的观点研究契丹、女真社会发展史，成为我国辽金史学科的重要奠基人。

陈述一生有专著10余部，主要有《契丹史论证稿》（重版后改称《契丹政治史稿》）、《契丹社会经济史稿》、《金史拾补》（五种）、《辽代文学史》（与蓢伯赞等合编）、《校辑辽文汇》、《校辑全辽文》、《辽代史话》等，另有《金史氏族表》、《头下制度考释》、《哈剌契丹说》等论文百余篇。①

二、中国社会科学院经济研究所

中国社会科学院经济研究所的前身是1929年成立的中华教育文

---

① 高增德、丁冬编：《世纪学人自述》（第四卷），北京十月文艺出版社2000年版，第188页。

化基金会社会调查所（所长为陶孟和），1934 年社会调查所并入中央研究院社会科学研究所，1945 年更名为中央研究院社会研究所。1949 年新中国成立后，改称中国科学院社会研究所，1953 年更名为中国科学院经济研究所，1977 年改为中国社会科学院经济研究所。经济史学（包括经济史和经济思想史）与理论经济学、应用经济学同为经济研究所传统的三大研究方向之一。该所设有中国经济史研究室、中国现代经济史研究室、中国经济思想史研究室，并管理中国经济思想史学会、中国经济史学会。该所主办有学术季刊《中国经济史研究》（1986 年创办）。在该所学术发展史上，著名经济史学家吴承明开创的以中国资本主义发展史为特色的中国近现代经济史研究是该所学术研究的传统优势之一。

吴承明（1917～2011），河北滦县人，著名经济史学家，中国经济史、中国资本主义史学科开拓者之一。

吴承明幼年读私塾，青年时期立志以科学救国。1932 年考入北洋工学院预科，1934 年入清华大学理学院化学系，后转入经济系。日军侵华后，吴承明积极投身抗日救亡运动，是北平 1935 年"一二·九"运动的爱国学生运动领袖之一。1936 年转入北京大学史学系学习。1938 年到昆明西南联合大学复学，得陈寅恪、钱穆等史学大师教诲，奠定了深厚的文史功底。1940 年毕业于北京大学历史系。1943 年冬赴美留学，考入哥伦比亚大学经济系，1946 年获美国哥伦比亚大学经济学硕士学位，同年回国，先后担任资源委员会经济研究所专门委员、上海交通大学教授、东吴大学教授。

1949 年新中国成立后，吴承明曾任中央工商行政管理局调查研究处处长。1958 年起兼任中国科学院经济研究所研究员。1977 年起转任中国社会科学院经济研究所研究员。历任中国经济史学会会长、中国史学会理事、中国投资史研究会名誉理事长、中华全国工商联特约顾问等。

吴承明早年研究中国土地问题，归国后主要从事中国近代经济史研究，他在理论与方法方面有许多重要建树。他充分肯定了经济史的历史学属性，认为经济史学是一门历史科学，即使是最一般的经济规律，如价值规律，也不能无条件地适用于任何时代或地区。他认为经济史研究不是只讲“纯经济”的现象，经济史学家应当有整个历史学修养，从自然条件、政治制度、社会结构诸方面包括思想文化方面研究经济发展与演变。强调研究经济史不仅要从生产、流通、市场领域入手，还要超出传统“经济”概念，对社会结构、制度变迁、思想文化进行系统考察。他认为经济发展因素有深层次的文化传统、结构或制度、交换和流通、生产力水平等不同的几个层面。我们不仅要看到经济发展的“量”变，还要看到带来制度变迁的“质”变，只有这样才能呈现社会发展的全貌。他主张经济史研究不宜用模式法，应以实证分析为主，应具体，不宜抽象。

吴承明在治史方法上注重遵循实证主义原则，他认为西方史学界对实证主义的批判在本体论上是受新康德主义、新黑格尔主义的影响，集中针对的是历史事实的认识论。他强调，应当承认认识的相对性，也许不能“终极地”认识某些历史事实，但能不断地接近它。他认为西方史学迄今并未脱离实证主义，并指出了实证主义不作价值评判的局限性。

吴承明著有《帝国主义在旧中国的投资》、《中国资本主义的生产关系》、《中国资本主义与国内市场》、《中国资本主义发展史》（第一卷）、《民族资本主义行业丛刊》、《经济史：历史观与方法论》① 等，另主编有《中国资本主义工商业的社会主义改造》、《中国资本主义工商业史料丛刊》、《中国大百科全书·经济学》、《当代中国丛书》等，与许涤新共同主编《中国资本主义发展史》，与董志凯共同主编《中华人民共和国经济史（1949～1952）》等。其不少

① 吴承明的《经济史：历史观与方法论》一书由上海财经大学出版社于2006年出版。

著作和论文被译成英、俄、日文在国外出版。

三、中国科学院自然科学史研究所

中国科学院自然科学史研究所的前身——中国自然科学史研究室，由竺可桢创议成立于 1957 年，1975 年扩建成为研究所。该所是中国唯一的多学科、综合性的科技史专门研究机构，是世界上少数几个中国科技史的研究中心之一。该所钱宝琮、李俨、严敦杰、席泽宗、杜石然、潘吉星、陈美东等著名学者为我国科学技术史研究作出了重要贡献。

自然科学史研究所主要研究科学与技术发展的历史和规律，以及它们与社会、经济、思想、文化之关系，是中国科学院内少数兼具自然科学与人文社会科学功能的研究实体之一，是国务院学位委员会确认的“科学技术史”一级学科学位授予点，是在国内从事科学技术史研究的核心机构，在国际科学史界也有较大的影响。该所硕士学位授予点有：科学技术史（数学史、物理学史、化学史、天文学史、地理学史、生物学史）；科学技术哲学（自然辩证法）。博士学位授予点是科学技术史（科技史与科技战略两个方向）。研究所同美国、英国、德国、法国、荷兰、比利时、澳大利亚、日本、韩国、新加坡等国家和地区保持着科技史方面的学术交流与合作关系。自然科学史研究所席泽宗、潘吉星、刘钝任国际科学史研究院院士，席泽宗任国际欧亚科学院院士。该所主办《自然科学史研究》杂志。

李俨（1892～1963），原字禄骥，后改乐知，福建闽侯（今福州）人，著名历史学家，中国科学院哲学社会科学部学部委员，中国数学史学科奠基人之一。

1904 年李俨入福州三牧坊学堂读书。1912 年考入唐山路矿学堂攻读土木工程科，与茅以升、杨杏佛、黄寿恒为同班同学。1913 年，因父亲病故，不能继续在学校学习，考入陇秦豫海铁路局（陇海铁路局前身）为工务员，直到 1955 年止，持续在陇海铁路工作长达 40

余年，历任工程副段长、工程段长、工程总段长等职。1955年李俨由陇海铁路局奉国家之命调入中国科学院历史研究所任一级研究员，同年被选为中国科学院哲学社会科学部学部委员。1957年中国科学院自然科学史研究室成立，李俨被任命为室主任，直至逝世。1958年，李俨当选为第二届全国人民代表大会代表。

李俨毕生从事中国数学史研究工作，他和同时代的钱宝琮同为该学科奠基人之一。李俨的著作甚丰，主要有《中算史论丛》（1~5集）、《中国算学史》、《中国数学大纲》、《中国古代数学史》、《中算家的内插法研究》、《十三、十四世纪中国民间数学》、《铁道曲线表》等。

钱宝琮（1892~1974），字琢如，浙江嘉兴人，著名数学史家、数学教育家，中国古代数学史、中国古代天文学史学科开拓者之一。

钱宝琮幼年入私塾启蒙，1903年改入嘉兴府秀水县学堂，学习《论语》、《孟子》等古代典籍，以及算术、地理、历史、英文等新课程。1907年春考入苏州江苏省铁路学堂土木科，学习成绩优异。1908年夏，浙江省第一次招考20名官费留学生，钱宝琮因数学成绩突出而被录取，与翁文灏等同船赴欧，进入英国伯明翰大学土木工程系二年级学习，1911年6月毕业，获理科学士学位，随后就读于曼彻斯特工学院建筑系。辛亥革命后，钱宝琮于1912年2月回国，先后任教于上海南洋公学附属中学、苏州江苏省立第二工业学校等校。1925年8月，经姜立夫介绍，北上天津任南开大学数学系教授，开设微积分、微分方程和数学史等课程。当时南开大学数学系以脚踏实地的学风见长，培养出陈省身、江泽涵、吴大任等著名数学家。1927年9月，钱宝琮与竺可桢、汤用彤等同去南京第四中山大学（后改为中央大学）工作，任数学系副教授。1928年又经姜立夫介绍，转任杭州浙江大学文理学院数学系副教授、教授、数学系主任，为浙江大学数学系的创建和发展作出了重要贡献。1956年以后，钱宝琮调入中国科学院专门从事科学史研究。

钱宝琮长期从事数学教育工作，是数学教育界的老前辈。在他长达40余年的教学生涯中，木铎金声，教泽广被，桃李满天下。他的学生中，有著名数学家陈省身、江泽涵、吴大任、申又枨、孙泽瀛、程民德、张素诚等，著名数学家华罗庚也以师长事之，对他十分尊崇。钱宝琮是运用现代数学知识和科学方法整理和研究中国古代丰富的数学遗产并取得许多重要成果的杰出学者，也是率先在大专院校开展数学史教育的先驱。其著作有《中国数学史话》、《中国算学史（上卷）》、《中国数学史》（合著）、《算经十书》（点校）、《宋元数学史论文集》（合著）、《钱宝琮科学史论文选集》、《钱宝琮诗词》等，另编写《算术史》、《中国算学史讲义》、《代数学史》和《几何学史》等。

严敦杰（1917～1988），字季勇，浙江嘉兴人，著名数学史家、科学史家，中国数学史学科开拓者之一。

1931年严敦杰就读于家乡秀州中学，勤奋学习，立下了科学救国的志向。1934年，17岁的严敦杰开始撰写学术论文，其中有《注音字母语原考》和《郑和下西洋考》等。1935年，严敦杰毕业于秀州中学高中部，为生活计，考入上海中华书局职员训练班任实习员。1936年正式在编辑所做校对工作，业余从事中国数学史的研究。1937年“七七”事变后，严敦杰颠沛流离，饱尝战乱之苦，辗转到了重庆，于1938年在重庆民生实业公司会计处任办事员。40年代初，严敦杰的工作为著名中国数学史家李俨所注目，他们开始通信讨论学术问题。1943年，严敦杰考入重庆中央大学数学系，为兼职上学。这一年里他发表了12篇内容涉及中国数学史、天文学史、历法史、中外科技交流史、科技通史、科学史文献学和科学史学史的学术论文，标志着严敦杰在科学史研究方面进入成熟阶段。抗战胜利后，严敦杰回到上海，任中国石油公司会计处副管理师，业余仍从事科学史研究。

中华人民共和国成立以后，严敦杰先后在上海燃料工业部石油管理局财务组、天津燃料工业部器材室财务科、北京燃料工业部经理司财务科、北京石油工业部财务司制度组等单位任财务组长、副科长、科长等职，业余进行科学史研究。1956 年，严敦杰调入中国科学院历史研究所任副研究员，结束了他 20 年业余从事科学史研究的生涯。1957 年，中国科学院中国自然科学史研究室成立，李俨任室主任，严敦杰任学术副秘书，兼任中国自然科学史研究委员会秘书，为中华人民共和国科学史事业的发展做了大量的组织工作。1958 年，中国科学史研究的专门刊物《科学史集刊》创办，著名科学史家钱宝琮任主编，严敦杰任副主编，负责日常工作。“文化大革命”中，严敦杰被下放至河南“五七”干校劳动。1978 年，晋升为研究员，并招收了“文化大革命”后第一批数学史研究生，执教于中国科学院研究生院，讲授科学史概论和科学史文献学两门课程，培养出我国第一位科学史博士。1980 年，严敦杰担任中国科学院自然科学史研究所副所长，同年当选为中国科学技术史学会第一届理事会副理事长，兼任中国数学会理事、中国珠算协会常务理事、《数学通报》编委、国务院古籍整理规划小组成员。1982 年，《自然科学史研究》创刊，他担任主编。

严敦杰在中国数学史研究方面的造诣和贡献受到中外学者的好评。他长期以来发表了大量高质量的数学史论文，内容涉及数学、天文学等领域。他曾为范文澜《中国通史》、郭沫若《中国史稿》撰写科学技术史部分，获得学界好评。其专著《中国古代数学的成就》（1956 年）和《中学数学课程中的中算史材料》对普及数学史知识和发展中学数学史教育起了积极的作用。严敦杰从事科学史研究特别重视原始文献、资料和图书，特别注意研究动态和情报。由他主编的《中国古代科技史论文索引》收录 1900 ~ 1982 年间国内近千种中文期刊和一百多种中文报纸上的中国古代科技史论文条目近万种，是目前查找中国古代科技史论文和资料比较完备的工具书。严敦杰在科学史园地里辛勤耕耘了半个世纪，成果遍及数学史、天文学史、历法史、珠算史、技术史、少数民族科技史、科技通史、科学史学史和科学史文献学等各个领域，著述百余种，笔记百万言。他还是我国历史自然科学理论的奠基者，提出了历史天文学、历史气候学、历史地震学和历史生物学等概念。

席泽宗（1927～2008），山西垣曲人，著名天文学家、天文史学家，中国科技史研究开拓者之一，中国科学院院士，国际科学史研究院院士，国际欧亚科学院院士。

1941～1944 年间，席泽宗初中就读于陕西洋县国立七中二分校，1944 年高中就读于兰州国立西北师范学院附属中学，期间对天文学发生了兴趣。1947 年考入中山大学。1951 年，北京商务印书馆出版了他读大学阶段撰写的第一本著作《恒星》。

从中山大学毕业后，他被分配到北京中国科学院编译局，担任《科学通报》编辑工作，结识了主管编译局的科学院副院长竺可桢。1954 年秋，竺可桢倡导成立中国自然科学史研究委员会，竺可桢自兼主任，叶企孙、侯外庐兼副主任。委员会在历史二所（现中国社会科学院历史研究所）设一研究小组，席泽宗为兼职成员。1956 年席泽宗与叶企孙、谭其骧起草国务院制订的科学发展十二年远景规划中的科学史部分。1957 年元旦正式成立中国自然科学史研究室，席泽宗脱离科学出版社，来此专做研究工作。此后很长时期内，他一直担任该室最大的一个组——天文、工艺、化学、物理史组长。席泽宗是中国自然科学史研究所的创建者之一。1965 年李约瑟致函竺可桢，推荐席泽宗为国际科学史研究院通讯院士。1958 年起，席泽宗协助叶企孙负责《中国天文学史》的编撰和组织工作。1978 年起，席泽宗担任该所古代史研究室主任，并负责筹建了该所的近现代史研究室。1991 年当选为中国科学院学部委员。曾任中国科学院自然科学史研究所研究员、所长，兼任中国科学技术史学会理事长、中国科技大学科技史与科技考古系名誉主任、山西大学客座教授、上海交通大学顾问教授、国际科学史研究院院士、国际欧亚科学院院士、中国科学院院士、国家古籍整理出版规划小组成员、《中华大典》编委会副主任等。

席泽宗是享有国际声誉的天文学家和天文学史专家，他长期从事天文学史的研究，涉足于天文学思想、星图星表、宇宙理论、外国天文学史等许多重大方面。在国际天文学界，他的名字总是与超新星联系在一起。他对古代新星和超新星爆发纪录的证认及整理工作长期受到国际学术界的高度重视，蜚声于天文学和科学史两界。1955 年他发表了《古新星新表》，充分利用中国古代在天象观测资料方面完备、持续和准确的巨大优越性考订了从殷代到公元 1700 年间的 90 次新星和超新星爆发纪录，成为这方面空前完备的权威资料。他治学严谨，融会古今，学贯中西。其著述叙事清晰，推理严密，科学与人文并茂。他著有《科学十论》、《科学史八讲》等，与郑文光合作《中国历史上的宇宙理论》，发表过《月面学》、《关于金星的几个问题》等多篇关于现代天文学史的文章，并负责撰写了《中国大百科全书·天文》中埃及古代天文学、美索不达米亚天文学、古代希腊天文学、阿拉伯天文学、欧洲中世纪天文学等条目。

第四节　中国地方科研机构历史学家

一、北京市社会科学院满学研究所

该所成立于 1991 年，是全国社科院系统中唯一的专门研究满学的机构，具有显著的北京特色。其主要研究方向为满学理论、满族历史和语言、满文档案和文献、满族文化和宗教、八旗制度及北京史地。该所主办有学术丛刊《满学研究》，主要刊登海内外专家学者研究满学的最新成果。

阎崇年（1934 ~　），山东蓬莱人，著名历史学家、满学家。

阎崇年毕业于北京师范大学历史系，长期从事满洲史、清代史、北京史研究。历任北京社会科学院满学研究所研究员、北京满学会会长、中国紫禁城学会副会长。他倡议并创建第一个专业满学研究机构——北京社会科学院满学研究所、北京满学会和北京满学研究基金会；倡议并主持第一届、第二届、第三届、第四届和第五届国际满学研讨会。阎崇年先后到美国、日本、蒙古、我国台湾、我国香港等国家和地区讲学。北京市政府授予其有突出贡献专家称号，享受国务院颁发的特殊津贴。

阎崇年著有《努尔哈赤传》、《天命汗》、《清朝皇帝列传》、《清朝通史·太宗朝》、《正说清朝十二帝》、《中国历史大事编年·清代卷》、《古都北京》、《中国都市生活史》等，论文集有《满学论集》、《燕史集》、《袁崇焕研究论集》、《燕步集》等，主编《20 世纪世界满学著作提要》、《满学研究》（一至八辑）、《袁崇焕学术论文集》、《戚继光研究论集》等，发表满学、清史、北京史论文 250 余篇。

二、上海社会科学院历史研究所

该所成立于 1956 年 10 月，当时隶属于中国科学院，1959 年 9 月划归上海社会科学院。经过 50 余年的积累和数代研究者的不懈努力，该所在许多领域取得了丰硕成果。著名历史学家李亚农、周予同、汤志钧、方诗铭、唐振常、李华兴、熊月之等为该所发展作出了重要贡献。该所目前设古代史、近代史、现代史、上海史、思想文化史、城市史六个研究室。现有重点学科“上海城市史研究”及院特色学科“经学与文献研究”。现任所长熊月之研究员擅长中国近现代史、上海史研究。该所所办专业刊物《史林》创刊于 1986 年，初为季刊，2003 年改为双月刊。

李亚农（1906～1962），原名李祚贞，又名李旦丘，四川江津人，著名历史学家，我国先秦史研究开拓者之一，中国科学院哲学社会科学部学部委员。

李亚农早年赴日本求学，1927 年从京都第三高等学校毕业后考入京都帝国大学部学习哲学。大学期间，曾与人合建“社会科学研讨会”，阅读马列著作，并加入中国共产党。1929 年遭日本政府逮捕和严刑折磨，在其兄等营救下，关押 3 年后取保释放。1932 年回国，任教于北京中法大学等校。1937 年至沪，改名旦丘。① 在法国人举办的孔德图书馆从事中国古代文字学研究，涉猎甲骨文、金文研究，撰写《铁云藏龟零拾》、《殷契摭佚》、《殷契摭佚续编》等著作。抗日战争爆发后，李亚农参加新四军。1943 年重新入党，任敌工部副部长，负责日本战俘感化和教育工作，成绩显著，同时兼任华中建设大学校长、党委书记。1946 年内战爆发后，奉命带领师生撤至大连，创办文物商店和咖啡馆，一面保存文物，一面作为党的联络据点。1948 年，在山东任华东研究院院长。

1949 年 5 月上海解放后，李亚农代表上海军事管制委员会接管并主持上海市科学文化工作，先后任中国科学院华东办事处主任、上海市文物管理委员会主任委员、高等教育处副处长，主管学术研究，并负责筹建上海博物馆、上海图书馆、上海历史学会、上海历史研究所。1955 年 6 月，在中国科学院第一次学部成立大会上当选为中国科学院哲学社会科学部学部委员。1956 年，中国科学院成立上海历史研究所筹备处，李亚农出任主任。1959 年上海历史研究所筹备处划归上海社会科学院，改称上海社会科学院历史研究所，李亚农出任所长。

李亚农擅长甲骨文、金文和先秦史研究，对殷周奴隶制社会及井田制等问题有精深研究，撰有《中国的奴隶制和封建制》、《殷代社会生活》、《周族的氏族制与拓跋族的前封建制》、《西周与东周》、《中国的封建领土制和地主制》等专著，并与他人合编《欣然斋史论集》。

方诗铭（1919 ~ 2000），四川成都人，著名历史学家，中国中古

---

① 何泉达：《马克思主义古史专家——李亚农传》，载姜义华主编《史魂》，上海人民出版社 2002 年版，第 87 ~ 127 页。

史研究的重要学者。

1945 年方诗铭毕业于齐鲁大学历史系，师从顾颉刚、陈寅恪、钱穆等史学大师。后长期从事中国古代史研究工作，尤擅长于先秦史、魏晋南北朝史、中国近代史、历史纪年研究。曾任上海社会科学院历史研究所所长、名誉所长，兼《史林》主编。其主要著作有《上海小刀会起义》、《古本竹书纪年辑证》、《冥报记·广异记》辑校、《曹操·袁绍·黄巾》、《中国历史纪年表》、《中国史历日和中西历日对照表》等，主要论文有《释“秦胡”——读新出居延汉简“甲渠言部吏毋作使属国秦胡卢水士民书”札记》、《孙坚军事力量的形成壮大及其争夺荆豫两州的战争》、《黄巾起义先驱与巫及原始道教的关系》、《从士兵来源看曹操军事力量的发展及衰落》、《释“张角李弘毒流汉季”——“李家道”与汉晋南北朝的李弘起义》等，今有《方诗铭文集》（三卷）行世。①

唐振常（1922～2002），四川成都人，著名历史学家、剧作家、散文家，中国近代史研究的重要学者。

1942 年唐振常就读于燕京大学。大学毕业后，长期从事新闻工作。1946～1953 年历任上海、香港、天津《大公报》记者。1953～1956 年任中央电影局上海电影剧本创作所编剧，1956 年随创作所并入上海电影制片厂。1958～1966 年任上海《文汇报》记者、文艺部主任。1969～1972 年在新闻出版“五七”干校劳动。1972～1973 年在国棉三十三厂劳动。1975～1977 年到上海戏剧学院工作。1977 年到上海社会科学院历史所工作。曾任历史研究所研究员、副所长，上海历史学会理事，上海哲学社会科学联合会委员，中国地方志协会常务理事，上海史志研究会副会长，上海中山学社副社长，上海地方志编纂委员会顾问。

---

① 《方诗铭文集》（三卷）收录了作者毕生的主要论著，由上海社会科学院出版社 2011 年出版。

唐振常擅长中国近代思想史研究。其主要著作有《章太炎吴虞论集》、《蔡元培传》（曾获上海市哲学社会科学1979～1985年度优秀著作奖），主要论文有《有鬼皆害辩》、《黄钟大吕奏大风——评历史剧〈大风歌〉》、《论章太炎》、《关于韩柳评价》、《派性考略》、《韩愈排佛考议》、《吴稚晖献策辩》等，另有散文集《川上集》。

三、河北省社会科学院历史研究所

河北省社科院历史研究所的前身为建院前的河北省哲学社会科学研究所党史研究室。1963年成立历史研究室，“文革”中停办，1977年重建，始称文史研究组历史研究室，1982年改为历史研究所。1996年，曾分置现当代史研究所，1998年两所合并，仍称为历史研究所。历史研究所承担着中国历史尤其是河北地方史与文化研究的学术使命和工作任务，在学科建设上以河北地方历史和传统文化研究为主。著名隋唐史研究专家胡如雷先生在该所工作期间，培养了一大批具有较高研究水平的科研人员在该所从事唐宋史研究。在胡先生的带领下，河北省社科院历史所成为史学界公认的隋唐史研究重镇。此外，马植杰先生的三国史研究、袁森坡先生的清史研究、魏连科先生的古籍整理研究在学术界均有较大影响。该所现下设古代史、李大钊、革命根据地史、当代史和地方史4个研究室。

胡如雷（1926～1998），山西定襄人，著名历史学家，我国隋唐史研究开拓者之一。

1952年胡如雷毕业于清华大学历史系，曾在河北邢台师范学校任历史教师。1956年任教于天津师范学院历史系，历任教员、讲师、副教授、教授等。1985年调至河北省社会科学院历史研究所，任隋唐史研究室主任。曾任中国史学会理事、中国唐史学会会长、中国经济史学会理事、河北省史学会副会长、河北省第六届人民代表大会常务委员、全国政协第七届常务委员等。

胡如雷长期致力于中国古代史研究，擅长研究中国封建社会政治、经济史，并专攻隋唐史，是国内外公认的隋唐史研究的权威学者。他治学严谨、视野开阔，注重运用相邻学科的研究方法对历史问题进行跨学科研究。他著有《中国封建社会形态研究》、《唐末农民战争》、《李世民传》等专著，另在《历史研究》、《中国史研究》、《文史》、《文物》、《社会科学战线》、《河北学刊》、《社会科学评论》及《山东社会科学》、《光明日报》等报刊先后发表论文50余篇。《中国封建社会形态研究》一书曾获河北省社会科学优秀成果一等奖。

四、广东省社会科学院历史与孙中山研究所

广东省社科院历史与孙中山研究所的前身为中国科学院广州哲学社会科学研究所历史研究室，成立于1958年。1982年建立历史研究所，相继设立中国古代史（后改广东地方史）、中国近现代史、孙中山、港澳史、明清经济史、当代史等研究室。1986年撤孙中山研究室置孙中山研究所，2001年，两所合并为历史与孙中山研究所。长期以来，该所学者致力于孙中山研究（张磊）、中国经济史（叶显恩）及广东地方史研究（蒋祖缘、方志钦），取得了诸如《珠江三角洲社会经济史研究》、《简明广东史》、《孙中山思想研究》等重要成果。

张磊（1933～），安徽砀山人，生于天津，著名历史学家，我国孙中山研究的开拓者之一。

1948年张磊在北平燕京大学附中参加中共地下党领导的反对美蒋统治的学生运动，是年冬潜赴解放区，天津解放后在军管会工作。1950～1958年，在北京大学历史系攻读本科和中国近代史专业研究生课程，毕业后分配到中国科学院广州哲学社会科学研究室（广东省社会科学院前身），从事中国近代史研究。历任广东省社科院历史所负责人、副院长、院长兼研究生部主任，广东省社科联主席、党组书记，中国史学会副会长，辛亥革命史研究会副会长，广东省孙中山研究会会长，广东省台湾研究会会长，广东省炎黄文化研究会

和孙中山基金会副会长，曾任全国人大代表、政协广东省委员。

张磊长期从事孙中山研究和辛亥革命史研究，著作颇丰，主要有《孙中山思想研究》、《孙中山论》、《孙中山：愈挫愈奋的伟大行者》、《孙中山评传》、《民主革命先行者——孙中山》、《世纪三伟人》、《跨世纪的深思——历史、文化、人物》、《张磊自选集》等，主编或编辑《孙中山辞典》、《宋庆龄辞典》、《广东百科全书》、《广东省志·社会科学志》、《岭南文化志》及《孙中山与宋庆龄》（图录）、《孙中山与厦门》（图录）等，先后发表学术论文近百篇。

叶显恩（1937～　），海南临高人，著名历史学家，我国徽州学研究开拓者之一。

1962年叶显恩毕业于武汉大学历史系。1965年中山大学研究生毕业后留校任教。1984年调入广东省社会科学院历史研究所组建明清经济史研究室，历任中国明史学会理事、中国经济史学会常务理事、中国古代经济史专业委员会副主任、中国家谱研究会理事、中国社会史学会理事、广东省经济史研究会会长、广东省农史学会副会长等。先后应邀访问北美、欧洲、日本、东南亚、我国港澳等地的高校。

叶显恩是我国徽学研究的推动者之一，早在20世纪60年代初期，他师从著名经济史学家梁方仲攻读研究生期间便确定徽州佃仆制度作为自己的研究课题，并到徽州的屯溪、歙县、祁门、休宁、黟县等地实地考察和搜集资料，完成了毕业论文。此后因“文革”该研究被迫停止。“文革”后，他继续研究徽学，1978年后连续发表了《从祁门善和里程氏家乘谱牒所见的徽州佃仆制度》、《明清徽州佃仆制试探》等论文，深得学术界好评。1980年12月，中美史学界首次在北京举行学术交流会，叶显恩的论文《关于徽州佃仆制的调查报告》在会上引起轰动。创办不久的《中国社会科学》将此文以《明清徽州的佃仆制》为题发表在1981年第1期上。叶显恩总结佃仆的身份具有奴与佃户双重身份，实际地位高于奴仆，有自己的简单工具，个别的还有少量土地房屋，有自己的家庭组织和独立的家庭经济。佃仆也不同于一般佃户，对主家的人身隶属和所受超经济强制远比一般佃户严酷，服劳执役也远为繁苛。佃仆往往隶属整个宗族，带有宗族农奴的性质。

在对明清徽州佃仆制进行研究的同时，叶显恩着手对徽商展开研究。1980年叶显恩发表《试论徽州商人资本的形成与发展》（《中国史研究》第3期），论述徽商的形成与发展。随后，连续发表了《徽商的衰落及其历史作用》、《徽商利润的封建化与资本主义萌芽》两篇文章，对徽商巨额利润的去向进行了考察。叶显恩的徽商研究，深化了20世纪50年代傅衣凌、藤井宏的徽商研究成果，拓展了徽商研究的视野，推动了20世纪80年代以后的徽商研究。

1983年，安徽人民出版社出版了叶显恩的代表作《明清徽州农村社会与佃仆制》（获广东省社科优秀成果奖）。该书采用文献资料和田野调查相结合的研究方法，利用大量丰富的徽州文献材料和各种徽州民间契约文书，吸收历史学、社会学、人类学和经济学等学科的理论与方法，对徽州的历史地理、徽州人的由来、徽州历史上人口与土地变动、明清时期徽州土地占有关系和乡绅阶层、徽州商业资本、徽州的封建宗法制度、徽州的封建文化、徽州的佃仆制等问题进行了深入而全面的探讨和研究，几乎囊括了徽州文化的所有课题，成为20世纪80年代徽州学兴起的奠基之作。叶显恩还著有《珠江三角洲社会经济史研究》、《珠江三角洲历史、地理、经济情况及南洋华侨发展史》（与王赓武、许学强合著）、《徽州与粤海论稿》等，主编《清代区域社会经济研究》、《清代全史（第五卷）》（与韦庆远合编）、《明清广东社会经济研究》、《广东航运史·古代编》、《中国传统社会经济与近代化》等，发表论文70余篇。

五、山东省社会科学院历史研究所

山东省社会科学院历史研究所是山东省社科界建立最早的专门

性研究所之一。其前身是中国科学院山东分院历史研究所、山东省历史研究所。1980年12月，改建为山东省社会科学院历史研究所，设有中国古代史、中国近代史、中国现代史3个研究室，以中国农民战争史、甲午战争史、山东古国史、山东解放区发展史为主要研究方向。近年来，东亚关系史、山东地方史为该所重点研究方向。历史上，该所知名史学家有柯昌济（甲骨学）、戚其章（中国近代海军史）等。

柯昌济（1902～1990），字莼卿，号息庵，山东胶县人，祖籍浙江黄岩，著名历史学家、甲骨文学家、书画家。

柯昌济出生于书香门第，其远祖是元代著名书画家柯九思，台州临海人，其后迁居黄岩。柯昌济是近代著名史学家柯劭忞的次子。柯昌济1925年从清华学校文史研究院毕业，导师为王国维。1927年任北京东方文化会研究员。1930～1944年任北京大学历史系、北平师范大学讲师。1945～1947年任北平中国大学教授。1955～1959年任山东省历史研究所研究员。1979～1984年任上海社会科学院历史研究所特约研究人员。

柯昌济早年师从王国维先生学习古文字，当年王国维称柯昌济与唐兰、容庚、商承祚为中国古文字学研究中极具实力的“四少年”。柯昌济在书法和工笔画方面也有很深的造诣，书法苍劲有力，其意精神飞动；其画笔姿细腻，黑白分明，画风工整，尤其擅长仕女画，笔法简约，笔路清晰，点划洗练，人物栩栩如生，性格鲜明。其著有《殷墟书契补释》、《韡华阁集古录跋尾》、《金文分域编》、《中国古代国族考》、《中华姓源流氏考》、《青铜器释文》等。

六、河南省社会科学院历史研究所

河南省社会科学院历史研究所原名河南省历史研究所，成立于1958年，1979年12月，并入河南省社会科学院。该所在夏商史研究、古城古国研究、先秦思想研究、宋史研究、宋明理学研究、辛亥革命研究、河南地方史志研究、河南历史文化名人研究、中华姓氏文化研究等方面形成了自己的优势和特长，并取得了显著成绩。该所重视挖掘中原地区丰富的历史人文资源，积极开展中原文化名人研究。已故院长胡思庸是蜚声海内外的知名学者，在中国近代史研究方面取得了重要成就。

胡思庸（1926～1993），河南信阳人，著名历史学家，中国近代史研究的重要学者。

1946 年胡思庸考入河南大学农学院园艺系，1948 年转文学院历史系。1951 年毕业后留河南大学（开封师范学院）任教。历任开封师范学院讲师，河南大学教授，河南省社会科学院院长，河南省社会科学联合会第二、三届副主席，河南省历史学会第三届会长。胡思庸主要从事中国近代史和中国近代思想史的教学与研究工作，在鸦片战争史、太平天国史及中国近代思想文化史研究领域有重要建树，发表《清朝的闭关政策和蒙昧主义》等多篇重要学术论文，代表性的论著多编入《胡思庸学术文集》，主编的《中国近代史新编》（与河北师范大学苑书义合编）被评为“新中国成立以后出版的分量最大的一部中国近代史专著”。

七、浙江省社会科学院历史研究所

浙江省社会科学院历史研究所前身为 1958 年成立的中国科学院浙江分院哲学社会科学研究所和 1979 年成立的浙江省社会科学研究所历史研究室。该所的研究立足于浙江，面向全国及中外古文化交往史等，主要研究方向为越文化、近代社会文化变迁史、中国少数民族美术与文化、传统文化与现代化研究、浙江经济史、中国稻作农业的起源等，出版有《河姆渡文化初探》、《良渚文化研究》、《浙江通史 · 史前卷》、《吴越文化新探》、《楚辞译注》、《吴越文化志》、《中国南方民族文化之美》等学术专著。该所重视开展国内外学术交流活动，并先后发起成立浙江省国际良渚文化中心、浙江省越国文化研究会、国际越文化研究中心、浙江省经济史研究会、浙江省太平天国史研究会、浙江省辛亥革命史研究会等。

董楚平（1934～ ），浙江玉环人，著名历史学家，我国古越文化研究、中国农民战争史研究的重要学者。

1948年董楚平考入温州中学初中部。1955年从温州师范学校毕业，分配在温州二中、温州二初（今实验中学）工作。1957年被打成“右派”，到温州玻璃厂劳动，后又下放到农村劳动。1961年“摘帽”，到永强中学当教师，1980年12月调浙江省社会科学院工作。历任浙江省社会科学院研究员、国际越文化研究中心常务副主任、中国百越民族史研究会副会长。

董楚平长期从事中国古代史研究，尤其擅长农民战争史研究和古越文化研究，取得了公认的重要成果。其著有《楚辞译注》、《吴越文化新探》、《农民战争与平均主义》、《防风氏的历史与神话》、《吴越文化志》等，曾在《中国社会科学》中英文版、《历史研究》、《文学评论》、《中国语文》、《民族研究》、《考古》、《文史》、《中华文史论丛》、《古文字研究》上发表论文100多篇，涉及历史学、文学、古文字学、神话学、文献学、训诂学、考古学等领域。

八、江苏省社会科学院历史研究所

江苏省社会科学院历史研究所前身为中国科学院江苏分院历史研究所，1980年并入当时成立的江苏省社会科学院。历史所立足江苏，面向全国，重点研究江苏及全国的古今历史发展，其优势学科有吴越史、六朝史、中华民国史、当代江苏史等，现设有中国古代史、中华民国史和当代江苏史3个研究室，数十年来已获得丰硕研究成果。该所许辉是知名学者，他在中国古代史、魏晋南北朝经济史领域取得了重要的研究成果。

许辉（1939～ ），江苏无锡人，我国魏晋南北朝史研究的重要学者。

1960年许辉毕业于江苏教育学院历史科，1964年于北京大学历史系研究生毕业。许辉历任江苏省社会科学院历史研究所研究员、所长，兼任中国魏晋南北朝史学会理事兼副会长，江苏省历史学会副会长，江苏省六朝史研究会会长等职。

许辉长期从事中国古代史研究，擅长魏晋南北朝隋唐间的经济、文化和重要历史人物研究以及江苏地方史研究。其著有《六朝文化概论》、《六朝经济史》、《张居正》，合著有《两晋史话》、《江苏史话》、《江苏史纲》，主编《六朝经济史》、《六朝文化》（合编），发表《刘裕与“元嘉之治”》等学术论文50余篇。

九、湖北省社会科学院楚文化研究所

湖北省社会科学院楚文化研究所成立于1984年6月，原称楚国历史文化研究所，1997年3月更名为楚文化研究所。该所的主要研究方向为荆楚文化、三国文化及长江流域的历史文化。研究所成立以来取得了丰硕成果，发表论文、研究报告1000余篇，出版专著近40部，代表性著作有《楚文化史》、《楚文化志》、《曾侯乙墓》、《楚学文库》、《绘画中华文明史》、《湖北通史·先秦卷》、《荆楚文化志》、《楚文化知识丛书》、《长江流域古代美术》（6卷本）、《长江流域的岁时节令》、《长江流域美术史》、《打开曾侯乙墓》、《长江流域的服饰文化》等。张正明是该所的主要创建者。

张正明（1928～2006），上海人，著名历史学家、民族学家、人类学家，我国楚文化研究的开拓者之一，有“楚学泰斗”之誉。

1952年张正明毕业于清华大学社会学系民族学专业，分配在政务院民族事务委员会工作。1954年调至全国人民代表大会民族委员会法案组工作。1956年夏至1958年夏，兼任全国少数民族社会历史调查研究办公室业务秘书。1980年调至湖北省社会科学院工作，创办楚文化研究所。历任湖北省社会科学院研究员、副院长和顾问，第六届全国人民代表大会代表，中国民族史学会副会长，中国屈原学会副会长，湖北省屈原学会会长，中国国际交流协会理事，中国民族史学会理事等。2002 年受聘于华中师范大学，去世前为华中师范大学历史文化学院教授。

张正明长期从事中国民族史、中国古代史研究，开创了我国现代楚文化史研究。他著述宏富，主要著作有《契丹史略》、《楚文化史》、《楚史》、《长江流域民族格局的演变》、《中华文化通志·荆楚文化志》（与刘玉堂合著）、《中国边疆经略史》（合著）、《长江文化史》（合著）、《湖北通史·先秦卷》（与刘玉堂合著）等，主编《楚文化志》、《楚学文库》、《上古长江流域美术图集》等，与章开沅、罗福惠共同主编《湖北通史》，发表《甘孜藏区社会形态的初步考察》、《先秦的民族结构、民族关系和民族思想》、《和亲通论》、《楚文化的发现与研究》、《淮汉之间——周代的一个文化交错地段》、《巫、道、骚与艺术》等数十篇论文。

第五节　中国文化机构历史学家

一、中国国家博物馆（原中国历史博物馆）

中国国家博物馆现为直属于文化部的国家级综合博物馆，其前身可以追溯到 1912 年中华民国南京临时政府成立的“国立历史博物馆筹备处”。1926 年“国立历史博物馆”正式开馆。1949 年 10 月 1 日，新中国成立的当天博物馆更名为“北京历史博物馆”。1958 年中央决定在天安门广场东侧兴建中国历史博物馆和中国革命博物馆。1969 年两馆合并为革命历史博物馆。1983 年两馆分开。2003 年，中国历史博物馆与中国革命博物馆合并成立中国国家博物馆。在中国国家博物馆的发展史上，曾留下过蔡元培、鲁迅、吴晗、邓拓、齐燕铭、翦伯赞、侯外庐、贾兰坡、沈从文、傅振伦、佟柱臣、俞伟超等知名学者的足迹。

沈从文（1902～1988），原名沈岳焕，字崇文，笔名休芸芸、甲辰、上官碧、璇若等，湖南凤凰人，著名作家、历史学家、考古学家。

沈从文 14 岁投身行伍，浪迹湘川黔边境地区，1924 年开始文学创作。1929 年后先后任教于上海中国公学（校长胡适）、青岛大学。1939～1946 年任教于西南联合大学、北京大学。新中国成立后，长期从事文物研究工作。1950～1978 年任北京中国历史博物馆研究员。1978 年调任中国社会科学院历史研究所研究员。

沈从文主要从事中国古代服饰史和艺术史研究，撰写有《中国古代服饰研究》、《中国丝绸图案》、《唐宋铜镜》、《龙凤艺术》、《战国漆器》等学术专著，其中，《中国古代服饰研究》影响巨大，它填补了我国文化史上的一项空白，该书由香港商务印书馆于 1981 年出版①，全书收集中国古代服饰资料并加以系统论述和考证，图版约 350 幅。

傅振伦（1906～1999），字维本，河北新河人，著名历史学家、方志学家、档案学家和博物学家，我国现代方志学奠基人之一。

1929 年傅振伦从北京大学史学系毕业并留校任教，参加朱希祖等人主持的明清内阁大库档案整理工作。1931 年参与北京大学教授马衡、刘复领导的额济纳河畔出土西汉简牍文献的整理。曾执教于北京大学、文华图书馆专科及草堂国学专科等院校，并在故宫博物院、国民政府国史馆筹备委员会、编译馆等处任职。1941 年负责拟定《全国档案馆组织条例》，规划全国档案系统组织构架。抗日战争胜利后，历任东北大学历史系及长白师范学院史地系主任，兼沈阳博物院筹备委员会专门委员、北京大学图书馆学教授。1949 年后，任中国历史博物馆研究员，兼任中国人民大学历史档案系教授，与吴宝康、程桂芬、韦庆远等共同筹划创建了中国人民大学档案系。

傅振伦知识渊博，治学领域宽广，涉及目录学、档案学、方志

① 上海书店出版社于 2005 年再版。

学、文物考古、科技史、陶瓷史、军事史、民俗史、语言学诸方面。他著述丰富，出版专著共计26种，发表各类论文、文章计600余篇，是一位多产的卓越历史学家。其主要著作有《新河县志》、《刘知几的史学》、《中国史学概要》、《中国抗日战争英雄传》、《公文档案管理法》、《明代陶瓷工艺》、《中国伟大的发明——瓷器》、《中国古陶瓷论丛》、《中国陶瓷文献学》、《傅振伦方志文存》、《傅振伦方志论著选》、《博物馆学概论》、《〈史通〉作者刘知几研究》、《中国史志论丛》、《陶说译注》、《景德镇陶录译注》、《七十年所见所闻》、《傅振伦学述》、《蒲梢沧桑——九十忆往》等。

俞伟超（1933～2003），祖籍江苏江阴，出生于上海，著名考古学家、历史学家，我国"新考古学派"的开拓者。

俞伟超少年聪慧，16岁考入北京大学，1954年毕业后分配至中国科学院考古研究所工作。1957年进北京大学攻读研究生学位，师从苏秉琦先生。1961年，研究生毕业后留校任教，历任讲师、副教授、教授、系党总支书记、校学术委员会委员。1985年至1998年任中国历史博物馆馆长、学术委员会主任，三峡建设委员会文物保护组组长，国家文物委员会委员，国家文物局考古专家组成员，中国考古学会副理事长，保利艺术博物馆名誉馆长，中国人类基因组多样性委员会专家组成员，同时兼任北京大学、中国科技大学、南开大学、南京大学等高校的学术委员、兼职教授。

俞伟超在考古类型学、考古地层学、文化因素分析、考古学文化论、周代用鼎制度、古代公社组织、楚文化、汉文化、羌戎文化等方面的研究有独特见解，在考古学理论建设、田野发掘、多学科综合研究以及博物馆学、文物管理与保护等领域均有突出成就，被誉为"新考古学派"的开拓者。他是我国水下考古、航空考古、环境考古及古代遗传物质考古等新学科的奠基人。俞伟超在北京大学和历史博物馆工作期间，曾先后主持过北京昌平雪山、山东临淄、湖北黄陂盘龙城、江陵纪南城、山西垣曲商城、三峡水库等重要遗址的考古发掘，倡议建立了我国第一个水下考古、航空遥感考古实验研究室。

俞伟超长期研究考古学、先秦两汉史，取得多方面的成就。作为中国考古界的一位思想家，俞伟超为中国考古学科的理论建设作出了重要贡献，丰富了中国考古学的理论。他认为，考古学要研究古代社会文化变迁的过程及其规律，目的是总结经验教训，以利于当今社会的发展和战略调整。他积极借鉴国外的理论方法，归纳了我国已有的田野考古经验，对“考古地层学”和“考古类型学”作了系统叙述，并提出了“全息考古学”理论。作为一名历史学家，俞伟超从 20 世纪 80 年代起对中国古代的公社组织作了长时期的研究和系统阐述，并首次提出我国古代奴隶制的特点是大量使用罪犯奴隶的观点。他认为，我国封建制产生的生产力条件是轮作制的实行。他提出历史学、考古学、人类学是 19 世纪中期以后分化出来的，其发展前景将是三个学科的重新合一，了解古人和研究当代必将合拢，古今一体是人类文化的本质。他论著丰富，主要著作有《三门峡漕运遗迹》、《先秦两汉考古学论集》、《中国古代公社组织的考察》、《考古学是什么》、《古史的考古学探索》、《考古学伊甸园》、《考古类型学的理论和实践》等，主编《华夏之路》、《中国通史陈列》等。

二、中华书局

中华书局是中国历史最悠久的出版社之一，它创办于 1912 年（上海），现已成为我国整理出版中国古籍的专业出版社（北京）。

中华书局成立之初，奉行“开启民智”的宗旨，编辑出版新式教科书和文化普及读物。1958 年以后，中华书局成为整理出版中国古代和近代文学、历史、哲学、语言文字及相关的学术著作、通俗读物的专业出版社，出版了《资治通鉴》、《甲骨文合集》、《殷周金文集成》、《中华大藏经》、《王力古汉语字典》等经典图书。特别是

“二十四史”及《清史稿》点校本的出版，被公认为新中国最伟大的古籍整理出版工程。杨伯峻、周振甫、金灿然、李侃、赵守俨、傅璇琮等知名历史学家曾为中华书局及我国历史学的发展作出了重要贡献。

杨伯峻（1909～1992），原名杨德崇，湖南长沙人，著名语言学家、历史文献学家，我国先秦文化史研究开拓者之一。

杨伯峻幼年接受传统国学启蒙教育，由祖父、父亲授读《诗经》、《左传》等古籍，后从叔父杨树达及黄侃学习古代语言文字和历史知识。1932 年毕业于北京大学中文系，后历任中学教员、冯玉祥将军研究室成员、广东中山大学讲师、湖南《民主报》社社长、湖南省政治协商会议秘书处处长、中共湖南省委统战部办公室主任、北京大学中文系副教授、兰州大学中文系副教授、中华书局编审、中国语言学会理事等职。

杨伯峻治学严谨，擅长古代汉语及历史文献研究，尤精于《左传》、《论语》、《孟子》等先秦文献研究。其著有《中国文法语文通解》、《文言语法》、《文言文法》、《文言虚词》、《古汉语虚词》、《春秋左传词典》（合作）、《列子集解》、《春秋左传注》、《论语译注》、《孟子译注》等。其中《中国文法语文通解》1936 年由商务印书馆出版，该书促进了古代汉语语法研究与现代汉语语法研究的分野，成为当时的代表性作品。《文言语法》一书是另外一部古汉语语法著作，是语文教学的一部优秀参考书。《论语译注》、《孟子译注》更是同类作品中最受学术文化界认可的译著，产生了广泛的影响。

周振甫（1911～2000），原名麟瑞，笔名振甫，浙江平湖人，著名编辑、文史学者。

1931 年周振甫入无锡国学专修学校，师从著名国学大师钱基博学习文史。1933 年，被上海开明书店招录为朱起凤《辞通》做校对，并校对王伯祥主编的《二十五史补编》。1948 年，担任钱钟书《谈艺录》的责任编辑。新中国成立后，先后任北京开明书店、中国青年出版社、中华书局、人民文学出版社编辑、编审。

周振甫知识渊博，治学领域兼顾文史，尤其擅长古典诗词、古典文论及近代文人思想研究。其著有《严复思想述评》、《毛主席诗词浅释》、《鲁迅诗歌注》、《诗词例话》、《诗品释注》、《严复诗文选》、《谭嗣同文选注》、《文论漫笔》等，为中华书局全译《文心雕龙》，今有《周振甫文集》（10卷）。

金灿然（1913～1972），原名金心声，山东鱼台人，著名编辑出版家、史学家，新中国出版事业的奠基人之一。

1920～1932年，金灿然在山东鱼台、济宁和济南等地求学。在济宁山东省立七中时受党的影响，积极参加学生运动，被学校当局开除。1936年考入北京大学历史系。1938年北京大学肄业后到延安瓦窑堡中国人民抗日军政大学和马列学院学习，同年加入中国共产党。后任马列学院历史研究室研究员，曾作为马克思主义史学家范文澜的助手参加了《中国通史简编》的编写工作。解放战争时期，任晋绥解放区绥南地委宣传部部长等职。1948年冬至1949年初一度在中共中央宣传部工作。

1949年夏至1958年初，在华北人民政府教科书编审委员会、人民教育出版社、中央人民政府出版总署编审局、中华人民共和国文化部等单位工作，历任秘书主任、办公室主任、图书期刊副司长、出版局局长等职，曾主编《人民日报》副刊《图书评论》。

1958年中华书局改组为整理出版古籍和当代学者文史哲研究著作的专业出版社，金灿然任国务院古籍整理出版规划小组成员兼办公室主任、中华书局总经理兼总编辑。20世纪50年代，曾参与组织"二十四史"、《资治通鉴》、《册府元龟》、《永乐大典》、《全上古三代秦汉三国六朝文》、《文苑英华》、《全唐诗》、《全宋词》等古籍校点整理出版工作，在国内外学术界产生较大影响。1959年，金灿然倡议北京大学中文系创办古典文献学专业，以培养年轻一代的古籍整理研究人才。金灿然著有《苏维埃运动史》，协助并参与范文澜

《中国通史简编》的撰写。

李侃（1922～2010），辽宁本溪人，著名编辑、历史学家，中国近代史研究的重要学者。

中学时代李侃积极参加中共地下党领导的秘密抗日活动。1945年任本溪市民主青年联合会主任。1946年加入中国共产党，曾任中共辽东三地委宣传干事。1948年后历任中共中央东北局宣传部干事、副科长、宣传部部长秘书、办公室副主任。1954年调北京，历任中共中央东北地方工作部组长、中共中央宣传部干事等职。1958年调中华书局工作，历任中华书局编审、副总编辑、总编辑、中华书局香港分局董事长、《文史知识》杂志主编，中国史学会秘书长、副会长，孙中山研究会理事，中国现代史料学会会长，抗日战争史研究会理事，《中国历史学年鉴》主编，《中国大百科全书·历史·清史（下）》主编。

李侃长期主持或分管近代史编辑工作，陆续出版多种中国近代经济史类资料丛书及清代档案资料等。20世纪60年代初，曾组织出版全国政协《文史资料选辑》、《辛亥革命回忆录》等，出版清代《史料笔记丛刊》、《近代史资料》；70年代初，策划出版《中华民国史》及《资料丛稿》，主持编写大学教材《中国近代史》（获全国优秀教材奖）。

李侃才思敏捷，勤于笔耕。他长期致力于中国近代史研究，在海内外产生了重要影响。其主要著作有《中国近代史》（合著，高校教材），论文结集有《中国近代史散论》、《朝夕集》、《近代传统与思想文化》、《史林随想录》、《中国近代史论丛稿》、《芳古集》和《李侃史论选集》、《李侃史学随笔选》等。

赵守俨（1926～1994），黑龙江齐齐哈尔人，著名编辑、历史学家，我国隋唐史研究的重要学者。

1936～1941年赵守俨就读于北京美国学校、天津圣路易学校。1947年毕业于辅仁大学经济系。1951年起长期从事中国古籍整理研究和出版工作，曾任中华书局编审、副总编辑，国家古籍整理出版规划小组成员。先后编辑出版清人读书札记和读史札记著作十余种，整理《汉书·艺文志》、《隋书·经籍志》，担任《唐大诏令集》、《初学记》、《东京梦华录》等书的责任编辑。在中华书局工作 20 多年，他参与组织“二十四史”和《清史稿》的点校工作，为这两项重大古籍规划整理工作作出了重要贡献。

赵守俨工作之余从事隋唐史研究。他治学严谨，文史兼通，见识通达，熟谙史料，曾发表有较高学术价值的隋唐史研究论文数十篇。由他校点的《朝野佥载》、《登科记考》等古代文献是古籍整理中的高质量之作。中华书局曾将其论著结集为《赵守俨文存》出版。

三、人民文学出版社

人民文学出版社 1951 年 3 月成立于北京，是国家级专业文学出版机构。目前设有当代文学第一编辑室、当代文学第二编辑室、现代文学编辑室、古典文学编辑室、外国文学第一编辑室、外国文学第二编辑室、文化读物编辑室、教材出版中心、少儿读物编辑室 9 个图书编辑室以及《当代》、《新文学史料》、《中华文学选刊》、《中华散文》和《文学故事报》5 个文学报刊编辑部。该社以出版高档次、高品位文化图书为主，兼顾通俗性读物的出版，被赞为“代表中国文学出版社的最高水平”。周绍良生前系该社资深编辑。

周绍良（1917～2005），原籍安徽建德（今东至），生于天津，著名红学家、敦煌学家、佛学家、历史学家、收藏家、文物鉴定专家。

周绍良出生于富商之家，其祖父是著名实业家周学熙，父亲是著名佛学家周叔迦。周绍良六岁入私塾启蒙读书，受家庭影响，自小笃信佛教，诵念佛经。1935 年，随著名古文字学家唐兰先生和历史学家谢国桢先生学习古代文史，致力于中国传统文化研究。1936～1937 年，在北京大学旁听文史课程，拜著名历史学家陈垣先生为师，学习和研究古代文史、佛学及书画艺术。1937～1939 年在家读书治学。1940～1953 年，从事过多种职业。1954 年后任人民文学出版社第五编辑室（古典文学）编辑。1975 年从该社退休，到中国佛教图书文物馆工作。历任中国佛教协会第四届理事会理事，中国佛教协会佛教图书文物馆馆长，国务院古籍整理出版规划小组顾问，国家文物鉴定委员会委员，北京市佛教协会副会长、名誉会长，中国佛教协会副会长兼秘书长，北京佛教音乐团团长，中国佛教文化研究所所长，中国吐鲁番学会语言文学分会会长，中国唐史学会副会长，中国人民政治协商会议全国委员会委员。

周绍良学识渊博，淡泊名利，潜心学术。他长期致力于敦煌俗文学及小说研究。他喜好书籍和碑帖拓片，曾将收集的 4000 余种唐代墓志拓片编为《唐代墓志汇编》。周绍良论著宏富，主要有《敦煌变文汇录》、《敦煌文学刍议》、《敦煌写本坛经原本》、《绍良丛稿》、《红楼梦研究论文集》、《清代名墨谈丛》、《蓄墨小言》（上下册）、《百喻经今译》等，合著有《唐代墓志汇编》、《唐代墓志汇编续集》、《红楼梦书录》、《古典文学研究汇编·红楼梦卷》、《敦煌文学作品选》、《唐传奇笺证》、《馂余杂记》等。

四、上海古籍出版社

上海古籍出版社前身为成立于 1956 年的古典文学出版社，1958 年 6 月改组为中华书局上海编辑所，1978 年 1 月易名为上海古籍出版社。

长期以来，上海古籍出版社坚持弘扬中华传统文化的宗旨，服务学术研究，出版了大量高品质的精品文献，如 2002 年全部出齐的 1800 册《续修四库全书》被誉为“中国出版史上规模最大的工程”。该社还出版有大型集成性文献丛刊《敦煌吐鲁番文献集成》、《上海道契》（全套 30 册）、《中国古典文学丛书》（全套丛书 100 种）。该社《中华学术丛书》、《海外汉学丛书》、《晚清民国学术书系》在海内外享有很高声誉。该社出版了陈寅恪、郑振铎、郭绍虞、钱钟书、饶宗颐、吕思勉、岑仲勉、俞平伯等众多学术名家的著作。

长期以来，李俊民、金兆梓、戚铭渠、魏同贤、钱伯城、陈奇猷、李国章等资深编辑为上海古籍出版社的发展作出了突出贡献，他们本身也是文史方面的知名学者。

金兆梓（1889～1975），字子敦，号芚厂，浙江金华人，著名语言学家、历史学家。

金兆梓之父金城早年为塾师，清光绪二年贡生，曾任金华府中学堂监督。金兆梓 12 岁应县童子试，得案首。20 岁毕业于杭州府中学堂。23 岁毕业于京师大学堂（1912 年 5 月改称北京大学）预科。1912 年考入天津北洋大学矿冶系。1915 年因母病辍学回家，应聘为浙江省立第七中学校（今为金华一中）国文教员，1916 年任该校校长。1920 年执教于北京高等师范学校，所编《国文法之研究》讲义为汉语语法最早论著之一。1922 年任上海中华书局编辑所文史编辑，编辑《新中学初级本国历史》等教科书。一年后考取外交部翻译，任职于海关。1929 年再进中华书局，历任教科图书部主任、编辑所副所长等职，“八一三”事变前后，在上海大夏大学兼授《中国通史》。1942 年 1 月离沪回金华暂避战乱。1942 年任重庆中华书局《新中华》杂志社社长、总编辑。

1951 年退居苏州。后当选为苏州市人民代表、苏州市副市长。1957 年任中华书局上海编辑所主任，同时被选为政协上海市委委员、中国民主促进会上海市委委员。1958 年 2 月任国务院古籍整理出版规划小组成员。1961 年任上海市文史馆馆长。金兆梓著有《芚厂治学类稿》、《国文法之研究》、《实用国文修辞学》等。①

陈奇猷（1917～2006），广东韶关人，著名编辑、历史文献学家，我国先秦史研究的重要学者。

---

① 参见《上海出版志》，上海社会科学院出版社 2001 年版。

陈奇猷的父亲是清朝秀才，陈奇猷幼承庭训，奠定了坚实的文史基础。1936 年，陈奇猷考入北京辅仁大学中国文学系。1940 年大学毕业，升入辅仁大学文科研究所史学部深造。1942 年毕业，获硕士学位。此后，历任上海震旦大学文理学院、光华大学、诚明文学院等校教授。1952 年高等院校调整后，转行从事出版业，曾任中华书局上海编辑所编辑、上海古籍出版社特约编审。

陈奇猷主要从事先秦文献研究，尤其擅长于《韩非子》、《吕氏春秋》的研究，是国内外公认的先秦诸子研究的权威学者之一。他整理注释《韩非子》，遵循历史主义的客观态度，他强调："要充分了解韩非的思想体系，尽可能以本书注本书；韩非是法家，当以法家注法家，绝不能以儒家思想强加给韩非。至于训诂、通假、补字补句、删改误文等等，不但要合于文法，通于文义，更重要的是符合韩非的思想。"陈奇猷著有《韩非子集释》、《吕氏春秋校释》、《晚翠园论学杂著》等，获得海内外学者的好评。

五、上海人民出版社

上海人民出版社原为华东人民出版社，1951 年 3 月成立于上海。出版历史类书籍是该社的传统，如该社出版的由著名历史学家白寿彝总主编的《中国通史》（12 卷 22 册），约 1400 万字，是迄今国内外最有影响的大型中国通史专著。该社出版的中国断代史系列涵盖了整个中国古代史，全套共 13 卷、16 册、1000 万字。胡道静是该社具有国际影响力的知名学者。

胡道静（1913 ~ 2010），安徽泾县人，著名历史学家，我国科技史研究的重要学者，国际科学史研究院通讯院士。

胡道静出生于上海一个中层知识分子家庭，其父怀琛、伯父朴安均为辛亥革命志士、学者。胡怀琛精国学，工诗文，代表作有《胡怀琛诗歌丛稿》、《秋山文存》、《中国文学史概要》、《诸子集解补正》等。胡朴安（1878 ~ 1947）是著名文字训诂学家，著有《中国文字学史》（上、下）、《中国训诂学史》、《中华全国风俗志》等。

1928年，胡道静考入上海私立持志大学（上海外国语大学前身）文科国学系，从此，他在系统深造的同时，广泛求师问学：曾拜版本目录学家陈乃乾为师，学习版本学、目录学以及整理古籍的专门知识；从周予同学经学史；从吕思勉学中国通史；从姜亮夫学音韵学、敦煌学；从陈守实学因明学；从顾颉刚学史学史；从蔡尚思学思想史；从闻在宥学语言学、古文字学。1931年秋大学毕业随父亲进柳亚子主持的上海市通志馆工作，撰写《上海图书馆史》、《上海新闻事业之史的发展》等著作，均于1935年由上海市通志馆出版。20世纪三四十年代，他一直工作在新闻出版界。新中国成立以后，他以极大的热情投身于新中国文化事业的建设工作。新中国成立初期，他曾被任命为华东军政委员会文物处图书馆科科长，负责处理华东大区的图书馆业务调整工作。后任中华书局上海编辑所编辑。历任上海人民出版社编审、农业出版社顾问、中国农业科学院主编《中国农业科学技术史》顾问、《中国农业百科全书》总编辑委员会委员、中国农业历史学会筹备会员、上海出版工作者协会理事、上海宗教学会顾问、上海市古籍整理规划小组顾问，兼任上海师范大学古籍研究所和华东师范大学图书馆学系教授。1981年他被院部设在巴黎的国际科学史研究院选为通讯院士，这是继数学史家钱宝琮之后我国科学史学者第二个被授为通讯院士。

胡道静学识渊博，治学严谨。他长期致力于中国古代科学技术史的研究，治学领域涉及科技思想史、道教史、古代农业史等，尤其擅长研究宋代科技史，他是国际学术界公认的研究宋代沈括《梦溪笔谈》的学术权威。1956年，中华书局出版胡道静校注的两巨册《梦溪笔谈校正》①，奠定了他著名科技史家的地位。顾颉刚曾经致

---

① 胡道静的《梦溪笔谈校正》（全二册）由上海古籍出版社1987年重版。

信胡道静，夸赞他作《梦溪笔谈校正》“有似裴松之注《三国志》”①，《梦溪笔谈校正》以清陶氏爱庐刻本为底本，兼采影刻宋乾道本、明弘治本、《稗海》本、《津逮秘书》本、《学津讨原》本、《四部丛刊续编》本以及各家校记和宋元故杂记，征引的文字校勘不主一本，也不主一家之说，择善而从，引书达百余种。该书引起了学术界的高度重视。除《梦溪笔谈校正》这部代表作之外，胡道静还著有《中国古代的类书》、《农书和农史论集》、《沈括研究论集》等。

六、山东省图书馆

山东省图书馆创建于1909年，是中国十大图书馆之一，历史悠久，馆藏宏富。截止到2004年底，现馆藏文献518万（册）件，形成了具有鲜明特色的藏书体系。其中齐鲁方志专藏、海源阁专藏、《易经》专藏、山东革命文献等收藏为海内翘楚。齐鲁方志海内现存约600种，而该馆馆藏528种，善本58种，（万历）《兖州府志》则为海内孤本。海源阁专藏计2280种32000册，约占海源阁全部藏书的三分之一。该馆收藏《易经》文献1317种，总计2205个版本，近万册。另外，该馆收藏的《唐人写经卷》、蝴蝶装宋刻《文选》、巾箱本宋刻《万卷菁华》、蒲松龄手稿《聊斋文集》、王士禛批校《昆仑山房集》稿本等均为传世珍品。在山东省图书馆发展史上，国学大师王献唐作出过重要贡献。

王献唐（1896～1960），字献唐，初名家驹，后改名献唐，号凤笙，山东日照人，著名历史学家、考古学家、图书馆学家、版本目录学家、金石学家、书画篆刻家、博物学家。

王献唐早年在原籍完成启蒙教育，11岁入青岛礼贤书院就读，

---

① 《浙江日报》编辑部编：《学人谈治学》，浙江文艺出版社1983年版，第388页。

文科结业后插修德文班。17 岁入青岛特别高等专门学校土木工程系学习西学知识。1918 年任济南《商务日报》和《山东日报》主编，后以两报特派记者身份长驻青岛。

1922 年，王献唐任胶澳督办公署秘书，闲暇从事学术研究，著述《公孙龙子悬解》（六卷），始治金石、版本、音韵、目录、古币、考古等学。1925 年赴北京，研究目录学、音韵学、古文字学。1927 年到南京任国民党中央党部秘书。不久，弃政从学，潜心研究学问，改名王献唐。1929 年，出任山东省图书馆馆长，搜集文物、典籍，扩充馆藏，使山东省图书馆成为当时全国收藏文物典籍最丰富的图书馆之一。1930 年，考古学家吴金鼎在山东发现了城子崖龙山文化遗址。之后，王献唐与傅斯年、李济、董作宾等人共同领导遗址的发掘工作，并成立山东古迹研究会，为山东考古工作奠定了良好基础。“七七”事变前后，他兼任齐鲁大学教授，主讲文字学和版本目录学。抗战期间，他与傅斯年、李济、董作宾、黄炎培、刘半农、顾颉刚等进行了广泛的学术交流，写下大量有价值的著作。1940 年，受聘任国史馆总干事，兼任山东大学、武汉大学教授，创办《山东省立图书馆季刊》，整理历史文献，抢救海源阁藏书，搜集青铜、古陶、玺印、封泥、货币、石刻等出土文物。1948 年返鲁，复任省立图书馆馆长。新中国成立后，王献唐向国家捐献越王勾践剑、李自成闯王印等珍贵文物 8000 多件及 5 万册古籍，曾任山东省文物管理委员会副主任、故宫博物院研究员等职。

王献唐学识渊博，治学广泛，是海内外公认的国学大师。他精于文字、音韵、金石、目录、版本学，兼长诗文、书画和印章。其著有《炎黄氏族文化考》、《中国古代货币通考》、《山东古国考》、《山左先哲遗书提要》、《泉币图释》、《读诗文日记》等 50 余部著作，所著编入《王献唐遗书》。

第三章　20世纪港台地区及海外华人历史学家学术列传

第一节　港台地区历史学家

1949年以后，随着国民党政权的垮台，一大批历史学家到了香港、台湾地区，如钱穆、姚从吾、董作宾、卫聚贤、傅斯年、张其昀、萧一山、全汉升、郭廷以、方豪、严耕望、潘重规、饶宗颐等，他们在各自所从事的研究领域作出了重要的学术贡献。

钱穆（1895～1990），字宾四，笔名公沙、梁隐、与忘、孤云，晚号素书老人、七房桥人，斋号素书堂、素书楼，江苏无锡人，著名历史学家，国学大师，现代新儒家之一。

钱穆九岁入私塾，后就学于新式学校无锡荡口镇果育学校，1907年升入常州府中学堂。1912年辍学后任教于家乡的中小学。应顾颉刚《古史辨》约稿，1930年钱穆发表《刘向、刘歆父子年谱》，一举成名。该文一扫清末以来今文经学垄断学术的局面，拆学术上的汉宋藩篱，破经学上的古今壁垒，彻底打破了传统学术的门户之见。顾颉刚荐其任燕京大学国文讲师，此后寓居北平数年，授课于燕京大学、北京大学等名校，并在清华大学、北平师范大学兼课，与学术界友人时相切磋，抗战爆发后，辗转任教于西南联合大学、武汉大学、华西大学、齐鲁大学、四川大学、香港亚洲文商学院等校。

1950年钱穆在香港创办新亚书院。1955年获香港大学名誉博士学位。1960 年应邀赴美国耶鲁大学讲学，获赠人文学名誉博士学位。1965 年正式卸任新亚书院院长，应聘赴马来亚大学执教。1967 年 10 月，应邀自港赴台，筑素书楼于台北士林区外双溪。1968 年列名于台湾“中央研究院”院士。1990 年逝世于台北。1991 年钱穆骨灰归葬太湖西山。

钱穆博古通今，学贯中西，他终生从事中国史研究，在中国通史、先秦学术史、秦汉史、两汉经学、宋明理学、近世思想史等领域取得了举世公认的成就。20 世纪 30～40 年代，钱穆批评“古史辨”派“累层地造成的古史”说，所著《国史大纲》提出“古史层累遗失”说，认为层累地造成之伪古史固应破坏，层累遗忘之真古史尤待探索。

在治学方法上，钱穆基于实证的研究方法注重整体地、联系地研究历史，注重纵观地考察历史变迁，对历史作全程贯通考察。他认为治史当“先务大体”、“当于全史之各方面，从大体上融会贯通”；他强调“从其历史演变上着眼，而寻究其渊源宗旨所在”。①以对中国古代政治制度的研究为例，钱穆不是局限于断代的局部研究，而注重从宏观角度论述政治制度的变迁，他把自西周封建到秦汉郡县、由军人政府到士人政府、由士族门第到科举选拔视为中国古代政治制度的三大转折与进步，从历史的变动演进着眼探索政治制度演化变迁的轨迹。钱穆也善用比较的方法研究历史，他指出：“历史有其特殊性、变异性与传统性。研究历史首先要注意的便是其特殊性。我们以往的传统，与其他民族有变有异，有自己的特殊性。没有特殊性，就不能成为历史。”② 钱穆用比较法揭示了中西文化的发展路径，他指出：中国历史的变迁隐而在内，常趋向于团结和融合；西方历史的变迁则显而在外，常趋向于分裂与斗争。

---

① 钱穆：《八十忆双亲 · 师友杂忆》，三联书店 2005 年版，第 52 页。

② 钱穆：《中国历史研究法》，台北东大图书公司 1988 年版，第 2 页。

作为杰出的历史教育家，钱穆培养了大批优秀人才。他注重培育学生全面而扎实的历史知识的基本功，他的教育思想深刻影响了我国大学历史系的人才培养模式。正如雷海宗1936年发表的《对于大学历史课程的一点意见》所强调的那样，“历史系本科的目的是要给学生基本的知识，叫他们明了历史是怎么一回事，叫他们将来到中学教书时能教得出来，叫他们将来要入研究院或独自作高深的研究时，能预先对史学园地的路线大略清楚，不致只认识一两条偏僻的小径”①。

钱穆十分强调历史学的现实性，注重历史的现实关怀，注重用现代的理念分析解释历史，突出历史学的人文主义属性。他强调史学不等于技术，史学是“人”的史学，史学家不能做号称“客观”的无“人”的历史研究。钱穆具备宽广的历史视野和深邃的理论境界，他的著作总能给人以智慧的启迪，读来发人深省。《国史大纲》是钱穆历史研究的代表性著作，该书秉持国人必对国史具有温情和敬意的初衷，以激发对本国历史文化爱惜保护之热情与挚意为旨趣，阐扬民族文化史观，体系博大精深，历来被公认为中国通史的佳作。

钱穆一生勤奋笔耕，著述颇丰，出版了70余种著作，主要有《刘向、刘歆父子年谱》、《国学概论》、《先秦诸子系年》、《中国近三百年学术史》、《国史大纲》（上、下册）、《中国文化史导论》、《中国人之宗教社会及人生观》、《中国社会演变》、《中国历代政治得失》、《中国思想史》、《宋明理学概述》、《四书释义》、《人生十论》、《阳明学述要》、《秦汉史》、《庄老通辨》、《中国历史研究法》、《论语新解》（上、下册）、《中华文化十二讲》、《中国文化传统的潜力》、《中国文化精神》、《朱子新学案》、《中国史学名著》、《中国学术通义》、《中国学术思想史论丛》、《世界局势与中国文

① 桑兵：《晚清民国时期的国学研究》，上海古籍出版社2001年版，第83～84页。

化》、《从中国历史来看中国民族性及中国文化》、《古史地理论丛》、《现代中国学术论衡》、《中国史学发微》等。

姚从吾（1894～1970），原名士鳌，字占卿，号从吾，中年以后以号行，河南襄城人，著名历史学家，我国宋辽金元史研究的开拓者之一。

1917 年，姚从吾考入国立北京大学文科史学门，1920 年夏考入该校文科研究所国学门。1922 年夏，由北京大学选派赴德国柏林大学留学，专攻历史方法论、匈奴史、蒙古史及中西交通史。1929 年，任柏林大学东方研究所讲师。1931 年，任柏林大学汉学研究所讲师。1934 年夏回国，受聘为北京大学历史系教授，主讲历史方法论、匈奴史、辽金元史及蒙古史择题研究等课程。1936 年兼北京大学历史系主任。1937 年抗日战争爆发后，任西南联合大学历史系教授。1946 年抗战胜利后接任河南大学校长，亲自讲授《历史方法论》。他虚心访贤，遍求名师，广揽人才，培养良好的读书风气，使这所历史悠久的高等学府出现了勃勃生机。1949 年初去台湾，受聘为台湾大学历史系教授，并创办辽金元史研究室。1958 年，当选为台湾“中央研究院”院士。1970 年病逝于台湾。遗著由门人札奇斯钦、李守孔、陈捷先等辑为《姚从吾先生全集》（共十册），由台北正中书局陆续出版。

姚从吾是中国现代辽宋金元史学的奠基人之一。他吸收西方史学思想和方法，学贯中西，促进了我国传统史学向现代史学的转变。他重视史料的整理，完成《蒙古秘史》第一部全译本。他提出着眼于民族融合的“国史扩大绵延观”，认为在各民族文化不断融合的基础上，中华民族的历史才得以广大绵延，形成一个屹立于世界东方的文明古国。他倡导宋史与北亚、中亚史的研究，写成《余玠评传》等一系列论文及所辑《蒙古与南宋争夺巴蜀始末》的专题资料，开宋蒙关系研究之先河。1958 年，他又倡导组成台湾“宋史研究会”（后改名为“宋史座谈会”）。姚从吾精通蒙古文，晚年又学习满文，并倡导组成“边疆语文研究会”，积极推动北亚及中亚史研究。他在北京大学、西南联合大学、河南大学、台湾大学执教36年，桃李满天下。其著有《东北史论丛》、《耶律楚材西游录校注》、《张德辉岭北纪行校注》、《邱处机年谱》、《余玠评传》等。

董作宾（1895～1963），原名守仁，字彦堂，又作雁堂，号平庐，河南南阳人，著名历史学家、考古学家，甲骨学的主要奠基者之一。

董作宾少年勤奋好学，入私塾读经史，对古文字和篆刻艺术产生兴趣。1910年入高小，后辍学。1915年考取县办师范学校，毕业后留校任教。1918年游学开封，著名教育家张嘉谋荐其入开封育才馆，从此与甲骨文结缘。1922年只身到北京求学，结识时任北京大学教授的徐旭生（唐河人），遂入北京大学旁听语言学。1923年考入北京大学研究所国学门，学习语言学、考古学、人种学和历史学。1925年从北京大学研究所毕业，后任教于福州协和大学、河南中州大学。1927年赴广州中山大学任教，与文学院代院长傅斯年结为知交。后入傅斯年创办的历史语言研究所工作。1928年考察安阳殷墟，向傅斯年建议由中央研究院主持进行系统发掘，董作宾首次发掘获得甲骨残片784件。此后到1937年抗日战争爆发前，他先后15次参加安阳小屯村殷墟发掘，由此开始对甲骨文进行全面系统的研究，发表了一系列关于甲骨文及商周史的重要论文和专著。1932年升任历史语言研究所研究员。董作宾最早提出甲骨断代的10个标准，主持了殷代帝王世系年谱、殷先王称号、殷帝姓氏、出土物墓葬地段、异域地名、铭文所述人物、铭文语法结构、铭文表意标准、铭文书写形态等重大课题的研究，取得了举世瞩目的成就，成为当时中国最著名的考古学家之一，成为继罗振玉、王国维之后一代甲骨学大师，又参加山东城子崖遗址发掘，发现了龙山文化。抗战时期，他随历史语言研究所相继迁往长沙、桂林、昆明、南溪，并主持该所工作，继续研究殷代历法。1931年后，编著出版《卜辞中所见之殷历》。1945年编著出版《殷历谱》，被学术界视为甲骨学研究的里程碑。1935~1945年相继完成《殷墟文字甲编》、《殷墟文字乙编》，为研究甲骨文提供了重要资料。

1948年，董作宾任中央研究院历史语言研究所研究员，同年当选为中央研究院第一届院士。新中国成立前夕，董作宾随中央研究院和自己相伴多年而不忍心分开的大批文物迁往台湾，并任台湾大学中文系、历史系教授，分别讲授古文字、殷商史课程。1950年创办《大陆杂志》，并任“中央研究院历史语言研究所”所长，发表《武王伐纣年月日考》一文。1951年后编著《西周年历谱》。

1955年任香港大学东方文化研究所研究员，从事中国年历编写工作，并任香港大学历史系名誉教授及崇基、新亚、珠海三书院教授。此间，他完成了中英文对照的《中国年历总谱》。1963年病逝于台湾。有《董作宾全集》行世。

傅斯年（1896~1950），字孟真，祖籍江西永丰，出生于山东聊城，著名历史学家、古典文学家、教育家。

傅斯年出生于官宦之家。1909年就读于天津府立中学堂。1913年考入北京大学预科，1916年升入北京大学文科。1918年与罗家伦等组织新潮社，次年创办《新潮》月刊，提倡新文化。“五四”运动爆发时，傅斯年担任游行总指挥，是“五四”运动学生领袖之一。1919年考取官费留学英国爱丁堡大学、伦敦大学研究院、德国柏林大学哲学研究院。1926年冬回国。翌年春出任广州中山大学教授兼文学院院长和历史系、中文系主任。1928年创办中央研究院历史语言研究所，长期担任该所所长，并兼任北京大学、西南联合大学教授，讲授“中国上古史专题研究”及“中国古代文学史”等课程。抗战期间，带领历史语言研究所辗转各地。抗战胜利后，于1945年秋代理北京大学校长。① 1948年当选为中央研究院院士、国民政府

① 1946年9月傅斯年卸任北京大学代理校长，由胡适接任校长。

立法委员，同年迁历史语言研究所至台湾。1949年1月就任台湾大学校长。1950年病逝于台北。

傅斯年为中国近代学术发展作出过重要贡献。作为胡适的门生，他在学术上信奉实证主义，主张纯客观科学研究，注重史料的发现与考订，重视考古材料在历史研究中的作用，曾发表许多古史研究论文，领导了安阳殷墟发掘工作。傅斯年在创建和主持历史语言研究所期间，延揽一流人才，组织出版学术著作，以他为中心，形成了所谓"科学派"（亦称"考订派"、"新历史考据派"），推动了我国20世纪历史科学的发展。傅斯年的主要著作有《东北史纲》（第一卷）、《性命古训辨证》、《古代中国与民族》（稿本）、《中国古代文学史讲义》（稿本）、《诗经讲义》等，发表《夷夏东西说》、《评秦汉统一之由来和战国人对于世界之想象》等论文百余篇，有《傅斯年全集》① 行世。

卫聚贤（1899～1989），字怀彬，号介山，山西万泉人，著名历史学家、考古学家、古钱币学家、博物学家、文化人类学家，中国现代考古学奠基人之一。

1927年卫聚贤毕业于清华学校国学研究院，师从王国维，在清华学校亦受教于梁启超、陈寅恪、赵元任、李济等，尤其受梁启超、王国维教诲独深，李济的中国考古学对其也有直接影响。当时国学研究院学友有史念海、刘节、徐中舒、谢国桢、王力、姜亮夫、高亨、蒋天枢、刘盼遂、陆侃如、吴其昌、罗根泽、姚名达、周传儒等。卫聚贤与同学成立"述学社"，反对国学研究中"顽固的信古态度"和"浅薄的媚古态度"。学生时代卫聚贤在梁启超主编的《国学论丛》季刊上发表《〈左传〉之研究》、《晋文公生年考》等论文，深得学术界好评。

---

① 台湾联经出版事业公司1980年出版有《傅斯年全集》，湖南教育出版社2003年出版《傅斯年全集》。

卫聚贤从清华学校毕业后，与友人在太原合办私立兴贤大学。后由乡人、冯玉祥之连襟薛笃弼介绍赴南京任大学院科员，专事审查历史教科书，兼任南京古物保存所所长，期间曾参与主持发掘南京新石器文化与明故宫遗址，致力于江浙古文化遗址调查。1936年8月与蔡元培、于右任、吴稚晖、叶恭绰等发起组织“吴越史地研究会”。上海沦陷后，卫聚贤随中央银行西迁。在后方主持抗战期间唯一的一家考古民间学术团体“说文社”。网罗大后方文化界、教育界名流如郭沫若、周谷城、顾颉刚、马衡、胡小石、常任侠、王献唐、傅振伦等从事学术研究。卫聚贤与郭沫若等开拓了巴蜀文化研究的新局面。他还与于右任等赴西北敦煌等处参加考古活动，并任西北联合大学文学院院长兼教授。1949年重庆解放，卫聚贤将其多年收藏的近千种、近万件古代文物和民俗文物以及尚未整理的古钱、货币、清代和民国文献等悉数捐赠给国家。1950年转赴台湾又寓居香港，其后相继在香港大学东方文化研究院、香港联大（联合书院）中文系、珠海书院、光夏书院、远东书院等从事研究和教学活动。1975年卫聚贤退休后赴台，任台湾辅仁大学教授。晚年的卫聚贤渴盼祖国统一，以其谱牒学的功力参加“寻根认祖”的活动，先后为移居台湾数百年的不少人士找到祖籍。

卫聚贤的治学方法很有特色，持论新颖，如他主张墨子为印度人、中国人发现了美洲大陆等。他能综合运用统计法、比较文法、音韵学、民俗学、考古学等多种视角研究历史。卫聚贤著述颇丰，主要著作有《〈春秋〉之研究》、《〈左传〉之研究》、《古史研究》、《中国财政史》、《中国商业史》、《山西票号史》、《台湾山胞由华西迁来》、《台湾山胞与粤闽关系》、《中国考古学史》、《十三经概论》、《古钱》、《古钱年号索引》、《楚辞研究》、《文字学》、《古器物学》等。其最具影响力的著作是中国第一部考古学史《中国考古学史》。

张其昀（1900～1985），字晓峰，浙江鄞县人，著名地理学家、历史学家、教育家，中国现代人文地理学奠基人之一。

1919年张其昀从浙江省立第四中学（宁波中学）毕业，考入国立南京高等师范学校史地部，师从哲学大师刘伯明、史学大师柳诒徵、地理学大师竺可桢等人。1923年南京高师毕业后在上海商务印书馆工作。1927年起在国立中央大学地理学系任教，曾主讲中国地理，是中国人文地理学的开山大师。1936年受聘为浙江大学史地系教授兼主任、史地研究所所长，后又兼任文学院院长。1941年当选为首批教育部部聘教授。曾任中国地理学会总干事。1943年受美国国务院之邀在哈佛大学研究讲学。1949年到台湾，从政之余积极从事学术文化活动，创办中国新闻出版公司、中华文化出版事业委员会，发起创办《学术季刊》等多种学术期刊以及“中国历史学会”等组织。

张其昀眷恋中华文化，是中华文化复兴运动的重要领袖和儒学复兴运动的中坚。他早年是南高“史地学派”和“学衡派”的重要成员，嗣后中央大学时代成为国风社的一位灵魂人物，再后于浙江大学创办《思想与时代》，汇集了张荫麟、谢幼伟、郭斌龢、熊十力、钱穆、贺麟、冯友兰等学者，时人评说当时浙江大学蔚然有重振东大学衡之风、复兴人文主义之势。

到台湾后，为弘扬中华文化，除著书《中华五千年史》外，张其昀还创办中华文化出版事业委员会、中华学术院、中国文化学院（中国文化大学），在这里执教的文史学者有钱穆、杨家骆、黎东方、梁嘉彬、蒋复璁、陈立夫、高明、宋晞、曾虚白、谢然之等。张其昀提倡华学。他认为，西方所谓Sinology应翻译为华学，而非汉学。西方学者把藏学、满学等排除在Sinology之外，有造成破坏中国统一之嫌。满族、蒙古族、藏族诸族和汉族在政治、经济、文化及地理上有着最密切的交融关系，这些研究也共同构成了中国学。华学不仅研究汉学，也研究藏学、满学、蒙古学等中国少数民族之学。张其昀创立全神教，他认为各种宗教的良好精神都有相通之处，宗教是学术研究的最高境界和最后目的，科学愈进步，宗教愈重要，敬天爱人乃万事之表、万福之源。

张其昀著作等身，著有《中国地理学研究》、《中国区域志》、《中华民国史纲》、《本国地理》、《政治地理学》等，主编有《金史》、《元史》、《清史》、《国父全书》、《抗日战史》、《初级中学人文地理编辑例言》、《江浙两省人文地理之比较》、《人生地理学之态度与方法》、《中国人地关系概论》、《中华五千年史》等。

萧一山（1902～1978），原名桂森，号非宇，字一山，以字行，江苏铜山人，著名历史学家，我国清史研究开拓者之一。

萧一山幼承家学，专于清史，19 岁时由山西大学预科考入北京大学，受业于梁启超，立志以新方法研究中国史，课余埋首著作，两年期间撰成《清代通史》上卷两册，由上海中华书局出版。该作文笔流畅，史料详备，梁启超、李大钊、朱希祖等亲为之序。

大学毕业后，萧一山先后任教于清华大学、北京大学、北平师范大学及南京中央大学，讲授清史。所著《清代通史》上、中两卷改由上海商务印书馆出版。

1932～1934 年，萧一山获特款资助前往欧美各国考察，先在英国伦敦大英博物馆及剑桥大学、牛津大学收集中国近代史料。越年，自英往游德、法、意三国。1934 年返国。以新自海外所获史料先后编辑出版《太平天国丛书》第一集、《太平天国诏谕》、《太平天国书翰》、《近代秘密社会史料》等书，推动太平天国史研究进入了一个新境界。后出任河南大学文学院院长、东北大学与西北大学文学院院长。20 世纪 30 年代中期曾发起成立经世学社，刊印《经世》半月刊、《经世丛书》、《经世日报》等。

抗日战争爆发后，随东北大学内徙于四川三台，被教育部聘为部聘史学三教授（萧一山、陈寅恪、柳诒徵）之一。萧一山讲授著述，朝夕不辍，著《清史大纲》及《曾国藩传》两书，阐述中国文化传统及近代史，见解独到。抗战胜利后，萧一山出任北平行辕秘书长，当选为国民政府第一届监察院监察委员。1948 年冬携眷赴台，完成《非宇馆自述》，编撰《清史》及《民族文化概论》两书。自1950年始修订《清代通史》，历时十二年下卷成稿，距上卷之脱稿问世已近40年。全书共400余万字。1978年病逝于台北。1985年9月，中华书局根据台湾商务印书馆1980年修订本第五版影印发行他的成名之作《清代通史》，精装五册。尚未出版的著作有《中国通史讲义》（稿已佚）及《五十自述及卅年来见闻录》等。

郭廷以（1904～1975），字量宇，河南舞阳人，著名历史学家，中国近代史研究开拓者之一，口述史的倡导者。

郭廷以出生于商务之家，1923年入南京东南大学历史系，1926年冬毕业，在校曾受业于柳诒徵、徐养秋等，奠定了深厚的史学基础。后随罗家伦赴清华大学任教，两人合开中国近代史课程，开始历史教学与研究生涯。后任教于河南大学、政治大学、中央大学。1949年举家迁台湾，任教于台湾师范大学。

1955年郭廷以受命筹备“中央研究院近代史研究所”，1965年任新成立的近史所所长，接收清季至民国时期总理各国事务衙门、外务部、商部、农商部、实业部、经济部、外交部大批珍贵档案，先后出版《海防档》、《矿务档》、《中法越南交涉档》、《中俄关系史料》、《筹办夷务始末补遗》等档案史料汇编，深受学界重视。

郭廷以史识宏远，首开口述历史研究风气。主持近代史研究所期间，他亲手拟订大纲细则，开展口述史料征集工作，先后访问了许多政治、经济、教育、文化各界重要人物，使口述历史研究蔚然成风，得到国际学术机构的支持。他积极推动与国外学术机构的交流，对提升中国近代史研究水平作出了重要贡献。

在“冷战”意识形态下，他与费正清等人的学术交往终被卷入政治的漩涡。1969年，应夏威夷大学之邀赴美讲学，一去未归。1971年，卸任近代史研究所所长职务，离开了他一手经营的近代史研究所。此后长期滞美，处境艰难，却仍孜孜于研究撰述，完成了不朽巨著《近代中国史纲》。1975年病逝于纽约。

郭廷以毕生致力于中国近代史研究，治学严谨，方法科学，以确实的史料立论，叙事条理分明，史实脉络清晰，是中国现代实证史学的典型代表。其著有《中国近代史》、《近代中国的变局》、《近代中国史纲》、《近代中国史事日志》（清季）、《中华民国史事日志》、《太平天国史事日志》、《太平天国历法考订》、《台湾史事概说》等。

潘重规（1908~2003），本名崇奎，字石禅，江西婺源人，著名历史学家、敦煌学家。

潘重规毕业于国立中央大学中文系，师从王伯沆、黄侃，历任东北大学、暨南大学、四川大学、安徽大学中文系教授。1949 年赴台湾，先后任台湾师范大学国文系教授、系主任兼国文研究所所长，新加坡南洋大学中文系教授，香港中文大学新亚书院中文系教授、系主任、文学院院长，台湾文化大学中文系教授兼研究所所长、文学院院长，台湾东吴大学中文研究所研究员等职，曾获法国法兰西学术院汉学儒莲奖（Jullian Price）等，获韩国岭南大学颁赠名誉文学博士。

潘重规治学严谨，涉猎广博，在敦煌文献、《红楼梦》、经学、音韵学、黄侃学术思想研究等文史领域具有高深造诣。他曾在香港创办《敦煌学》杂志，倡导敦煌学的国际化与现代化。2007 年 7 月，中国国家文物局、甘肃省人民政府为其特颁“敦煌文物保护研究贡献奖”。著有《唐写文心雕龙残本合校》、《敦煌诗经卷子研究论文集》、《敦煌变文集新书》、《瀛涯敦煌韵辑新编》、《瀛涯敦煌韵辑别录》、《列宁格勒十日记》、《红学六十年》等，主编《敦煌俗字谱》、《敦煌变文论集》等，另编有《红楼梦研究专刊》、《龙龛手鉴新编》等，并在香港、台湾陆续整理出版黄侃的大量日记文献。潘重规还致力于推广佛学，曾任新加坡佛教会佛学教育推行委员会副主任委员，促成新加坡各级学校增设佛学课程，并定为必修科目。

方豪（1910~1980），字杰人，笔名芳庐、绝尘、圣老，浙江杭县人，著名历史学家、神学家，中西交通史研究的开拓者之一。

方豪出生于基督教圣公会家庭。1922年入杭州天主教修道院攻读拉丁文，接受宗教陶冶，并自修文史。1929年入宁波圣保罗神哲学院，研究哲学、神学并发表论著。1935年晋升为神父。1935年起，在嘉兴、金华、武义、永康等县传教，并从事宋史研究。1938年到云南，编辑《益世报》。曾任浙江大学、复旦大学教授兼系主任、院长。1949年去台湾，任台湾大学历史系教授，并任天主教会指导司铎、主任司铎。历任台湾"教育部"学术审议委员会委员、"考试院"典试委员、"中华战略学术委员"、台湾"中国历史学会"理事长、政治大学文理学院院长，1969年当选为台湾"中央研究院"院士。1975年天主教教皇保罗六世授予方豪名誉主教加"蒙席"衔。1980年12月病逝于台北。

方豪长期致力中西交通史和宋史研究，是我国中西交通史研究的主要开拓者之一。其学术成就具有广泛的国际影响。方豪著述丰硕，主要论著有《中外文化交通史论丛》、《中国天主教史论丛》、《宋史》、《中西交通史》、《中国天主教史人物传》、《方豪六十自定稿》、《马相伯先生文集》、《明清之际中西血统之混合》等。

全汉升（1912～2001），广东顺德人，著名历史学家、教育家，中国经济史研究学术泰斗。

全汉升幼年在佛山接受私塾教育，后到广州读中学。1931年考入北京大学史学系，受业于陶希圣、陈受颐、傅斯年。1935年毕业，任中央研究院历史语言研究所助理员，潜心治学。抗战军兴，随历史语言研究所辗转于湖南、云南、四川，研究魏晋南北朝唐宋及元代经济史。1943年晋升为副研究员。期间所撰《唐宋帝国与运河》剖析大运河与唐、宋国运盛衰的关系，同时探研商业发展、交通运输与国际贸易对杭州、汴梁、扬州和广州四都市发展的影响，为中国经济史研究作出了重要贡献。

1944年10月被中央研究院公派赴美进修，游学于哈佛大学、哥伦比亚大学、芝加哥大学三所著名大学，汲取国外经济史新观念、新方法，并与西方经济史家建立联系，奠定了日后学术交流的基础。

1949 年 1 月随历史语言研究所迁台，历任“中央研究院历史语言研究所”研究员、台湾大学经济系教授兼系主任、“中央研究院”总干事、香港中文大学教授、新亚书院院长、新亚研究所所长、“中央研究院”院士。20 世纪 50 ~ 60 年代，他与王业键及 Richard A. Kraus 等合作，主要利用史语所典藏资料探究清代物价，并对地区粮价差异与经济交流详加考察。他的研究显示清代“已有一个自由的米粮市场”，这是一个重大的学术发现，把清代经济史研究推至一个新境界，并开辟了中国物价史研究的先河。1961 年 9 月赴美研究，应邀到美国芝加哥大学、哥伦比亚大学、哈佛大学及日本东洋文库任访问学者和研究员。1965 年应聘至香港中文大学新亚书院历史系任教，讲授中国社会经济史、中国近代经济史、中国经济史专题研究等课程。1975 年任新亚书院院长，两年后退休。居港 30 年期间，致力于研究明中叶以后中、西、日、葡、荷贸易关系及货币供给、金银比价等问题，提出了中国银铜复本位制理论。全汉升曾发表《明季中国与菲律宾贸易》、《明代的银课与银产额》、《清代云南的铜矿工业》及《明中叶后中国黄金的输出贸易》等重要论文。1995 年离港返台，定居新竹。2001 年病逝于台北。

全汉升治学 60 多年，成就卓越，著作弘富。他治史以贯通古今和融会中外为特色，治学求博求深，功力深厚。注重史学的实证性，倡导务实求真，有证据方能有发言权。其研究成果以史料丰赡、论证缜密见长，广征博引，重视量化及数据。出版有专著 9 种、论文 115 篇、书评 10 篇及杂著 6 篇。其主要著作有《汉冶萍公司史略》、《中国行会制度史》、《中国经济史论丛》、《中国经济史研究》、《元代的纸币》、《明末清初反对西洋文化的言论》、《韩国战争与远东经济》、《唐宋帝国与运河》、《明清经济史研究》等。

严耕望（1916 ~ 1996），名德厚，字耕望，号归田，安徽桐城人，著名历史学家，中国中古史研究开拓者之一。

1941年严耕望毕业于武汉大学历史系，师从钱穆、顾颉刚，私淑吕思勉、陈寅恪、陈垣等史学大家，初任齐鲁大学国学研究所助理员，继而转入中央研究院历史语言研究所。20世纪60年代应聘到香港中文大学任教。1970年当选台湾“中央研究院”院士。后任香港中文大学中国文化研究所高级研究员、哈佛大学访问学者、耶鲁大学客座教授、东吴大学特约讲座教授、新亚研究所教授。

严耕望素以治学严谨闻名，在学术界享有很高声誉。他治学坚持用史料说话，将历史研究建立在丰富的原始文献和细密的考证基础之上，有“看人人所能看得到的书，说人人所未说过的话”的治学格言。他著作等身，引证浩繁，体大思精，擅长中国古代政治制度史、隋唐史及历史地理学研究。1956年他发表《唐仆尚书丞郎表》，考证唐代2680多任尚书省仆尚丞郎共1116人的详细资料，发现唐代重要史籍1200多项错处，为研究唐代历史提供了重要参考资料。他毕生研究时关“国计民生之大端”的中国历史地理，所撰十卷《唐代交通图考》被公认为一部学术巨著，另有《两汉太守刺史表》、《秦汉地方行政制度》、《魏晋南北朝地方行政制度》、《唐史研究丛稿》、《治史经验谈》等著作，皆为学术经典。

饶宗颐（1917～ ），字固庵，又字伯子、伯濂，号选堂，广东潮州人，著名历史学家、考古学家、文学家、翻译家、教育家和书画家，法国远东学院院士。

饶宗颐是在潮州文化环境中成长起来的客家人后裔，父亲饶锷是位豪侠儒商，喜藏书，好名流，参加过南社，是一位思想进步的学者，曾著《〈佛国记〉疏证》、《王右军年谱》、《慈禧宫词百首》、《潮州西湖山志》等。饶宗颐幼承庭训，熟读经史诗赋及佛教典籍，好学多思，6岁始习书法国画，11岁从画家杨栻学习文人山水画、花鸟及行草书法，18岁续成其父所著《潮州艺文志》，1940年完成成名作《楚辞地理考》（著名学者童书业作序）。

1949年以前，饶宗颐任教于中山大学、无锡国学专修学校、广东文理学院、华南大学等学校。1949年移居香港，先后在香港大学、印度班达伽东方研究所、新加坡大学、日本京都大学、美国耶鲁大学、法国高等研究院、香港中文大学等地任职。1962年获法国汉学儒莲奖。1972年任法国远东学院院士。1982年获香港大学荣誉文学博士。2000年获香港特别行政区政府颁授香港最高荣誉——"大紫荆勋章"。

在20世纪的中西学术交流史上，饶宗颐是中国与海外汉学研究的桥梁人物之一。1956年他发表《敦煌本老子想尔注校笺》，将伦敦所藏天师道早期思想的千载秘籍全文录出，兼作笺证，阐明原始道教思想，引发后来欧洲道教研究的长期计划。

饶宗颐"业精六学，才备九能"，治学范围广博，研究领域涉及甲骨文、敦煌学、古文字、词学、音韵学、目录学、上古史、中古史、楚辞学、考古学、书画、音乐、艺术史等，迄今出版专著40余种，学术论文300余篇，在海内外享有崇高的声誉。1995年香港三联书店出版《论饶宗颐》一书，收入季羡林、李学勤、钱仲联、姜伯勤、李联升等中国著名学者以及戴密微、池田温、吉川幸次郎等海外汉学家对其学术贡献的高度评价。在艺术方面，饶宗颐秉承明清文人书画传统的山水画及其行草书法，造诣精深，自成一格。饶宗颐是一位资深的古琴家、音乐史家，所撰《宋季金元琴史考述》为中国近现代第一部系统论述古琴艺术发展的断代史。另外，饶宗颐还是杰出的藏书家，家中"天啸楼"藏书达十余万卷，是粤东最负盛名的藏书楼。饶宗颐在中国研究、东方学及艺术文化多方面成就非凡，他和季羡林齐名，学界称"南饶北季"。学术界称他为"国际瞩目的汉学泰斗"、"整个亚洲文化的骄傲"。

饶宗颐博通古今，学兼中西。他知古而不泥古，从世界人类文化的高度审视民族文化，采用新的治学方法取得了超越前人的巨大成就。饶宗颐的重要学术论著有《楚辞地理考》、《殷代贞卜人物通考》、《敦煌本老子想尔注校笺》、《日本所见甲骨录》、《长沙出土战国楚简初释》、《巴黎所见甲骨录》、《战国楚简笺证》、《词籍考》、《敦煌曲》（与法国戴密微合著）、《香港大学冯平山图书馆善本书录》、《欧美亚所见甲骨录存》、《远东墓志：远东学院藏拓片图录》、《选堂选集》、《中印文化关系史论集——悉昙学绪论》、《甲骨文通检》、《敦煌琵琶谱》、《梵学集》、《饶宗颐史学论著选》、《饶宗颐二十世纪学术文集》（十四卷二十册）、《饶宗颐书画集》等，另有多部诗集行世。

第二节　流寓海外的华人历史学家

1949 年以后，一批留学国外的华人历史学家到海外发展，形成了中国历史学家群体中的一支海外军团，他们为 20 世纪中国历史研究事业作出了重要贡献。这些流寓海外的华人历史学家主要有洪业、劳榦、杨联陞、周策纵、何炳棣、黄仁宇、唐德刚、许倬云、余英时、杜维明、张光直、黄宗智等。

洪业（1893～1980），名正继，字鹿岑，号煨莲（Willian），福建福州人，著名历史学家、教育家，蒙古元代史、历史文献学研究的开拓者之一。

洪业出生于书香门第，青年时期在山东济南、福建福州等地读完中学，成绩优秀。1915 年赴美留学。1917 年毕业于俄亥俄州韦斯良大学，获文学士学位。1919 年毕业于哥伦比亚大学，获文硕士学位。1920 年毕业于哥伦比亚大学协和神学院，获神学士学位。1923 年回国，任教于燕京大学，先后担任燕京大学历史系教授、系主任、教务长、图书馆馆长、哈佛—燕京学社引得编纂处主任、研究院历史学部主任。1941 年冬燕京大学被日军封闭，洪业和邓之诚一起被捕入狱半年，出狱后拒绝与日伪合作，至抗战胜利后燕京大学复校才重返燕京大学执教。洪业长期在燕京大学执教，教书育人，一丝不苟，培养了一批杰出的历史学人才；主持哈佛—燕京学社引得编纂处期间，负责编纂了大量古代文献引得索引，为我国历史文献的研究开发与利用作出了基础性贡献。1946 年春赴美讲学，后滞留美国。1948 ~ 1968 年，任哈佛大学东亚语文系研究员。1980 年在美国去世。其主要著述有《引得说》、《中国最伟大的诗人杜甫》、《勺园图录考》、《考利玛窦之世界地图》、《礼记引得序》、《春秋经传引得序》、《〈蒙古秘史〉源流考》、《清画传辑佚三种》、《洪业论学集》等。

劳榦（1907 ~ 2003），湖南长沙人，著名历史学家，中国秦汉史研究开拓者之一。

1907 年劳榦出生于陕西商县。1930 年从北京大学历史系毕业，获文学学士学位。后入中央研究院历史语言研究所，历任历史语言研究所助理研究员、副研究员、研究员。曾任教于北京大学、南京中央大学。1949 年去台湾，任台湾大学教授，并兼政治大学、台湾师范大学、东吴大学教授。曾赴美国哈佛大学从事研究工作。1958 年当选为台湾“中央研究院”院士。1962 年受聘为加利福尼亚大学中国古典文学系教授、系主任。1975 年从加州大学退休，留居美国。

劳榦致力于秦汉史研究，治学勤奋，造诣深厚，是公认的中国秦汉史研究学术大家，具有国际学术影响。他早年曾在甘肃敦煌、宁夏居延、新疆及四川、云南、贵州、广西、湖南等地考察文物，是汉简研究的拓荒者。1930 年发现的居延汉简最早由劳榦整理研究，他结合新出土的简牍材料撰写了《汉代的亭制》等重要论文。劳榦治秦汉史专于官制和地理研究，上通先秦史，下接魏晋南北朝史，从中央官制到地方官制均有论述，撰写有《论汉代的内朝与外朝》、《秦汉九卿考》等学术论文，影响深远。其著有《秦汉史》、《魏晋南北朝史》、《劳榦学术论文集（甲编）》、《居延汉简考释》、《汉代察举制度考》、《再论汉代的亭制》、《敦煌艺术》、《成庐诗稿》、《古代中国的历史与文化》等。

杨联陞（1914 ~ 1990），原名莲生，浙江绍兴人，生于河北保定，著名历史学家，中国经济史、中国制度史研究的开拓者之一。

1933年杨联陞考入清华大学经济系，受业于陶希圣、陈寅恪、朱自清、叶公超，积淀了深厚的国学功底和英文根基，深得实证研究的治学旨趣。其大学毕业论文《租庸调到两税法》得陈寅恪指导。1941年赴美国哈佛大学留学，1946年获得博士学位。当时在哈佛大学习文史哲的中国留学生中，任华、周一良、吴于廑、杨联陞四人意气相投，风华正茂。后来，任、周、吴三人皆返国任教，杨氏留在哈佛远东语文系执教，墙外开花，海外称雄，有“汉学界第一人”之誉。

杨联陞学识渊博，毕生从事中国史研究，精通中国经济史，兼治中国制度史、社会史、文化史，著述宏富。1952年所撰《中国货币与信贷简史》（英文）为其学术代表作之一。该书综述中国货币史源流，自立体系，体现了作者深广的学术根基，是中国经济史的经典论著。杨联陞所治为通人之学，选题博杂多端，考证细微透彻，作风更接近于欧洲汉学家。他强调理解文献原义，倡导“训诂治史”，反对浅尝辄止、随心所欲的学术“玩票”。

杨联陞论著的精华多收入《中国政治经济社会制度史的研究》（英文）、《汉学散策》（英文）、《国学探微》、《杨联陞论文集》，所撰重要论文如《晋代经济史释论》、《中国经济史上的数词与量词》、《会子形状考》、《从经济角度看帝制中国的公共工程》、《国史诸朝兴衰刍论》、《国史上的女主》、《明代地方行政》、《报——中国社会关系的一个基础》、《帝制中国的作息时间》等，选题新颖，辨析细微，体现了实证研究“大处着眼，小处着手”的学术特点。杨联陞《汉学论评集》（英文）收录其四十余篇书评，遍涉诸多领域，除疑纠误，精彩纷呈，颇具学术价值。

周策纵（1916～2007），湖南祁阳人，著名红学家、历史学家，中国近现代史研究的重要学者。

周策纵出生于乡绅之家，幼承庭训，熟读经史。1942年从中央政治学校毕业，获学士学位，供职于重庆国民政府主席侍从室任编审。1948 年辞职，赴美国留学，开始潜心研究中国“五四”运动的历史，1950 年获美国密歇根大学硕士学位，1955 年获美国密歇根大学博士学位，由博士论文扩写而成的《五四运动史》1960 年由哈佛大学出版社以英文出版，影响很大，再版 7 次，宣传了“五四”运动的历史价值。历任美国密歇根大学副研究员，哈佛大学研究员，哥伦比亚大学荣誉研究员，威斯康辛大学东亚语言文学系教授、系主任和历史系教授，香港中文大学客座教授，新加坡国立大学客座教授，美国斯坦福大学客座教授等。曾获美国福特基金会学术奖、美国卡耐基基金会学术奖、美国古根汉学术奖、美国科学院学术奖等。

周策纵是国际知名红学家和历史学家，是国际《红楼梦》研究会主席、美国威斯康辛大学东亚语言文学系和历史系终身教授。1980、1986 年曾发起并主持第一、第二届国际《红楼梦》研究会，此后，还促成了在中国哈尔滨、扬州、台湾和北京举行二、三、四、五届国际《红楼梦》研讨会，为研究和宣传《红楼梦》作出了贡献。他多年潜心研究《红楼梦》，成果卓著，被公认为红学研究的学术泰斗。1981 年后多次回国讲学和进行学术交流，致力于中外学术界的交流。他著有《破斧新诂（诗经研究之一）》、《论王国维的诗词》、《五四运动史》、《论王国维的人间词话》、《曹雪芹与红楼梦》（与余英时合著）、《古巫医与六书考：中国浪漫文学探源》、《红楼梦大观》（合著）等，另有《周策纵自选集》及新诗集《海燕》，译有泰戈尔《萤》、《失群的鸟》等作品。

何炳棣（1917～　），浙江金华人，著名历史学家，中国古代史研究的重要学者。

何炳棣生于天津，1934 年就读于清华大学历史系，师从蒋廷黻、刘崇鋐、雷海宗、陈寅恪及冯友兰。1938 年大学毕业后，前往云南任西南联合大学历史系教员。1944 年考取第六届庚子款留美公费，1945 年赴美入哥伦比亚大学留学，专攻英国史及西欧史。1948 年前往加拿大英属哥伦比亚大学任教。1952年获得博士学位。

何炳棣1963年转往美国芝加哥大学任教，两年后荣任该校汤普逊历史讲座教授，一直工作到1987年退休。1966年被选为台湾“中央研究院”院士。1975～1976年被会员公推为美国亚洲学会会长，他是该学会的首位亚裔会长，也是20世纪唯一的华裔会长。

何炳棣长期从事中国史研究，成就卓著。他发扬了20世纪30年代清华大学强调考证与综合相结合的治学风格，成为享誉全球的学术巨人。何炳棣著作宏富，代表作是1959年出版的《中国人口研究（1368～1953）》①（*Studies on the Population of China*，1368～1953），该书以实证科学方法重建中国人口的历史真貌，对明清制度史的两块基石——“丁”和“亩”赋予革命性的论断：谓二者俱为纳税单位，与实际人口数字以及土地面积无关。该书是20世纪人文社科方面唯一一部引起伦敦《泰晤士报》主要社评（leading editorial）的华人著作，已被国际学术界奉为经典著作。

20世纪五六十年代，何炳棣致力于研究明清时期中国人口问题、社会结构及流动，并旁及会馆制度的研究。1966年出版了第一本中文专著《中国会馆史论》，考证会馆创设年代，揭示会馆在“促进畛域观念的消融与大群意识的产生”方面所起的作用。20世纪六七十年代以后，何炳棣研究中国文化，先后出版《黄土与中国农业的起源》（1969）及 *The Cradle of the East: An Inquiry into the Indigenous Origins of Techniques and Ideas of Neolithic and Early Historic China. 5000～1000B. C.*（1975）两本力作，详论中国文明起源及中国文化特征，见解新颖独特。80年代何炳棣撰成《中国古今土地数字的考释和评价》（1988）一书，详细考证剖析了中国古今土地数字不实的各种原因，所持见解已成为学界定论。

---

① 中译本名为《明初以降人口及其相关问题（1368～1953）》，葛剑雄译，1989年由上海古籍出版社出版，2000年三联书店再版。

何炳棣治学广泛，气象浩瀚，纵探中华五千年文明史，精研历史大问题，对中国文明的起源、农业及农作物、耕作方式、近五百年间的社会阶层间流动、人口及资本累积等重大课题均有震惊世界史学界的见解。他强调研究能力与工具，重视综合运用相关科学知识与方法研究历史问题。所撰《黄土与中国农业的起源》等书运用考古学及其相关自然科学知识，实现了考古资料与古文献相互印证。他论述问题精辟而透彻，呈现出他治学的宏观综合的特色。何炳棣的早期著作多以英文撰写，荣休后始以中文耕耘。晚年研究中国古代思想史，撰成数篇颇具学术价值的考证论文。同时撰写回忆录，所撰《读史阅世六十年》回顾读史阅世的心路历程，兼忆师友，态度恳切，给人以启迪。

黄仁宇（1918～2000），湖南长沙人，后入美国国籍，著名历史学家、历史小说家。

1936～1939年黄仁宇入天津南开大学学习，抗战期间投笔从戎，担任下级军官十年，历任陆军排长、代理连长、上尉参谋、少校参谋。1946年参加全国考试，获保送入美国陆军参谋大学进修。1947年毕业后任国防部参谋。1950年退伍。34岁的黄仁宇再度负笈美国密歇根大学，开始了十年的留学生活。他从大学三年级读起，先念新闻系，后转历史系。1954年大学本科毕业后又在该校攻读研究生，分别于1957、1964年获得硕士、博士学位。后任教于南伊利诺伊大学。1968～1980年任纽约州立大学New Paltz分校教授。1981年所撰《万历十五年》由耶鲁大学出版社出版印行，受到广泛关注。后任哥伦比亚大学访问副教授及哈佛大学东亚研究所研究员。2000年病逝于纽约。

黄仁宇是一个真正的平民学者，致学于哈佛学派和剑桥学派之间，他将宏观及放宽视野这一观念导引到中国历史研究里去，以叙事史学的手法，在学院的历史书写主流之外，为我们铺陈了一条探究历史的可能道路，从而形成了他高瞻远瞩地考察中国历史的“大历史”（macro-history）观，在史学界产生了深远影响。他继承了钱穆的历史观，在树立国民历史性格方面功不可没。他致力于向大众普及历史，其作品在不失史家谨严的原则下又能让大众接受，使得了解历史不再被视为畏途。他开创了一种新型的历史随笔，用清新俊朗的文字把谨严的学识和博通的史观熔于一炉，使学术著作成为大众的精神美食。20世纪最后十余年中，黄仁宇的著作风靡读书界。其主要著作《缅北之战》、《明代的漕运》（*The Grand Canal during the Ming Dynasty*，1368～1644）、Fiscal Administration during the Ming Dynasty（Columbia University Press，1969）、《十六世纪明代中国之财政与税收》（*Taxation and Governmental Finance in Sixteenth Century Ming China*. Cambridge University Press，1974）、《万历十五年》①（*1587，A Year of No Significance：The Ming Dynasty in Decline*. Yale University Press，1981）、《放宽历史的视界》（*Broadening the Horizon of Chinese History*. M. E. Sharpe，1987）、《赫逊河畔谈中国历史》、《中国大历史》（*China：A Macro History*. M. E. Sharpe，1988）、《地北天南叙古今》、《从大历史的角度读蒋介石日记》、《近代中国的出路》、《大历史不会萎缩》、《新时代的历史观：西学为体，中学为用》等，另有《黄河青山：黄仁宇回忆录》、《黄仁宇书信集》，曾以笔名李尉昂发表小说《长沙白茉莉》、《汴京残梦》。

唐德刚（1920～2009），祖籍安徽合肥，美籍华人学者，著名历史学家、传记文学家、散文家，中国近代史研究的重要学者，“口述历史”的推动者。

唐德刚幼时在安徽合肥家乡私塾念书，曾经参过军并做过中学教员。1939年秋考入重庆国立中央大学历史学系，受业于柳诒徵、朱希祖、缪凤林、郭廷以、向达、沈刚伯、贺昌群、白寿彝、韩儒

---

① 该书是黄仁宇最负盛名也是体现其“大历史观”的一部明史研究专著，1982年由中华书局出版以来多次再版，在中国产生了巨大影响。

林等史学名家，深受“学衡派”影响，肯定中国文化。1943 年毕业，获学士学位。1944 年在安徽学院史地系讲授西洋通史。1948 年自费赴美留学，1959 年获哥伦比亚大学博士学位后留校任教达 15 年，讲授汉学概论、中国史、亚洲史、西洋文化史等课程，曾任哥伦比亚大学中文图书馆馆长、亚洲学系主任。1972 年受聘为纽约市立大学教授。1991 年退休。

唐德刚与其师郭廷以均为中国近代史的大家，也是华裔史学家中口述历史的主要推动者。他古文根柢深厚，天性诙谐，文章妙趣横生，引人入胜。在美国长期从事历史研究及口述历史整理工作，参与对流亡美国的文化名人和国民党政要进行口述访问，先后负责对顾维钧、胡适、李宗仁、陈立夫、张学良等人的访谈工作，并与胡适成为忘年之交，有师生之谊，曾著《胡适口述自传》、《胡适杂忆》。唐德刚的历史著作主要有《中美外交百年史 1784 ~ 1911》、《晚清七十年》、《李宗仁回忆录》(上、下卷)、《顾维钧回忆录》、《胡适口述自传》、《胡适杂忆》、《梅兰芳传稿》、《张学良口述历史》等。

许倬云（1930 ~　），江苏无锡人，著名历史学家、社会活动家，中国古代史研究的重要学者。

1930 年许倬云出生于江苏无锡，青年时期在无锡辅仁中学度过中学时代，1949 年随父亲迁居台湾。1953 年毕业于台湾大学历史系，受业于董作宾（古文字学）、傅斯年（历史学）、李济（考古学）、李宗侗（古代社会史）等，1956 年获文科硕士学位。后入美国芝加哥大学进修，1962 年毕业于美国芝加哥大学，获人文科学哲学博士学位。历任台湾“中央研究院历史语言研究所”研究员，台湾大学历史系教授、系主任，香港中文大学历史系讲座教授，夏威夷大学讲座教授，杜克大学讲座教授，1970 年任美国匹兹堡大学史学系及社会学系合聘教授、东方研究评议会主席。1980 年当选台湾“中央研究院”院士。

许倬云在中国上古史研究、中国社会史研究领域造诣精深。他注重治史方法创新，著述等身，有专著30余部，主要有《西周史》、《中国古代文化的特质》、《中国古代社会史论》、《汉代农业：早期中国农业经济的形成》、《现代社会的公平与正义》、《从历史看管理》、《历史学研究》、《中国上古史论文选辑》、《心路历程》、《历史大脉络》、《许倬云文集》等。

余英时（1930～　），安徽潜山人，著名美籍华人历史学家，国际知名汉学家，现代新儒家第三代学者。

1930年余英时生于天津。早年就读于北平燕京大学历史系，1950～1955年为新亚书院文史系首届学生，师从钱穆研究中国史。1956～1961年就读于美国哈佛大学，师从杨联陞，1962年获哈佛大学历史学博士学位。1973年加入美国国籍。历任哈佛大学中国史教授、耶鲁大学历史系讲座讲授、香港新亚书院院长兼香港中文大学副校长、普林斯顿大学东亚研究讲座教授、台湾“中央研究院”院士、新加坡儒家伦理委员会海外顾问等职。

余英时学术上受钱穆影响，致力于中国史研究。他治学严谨，涉猎广泛，在秦汉史、明清史、中国古代思想文化史、中国现代思想文化史等研究领域均有建树。所著《士与中国文化》系统研究了中国古代知识分子阶层——“士”的演变历史。他认为，孔子最先揭示了中国知识分子“士志于道”的精神，“士”是中国历史上基本价值的维护者，即所谓“士当弘毅，任重道远，仁为己任”，其特征具有超越性、社会性，能“以道抗势”，注重个人修养。① 余英时对中国文化也有宏观研究，认为中国文化和思想具有内倾特征，但并不与现代生活格格不入，传统的自我观念稍加调整即可适用于现代中国人。余英时著作丰富，主要有《汉代贸易与扩张》、《历史与思想》、《论戴震与章学诚》、《史学与传统》、《方以智晚节考》、《士

① 该书20世纪80年代由上海人民出版社出版以来多次再版，深受学术界推崇，影响广泛。

与中国文化》、《红楼梦的两个世界》、《中国文化与现代变迁》、《从价值系统看中国文化的现代意义》、《陈寅恪晚年诗文释证》、《现代儒学论》、《中国传统思想的现代诠释》等。

张光直（1931～2001），原籍台湾台北，生于北京，著名美籍华裔人类学家、考古学家、历史学家，美国国家科学院院士。

张光直为台湾新文学健将张我军哲嗣，16 岁之前随父亲生活在北平。1943～1946 年就读于北平师范大学附中。1946 年回到台湾。1949 年 4 月 6 日国民党当局制造"四六事件"，张光直被关入狱一年。后以同等学力考取台湾大学考古人类学系，受业于李济、董作宾、凌纯声、芮逸夫、石璋如、高去寻等考古学大师。1954 年从台湾大学毕业并赴美国哈佛大学人类学系攻读研究生。师从旧石器时代考古学家 Hallam Movius 学习欧洲传统田野考古方法，从 Gordon Willey 学习考古学聚落形态研究方法。其博士论文《中国史前聚落：考古学理论和方法研究》由 Willey 指导，是将聚落形态的研究方法用在中国史前史的成果。1961 年获美国哈佛大学哲学博士学位，1961～1973 年间历任美国耶鲁大学人类学系讲师、助教授、副教授、教授、系主任等职。1977 年回哈佛大学人类学系任教。张光直 1974 年获选为我国台湾"中央研究院"院士，1979 年获选美国国家科学院院士，1980 年获选美国文理科学院院士，1987 年获颁香港中文大学荣誉社会科学博士。

张光直在美国任教 30 多年，从事考古人类学理论和中国考古学的研究及教学工作，在国际学界享有盛誉。他致力于以现代考古学的方法和数据研究中国上古时代的历史和文化，先后出版专著 10 余部，论文 100 多篇。张光直曾主持"台湾史前史研究"和"台湾省浊水溪与大肚溪流域自然史与文化史科际研究"等大型研究计划，为台湾古代历史文化的研究作出了重要贡献。

张光直治学严谨、大气磅礴，20 世纪 70 年代由他所开创的聚落考古（settlement archaeology）研究方法曾经风靡一时。长期以来，他致力于中西方考古学的交流，在把中国考古学成就介绍到西方的同时，将西方文化人类学及考古学的理论方法应用到中国考古学领域。他介绍和倡导的聚落考古学等已成为当代中国考古学的最基本的理论方法之一。张光直著作丰富，专著十余种，论文百余篇。其中由北京三联书店出版的有《中国青铜时代》、《中国青铜时代》（二集）。张光直最具代表性的著作有《中国青铜时代》、《中国青铜时代》（二集）、《商文明》、《古代中国考古学》、《美术、神话与祭祀》、《考古学再思》、《中国考古学论文集》、《考古人类学随笔》、《番薯人的故事》等。其学术代表作为《*The Archaeology of Ancient China*》（1986年中译本为《古代中国考古学》）。该书全面介绍古代中国考古学，已成为世界各国大学教授中国考古学和上古史的经典教材，影响深远。《中国青铜时代》（三联书店1999年中文版）将中国文明演进的形态说成是全世界向文明转进的主要形态，认为西方的形态实在是个例外，该观点打破了西方长期以欧洲为中心的文明史观。张光直指出中国文明不同于西方以财富为中心的发展路径，而走着以政治为中心的文明发展路径，也具理论创新意义。

黄宗智（1940～），英文名Philip C. Huang，生于中国香港，著名美籍华人历史学家，明清经济史、社会史研究的重要学者。

1960年黄宗智从普林斯顿大学毕业，1966年获得华盛顿大学历史学博士学位。此后长期在加利福尼亚大学洛杉矶分校历史系任教，并于1975年参与创办了《现代中国》（*Modern China*）杂志。黄宗智主要从事明清社会经济史研究，论著有《梁启超和近代中国的自由主义》（*Liang Ch'i-chao and Modern Chinese Liberalism.* University of Washington，1972）、《华北的小农经济与社会变迁》（*The Peasant Economy and Social Change in North China.* Stanford University Press，1985）、《长江三角洲小农家庭与乡村发展》（*The Peasant Family and Rural Development in the Yangzi Delta*，1350～1988. Stanford University Press，1990）、《20世纪中国农村分析》（*Analyze in the Twentieth Cen-*

tury Chinese Countryside. Modern China，1975)、《毛泽东和中农》(*Mao Tse-tung and Middle Peasants*. Modern China，1975)、《法律、习俗与司法实践：清代与民国的比较》、《清代的法律、社会与文化：民法的表达与实践》、《中国研究的规范认识危机》等，其中，《华北的小农经济与社会变迁》和《长江三角洲小农家庭与乡村发展》是黄宗智的学术代表作，前者获1986年美国历史学会费正清奖，后者则在1992年赢得美国亚洲学会列文森奖，在中美中国经济史学界都产生了重大影响。

作为知名的中国经济史学者，黄宗智对中国社会经济形态有自己独到的见解，他认为中国的社会形态不应简单套用“中产阶级”占最大多数的“美国模式”来理解，也不应等同于“无产阶级”占最大多数的古典马克思主义模式，今天中国的社会实际与两大模式的关键差别在于其“旧”的小资产阶级，即农民和工商个体户仍然占据中国社会从业人员的一半以上，“新”的小资产阶级即“白领阶层”、“中产阶级”只占中国社会的较小比例。

杜维明（1940～　），祖籍广东南海，生于云南昆明，著名美籍华人历史学家，现代新儒家第三代学者，美国人文社会科学院院士。

1949年杜维明随家迁往台湾。1961年毕业于台湾东海大学中文系。1962年获美国哈佛—燕京学社资助，赴哈佛大学留学。1963年获哈佛大学东亚研究硕士学位。1966年返台湾任东海大学人文学讲师。1968年获哈佛大学历史与东亚语文联合博士学位，升任普林斯顿大学东亚系助理教授。1971年转任美国加州大学伯克利分校历史系助理教授。1973年升任加州大学伯克利分校历史系副教授。1976年加入美国国籍。1977年升任加州大学伯克利分校历史系教授。1981年始任哈佛大学东亚语言与文明系中国历史和哲学教授，曾任哈佛大学宗教研究委员会主席、东亚语言与文明系主任。1988年，获选美国人文社会科学院院士。1996年后任哈佛—燕京学社（Harvard-Yenching Institute）社长。

杜维明长期致力于中国儒家传统的现代化研究，被称为当代新儒家的代表。他把自己看做“一个‘五四’精神的继承者”，将儒家文化置于世界思潮的背景中，关切如何使传统文化与中国的现代化接轨。自20世纪80年代以来，他通过借鉴哲学人类学、文化人类学、比较文化学、比较宗教学、知识社会学等跨学科研究方法阐发了儒家思想的现代意义和儒学第三期发展的前景问题，勾画了当代新儒学理论的基本构架，在东亚和西方世界产生了重要影响。杜维明自述，他提出和探讨儒学第三期发展的前景问题，乃是“针对美国加州大学伯克利分校历史系教授列文森在《儒教中国及其现代命运》一书中断定儒家传统业已死亡一结论而发”的。杜维明认为，儒家传统是一个体现“终极关切”的精神文明，儒学所代表的是一种涵盖性很强的人文主义，这种人文主义和西方那种反自然、反神学的人文主义有很大不同，它提倡“天人合一、万物一体”。中国文化要想获得彻底的复兴，儒学必须面临美国文化、欧洲文化、东亚文化（即工业东亚）的挑战，把它真正的内涵在一个多元的文化背景中展示出来，并在这些文化中播种生根，然后才能以康庄的姿态回到中国，健康地发展。杜维明说，亨廷顿提出的“文明冲突”不是当今世界文化发展的主流，亨氏对文化的理解反映了“冷战”结束之后美国社会一些人的一种不健康的心态，是站在一种狭隘的政治学立场上的偏见。杜维明认为，儒学文明至今仍然具有作为全球轴心文明重要组成部分的精神力量，具有现代价值。杜维明对儒学的一个最基本的信念就是认为它所讲的做人的道理可以适用于全人类。杜维明著述等身，曾出版英文著作10余部，中文著作10余部，发表论文数百篇。

第四章 20 世纪国际汉学界历史学家学术列传

第一节 20 世纪日本中国史专家

亚洲汉学诞生于日本。古代近两千年中，日本受到中国文化的巨大影响，对中国文化的认识也不断加深，由此诞生了被称为“汉学”的学问。日本“汉学”以儒学为中心，此外还包括诗文等知识，这方面的知识是古代日本知识分子的基本素养。近代以来，日本汉学家保持着对中国历史文化的浓厚兴趣，日本的中国史研究不断进步。明治维新以后，随着日本迈向近代化，中国史研究被纳入“东洋史”范围，以区别于以欧美史为内涵的“西洋史”。日本东洋史研究在广义上包含整个亚洲，尤以中国、朝鲜及中亚细亚研究为重点。

20 世纪最初 20 年，日本东洋史研究形成了地域上的“东京学派”与“京都学派”，在治学方法上两学派均属文献学研究范畴。

“东京学派”由 20 世纪早期东京帝国大学白鸟库吉所开创，至今已发展到第六代。该学派的主要学者有池内宏、加藤繁、和田清、日野开三郎、周藤吉之、山本达郎、西嶋定生、山根幸夫、堀敏一、滨岛敦俊、尾形勇、川胜守、小岛晋治、斯波义信、滨下武志、蒂勇造、岸本美绪、水岛司、片山刚、久保亨、上田信、青木敦、吉泽诚一郎、阿部幸信等。“东京学派”是以东京大学文学部东洋史学科出身的学者群体为主干构成的现代历史学学派。该学派形成于

1908年1月。由于“东京学派”的主要创立者白鸟库吉是“兰克学派”的嫡传弟子，所以该学派的“东洋史”研究具有明确的实证求真精神和热衷追求普遍理念的特点。“东京学派”注重文献收集，强调客观的事实，注重文献考证，推重原典的研究，崇尚“文本主义”或“文献主义”。“东京学派”具有明显的疑古和史料批判精神，他们对中国和日本一些古典文献记载内容的真实性表示怀疑，如白鸟库吉的“尧舜禹抹杀论”和“神代史否定论”、津田左右吉的“记纪作伪说”和“神代史抹杀论”均具有强烈的史料批判精神。“东京学派”的疑古观源于中国清代学者崔述的“疑古辨伪”思想和德国兰克史学的双重影响。“东京学派”注重语言文字考证法。白鸟库吉用民族学、语言学方法研究中国上古史、朝鲜史、东亚及中亚各民族历史，主张透过语言学的考证，从字根、语言、发音着手，比透过血缘或其他考证更准确，以阿拉伯语、波斯语、土耳其语和阿拉伯语考证塞外各民族史，从而形成独特的“白鸟史学”。

“京都学派”是由20世纪早期（1907年前后）京都帝国大学的内藤湖南、狩野直喜、桑原骘藏三人创建的，该学派后来的主要学者有小川琢治、滨田耕作、羽田亨、铃木虎雄、宫崎市定、宇都宫清吉、川胜义雄、谷川道雄等。“京都学派”也被称为“关西学派”，是因为在地理位置上京都一带属于关西地区，东京一带则属于日本的关东地区。关西地区著名的国立大学有京都大学、大阪大学和神户大学，著名的公立大学有大阪市立大学、大阪府立大学，著名的私立大学有关西大学、关西学院大学、同志社大学、立命馆大学。其中，京都大学和关西大学是汉学研究的学术重镇。“京都学派”不仅指从事中国古代史研究的专业学者，它还包括了从事中国古代哲学、古代文学等相关学科的学者群体。①

---

① 欲全面了解日本汉学史，可参考李庆先生的多卷本著作《日本汉学史》（上海外语教育出版社2002年版）。欲了解京都学派，可参阅刘正撰《京都学派》（中华书局2009年版）。

白鸟库吉（1865～1942），出生于日本千叶县茂原市，著名历史学家，日本东洋史学奠基人之一，日本中国学东京学派创始人之一，中国北方民族史、西域史、中国神话研究的开拓者之一。

1879 年白鸟库吉就读于千叶中学，1887 年入东京帝国大学史学科，师从德国史家利斯（Ludwig Riess，1861～1928），接受兰克学派实证主义史学教育。1890 年毕业后被聘为学习院教授。1900 年获得文学博士学位。1901～1903 年、1922～1923 年两次赴欧美考察，游历英、法、德、俄、匈、奥、意、荷兰及美国，搜购图书数千册，编为《白山黑水文库》，后移归东洋文库。1904 年任东京帝国大学（现东京大学）文科教授。1905 年创立“亚细亚学会”（后改名东洋协会学术调查部）。1906、1909 年两次来中国东北地区考察渤海旧都及金上京遗址等。1908 年帮助“满铁”设立“满洲地理历史调查室”，重点研究朝鲜、我国东北的历史地理，先后刊行《满洲历史地理》（二卷）、《朝鲜历史地理》（二卷）等论丛，东京大学接管该部后，出版《满鲜地理历史研究报告》（14 册），为日人研究中国满族历史奠定了基础。1919 年为帝国学士院会员。曾任东宫侍讲。1924 年任东洋文库理事、研究部长，创办《东洋文库论丛》、《东洋文库研究部欧文纪要》等出版物，为东洋文库的创建作出了重要贡献。

白鸟库吉一生著述上百种，研究领域涉及中国、日本和朝鲜，在历史、民俗、神话、语言、宗教、考古学等方面均有重要建树。他精通多种古代民族语言和欧洲语言，为日本西域史研究第一人，早年向国际东方学家大会提交《突厥阙特勤碑铭考》、《匈奴及东胡民族考》和《乌孙考》三篇德文论文，引起学界重视，为日本跻身欧洲东方学界开了先例。白鸟利用语言文字考证法研究中亚细亚及民族历史语言，富有独创性，形成了独特的“白鸟史学”。其著有《契丹女真西夏文字考》、《蒙古民族的起源》、《西域史新研究》、《东胡民族考》、《室韦考》、《可汗及可敦名号考》、《粟特国考》等。1969～1971 年，岩波书店出版 10 卷本《白鸟库吉全集》，涉及日本上古史、朝鲜史、塞外民族史、西域史及亚洲史论，是日本中国学的经典著作。白鸟库吉学开一派，弟子众多，后来的许多日本史学名家如津田左右吉、加藤繁、和田清等人均出其门下。

内藤湖南（1866～1934），本名虎次郎，字炳卿，号湖南，日本秋田县人，日本中国史研究的开拓者，日本中国学“京都学派”创始人之一。

内藤湖南出生于诗礼世家，幼年得家学熏陶。9岁能作汉诗，文章冠乡里。后毕业于秋田师范学校。1887～1907年在东京、大阪从事记者工作，文笔酣畅而富有气势，是新闻界有名的评论家。业余从事日本近代史研究与写作，同时关心中国时事。1897年出版著作《近世文学史论》，综论日本江户时代之历史文化变迁，声名鹊起。1899年岁末，首次到中国旅行，三个月中走访了北京、天津、上海、南京、苏州、武汉、杭州等地，会见严复、文廷式、张元济、罗振玉、王修植等维新人士及学者，这次中国之旅成为内藤湖南真正走上汉学研究之路的转折点。

1907年，41岁的内藤湖南从新闻界转入帝国大学，受聘开设帝国大学“东洋史讲座”，成为帝国大学东洋史学科的学术带头人，先后主讲东洋史概论、中国上古史、中国近世史、清史专题、中国史学史、中国目录学史、中国绘画史、中国中古的文化等课程。他与狩野直喜、桑原骘藏等人共同创建日本中国学之京都学派，并培养了宫崎市定、宇都宫清吉等一批东洋史杰出学者。该学派内藤湖南、狩野直喜等人提倡师法清学实证方法治史，按照中国学者的方法与观念治中国学，注重材料批判和原典阅读，强调史学研究的经世致用，影响深远。20世纪日本京都学派深受伯希和以下的法国汉学家尤其是马伯乐治学方法的影响。

内藤湖南治学广博，在中国古代史、中国近代史、中国史学史、美术史、目录学史、敦煌学及中日关系史、中日韩关系史等领域均有建树。内藤湖南在中国史研究领域取得了巨大的成功，他擅长从宏观视角探讨历史发展的趋势，其最大贡献就是第一次将中国历史按照其内在的发展规律、时代特征区分为古代、中世、近世三个历史时代。依照内藤湖南的时代区分论，上古至秦汉为古代，魏晋隋唐为中世，宋以后为近世。内藤湖南力图从体系上把握中国历史，这一构想直到今天仍在发挥影响。他所提出的划分中国历史时代的三分法学说被学术界广泛接受，从而确立了内藤湖南在日本史学界的地位。内藤湖南立足现实，寻找近代中国落后于西方的历史原因。他认为宋代以来的“近世”是中国近代弊病的根源，早熟的高度发达、灿烂辉煌的宋代文明催生了政治腐败、经济贫弱、军事落后的近代中国。内藤湖南力图通过文化重建证明中国历史有其固有的发展规律，它不同于甚或可以说要优于率先走上近代化之道的欧美、日本的文明发展，具有显示人类未来文明模式的普世价值。内藤湖南预言：东洋文化的发展，有时还会越出本民族、本国的界限，形成一个“东洋文化圈”，振兴东洋文化的历史使命落到了文化年轻的日本人身上。不可否认，内藤湖南、白鸟库吉等20世纪早期日本中国史研究学者的这种文化史观为后来日本军国主义者提供了口实。

内藤湖南在中日文化关系方面也有独到的见解，他认为日本文化与中国文化同属于发源于黄河流域的一种古老文化，日本文化是在这种古老文化的刺激下派生、成长起来的子系统。日本文化是东洋文化、中国文化的延长，是和中国古代文化一脉相承的，所以要想知道日本文化的根源，就必须先了解中国文化。内藤湖南“中日文化同一论”是其从事中国研究的出发点和最终归宿。关于中国文化发展的趋势，内藤提出“文化中心移动说”，他认为文化中心一旦形成，并不是永固不变的，而是发展变迁、移动的。他所谓的“文化中心”是指中国文化在特定时代、特定地域内形成的“文化集合”。每一个时代都会因“地势”和“时势”的关系产生一个文化荟萃的“中心”。中国文明最早发源于九州之冀、豫二州，即形成以洛阳为中心的早期文明。战国末期，洛阳“地气尽、人力衰”。西汉之后，长安文明代之而兴起。长安之后，中国的文明中心是燕京。宋以后中国“政治中心在北，文化中心在南”。内藤湖南著作宏富，主要有《中国史通论》（社会科学文献出版社2004年出版中文本）、《内藤湖南汉诗文集》（竖排版，广西师范大学出版社“日本汉文著作丛书”2009年出版中文本）、《支那史学史》（东京弦文堂书房1949年版），今有《内藤湖南全集》（东京筑摩书房1970年版）。

桑原骘藏（1871～1931），日本福井县敦贺人，著名历史学家，日本近代东洋史学的开拓者之一，日本中国学“京都学派”创始人之一。

桑原骘藏早年就读于京都府寻常中学校、第三高等学校，1896年毕业于帝国大学，入大学院专攻东洋史。1898年任第三高等学校教授，1899年任高等师范学校教授。1907～1909年桑原骘藏作为文部省留学生来华留学，两年间先后四次到陕西、山东及河南、蒙古、江南等地旅游考察，1909年归国后任帝国大学文学部教授。1910年取得文学博士学位。1930年退休。1931年获帝国大学名誉教授，同年5月去世。

桑原骘藏是日本东洋史教育的开拓者，1898年出版《中等东洋史》教科书，确立了东洋史教育的基础，执教于帝国大学后，致力于宋代贸易及东、西交通史研究。1923年所撰《宋代南海贸易史研究》及《蒲寿庚考》获学士院奖。桑原骘藏与内藤湖南、狩野直喜共同创立了日本东洋史研究的“京都学派”。桑原骘藏在论著和日常生活中对中国人种和文化一直抱着极端仇视和鄙夷的态度，是现代日本汉学界右翼学者的始作俑者。

桑原骘藏将清代考据学传统与西洋文献学的方法结合起来研究中国史及东西交通史，著作主要有《大宛国的贵山城》、《蒲寿庚考》、《东洋文明史论》、《东西交通史论丛》、《东洋文明史论丛》、《考史游记》、《东洋史说苑》、《张骞西征考》、《中国之孝道》等，另有《桑原骘藏全集》（全6卷，岩波书店1968年初版，1988年新版）。

津田左右吉（1873～1961），日本岐阜县人，20 世纪世界著名历史学家，日本历史学巨匠。

1891 年津田左右吉毕业于东京专门学校（早稻田大学前身），接受白鸟库吉指导，曾任千叶中学教员，研究日本神话时代史及朝鲜史。1912 年发行《神代史新研究》。1918 年任早稻田大学讲师，发表《辽代制度的二重体系》（刊《满鲜地理历史研究报告》第 5 册），1920 年升任教授，教授东洋哲学。后出版《古事记及日本书纪的研究》，否定日本神话时代的历史。1940 年他对日本神话的研究遭到日本右翼学者攻击，被告“对皇室不敬”，被迫辞去早稻田大学教授一职，所撰《古事记及日本书纪的研究》、《神话时代史的研究》、《日本上古史的研究》、《上古日本的社会及思想》等书被禁止发行。1942 年法庭判其有罪，缓期执行，1944 年免予起诉。1945 年后他开始享誉日本学术界，1947 年成为日本学士院院士，1949 年被天皇授予文化勋章，1951 年获文化功劳奖。

津田左右吉长期致力于日本上古神话史研究，特别对日本《古事记》及《日本书纪》进行了科学的文献学考证，基本否定了日本神话的真实性。尽管他在二战前遭受过不应有的政治迫害，但由于是建立在严谨的文献批判基础之上的科学研究，其否定日本神话的“津田史观”被广泛接受，成为第二次世界大战后日本历史学的主流。他被誉为“日本古代史研究第一人”。

津田左右吉对中国文化有精深的研究，撰有《〈周易〉研究》、《〈左传〉研究》、《〈论语〉研究》、《〈老子〉研究》等著作。他立足于西方近代价值观，批判儒家文化，对中国古文化的性质做了四个方面的归纳，他认为中国文化是一种“人事本位文化”，是一种儒、道、墨、法各家共有的以物欲、肉欲、权势欲、名利欲为核心的“利己主义文化”，是一种以礼教忠孝为手段、以知识者为羽翼、对民众实行极端残酷统治的“权力者文化”，是一种以虚构的尧舜禹为社会楷模的“尚古主义文化”。津田左右吉著作宏富，主要有《新撰东洋史》、《朝鲜历史地理》（第1、2卷）、《神代史的新研究》、《古事记及日本书纪的研究》、《道家的思想及其发展》、《日本上代史研究》、《上代日本的社会及其思想》、《左传思想史研究》、《支那思想与日本》、《儒教实践道德》、《论语与孔子的思想》、《历史的矛盾性》、《必然·偶然·自由》、《日本古典研究（上、下）》、《儒教的研究》、《日本的皇室》、《历史学与历史教育》、《津田左右吉历史论集》等。1963～1966年，岩波书店出版有《津田左右吉全集》（全28卷、别册5卷、补卷2卷）。

加藤繁（1880～1946），出生于岛根县，著名历史学家、东洋史家，日本学界中国经济史研究的开拓者之一。

1906年加藤繁毕业于帝国大学文学部中国史学科，获文学博士学位。毕业后，任法政大清国留学生科讲师。1917年任庆应大学讲师，1920任庆应大学教授。1925年任帝国大学讲师，1936任帝国大学教授，开设东洋史讲座。1941年退休。

加藤繁是日本中国经济史研究的开拓者，大学时期受日本经济史学的先驱者内田银藏（1872～1919）的影响，专攻经济史。内田银藏强调历史进化不已，研究历史当依严密的调查，考察人事连锁整体发展进化的因果关系，不能单以考察片断的史实为能事。内田银藏的思想对中国现代历史学的产生具有重要作用，李大钊《史学要义》对历史学的解释便受到内田银藏历史观的积极影响。

加藤繁推崇19世纪历史主义学派，以相对主义、有机体思想、把握社会总体的观念、实用国民经济学的主张、对文化及心理要素的关注等历史主义理论指导历史研究。他采用广泛搜集史实的研究方法，确立了中国经济史研究的基本史料学方法，他是日本学界中国经济史研究的开拓者，其治史方法是典型的历史主义及经验主义的研究方法，这种方法强调对相关文献的广泛搜集或数次实地调查体验而得到的知识的归纳，由今推古追溯到古代，抓住社会制度的变化，将这种展望进行普遍意义上的比较联系，做出对事物发展的解释。加藤繁著述颇丰，主要著作有《中国经济史考证》、《中国社会经济史概说》、《唐宋时代金银之研究》、《中国经济史研究》（和田清博士序）等。1927 年《唐宋时代金银之研究》获得日本学士院奖。由于在中国经济史研究领域取得的巨大成就，加藤繁被誉为日本研究中国经济史的第一人。

羽田亨（1882～1955），京都人，著名东洋史学家，京都大学名誉教授，日本中国学“京都学派”第二代的核心学者之一。

1904 年羽田亨毕业于日本第三高等学校，1907 年毕业于帝国大学史学科，师从白鸟库吉。1909 年 9 月任帝国大学史学科讲师（东洋史学第二讲座）。1913 年 4 月任帝国大学文学科助教授。1922 年获帝国大学文学博士学位。1924 年 4 月任帝国大学文学部教授（东洋史学第三讲座）。1932～1934 年任帝国大学文学部长。1936～1938 年任帝国大学附属图书馆馆长，1938～1945 年任帝国大学校长。1945～1948 年任东方文化研究所所长。1946 年 3 月任帝国大学名誉教授。历任帝国学士院会员、教育审议会委员、贵族院议员。

羽田亨著有《中等东洋史教科书》、《元朝驿传杂考》、《西域文明史概论》、《西域文化史》、《羽田博士史学论文集》，编著《敦煌遗书》（第 1 集）、《支那学论丛》、《东洋史教授资料》、《满和辞典》等。①

和田清（1890～1963），神奈川县人，著名历史学家、东洋史家，日本学界中国史研究的重要学者。

1915 年和田清从帝国大学文科大学史学科毕业，后在本校研究院学习，历任本校讲师、副教授，1933 年升任教授。1939 年以《明初的满洲经略》论文获博士学位。战后任东京大学教授，历任东京帝国大学研究院导师、日本学士院院士、日本“东方学会”（1947

① 羽田亨之《西域文化史》中译本由耿世民先生翻译，新疆人民出版社 1981 年出版。

年）第一届理事会理事。1951 年退休。和田清长期担任帝国大学的教授，培养了大量杰出的史学人才。中国著名历史学家黄现璠 1935 年冬入帝国大学研究院深造，曾受教于和田清教授，受其影响颇大。

和田清长于中国政治史及明代经济史研究。第二次世界大战前，和田清发表过《明初之经略蒙古》、《兀良合三卫研究》、《北元世系考》、《扩廓帖木儿之死》、《元代开元路考》、《元征东都元帅府考》等重要论文，在学界产生了深远的影响。和田清著有《支那通史》、《内蒙古诸部落的起源》、《近世纪中国社会的特质》、《中国史概说》和《明代蒙古史论集》等，论文集有《东亚史研究·蒙古篇》（东洋文库，1959）。和田清曾举办"食货志研究会"，组织会员编著《〈明史·食货志〉译注》（上、下，东洋文库，1957），为战后日本明代经济史研究打下了坚实基础。

宫崎市定（1901～1995），长野县人，日本著名历史学家，战后东洋史学界"京都学派"代表学者之一，20 世纪日本东洋史学第二代巨擘之一。

宫崎市定早年毕业于长野县县立饭山中学校，1919 年入松本高校（现信州大学）文科。1922 年入帝国大学文学部史学科，师从内藤湖南、桑原骘藏、狩野直喜、羽田亨等史学名家，专攻东洋史。1933 年发表论文《古代支那赋税制度》、《支那城郭起源异说》等。1936 年留学法国东方语言学校，将巴黎学派文献学研究方法引入日本京都学派，1938 年经由美国归国。1943 年出版《五代宋初的通货问题》。1944 年升任帝国大学文学部教授。1947 年获得京都大学文学博士学位。1958 年所撰《九品官人法の研究》获得日本学士院奖。1960～1962 年任法国巴黎大学客座教授。1965 年从京都大学退休，任名誉教授。

宫崎市定治学广博，在中世、近世社会经济史、赋税制度研究、城市史研究、科举制度研究、明清史研究方面均有建树。他在唐宋社会经济史研究方面取得了令人瞩目的成就，从社会经济史方面继承发展了内藤湖南提出的“唐宋变革论”。宫崎市定著述丰富，主要有《科举史》、《东洋的古代》、《东洋的近世》、《五代宋初的通货问题》、《亚细亚史概说正编》、《亚细亚史概说》、《亚细亚史概说续编》、《雍正帝》、《隋炀帝》、《清帝国的繁荣》、《大唐帝国》、《中国的觉醒》、《九品官人法研究》、《论语新研究》、《现代语译论语》、《中国文明论集》等，另有随笔集《游心谱》，岩波书店 1991～1994 年出版有《宫崎市定全集》（全 24 卷、别卷 1 卷）。

仁井田陞（1904～1966），宫城县人，著名历史学家，日本中国法制史研究开拓者之一。

1928 年仁井田陞毕业于松本高等学校法科（帝国大学法学部），师从日本法制史专家中田薰。历任东方文化学院东京研究所研究员、东京大学东洋文化研究所教授。

仁井田陞致力于中国法制史研究，收集并整理唐代法律文献，所撰《唐令拾遗》成功复原唐代法典条文的体系，1934 年获得帝国学士院恩赐奖。所著《唐宋法律文书研究》、《支那身份法史》是日本中国法制史研究的经典著作，受到学术界的广泛关注。

第二次世界大战期间，仁井田陞到中国华北农村及北京工商界从事社会调查。战后继续研究中国农村社会史和中国法制史，著有《中国农村家族》、《中国法制史》、《中国法制史研究》（全 4 卷）等，遗著有《中国法律与社会及历史》、《中国的传统与革命》等。

仁井田陞治学严谨，其《唐令拾遗》是世界学术名著。该书依据正史辑录唐令，为后人阅读和研究唐代法令提供了极大方便。本来，唐令有《武德令》、《贞观令》、《永徽令》、《开元七年令》、《开元二十五年令》等，宋以后全部失传，幸赖《唐六典》、《通典》、《唐会要》及两《唐书》、《大唐开元礼》等史著多有采录，但前人缺乏系统的搜集和整理。仁井田陞将以上各书及其他古籍中所引用的唐令片断统统搜辑出来，详注出处原文，并附《养老令》等参考条文，按唐令旧目分官品令、三师三公台省职员令、寺监职令、卫府职员令、东宫王府职员令、州县镇戍岳渎关津职员令、内外命妇职员令、选举令、封爵令、禄令、考课令、衣服令、仪制令、卤簿令、乐令、公式令、田令、赋役令、仓库令、厩牧令、关市令等33门，计750条，接近《开元七年令》1546条的一半数目。此书对研究唐史极为有用，它为人们提供了第一手的唐令工具书，书中用日文解说，懂日文者查阅使用更方便。该书1933年由日本东方文化学院东京研究所初版，1964年、1983年东京大学出版会又两次出版缩印本。

贝塚茂树（1904~1987），日本东京人，著名东洋史学者、甲骨文研究的重要学者，京都大学教授，文学博士。

1928年贝塚茂树毕业于帝国大学文学部史学科。1932年任东方文化研究所研究员。1949年任京都大学人文科学研究所教授、所长。1961年获得文学博士学位。1968年任京都大学名誉教授。1981年任东方学会会长。

贝塚茂树是战后日本东洋史学“京都学派”的重要学者之一，擅长运用文献学方法研究中国史，在甲骨文研究、先秦儒家思想文化研究方面有重要成果。他提倡将文献与出土资料相结合的研究方法，积极推动中国学术文化研究，并作出了重要贡献。其主要著述有《甲骨文与金文的书体》、《甲骨文断代研究法之再检讨》（与伊藤道治合撰）、《诸子百家》、《孔子》、《孟子》、《论语》、《史记》、《中国古代史学的发展》、《中国史》（上、中、下）、《贝塚茂树著作集》（全10册）等。

日野开三郎（1908~1989），日本爱媛县人，著名东洋史学家，日本中国中古史研究的开拓者之一。

1931年日野开三郎毕业于帝国大学文学部东洋史学科，师从池内宏、和田清、加藤繁。1935年受聘任教于九州大学法文学部，1946年晋升为教授。1958年以《五代史的基调》一书被授予文学博士。1972年退职。1979年被授予二等瑞宝章。曾任日本学术会议会员。

日野开三郎治学广博，研究范围涉及中国中世的政治、经济、社会史领域，尤以研究中国中世纪的社会史与经济史闻名。他关于靺鞨、渤海、女真的民族史研究与东亚关系史研究成就突出。他在两税法、藩镇、邸店、飞钱、漕运及唐宋历史分期问题上的见解影响广泛。他率先在研究中导入东洋史分野与社会经济史的方法，被誉为"日野史学"。他对唐代均田制、租庸调制有深入研究，曾提出否定均田制的作用的理论。他著述丰硕，代表作有《中世支那的军阀——唐代藩镇的研究》、《五代史的基调》、《唐代邸店的研究》、《唐代租调庸研究》等，有《日野开三郎东洋史学论集》刊行。

堀敏一（1924～2007），日本静冈县人，日本著名东洋史学家，日本"东京学派"第三代学者、唐史研究的开拓者之一。

1948 年堀敏一毕业于东京大学文学部东洋史学科，任明治大学文学部助教。1958 年任财团法人东洋文库研究员。1960 年任明治大学文学部专任讲师。1973 年任教授。1995 年退休。

堀敏一长期致力于隋唐史研究，精于敦煌社会经济文书研究，是极具权威的隋唐史专家，是日本唐代史研究会的创立者。他是"东京学派"第三代学者的代表人物之一。堀敏一著有《均田制研究》、《古代的中国》、《中国通史》、《隋唐中国与东亚》[①] 等著作十余部。

谷川道雄（1925～ ），日本熊本县人，日本著名东洋史学家，日本"京都学派"第三代学者，日本学界中国中古史研究的重要学者。

1945 年谷川道雄入京都大学文学部史学科东洋史学专业学习。1948 年 9 月，谷川道雄大学毕业，后曾任京都府高中教师，3 年后他幸运地被名古屋大学文学部东洋史研究室宇都宫清吉教授聘为助手。历任名古屋大学文学部助手、讲师、助教授、教授等。作为日本"京都学派"的第三代学者，谷川道雄及其京都大学的同窗川胜

① 堀敏一之《隋唐中国与东亚》中译本由韩升、刘建英译，云南人民出版社 2002 年出版。

义雄（1922～1984）均受内藤湖南、宫崎市定影响，着眼于以宏观视野考察中国历史发展趋势，两人以共同提出“豪族共同体”理论享誉日本东洋史学界。20世纪50年代末到60年代末，谷川道雄致力于魏晋南北朝隋唐社会史研究，发表论文近20篇。1971年出版《隋唐帝国形成史论》，1973年又以此书获京都大学文学博士学位。1970年出版的论文集《中国中世史研究》登载了谷川道雄、川胜义雄合作的《关于中国中世史研究的立场和方法》一文，正式推出了“豪族共同体”理论。①他们所言“共同体”由三个层次构成，首先是由“家长制”而形成的“村落共同体”，其次是由“村落共同体”改编而成的“豪族共同体”，最后是计口受田之“自营农民”受国家强制而形成的“国家共同体”。他们认为，在汉末以后的社会危机中，豪族阶级带头谋求自家与群众共存，向贫民散发财富，使社会保持调和，从而促进了农业生产的恢复和发展。这一学说引起了20世纪80年代日本学界的大讨论。1978年谷川道雄转入京都大学，重点研究隋唐史。任职期满后，又任龙谷大学教授。1994年谷川道雄从龙谷大学退职。

作为研究中国史的日本学者，谷川道雄重视与中国学者的交流，他的著述因此被中国学者广泛关注。1983年秋，谷川随团到四川参加中国唐史学会年会，会见了著名学者唐长孺、王仲荦、缪钺、胡如雷等。翌年春又访问了中国社会科学院历史研究所、北京大学、陕西师范大学、湖北省社会科学院、武汉大学、江苏省社会科学院、山东大学，广泛接触中国学者，宣传其“豪族共同体”学说。1992年，谷川道雄参加了在西安召开的“中国魏晋南北朝史学会第四届年会暨国际学术讨论会”，并作《内藤湖南的六朝论及其对日本学术界的影响》主题发言。20世纪80至90年代谷川道雄还应邀到中国香

---

①　王大建：《谷川道雄先生与魏晋南北朝史研究》，《文史哲》2003年第1期。

港、中国台湾及韩国进行学术交流，其学说产生了广泛的国际影响。

谷川道雄治学勤奋，著述丰富，主要著作有《隋唐帝国形成史论》、《中国中世社会和共同体》等，重要论文有《府兵制国家论》、《西魏二十四军和豪族社会》、《北魏末的内乱和城民》、《北魏官界的门阀主义和贤才主义》、《慕容燕的权力构造》、《中国社会和封建制》、《中国的中世》等。

池田温（1931～ ），日本著名东洋史学家，东京大学博士，东京大学教授，日本创价大学文学部名誉教授。

池田温是日本当今研究中国古代史的著名学者，在唐史、敦煌吐鲁番文书、中日关系等方面创获尤多。其主要研究领域为中国中世纪史、前近代东亚文化交流史、敦煌吐鲁番学。其主要著作有《中国古代籍帐研究概观·录文》（东京大学出版会，1979）、《中国古代写本识语集录》（大藏出版，1990）、《中国礼法与日本律令制》（东方书店，1992）、《魏晋南北朝隋唐时代史的基本问题》（合编）（汲古书院，1997）、《世界历史大系·中国史·三国～唐》（合编）（山川出版社，1996）、《仁井田陞著〈唐令拾遗补〉》（编集代表，东京大学出版会，1997）等近 20 部及论文 30 余篇。

池田温的许多著作被翻译成中文，主要有《唐代诏敕目录》（三秦出版社，1991）、《中国古代籍帐研究》（龚泽铣译，中华书局，1984、2007）。其中，《中国古代籍帐研究》是池田温研究中国古代户籍制度的名作，自 20 世纪 70 年代末出版以来颇有影响。1999 年中国社会科学出版社出版池田温著《唐研究论文选集》，该论文集精选池田温在唐史、敦煌吐鲁番文书、中日关系等方面的 12 篇论文，内容包括唐代政治制度、土地制度、氏族问题、粟特聚落、中日韩关系等，均为作者历年发表的论述研究力作，书前有唐史专家姜伯勤所撰《论池田温先生的唐研究》，书后附有《池田温先生论著编年目录》，较全面地反映了池田温学术研究的整体面貌。

砺波护（1937～ ），日本大阪人，日本著名东洋史学家，京都大学文学博士。

1960年砺波护入京都大学文学部史学科，师从宫崎市定专攻东洋史学。1971年任神户大学文学部助教授。1975年任京都大学助教授，1984~2001年历任京都大学教授、名誉教授。2001~2003年任大谷大学文学部教授。

砺波护长期致力于东洋史研究，擅长三国魏晋南北朝隋唐中国史研究。其著述丰富，主要有《冯道——乱世的宰相》、《唐代政治社会史研究》、《隋唐佛教与国家》、《唐代行政机构与官僚》、《京洛的学风》、《隋唐佛教文化》等，主编《隋唐帝国与古代朝鲜》、《京大东洋学的百年》、《中国历史研究入门》等。

第二节 20世纪西方汉学界中国史专家

在西方，中国学（或称汉学）曾经被视为一门法国的科学，这是因为西方中国学是由法国传教士开创，并由19世纪法国学者雷慕萨（J. P. Abel Rémusat，1788~1832）、儒莲（Stanislas A. Julien，1797？~1873）、沙畹（E. Édouard Chavannes，1865~1918）等人形成的一门科学。1814年，法国近代著名中国学家雷慕萨在巴黎法兰西学院主持“汉文与鞑靼文、满文语言文学讲座”，此事标志着近代法国汉学的形成。1818年，法、德汉学家又在巴黎成立了亚细亚协会。鸦片战争后，法国又成立了一些新的汉学机构，设于法国国内的有东方现代语学校、中央亚细亚历史地理考古学讲座等。近代法国设于国外的汉学研究机构主要分布在远东地区，在中国有以上海徐家汇、河北献县为中心的天主教组织，在越南则有河内远东法兰西学校：前者收集汉学资料，从事汉籍研究及译述；后者亦为法国东方学研究之重要机构，法国的沙畹、伯希和（Paul Pelliot，1878~1945）、马伯乐（Henri Maspero，1883~1945）等现代法国汉学大师都曾在河内久任教职。沙畹以后，西方中国学分为巴黎与瑞典两派，瑞典汉学的大师高本汉（K. Bernhard Johannes Karlgren）学术师承沙畹。

20 世纪巴黎学派的大师伯希和被公认为国际正统汉学的领袖，他精通文献目录，敏于利用新见材料。苏俄、美国汉学领袖阿列克（V. M. Alexeif）、叶理绥（S. Eliseeff，1889～1975）均为巴黎学派的传人。

整个 20 世纪海外中国史研究，以第二次世界大战为界，在研究方法上明显分为两个不同阶段。战前几乎是一统天下的法国汉学研究注重文献学方法研究古代史，德国和日本战前的汉学研究基本与法国一致，文献学研究尊重中国清代乾嘉考据学的方法及成果。战后随着社会学和人类学对历史学的渗透日益加强，特别是法国年鉴史学确立主导地位以后，对民族学影响极大的结构主义方法盛行一时，人们注重综合运用人类学、心理学、社会学、经济学等现代社会科学方法研究中国史。战后以美国汉学研究为代表的当代西方汉学界注重以社会科学（含人类学）方法研究中国近现代史，涌现了费正清等多位杰出的汉学家。

沙畹（E. Édouard Chavannes，1865～1918），法国著名东方学家，西方现代汉学研究的主要奠基者，世界敦煌学研究的先驱。

沙畹出生于法国里昂一个新教徒家庭，巴黎高等师范学院哲学专业毕业，曾在巴黎东方语言学院学习汉语，为日后研究汉学奠定了基础。1889 年沙畹以法国驻华使团译员身份前往北京，在中国学者唐夏礼帮助下翻译《史记》。沙畹改变了东方学的业余性质，使其成为一门严谨的科学。1895～1903 年陆续出版 5 册《司马迁史记》译本，译文正确，考证精细，创见颇多，引起了全世界的瞩目，被誉为“汉学界盖世名作”。在华期间沙畹还撰有《泰山志》、《西突厥史料》、《两汉时代之石画像》、《华北访古录》等著述。1893 年沙畹奉命回国，继德理文之后主持法兰西学院“汉语及满语语言和文学”讲座，培养了一批来自荷兰、俄国、瑞士、德国的学生，继他之后成为法国中国学与敦煌学大师的伯希和与马伯乐都出自他的门下。1907年沙畹第二次来到中国，考察中国北方诸省，在考古和碑铭方面取得了重大收获，包括丰富的文物、碑铭、壁画，为他的两卷本著作《华北考古考察图谱》做了大量的资料准备工作。

沙畹治学谨严，涉猎广泛，研究领域涉及中国佛教、道教、地理、古文字、西域史、突厥史、中外关系史等方面，是学术界公认的19世纪末20世纪初世界最有成就的中国学大师，是世界上最早整理研究敦煌与新疆文物的学者之一，在法国汉学界具有举足轻重的地位，被视为法国敦煌学研究的先驱者。他从教20年，培养了谢阁兰（Victor Segalen，1878～1919）、伯希和、葛兰言（Marcel Granet，1884～1940）、马伯乐等杰出人才，开创了20世纪法国汉学研究的繁荣局面。他奠定了20世纪法国乃至整个欧洲汉学研究方法、史料学等方面的基础。沙畹著有《大唐西域求法高僧传译注》、《司马迁史记》、《菩提伽耶中国碑考证》、《中国旅行家游契丹女真记》、《两汉时代之石画像》、《华北考古考察图谱》、《西突厥史料》、《中国地图学中两幅最古老的地图》、《元代中国宫中的金石文和文件》、《泰山：中国的一种宗教崇拜专论》、《北中国考古旅行记》、《斯坦因在新疆沙漠中发现的中国文献》、《摩尼教流行中国考》（与伯希和合写）、《中国佛藏中五百故事选》、《在中国重新发现的一部摩尼教专题著作》。

伯希和（Paul Pelliot，1878～1945），法国东方学家，20世纪西方汉学成熟时期的代表学者之一。

1878年5月伯希和生于巴黎，早年就读于巴黎大学，主修英语。继入国立东方语言学校，师从法国汉学家沙畹，专攻东方各国语言历史。西方汉学在伯希和时代趋向成熟，它以19世纪欧洲实证史学的发展为背景，受科学化倾向的制约，考古和文献考证日益成为史学的核心内容。

1899年伯希和成为印度支那古迹调查会（后改为河内法国远东学院）的资助生。1900～1905年任河内远东学院教授，潜心汉籍目录版本及南海史地研究，这是其汉学研究的发轫时期。1905 年，斯坦因中亚考古新发现的消息传入欧洲后，伯希和受法国金石和美文学科学院和法国中亚考察委员会的委派，进行中亚考察，1906～1908 年考察新疆喀什及甘肃敦煌石窟，掠走了大量珍贵文物。1908 年 2 月到 5 月，继斯坦因之后，他攫取了敦煌写卷的精华部分数千卷以及幡幢、绘画等文物，重返河内后，从事初步整理工作及撰写考古报告。

1909 年伯希和至北京，曾与直隶总督端方研讨考古问题，并与罗振玉、王国维等商榷敦煌写本研究计划，自此为中国学者所认识。1911 年伯希和主讲法兰西学院特设中亚历史考古学讲座，初步奠定了其汉学家的地位。

第一次世界大战期间，伯希和参军，并于 1916 年奉派至北京法国使馆任陆军武官次官。1921 年当选法国金石铭文与文艺学院院士，其汉学事业达到鼎盛时期。其后 20 余年，除研究讲学外，伯希和还负责主编欧洲的主要汉学杂志《通报》，1935 年出任法国亚细亚学会主席，1939 年被聘为中国中央研究院历史语言研究所研究员。

伯希和汉学知识渊博，他精通亚洲各种语言，在东方学上作出过贡献，如他“将已泯灭之数个中亚语言恢复之”①。他在中国古籍目录版本、中亚语言文字（波斯文、康居文、突厥文及梵文)、考古艺术、宗教文化、东西交通及边疆史地等方面均有精湛研究。伯希和论著丰富，单行本极少，大多数散见于《河内远东学报》、《通报》、《亚洲学报》等学术期刊中。如《摩尼教流行中国考》是伯希和与沙畹的共同著作，系摩尼教研究的名篇。又如 1933 年发表于《通报》的《郑和下西洋》② 一文，对郑和下西洋的年代及所经之地作了探讨。伯希和后期致力于蒙古元代历史研究，所撰《〈元朝秘

① 傅斯年：《出入史门》，浙江人民出版社 1998 年版，第 92 页。

② 商务印书馆 1935 年有中译本。原名为《十五世纪初中国的伟大海上旅行》，是一篇书评。

史〉研究》、《〈马可·波罗游记〉注释》二书均未完成。伯希和考古学的著作主要有《敦煌洞窟——伯希和笔记》等。

马伯乐（Henri Maspero，1883～1945），法国著名中国学家。

马伯乐出生于巴黎，原籍布雷西亚，母亲是米兰人，其父为法国著名考古学家。16 岁之前马伯乐一直与父母住在巴黎，先后在蒙田中学、路易大王中学接受中等教育。1899 年，父亲被派往开罗任埃及文物局局长，马伯乐服役一年后随父亲前往埃及，并于 1904 年以论文《托勒密王朝时期埃及的财富》获历史学和地理学高等文凭。

从埃及回到巴黎后，马伯乐转习法律，同时学习中文。1907 年毕业于东方语言学院，1908 年 1 月任法国远东学院实习研究员，同年 3 月抵达越南河内。1908 年 11 月至 1910 年 6 月到中国北京考察。回到河内后，继续研究中国学，并发表一批关于中国佛教起源的研究成果。1914 年 3 月至 1914 年 8 月初，马伯乐前往中国沿海省份浙江等地考察古迹，接触了中国各阶层人士，调查中国现代民间信仰。1915 年至 1919 年，马伯乐应征入伍参加第一次世界大战。1920 年自河内返法定居，出版《唐代长安方言研究》一书。马伯乐以实例考证了古音系统的存在，与高本汉的中古音体系产生了重大的差异，并由此引发了两人有关此问题的长期争论。

1921 年马伯乐继沙畹后任法兰西学院中国语言和文学讲座主讲人，1927 年出版《古代中国》。1928～1929 年，马伯乐前往日本东京“法—日之家”工作，受到了日本历史学家黑板胜美和汉学家内藤湖南、狩野直喜的欢迎。1936 年 2 月，马伯乐被聘为金石和美文学科学院院士。1944 年马伯乐任法兰西学院文学部会长。由于他的儿子让·马斯佩罗参加反法西斯组织，1944 年 9 月马伯乐夫妇被德国盖世太保关进集中营。1945 年 3 月病逝于德国布痕瓦尔德集中营。

马伯乐长期致力于中国古代宗教研究，他在中国宗教研究方面的重大业绩于他阐明了在中国流行的三种主要宗教（包括儒教在内）彼此之间的关系。他指出了三种宗教各自用来满足不同的需要，它们进行无情的斗争又同时共存，这种情况构成了一种十分重要的历史因素。他孜孜不倦地剖析古代道教的机制，论证了在公元纪元初期道教对于佛教传入中国这件事情上所产生的作用，其道教研究观点至今仍保持着强大的影响力。马伯乐从文献学入手对道教、佛教的起源进行了精深研究。他是第一个意图对道教历史和道教文献作学术探讨的人。马伯乐认为老庄的道家思想与道教没有区别，他把六朝以前的道教称为“古道教”，认为那是“引导信仰者以追求长生和不死为目标的寻求个人解脱的宗教”，它包含着一整套的养生和养性的道术，并且要信仰者积德行善，从有意识的集中精神到无意识地与道冥合为一，进而达到人道的高度神秘主义的境界。马伯乐认为，唐代以后直到现代的道教处在一个漫长的衰退过程中，其理由是道士局限在道观之中逐渐丧失了对民众的影响力，另外，民间的道士变成了单纯的科仪崇拜。

马伯乐关于道教的著作很多，最著名的是 1922 年发表的文章《关于道教的考察》，载于《法兰西东方学协会通报》1922 年第 3 期，以及 1937 年在《亚洲杂志》发表的《古代道教中的养生法》等。1937 年、1940 年的讲演《道教的神仙——就其如何与神交感而言》和《中国六朝时期的人的宗教信仰和道教》等也有很大影响。马伯乐的遗稿后来经由他的弟子和同事戴密微整理，出版三卷本的《关于中国宗教和历史的遗稿》，其中第二卷以《道教》为题，收集了马伯乐生前的演讲稿以及在战争期间写作的一些未曾发表的手稿。1971 年，第二卷由康德谟教授重新整理，以《道教与中国宗教》为名单独出版，1981 年由基尔曼（Frank A. Kierman）译成英文在美国出版。《不列颠百科全书》称该书为“关于道教的最优秀的先驱者的著作”、“西方权威著作”。

葛兰言（Marcel Granet，1884～1940），20 世纪法国著名社会学家、汉学家。

1911 年葛兰言到北京留学。两年后，他回到法国继沙畹之后为高等研究院东方宗教研究所所长，后转任东方学院教授。他倡行将社会学分析法引入中国研究领域，撰写了《中国人之宗教》、《古代中国的舞蹈和传说》等著作，开创了西方汉学崭新的社会学派。他批评“一般旧派的史学家或中国学家，不是仅以考证为能事，就是虽有解释而仍是以主观的心理的意见为主，故貌似科学而实际不正确”。

1919年，葛兰言出版《古代中国的祭日和歌谣》一书。这是一部研究上古时代原始宗教思想的专著，也是作者的博士学位论文。全书着重探讨了《诗经·国风》中的诗篇与中国古代节庆、劳动、歌舞、爱情相生相成的关系。作者从《诗经》爱情诗的“乡野主题”入手，指出这些诗篇在抒发爱情时总要借助于大自然的形象描绘，而这并非只是一种艺术手段，同时也是一种道德象征。古代一双飞过的鸟儿对人伦忠诚的启示远比今天强烈得多，而人的结合并不比一对鸟儿更高贵。乡野绝非作为背景而存在，在《诗经》中它们本身就是具有诗意的。节日，也并非仅提供吟唱、表演歌舞的日期，而是诗意化的生活本身。葛兰言通过对《诗经·国风》进行人类学、神话学等方面的分析，研究了中国远古时代原始祭祀的宗教学意义，书中大量引用了中国西南部少数民族的祭祀和恋爱时的歌舞作为证据。他认为歌谣都表现了往昔正常的风尚习俗。他在书中还批判了古代中国文献学和训诂学的研究方法，他以为那些方法和著作中隐藏了历史的真相。

1926年，葛兰言出版了研究上古文献中的神话和传说问题的专著《古代中国的舞蹈和传说》（*Danses et Legendes de la Chine Ancienne*）一书。1929年，他又推出了最为著名的中国古代社会学研究的著作《中国文明》（*La Pensee Chinoise*：*vie Publique et la vie Privee*），全书分为两部：第一部为中国政治史，第二部为中国社会史。他以封建家族制度为核心，对中国古代社会在政治、经济、文化、宗教、军队、都城等方面的表现进行了透彻的研究和分析。他又为中国古代农民和皇帝单独各列一卷进行研究，写出了西方汉学史上少有的中国古代农民史、皇帝史的研究专著。

葛兰言是研究古典中国的专家，他特别关注依然活跃着的传统。但他缺乏资料，他将不同时代的中国文献同样看待以及天马行空式的推断也受到许多人的质疑。在葛兰言的著作中，表现出对历史主义以及如戴密微所说的“如同一种运动似的”应用语言学过分提倡的反作用力，而法国的中国学多少有一些受到这两者的影响。葛兰言在自己的著作中宣称他奉行结构主义的学说，他的确到处传播了一些新的思想，他的推想在经历着检验，按照他的推论，带有由成群的村庄和城镇居民构成的农村社会这样一种分散状态的封建主义是伴随着铜的出现而建立起来的。他始终未成为法兰西学院院士，可见人们对其学术创新多少有所保留。

葛兰言的遗著有《中国的封建制度》（*Féodalité Chinoise*，1952）和《关于中国的社会学研究论文集》（*Studes Sociologiques sur la Chine*，1953）、《中国人的思想》（*La Pensée Chinoise*，1944）等。

叶理绥（Serge Eliseeff，1889 ~ 1975），法国籍俄国人，汉学家，美国哈佛—燕京学社首任社长。

叶理绥早年在德国柏林洪堡大学学习日语和汉语。后去日本，在帝国大学师从芳贺矢一、藤村作等研究日本文学，兼修梵文，日文名英利世夫。俄国十月革命后，定居法国巴黎，成为法国巴黎学派的汉学家伯希和的得意门生。叶理绥精通日语、法语、英语、德语，并可阅读汉语古籍。1934 年经伯希和推荐，赴美国出任哈佛—燕京学社首任社长，直到 1956 年退休。1936 年叶理绥创办刊印了首期《哈佛亚洲研究学报》。哈佛—燕京学社在东西方文化交流中占有重要地位，也是当时中国大学与美国大学交流的典范，资助了无数中国学者赴美研修。它是以美国铝业公司创办人查尔斯·马丁·霍尔（Charles Martin Hall）的遗产捐赠而建成的。1928 年春，哈佛—燕京学社正式成立。哈佛大学在中国挑选了燕京、岭南、金陵、华西协和、福建协和、齐鲁等六所教会大学作为合作对象。燕京方面同时成立由陈垣、容庚、洪业、顾颉刚等五位教授组成的管理委员会，先成立国学研究所由陈垣任所长。1932年改组，仿照大学管理制度，取消国学研究所名称，所长改称哈佛—燕京学社北平办事处总干事，负责处理学社在燕京的研究工作，并维持与哈佛—燕京学社及同在中国之六所相关大学的联络事宜。叶理绥在哈佛大学推行法国式的汉学教育，倡议建立了哈佛大学东亚语言系并任系主任，与费正清合作建立了历史系与东亚语言系联合设立博士学位的制度。叶理绥移植欧洲汉学到美国，注重研究过去的中国，而不是现实的中国，引起了包括费正清在内的一部分美国学者的不满。1957年叶理绥返回法国。1975年逝世。

戴密微（Paul Henri Demiéville，1894～1979），法国汉学家，敦煌学研究的重要学者，法兰西学院院士，英国科学院（British Academy）通讯院士，日本科学院名誉院士。

戴密微1894年9月13日生于瑞士洛桑，1914年法国巴黎大学文学系毕业，次年入巴黎东方语言学院师从沙畹和烈维（Sylvain Lévi）学习汉语和梵文，同时学习日文。1919年毕业于东方语言学院，次年赴越南河内法兰西远东学院工作。

1921年6月至1922年1月，戴密微由法兰西远东学院派遣赴中国考察。1924～1926年任厦门大学教授，主讲西方哲学、佛教和梵文。1926～1930年，以日佛会馆寄宿生身份到东京，在日本东京法国会馆任研究员兼馆长。从1931年开始，戴密微先后执掌巴黎东方现代语言学院、巴黎大学和高等实验研究学院第4系（历史语言系）教席。马伯乐死于德国集中营后，戴密微继任法兰西学院中国语言文化教授，直至1964年退休。戴密微桃李满天下，欧洲、美国及日本都有他的学生，如研究印度小乘佛教的安德烈·巴罗（André Bareau，1921～1993）、汉学家谢和耐（Jacques Gernet，1921～　）、专攻日本佛教文化的贝纳尔·佛兰克（Bernard Frank）等人均出其门下。1951年戴密微当选为金石和美文学科学院院士。

戴密微1956年起兼任《道报》编辑。1962年，在他的领导下翻译、编辑、出版了《中国古典诗选》。1973年，在法国科研中心支持下，他着手建立了敦煌手稿研究小组，直至1979年3月23日在法国逝世为止。

戴密微学识渊博，治学严谨，兴趣广泛，在中国哲学以及佛教、道教、敦煌学、语言学、中国古典文学、清代乾嘉学术等方面均有突出成就，是世界汉学界享有盛誉的学问家。他能熟练运用与汉学有关的多种语言，如汉文、越南文、日文、梵文、藏文、俄文以及欧洲其他语言。戴密微从研究敦煌经卷开始，继之及于禅宗、禅意诗、文人诗等中国文学、历史、哲学等多个领域。尤其是评价中国古典诗歌深入细致，推动了法国中国文学研究的发展。其著述极为丰富，在60年的研究生涯中，戴密微发表过的专著、论文及书评约300余种。戴密微的中国哲学研究，以中国佛教研究成绩最为卓著，并贯穿其整个汉学研究。戴密微关心佛教在中国的表现形态，注意中国佛教在唐代特别是在武后时代的历史，尤其是佛学的印度资源、佛经汉译的真伪和禅对诗词的影响等问题。这方面的重要论著有《那先比丘经汉译本研究》（博士论文）、《法宝义林》（1929～1931年出版前三册）、《〈大乘起信论〉真伪考》（1929年）、《吐蕃僧诤记》（1952年）等。其中，《吐蕃僧诤记》出色地论述了8世纪末汉僧摩诃衍同印度僧人莲华戒在吐蕃王宫中的一次宗教大辩论，为敦煌学、佛教学和藏学研究的经典名著。1945年起，他在高等实验学院开设大量有关佛教的课程，并于1972年完成了又一著名佛教著作《临济语录》的法译本。

法国汉学在第二次世界大战中遭受了严重的摧残，葛兰言、马伯乐、伯希和三位有影响的法国汉学大师先后去世。戴密微力排万难，为法国汉学在战后的发展做了大量工作。在他主持和带领下，1962年巴黎出版了集“法译中国古诗之大成”的《中国古典诗选》，翻译了上至《诗经》下至清诗共374首古诗。《中国古典诗选》的出版是二战以后法国汉学界的一件大事，它推动了法国汉学界对中国古典诗歌的翻译和研究工作，也在世界汉学界产生了巨大影响。《中国古典诗选》所译李白、杜甫、白居易等40多位唐朝诗人106首诗引起了极大的反响，使法国20世纪的唐诗翻译和研究出现一个新高潮。

戴密微的主要著述还有《按照真谛解释的佛教宗派的起源：中国学和佛学杂集》(1931~1932年)、《法国汉学研究史概貌》(日本东京《亚洲学报》1966年第11期)、《吐蕃僧诤记》(甘肃人民出版社，1984)、《法国汉学研究史》(《中国史研究动态》1980年第1期)、《二十世纪上半叶的法国汉学研究》(《中国史研究动态》1980年第3期)、《中国和欧洲的最早哲学交流》(《中国史研究动态》1982年第3期)、《新发现的吐蕃僧诤会汉文档案写本》(《国外藏学研究译文集》第3辑，西藏人民出版社，1987)、《敦煌变文与胡族习俗》(《中国敦煌吐鲁番学会研究通讯》1992年第1期)、《王梵志诗研究》(1959年)、《法国的东亚研究组织》(《亚洲研究学报》第18卷，1958年)、《马伯乐》(《亚细亚学报》第134卷，1943~1945年)、《马可·波罗时代中国的宗教形势》(罗马，1957)、《敦煌曲》和《敦煌白画》(与饶宗颐合作出版)等。

谢尔盖·列奥尼多维奇·齐赫文斯基(1918~)，著名历史学家、汉学家，俄罗斯科学院院士，俄罗斯历史学家全国委员会主席，俄中友好协会名誉主席和俄罗斯汉学家协会名誉主席。

齐赫文斯基出生于列宁格勒一个医师家庭。1935年入列宁格勒大学语言学系东方部学习中文，1941年毕业于莫斯科东方学院。1945年获历史学副博士学位，学位论文《孙中山的原则：民族主义和他的对外政策》。1953年获历史学博士学位，学位论文《19世纪末中国的维新运动》。1958年获高级研究员职称。1968年当选为苏联科学院通讯院士，1981年当选为苏联科学院院士，1981~1989年当选为苏联科学院主席团委员。

齐赫文斯基长期从事苏联外交工作，参与了苏联承认新中国政权的全部过程。1949 年受中国中央人民政府主席毛泽东的邀请，参加了 10 月 1 日的开国大典。1966 年起被授予特命全权大使外交头衔。1969 ~ 1970 年为中苏边界谈判苏联代表团团员。1957 ~ 1961 年任苏联科学院中国学研究所研究人员，1959 年起任该所所长。1964 年起任东方学研究所所长。1980 ~ 1986 年任苏联外交部外交学院院长。

齐赫文斯基是苏联成就卓著的历史学家是中国近代史和中俄关系史研究的开拓者，他在 60 余年的学术生涯中发表各类研究成果 500 余篇，专著 10 余部，代表作为《19 世纪末中国的维新运动》，多部著作及文章被翻译成外文，在世界各国产生了较大影响。

谢和耐（Jacques Gernet，1921 ~　），法国 20 世纪下半叶著名汉学家、历史学家、社会学家，法国金石和美文学科学院院士，法兰西学院名誉教授。

谢和耐出生于阿尔及尔，其父路易 · 热尔内（Louis Gernet）曾任法国文学院院长，是一位古希腊学专家。1942 年之前谢和耐在阿尔及利亚完成学业，获得了古典文学（法文、拉丁文、希腊文和语言学）的学士学位和高等教育文凭。1942 年美军登陆北非，谢和耐应召入伍，参加了抵抗德国法西斯及其同盟的战争。1945 年谢和耐退伍，主要精力转向中国研究。1945 ~ 1947 年间，谢和耐在法国巴黎国立东方现代语言学院学习汉语。1949 ~ 1950 年在越南河内法兰西远东学院学习，后成为著名汉学家戴密微的学生，曾多次访问中国和日本。1951 ~ 1955 年间任国立科研中心的助理研究员。1951 年被任命为高等实验学院研究导师。1952 年底完成学位论文《中国 5 ~ 10 世纪的寺院经济》（1987 年甘肃人民出版社出版中译本），获得文学博士学位。1955 ~ 1976 年在高等实验学院从事研究工作。1957 ~ 1969 年间任教于巴黎大学文学院，1959 年任该校教授。1975 ~ 1992 年间任法国最高学府法兰西学院汉学教授，主持中国社会和文化史讲座。1977 年后一直作为法兰西学院远东问题各个研究所的常务主持人。1992年退休。谢和耐对中国颇为友好，多次来华访问。他还访问过日本、柬埔寨、朝鲜及我国台湾、香港地区，与国际汉学界保持着广泛的交流。

谢和耐专事中国社会文化史研究，在敦煌学、佛教史、宋元史、明清史等领域均有重要建树，是法国汉学界承上启下的学术大师，开拓了法国汉学界的一代新风。谢和耐著述等身，共计发表80多篇汉学研究论文，出版有多种著作，主要有《荷兰神会禅师（668～760）语录》、《中国5～10世纪的寺院经济》、《蒙古入主中原前夕中国中原的日常生活》、《前帝国时代的古代中国》、《巴黎国立图书馆所藏伯希和敦煌汉文写本目录》第1卷（与吴其昱合作）、《中国社会史》、《中国和基督教》、《中国人智慧：社会与心理》等。《中国社会史》、《中国和基督教》两部著作获得国际汉学界广泛好评。

卫礼贤（Richard Wilhelm，1873～1930），来中国后取名卫希圣，字礼贤，亦作尉礼贤，德国魏玛差会传教士，世界著名汉学家，20世纪德国汉学研究的主要奠基者。

卫礼贤出生于符腾堡王国首府斯图加特，父亲是图林根手工业者，母亲是斯图加特人。11岁时，因父亲去世，家境顿陷困境，卫礼贤被迫从中等技术学校转入教会学校接受神学教育。1891年8月，卫礼贤通过入学考试进入图宾根新教神学校学习。1895年，通过首次神学职业资格考试，获得斯图加特修道院牧师职位。

1899年，卫礼贤被派往中国，到青岛从事传教活动。踏上中国土地后，卫礼贤对中华文化产生了浓厚兴趣。到青岛后，他将精力投向办教育、办医院，进而踏上了研究中国传统文化的道路，成为20世纪德国汉学研究的主要开拓者。1901年春，在同善会的支持和资助下，卫礼贤与妻子创办“礼贤书院”（Richard Wilhelm Schule），聘请中国旧文人和新式知识分子担任教员。1903年，学校规模进一步扩大。由于该校师资力量雄厚，办学成绩优异，1906年清政府赏给卫礼贤四品顶戴，他成了青岛赫赫有名的“卫大人”。辛亥革命后，卫礼贤与康有为在青岛组织“尊孔文社”，以此为依托联系前清遗老开展儒学研究，进行中西学术交流。

卫礼贤是中西文化交流史上“中学西播”的一位功臣，他在中国将自己的近半生时间用来翻译传播中国文化。从1902年在上海德文杂志《远东》上发表《三字经》德文译作开始，他翻译出版了《论语》、《道德经》、《列子》、《庄子》、《孟子》、《吕氏春秋》、《礼记》等中国文化典籍，编写《汉德语言练习册》、《汉德语言教科书——汉语课文》、《汉德语言教科书——词汇、语法和汉语课文改写》、《汉德语言教程——P·克兰茨教程》等多种语言教材。

卫礼贤积极向西方尤其是德国读者介绍中国的风土与人情、历史与文化、现状与人物等。他先后撰写了《中国的乞丐》、《山东省的教育》、《关于中国的形势》、《中国的天文学——据中国文献资料编写》、《中国的社交礼仪》、《山东的丧葬风俗》、《历史上中国与外国的联系》、《中国女孩出生的风俗》、《德国在中国的文化使命》、《中国妇女在婚姻中的地位》、《中国的海军》、《中国的青铜器收藏》、《所谓秦始皇焚书事件》、《中国的文化斗争》、《袁世凯》、《西方科学与中国科学的区别》、《老子在中国人精神生活中的地位》、《古代中国人关于世界没落的观点——摘自中国哲人列子的著作》、《中国的儒教》、《中国革命》、《宗教在新中国的地位》、《关于中国道教的史料》等大量文章和著作。

1911年以后，卫礼贤翻译出版了《论语》（修订版）、《老子》、《大学》以及《中国的民间童话》等。这些作品被公认为最好的欧洲语言译作，奠定了卫礼贤作为翻译家和汉学家的地位。1922年，卫礼贤受聘担任北京大学教授，并创办“东方学社”。两年半后回国任教于法兰克福大学，成为欧洲著名的汉学家。在他生命的最后十多年时间里，卫礼贤完成的最重要的学术活动是学习、研究和翻译《易经》。1924年，他在中国师长劳乃宣的指导下完成了《易经》的德文翻译工作，译本拥有广泛读者，相继被译成英文、法文、西班牙文、荷兰文、意大利文等多种文字，成为西方公认的权威版本。

1925年11月，卫礼贤在法兰克福建立了德国第一个“中国学社”（也称“中国研究所”），创办了数种汉学研究的报刊，如《中国科学与艺术学报》（达姆施塔特，1925）、《中德年鉴》（法兰克福，1926）、《中国》（法兰克福，1927）和《东亚评论》（汉堡，1929）等。学社致力于帮助西方人理解中国文学、艺术、绘画、建筑、工艺等文化，主办各种中国文化报告会和展览会。中国学社也是中国留德学生的活动中心。卫礼贤在最后的几年里出版了一系列汉学研究的著作，如《中国人的生活智慧》（达姆施塔特，1922）、《孔子——生平与事业》（斯图加特，1925）、《老子与道教》（斯图加特，1925）、《中国的精神》（柏林，1926）、《中国文学》（维尔德帕克—波茨坦，1926）、《孔子与儒教》（柏林和莱比锡，1928）、《东亚——中国文化圈的形成与变迁》（波茨坦和苏黎世，1928）、《中国文化史》（慕尼黑，1928）、《中国哲学》（布雷斯劳，1929）、《中国人的经济心理学》（莱比锡，1930）等，发表在各种报刊上研究中国问题的作品多达上百篇。他的《中国的精神》一书，1928年被译成英文出版，在欧美学术界产生了广泛的影响，由此他最终跻身于世界著名汉学家之列。

奥托·福兰阁（Otto Franke，1863～1946），20世纪德国汉学泰斗，著名中国史研究专家。

福兰阁出生于德国中北部小城Gernrode，中学毕业后最初在柏林大学学习历史，后来受到印度日耳曼学家史密特影响，转入哥廷根大学攻读梵文，并于1886年取得博士学位。随后他又在柏林大学攻读了两年法律课程，同时学习中文。1888～1901年，作为外交译员服务于中国北京、天津、上海等地的德国使馆。1903～1907年，受聘任清政府驻柏林公使馆秘书，并在柏林大学取得教授资格。后临时被派往青岛负责筹办中德高等专门学堂。1909年，福兰阁在汉堡创办东亚语言与历史研究所。1923～1931年任柏林大学汉学教授。

福兰阁一手在柏林、汉堡两地开创并且发展了德国汉学研究，因而被誉为德国汉学界的泰斗。福兰阁曾任德国学者联盟主席、普鲁士科学院院士。

1911 年福兰阁出版《东亚新貌》，这是作者在华期间为《科隆日报》所写的时事报道和评论的结集，是一部“清末社会政治变迁目击记”。随后他发表了研究宋代《耕织图》的论文及《“春秋”和董仲舒的〈春秋繁露〉》等论著。

福兰阁一生著述甚丰，共发表文章和著作 200 多种，书评 100 多篇，其中最具声誉的是五卷本《中国通史》，这是一部在 20 世纪三四十年代极为流行的、著名的中国通史著作。该书以儒家思想作为建立作者的中国史观的核心基础，实为一部中华帝国史，第一卷讲上古三代到汉末的历史，第二卷讲魏晋隋唐时期的历史，第三卷为第一、第二卷的注解和史料考释，第四卷叙述五代辽宋金元时代的历史，第五卷为第四卷的注解和史料考辨。前三卷内容出自其本人之手，后两卷内容大部分是由其学生、夫人和儿子①整理的作者遗稿。

福兰阁曾礼聘清末最后一位翰林商衍鎏（1875～1963）前去汉堡汉学研究所任教（1912～1916）。商先生的哲嗣商承祖（著名古文字专家商承祚之兄）也曾在汉堡任教并于 1934 年出版《中国“巫”史研究》，后任南京大学德文系教授。当年在柏林留学的中国学生有蒋复璁、俞大维、姚从吾等，他们都曾参加过福兰阁的讨论班。20 世纪 30 年代后在德国学术界崭露头角的汉学家大半曾向他执弟子礼。

福兰阁具有史学家的眼光，他依据原始中文资料、正史和《资治通鉴》编写中国通史，在西方第一次用丰富的历史事实纠正了 18 世纪以来冯秉正依据《通鉴纲目》编译中国历史所造成的谬误，使德国汉学在西方学术界的层次提到了一个新高度。作者在第一卷

---

① 奥托·福兰阁之子沃尔夫冈也将其毕生献给了汉学研究，1950 年沃尔夫冈 38 岁时成为汉堡大学的汉学教授，直至 1977 年退休。

《序言》中回顾了西方对中国历史和文化的看法，尖锐地批评了兰克、黑格尔等人对中国历史的偏见。冯秉正所编《中国通史》只是充满了儒家道德说教的朱熹《通鉴纲目》的改编。福兰阁的《中国通史》清晰地告诉人们：中国历史是整个人类发展中最重要、最富有教育意义和最吸引人的一部分。

白乐日（Etienne Balazs，1905～1963），法国著名汉学家、社会学家、经济学家。

1905年白乐日生于匈牙利布达佩斯，18岁离开故乡去柏林，在那里加入了福兰阁的汉学学派。1932年以一部有关唐代经济史的著作作为博士论文，此后致力于中国唐宋社会经济史研究。1938年撰写了一些有关中国六朝和宋代社会史的论文。后潜心攻读卡尔·马克思和马克斯·韦伯的著作，被人称为韦伯的“身后弟子”。白乐日曾在法兰西学院作马伯乐的学生。1949年受聘于法国国家科研中心。1950年接受费正清邀请到哈佛大学东亚研究中心做访问学者，萌生日后发起“宋史研究计划”（Sung Project）的想法。1955年白乐日取得了法国国籍，后加盟法国年鉴学派主阵地——高等研究实验学院第六系。年鉴学派第二代学者布罗代尔邀请他讲授中国史，并支持他开展“宋史研究计划”。1963年11月白乐日突然去世。

白乐日受马克思和韦伯的影响，注重研究中国经济史，他认为经济史是历史研究的基本问题，为此他曾译注《隋书·食货志》等资料。白乐日特别注意研究官僚和政治制度的关系，坚持为理解现在而研究过去。他以社会科学的综合研究方法研究中国古代官僚制度，吸收了涂尔干、卡尔·马克思和马克斯·韦伯的史学研究方法。

白乐日的主要学术成果有《唐代经济史》、《中世纪中国社会经济研究》、《12世纪以前古代中国的历史与制度》、《中国文明与官僚》、《〈宋会要〉目录：食货、职官、刑法、舆地》、《11世纪末的中国商业中心图》等。

高罗佩（Robert Hans van Gulik，1910～1967），字忘笑，号芝

台、吟月庵主，荷兰汉学家、东方学家、外交家、翻译家、小说家。

1910 年高罗佩生于荷兰聚特芬（Zutphen），1915～1923 年随父母侨居巴达维亚。少年高罗佩在印度尼西亚学会汉语、爪哇语和马来语。1929～1934 年高罗佩在荷兰莱顿大学和乌特勒支大学学习荷属东印度法律和印尼文化，兼学汉文、藏文、印度文、日文。

1935 年高罗佩入荷兰外交部工作，先后被派驻日本、埃及、中国、印度、黎巴嫩、美国、印度和马来西亚。1943～1945 年在中国重庆任荷兰使馆第一秘书。1965～1967 年任荷兰驻日大使。1967 年高罗佩在荷兰海牙逝世。

高罗佩长期致力于中国文化史研究，著有《中国古代房内考》(上海人民出版社 1990 年出版有中译本)、《秘戏图考附论汉代至清代的中国性生活》（删节本，杨权译，广东人民出版社 1992 年出版)、《明末义僧东皋禅师集刊》、《中国琴道》、《中国漆屏风》、《中国绘画鉴赏》、《砚史》、《中国长臂猿》等学术专著。这一系列汉学著作奠定了高罗佩 20 世纪西方杰出汉学家的地位。1949 年，他将小说《狄公案》翻译成英文在东京出版。另外，他还以狄仁杰为主人公创作推理小说集《黄金案》、《湖滨案》、《五朵祥云》、《雨师秘踪》、《黑狐狸》、《玉珠串案》、《四漆屏》、《红阁子》、《广州案》、《铜钟案》、《莲池蛙声》、《跛腿乞丐》、《朝云观》、《迷宫案》、《除夕疑案》、《红丝黑箭》、《柳园图》、《汉家营》等。

崔瑞德（Denis Twitchett，1925～2006），中文名字杜希德，英国著名中国学家，《剑桥中国史》发起人和主编之一。

崔瑞德 1925 年生于伦敦，最初研究地质和地理学。二战期间他在英国皇家海军服役，学了六个月日语，从此开始了对东亚的研究。战后，他入剑桥大学，主修汉学，并于 1949 年和 1955 年先后获得剑桥大学硕士和博士学位，主修中国研究（Chinese Studies）。期间，他还到日本做研究，曾师从东京大学著名中国法制史学者仁井田陞，并于 1956 年娶一位日本女士 Umeko Ichikawa 为妻。1954～1956 年，崔瑞德任教于伦敦大学。此后，他回剑桥大学任讲师四年。1960～1968年，担任伦敦大学远东语言与文学系主任。1967年，他当选为大英学院院士。1968～1980年，重回剑桥大学任汉学教授。1980～1994年，赴美担任普林斯顿大学“胡应湘（Gordon Wu）汉学讲座教授”，直至1994年荣退。在美国期间，他与芮沃寿和芮玛丽夫妇（Arthur and Mary Wright）、杨联陞（Yang Lien-sheng）、牟复礼（Frederick W. Mote）等学者结下了友谊。崔瑞德执教于普林斯顿大学以后为美国汉学界培养了唐史新人，在此以前，美国唐史学界声望最高的前辈是与费正清亲密合作、开创美国汉学的芮沃寿教授。

崔瑞德是二战以来西方最重要的汉学家之一，也是西方隋唐史研究的奠基人，他在这一领域的著述具有开创性的意义。二战前的汉学研究，除法国沙畹、伯希和以及德国的福兰阁之外，很少有学者对中国漫长帝制时代的政治运作产生兴趣。崔瑞德是这方面的先驱，他从唐代的官僚体制入手，以能为今人充分理解的方式，再现了当时的政治与社会环境，对唐代的行政机构、政策法规、经济调控以及地区差异进行了深入而全面的考察，并深入对税收征集、货币制度、印刷术、佛教对社会生活的影响、音乐表演以及中国与中亚及日本的关系展开全方位研究。

崔瑞德引领了过去20世纪后的西方中国历史研究，他是研究中古时期中国史领域最杰出的历史学家，他的研究涉及公元500到1000年间中国历史的许多关键问题，其作品影响了多个领域，特别是中国社会史和经济史的研究。他在这些领域内的观点和方法激励着几代历史学家谋求创新。他的大部分著作依然是有关那一时期的标准读本。

崔瑞德具有旺盛的精力和远见卓识，他与美国哈佛大学费正清共同主编的15卷《剑桥中国史》，是迄今为止以英语出版的最大也是最全面的中国历史著作。崔瑞德是这一庞大学术出版工程的发起人，他不仅负责制定研究方向与规划，监督、评估百余位学者的成果，还担任了其中数卷的分编与撰写工作。这一项目 1966 年启动，原计划只出六卷，随着研究的进展，不得不一再扩展，最终有 15 卷问世。

《剑桥中国史》集前人之成果，使用新方法，以对中国历史诸阶段——从远古到当代以及政治、社会和经济各领域的系统化、规范化的考察将西方的中国历史研究引上了正轨。

《剑桥中国史》系列已陆续在中国翻译出版，尽管这套书的体例、方法甚至观点和表述都是现代的、西方的方式，但它的确激发了许多普通读者对真正历史著作的兴趣。

崔瑞德多年主编《亚洲专刊》(*Asia Major*)，在艰难的环境中支撑该汉学杂志的出版，并最终将它由伦敦迁至台北。1963 年，崔瑞德出版了个人第一部著作《唐代金融机构》（*Financial Administration Under the T'ang Dynasty*)，该书已被视作中国古代史研究方面具有开创性意义的杰作。他还著有《中国知识精英的诞生：唐代中国的官僚和科举制度》(*The Birth of Chinese Meritocracy*: *Bureaucrats and Examinations in Tang China*, 1976)、《中古时代中国的印刷与出版》(*Printing and Publishing in Medieval China*, 1983)、《唐代官修史学》(*The Writing of Official History Under the T'ang*, 1992）等。此外，他还主编多本有关中国通史和唐代文化的著作，并主编了 1974 年的《泰晤士中国地图集》(*The Times Atlas of China*)。除《剑桥中国史》外，崔瑞德还主编过六卷本的《剑桥日本史》。

柔克义（William W. Rockhill, 1854 ~ 1914)，又译为罗克希尔，美国外交官，汉学家，现代美国汉学研究的开拓者，中西海上交通史专家。

1854 年柔克义生于美国费城，1886 ~ 1887 年任美国驻朝鲜参赞。1897 年任美国驻罗马尼亚公使。1905 ~ 1909 年任美国驻清公使。1909 ~ 1911 年任美国驻俄罗斯公使。1911 ~ 1913 年任美国驻土耳其公使。

柔克义致力于研究中国古代史，对中国人口史、藏学及南洋、西洋交通史均有精深的研究。1911年柔克义和德国汉学家夏德合作将宋代赵汝适所著《诸蕃志》翻译成英文。1914年柔克义又将元代航海家汪大渊著《岛夷志略》一书部分翻译成英文。柔克义对上述两书中涉及的古代南洋和西洋地名多有考证。1914年柔克义在檀香山逝世。柔克义的主要著作有《1891~1892年蒙藏旅行记》、《西藏民俗学》(1895年)、《美国外交：中国事务》(1901年)、《中国人口研究》(1904年)、《十五世纪至十九世纪末的中朝关系》(1905年)、《佛陀传》(1907年)、《中国的人口调查》(1910年) 等。英文著作有 *Chau Ju-kua*, *His work on the Chinese and Arab trade in the twelfth and thirteenth centuries* (St. Petersburg, 1911)、*Description of the Barbarians of the Isles* (1913) 等。

魏特夫 (Karl August Wittfogel, 1896~1988), 美国历史学家，犹太人，著名汉学家。

魏特夫出生于德国汉诺威，1920年加入德国共产党，曾公开批评纳粹党。1928年在法兰克福大学获得博士学位。1925~1933年是法兰克福学派大本营社会研究所成员。希特勒上台后，魏特夫被捕并关入集中营，经国际性援救而获释，后流亡美国。1935年曾到中国收集研究资料两年。1939年入美国籍，先任教于哥伦比亚大学，后到华盛顿大学执教，直至1966年退休。

魏特夫长期从事中国古代史研究，擅长研究古代灌溉农业的管理和官僚主义之间的关系。他1924年开始发表关于中国问题的著作，一生主要研究中国问题，撰写了大量有关中国的论文和著作。其代表作是1957年完成的《东方专制主义》一书，副标题是“对于极权力量的比较研究”。他采用马克思“亚细亚生产方式”的理论框架观察东方人的治水活动，形成了所谓的“治水社会”① 学说。魏

① 魏特夫的“治水社会”学说长期受到中国学界的批评。1989年《东方专制主义》中译本在中国出版，很快遭禁。

特夫根据类型学的方法把治水社会分为核心地区、边缘地区和次边缘地区三种类型。魏特夫认为，某些非农业社会如游牧民族的专制权力是由于农业文明的传播导致了这些游牧民族的"东方化"，进而出现了东方专制主义。在魏特夫看来，治水社会是专制极权政治，在治水社会中除了统治者和被统治者之外，便不存在其他任何中间等级。在专制主义的语境中，"官僚"这一词语完全是贬义的。官僚可以发展到垄断的形式，官僚主义的惯性和惰性有时连专制君主也对其无可奈何。在治水社会中，社会构成是统治和被统治的垂直架构，除了这两者之间的社会冲突外，其他一切的矛盾和斗争都退居到了次要地位。魏特夫将之称为"人民与统治机构人员的对立"，简单来讲便是官民对立。

顾立雅（Herrlee Glessner Greel，1905～1994），20世纪美国著名汉学家，孔子研究的重要学者。

顾立雅生于美国芝加哥，毕业于芝加哥大学，曾任芝加哥大学教授、芝加哥大学东方语文系主任、美国东方学会会长、亚洲学会会员等。顾立雅长期致力于孔子研究，他的孔子观对现代欧美人影响很大。其代表著作为《孔子与中国之道》，该书代表了美国20世纪50年代儒家研究的水准，作者充分肯定孔子对人类进步作出的伟大贡献，并站在西方学者的角度为人们描述了一个进步、民主的人文主义的孔子。书的最后一章题目为《儒学与西方民主》，系统梳理了孔子儒家思想对近代法国启蒙思想运动的启迪作用。作者认为："在欧洲，在以法国大革命为背景的民主思想的发展中，孔子哲学起了相当重要的作用。通过法国思想，它又间接地影响了美国民主的发展。"顾立雅浓厚的汉学功底，使得他的孔子研究具有鲜明的时代特色，也使本书成为孔子研究领域中的名著，至今还受到海外学术界广泛的关注，该书一向是西方汉学界孔子研究领域学者的必备参考书。顾立雅《孔子与中国之道》中文译本有多个版本，如山西人民出版社1993年版、大象出版社2006年版等，读者可以选读并领略作者的精思妙论。由于顾立雅在中国学研究方面取得的极大成就，芝加哥大学成为西方汉学研究的中心之一。顾立雅还著有《孔子真面目》、《从孔夫子到毛泽东的中国思想》、《传说中之孔子》等著作。

芮沃寿（Wright，Arthur Frederick，1913～1976），20世纪美国著名汉学家，中国佛教史、思想史、隋唐史研究专家，耶鲁大学西摩讲座教授。

1929年芮沃寿随父母游历东亚，开始对佛教产生兴趣。1935年获斯坦福大学学士学位。1937年获牛津大学文学士学位。1937～1939年在哈佛大学读研究生，1939～1940年及1941～1947年在哈佛—燕京学社读研究生，期间来华进修，1947年获博士学位。

芮沃寿致力于佛教及隋唐史研究，所著《中国历史中的佛教》（1959年）雅俗共赏，至今久印不衰，是美国大学生了解中国佛教历史的最佳入门读物之一。1951年，芮沃寿与费正清发起组织了远东学会中国思想委员会，芮沃寿任主席。1952年，在美国科罗拉多州阿斯本组织召开中国思想委员会学术会议，芮沃寿主编论文集《中国思想研究》。20世纪五六十年代，芮沃寿作为一位杰出的学术活动组织者，先后与费正清、倪德卫等人主编了《中国思想与制度》（我国台湾地区有译本）、《行动中的儒家》、《儒家的说服术》、《儒家人格》、《儒家与中国文明》等多部汉学论文集，代表了当时美国中国思想研究的水平。

史华慈（Benjamin I. Schwartz，1916～1999），美国汉学家，中国思想史研究专家，二战后美国最著名的汉学家之一。

史华慈生于美国马萨诸塞州波士顿一个犹太人家庭，1934年入哈佛大学学习，1940年获哈佛大学硕士学位，1950年获哈佛大学博士学位，导师为费正清。后留校任教于历史系和政治系，开设中国近代思想史讲座。1975年起任哈佛大学历史与政治学“莱劳伊·B·威廉士讲座教授”（Leroy B. Williams Professor of History and Political Science）。曾任1979～1980年度美国亚洲协会主席。其影响直逼“中国学之父”费正清（John King Fairbank）。1998 年 1 月，史华慈荣获美国历史学会杰出学术贡献奖，同年退休。

史华慈具有超凡的语言能力，他熟练掌握 12 种语言，1950 ~ 1987 年长期执教于哈佛大学，一直是哈佛大学东亚和中国问题研究方向的学术负责人。他致力于中国近现代史、中国思想史、人类文明比较研究，他力图说明中国古代思想与当代跨学科问题的关联、中国文化内部的多样性和张力。他是美国最早展开对中共发展史和毛泽东思想研究的专家。

作为一位睿智的思想家，史华慈发挥了哈佛大学汉学研究中的人文精神，引导哈佛大学的中国研究在一个比较广阔的思想视野中进行，使研究向广度、深度和精密度发展。他将中国学研究拓展到人类文明研究的高度。他以比较的方法探讨“轴心文明”和人类文明的共同点，批判“西方中心论”，思索当代人类摆脱困境之道，其思想和理论深深影响了美国和世界的中国学研究界。史华慈所著《寻求富强：严复和西方》是其中国思想史研究的代表作，被誉为“跨文化思想史的开山之作”。1985 年他出版了《古代中国的思想世界》，该书是他一生研究中国思想史的结晶，曾获亚洲协会的列文森奖、美国历史学会詹姆斯·亨利·布里斯底特奖以及爱默生奖等多项学术大奖。史华慈还著有《中国共产主义运动和毛的崛起》、《中国共产主义历史文献》（与费正清等合编）、《共产主义在中国：变化中的意识形态》、《中国及其他问题》、《中国文化的价值》等。

狄百瑞（William T. de Bary，1919 ~ ），美国现代著名汉学家，哥伦比亚大学教授。

狄百瑞曾于 1948 ~ 1949 年到中国燕京大学、北平图书馆作访问研究，阅读了钱穆的思想史著作，潜心研究宋明理学。1960 年，狄百瑞与陈荣捷、沃森共同主编《中国传统原始资料集》，对宋明理学进行了深入的研究。1969 年任美国亚洲协会会长。1971 ~ 1978 年间出任哥伦比亚大学副校长，推动了东亚图书馆的翻新及扩充工程，建立人文研究中心以及中心辖下的人权研究中心。1978～1986年间担任美国学术团体理事会的主席。

20世纪80年代，狄百瑞经过长期的研究思考后，提出了震惊国际汉学界的学术观点。他主张中国儒家内蕴有自由主义的传统。90年代，他进一步提出：儒家可以为现代的人权观念提供新的资源。这一观点在学术界引起了激烈的争论。狄百瑞的学术理论不仅涉及儒家的一般问题，而且涉及儒家在现代的意义，因而他的研究具有积极的学术价值，受到了广泛的关注。狄百瑞和布鲁姆（Irene Bloom，1939～ ）共同支撑起了哥伦比亚大学的汉学研究阵地。1995年，他们合编了一本《亚洲经典著作入门》，邀请知名的亚洲研究学者对包括孟子与唐诗在内的亚洲主要经典进行介绍，他们正试图努力将亚洲经典著作变成美国大学生通识教育的一部分。狄百瑞著有《中国的自由传统》（香港中文大学出版社有中文版）、《东亚文明》（江苏人民出版社有中文版）、《传统儒学的现代诠释》（合著，台湾文津出版社有中文版）、《儒家的困境》（北京大学出版社海外中国哲学丛书之一）、《亚洲价值与人权》（台湾正中书局股份有限公司有中文版）等学术著作。

费正清（John King Fairbank，1907～1991），20世纪世界著名历史学家，美国最负盛名的中国问题专家，美国现代中国学开创者，近现代中国史研究学术泰斗。

1925年费正清进入威斯康辛大学学习，1927年转入哈佛大学主攻文科，学习希腊语、历史、哲学、政治、艺术和经济。1929年秋赴英国牛津大学主修东亚研究。1931年后开始攻读博士学位。1933～1935年，任北平清华大学讲师，师从清华大学蒋廷黻。1936年1月以《中国海关的起源》论文获得英国牛津大学博士学位同年秋在哈佛大学任教，与赖肖尔（Edwin O. Reischauer）一起开设东亚文明课程。1941～1943年，为美国情报局工作，1942年曾被派往重庆工作。1945年9月，在中国为美国新闻处工作。1946年秋重回哈佛大学任教。1948 年代表作《美国与中国》由哈佛大学出版社出版。他是 1956 年哈佛大学东亚问题研究中心（1977 年更名为费正清东亚研究中心）创始人。1958 年后，曾任美国亚洲协会主席、美国历史学会主席、东亚研究理事会主席、美国政府政策顾问等职。

费正清以前的美国中国学研究是欧洲汉学的延伸或移植。作为美国现代中国学的奠基人和开拓者，费正清改变了美国的中国学研究，他完成了从古典汉学研究向近现代中国学研究的过渡，创立了现代中国学。作为东亚地区研究的开创者，费正清把对近现代中国的研究作为东亚研究的主体，经他独著、合著、编辑、合编的作品多达 60 余部，还有大量的论文及书评。从进入牛津大学直到 1991 年去世，他致力于中国问题研究长达半个多世纪，其观点代表了美国主流社会的看法，不仅影响了几代美国汉学家和西方的中国学界，而且直接或间接地影响了美国政界和美国公众对中国的态度以及美国对华政策的制定。

费正清是一位务实的汉学家、史学家，他致力于 19 世纪中叶东西方文化交流史的研究，探索传统中国社会的特征以及改变中国历史的重大变故和中西文化交流的整个过程。他还是一位资深望重的历史教员，桃李满天下。他擅长指导学生论文，从选题、定参考书目到定稿、出版，他都能够给予正确的指导。他在哈佛大学教育了数以千计的本科学生，在他门下获得博士学位的学生、学者遍及美国和世界多个地方，当今美国诸多有影响的中国问题专家皆出自其门下。

费正清的学术研究以服务美国国家战略利益为宗旨，他始终强调历史与现实的联系，强调学术研究与现实政治的关系。同时，他能够随着中国历史前进的步伐，不断思考研究中国社会，修正、丰富其关于中国的认识。在研究方法上，费正清讲求实证，反对空疏的理论建构。他注重实地调查，重视对原始资料的开发利用与研究。他批评西方有些人轻视中国人视野的错误观点，认为欲了解今日的中国必须要了解中国的过去。费正清强调对汉语和档案资料的掌握，提倡使用中国的档案、中国的原始资料研究中国的历史。

费正清的代表作《美国与中国》曾经修订过五版，发行数十万册，是西方有关中国问题的著作中最畅销的作品之一。此外，费正清还著有《中国沿海贸易与外交：1842～1854 年条约口岸的开放》、《东亚：伟大的传统》（与赖肖尔合作）、《东亚：近代的变革》（与赖肖尔、克雷格合著）、《近代中国：1898～1937 年中文著作书目指南》（与刘广京合编）、《清代文献》、《中国对西方的反应》（与邓嗣禹等合编）、《中国：人民的中央王国与美利坚合众国》、《认识中国：中美关系中的形象与政策》、《中国的世界秩序：中国传统的对外关系》、《中美两国的相互影响：历史评述》、《中美关系展望》、《心系中国》、《中国：一个新的历史》、《新评中国》等。费正清在组织、推动美国汉学研究方面作出了重要贡献，并使之成为美国大学中受到尊重的一门学科。1966 年开始，费正清与崔瑞德共同主编了 15 卷本的《剑桥中国史》，这部巨著基本上反映了当代西方中国史研究的最高水准。

赖肖尔（Edwin O. Reischauer，1910～1990），又译赖世和，美国历史学家和外交家，第二次世界大战后美国日本研究的奠基人。

赖肖尔生于日本东京。1931 年毕业于美国俄亥俄州的奥伯林学院。1932 年取得哈佛大学硕士学位。1933～1938 年获得哈佛—燕京学社奖学金，赴法国、日本、中国等地研究日本语言和历史。1937 年与美国人 George M. McCune 合作发展了朝鲜语的罗马字体书写法 McCune-Reischauer 系统，在欧美国家广为使用，并成为朝鲜语的官方罗马正字法，主要用于地图和手语。1939 年获哈佛大学哲学博士学位，师从叶理绥。其后在哈佛大学任教，并与美国汉学家费正清一起开设东亚文明课程。1943～1945 年应征入美国陆军部工作，负责解读日本电讯密码。二战后重回哈佛大学任教，开设日本语言和历史课程。1956～1963 年赖肖尔出任哈佛—燕京学社第二任社长。1961～1966 年任美国驻日本大使，是美国公认的日本问题专家。赖肖尔是肯尼迪时代“冷战”知识分子中的一员，奉行国际自由主义、传教士精神和反共主义的“冷战”思维。1966 年辞职，返回哈佛大学任教。离任前于 8 月 13 日密电美国国务院，力主改善美国与中华人民共和国的关系，并于 1968 年 2 月将他受命制订的《对华政策备忘录》（又称《赖肖尔备忘录》）上交美国总统约翰逊。1973 年赖肖尔创办哈佛大学日本研究所，1985 年该所更名为“埃德温·赖肖尔日本研究所”。赖肖尔著有《圆仁唐代中国之旅》、《日本人》、《日本——过去与现在》、《合众国与日本》等专著，译著有《入唐求法巡礼行记》。

牟复礼（Frederick W. Mote，1922～2005），美国儒学学者、汉学家、东亚学学者。

1943 年牟复礼在美国空军中服役。牟复礼对中国文史具有浓厚兴趣，后入哈佛大学学习。1944 年到中国，曾在成都、北平、天津担任军官。抗战后期分别在金陵大学与燕京大学学习历史学，师从向达、启功、顾颉刚等人，后投在王崇武门下研习明史。二战结束后，考入金陵大学（1952 年并入南京大学）历史学系，师从贝德士、王绳祖、陈恭禄等人学习中国历史，1948 年毕业，获学士学位。后返美国，在西雅图华盛顿大学继续学习中国史，1954 年获博士学位。1954 年在台湾大学从事博士后研究，次年到荷兰莱顿大学任 Fulbright 交流基金讲师。1956 年在普林斯顿大学任中国历史与文明学助教，1959 年任副教授，1963 年任教授。1969 年创办普林斯顿大学东亚学系。其主要著作有：*The Cambridge History of China*，Volume 7，The Ming Dynasty 1368～1644 Part Ⅰ（1988）；*The Cambridge History of China*，Volume 8，The Ming Dynasty 1368～1644，Part Ⅱ（1988）；*Imperial China*：900～1800（1999）。其中，*Imperial China*：900～1800（《帝制中国：900 年至 1800 年》）正文部分长达 900 多页，叙述从五代到乾隆朝结束九百年间的中国历史，体现了作者对中国史变迁脉络的整体理解。书中阐述了唐宋历史变革的趋势，呼应了日本学者内藤湖南1922年《概括的唐宋时代观》一文提出的著名的"唐宋变革论"。牟复礼认为，所谓唐宋变革潜运默移于晚唐，五代时期真正发生了"某种深刻而具有转型意义的变化"。唐宋之际，一种新的国家权力结构浮现出来，军权相对于行政当局的一种新的关系模式逐渐成形，数百年来支配着仕途和地域社会的身份性贵族群体全然瓦解，取而代之的是一个科举制孕育出来的行政官僚新阶层。在经济领域，晚唐以来的"商业革命"继续改变着整个社会的贸易与经济范型，并使国家强化了财政基础。正是这种种崭新因素，使中国历史转出"中世"时期的形势得以大显。

施坚雅（G. William Skinner，1925～2008），美国著名汉学家，中国近现代经济史研究的开拓者之一。

1925年2月施坚雅出生于美国加州奥克兰，1954年获康奈尔大学人类学博士学位，先后任哥伦比亚大学社会学助教，康奈尔大学人类学副教授、教授，1965年起任斯坦福大学人类学教授，1990年起任加州大学戴维斯分校人类学教授，1980年当选为美国科学院院士，1983～1984年任美国亚洲学会会长，1987～1989年任斯坦福大学巴巴拉·布朗宁人文科学教授。

施坚雅长期从事中国近现代史研究，擅长中国近代经济史研究，一生发表了大量研究中国社会经济结构、农村和农民以及人口问题的学术论文。1950～1951年到中国四川考察，1964～1965年，施坚雅发表了3篇有关中国近代社会经济史研究的专论，对中国市场体系初步提出了一种新的分析模式。[①] 对晚清及民国时期的中国农村市场变迁进行了开拓性的研究，初步奠定了施坚雅模式。[②] 这一模式在

---

① G. William Skinner, "Marketing and Social Structure in Rural China", Part 1, 2, 3, *Journal of Asian Studies*, Vol. 24, No. 1～3. (1964～1965)

② 施坚雅关于中国农村市场和社会结构的理论模式的论著后来被翻译成《中国农村的市场和社会结构》，史建云、徐秀丽译，中国社会科学出版社1998年版。

1977 年出版的《中华帝国晚期的城市》一书中得以完善。[①] 1977 年施坚雅考察中国城市市场。施坚雅模式是一种结构—功能分析模式，从“施坚雅模式”的核心概念是中心地区（Core）和边缘地区（Periphery）即可知晓。在中国学者眼中，施坚雅模式包括集市体系理论和区域体系理论，前者主要研究中国乡村社会，以《中国农村的市场和社会结构》为代表；后者主要研究中国城市化，以《中华帝国晚期的城市》为代表。施坚雅的区域体系理论是集市体系理论的拓展和深化，两者均以德国地理学家克里斯塔勒（Walter Christaller）的中心地学说为主要研究方法，同时吸纳了美国社会学家罗兹曼（Glbert Rozman）的城市空间网络学说、美国地理学家济弗（George K. Zipf）的等级—规模学说以及其他学者的相关研究成果。[②] 施坚雅著述丰硕，主要中译本有《中国农村的市场和社会结构》、《中华帝国晚期的城市》等。

① G. William Skinner（ed.），*The City in Late Imperial China.*（Stanford University Press，1977）中译本为《中华帝国晚期的城市》，叶光庭等译，陈桥驿校，中华书局 2000 年版。

② 任放：《施坚雅模式与中国近代史研究》，《近代史研究》2004 年第 4 期。

参考书目

刘知几:《史通》,上海书店 1988 年版。

章学诚:《文史通义》,中华书局 1985 年版。

希罗多德:《历史》,王嘉隽译,商务印书馆 1959 年版。

黑格尔:《历史哲学》,王造时译,三联书店 1956 年版。

马克思、恩格斯:《德意志意识形态》,人民出版社 1961 年版。

朗格诺瓦、瑟诺博司:《史学原论》,李思纯译,商务印书馆 1926 年版。

康德:《历史理性批判文集》,何兆武译,商务印书馆 1990 年版。

梁启超:《饮冰室合集·文集》,中华书局 1989 年版。

梁启超:《中国历史研究法》,上海古籍出版社 2006 年版。

梁启超:《中国历史研究法》及《补编》(合刊本),江苏文艺出版社 2008 年版。

丁文江、赵丰田编:《梁任公先生年谱长编(初稿)》,中华书局 2010 年版。

王国维:《人间词话》,浙江教育出版社 2006 年版。

何炳松:《通史新义》,广西师范大学出版社 2005 年版。

李大钊:《史学要论》,商务印书馆 1924 年版。

郭沫若主编:《中国史稿》,人民出版社 1976 年版。

范文澜:《范文澜历史论文选集》,中国社会科学出版社 1979 年版。

侯外庐：《中国封建社会史论》，人民出版社 1979 年版。

翦伯赞：《历史哲学教程》，北京大学出版社 1990 年版。

陈垣：《校勘学释例》，中华书局 1959 年版。

蔡尚思：《中国历史新研究法》，中华书局 1940 年版。

金毓黻：《中国史学史》，商务印书馆 1999 年版。

李宗侗：《中国史学史》，中国友谊出版公司 1984 版。

许倬云：《历史学研究》，商务印书馆 1966 年版。

钱穆：《中国历史研究法》，三联书店 2005 年版。

钱穆：《中国史学名著》，三联书店 2000 年版。

姚从吾：《历史方法论》，台湾正中书局 1971 年版。

严耕望：《治史经验谈》，商务印书馆 1981 年版。

朱杰勤：《中国古代史学史》，河南人民出版社 1980 年版。

吴泽等编：《中国史学史论集》，上海人民出版社 1980 年版。

刘节：《中国史学史稿》，中州古籍出版社 1982 年版。

张孟伦：《中国史学史》，甘肃人民出版社 1983 年版。

仓修良、魏得良：《中国古代史学史简编》，黑龙江人民出版社 1983 年版。

尹达：《中国史学发展史》，中州古籍出版社 1985 年版。

周谷城：《周谷城史学论文集》，人民出版社 1983 年版。

周予同主编：《中国历史文选》（上、下册），上海古籍出版社 1993 年版。

谭其骧：《长水集》（上、下）及《长水集续编》，人民出版社 1987、1995 年版。

白寿彝主编：《史学概论》，宁夏人民出版社 1983 年版。

白寿彝：《中国史学史》（第一册），上海人民出版社 1986 年版。

白寿彝：《白寿彝史学论集》，北京师范大学出版社 1994 年版。

赵吉惠：《历史学概论》，三秦出版社 1986 年版。

赵吉惠:《历史学方法论》，四川人民出版社 1987 年版。

赵光贤:《中国历史研究法》，中国青年出版社 1988 年版。

陶懋炳:《中国古代史学史略》，湖南人民出版社 1987 年版。

汪荣祖:《史传通说》，中华书局 1989 年版。

高明士编:《中国史研究指南》，台湾联经出版事业公司 1990 年版。

宋衍申:《中国史学史纲要》，东北师范大学出版社 1992 年版。

柯林武德:《历史的观念》，何兆武、张文杰译，商务印书馆 1997 年版。

柯林武德:《柯林武德自传》，陈静译，北京大学出版社 2005 年版。

克罗齐:《历史学的理论和实际》，傅任敢译，商务印书馆 1982 年版。

汤因比:《历史研究》（上、中、下），曹未风等译，上海人民出版社 1986 年版。

斯宾格勒:《西方的没落》，吴琼译，上海三联书店 2006 年版。

J. H. 鲁滨逊:《新史学》，何炳松译，商务印书馆 1989 年版。

乔治·皮博迪·古奇:《十九世纪历史学与历史学家》，耿淡如译，商务印书馆 1989 年版。

E. H. 卡尔:《历史是什么?》，陈恒译，商务印书馆 2007 年版。

J. 勒高夫等主编:《新史学》，姚蒙编译，上海译文出版社 1989 年版。

杰弗里·巴勒克拉夫:《当代史学主要趋势》，杨豫译，上海译文出版社 1987 年版。

伊格尔斯、帕克主编:《历史研究国际手册》，陈海宏等译，华夏出版社 1989 年版。

马克·布洛赫:《历史学家的技艺》，张和声、程郁译，上海社会科学院出版社 1992 年版。

内藤湖南：《中国史通论》（上、下），夏应元等译，社会科学文献出版社 2004 年版。

李华兴等编：《梁启超选集》，上海人民出版社 1984 年版。

李永圻编：《吕思勉先生编年事辑》，上海书店 1992 年版。

严耕望：《治史三书》，辽宁教育出版社 1998 年版。

姚名达：《中国目录学史》，上海古籍出版社 2002 年版。

卢钟锋：《中国传统学术史》，河南人民出版社 1998 年版。

张元济：《校史随笔》，张树年等导读，上海古籍出版社 1998 年版。

庞卓恒主编：《西方新史学述评》，高等教育出版社 1992 年版。

肖黎主编：《中国历史学四十年》，书目文献出版社 1989 年版。

葛懋春主编：《历史科学概论》，山东教育出版社 1983 年版。

田昌五等：《历史学概论》，河南人民出版社 1984 年版。

吴泽主编：《史学概论》，安徽人民出版社 1985 年版。

苏双碧：《历史科学的理论和方法》，上海人民出版社 1990 年版。

杜经国等：《历史学概论》，高等教育出版社 1990 年版。

李振宏：《历史学的理论与方法》，河南大学出版社 1999 年版。

姜义华主编：《史魂》，上海人民出版社 2002 年版。

姜义华、瞿林东、赵吉惠：《史学导论》，复旦大学出版社 2004 年版。

庞卓恒、李学智、吴英：《史学概论》，高等教育出版社 2006 年版。

杜维运：《史学方法论》，北京大学出版社 2006 年版。

瞿林东：《中国史学史纲》，北京出版社 1999 年版。

田汝康等主编：《现代西方史学流派文选》，上海人民出版社 1982 年版。

何兆武、陈启能主编：《当代西方史学理论》，中国社会科学出版社 1996 年版。

郭圣铭：《西方史学史概要》，上海人民出版社 1983 年版。

郭圣铭、王晴佳主编：《西方著名史学家评介》，华东师范大学出版社 1988 年版。

王晴佳：《西方的历史观念——从古希腊到现代》，华东师范大学出版社 2002 年版。

黎澍、蒋大椿主编：《马克思、恩格斯论历史科学》，人民出版社 1988 年版。

张广智主编：《西方史学史》（第二版），复旦大学出版社 2005 年版。

吴于廑主编：《外国史学名著选》，商务印书馆 1986 年版。

项观奇编著：《历史计量研究法》，山东教育出版社 1987 年版。

王晓清：《学者的师承与家派》，湖北人民出版社 2000 年版。

王岳川：《后现代主义文化研究》，北京大学出版社 1992 年版。

朱政惠：《吕振羽和他的历史学研究》，湖南教育出版社 1992 年版。

庄国雄等：《历史哲学》，复旦大学出版社 2004 年版。

李庆：《日本汉学史》，上海外语教育出版社 2002 年版。

阎国栋：《俄罗斯汉学三百年》，学苑出版社 2007 年版。

刘正：《京都学派》，中华书局 2009 年版。

胡逢祥、张文建：《中国近代史学思潮与流派》，华东师范大学出版社 1991 年版。

让·皮亚杰：《人文科学认识论》，郑文彬译，中央编译出版社 1999 年版。

海登·怀特：《元史学》，陈新译，译林出版社 2004 年版。

沃尔什：《历史哲学导论》（中译本），广西师范大学出版社 2001 年版。

翦伯赞主编：《中外历史年表》，中华书局 2008 年版。

陈寅恪:《陈寅恪集·书信集》,三联书店 2001 年版。

陈寅恪:《唐代政治史略稿(手写本)》,上海古籍出版社 1988 年版。

蒋天枢:《陈寅恪先生编年事辑》(增订本),上海古籍出版社 1997 年版。

王学典:《翦伯赞学术思想评传》,北京图书馆出版社 2000 年版。

陈其泰:《范文澜学术思想评传》,北京图书馆出版社 2000 年版。

陈其泰:《中国近代史学的历程》,河南人民出版社 1994 年版。

苏双碧、王宏志:《吴晗传》,上海人民出版社 1998 年版。

陈清泉等编:《中国史学家评传》,中州古籍出版社 1985 年版。

袁英光:《新史学的开山:王国维评传》,上海人民出版社 1999 年版。

林甘泉、黄烈主编:《郭沫若与中国史学》,中国社会科学出版社 1992 年版。

余英时:《钱穆与中国文化》,远东出版社 1994 年版。

黄永年:《唐史史料学》,上海书店出版社 2002 年版。

方诗铭:《方诗铭文集》,上海社会科学院出版社 2010 年版。

吴晗:《史镜管窥》,浙江人民出版社 1998 年版。

傅斯年:《出入史门》,浙江人民出版社 1998 年版。

杨志玖:《陋室文存》,中华书局 2002 年版。

杨振宁等:《中国文化与科学》,江苏教育出版社 2003 年版。

罗志田主编:《20 世纪的中国:学术与社会·史学卷》,山东人民出版社 2001 年版。

王学典:《20 世纪中国史学评论》,山东人民出版社 2002 年版。

张岂之等:《中国近代史学学术史》,中国社会科学出版社 1996 年版。

范达人:《当代比较史学》,北京大学出版社 1990 年版。

《浙江日报》编辑部编:《学人谈治学》,浙江文艺出版社 1983 年版。

高增德、丁冬编:《世纪学人自述》(1~6 卷),北京十月文艺出版社 2000 年版。

汤勤福主编:《历史文献整理研究与史学方法论》,黄山书社 2008 年版。

许冠三:《新史学九十年》,岳麓书社 2003 年版。

王树民:《史部要籍解题》,中华书局 1981 年版。

后 记

这部《20 世纪历史学科通论》，是我二十余年从事历史专业教学与研究的成果。本书立足学术史的视角，系统总结了中国历代史书编纂成就，回顾了 19 世纪以来中外传统史学向现代科学转型的轨迹，阐述了历史研究的基本理论与方法。

为 20 世纪中国高校及科研、文化机构的历史学家群体做“学术列传”，是我多年的夙愿，因此这方面的内容占了本书大半篇幅，它给读者提供了较全面的学科信息。“学术列传”原则上以过世的国内史学家和海外研究中国史的专家为遴选对象，考虑到一些学术机构的特殊现状，选评了少数健在的重要学者。

在本书相关知识的积累与撰写过程中，我始终得到许多学术前辈的教诲。其中，就有周谷城、谭其骧、韩儒林、蔡尚思、杨宽、吴泽、日知（林志纯）、方诗铭、黄永年、吴枫、卞孝萱、唐德刚等，我大学求学阶段曾聆听过他们的讲学，当面接受过他们的指教，从中获得了不少为人与为学的教益。学生评价老师自有一番情味，但学科性仍是本书“学术传记”的立足点。我至今还清楚地记得 1981 年我在复旦历史系本科读书时，聆听唐德刚先生精彩的讲座，那时他是一个英气勃勃的华裔美籍史学家，言谈豪迈而风趣，从他身上我领略了“口述史学家”的风采。著名史学家方诗铭、黄永年先生在学术上曾给过我直接的帮助，他们都是我博士学位论文的评阅人。至今，我还记得当年两位先生以他们深厚的专业素养教诲我研究历史应该厚积薄发，要具备扎实的专业功底，应该强化史料批评意识，坚持实证研究的科学方法。在我负笈复旦园的十多年间，业师徐连达先生耳提面命，时常给我讲文章千古事的道理，并教诲我著书为文不能急功近利。去年，我呈送书稿的电子文本给年事已高的徐先生审阅，他不顾视力衰弱的困难，仍手持放大镜在电脑上阅读书稿，并嘱咐我早日将著述出版。

往昔老一辈学者写一部书稿常要皓首穷经，花费数年甚至数十年时间，他们“爬格子”主要靠手工制作的传统手段。当今世界已步入信息化时代，人们读书学习已经离不开电脑。在本书撰写过程中，互联网平台给我搜集资料和信息带来了极大便利，否则，完成如此大信息量的资料搜集任务是一件非常困难的事情。

在本书撰写的过程中，我始终得到了上海大学各级领导的关心和支持，我校文学院曾以学院精品课程的形式立项支持我完成相关的教学科研任务，并最终将本书纳入上海市教委重点学科（第五期）“近现代中国社会史”（J50106）和学校教材建设支持项目；许多选修过我的本科生课程《史学概论》和研究生课程《历史学的理论与方法》的同学更是催促我早日将著作出版；我指导的研究生尤聪不惧严寒、不厌其烦地校看书稿。在本书撰写与出版的过程中，上海大学文学院领导陶飞亚、王光东、董丽敏、曾军及历史系领导谢维扬、张童心、徐善伟、郭红、陈勇等同仁先后给予了大力支持。特别感谢齐鲁书社副总编辑赵发国先生，他长期以来一直关注并支持着我的学术研究工作，并为本书的出版付出了大量的劳动。对于所有给予我帮助和支持的朋友，在此一并表示我的感谢之意。为适应今后新的学术发展和教学改革的需要，本书还将不断修订和完善，作者期待着读者提出宝贵意见（作者常年联系信箱为 Lishi1963@163.com）。

2011 年国庆节写于上海

图书在版编目（CIP）数据

20世纪历史学科通论／李福长编著. —济南：
齐鲁书社，2012.5
ISBN 978－7－5333－2609－8

Ⅰ.①2…　Ⅱ.①李…　Ⅲ.①世界史—现代史—研究—20世纪　Ⅳ.①K15

中国版本图书馆CIP数据核字(2012)第081680号

20世纪历史学科通论

李福长　编著

出版发行　齊魯書社
社　　址　济南市英雄山路189号
邮　　编　250002
网　　址　www.qlss.com.cn
电子信箱　qilupress@126.com
印　　刷　青岛星球印刷有限公司
开　　本　880mm×1230mm　1/32
印　　张　19.75
插　　页　2
字　　数　512千
版　　次　2012年5月第1版
印　　次　2012年5月第1次印刷
标准书号　ISBN 978－7－5333－2609－8
定　　价　66.00元